Wolfgang Weber/Marion Festing/Peter J. Dowling/
Randall S. Schuler

Internationales Personalmanagement

Wolfgang Weber/Marion Festing/
Peter J. Dowling/Randall S. Schuler

Internationales Personalmanagement

2., aktualisierte und überarbeitete Auflage

Die Deutsche Bibliothek – CIP-Einheitsaufnahme
Ein Titeldatensatz für diese Publikation ist bei
Der Deutschen Bibliothek erhältlich.

Prof. Dr. Wolfgang Weber ist Professor der Betriebswirtschaftslehre, insbesondere Personalwirtschaft und betriebliche Bildungsforschung an der Universität Paderborn.
Frau Dr. Marion Festing ist wissenschaftliche Assistentin und Habilitandin bei Prof. Weber.
Prof. Dr. Peter J. Dowling ist Professor für Management an der School of Commerce and Law der University of Tasmania/Australien.
Prof. Dr. Randall S. Schuler ist Professor für Management an der Stern School of Business der New York University/USA.

1. Auflage Juni 1998
2. Auflage November 2001

Alle Rechte vorbehalten
© Betriebswirtschaftlicher Verlag Dr. Th. Gabler GmbH, Wiesbaden 2001

Lektorat: Ralf Wettlaufer / Brit Voges

Der Gabler Verlag ist ein Unternehmen der Fachverlagsgruppe BertelsmannSpringer.
www.gabler.de

Das Werk einschließlich aller seiner Teile ist urheberrechtlich geschützt. Jede Verwertung außerhalb der engen Grenzen des Urheberrechtsgesetzes ist ohne Zustimmung des Verlages unzulässig und strafbar. Das gilt insbesondere für Vervielfältigungen, Übersetzungen, Mikroverfilmungen und die Einspeicherung und Verarbeitung in elektronischen Systemen.

Die Wiedergabe von Gebrauchsnamen, Handelsnamen, Warenbezeichnungen usw. in diesem Werk berechtigt auch ohne besondere Kennzeichnung nicht zu der Annahme, dass solche Namen im Sinne der Warenzeichen- und Markenschutz-Gesetzgebung als frei zu betrachten wären und daher von jedermann benutzt werden dürften.

Umschlaggestaltung: Ulrike Weigel, www.CorporateDesignGroup.de
Druck und buchbinderische Verarbeitung: Lengericher Handelsdruckerei, Lengerich/Westf.
Gedruckt auf säurefreiem und chlorfrei gebleichtem Papier.
Printed in Germany

ISBN 3-409-22219-7

Vorwort zur 2. Auflage

Die 1998 erschienene 1. Auflage des „Internationalen Personalmanagements" hat eine erfreulich große Resonanz gefunden. Wir mußten deshalb schneller als ursprünglich geplant eine Neuauflage vorsehen.

Es erschien uns zweckmäßig, das Konzept und den Aufbau des Buches nicht zu verändern, jedoch den Text zu aktualisieren, neue Literatur zu berücksichtigen sowie Zahlen und Tabellen auf den neuesten Stand zu bringen. Das gilt auch für die Ergebnisse der im Rahmen des „Cranfield-Netzwerkes" erhobenen Personalpraktiken in verschiedenen europäischen Ländern. Obwohl die Auswertung der Erhebungen aus dem Jahr 2000 noch im Gange und der Bericht noch nicht erschienen ist, standen uns über eine Sonderauswertung neueste empirische Befunde zur Verfügung. In dieser Neuauflage konnte die Bestandsaufnahme der Personalpraktiken international tätiger Unternehmen in 19 europäischen Ländern berücksichtigt werden. Den Kolleginnen und Kollegen im Cranfield-Netzwerk und Dr. Rüdiger Kabst an der Universität Paderborn sind wir zu besonderem Dank für ihre Unterstützung verpflichtet.

Bei der Überarbeitung und Aktualisierung des Textes zu der 2. Auflage des Internationalen Personalmanagements und bei der technischen Umsetzung der Änderungen hat uns Frau Anja Schmelter mit großem Engagement unterstützt. Ihr gilt unser ganz besonderer Dank.

Paderborn, im Juli 2001

Marion Festing	Peter J. Dowling
Wolfgang Weber	Randall S. Schuler

Vorwort zur 1. Auflage

Dieses Buch hat eine lange Vorgeschichte. Sie beginnt damit, daß Peter Dowling aus Melbourne und Randall Schuler aus New York vor neun Jahren gemeinsam das erste Lehrbuch für das Internationale Personalmanagement schrieben. Als Folge der weltweit engeren wirtschaftlichen Vernetzung der Unternehmen schälte sich damals mit dem Internationalen Personalmanagement ein neues Teilgebiet innerhalb der Personalwirtschaftslehre heraus.

Dieses Buch gefiel unserer Paderborner Arbeitsgruppe so gut, daß wir mit der Übersetzung begannen, die bald abgeschlossen war und eigentlich nur darauf wartete, schnell als erstes deutschsprachiges, angelsächsisch ausgerichtetes Lehrbuch für dieses Gebiet veröffentlicht zu werden. Das geschah allerdings nicht, weil es erstens zweckmäßig und notwendig erschien, den Bezug zu der mittlerweile anwachsenden deutschsprachigen Literatur und zu den deutschen und europäischen Personalproblemen herzustellen und weil sich dieses neue Teilgebiet des Personalmanagements so rasant entwickelte, daß eine grundlegende Überarbeitung des Textes notwendig erschien.

Mittlerweile hatten die beiden deutschen Unterzeichner dieses Vorworts freundschaftliche persönliche Kontakte zu Randall Schuler und besonders zu Peter Dowling aufgebaut. Deshalb machten wir uns gemeinsam an ein fast von Grund auf neues Buch, das nunmehr vorliegt und von dem wir überzeugt sind, daß es den gegenwärtigen Stand der weltweiten Diskussion zum Internationalen Personalmanagement in den Grundzügen wiedergibt. Dabei haben wir uns bemüht, die Beiträge aus dem deutschsprachigen Raum neben dem angelsächsischen Kern des Buches relativ stark zu gewichten. Bis es soweit war, kam es wechselseitig zu mehreren Arbeitsaufenthalten von Mitgliedern unserer vierköpfigen Autorengruppe in Paderborn, Melbourne und Launceston/Tasmanien sowie in New York. Es ist also in wirklich internationaler Kooperation ein Buch zum internationalen Personalmanagement entstanden.

Das Konzept dieses Buches spiegelt den Stand der aktuellen Diskussion zu dem Problemfeld des Internationalen Personalmanagements - wie wir meinen - angemessen wider. In der Diskussion dieses Problemfeldes lassen sich drei Zugänge unterscheiden, die meist nebeneinander bestehen und die manchmal partiell verknüpft sind: der *Cross-Cultural Management Approach*, der auf Erfassung, Erklärung und Umgang mit den kulturellen Unterschieden in den verschiedenen Teilen dieser Welt abhebt, der *Comparative Human Resource Systems Approach*, der in vergleichenden Untersuchungen die Unterschiede in der Bearbeitung von Personalmanagement-Problemen meist in verschiedenen Ländern oder kulturellen Kontexten herausarbeitet sowie der Ansatz, der die typischen Fragestellungen des *Human Resource Managements in international tätigen Unternehmen* bearbeitet. Wir beziehen uns auf alle drei Zugänge zu diesem Fach, stellen allerdings die Problemfelder des Personalmanagements in international tätigen Unternehmen in den Mittelpunkt unserer Überlegungen. Die Gliederung des Buches orientiert sich im wesentlichen an diesen Aufgabenfeldern: der Rekrutierung, der Personalentwicklung, der Entgeltfindung, der Handhabung der Arbeitsbeziehungen und - übergreifend - der Lösung der strategischen Fragen in diesem Kontext. In all diesen Arbeitsfeldern scheint die Problematik der kulturellen Unterschiede und der hieraus entstehenden Fragen durch; im 2. Kapitel wird das Themengebiet des kulturellen Umfeldes im Überblick vorgestellt. Das gleiche geschieht mit dem Organisationsumfeld und den von hier ausgehenden Einflüssen. Ein einleitendes Kapitel führt in das Themengebiet ein. Zusätzlich haben wir - wo immer dies notwendig erschien - auf Ergebnisse der vergleichenden Personalforschung zurückgegriffen. Dies fiel uns besonders leicht, weil die Paderborner Arbeitsgruppe, als deutscher Vertreter in dem europaweiten, von Chris Brewster an der *Cranfield University* koordinierten Netzwerk, Zugang zu dem umfangreichen ländervergleichenden Datensatz hat.

Dieses Buch ist keine Monographie, sondern ein Lehrbuch. Wir haben uns deshalb in Paderborn bemüht, die leichte und verständliche Sprache aus den angelsächsischen Textteilen - vielleicht gegen die Tradition deutscher Wissenschaft, die gerne nur für Eingeweihte verständlich ist - in das Deutsche hinüberzuretten und die im Original in deutsch geschriebenen Texte nach diesem Vorbild auszurichten. Wir hoffen, daß dies gelungen ist und Sie uns als Leser bei der Lektüre bestätigen, daß die leichte Lesbarkeit des Textes erhalten geblieben ist, die englischsprachige Lehrbücher vor den deutschen meist so sehr auszeichnet. Der erläuternde Text wird durch Fallbeispiele ergänzt. Diskussionsfragen sollen zur selbständigen Auseinandersetzung mit den Hauptproblemfeldern anregen. Literaturhinweise sollen dabei helfen, Interessengebiete zu vertiefen.

Natürlich hätten wir gerne noch vieles in diesem Buch berücksichtigt, zumal die hier vorliegende Endfassung des Buches parallel während eines Arbeitsaufenthaltes von Peter Dowling in Paderborn entstanden ist, bei dem er unter anderem auch an der dritten Auflage des englischsprachigen Werkes zum Internationalen Personalmanagement gearbeitet hat. Daraus haben sich nochmals viele Anregungen ergeben, von denen viele, aber - zumindest in dieser ersten Auflage - nicht alle aufgenommen worden sind.

Natürlich haben die vier Autoren die Hauptarbeit an diesem Buch geleistet. Wir wurden dabei aber in besonderem Maße von Kollegen bzw. Mitarbeiterinnen und Mitarbeitern am Paderborner Lehrstuhl für Personalwirtschaft unterstützt. Besonderen Dank schulden wir unserer Kollegin Nancy Adler, mit deren Erlaubnis wir Beispiele zur Illustration des kulturellen Kontextes verwenden durften, unserem Paderborner Kollegen Dieter Krimphove, der uns viele Anregungen aus der Sicht des europäischen Arbeitsrechts gegeben hat sowie Dipl.-Kffr. Marion Grasse und cand. rer. pol. Ingo Weller, die mit unermüdlichem Engagement und großem technischen Know-how dafür gesorgt haben, daß aus den verschiedenen Dateien und Textentwürfen ein druckfertiges Manuskript entstanden ist. Beim Kampf gegen Tipfehler und bei stilistischen Überarbeitungen haben uns Dipl.-Kffr. Yvonne Groening, Dipl.-Kffr. Susanne Gretzinger, Dipl.-Kffr. Susanne Royer, Christina Meurer, Christopher Gramley, Matthias Temme, Christina Marsch, Carsten Hammermann und Roswitha Nell unterstützt. Auch für diese Hilfe bedanken wir uns herzlich. Last but not least gebührt unser Dank auch dem Gabler-Verlag, insbesondere Herrn Wettlaufer, der uns in der langen Entstehungsphase dieses Buches nicht nur moralisch unterstützt hat.

Paderborn/Launceston/New York, im April 1998

Marion Festing
Wolfgang Weber

Peter J. Dowling
Randall S. Schuler

Inhaltsverzeichnis

Vorwort .... *V*
Inhaltsverzeichnis .... *IX*
Abbildungsverzeichnis .... *XV*
Tabellenverzeichnis .... *XVII*
Abkürzungsverzeichnis .... *XIX*

Kapitel 1: Einführung
1. *Zur Bedeutung des Internationalen Personalmanagements* *1*
2. *Internationalisierung der Wirtschaft* *2*
   - 2.1 Entwicklung der ausländischen Direktinvestitionen 3
   - 2.2 Entwicklung des internationalen Handels 5
   - 2.3 Die größten Industrieunternehmen der Welt 6
3. *Abgrenzung des Internationalen Personalmanagements* *10*
4. *Besonderheiten des Internationalen Personalmanagements* *12*
   - 4.1 Größeres Ausmaß der Aktivitäten 12
   - 4.2 Globale Perspektive 15
   - 4.3 Bedeutung der Privatsphäre der Mitarbeiter 15
   - 4.4 Gewichtung der Aktivitäten 16
   - 4.5 Größere Risikobehaftung 16
   - 4.6 Unterschiedliche Wirtschaftssysteme 17
   - 4.7 Unterschiedliche Wertebasis 18
5. *Situative Komponente* *18*
   - 5.1 Industriezweig 18
   - 5.2 Einstellungen des Managements 22
6. *Zusammenfassung* *23*
7. *Diskussionsfragen* *24*
8. *Fallbeispiel* *24*
9. *Weiterführende Literatur* *26*

Kapitel 2: Der kulturelle Kontext

1. *Einführung* *31*
2. *Das Forschungsfeld "Interkulturelle Vergleichsforschung"* *32*
3. *Kulturdefinitionen und Kultur-Konzepte* *33*
   - 3.1 Kulturbegriff 33
   - 3.2 Das Umweltschichtenmodell von Dülfer 34
   - 3.3 Das Kultur-Konzept von Adler 36
   - 3.4 Das Kultur-Konzept von Schein 37
   - 3.5 Fazit 40
4. *Kulturvergleichende Managementstudien* *40*
   - 4.1 Überblick über kulturvergleichende Managementstudien 40
   - 4.2 Kulturvergleichende Managementstudie von Hofstede 43
     - 4.2.1 Die Kulturdimensionen 44
       - 4.2.1.1 Machtdistanz 44
       - 4.2.1.2 Unsicherheitsvermeidung 46
       - 4.2.1.3 Femininität versus Maskulinität 47
       - 4.2.1.4 Individualismus versus Kollektivismus 49
       - 4.2.1.5 Konfuzianische Dimension 50
     - 4.2.2 Länderspezifische Ergebnisse der Hofstede-Studie 52
     - 4.2.3 Bewertung der Hofstede-Studie 57
     - 4.2.4 Praktische Umsetzung der Ergebnisse der Hofstede-Studie 58
5. *Zur Entwicklung von Kulturen* *60*
6. *Zusammenfassung* *61*
7. *Diskussionsfragen* *61*
8. *Fallbeispiele* *61*
9. *Weiterführende Literatur* *63*

Kapitel 3: Der organisationale Kontext

1. *Einführung* *69*
   - 1.1 Internationale Strategie, Struktur und Personalmanagement 70
   - 1.2 Struktur und Strategie im international tätigen Unternehmen 71
2. *Stufen der Internationalisierung* *71*
   - 2.1 Stufe 1: Export 73
   - 2.2 Stufe 2: Verkaufstochtergesellschaft 73
   - 2.3 Stufe 3: Internationale Abteilung 74
   - 2.4 Stufe 4: Globale Divisionalisierung nach Produkt oder Gebieten 75
     - 2.4.1 Zentralisierung versus Dezentralisierung 76
     - 2.4.2 Kontrollmöglichkeiten und -instrumente 77
     - 2.4.3 Implikationen für die Organisationsstruktur 78

2.5 Stufe 5: Globale Organisationsstrukturen 80
    2.5.1 Die Matrix 80
    2.5.2 Gemischte Strukturen 82
    2.5.3 Das transnationale Unternehmen 84
    2.5.4 Die Heterarchie 84
    2.5.5 Das Netzwerk 85
3. *Interorganisationsbeziehungen* **87**
4. *Internationalisierung und Personalmanagement* **88**
    4.1 Beziehungen zwischen Organisationsstruktur und Personalmanagement 88
    4.2 Internationale Personalmanagementansätze: Das Konzept von Perlmutter 90
    4.3 Bedeutung des Personalmanagements im Rahmen
        der Unternehmensstrategie 94
5. *Zusammenfassung* **97**
6. *Diskussionsfragen* **98**
7. *Fallbeispiele* **98**
8. *Weiterführende Literatur* **102**

Kapitel 4: Internationale Rekrutierung und Auswahl

1. *Einführung* **107**
2. *Stellenbesetzungsstrategien* **108**
    2.1 Einflußfaktoren und Entsendungsziele 108
    2.2 Ziele und Versetzungsbereitschaft aus Mitarbeitersicht 109
    2.3 Ansätze der Stellenbesetzungspolitik 112
    2.4 Verbreitungsgrad der Ansätze 115
    2.5 Rekrutierungsquellen 116
3. *Auswahlkriterien und -verfahren für Expatriates* **120**
    3.1 Auswahlpraktiken in US-amerikanischen MNU — die Studie von Tung 120
    3.2 Das Auswahlkonzept von Mendenhall/Oddou 124
    3.3 Anforderungsprofile für international tätige Mitarbeiter 127
    3.4 Anforderungen in der Praxis deutscher Unternehmen 131
    3.5 Auswahlverfahren für internationale Positionen 132
4. *Weitere Aspekte der Personalrekrutierung und -auswahl* **133**
    4.1 Abbruchraten von Auslandstätigkeiten 134
        4.1.1 Zur Bedeutung des Abbruchs von Auslandstätigkeiten 134
        4.1.2 Abbruchraten von Auslandstätigkeiten — empirische Befunde 134
        4.1.3 Gründe für den Abbruch von Auslandstätigkeiten 135
    4.2 Berücksichtigung der Repatriierung bei der Auswahlentscheidung 137
    4.3 Aspekte der Chancengleichheit 138
    4.4 Frauen im internationalen Management 139
        4.4.1 Die Entsendung von weiblichen Führungskräften 140
        4.4.2 Das Dual-Career-Problem 141
        4.4.3 Die Rekrutierung weiblicher Mitarbeiter im Gastland 141
        4.4.4 Weibliche Führungskräfte in Japan 141
    4.5 Rekrutierung und Auswahl von HCNs und TCNs 142

5. Zusammenfassung 146
6. Diskussionsfragen 148
7. Fallbeispiel 148
8. Weiterführende Literatur 154

Kapitel 5: Internationale Personalentwicklung

1. **Einführung** 161
2. **Personalentwicklungsinstrumente im europäischen Vergleich** 162
   2.1 Weiterbildung und Weiterbildungskosten 162
   2.2 Auslandseinsätze 164
   2.3 Schlußfolgerungen aus den Ergebnissen der Cranfield-Studie 165
3. **Grundlagen der Personalentwicklung in internationalen Unternehmen** 166
   3.1 Marktentwicklungen und Anforderungen an die Personalentwicklung 166
   3.2 Strategie, Struktur und Internationale Personalentwicklung 167
      3.2.1 Begrenzte Beziehungen zu ausländischen Märkten 167
      3.2.2 Tochtergesellschaften 168
      3.2.3 Regionale Geschäftsaktivitäten 168
      3.2.4 Globale Geschäftsaktivitäten 168
4. **Elemente internationaler Personalentwicklung** 170
   4.1 Auslandsentsendung als Maßnahme internationaler Personalentwicklung 170
   4.2 Weiterbildung und Training für Expatriates 172
      4.2.1 Umfassende Trainingsmodelle für Expatriates 172
      4.2.2 Interkulturelles Training 176
         4.2.2.1 Bedeutung interkulturellen Trainings 176
         4.2.2.2 Ziele interkulturellen Trainings 176
         4.2.2.3 Kontingenzansätze für das Training von Expatriates 184
      4.2.3 Sprachliche Vorbereitung 186
      4.2.4 Praktische Unterstützung 187
      4.2.5 Weiterbildung für ausländische Mitarbeiter 188
   4.3 Leistungsbeurteilung 190
      4.3.1 Begriff und Bedeutung 190
      4.3.2 Leistungsbeurteilung auf nationaler und internationaler Ebene 191
      4.3.3 Modell internationaler Leistungsbeurteilung 192
         4.3.3.1 Charakteristika der Position 193
         4.3.3.2 Beurteilungskriterien 194
         4.3.3.3 Beurteilungsprozeß 195
      4.3.4 Bewertung von HCNs und TCNs 195
   4.4 Repatriierung als Element der Karriereplanung 196
      4.4.1 Begriff und Bedeutung 196
      4.4.2 Repatriierungsmodelle 197
      4.4.3 Die Repatriierung aus Mitarbeiterperspektive 199
      4.4.4 Die Repatriierung aus Unternehmensperspektive 200
      4.4.5 Gestaltungsmaßnahmen der Repatriierung 200
   4.5 Weitere Elemente internationaler Personalentwicklung 202
      4.5.1 Informationsinstrumente und Informationsverarbeitung 202
      4.5.2 Maßnahmen der Aufgabenzuordnung 202
         4.5.2.1 Internationale Laufbahnplanung 203
         4.5.2.2 Innerbetrieblicher Stellenmarkt 204

5. Zusammenfassung 205
6. Diskussionsfragen 206
7. Fallbeispiel 206
8. Weiterführende Literatur 211

KAPITEL 6: Internationale Entgeltfindung

1. Einführung 221
2. Entgeltpraktiken im internationalen Vergleich 222
    2.1 Erfolgs- und Kapitalbeteiligung 222
    2.2 Cafeteria-Systeme 225
3. Ziele internationaler Entgeltpolitik 226
4. Modelle internationaler Entgeltpolitik 228
5. Kompensation für international tätige Mitarbeiter 230
    5.1 Bestimmungsfaktoren für das Gehalt von Expatriates 231
    5.2 Nettovergleichsrechnung 232
    5.3 Kaufkraftausgleich 235
    5.4 Auslandszulage 236
    5.5 Zusatzleistungen für Expatriates 238
    5.6 Besteuerung 240
          5.6.1 Persönliche Besteuerung des Mitarbeiters 240
          5.6.2 Unternehmensbesteuerung 241
    5.7 Sozialversicherungsleistungen 241
    5.8 Exkurs: Sozialversicherung für TCNs 242
6. Strategische Überlegungen 243
7. Kompensationspraktiken in ausgewählten Ländern 244
8. Zusammenfassung 245
9. Diskussionsfragen 245
10. Fallbeispiel 246
11. Weiterführende Literatur 246

Kapitel 7: Internationale Arbeitsbeziehungen

1. Einführung 251
2. Systeme der Arbeitsbeziehungen 252
    2.1 Elemente des Systems der Arbeitsbeziehungen 253
    2.2 Internationalisierung des Akteurs Arbeitgeber 254
    2.3 Internationalisierung des Akteurs Arbeitnehmer 255
          2.3.1 Länderspezifische Unterschiede zwischen den Gewerkschaften 255
          2.3.2 Reaktionsmöglichkeiten der Gewerkschaften auf die Internationalisierung von Unternehmen 257
          2.3.3 Internationalisierungsansätze der Gewerkschaftsbewegung 261
    2.4 Internationalisierung des Akteurs Staat 262
3. Exkurs: Europäische Betriebsräte 265

4. **Management der Arbeitsbeziehungen im internationalen Kontext** 268
    4.1   Die Perspektive der multinationalen Unternehmen 268
    4.2   Die Perspektive der Arbeitnehmervertretung 276
5. **Zusammenfassung** 277
6. **Diskussionsfragen** 278
7. **Weiterführende Literatur** 278

Kapitel 8: Strategisches Internationales Personalmanagement

1. *Einführung* 283
2. *Konzepte des Strategischen Internationalen Personalmanagements* 284
    2.1   Produktlebenszyklus und SIPM 285
    2.2   Organisationslebenszyklus und SIPM 289
    2.3   Globalisierungsstrategien und SIPM 293
    2.4   Integrativer Bezugsrahmen für SIPM 295
    2.5   Ressourcenorientierte Unternehmensführung und SIPM 298
    2.6   Transaktionskostentheorie und SIPM 300
    2.7   Diskussion der Konzepte 305
3. *Zur Leistungsfähigkeit der Erklärungsansätze für SIPM* 308
4. *Zusammenfassung* 309
5. *Diskussionsfragen* 310
6. *Fallbeispiel* 310
7. *Weiterführende Literatur* 312

Literaturverzeichnis 319
Stichwortverzeichnis 349

Abbildungsverzeichnis

Abb. 1.1: Entwicklung der Direktinvestitionen im Ausland 4
Abb. 1.2: Ausfuhr nach Gütergruppen für Produktionsstatistiken 2000 6
Abb. 1.3: Modell des Internationalen Personalmanagements 11
Abb. 1.4: Kontinuum des internationalen Wettbewerbs 19
Abb. 1.5: Die Wertkette 21
Abb. 2.1: Vertikalschnitt des Schichtenmodells der Umweltberücksichtigung 35
Abb. 2.2: Der Einfluß der Kultur auf das Verhalten 37
Abb. 2.3: Kulturebenen nach Schein 38
Abb. 2.4: Kulturkorridor Europa 39
Abb. 2.5: Machtdistanz und Individualismus versus Kollektivismus 53
Abb. 2.6: Machtdistanz und Unsicherheitsvermeidung 54
Abb. 2.7: Maskulinität versus Femininität und Unsicherheitsvermeidung 55
Abb. 2.8: Interaction Ruler der Firma Tetra Pak/Alfa Laval 59
Abb. 3.1: Strategisches Personalmanagementmodell 70
Abb. 3.2: Eingliederung der internationalen Abteilung in die Leitungsstruktur 74
Abb. 3.3: Globale Divisionalisierung nach Produkten 79
Abb. 3.4: Globale Divisionalisierung nach Gebieten 79
Abb. 3.5: Die Matrixstruktur 82
Abb. 3.6: Stufenmodell der Internationalisierung 86
Abb. 4.1: Gründe für einen Auslandseinsatz 110
Abb. 4.2: Modell der Versetzungsbereitschaft 111
Abb. 4.3: Flußdiagramm des Auswahlprozesses 123
Abb. 4.4: Vergleich von Qualifikationsanforderungen für nationale Manager und Euro-Manager 130
Abb. 4.5: Anforderungen an international tätige Mitarbeiter aus der Sicht der Unternehmen 131
Abb. 4.6: Anforderungen an international tätige Mitarbeiter aus der Sicht der Mitarbeiter 132
Abb. 5.1: Elemente eines Personalentwicklungssystems 161
Abb. 5.2: Wesentliche Rollenbeziehungen von im Ausland tätigen Manager 174
Abb. 5.3: Modell für die Entwicklung eines multinationalen Managements 175
Abb. 5.4: Kultureller Anpassungsprozeß 178
Abb. 5.5: Loyalitätsformen entsandter Mitarbeiter 179
Abb. 5.6: Determinanten des Erfolges von Expatriates 180
Abb. 5.7: Kontingenzmodell für interkulturelles Training von Tung 185
Abb. 5.8: Modell internationaler Leistungsbeurteilung 192
Abb. 5.9: Prozeßmodell der Reintegration nach Hirsch 198
Abb. 6.1: Entsendungsarten 231

Abb. 6.2: Gehaltsfindung für Expatriates 232
Abb. 6.3: Der Balance Sheet Approach 233
Abb. 7.1: Nationales System der Arbeitsbeziehungen 253
Abb. 7.2: Die Stellung der multinationalen Unternehmen im System der
Arbeitsbeziehungen auf internationaler Ebene 255
Abb. 7.3: Struktur der Gewerkschaften in führenden westlichen Industrienationen ...257
Abb. 7.4: Internationale Zusammenschlüsse von Gewerkschaften 262
Abb. 7.5: Der Europäische Betriebsrat 267
Abb. 8.1: Definition des Strategischen Internationalen Personalmanagements 284
Abb. 8.2: Wahrgenommener Bedarf an Fit und Flexibilität im IHRM nach
Stufen des Organisationslebenszyklusses 292
Abb. 8.3: Integrativer Bezugsrahmen für Strategisches Internationales
Personalmanagement (1) 296
Abb. 8.4: Integrativer Bezugsrahmen für strategisches internationales
Personalmanagement (2) 297
Abb. 8.5: Modell für Strategisches Internationales Personalmanagement 300
Abb. 8.6: Modell des Strategischen Internationalen Personalmanagements 303
Abb. 8.7: Ergebnisse der Fallstudien. 304
Abb. 8.8: Konzeptionelles Modell für einen theoretischen Bezugsrahmen
zum strategischen Personalmanagement 308

Tabellenverzeichnis

Tab. 1.1: Die fünfzig weltweit größten Industrie- und Dienstleistungsunternehmen 9
Tab. 2.1: Zustimmungsraten "Hierarchische Strukturen" 41
Tab. 2.2: Ablehnungsraten "Effizienz von Arbeitsabläufen" 41
Tab. 2.3: Ablehnungsrate "Antworten von Vorgesetzten" 42
Tab. 2.4: Länderabkürzungen 52
Tab. 2.5: Index der langfristigen Orientierung 56
Tab. 3.1: Evolution und Wachstum internationaler Aktivitäten 72
Tab. 3.2: Strukturtypen internationaler Unternehmen 83
Tab. 3.3: Struktur der Personalmanagementfunktion 89
Tab. 3.4: Wertorientierungen der Muttergesellschaften gegenüber ihren Tochtergesellschaften in multinationalen Unternehmen 91
Tab. 4.1: Gründe für die Ablehnung einer Auslandstätigkeit 110
Tab. 4.2: Empirische Ergebnisse und Prognosen zur Verbreitung der Grundorientierungen der Stellenbesetzungspolitik 115
Tab. 4.3: Anteile interner Personalbeschaffung bei Führungskräften in international tätigen europäischen Unternehmen 116
Tab. 4.4: Interne Stellenbesetzung in international tätigen Unternehmen in ausgewählten europäischen Ländern 117
Tab. 4.5: Anteile international tätiger europäischer Unternehmen, die Personalberater für die Rekrutierung von Führungskräften einsetzen 118
Tab. 4.6: Einsatz von Personalberatern bei der Stellenbesetzung in international tätigen Unternehmen in ausgewählten europäischen Ländern 119
Tab. 4.7: Rekrutierungspraktiken in international tätigen Unternehmen in ausgewählten europäischen Ländern 120
Tab. 4.8: Kategorien von Erfolgsattributen 128
Tab. 4.9: Abbruchraten von Auslandstätigkeiten 135
Tab. 5.1: Anteil der in Weiterbildung involvierten Mitarbeiter in internationalen Unternehmen 163
Tab. 5.2: Anteil der Aus- und Weiterbildungskosten an der jährlichen Lohn- und Gehaltssumme in international tätigen Unternehmen 164
Tab. 5.3: Anteil internationaler Unternehmen, die regelmäßig Auslandseinsätze praktizieren 165
Tab. 5.4: Internationale Personalentwicklung 171
Tab. 5.5: Beispiele für Methoden interkulturellen Trainings 182
Tab. 5.6: Trainingstechniken 183
Tab. 6.1: Erfolgsbeteiligung in international tätigen europäischen Unternehmen 223
Tab. 6.2: Kapitalbeteiligung in international tätigen europäischen Unternehmen 224
Tab. 6.3: Cafeteria-Systeme in international tätigen europäischen Unternehmen 225
Tab. 6.4: Beispiel für eine Nettovergleichsrechnung 234

Tab. 6.5   Internationaler Vergleich der Kosten für die Lebenshaltung 236
Tab. 6.6:   Beispiele für Erschwerniszulagen in Prozent des Nettogehaltes 237
Tab. 7.1:   Durchschnittliche Arbeitskosten pro Stunde im Produktionsbereich 259
Tab. 7.2:   Gewerkschaftlicher Organisationsgrad von Arbeitern und Angestellten 270
Tab. 7.3:   Gewerkschaftlicher Organisationsgrad in international tätigen
            europäischen Unternehmen 271
Tab. 7.4:   Mitgliedschaft im Arbeitgeberverband von international tätigen
            europäischen Unternehmen 272
Tab. 7.5:   Gemeinsame Arbeitsgruppen von Führungskräften und Mitarbeitern in
            international tätigen europäischen Unternehmen 273
Tab. 8.1:   Charakteristika der Globalisierungsphasen 287
Tab. 8.2:   Globalisierungsphasen und Personalmanagement 288
Tab. 8.3:   Die vier Fits des Strategischen Internationalen Personalmanagements 290
Tab. 8.4:   Globalisierungsstrategien 293
Tab. 8.5:   Kennzeichen der internationalen Personalstrategien 302
Tab. 8.6:   Zusammenfassender Vergleich der SIPM-Konzepte 307

Abkürzungsverzeichnis

ABB	Asea Brown Boveri
AFL-CIO	American Federation of Labor and Congress of Industrial Organization
AO	Abgabenordnung
Aufl.	Auflage
BDA	Bundesvereinigung Deutscher Arbeitgeberverbände
BDI	Bundesverband der Deutschen Industrie
Bearb.	Bearbeitet
BetrVG	Betriebsverfassungsgesetz
BGB	Bürgerliches Gesetzbuch
Bzw.	beziehungsweise
CH	Schweiz
CIIME	Committee in International Investment and Multinational Companies
DGB	Deutscher Gewerkschaftsbund
DGfP	Deutsche Gesellschaft für Personalführung
Diss.	Dissertation
DM	Deutsche Mark
EGB	Europäischer Gewerkschaftsbund
EMB	Europäischer Metallgewerkschaftsbund
EPRG	Ethnozentrisch - Polyzentrisch - Regiozentrisch - Geozentrisch
Erw.	erweitert
ESOP	Employee Stock Ownership Plan
EstG	Einkommensteuergesetz
ETUC	European Trade Union Confederation
F	Frankreich
F&E	Forschung und Entwicklung
FIET	International Federation of Commercial, Clerical, Professional and Technical Employees
f.	folgende Seite
ff.	folgende Seiten
GB	Großbritannien
GG	Grundgesetz
HCN	Host Country National
HRM	Human Resource Management
Hrsg.	Herausgeber
IAO	Internationale Arbeitsorganisation
IBFG	Internationaler Bund freier Gewerkschaften
ICFTU	International Confederation of Free Trade Unions

IG	Industriegewerkschaft
IHRM	International Human Resource Management
IMB	Internationaler Metallgewerkschaftsbund
ITS	International Trade Secretariats
MG	Muttergesellschaft
Mio.	Millionen
MNU	Multinationale Unternehmung
Mrd.	Milliarden
NL	Niederlande
Nr.	Nummer
o.V.	Ohne Verfasser
OECD	Organisation für wirtschaftliche Zusammenarbeit und Entwicklung
OLZ	Organisationslebenszyklus
PCN	Parent Country National
RHQ	Regional Headquarters
S.	Seite
SIPM	Strategisches Internationales Personalmanagement
TCN	Third Country National
TDM	Tausend Deutsche Mark
TG	Tochtergesellschaft
u.U.	unter Umständen
UCLA	University of California in Los Angeles
UNCTC	Kommission der Vereinten Nationen für transnationale Unternehmen
Vgl.	Vergleiche
WGB	Weltweiter Gewerkschaftsbund
WISU	Das Wirtschaftsstudium
WVA	Weltverband Arbeitnehmer
Z.B.	zum Beispiel
z.T.	zum Teil
ZfB	Zeitschrift für Betriebswirtschaft
ZfP	Zeitschrift für Personalwirtschaft

KAPITEL 1

Einführung

1. Zur Bedeutung des Internationalen Personalmanagements

Internationales Personalmanagement ist ein zugleich faszinierendes und komplexes Arbeits- und Forschungsfeld. Es umfaßt eine Reihe von Problemkreisen, die auf ganz unterschiedlichen Ebenen angesiedelt sind.[1]

Eine große Rolle spielen die veränderten Rahmenbedingungen, die dadurch entstehen, daß eine Unternehmung nicht nur in einem nationalen Kontext tätig ist, sondern in verschiedenen Ländern und Kontinenten. Dies erfordert in der Regel eine Umgestaltung der Organisationsstruktur und der Unternehmensstrategie, um den Herausforderungen der internationalen Unternehmenstätigkeit gerecht zu werden. Diejenigen Mitarbeiter, die die internationale Ausrichtung des Unternehmens umsetzen, sind gefordert, sich mit anderen Kulturen und damit mit anderen Sitten, Bräuchen, Traditionen und rechtlichen Rahmenbedingungen auseinanderzusetzen. Ihre Tätigkeit ist also durch eine größere Komplexität gekennzeichnet als bei lediglich national ausgerichteten Unternehmen. Die durch die Internationalisierung bedingten Veränderungen auf der Unternehmensebene und im Umfeld der international tätigen Führungskräfte sind Gegenstand der folgenden beiden Kapitel dieses Buches.

Anschließend werden Möglichkeiten aufgezeigt, wie im Rahmen des Internationalen Personalmanagements eine Unterstützung der Internationalisierung für das Gesamtunternehmen und für das Individuum erfolgen kann. So geht es in der *Personalauswahl* darum, die für internationale Tätigkeiten am besten geeigneten Mitarbeiter zu identifizieren. Die *Personalentwicklung* hat im internationalen Kontext primär das Ziel, Mitarbeiter auf ihre Tätigkeiten an internationalen Schnittstellen des Unternehmens möglichst gut vorzubereiten. Hierzu gehören einerseits interkulturelle Vorbereitungsmaßnahmen und Sprachtraining, andererseits aber auch langfristig angelegte Programme, die die internationale Karriereentwicklung der Mitarbeiter unterstützen, damit dem Unternehmen jederzeit entsprechend qualifizierte Kräfte in ausreichender Quantität zur Verfügung stehen. Besonders komplex gestaltet sich die *Kompensation* der international tätigen Mitarbeiter. Die Vielzahl der rechtlichen Rahmenbedingungen, der Entgeltbestandteile, der Sozialversicherungsaspekte und der sonstigen Leistungen, die in den Arbeitsverträgen geregelt werden, stehen hier im Vordergrund der Diskussion um die Gleichbehandlung verschiedener Mitarbeitergruppen in multinationalen Unternehmen. Im Kontext der internationalen Unternehmenstätigkeit ergeben sich auch Unterschiede in den Arbeitgeber-Arbeitnehmerbeziehungen. Diese bilden den Schwerpunkt des Kapitels *Internationale Arbeitsbeziehungen*. Hier wird insbesondere dargestellt, wie es zu der besonderen Problematik der Arbeitgeber-/Arbeitnehmerbeziehungen auf internationaler Ebene kommt und welche Lösungsansätze denkbar sind.

Die Bündelung aller personalwirtschaftlichen Maßnahmen zum Strategischen Internationalen Personalmanagement spiegelt die Notwendigkeit der Orientierung der personalwirtschaftlichen Funktion an der Unternehmensstrategie und an den jeweiligen Rahmenbedingungen wider. Diesem Themenfeld trägt Kapitel 8 Rechnung und verknüpft damit noch einmal die Ergebnisse der vorherigen Kapitel.

In diesem ersten Kapitel wird der Leser zunächst auf das Handlungsfeld des Internationalen Personalmanagements eingestimmt. Um aktuelle Trends und Entwicklungstendenzen in der Weltwirtschaft und insbesondere im deutschsprachigen Raum aufzuzeigen, werden sowohl volkswirtschaftliche als auch betriebswirtschaftliche Daten herangezogen. Die skizzierten Entwicklungstendenzen machen deutlich, wie wichtig die Auseinandersetzung mit den Folgen der Internationalisierung für die einzelnen betriebswirtschaftlichen Funktionsbereiche ist.

Anschließend, im zweiten Teil dieses Kapitels, erfolgt eine Eingrenzung des Themengebietes, um so die Inhalte für dieses Buch bestimmen und einordnen zu können. Es werden einige Besonderheiten des Internationalen Personalmanagements aufgezeigt und besonders wichtige situative Einflußfaktoren diskutiert. Der am Ende dieses Kapitels geschilderte Fall zeigt am Beispiel einer international tätigen Führungskraft sehr anschaulich, wie Rahmenbedingungen und persönliche Entwicklungen im Kontext einer multinationalen Unternehmung verlaufen können und deutet Ansatzpunkte für internationale personalwirtschaftliche Unterstützungsmaßnahmen an.

2. Internationalisierung der Wirtschaft

Die Internationalisierung der Wirtschaft nimmt seit einigen Jahren ein immer größeres Ausmaß an. Dies kann durch verschiedene Fakten belegt werden, von denen an dieser Stelle jedoch nur einige wichtige genannt werden können. Bei der Systematisierung und Auswahl dieser Merkmale erfolgt eine Orientierung an den in der Literatur grundsätzlich unterschiedenen Formen des Markteintritts im Zusammenhang mit länderübergreifenden Handlungskonzeptionen: den ausländischen Direktinvestitionen, dem internationalen Handel und dem Abschluß von internationalen Technologieverträgen.[2]

Da die Durchführung ausländischer Direktinvestitionen aufgrund der Verlagerung von Teilen der Wertkette[3] ins Ausland die größten Anforderungen an das Internationale Personalmanagement stellt, wird hierauf zunächst eingegangen. Abschnitt 2.1 enthält also einen kurzen Überblick über das Ausmaß und die Entwicklung der weltweiten Direktinvestitionen. Anschließend wird die besondere Situation von Unternehmen im deutschsprachigen Raum analysiert. Im Mittelpunkt der aktuellen Diskussion steht zur Zeit die Verlagerung von Arbeitsplätzen ins Ausland als Element von Auslandsinvestitionen. Auch diese Entwicklungstendenz wird angesprochen.

Im Zusammenhang mit der Bedeutung des internationalen Handels wird ein Überblick über die Warenstruktur des deutschen Außenhandels darüber informieren, in welchen Bereichen Exporte und damit grenzüberschreitende Tätigkeiten in hohem Maß zu erwarten sind, und wo dies eher nicht der Fall sein wird. Anschließend gibt eine Tabelle Aufschluß über die fünfzig größten Industrieunternehmen der Welt. Von besonderem Interesse ist dabei die Herkunft der Unternehmen und ihre Größe, einerseits gemessen am Umsatz, andererseits aber auch gemessen an der Zahl der Beschäftigten. Auf das

Ausmaß und die Bedeutung des Abschlusses internationaler Technologieverträge wird nicht explizit eingegangen, da hiermit nicht zwangsläufig in gleichem Maße Konsequenzen für das Internationale Personalmanagement verbunden sind.

Ziel dieser Ausführungen ist es, das Umfeld, in dem internationale personalwirtschaftliche Aktivitäten auftreten und gesteuert werden müssen, zu beschreiben und zu analysieren. Die Kenntnis dieser Entwicklungen auf weltweiter Ebene und in der Bundesrepublik Deutschland ist die Grundvoraussetzung dafür, daß die Entscheidungsträger in den Unternehmen potentielle Probleme erkennen, frühzeitig Handlungsempfehlungen geben und adäquate Maßnahmen in die Wege leiten können.

2.1 Entwicklung der ausländischen Direktinvestitionen

Unter dem Begriff der "Direktinvestitionen im Ausland" werden im Kontext des Internationalen Personalmanagements lediglich solche Investitionen subsumiert, die mit dem Ziel der Managementkontrolle verbunden sind.[4] Die so gefaßte Begriffsdefinition schließt mit ein, daß die ausländischen Aktivitäten in einem inhaltlichen Zusammenhang mit den Aktivitäten des Stammhauses stehen. So wird davon ausgegangen, daß Personen, Produkte, Geld, Know-how und/oder Informationen zwischen Stammhaus und ausländischer Niederlassung transferiert werden. Nur wenn Aktivitäten in den ausländischen Unternehmenseinheiten durchgeführt werden, die in einem interdependenten Zusammenhang mit dem Geschäft des Stammhauses bzw. des Gesamtunternehmens stehen, ist eine Unterstützung durch entsprechende personalwirtschaftliche Maßnahmen wichtig.[5] Handelt es sich bei den ausländischen Direktinvestitionen dagegen lediglich um Portfolio-Investitionen, die aus einem Renditemotiv getätigt werden, haben sie für die Personalfunktion der Unternehmung in der Regel keine Konsequenzen. Begründet werden kann diese Auffassung damit, daß der Aufbau von Unternehmenseinheiten im Ausland mit dem Ziel der Managementkontrolle normalerweise eine wesentliche Verlagerung der Aktivitäten der Wertkette erfordert, die nach Porter unterstützende Maßnahmen im Bereich des Human Resource Management benötigt.[6]

Schaut man sich Statistiken an, so kann festgestellt werden, daß bereits seit Beginn der sechziger Jahre eine erhebliche Zunahme der weltweiten ausländischen Direktinvestitionen zu verzeichnen ist.[7] Mitte der achtziger Jahre stieg das Gesamtvolumen stärker als jemals zuvor. Die durchschnittliche nominale Wachstumsrate lag zwischen 1985 und 1990 bei 34 % und damit erheblich höher als die durchschnittlichen Wachstumsraten der Exportaktivitäten oder des Bruttosozialprodukts.[8] Das Gesamtvolumen an ausländischen Direktinvestitionen überschritt im Jahr 1990 erstmals zwei Billionen US-Dollar,[9] ein Wert der nach einem Rückgang in den Jahren 1991-1993 auch 1994 wieder erreicht wurde.[10]

Das Ausmaß und die Bedeutung ausländischer Direktinvestitionen zu Beginn des 21. Jahrhunderts lassen sich ermessen, wenn man sich vor Augen führt, daß sich in der Dekade zwischen 1990 und 2000 der auf den US-Dollar bezogene Wert ausländischer Direktinvestitionen nochmals mehr als verfünffacht hat. Insbesondere zwischen 1998 und 2000 wurden - ähnlich wie bereits in den achtziger Jahren - wieder durchschnittliche jährliche Wachstumsraten von mehr als 33 % erzielt. Im Jahre 2000 verzeichneten die weltweiten ausländischen Direktinvestitionen eine Rekordsumme von mehr als 1,1 Trillionen US-Dollar.[11]

Eine ähnliche steigende Tendenz ist in den Direktinvestitionen von Unternehmen aus der Bundesrepublik Deutschland festzustellen. Am Jahresende 1998 erreichten sie einen Wert von 619 Mrd. DM.[12] Abbildung 1.1 gibt Aufschluß über die Entwicklung der deutschen Direktinvestitionen im Ausland seit 1983. Es wird deutlich, daß die Bestände an unmittelbaren Direktinvestitionen deutscher Unternehmen im Ausland allein im Zeitraum der letzten fünf Jahre, zu denen Zahlen vorliegen, also von Ende 1993 bis Ende 1998, um ca. 93 % gestiegen sind. Entsprechend der DIHT-Konjunkturumfrage „Wirtschaftslage und Erwartungen im Herbst 1999" lassen die Investitionsplanungen deutscher Unternehmen auch für das Jahr 2000 wiederum eine Zunahme der ausländischen Direktinvestitionen erwarten.[13]

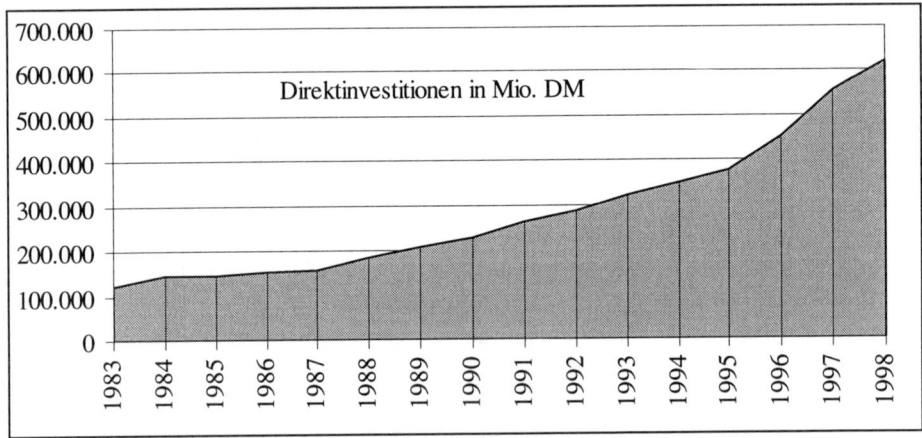

Abb. 1.1: Entwicklung der unmittelbaren und mittelbaren deutschen Direktinvestitionen im Ausland (vgl. Statistisches Jahrbuch, 1988, S. 573; 1990, S. 605; 1992, S. 698; 1993, S. 723; 1994, S. 724; 1995, S. 697; 1996, S. 681; 1997, S. 706; 1999, S. 692; 2000, S. 670).

Entsprechend der Entwicklungstendenz der Direktinvestitionen ist auch die Zahl der Beschäftigten in den Auslandsniederlassungen deutscher Unternehmen von 1,8 Millionen 1985 auf 2,6 Millionen Ende 1994 gestiegen. Damit hat sich der Anteil der ausländischen Belegschaft zwischen 1985 und 1995 im Durchschnitt von 34 % auf 41 % erhöht, während die Zahl der inländischen Mitarbeiter nur geringfügig gestiegen ist. Einher geht diese Tendenz mit einer durchschnittlichen Erhöhung des Auslandsumsatzes von 55 % auf 59 %.[14] Die Auslandsquoten deutscher Großunternehmen liegen in vielen Fällen sogar noch darüber. Bei Schering, Bayer, VW, Mannesmann und BASF liegen sie zwischen 60 und 80 %, bei Siemens und Thyssen nur knapp darunter.[15] Interessant ist, daß in einer Studie des DIHT von den meisten Unternehmen angegeben wurde, daß - entgegen häufig zitierter Meinungen in der Presse - durch die Ausweitung des Engagements auf Auslandsmärkten auch Arbeitsplätze am Standort Deutschland gesichert werden konnten.[16] Der Vorstandsvorsitzende der Siemens AG, Heinrich von Pierer, bestätigte 1997, daß das Asien-Geschäft der Siemens AG derzeit ca. 40.000 Arbeitsplätze in der Bundesrepublik Deutschland sichere.[17] Auch für 1997 wurde erwartet, daß die Investitionstätigkeit westdeutscher Unternehmen im Ausland dynamisch bleibt.

"Bei den Unternehmen mit Auslandsinvestitionen überwiegt der Anteil derjenigen, die im Vergleich zum Vorjahr eine Ausweitung der Investitionen im Ausland planen. Damit setzt sich die im letzten Jahrzehnt zu beobachtende Entwicklung in Richtung einer hohen Auslandsorientierung der Unternehmen fort."[18]

Insbesondere handelt es sich bei den geplanten Auslandsinvestitionen um Verlagerungen der Produktionsbereiche der Unternehmen. Als wichtigste Zielregionen wurden von den befragten Unternehmen, wie bereits 1993 und 1996, die mittel- und osteuropäischen Staaten genannt.[19] Mit abnehmender Wichtigkeit folgen asiatische Staaten, die Mitgliedsländer der Europäischen Union und die NAFTA-Staaten (Kanada, die USA und Mexiko). Diese Angaben beziehen sich auf die Anzahl der *geplanten* Investitionsvorhaben. Bezüglich des Investitionsvolumens dominieren die EU und die USA als Zielländer.[20]

Es zeigt sich also, daß das Ausmaß ausländischer Direktinvestitionen weltweit, und ebenso bei deutschen Unternehmen, zugenommen hat. Der damit verbundene zunehmende Anteil des Auslandsumsatzes sowie der Beschäftigten in Auslandsniederlassungen läßt die Schlußfolgerung zu, daß auch die Bedeutung des Internationalen Personalmanagements als unterstützende Funktion im Unternehmen steigt und - bei entsprechender Gestaltung - zu einem strategischen Erfolgsfaktor werden kann.

2.2 Entwicklung des internationalen Handels

Das Bild einer international ausgerichteten Wirtschaft zeigt sich auch, wenn man betrachtet, wo die im jeweiligen Inland hergestellte Industrieproduktion verkauft wird. Mehr als ein Viertel, in manchen Jahren sogar mehr als 30 Prozent der Industrieproduktion der Bundesrepublik Deutschland wird an das Ausland verkauft. Für viele Unternehmen bedeutet dies, daß ihr Erfolg wesentlich von Export- bzw. Auslandsaktivitäten abhängt. Die folgende Abbildung zeigt die Warenstruktur des deutschen Außenhandels zum Ende des ersten Halbjahres im Jahre 2000:

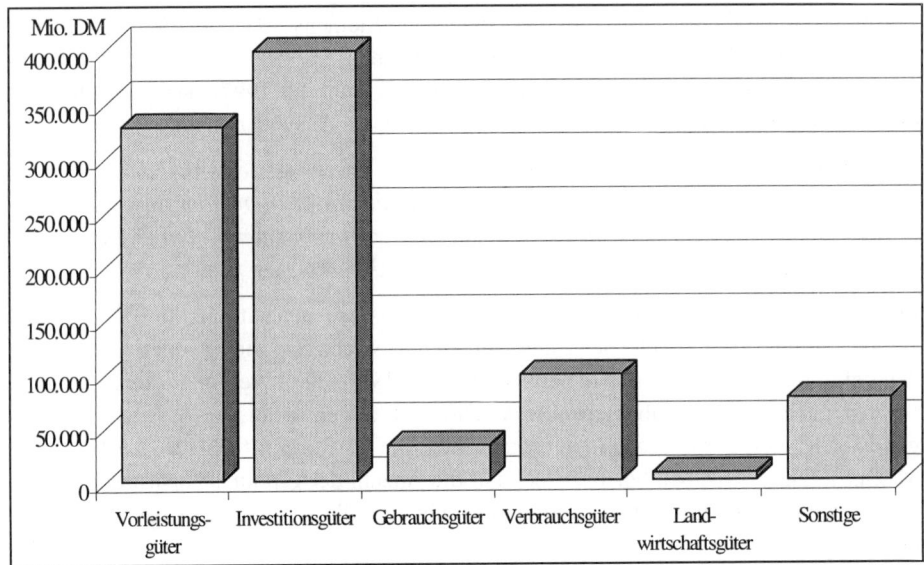

Abb. 1.2: Ausfuhr nach Gütergruppen für Produktionsstatistiken, Bundesrepublik Deutschland 2000 (Stand zum Ende des ersten Halbjahres; vgl. Jahresgutachten 2000/2001 des Sachverständigenrates zur Begutachtung der gesamtwirtschaftlichen Entwicklung, S. 70).

Aus der Abbildung wird deutlich, daß den Investitionsgütern die größte Bedeutung zukommt. Besonders wichtig sind hier Maschinenbau, Straßenfahrzeuge und elektrotechnische Erzeugnisse. Der größte Teil der Exporte aus deutschen Unternehmen geht in die europäischen Nachbarländer. Allein auf die Länder der Europäischen Union entfallen rund 53 % des gesamten Exports, auf industrialisierte westliche Länder, zu denen als weitere wichtige Handelspartner auch die USA und Kanada gehören, insgesamt circa 73 %. Die restlichen Exporte entfallen primär auf südostasiatische Schwellenländer, Entwicklungsländer sowie Mittel- und Osteuropa.[21]

Export ist ähnlich wie Direktinvestitionen im Ausland mit einer Zunahme der grenzüberschreitenden Tätigkeiten verbunden. Diese werden wiederum durch die Menschen, die in den Unternehmen tätig sind realisiert. Auch hierdurch werden also Anforderungen an das Humankapital der Unternehmen und damit auch an das Internationale Personalmanagement gestellt. Wird berücksichtigt, daß der Export oftmals nur ein erster Schritt in die internationale Unternehmenstätigkeit darstellt, unterstreicht dies die strategische Bedeutung der Personalfunktion.

2.3 Die größten Industrieunternehmen der Welt

Die größtenIndustrieunternehmen sind in der Regel sowohl durch ein hohes Ausmaß ausländischer Direktinvestitionen wie durch eine hohe Exporttätigkeit gekennzeichnet. Auffällig ist, daß sie ihren Stammsitz vorwiegend in Ländern der Triade haben, d.h. in Japan, Nordamerika oder in Europa.[22]

Das umsatzstärkste europäische Unternehmen ist dieser Aufstellung zufolge Daimler-Chrysler, Umsatzspitzenreiter unter den deutschen Unternehmen sind 2000 darüber hinaus Volkswagen, Siemens, Allianz, Deutsche Bank, e.on und Metro. Hinsichtlich der Gesamtbeschäftigtenzahl stellt DaimlerChrylser, dicht gefolgt von Siemens, das größte deutsche Unternehmen dar.

Anhand von Tabelle 1.1 läßt sich zeigen, daß die Globalisierung der Wirtschaft ein internationaler Trend ist. Unternehmen, die erfolgreich am internationalen Wettbewerb teilhaben wollen, müssen eine internationale Orientierung in ihren Managementaktivitäten entwickeln.

Diese internationale Orientierung bezieht sich auf alle Funktionsbereiche des Unternehmens. Folgt man jedoch der Argumentation von Duerr, so scheint sie im Personalmanagement bzw. im Human Resource Management (HRM)[23] von besonderer Bedeutung zu sein:

"Im Grunde genommen wird jeder Typus internationaler Probleme letztlich durch Menschen verursacht oder muß von Menschen gelöst werden. Folglich ergibt sich, daß die richtigen Leute am richtigen Ort zur richtigen Zeit den Schlüssel zum internationalen Wachstum einer Unternehmung darstellen. Wenn wir erfolgreich bei der Lösung dieses Problems sind, bin ich zuversichtlich, daß wir auch mit allen anderen fertig werden." [24]

Dieses Zitat zeigt, welche Bedeutung dem Internationalen Personalmanagement im Kontext internationaler Unternehmenstätigkeit zukommt. Es stellt sich jedoch die Frage, ob die bisher vorliegenden Lösungen dieser Bedeutung entsprechen. 1986 konstatierte der französische Forscher André Laurent in einem viel beachteten Aufsatz, daß das Internationale Personalmanagement noch in den Kinderschuhen stecke.[25] Zu einem ähnlichen Fazit kommt auch noch zehn Jahre später Althauser in bezug auf deutsche Unternehmen. Er begründet seine Einschätzung vor allem damit,

- daß bisher nur wenigen ausländischen Führungskräften der Sprung in die Top-Positionen deutscher Unternehmen ermöglicht wurde,
- daß nur vergleichsweise wenig ausländische Studierende an deutschen Hochschulen einen qualifizierten Abschluß erwerben und
- daß auch die deutschen Studierenden nur zu einem geringen Teil Auslandserfahrung während des Studiums sammeln.[26]

Schaut man sich jedoch die vorliegenden Lösungsansätze zu internationalen personalwirtschaftlichen Problemen auf der operativen wie auf der strategischen Ebene an, so läßt das Ergebnis ein wenig mehr Optimismus zu.[27] Es wurden insbesondere in den letzten fünfzehn Jahren eine Reihe von wissenschaftlichen Qualifizierungsarbeiten zu verschiedenen Themengebieten des Internationalen Personalmanagements im deutschsprachigen Raum erstellt.[28]

Äußeres Zeichen für die Ende der 80er Jahre, Anfang der 90er Jahre größere Aufmerksamkeit bezüglich der internationalen Probleme in allen betriebswirtschaftlichen Handlungsfeldern ist das Erscheinen des umfassenden Nachschlagewerks "Handwörterbuch Export und Internationale Unternehmung" im Jahre 1989.[29]

Das Ziel des hier vorliegenden Buches, dessen Autoren in drei verschiedenen Erdteilen zu Hause sind, ist es, den Prozeß der Internationalisierung durch die Untersuchung der internationalen Dimensionen des Personalmanagements zu analysieren. In diesem ersten Kapitel wird zunächst Internationales Personalmanagement oder - wie es im angelsächsischen Bereich oft genannt wird - *International Human Resource Management (IHRM)* - definiert.[30]

In diesem Zusammenhang werden die Gemeinsamkeiten und Unterschiede zwischen nationalem und Internationalem Personalmanagement untersucht und somit die Hauptmerkmale des Internationalen Personalmanagements identifiziert. Schließlich werden wichtige Variablen erläutert, die Einfluß auf die Ausprägung des Internationalisierungsprozesses und somit auch auf das Internationale Personalmanagement haben.

Am Ende dieses Kapitel steht ein Fallbeispiel, das die Karriere eines entsandten Mitarbeiters beschreibt. Es soll die Problembereiche einer Auslandsentsendung deutlich machen und zur Entwicklung von Sensibilität für die Notwendigkeit internationaler personalwirtschaftlicher Maßnahmen beitragen. Die Ergänzung von theoretischen Ausführungen durch praktische Fallbeispiele wird in den folgenden Kapiteln beibehalten.

Rang 2000	Rang 1999	Gesellschaft	Industrie	Land	Umsatz Mio. US$	Beschäftigte
1	1	General Motors	Automobilbau	USA	176.558,0	388.000
2	4	Wal-Mart Stores	Einzelhandel	USA	166.809,0	1.140.000
3	8	Exxon	Öl	USA	163.881,0	106.000
4	3	Ford Motor	Automobilbau	USA	162.558,0	364.550
5	2	DaimlerChrysler	Automobilbau	D	159.986,0	466.938
6	5	Mitsui	Handel	Japan	118.555,0	38.454
7	7	Mitsubishi	Handel	Japan	117.766,0	42.050
8	10	Toyota Motor	Automobilbau	Japan	115.671,0	214.631
9	9	General Electric	Elektro(nik)	USA	111.630,0	340.000
10	6	Itochu	Handel	Japan	109.069,0	5.306
11	11	Royal Dutch/Shell	Öl	GB/NL	105.366,0	96.000
12	13	Sumitomo	Handel	Japan	95.701,6	33.057
13	18	Nippon Telegraph & Telephone	Telekommunikation	Japan	93.591,7	223.954
14	12	Marubeni	Handel	Japan	91.807,4	32.000
15	15	Axa	Versicherungen	F	87.645,7	92.008
16	14	Intl. Business Machines	Computer/Büro	USA	75.947,0	307.401
17	19	BP Amoco	Öl	GB	83.566,0	80.400
18	16	Citigroup	Finanzen	USA	82.005,0	176.900

Rang 2000	Rang 1999	Gesellschaft	Industrie	Land	Umsatz Mio. US$	Beschäftigte
19	17	Volkswagen	Automobilbau	D	80.072,7	306.275
20	21	Nippon Life Insurance	Versicherung	Japan	78.515,1	71.434
21	22	Siemens	Elektro(nik)	D	75.337,0	443.000
22	23	Allianz	Versicherung	D	74.178,2	113.584
23	24	Hitachi	Elektro(nik)	Japan	71.858,5	398.348
24	26	Matsushita Electric Industrial	Elektro(nik)	Japan	65.555,6	290.448
25	20	Nissho Iwai	Handel	Japan	65.393,2	18.446
26	25	U. S. Postal Service	Postservice	USA	62.726,0	905.766
27	28	ING Group	Versicherung	NL	62.492,4	86.040
28	30	AT & T	Telekommunikation	USA	62.391,0	147.800
29	27	Philip Morris	Tabakwaren	USA	61.751,0	137.000
30	31	Sony	Elektro(nik)	Japan	60.052,7	189.700
31	42	Deutsche Bank	Bank	D	58.585,1	93.232
32	29	Boeing	Luftfahrt	USA	57.993,0	197.000
33	45	Dai-Ichi Mutual Life Insurance	Versicherung	Japan	55.104,7	60.792
34	38	Honda Motor	Automobilbau	Japan	54.773,5	112.000
35	39	Assicurazioni Generali	Versicherung	Italien	53.723,2	56.593
36	33	Nissan Motor	Automobilbau	Japan	53.679,9	141.526
37	46	E.ON	Handel	D	52.227,7	131.602
38	48	Toshiba	Elektro(nik)	Japan	51.634,9	190.870
39	35	Bank of America	Bank	USA	51.392,0	155.906
40	34	Fiat	Automobilbau	Italien	51.331,7	221.043
41	36	Nestlé	Lebensmittel	Schweiz	49.694,1	230.929
42	104	SBC Communications	Telekommunikation	USA	49.489,0	204.530
43	37	Credit Suisse	Bank	Schweiz	49.362,0	63.963
44	41	Hewlett-Packard	Computer/Büro	USA	48.253,0	84.400
45	51	Fujitsu	Computer/Büro	Japan	47.195,9	188.000
46	32	Metro	Handel	D	46.663,6	171.440
47	54	Sumitomo Insurance	Versicherungen	Japan	46.445,1	65.514
48	52	Tokyo Electric Power	Elektrizität	Japan	45.727,7	48.255
49	109	Kroger	Handel	USA	45.351,6	213.000
50	114	Total Fina Elf	Öl	F	44.990,3	69.852

Tab. 1.1: Die fünfzig weltweit größten Industrie- und Dienstleistungsunternehmen (Fortune, 2000, Heft Juli, Global 500).

3. Abgrenzung des Internationalen Personalmanagements

Um *International Human Resource Management* abgrenzen zu können, muß zunächst der Aufgabenbereich des Personalmanagements definiert werden. Das Personalmanagement umfaßt diejenigen Funktionen einer Organisation, die das Ziel haben, Humanressourcen bereitzustellen und zielorientiert einzusetzen.[31] Es handelt sich im wesentlichen um die folgenden Funktionen:

- Personalrekrutierung und Auswahl,
- Personalentwicklung und Training,
- Kompensation und Anreizgestaltung sowie
- Führung.

Diese Kernaufgaben werden durch verschiedene Instrumente wie z.B. die Leistungsbeurteilung unterstützt. Sie vollziehen sich in einem System von Arbeitsbeziehungen und Rechtsnormen, das in den einzelnen Ländern unterschiedlich gestaltet ist. Zweckmäßigerweise wird dieser für die Personalmanagemententscheidungen höchst bedeutsame Ausschnitt des Umfeldes als ein weiteres Teilgebiet des Personalmanagements in die Betrachtung einbezogen.[32] Um die Frage beantworten zu können, welche Bereiche sich verändern, wenn das Tätigkeitsspektrum des *Human Resource Management* (HRM) auf eine internationale Ebene ausgeweitet wird, erweist sich ein Beitrag von Morgan[33] über die Entwicklung des Internationalen Personalmanagements als hilfreich. Morgan präsentiert ein Modell, das sich aus drei Dimensionen zusammensetzt. Es wird in leicht veränderter Form in Abbildung 1.3 dargestellt.[34] Die erste Dimension orientiert sich an den oben genannten Funktionen des Personalmanagements. Die zweite Dimension unterscheidet drei Länderkategorien, die im Internationalen HRM eine Rolle spielen:

(1) das Heimatland oder auch Stammland, in dem eine internationale Unternehmung ihren Hauptsitz hat,

(2) das Gastland, in dem sich die Tochtergesellschaft befindet,

(3) "andere Länder" oder auch dritte Länder, die beispielsweise Quellen für Arbeitskräfte oder Finanzierungsmittel der international tätigen Unternehmung darstellen können.

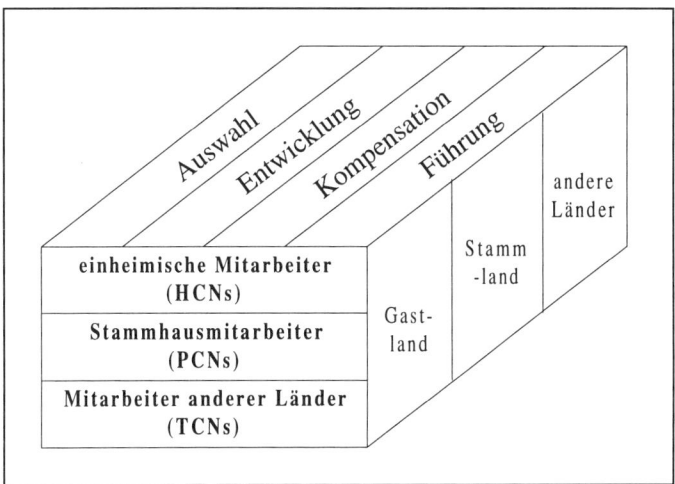

Abb. 1.3: Modell des Internationalen Personalmanagements (in Anlehnung an Weber/Festing, 1991; Morgan, 1986, S. 44).

In der dritten Dimension werden drei Mitarbeitergruppen einer international tätigen Unternehmung unterschieden:

(1) Mitarbeiter, die die Staatsangehörigkeit[35] des Gastlandes, in der sich die Tochtergesellschaft befindet, besitzen (HCNs = host country nationals)

(2) Mitarbeiter, die die Staatsangehörigkeit des Landes besitzen, in dem sich die Muttergesellschaft befindet. Sie können ständig in dem Gastland leben, in dem sich die Tochtergesellschaft befindet (PCNs = parent country nationals)

(3) Mitarbeiter, die die Staatsangehörigkeit eines dritten Landes besitzen (TCNs = third country nationals)

Das folgende Beispiel illustriert die Verwendung der verschiedenen Begriffe: Wenn das US-amerikanische Unternehmen IBM deutsche Staatsangehörige für Tätigkeiten in Deutschland beschäftigt, so sind dies HCNs. Werden US-amerikanische Mitarbeiter nach Deutschland entsandt, so spricht man von PCNs. Die Beschäftigung von deutschen Mitarbeitern in Japan stellt die dritte denkbare Konstellation dar: diese Gruppe von Mitarbeitern wären TCNs.

Morgan definiert nun Internationales Personalmanagement als Zwischenspiel zwischen diesen drei Dimensionen - Funktionen des Personalmanagements, Mitarbeitergruppen und Kategorien derjenigen Länder, in denen ein Unternehmen tätig ist. Zusammenfassend kann festgehalten werden, daß das Internationale Personalmanagement im wesentlichen dieselben Funktionen beinhaltet wie ein national ausgerichtetes Personalmanagement. Der wesentliche Unterschied ergibt sich jedoch aus der Komplexität, die damit verbunden ist, in vielen verschiedenen Ländern zu operieren und Mitarbeiter verschiedener Nationalitäten zu beschäftigen. Sie stellt den Hauptfaktor für die Differenzierung des Personalmanagements auf nationaler und internationaler Ebene dar.

4. Besonderheiten des Internationalen Personalmanagements

Viele Unternehmen unterschätzen die Komplexität, die mit Operationen auf internationaler Ebene verbunden ist, und vieles deutet darauf hin, daß geschäftliche Mißerfolge auf ein schlechtes Personalmanagement zurückzuführen sind. Desatnick und Bennett führten eine Studie bei großen US-amerikanischen multinationalen Unternehmen durch und kamen zu dem folgenden Ergebnis:

> *"Die primären Gründe für Fehlschläge bei multinationalen Operationen sind auf Mängel im Verständnis der wesentlichen Unterschiede auf allen Ebenen des Personalmanagements in einer fremden Umgebung zurückzuführen."*[36]

Bestimmte Managementphilosophien und -techniken haben sich auf nationaler Ebene als erfolgreich erwiesen: Ihre Anwendung in einer fremden Umgebung führt jedoch nur zu oft zu Frustrationen, Fehlschlägen und Minderleistungen. Die Analyse und Berücksichtigung dieser "menschlichen" oder personellen Probleme ist genauso wichtig wie das Finanzmanagement oder das Marketing, die im Vordergrund vieler Entscheidungen über multinationale Operationen stehen.[37]

Im folgenden soll konkretisiert werden, was mit der Feststellung gemeint ist, Internationales Personalmanagement sei komplexer als ein Personalmanagement, das sich auf die nationale Ebene konzentriert. Dowling[38] hat die Literatur bezüglich der Gemeinsamkeiten und Unterschiede dieser beiden Ausrichtungen des Personalmanagements zusammengefaßt. Auf der Basis seiner Erkenntnisse läßt sich die Schlußfolgerung ziehen, daß sich Internationales Personalmanagement und Personalmanagement auf nationaler Ebene durch folgende Faktoren unterscheiden lassen:

- Größeres Ausmaß der Aktivitäten
- Globale Perspektive
- Bedeutung der Privatsphäre der Mitarbeiter
- Gewichtung der personalwirtschaftlichen Tätigkeiten
- Größere Risikobehaftung
- Unterschiedliche Wirtschaftssysteme
- Unterschiedliche Wertebasis

Diese Faktoren werden im folgenden näher erläutert und anhand von Beispielen illustriert.

4.1 Größeres Ausmaß der Aktivitäten

Um in einem internationalen Umfeld zu arbeiten, muß sich das Personalmanagement mit einer Anzahl von Aktivitäten beschäftigen, die bei einer Tätigkeit auf nationaler Ebene nicht notwendig wären. Zu nennen sind hier die internationale Besteuerung, Auslandsentsendungen, administrative Dienste für die von der Muttergesellschaft ins Ausland entsandten Mitarbeiter, die Pflege von Beziehungen zur Regierung des jeweiligen Gastlandes und teilweise auch Sprachübersetzungsdienste.

Internationale Besteuerung

Die Problematik der internationalen Besteuerung ergibt sich aus folgendem Sachverhalt:

"Arbeitnehmer unterliegen dem Weisungsrecht des Arbeitgebers. Sie beziehen Einkünfte aus nichtselbständiger Arbeit (§ 19 EStG). Mit dem Wohnsitz (§ 8 AO) oder gewöhnlichen Aufenthalt (§ 9 AO) ist ohne Rücksicht auf die Staatsbürgerschaft die unbeschränkte Steuerpflicht (§ 1 EStG) verbunden, die sich auf das gesamte Welteinkommen erstreckt. Verlegt der Mitarbeiter seinen Wohnsitz ins Ausland, unterliegt er in Deutschland nur noch der beschränkten Steuerpflicht (§ 1 IV EStG) mit Einkünften aus Tätigkeiten, die im Inland ausgeübt oder verwertet werden (§ 49 I Nr. 4 EStG). Wenn Wohnsitz und Tätigkeitsstaat gleichzeitig besteuern, kann es zu Doppelbesteuerungen kommen ... Im allgemeinen wird angestrebt, zumindest Steuer-Inländer eines Staates mit und ohne Auslandsbeziehungen gleich zu behandeln, solange das Gleichmäßigkeitspostulat international nicht voll realisiert werden kann."[39]

Im Ausland tätige Mitarbeiter können also sowohl steuerliche Verpflichtungen in ihrem Heimatland als auch im Gastland haben, so daß Steuerausgleichsabkommen zwischen den Ländern geschlossen werden müssen, um sicherzustellen, daß mit der Zuweisung internationaler Aufgabengebiete weder Anreize noch negative Konsequenzen durch steuerliche Gegebenheiten verbunden sind.[40] Probleme ergeben sich bei der Verwaltung von Steuerausgleichsabkommen durch die große Vielfalt der Steuergesetze in den einzelnen Gastländern. Sie sind zurückzuführen auf den möglichen *Time Lag* zwischen der Tätigkeit eines Mitarbeiters im Ausland und der Klärung von nationalen und internationalen Steuerverpflichtungen. Um diese Schwierigkeiten zu umgehen, nehmen viele internationale Unternehmen die Dienste großer Steuerberatungsunternehmen für die internationale Entgeltgestaltung in Anspruch. Teilweise haben die Personalabteilungen der großen Unternehmen jedoch bereits so viel Know-how aufgebaut, daß sie in der Lage sind, die Vertragsgestaltung der international tätigen Mitarbeiter selbst vorzunehmen. Unterstützend kann hier auch Software eingesetzt werden.[41]

Auslandsentsendungen

Die Durchführung von Auslandsentsendungen umfaßt:

- die Auswahl von international tätigen Mitarbeitern,
- die Entwicklung und Organisation von Trainingsmaßnahmen zur Vorbereitung auf den Auslandsaufenthalt,
- die Beschaffung von Einreisebestimmungen, Visum und Arbeitserlaubnis,
- die Beschaffung von Informationen hinsichtlich Wohnraum, Einkaufsmöglichkeiten, medizinischer Versorgung, Erholungsmöglichkeiten und Unterrichtsangeboten für Kinder im Gastland sowie
- die Gestaltung und Abwicklung der Entlohnung der international tätigen Mitarbeiter wie die Bestimmung von verschiedenen Auslandszulagen und steuerliche Regelungen sowie die Überweisung von Gehältern ins Ausland.

Viele dieser Faktoren können Quellen der Angst für den im Ausland tätigen Mitarbeiter darstellen, und ihre optimale Organisation erfordert einen beträchtlichen Umfang an zeitlichen Ressourcen der Personalabteilung und an Aufmerksamkeit der entsprechenden Mitarbeiter. In jedem Fall erfordern sie sehr viel mehr Zeit als eine Versetzung auf nationaler Ebene.

Administrative Dienste

Ein internationales Unternehmen muß in jedem Land, in dem es tätig ist, auch administrative Dienste für entsandte Mitarbeiter anbieten. Hierzu gehören beispielsweise die Unterstützung bei der Wohnungssuche oder die Erledigung von Verwaltungsgängen. Ein Personalberater kam zu dem Schluß, daß jeder, der einmal für eine solche Aufgabe verantwortlich war, die Bedeutung dieser Tätigkeit und die Bedeutung der Betreuung des Entsandten und der Familie kennt. Nur in enger Zusammenarbeit können die anstehenden Probleme gelöst werden.[42] Das Angebot administrativer Dienste ist eine zeitintensive und komplexe Tätigkeit, weil das Vorgehen nicht immer klar vorgegeben ist und häufig in einer konfliktären Beziehung mit den lokalen Bedingungen steht. Zur Entlastung der Personalabteilung wird eine Vielzahl dieser Tätigkeiten bereits häufig von sogenannten Relocation-Services erledigt. Diese sind auf die Lösung der Anfangsprobleme international tätiger Mitarbeiter in einem neuen Land spezialisiert.[43] Dennoch ist das Unternehmen und damit auch die Personalabteilung gefordert, Lösungen für viele Probleme zu finden, die nicht ohne weiteres einem Relocation-Service übertragen werden können. Beispielsweise können ethische Fragen auftauchen, wenn ein Brauch, der im Gastland legal und akzeptiert ist, im Heimatland im besten Fall unethisch und im schlechtesten Fall illegal ist. So könnte eine Situation eintreten, in der in einem Gastland ein AIDS-Test für die Bewilligung der Arbeitserlaubnis eines Angestellten gefordert wird, dessen Muttergesellschaft ihren Hauptsitz in Kalifornien hat, wo einstellungsbezogene AIDS-Tests illegal sind. Wie geht der Personalmanager mit dem Mitarbeiter um, der die Bestimmung ablehnt, und welche Regelungen werden mit dem Unternehmen getroffen, das diese Regelung festsetzt? Diese Aspekte tragen zur Komplexität im Bereich des Dienstleistungsangebots für international tätige Mitarbeiter bei.

Pflege der Beziehungen zur Regierung des Gastlandes

Die Pflege der Beziehungen zur Regierung des Gastlandes stellt eine wichtige Aufgabe für eine Personalabteilung dar. Dies gilt vor allem in manchen Entwicklungsländern, wo eine Arbeitserlaubnis und andere Zertifikate häufig einfacher zu bekommen sind, wenn eine persönliche Beziehung zwischen dem zuständigen Regierungsvertreter und dem Vertreter des multinationalen Unternehmens besteht. Die Pflege solcher Beziehungen hilft bei der Lösung potentieller Probleme, die durch unklare Qualifikationsanforderungen für international tätige Mitarbeiter und durch diffuse Anforderungskriterien für Dokumente wie die Arbeitserlaubnis verursacht werden können.

Insbesondere amerikanische multinationale Unternehmungen müssen jedoch im Umgang mit Regierungsvertretern vorsichtig sein. Zahlungen oder zahlungsähnliche Leistungen wie Mittagessen, Abendessen oder Geschenke könnten Gesetze gegen

Bestechungen im Ausland wie z.B. den *Foreign Corrupt Practices Act* in den USA verletzen.[44]

Sprachübersetzungsdienste

Das Angebot von Sprachübersetzungsdiensten für interne und externe Korrespondenz des Personals stellt oftmals eine zusätzliche Aufgabe für eine international tätige Personalabteilung dar. Morgan[45] stellte fest, daß ihre Rolle sogar häufig ausgeweitet wird, um Übersetzungsdienste für alle mit Auslandstätigkeiten betrauten Abteilungen innerhalb des Unternehmens bereitzustellen.

4.2 Globale Perspektive

National tätige Personalmanager führen in der Regel Maßnahmen für eine Gruppe von Beschäftigten der gleichen Nationalität durch, die mit einer einheitlichen Entgeltpolitik bedient werden und nur in einem einzigen Land steuerpflichtig sind. International tätige Personalverantwortliche stehen dagegen dem Problem gegenüber, sich mit den Belangen von Gruppen verschiedener Nationalitäten auseinanderzusetzen. So können beispielsweise PCNs, HCNs und TCNs im *Regional Headquarters* einer Tochtergesellschaft in Übersee zusammenarbeiten. Um Probleme durch Ungleichbehandlung zu verhindern, muß die Personalpolitik von einer globalen Perspektive geprägt sein. Beispielsweise würde eine globale Perspektive in bezug auf Zuwendungen für im Ausland tätige Mitarbeiter bedeuten, daß alle ohne Berücksichtigung ihrer Nationalität eine Auslandszulage in ähnlicher Höhe bekämen. Dennoch leisten einige internationale Unternehmen lediglich Zulagen an die Stammhausmitarbeiter, nicht jedoch an die HCNs oder TCNs, auch wenn die Auslandsentsendungen dieser Zielgruppen in andere Tochtergesellschaften oder sogar in das Stammhaus dem Erreichen der Unternehmensziele dienen. Solche Politik bestätigt das Vorurteil, daß PCNs als Stammhausentsandte häufig bevorzugt behandelt werden.[46] Komplexe Gleichbehandlungsforderungen entstehen, wenn Angestellte vieler Nationalitäten zusammenarbeiten. Die Lösung der diesen Forderungen zugrunde liegenden Problematik bleibt eine der größten Herausforderungen im Feld des Internationalen Personalmanagements.[47] Eine aktuelle, in deutschen international tätigen Unternehmen durchgeführte Studie zeigt jedoch, daß an diesen Problemen intensiv gearbeitet wird und daß zunehmend die Gleichbehandlung von PCNs und TCNs angestrebt wird.[48]

4.3 Bedeutung der Privatsphäre der Mitarbeiter

Bei der Auswahl, dem Training und dem effektiven Management von im Ausland tätigen Mitarbeitern - ganz gleich, ob es sich um PCNs, HCNs oder TCNs handelt - ist in viel stärkerem Maße als bei anderen Mitarbeitern die Privatsphäre der jeweils Betroffenen berührt. Die für internationale Personalangelegenheiten zuständige Abteilung muß sicherstellen, daß der im Ausland tätige Mitarbeiter Verständnis für die Richtlinien zur Auslandsentsendung entwickelt. Hierzu gehört neben der Organisation des Wohnraums und der Gesundheitsvorsorge auch die Zusammensetzung des Vergütungspaketes. Ferner wird meist Unterstützung bei der Suche nach adäquaten Unterrichtsmöglichkeiten für die Kinder angeboten. Für Mitarbeiter, die an weniger gastfreundlichen Orten arbeiten, werden auch Erholungsmöglichkeiten angeboten. In vielen internationalen Unternehmen gibt es mittlerweile Abteilungen, die die Verwaltung der oben genannten Programme koordinieren und Dienstleistungen für die HCNs, PCNs und TCNs anbieten. Beispielhaft seien hier nur die Abwicklung von Bankangelegenheiten, die Durchführung von Investitionen, die Mietzahlungen während der Abwesenheit sowie die Organisation von Heimatbesuchen und der endgültigen Rückkehr in das Stammland genannt.

In diesem Zusammenhang hat die Personalabteilung sehr viel mehr direkten Kontakt mit der Familie des Angestellten als bei national ausgerichteten Tätigkeiten. Normalerweise ist das Eindringen der Personalabteilung in die Familienangelegenheiten des Mitarbeiters weitgehend auf Themenbereiche beschränkt, die sich mit den unternehmenseigenen Versicherungsprogrammen beschäftigen. Auf internationaler Ebene geht es - wie oben gezeigt wurde - sehr viel weiter. Für eine Aufgabenzuweisung auf nationaler Ebene hätten die meisten dieser Themenbereiche entweder gar keine Bedeutung, oder sie lägen eher in der Verantwortung des einzelnen Mitarbeiters als in der der Personalabteilung.[49]

4.4 Gewichtung der Aktivitäten

Wenn das Ausmaß der Internationalisierung eines Unternehmens zunimmt, verändert sich die Bedeutung, die den vielfältigen Funktionen des Personalmanagements zukommt. Häufig werden die ausländischen Aktivitäten zu Beginn der Internationalisierung von PCNs gesteuert. Sinkt jedoch bei Zunahme der internationalen Unternehmenstätigkeit der Bedarf an Stammhausentsandten[50] und stehen mehr ausgebildete HCNs zur Verfügung, so werden Ressourcen, die früher in Bereichen wie der Besteuerung des im Ausland tätigen Mitarbeiters oder der Organisation von Versetzungen gebunden waren, auf die Auswahl von HCNs oder deren Training übertragen. Die zuletzt genannte Tätigkeit kann sogar so sehr an Bedeutung gewinnen, daß eine Personalentwicklungsstrategie erforderlich wird, um hohe Entwicklungspotentiale bei HCNs frühzeitig zu fördern. Dieses Beispiel zeigt, daß sich Tätigkeitsschwerpunkte im Internationalen Personalmanagement im Verlaufe der Internationalisierung eines Unternehmens verändern.

4.5 Größere Risikobehaftung

Häufig sind die finanziellen und menschlichen Konsequenzen von Fehlschlägen auf internationaler Ebene schwerwiegender als im nationalen Bereich. So ist die vorzeitige Rückkehr des entsandten Mitarbeiters von seiner internationalen Tätigkeit ein ständiges, kostenintensives Problem für multinationale Unternehmen.[51] Eine aktuelle Studie über die Entsendungspraxis europäischer multinationaler Unternehmen von Price Waterhouse ergab, daß die Kosten einer Auslandsentsendung bei durchschnittlich 193.500 Schweizer Franken lagen. Als Faustregel für die Schätzung der Entsendungskosten wird mindestens das Doppelte des Bruttoinlandsgehaltes eines Mitarbeiters angegeben.[52] Direkte Kosten pro Fehlschlag (Gehalt, Ausbildungskosten und Reise- und Versetzungskosten) können für die Muttergesellschaft bis zu dreimal so hoch sein wie das

Gehalt im Inland inklusive der Versetzungsausgaben. Letztere hängen selbstverständlich von den Wechselkursraten der Währung und von dem jeweiligen Arbeitsort ab.[53] Auch indirekte Kosten wie der Verlust von Marktanteilen und der Schaden an Kundenbeziehungen im Ausland können beträchtlich sein.[54]

Die menschlichen Konsequenzen von Fehlschlägen sind groß, da zumeist sogenannte High-Potentials, d.h. hoch qualifizierte und erfolgreiche Mitarbeiter, ins Ausland entsandt werden. Brechen diese den Auslandseinsatz aufgrund von Anpassungsproblemen vorzeitig ab, müssen sie oftmals erst lernen mit solchen Fehlschlägen umzugehen. Sowohl im privaten als auch im beruflichen Umfeld stehen sie unter einem erheblichen Rechtfertigungsdruck. Teilweise verändern sich auch die Karriereperspektiven im Stammhaus zum Nachteil des Mitarbeiters.

Ein anderer Aspekt der Risikobehaftung ist der Terrorismus. Die meisten großen multinationalen Gesellschaften müssen diesen Faktor in ihre Überlegungen einbeziehen, wenn internationale Tätigkeiten geplant werden. Es wird geschätzt, daß multinationale Gesellschaften ein bis zwei Prozent ihrer Erträge für Schutzmaßnahmen gegen den Terrorismus ausgeben. Terrorismus hat also eindeutig einen Einfluß darauf, wie Mitarbeiter potentielle internationale Tätigkeitsorte einschätzen.[55]

4.6 Unterschiedliche Wirtschaftssysteme

Die wichtigsten externen Faktoren, die das Internationale Personalmanagement beeinflussen, sind das politische System, das Wirtschaftssystem und die allgemein akzeptierten, kulturell geprägten Geschäftspraktiken in jedem der vielfältigen Gastländer, in denen ein Unternehmen tätig ist. Grundsätzlich ergeben sich unterschiedliche Anforderungen in entwickelten und weniger entwickelten Ländern.

In entwickelten Ländern ist der Produktionsfaktor Arbeit teurer und besser organisiert als in weniger entwickelten Ländern, und die jeweiligen Regierungen fordern die Einhaltung von Richtlinien für Arbeitsbeziehungen, Besteuerung oder Arbeitssicherheit. Diese Faktoren gestalten die Aktivitäten eines auf internationaler Ebene tätigen Personalmanagements in einem beträchtlichen Ausmaß.

In weniger entwickelten Ländern ist der Produktionsfaktor Arbeit eher billiger und schlechter organisiert. Die Gesetzgebung ist meist weniger umfassend, so daß diese Aufgaben weniger Zeit in Anspruch nehmen. Der Personalmanager muß jedoch mehr Zeit damit verbringen, die lokalen Geschäftspraktiken und den allgemeinen Verhaltenscode hinsichtlich solcher Aktivitäten wie Bestechungen und Schenkungen zu erlernen und zu interpretieren. Der Personalmanager kann auch stärker in die Verwaltung des von der Firma zur Verfügung gestellten oder finanzierten Wohnraums oder in Erziehungsangelegenheiten einbezogen werden. Aufgrund teilweise fehlender Infrastruktur muß er erhebliche Unterstützungsleistungen anbieten.

4.7 Unterschiedliche Wertebasis

Im Zusammenhang mit mehreren der oben genannten Punkte wurde direkt oder indirekt die unterschiedliche Wertebasis der im internationalen Kontext Handelnden angesprochen. Dieser Aspekt sollte hier deshalb besonders hervorgehoben werden.

Die Steuerung und Koordination des Handelns in Organisationen erfolgt in beträchtlichem Umfang durch die gemeinsame Wertebasis: Handeln wird durch Werte gelenkt. Deshalb berücksichtigen Organisationen bei der Rekrutierung von Personal diesen Aspekt. Die gemeinsame Wertebasis vereinfacht die Führungsproblematik in Unternehmen, weil die Beteiligten Probleme ähnlich definieren und das konkrete Handeln in ähnlicher Weise ausgestalten. Dieses gemeinsame Grundverständnis stellt überdies sicher, daß die Beurteilung von Leistungen sowie die Bewertung des Verhaltens von gleichen oder ähnlichen Perspektiven ausgeht.

Diese Voraussetzungen entfallen weitgehend bei internationaler Tätigkeit von Unternehmungen. Ein Hauptmerkmal der internationalen Unternehmenstätigkeit ist das Aufeinandertreffen unterschiedlicher Kulturen und damit unterschiedlicher Wertsysteme. Dies löst anders geartete Probleme als bei rein nationaler Ausrichtung aus, z.B. Probleme der Handlungskoordination. Unterschiedliche Werte bedeuten aber auch, daß Aufstieg oder Leistung etwa im Rahmen von Beurteilungen und Personalentwicklungsplänen anders bewertet werden.

5. Situative Komponente

In der bisherigen Diskussion wurde dargestellt, daß die Komplexität, die mit der Tätigkeit in verschiedenen Ländern und mit der Beschäftigung von Mitarbeitern verschiedener Nationalitäten verbunden ist, den Hauptfaktor für die Differenzierung von Personalmanagement auf nationaler und auf internationaler Ebene darstellt. Zusätzlich zur Komplexität gibt es zwei weitere Variablen, die die Unterschiede zwischen nationalem und Internationalem Personalmanagement akzentuieren. Diese Variablen sind der Industriezweig, in dem das jeweilige Unternehmen tätig ist, und die Einstellungen des Top-Managements.

5.1 Industriezweig

In Arbeiten von Porter[56] wird darauf hingewiesen, daß der Industriezweig,[57] in dem ein Unternehmen tätig ist, beträchtliche Bedeutung besitzt, weil sich die Art des internationalen Wettbewerbs von einem Industriezweig zum anderen stark unterscheidet. Porter spricht in diesem Zusammenhang von einem Kontinuum des internationalen Wettbewerbs, das durch die folgende Graphik veranschaulicht wird:

Kapitel 1: Einführung

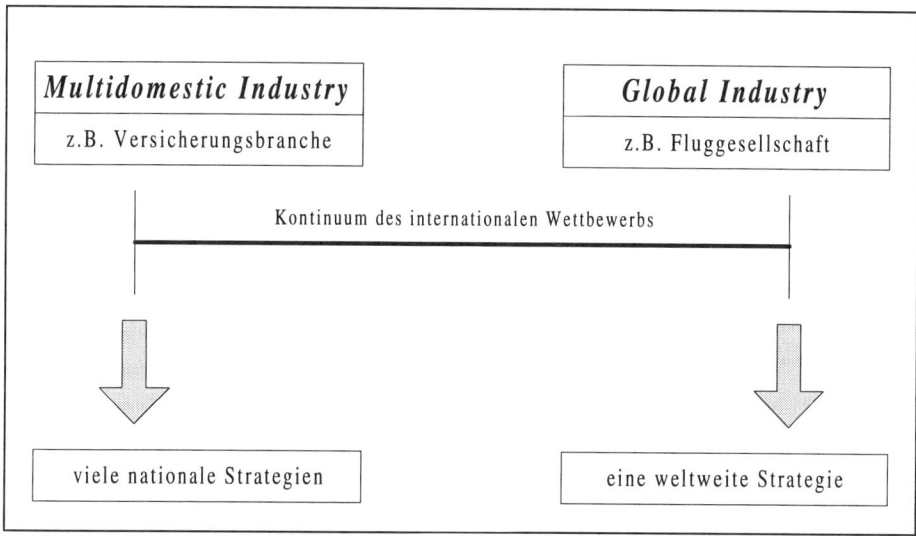

Abb. 1.4: Kontinuum des internationalen Wettbewerbs (vgl. Porter, 1986).

An einem Ende des Kontinuums steht die *multidomestic industry*, in der der Wettbewerb in jedem einzelnen Land im wesentlichen unabhängig von dem Wettbewerb in anderen Ländern ist. Traditionelle Beispiele sind der Einzelhandel, die Distribution und die Versicherungsbranche. Das andere Ende des Kontinuums besteht in der *global industry*, also Industriezweigen, in denen die Wettbewerbsposition in einem einzelnen Land signifikant von den Wettbewerbspositionen des Unternehmens in anderen Ländern beeinflußt ist. Beispiele hierfür sind Luftfahrtunternehmen, Halbleiter- und Kopiererhersteller. Der wichtigste Unterschied zwischen *multidomestic industry* und *global industry* wird von Porter wie folgt beschrieben:

"Die 'global industry' ist lediglich eine Sammlung von nationalen Industrien, aber eine Reihe von verbundenen nationalen Industrien, in denen die Konkurrenten miteinander auf weltweiter Ebene im Wettbewerb stehen. In einer 'multidomestic industry' gliedert sich die internationale Strategie in eine Reihe von nationalen Strategien. Die Aspekte, die allein für die internationale Ebene relevant sind, beschäftigen sich damit, welche Geschäftspraktiken man im Ausland anwendet, wie man potentiell gute Länder aussucht, in denen man am Wettbewerb teilnimmt (oder das Länderrisiko einschätzt), und wie man den Mechanismus des einmaligen Wissenstransfers organisiert. Dies sind Fragen, die in der Literatur relativ weit entwickelt sind. In einer globalen Industrie wird jedoch die Möglichkeit der Erreichung eines Wettbewerbsvorteils untergraben, wenn das Management der internationalen Aktivitäten durch Portfolios erfolgt. In globalen Industrien muß ein Unternehmen seine Tätigkeiten auf weltweiter Basis integrieren, um Gewinn aus den Verbindungen zwischen den einzelnen Ländern zu ziehen."[58]

Die wichtigen Implikationen für die Rolle der Personalmanagementfunktionen in *multidomestic* und *global* Industriezweigen können anhand von Porters Wertkette analysiert werden.[59] In dem Konzept wird Personalmanagement als eine von vier Unterstützungsfunktionen für die fünf primären Bereiche des Unternehmens gesehen. Da Humanressourcen in jeder der primären und in jeder der Unterstützungsfunktionen eine Rolle spielen, wird die Personalmanagementfunktion als unterstützendes Element in der gesamten Wertkette des Unternehmens gesehen.

Ist ein Unternehmen in einer *multidomestic industry* tätig, wird die Rolle des Personalmanagements sich am ehesten auf nationale Gegebenheiten konzentrieren. Zu manchen Zeiten kann zwar eine beträchtliche Nachfrage nach Dienstleistungen auf internationaler Ebene an das Personalmanagement herangetragen werden (z.B. wenn eine neue Fabrik oder Geschäftsstelle an einem ausländischen Ort errichtet wird und dadurch der Bedarf an im Ausland tätigen Mitarbeitern steigt), aber diese Aktivitäten würden nicht im Mittelpunkt stehen. In der Tat könnten viele dieser Dienste von Beratern und/oder auf Zeit angestellten Mitarbeitern durchgeführt werden. Die Hauptrolle für das Personalmanagement bestünde darin, die primären Aktivitäten des Unternehmens auf jedem nationalen Markt zu unterstützen und einen Wettbewerbsvorteil entweder durch Kosten/Effizienz und/oder Produkt-/ Leistungsdifferenzierung zu erlangen.[60]

Wenn das Unternehmen jedoch auf einem globalen Markt tätig ist, würde die Notwendigkeit zur Koordination, die von Porter beschrieben wird, eine international unterstützende Personalmanagementfunktion erfordern, die sich nach dem Bedarf der primären Aktivitäten des Unternehmens richtet. Die Notwendigkeit, Koordinationsmechanismen zu entwickeln, beinhaltet komplexe Herausforderungen für ein internationales Unternehmen. Laurent konkretisiert dies wie folgt:

"Um ihre Corporate Identity aufzubauen, aufrechtzuerhalten und weiterzuentwickeln, müssen multinationale Organisationen auf internationaler Ebene nach Konsistenz streben in der Art, wie sie mit Menschen umgehen. Um auf lokaler Ebene effektiv zu sein, müssen sie ferner diese Strategien an die spezifischen kulturellen Erfordernisse der verschiedenen Gesellschaften anpassen. Während das Wirtschaftsgeschehen auf globaler Ebene also eine zunehmende Konsistenz erfordern kann, könnte die Unterschiedlichkeit der kulturellen Umgebung eine Differenzierung notwendig machen."[61]

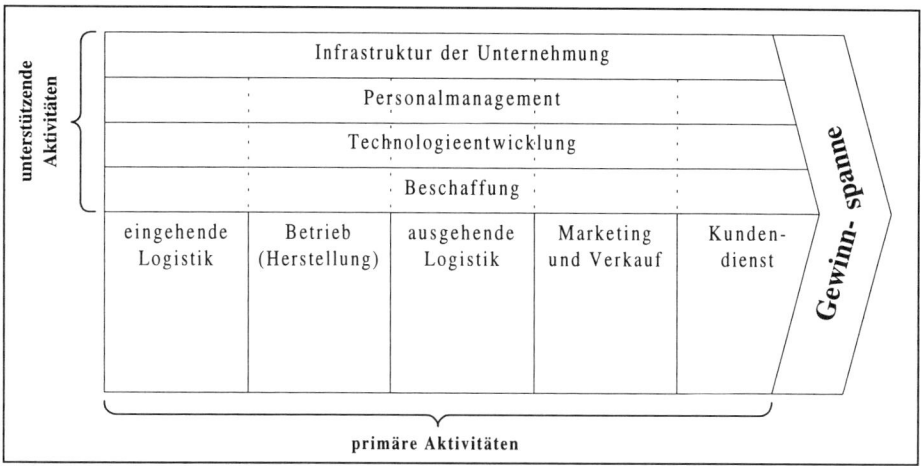

Abb. 1.5: Die Wertkette (Porter, 1985, S. 37).

Es gibt keine einfache Lösung für solche fundamentalen Probleme, und sowohl Porter als auch Laurent, erkennen die mit ihren Modellen verbundene Komplexität. In der Diskussion möglicher Lösungen bleibt Porter eher vorsichtig und allgemein: Er stellt fest, daß die Koordinationsfähigkeit über die Wertkette aufgrund der modernen Technologie im allgemeinen zunimmt. Zudem ist er der Ansicht, daß eine Studie japanischer multinationaler Unternehmen lohnend wäre, weil "... japanische Unternehmen sich eines unternehmerischen Stils erfreuen, der koordinationsunterstützend wirkt und für die Einführung neuer Technologien wie Informationssysteme, die die Koordination erleichtern, förderlich ist."[62]

Laurent beschäftigt sich spezifischer mit der Personalmanagementfunktion und schlägt vor, daß eine wirklich internationale Konzeption des Personalmanagements die folgenden Schritte umfassen sollte:

(1) Eine explizite Anerkennung der Muttergesellschaft, daß die Art und Weise, in der sie mit Menschen umgeht, einige Werte der Kultur ihres Heimatlandes reflektiert.

(2) Eine explizite Anerkennung der Muttergesellschaft, daß ihre Strategien im allgemeinen weder besser noch schlechter sind als andere, sondern einfach verschieden und daß sich vor allem im Ausland Stärken und Schwächen zeigen.

(3) Eine explizite Anerkennung der Muttergesellschaft, daß ihre ausländischen Tochtergesellschaften andere Managementstrategien präferieren, die in sich weder besser noch schlechter sind, auf lokaler Ebene aber möglicherweise effektiver sein können.

(4) Eine Bereitschaft des *Headquarters*, nicht nur kulturelle Unterschiede anzuerkennen, sondern auch aktive Schritte zu ergreifen, um sie diskussionsfähig und damit nutzbar zu machen.

(5) Der Aufbau einer aufrichtigen Überzeugung bei allen beteiligten Parteien, daß als Ergebnis eines cross-cultural Lernprozesses kreativere und effektivere Strategien im Umgang mit Menschen entwickelt werden können.

Laurent räumt ein, daß dies schwierige Schritte sind, die noch nicht von allen Organisationen bewältigt worden sind:

> *"Sie betreffen eher Einstellungen und Denkstrukturen als Verhaltensweisen. Daher können solche Prozesse nur erleichtert werden; dies kann eine primäre Aufgabe für die mit Internationalem Personalmanagement betrauten Mitarbeiter sein."*[63]

Implizit enthalten ist in den Ausführungen von Laurent, daß eine Organisation, die die beschriebenen Schritte durchführt und versucht, eine globale Strategie durch die Koordination von Aktivitäten zu implementieren, eher in der Lage sein wird, die Schwierigkeiten und komplexen damit verbundenen *trade-offs* zu bewältigen.

Die Ideen von Porter und Laurent stellen einen wertvollen Beitrag für die zunehmende Literatur über die Rolle des Internationalen Personalmanagements in der multinationalen Unternehmung dar. Hierauf aufbauend sind in den vergangenen Jahren eine Reihe von weiteren Forschungsarbeiten über die Koordinationsprobleme international tätiger Unternehmen enstanden.[64]

5.2 Einstellungen des Managements

Der von Laurent genannte Aspekt, daß Veränderungen, die für ein Internationales Personalmanagement erforderlich sind, "... mehr mit Einstellungen und Denkstrukturen als mit Verhaltensweisen zu tun haben,"[65] illustriert die Wichtigkeit einer letzten Variablen, die die Unterschiede zwischen nationalem und Internationalem Personalmanagement akzentuiert: die Einstellung des Top-Managements zu internationalen Operationen.

Es ist wahrscheinlich, daß bei fehlender internationaler Orientierung des Top-Managements die Wichtigkeit internationaler Aktivitäten für die Erreichung qualitativer und quantitativer Unternehmensziele vernachlässigt wird. Manager könnten versucht sein, sich auf inländische Aspekte zu konzentrieren und die Unterschiede zwischen der internationalen und der inländischen Umwelt zu negieren. Sie könnten davon ausgehen, daß es kein großes Problem darstellt, die Praktiken des nationalen Personalmanagements auf einen internationalen Kontext zu übertragen. Dieses Defizit im Erkennen von Unterschieden im Umgang mit Humanressourcen - ungeachtet der Tatsache, ob es aufgrund einer ethnozentrisch geprägten Grundhaltung, wegen inadäquater Information oder als Folge des Fehlens einer internationalen Perspektive geschieht - führt häufig zu großen Schwierigkeiten bei internationalen Tätigkeiten.[66] Es wird zunehmend offensichtlich, daß eine solche nationale Orientierung dysfunktional für viele Unternehmen ist. Professor Christopher Bartlett von der Harvard Business School behauptet, daß "... Wettbewerbsfähigkeit bereits außer Reichweite einer rein nationalen Unternehmung ist. Neue Produkte werden teurer und schwerer zu entwickeln, und kürzere Lebenszyklen bedeuten, daß die Unternehmen sie schneller denn je entwickeln und auf den Weltmarkt bringen müssen."[67] In Übereinstimmung mit Bartlett stellt Stephen Kobrin fest: "Sogar die größten Unternehmen in den größten nationalen Märkten können nicht in ihren inländischen Märkten überleben, wenn sie in international orientierten Industriezweigen tätig sind. Sie müssen auf allen Hauptmärkten präsent sein. Das heißt Nordamerika, Westeuropa und die Länder des Pacific Rim."[68] Diese Aussage bedeutet jedoch nicht, daß jedes Unternehmen in jedem Industriezweig auf globaler Ebene agieren muß, jedoch erhöht globales Denken die Überlebensfähigkeit einer Organisation und erleichtert die Anpassung an das 21. Jahrhundert.

6. Zusammenfassung

Das Ziel dieses Kapitels bestand darin, einen Überblick über das Handlungs- und Forschungsfeld des Internationalen Personalmanagements zu geben. Nachdem zunächst die Internationalisierung der Weltwirtschaft als Rahmenbedingung diskutiert wurde, stand die Abgrenzung zwischen national und international ausgerichtetem Personalmanagement im Vordergrund der Betrachtung. Ein Modell und eine Definition liefern einen Eindruck, was unter Internationalem Personalmanagement verstanden wird.

Zusammenfassend kann festgehalten werden, daß die Komplexität, die mit der Tätigkeit in verschiedenen Ländern und mit der Beschäftigung verschiedener nationaler Kategorien von Mitarbeitern verbunden ist, den Hauptfaktor in der Unterscheidung zwischen Personalmanagement auf nationaler Ebene und Internationalem Personalmanagement darstellt. Ihr kommt mehr Bedeutung zu als einem Unterschied zwischen den auszuführenden Funktionen des Personalmanagements. Diese Komplexität kann verstärkt werden durch die Art der industriellen Struktur, in der die Unternehmung tätig ist (z.B. *global industry* gegenüber *multidomestic industry*) und durch die Einstellungen des Top-Managements des jeweiligen Unternehmens zu internationalen Operationen.

In der Diskussion der internationalen Dimensionen des Personalmanagements in diesem Buch wird die Literatur zum Bereich Personalmanagement im Vordergrund stehen. Durch die beiden folgenden Kapitel finden zusätzlich zwei besonders wichtige Kontextvariablen Berücksichtigung - die Kultur und die organisationalen Rahmenbedingungen.

Anschließend folgen Ausführungen zu den wesentlichen personalwirtschaftlichen Aufgabengebieten: Personalauswahl und Rekrutierung, Personalentwicklung, Entgeltfindung und Arbeitsbeziehungen. Der Zusammenhang zwischen den Rahmenbedingungen und den Personalfunktionen wird im Kapitel zum Strategischen Internationalen Personalmanagement dargestellt.

Zu Beginn der meisten Kapitel zeigen Vergleichsdaten über Personalmanagementpraktiken in verschiedenen europäischen Ländern beispielhaft,[69] wie wichtig eine Auseinandersetzung mit den lokalen Gepflogenheiten ist. Nur wenn diesbezüglich Kenntnisse vorliegen, kann entschieden werden, ob und in welchen Aufgabenbereichen einheitliche Strategien oder Richtlinien für das Personalmanagement erfolgversprechend sind. Der Hauptakzent liegt jedoch auf den internationalen Dimensionen des Personalmanagements, mit denen multinationale Unternehmen konfrontiert werden, besonders auf den Dimensionen, die sich mit im Ausland beschäftigten Mitarbeitern befassen.

7. Diskussionsfragen zu Kapitel 1

(1) Skizzieren Sie die wichtigsten Ähnlichkeiten und Unterschiede zwischen national orientiertem Personalmanagement und Internationalem Personalmanagement.

(2) Definieren Sie die folgenden Begriffe bzw. deren Abkürzungen:

- PCN
- HCN
- TCN

(3) Diskutieren Sie zwei Aktivitäten des Personalmanagements, mit denen sich ein multinationales Unternehmen beschäftigen muß, die in einer inländischen Umgebung jedoch nicht erforderlich wären.

(4) Warum ist bei vielen internationalen Personalmanagementaktivitäten ein relativ starkes Eindringen in die Privatsphäre der Mitarbeiter erforderlich?

(5) Erläutern Sie die situativen Kontextvariablen, die die Unterschiede zwischen Personalmanagement auf nationaler Ebene und internationalen Personalmanagementpraktiken beeinflussen.

8. Fallbeispiel

Erfahrungen deutscher Manager im Ausland: je ferner, je lieber!

Hoechst-Manager Dieter W. Dopheide hat seine Karriere im Ausland gemacht. Er war auf den Philippinen, in Taiwan und in Griechenland. Seine Maxime: je weiter weg, desto selbständiger.

"Mit meiner Arbeit war es wie mit dem Retsina", sagt Hoechst-Manager Dieter W. Dopheide (51) über seine Hellas-Erfahrungen. "Der erste Schluck schmeckt wie Terpentin. Mit jedem weiteren wird es dann besser." Dopheide weiß, wovon er spricht: 17 Jahre hat er für den deutschen Chemiegiganten in Griechenland gearbeitet - zuerst als stellvertretender Geschäftsführer der Athener Dependance, später als deren Chef.

An die ersten Monate in Griechenland hat Dopheide nicht die besten Erinnerungen: "Wegen der damals häufigen Regierungswechsel und der damit verbundenen politischen Instabilität sorgten wir uns so manches Mal um die Prosperität des Unternehmens."

Später aber überwog eindeutig die Sympathie für die Menschen in diesem Land - stolze Individualisten mit Intelligenz und einem hohen Maß an Eigeninitiative. Die Erfolge der Auslandstätigkeit in Griechenland blieben nicht aus: Dopheide übernahm nach kurzer Zeit zusätzlich den Vorsitz des Verwaltungsrates, und als er 1986 Athen verließ, setzte Hoechst Hellas mit 380 Mitarbeitern knapp 180 Millionen Mark um.

Bei ähnlichen Pionieraufgaben hatte sich Dopheide schon vor der Tätigkeit in Griechenland bewährt. In den 60er Jahren half er auf den Philippinen und in Taiwan beim

Aufbau Hoechster Produktions- und Vertriebsgesellschaften. In Taipeh/Taiwan war er zuletzt als Geschäftsführer tätig. Kein Wunder, daß sich der Manager unter Hoechster Karrieremaßstäben als atypischen Fall bezeichnet: Job-Rotation, die durch kontinuierlichen Wechsel der Positionen auf ein Mehr an Verantwortung vorbereitet, hat es bei ihm nicht gegeben. Für ihn waren die Auslandsjobs kein Training für den Marsch durch die Frankfurter-Etagen. 27 Jahre hat Dopheide bisher im Ausland zugebracht - und das, wie er betont, "nicht gerade widerwillig". Nach seinem Eintritt in die Hoechst AG 1957 erhielt Dopheide 1959 das Angebot, in Manila zu arbeiten. Seine Reaktion: "Ich war begeistert, daß es gleich so weit weg und nicht in Europa war."

Eine große Hilfe war ihm Ehefrau Diana: Sie ist ebenso kosmopolitisch ausgerichtet wie er. Die Tochter eines englischen Bankiers, geboren im südafrikanischen Durban und aufgewachsen im heutigen Simbabwe, hatte Dopheide in Manila kennengelernt und in Taiwan geheiratet. International ging es weiter. Tochter Julia wurde 1967 in Taipeh geboren, die zweite Tochter Patricia erblickte 1968 in Salisbury (heute Harare), der Heimat der Schwiegereltern, das Licht. Beide Mädchen, erzählt der Vater stolz, sprechen heute vier Sprachen: Englisch, Deutsch, Griechisch und Französisch.

Als 1969, nach zehn Jahren Asien, die Versetzung nach Griechenland akut wurde - auf Wunsch Dopheides, der nun doch wieder nach Europa wollte - hatte der Hoechst-Manager wenig Bedenken. Zwar wußte er nicht viel über Griechenland, aber die Essentials stimmten: "Auf uns wartete ein Land mit angenehmem Klima, hochinteressanter Geschichte und eindrucksvoller Kultur - und auf mich ein ausbaufähiger Job." Die Umstellung auf die griechische Kultur fiel Dopheide nicht schwer. Die wichtigsten Voraussetzungen für eine Auslandstätigkeit hatte er bereits in seiner Asien-Zeit verinnerlicht: Flexibilität, Anpassungsfähigkeit, Geduld und vor allem Toleranz.

Manche Eigenheit der griechischen Mentalität mußte Dopheide trotz aller weltbürgerlichen Routine erst einmal verstehen lernen. "Die Griechen sind stolz und vor allem Individualisten. Sie denken weniger hierarchisch." Einige wenige Male hat er freilich seine Chefposition ins Feld führen müssen. "Ich konnte z.B. nicht dulden, daß Meinungsverschiedenheiten in den Führungsetagen derart lautstark und temperamentvoll ausgetragen wurden, daß ich im Geiste schon das Blut fließen sah." Zwar war es nicht leicht, die heißblütigen Charaktere zu zügeln, "aber nach einiger Zeit schrie dort keiner mehr," kann Dopheide ein griechisches Erfolgserlebnis in der Menschenführung vermelden. Griechische Mitarbeiter zu führen, heißt ganz viel mit ihnen zu reden und sie zu überzeugen. Man muß immer das "Filotimo" berücksichtigen - eine Mischung aus Stolz, persönlicher Würde und dem Ehrgeiz eines jeden Hellenen, sein Bestes zu geben.

Am schwierigsten war die Durchsetzung der Teamarbeit: "Es dauerte lange, bis ich die Mitarbeiter davon überzeugt hatte, daß die gemeinsame Leistung wichtiger ist als persönliche Profilierung". Hauptgrund für die Schwierigkeiten: "Die Griechen sind Einzelkämpfer, die nur ihre eigene Arbeit sehen."

Gelernt hat Dopheide auch, daß es in Griechenland ohne Kompromißfähigkeit nicht geht. Dies gilt auch für Begegnungen mit Geschäftspartnern, deren Usancen sich von den deutschen Gepflogenheiten vor allem in einem unterscheiden: "Die Geschäftsbeziehungen sind weniger sachlich als bei uns, gute Geschäftsbeziehungen erfordern auch nähere menschliche Kontakte." So gehören z.B. häufige private Treffen mit den Ehefrauen einfach dazu.

Die Verständigung unter den Geschäftsleuten stellte für deutsche Manager in Griechenland kein großes Problem dar. Die perfekte Beherrschung der Landessprache muß nicht sein: "Wer jemanden in holprigem Griechisch anspricht, bekommt mit Sicherheit eine Antwort in schlechtem Englisch oder Deutsch." Dennoch empfiehlt der Manager einen Intensiv-Sprachkurs. "Die Griechen wissen, daß ihre Sprache schwierig ist, um so mehr wird die Leistung des Ausländers anerkannt." Dopheide hat die Zeit zum Erlernen der Sprache nie gefunden, während der Rest der Familie perfekt griechisch spricht.

Seiner privaten Integration haben die begrenzten Sprachkenntnisse nicht geschadet. "Unsere besten Freunde leben in Griechenland". Die Familie hat sich damals schnell in Athen eingelebt, "aber da sind wir vielleicht pflegeleichter als andere Menschen". Diana Dopheide hat zehn Jahre als Executive Director im Athener Nationalmuseum gearbeitet.

Die beiden Töchter besuchten zunächst den deutschen Kindergarten, später die englische Schule - Familiensprache ist Englisch -, den Rest der Schulausbildung absolvierten die beiden Mädchen in einem Internat in Großbritannien. Alles verlief in geordneten Bahnen, ohne unüberwindliche Schwierigkeiten, ohne große Probleme, wenn es auch manche Ärgernisse im beruflichen und im privaten Alltag gab.

17 Jahre auf einem Auslandsposten - das ist gewiß ungewöhnlich. Aber im Stich gelassen oder abgekoppelt von der Hoechster Zentrale hat sich Dopheide nie gefühlt. "Was zählte war, daß ich selbständig entscheiden konnte". Schon seit 1980 hatte es Gespräche über andere adäquate Positionen gegeben. Doch erst 1986 machte Hoechst eine Offerte, die Dopheide wirklich reizte. Als ihm die Leitung der weltweiten Verkaufskoordination in Frankfurt angeboten wurde, griff er kurz entschlossen zu. Wiederum stand eine neue Herausforderung bevor.

Fragen zum Fallbeispiel

(1) Durch welche Maßnahmen könnte das Internationale Personalmanagement Herrn Dopheide unterstützen?

(2) Stellen Sie mögliche Ansatzpunkte systematisch dar.

Quelle: Gekürzte Fassung aus Lentz, 1987, S. 294-299.

9. Weiterführende Literatur

Clermont, A., Schmeisser, W. (Hrsg.): Internationales Personalmanagement, München 1997.

Dowling, P. J.: Completing the Puzzle: Issues in the Development of the Field of International Human Resource Management, in: Festing, M. (Guest Editor): Strategic Issues in International Human Resource Management, Management International Review, Vol. 39, Special Issue Nr. 2, 1999, S. 27-44.

Festing, M.: Strategisches Internationales Personalmanagement. Eine transaktionskostentheoretisch fundierte Analyse, 2. aktualisierte und überarb. Aufl., München/Mering 1999.

Kammel, A., Teichelmann, D.: Internationaler Personaleinsatz - Konzeptionelle und instrumentelle Grundlagen, München 1994.

Perlitz, M.: Internationales Management, 4. bearb. Aufl., Stuttgart 2000.

Scherm, E.: Internationales Personalmanagement, 2. unwesentlich veränderte Aufl., München/Wien 1999.

Wolf, J.: Internationales Personalmanagement, Wiesbaden, 1994.

---

[1] Für eine Typologie der verschiedenen Forschungsansätze im Internationalen Personalmanagement vgl. Weber/Dowling/Festing, 1999; Festing/Weber, 2000.

[2] Vgl. Perlitz, 1997, S. 76. Neben den drei hier genannten Formen des Markteintritts werden zunehmend auch verschiedene Formen der interorganisationalen Zusammenarbeit diskutiert. Dunning bezeichnet diese Entwicklungstendenz als Alliance Capitalism (vgl. Dunning, 1997).

[3] Vgl. zur Wertkette die Erläuterungen im weiteren Verlauf dieses Kapitels sowie Abbildung 1.5.

[4] Vgl. hierzu Perlitz, 1997, S. 106 f.; Jungnickel, 1989, Sp. 308 f.

[5] Um die Argumentation zu vereinfachen, wird an dieser Stelle lediglich die Beziehung zwischen Stammhaus und ausländischen Niederlassungen angesprochen. Selbstverständlich können auch bedeutende Beziehungen zwischen den verschiedenen ausländischen Niederlassungen bestehen und zu Konsequenzen für das Internationale Personalmanagement führen. Ein Beispiel hierfür sind die in Kapitel 3 angesprochenen heterarchischen Organisationsmodelle der multinationalen Unternehmung.

[6] Vgl. Porter, 1992a, S. 63 ff.; ferner Djarrahzadeh, 1993, S. 264; Festing, 1996b, S. 2; Weber/Festing, 1996, S. 457; Wolf, 1994, S. 3.

[7] Vgl. United Nations, 1985, S. 15.

[8] Vgl. United Nations, 1992, S. 1.

[9] Vgl. United Nations, 1993, S. 1.

[10] Vgl. Jonquieres, 1995, S. 15.

[11] Vgl. www.eiu.com/latest/502720.asp. Auf dieser Internetseite finden sich aktuelle Zahlen zum Ausmaß der ausländischen Direktinvestitionen sowie Einschätzungen der renommierten Zeitschrift „The Economist".

[12] Vgl. Statistisches Jahrbuch, 2000, S. 670.

[13] Vgl. DIHT, 1999b, S. 81 ff.

[14] Diese Zahlen beziehen sich auf die an einer DIHT-Umfrage im Jahr 1996 beteiligten Unternehmen (vgl. DIHT, 1996, S. 1). Die DIHT-Umfrage 1999 ergab, dass die Zahl der westdeutschen Industrieunternehmen, die in den nächsten drei Jahren eine Produktionsverlagerung ins Ausland planen, leicht zurückgegangen ist (vgl. DIHT, 1999a).

[15] Vgl. Perlitz, 1997, S. 15.

[16] Vgl. DIHT, 1996, S. 2.

[17] Vgl. von Pierer, 1997, S. 17.

[18] DIHT, 1996, S. 1.

[19] Die Ergebnisse der im Herbst 1996 vom DIHT durchgeführten Befragung basieren auf Antworten von ca. 6.000 Industrieunternehmen, 500 Unternehmen der Bauwirtschaft und ca. 700 Unternehmen der Verkehrsbranche Westdeutschlands.

[20] Vgl. DIHT, 1999a; DIHT, 1996, S. 1-11; DIHT, 1993; Institut der Deutschen Wirtschaft, 1997, S. 42.

[21] Vgl. Institut der Deutschen Wirtschaft, 2000, S. 43.

[22] Vgl. zum Begriff der Triade Ohmae, 1985.

[23] Die Begriffe "Personalmanagement" und "Human Resource Management" werden in diesem Buch synonym verwendet.

[24] Duerr, 1986, S. 43.

[25] Vgl. Laurent, 1986.

[26] Vgl. Althauser, 1996, S. 1. Zum Zusammenhang zwischen betriebswirtschaftlicher Ausbildung und internationalem Personalmanagement vgl. Brühl/Groenewald/Weitkamp, 1998.

[27] Vgl. Festing, 1997a, Weber/Festing, 2000.

[28] Frühe Beiträge zum Internationalen Personalmanagement stammen u. a. von Eckartsberg, 1978; Dülfer, 1983; Steinmann/Kumar, 1984; Hilb, 1985. Der Beitrag "Personalprobleme in multinationalen Unternehmen" in der 1. Auflage des Handwörterbuches des Personalwesens, hrsg. von E. Gaugler, Stuttgart 1975, Sp. 1652-1662, stammt von Hans Schöllhammer, einem in den USA lebenden und lehrenden deutschen Hochschullehrer. Dissertationen, die sich mit Fragen des Internationalen Personalmanagements im deutschsprachigen Raum befassen, sind in den 70er Jahren die extreme Ausnahme und auch zu Beginn der 80er Jahre noch selten. Beispiele sind: Borrmann, 1968; Hoffmann, 1973; Fritz, 1982; Hoenig, 1982; Dobry, 1983; Park, 1983. Die Themenauswahl konzentriert sich in der frühen Phase der internationalen Personalforschung auf eine Beschreibung und Analyse der Gesamtproblematik des Internationalen Personalmanagements, während die Forschungsarbeiten in den achtziger Jahren eher eine partielle Sicht der Problemfelder verfolgen (vgl. hierzu auch die Analyse des Forschungsstandes bei Festing, 1996b, S. 14 f; Festing, 1999. In den neunziger Jahren scheint sich dieser Trend mit den Arbeiten von Wolf, 1994; Scherm, 1995; Festing, 1996b, wieder zu verändern.

[29] Vgl. Macharzina/Welge, 1989.

[30] Diese beiden Begriffe werden in dem vorliegenden Buch synonym verwendet.

[31] Vgl. hierzu Weber, 1992.

[32] Vgl. zu dieser Sichtweise auch Marr, 1991a, Bd. 2. Dem Themenfeld "Internationale Arbeitsbeziehungen" wird in diesem Buch das Kapitel 7 gewidmet.

[33] Vgl. Morgan, 1986, S. 43-47.

[34] Die Darstellung lehnt sich an den Beitrag von Morgan an. Eine ähnliche Darstellung findet sich bei Weber/Festing, 1991.

[35] Die Abgrenzung von Staatsangehörigkeiten vereinfacht die Darstellung. In diese Kategorie können auch Personen fallen, die seit geraumer Zeit in dem jeweiligen Land leben und entsprechend kulturell geprägt sind, jedoch Angehörige eines anderen Staates sind.

[36] Desatnick/Bennett, 1978.

[37] Zunehmend wird auch das Personalmanagement auf nationaler Ebene durch Aspekte des Internationalen Personalmanagements ergänzt, weil es sich mehr und mehr mit einem multikulturellen Arbeitskräftepotential befaßt. Folglich kann sich ein Teil der gegenwärtigen Forschungsschwerpunkte des Personalmanagements auf nationaler Ebene als nützlich für die Praxis des Internationalen Personalmanagements erweisen (vgl. z.B. Weber, 1995).

[38] Vgl. Dowling, 1988.

[39] Wacker, 1996, S. 423.

[40] Vgl. Pinney, 1982, S. 19-25; Gajek/Sabo, 1986, S. 87-92. Vgl. hierzu ferner Wacker, 1996; Kothe-Heggemann, 1996.

[41] Beispielhaft kann hier das Resource-Programm der Unternehmensberatung Price Waterhouse genannt werden.

[42] Vgl. Acuff, 1984.

[43] Vgl. zu einer Einführung in die Relocation-Thematik und zu einer Übersicht von Relocation-Dienstleistern Berg, 1997.

[44] Auch in Deutschland und anderen europäischen Ländern gibt es Bestrebungen, ähnliche Gesetze einzuführen.

[45] Vgl. Morgan, 1986.

[46] Vgl. Robinson, 1978.

[47] Forderungen nach Gleichbehandlung im Hinblick auf Vergütungsmaßnahmen werden im Kapitel "Internationale Entgeltpolitik" diskutiert.

[48] Vgl. Ehespaner, 1997.

[49] Vgl. zu dieser Thematik auch den Beitrag von Harvey, 1997a, der sich mit Ausland tätigen Ehe- oder Lebenspartnern (Dual-Career Paaren) beschäftigt.

[50] Vgl. zu diesen Entwicklungstendenzen die Ausführungen in Kapitel 3.

[51] Vgl. Tung, 1981, S. 68-78.

[52] Vgl. Eicker, 1997, S. K1.

[53] Vgl. Mendenhall/Oddou, 1985, S. 39-47; Harvey, 1983, S. 71-78.

[54] Vgl. Zeira/Banai, 1984, S. 29-35. Mit dem Thema "Abbruch von Auslandstätigkeiten" beschäftigt sich das Kapitel "Internationale Rekrutierung" intensiver.

[55] Vgl. o.V., 1986a, S. 41; Gladwin/Walter, 1980.

[56] Vgl. Porter, 1986, S. 9-40; Porter, 1992a; Porter, 1992b.

[57] In stark diversifizierten Unternehmen können es auch mehrere Industriezweige sein.

[58] Porter, 1986.

[59] Vgl. Porter, 1985.

[60] Zur Diskussion dieser Strategien vgl. Schuler/MacMillan, 1984, S. 241-255. Eher kritische Stellungnahmen finden sich bei: Corsten/Will, 1992, S. 185; Hill, 1988, S. 401; Gilbert/Strebel, 1987, S. 31 ff.; Gaitanides/Westphal, 1991; Phillips/Chang/Buzell, 1983; White, 1986; Miller/Friesen, 1986.

[61] Laurent, 1986, S. 91-102.

[62] Vgl. Porter, 1986, S. 37.

[63] Laurent, 1986, S. 100.

[64] Vgl. hierzu beispielsweise im deutschsprachigen Raum Macharzina, 1993a; Wolf, 1994.

[65] Laurent, 1986, S. 100.

[66] Vgl. Desatnick/Bennett, 1978.

[67] Vgl. o.V., 1986, S. 18; Bennett, 1989; Bruce, 1989, S. 35-37. Rosalie Tung und Ed Miller waren in der Forschung auf dem Gebiet der Unternehmensplanung in multinationalen Unternehmen in den achtziger Jahren führend. Ed Miller berichtete, daß 93 % der amerikanischen Unternehmen ihnen angezeigt hatten, daß für sie die Internationalisierung kein wichtiges Kriterium bei der Beförderung von Angehörigen des älteren Managements ist.

[68] Vgl. Main, 1989, S. 70.

[69] Eine umfassende Darstellung der Vergleichsdaten zum Personalmanagement in Europa ist im Rahmen dieses Buches nicht möglich und würde auch nicht seiner Zielsetzung entsprechen. Hierfür wird auf die folgenden Quellen verwiesen: Schuler/Frier/Kaufmann, 1993; Schreyögg/Oechsler/Wächter, 1995; Weber/Kabst, 1997; Festing/Groening/Kabst/Weber, 1999, sowie weitere Veröffentlichungen des Cranfield-Netzwerkes (http://www.cranet.org).

KAPITEL 2

Der kulturelle Kontext

1. Einführung

Nachdem im ersten Abschnitt dieses Buches das Aufgabenfeld des Internationalen Personalmanagements skizziert wurde, soll in den beiden folgenden Kapiteln auf relevante Kontextfaktoren eingegangen werden. Im Mittelpunkt dieses Kapitels steht der kulturelle Kontext. Im nächsten Kapitel wird der organisationale Kontext behandelt.

Die Berücksichtigung des fremden Umfeldes wird in der Literatur als ein Kernproblem des Internationalen Managements gesehen.[1] Dülfer erachtet die Analyse natürlicher und kultureller Umwelteinflüsse auf die unternehmerische Tätigkeit im Ausland als eine Aufgabe von unternehmenspolitischer Notwendigkeit. Er weist in diesem Zusammenhang auf die besondere Situation für Fach- und Führungskräfte hin, die bei einer Auslandstätigkeit Einflüssen ausgesetzt sind, die sich von der lebenslang internalisierten Stammland-Umwelt in erheblichem Maße unterscheiden.[2] Wenn personalwirtschaftliche Fragen des Internationalen Managements zu lösen sind, ist eine Umweltanalyse besonders wichtig.

Schon im ersten Kapitel dieses Buches wurde herausgearbeitet, daß sich Internationales Personalmanagement von einem national ausgerichteten Personalmanagement vorwiegend durch die Komplexität unterscheidet, die sich daraus ergibt, daß Mitarbeiter unterschiedlicher Herkunft in verschiedenen Ländern zusammenarbeiten: Die Menschen, die in international tätigen Unternehmen arbeiten, sowie Kunden, Lieferanten oder Vertreter staatlicher Einrichtungen im Gastland, sind durch unterschiedliche Sozialisationserfahrungen in oftmals sehr verschiedenartigen kulturellen Umfeldern geprägt. An diesem Punkt wird im folgenden angesetzt. Das Ziel der Ausführungen besteht darin, das Umfeld internationaler personalwirtschaftlicher Entscheidungen so zu systematisieren, daß mit Hilfe der aufgezeigten Strukturierung dem erhöhten Maß an Komplexität im Internationalen Personalmanagement besser begegnet werden kann.

Hierfür gilt es, zunächst die relevanten Faktoren zu identifizieren, die die Unterschiedlichkeit von Ländern und die Verschiedenartigkeit im Verhalten der Menschen bedingen und beeinflussen. Dies erfolgt durch die Darstellung verschiedener Kultur-Konzepte. Schließlich soll ein Orientierungsmuster für den Umgang mit spezifischen Kulturen dargestellt werden. Eine zentrale Rolle in dieser Diskussion nehmen die kulturvergleichende Managementstudie von Hofstede, einige Beispiele ihrer praktischen Umsetzung und verwandte Konzepte ein. Sie stehen hier im Vordergrund der Darstellung. Die Wissenschaft, die sich primär mit dem Vergleich verschiedener Kulturen beschäftigt, wird als interkulturelle Vergleichsforschung bezeichnet. Im angelsächsischen Raum spricht man von *Cross Cultural* bzw. *Comparative Management*. Die Entstehung dieses Forschungsfeldes und das in dieser Forschung dominierende Erkenntnisziel werden einführend kurz skizziert, um ein Verständnis der anschließend referierten Forschungsergebnisse zu ermöglichen.

2. Das Forschungsfeld "Interkulturelle Vergleichsforschung"

Die ersten Beiträge zur Vergleichenden Managementforschung (Comparative Management) entstanden in den frühen sechziger Jahren. Anlaß für die Beschäftigung mit diesem Themengebiet waren die zunehmende internationale Verflechtung der Weltwirtschaft und die daraus resultierenden Probleme für das Management, die sich sowohl im Umgang mit Mitarbeitern als auch in den Beziehungen zu Kunden und Zulieferern in verschiedenen Gastländern ergaben.[3] Die teilweise unerwarteten Konflikte sowie die in manchen Fällen geringe Effizienz der Auslandsaktivitäten ließen Zweifel an der These aufkommen, nationales Managementwissen sei auf andere Länder und Kulturen übertragbar.[4] Nachdem diese Problematik zunächst an amerikanischen Hochschulen wissenschaftlich untersucht wurde, wird sie inzwischen weltweit an zahlreichen wirtschaftswissenschaftlichen Fakultäten bearbeitet und hat zu neuen Lehr- und Forschungsgebieten auf dem Gebiet des "International Business" geführt.[5]

Bereits zu Beginn der achtziger Jahre zeichnete sich das Comparative Management durch eine Vielzahl von Beiträgen aus. Neghandi unterscheidet zwischen drei konzeptionellen und methodischen Ansätzen:[6]

- der ökonomischen Entwicklungsorientierung (*Economic Development Orientation*), die den Einfluß des Managements auf die ökonomische Entwicklung in verschiedenen Ländern untersucht,
- dem Umweltansatz, der den Einfluß externer Faktoren auf Managementpraktiken untersucht und
- dem behavioristischen Ansatz, der Verhaltensmuster von Individuen und Gruppen in Organisationen untersucht.

Bei den in diesem Kapitel betrachteten Ansätzen stehen die beiden zuletzt genannten im Vordergrund der Betrachtung, denn im Rahmen dieser beiden Ansätze werden auch Probleme von Arbeitnehmern untersucht, die in für sie fremden kulturellen Umwelten tätig sind, wie dies z.B. bei entsandten Führungskräften der Fall ist.[7] Grundsätzlich werden hierbei die folgenden Ziele in der interkulturellen Vergleichsforschung unterschieden:[8]

- Beschreibung von Organisationsverhalten innerhalb von Ländern und Kulturen,
- Vergleich von Organisationsverhalten zwischen Ländern und Kulturen und
- Erklärung und Verbesserung der Interaktion zwischen Arbeitnehmern, Kunden, Zulieferern oder Kooperationspartnern aus unterschiedlichen Ländern und Kulturen.[9]

Zusammenfassend kann festgehalten werden, daß das gemeinsame Merkmal der Beiträge der interkulturellen Vergleichsforschung die Grundannahme enthält, daß es Unterschiede zwischen den Managementpraktiken in einzelnen Ländern gibt und daß die jeweilige Umwelt von erheblicher Bedeutung bei der Erklärung dieser Unterschiede ist. Diese Auffassung steht im Gegensatz zu dem Ansatz derjenigen Forscher, die die "*Culture free*-These" verfolgen, d.h. eine universelle Übertragbarkeit von Managementwissen annehmen.[10] Als problematisch müssen die häufig mangelnde theoretische Fundierung des Comparative Management sowie die methodischen Schwächen[11] bei der

Durchführung von empirischen Untersuchungen erachtet werden. Diese beiden Aspekte waren häufig Ursachen für widersprüchliche Forschungsergebnisse und führten zu heftiger Kritik an diesem Forschungsfeld. Vor allem die Verwendung des Konstrukts "Kultur" als Sammelbegriff oder Residualvariable, die zu Beginn einer Untersuchung nicht oder nur unzureichend definiert bzw. operationalisiert wird, bei der Auswertung jedoch als unabhängige Variable für die Erklärung der Variation in den Managementpraktiken zwischen verschiedenen Ländern herangezogen wird, stand im Mittelpunkt der Kritik.[12] Der folgende Abschnitt setzt an diesem Kritikpunkt an und befaßt sich mit Konzeptionalisierungsmöglichkeiten des Kulturbegriffs sowie seiner Inhalte.

3. Kulturdefinitionen und Kultur-Konzepte

3.1 Kulturbegriff

In der einschlägigen Literatur wird eine Vielzahl von Kulturdefinitionen und Kultur-Konzepten diskutiert. Kluckhohn und Kroeber stellten bereits in den fünfziger Jahren 164 Kulturdefinitionen aus dem angelsächsischen Sprachraum zusammen und verdichteten sie zu einer umfassenden, mittlerweile weitgehend akzeptierten Kulturdefinition:

"Culture consists of patterns, explicit and implicit of and for behavior acquired and transmitted by symbols, constituting the distinctive achievement of human groups, including their embodiment in artifacts; the essential core of culture consists of traditional (i.e., historically derived and selected) ideas and especially their attached values; culture systems may, on the one hand, be considered as products of action, on the other, as conditioning elements of future action."[13]

Für das einheitliche Verständnis der weiteren Ausführungen im Rahmen dieses Kapitels wird eine knapper gefaßte Version des Kulturbegriffs von Kluckhohn aus dem Jahre 1951 zugrunde gelegt, die die wesentlichen Punkte der vorherigen Definitionen umfaßt:

"Kultur besteht aus Mustern von Denken, Fühlen und Handeln, hauptsächlich erworben und übertragen durch charakteristische Symbole, die die Errungenschaften von bestimmten Gruppen von Menschen bilden ..."[14]

Diese Muster werden von Hofstede auch als "mentale Programmierung" oder dem Untertitel seines 91er Buches entsprechend als *Software of the Mind* bezeichnet.[15]

"Unter Verwendung einer Analogie zur Art und Weise wie Computer programmiert sind, nennt dieses Buch solche Denk-, Fühl- und Handlungsmuster mentale Programme. Das bedeutet natürlich nicht, daß Menschen wie Computer programmiert sind. Das Verhalten eines Menschen ist nur zum Teil durch seine mentalen Programme vorbestimmt: er hat grundsätzlich die Möglichkeit, von ihnen abzuweichen und auf eine neue, kreative, destruktive oder unerwartete Weise zu reagieren. Die mentale Software ... gibt lediglich an, welche Reaktionen angesichts der persönlichen Vergangenheit wahrscheinlich und verständlich sind."[16]

Trotz der zahlreichen Beiträge zum Kulturbegriff und zu dem Themenfeld Kultur vermißt Hansen eine Theorie der Kultur, die " ... in Bündelung der verschiedenen Ansätze das Grundsätzliche klärt."[17] Er leistet einen Beitrag zu dieser Aufgabenstellung und bezeichnet Kulturen als die Gewohnheiten einer Gemeinschaft, die von einer Mehrheit praktiziert werden. Wenn dieses kollektive Element begrifflich berücksichtigt wird, kann auch von Standardisierung im Sinne gleichen Verhaltens in bestimmten Situationen gesprochen werden. Auf diesem Kulturverständnis aufbauend unterscheidet er

- Standardisierung der Kommunikation,
- Standardisierung des Denkens,
- Standardisierung des Empfindens,
- Standardisierung des Verhaltens

als Grundelemente der Kultur,[18] die in ähnlicher Form auch bei Kluckhohn auftauchen. Während Hofstede und Psychologen wie Triandis[19] typische Merkmale der Kulturen analytisch erfassen und in entsprechende Instrumente für den Umgang mit diesen Phänomenen umformen,[20] plädiert Hansen[21] für dichte Beschreibungen von Kulturen. Nur so sei die Komplexität von Kulturen angemessen und als Hintergrund für entsprechendes Handeln zu erfassen.

Es wird deutlich, daß das jeweilige Grundverständnis von Kultur Auswirkungen auf den Umgang mit dem Phänomen Kultur hat. Im folgenden wird deshalb eine Auswahl solcher Konzepte und - ausführlicher - ebenfalls eine Auswahl kulturvergleichender Managementstudien, insbesondere die stark beachtete Studie von Hofstede vorgestellt.

3.2 Das Umweltschichtenmodell von Dülfer

Die Umwelt von Unternehmungen wird auf unterschiedliche Weise systematisiert.[22] Das Umweltschichtenmodell ist von Dülfer als konzeptioneller Rahmen für die Umweltberücksichtigung im Internationalen Management entwickelt worden.[23] Es wird als erstes referiert, weil es vor allem auf die deutschsprachige Diskussion erheblichen Einfluß hat. Die Grundidee des Modells besteht darin, die verschiedenen Umwelteinflüsse, denen international tätige Führungskräfte ausgesetzt sind, durch übereinander liegende Schichten darzustellen.

> *"Dabei stellen die "natürlichen Gegebenheiten" die Basis dar. An sie knüpfen die menschlichen Tätigkeiten bei der Nutzung und Veränderung der Natur an. Dies auch mit Rückwirkungen auf die letztere. Alle weiteren menschgemachten Umwelterscheinungen sind also als darüber liegende Schichten anzuordnen. Sie bilden zusammen den Komplex der (im weitesten Sinne) kulturellen Einflüsse im Unterschied zu den natürlichen. Diese Anordnung berücksichtigt, daß langfristig (evolutionär) gesehen, die tiefer liegenden Schichten die höher liegenden (in der dargestellten Reihenfolge) beeinflussen. ... [Es gibt] auch Feedbackbeziehungen, z.B. zwischen den rechtlichen Normen und den sozialen Beziehungen (Einfluß des Ehe- und Familienrechts), oder zwischen den sozialen Beziehungen oder Gruppierungen und den kulturell bedingten Wertvorstellungen (Einfluß von Organisationen) auf die Werthaltungen des einzelnen."*[24]

Kapitel 2: Der kulturelle Kontext 35

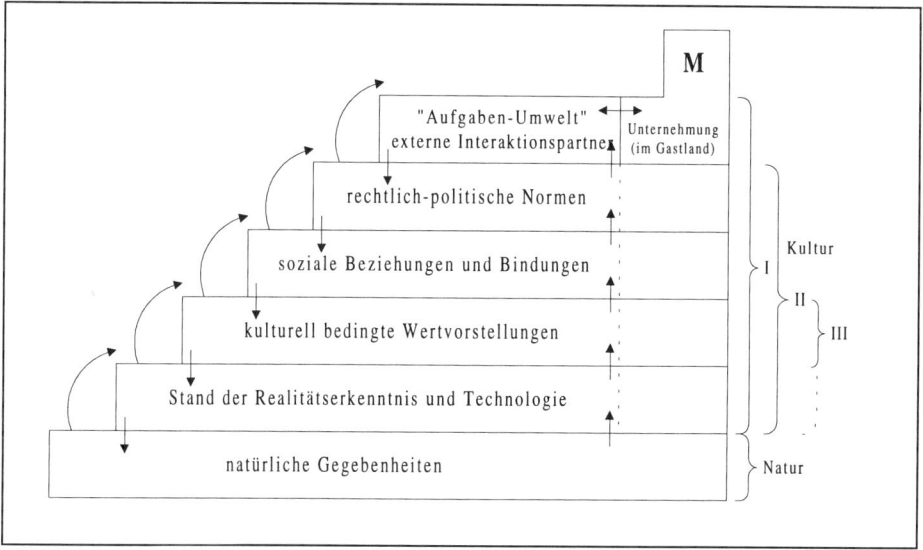

Abb. 2.1: Vertikalschnitt des Schichtenmodells der Umweltberücksichtigung (Dülfer, 1997, S. 261).

Abbildung 2.1 gibt den Vertikalschnitt des Schichtenmodells wieder. Im Mittelpunkt steht der Manager als Partner in unternehmensinternen und unternehmensexternen Interaktionen. Entsprechend den jeweiligen situativen Gegebenheiten ist er den Einflüssen der verschiedenen Schichten in unterschiedlicher Intensität ausgesetzt. In Abweichung zu früheren Darstellungen des Modells[25] wird hier deutlich, daß nicht nur die jeweiligen Interaktionspartner Umwelteinflüssen ausgesetzt sind, sondern daß dies auch auf die Unternehmung an sich und die in ihr tätigen Personen zutrifft. Diese Darstellung spiegelt damit die in der US-amerikanischen Literatur übliche Unterscheidung zwischen interner und externer Umwelt wider. "Allerdings werden die Insider die gleichen Verhaltensbesonderheiten nur aufweisen, wenn sie Inländer sind. Insofern hat der *Auslandsmanager* sich auch in der Insider-Beziehung ... mit Einflüssen der globalen Umwelt auseinanderzusetzen."[26]

Dülfer stellt in seinem Modell also Natur und Kultur einander dichotom gegenüber. Damit ordnet er sowohl die Aufgabenumwelt als auch die globale Umwelt - bestehend aus den rechtlich-politischen Normen, den sozialen Beziehungen und Bindungen, den kulturell bedingten Wertvorstellungen sowie dem Stand der Realitätserkenntnis und Technologie - der Kultur zu. Um einen Vorstellungsinhalt mit diesen Schichten verbinden zu können, werden sie im folgenden kurz mit einigen Stichworten charakterisiert:

- *Natürliche Gegebenheiten* umfassen z.B. topographische Bedingungen, das Ausmaß der Verfügbarkeit wichtiger Ressourcen sowie die klimatischen Bedingungen.
- Der *Stand der Realitätserkenntnis und Technologie* gibt erkenntnistheoretische Erklärungsmuster (z.B. naturwissenschaftliche Ursache-/Wirkungsanalysen versus mythologisch-magische Realitätserklärung) und den dadurch bedingten Stand der Technologie wieder.

- *Kulturell bedingte Wertvorstellungen* beinhalten Werte, Normen und Verhaltensweisen.
- *Soziale Beziehungen* beziehen sich auf die Bedeutung von Großfamilien, Clans, Stämmen und Kasten.
- *Rechtlich politische Normen* verdeutlichen die Verfestigung der Vorstellungen über soziale Beziehungen in Form rechtlicher Normen. Als Beispiele sind hier zu nennen positives Recht, traditionelles Gewohnheitsrecht, hybride Formen/politische Postulate, Ideologien.[27]

Es wird deutlich, daß Dülfer den Kulturbegriff in seinem Umweltschichtenmodell sehr viel weiter faßt als dies in der oben zitierten Arbeitsdefinition von Kluckhohn der Fall ist. Begründet wird dieses Vorgehen damit, " ... daß Einflüsse der umgebenden Kultur auf die Unternehmung als soziotechnisches, zielgerichtetes und offenes System nur im Rahmen der gesamten Umwelteinflüsse festgestellt werden können".[28] Wird eine Kulturdefinition im engeren Sinne zugrunde gelegt, so wird unter Kultur lediglich die Ebene der kulturell bedingten Wertvorstellungen verstanden.[29]

Eine Möglichkeit der Nutzung des Umweltschichtenmodells besteht darin, das Ausmaß der Unterschiedlichkeit von Umwelten und damit auch von Kulturen zu bestimmen. Hierfür wird das Konstrukt des Fremdheitsgrades herangezogen. "Der Begriff bezeichnet den subjektiv empfundenen Mangel des Entscheidungsträgers an Informationen, der daraus resultiert, daß dieser die inhaltlichen Auswirkungen von Umwelteinflüssen in den Konsequenzen seiner Entscheidungsalternativen nicht erkennen kann."[30] Die Ursache hierfür besteht darin, daß er nicht in der Lage ist, die entsprechenden Umweltelemente richtig zu interpretieren.

An dieser Stelle sind Anknüpfungspunkte für Aktivitäten des Internationalen Personalmanagements vorstellbar. Beispielsweise könnten auf der Basis des ermittelten Fremdheitsgrades das Ausmaß und die Intensität der interkulturellen Vorbereitung einer Führungskraft für eine Auslandstätigkeit bestimmt werden.

3.3 Das Kultur-Konzept von Adler

Sehr anschaulich beschreibt Nancy Adler die Wirkung der Kultur auf das Verhalten. Sie geht davon aus, daß die kulturelle Orientierung einer Gesellschaft die komplexe Interaktion von Werten, Einstellungen und Verhaltensweisen ihrer Mitglieder reflektiert.[31]

Einstellungen stellen in diesem Konzept den Ausdruck von Werten in Form von Handlungsdispositionen gegenüber bestimmten Objekten dar.[32] Beispielsweise haben Werbeerfolgskontrollen gezeigt, daß Frankokanadier eine positive Einstellung gegenüber angenehmen oder süßen Düften besitzen, während Anglokanadier Werbebotschaften vorziehen, die eine reinigende Wirkung versprechen. Diejenigen Werbekampagnen für die Seife Irischer Frühling, die für französisch sprechende Kanadier konzipiert worden waren, betonten daher den angenehmen Duft, während die Spots für die englisch sprechenden Kanadier die effektive reinigende Wirkung der Produkte in den Vordergrund stellten.

Kapitel 2: Der kulturelle Kontext 37

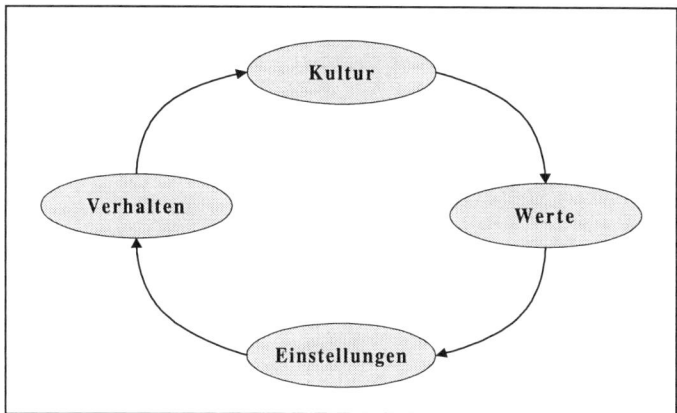

Abb. 2.2: Der Einfluß der Kultur auf das Verhalten (Adler, 1997b, S. 16).

Unter Verhalten werden alle menschlichen Handlungen verstanden. In der Fortsetzung des Beispiels "Irischer Frühling" müßten also sowohl die Frankokanadier als auch die Anglokanadier zum Kauf dieser Marke angeregt worden sein. Führt diese Handlungsdisposition gegenüber dieser Marke tatsächlich zum Kauf, so kann dies ein Ausdruck kulturell bedingter Verhaltensweisen sein.

Der Kreislauf schließt sich, indem postuliert wird, daß das Verhalten wiederum auch einen Einfluß auf die Kultur besitzt. Dieser Aspekt wird bei Adler jedoch nicht näher ausgeführt. Kritisch ist zu dem Konzept von Nancy Adler anzumerken, daß die Beziehungen zwischen den vier Hauptvariablen nicht ganz deutlich werden. Insbesondere wird nicht klar, ob Werte, Einstellungen und Verhaltensweisen als Teile oder als abhängige Variablen der Kultur zu sehen sind.

3.4 Das Kultur-Konzept von Schein

Das Kultur-Konzept von Schein[33] wurde im Zuge der Organisationskulturforschung entwickelt. Es kann jedoch auch auf die Analyse nationaler Kulturen angewendet werden.[34]

Schein differenziert zwischen den drei Kulturebenen "Artefakte bzw. Schöpfungen", "Werte" und "Grundlegende Annahmen". Die Artefakte werden den sichtbaren Organisationsstrukturen und -prozessen zugeordnet. Sie können zwar mit den herkömmlichen Methoden der empirischen Sozialforschung analysiert werden, sind jedoch in ihrem Sinngehalt häufig nur schwer zu entziffern.

Die mittlere Ebene umfaßt die Werthaltungen einer Gesellschaft. Sie sind auf einer mittleren Stufe des Bewußtseins angesiedelt, d.h. sie sind teils bewußt und teils unbewußt.

Die dritte Ebene wird durch die grundlegenden Annahmen beschrieben, die häufig als selbstverständlich vorausgesetzt werden. Sie umfassen Überzeugungen, Wahrnehmungen, Gedanken und Gefühle, die in der Regel unsichtbar und unbewußt sind. Nichtsdestotrotz stellen sie Quellen von Werten und den darauf basierenden Handlungen dar.

Dies wird in der graphischen Darstellung durch die Pfeile zwischen den einzelnen Ebenen verdeutlicht. Es ist zu betonen, daß diejenigen Beziehungen, die von den Artefakten über die Werte zu den grundlegenden Annahmen führen, sehr viel schwächer sind als diejenigen, die in die andere Richtung führen, da ein stärkerer Einfluß von den grundlegenden Annahmen auf die Werte und auf die Artefakte ausgeht als umgekehrt. Dies wird in der folgenden Darstellung berücksichtigt.

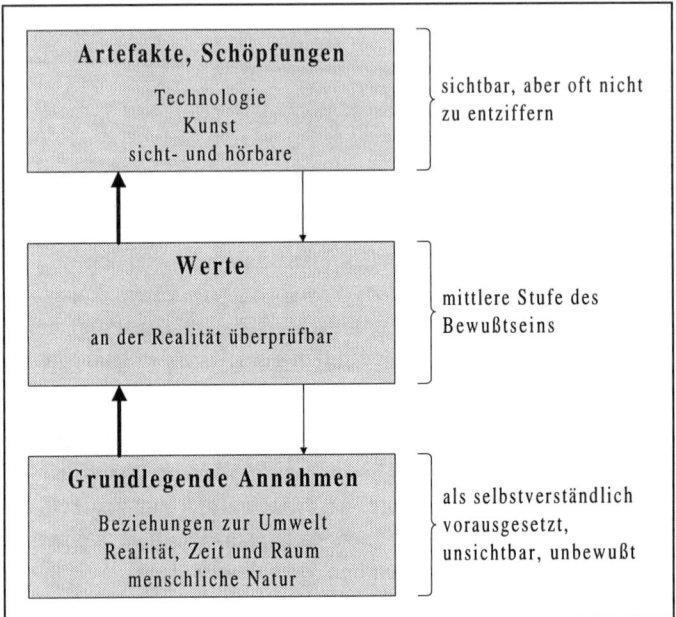

Abb. 2.3: Kulturebenen nach Schein (in Anlehnung an Schein, 1992, S. 17).

Scholz/Messemer/Schröter[35] analysieren die Kultur innerhalb der Europäischen Gemeinschaft anhand des Konzeptes von Schein. Es zeigen sich erhebliche Gemeinsamkeiten auf der Artefakteebene der europäischen Staaten, die den Anschein erwecken, es gebe keine großen länderspezifischen Unterschiede. Abbildung 2.4 macht jedoch deutlich, daß in den Werten und Basisannahmen der Konsens sehr viel geringer ist.

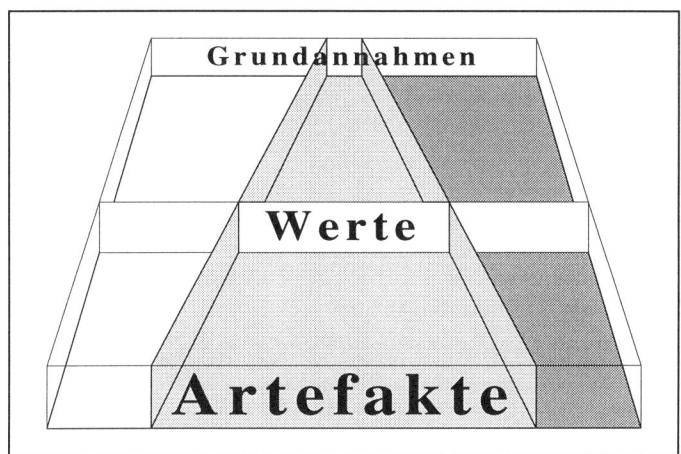

Abb. 2.4: Kulturkorridor Europa (Scholz/Messemer/Schröter, 1991, S. 49).

Als Beispiele für die Grundannahmen werden das Christentum, ein demokratisches Grundverständnis sowie eine kapitalistische Marktordnung genannt. Auf der Werteebene nennen sie die landesspezifische Gesetzgebung hinsichtlich einer Abtreibung als Beispiel. Auf der Ebene der Artefakte wären beispielsweise Gesetze und Richtlinien, die von der Europäischen Gemeinschaft initiiert werden, zu finden. Sie unterstellen, daß in Europa ein Kulturkorridor besteht, der erhebliche Gemeinsamkeiten aber auch Unterschiede auf der Ebene der Grundannahmen, der Werte und der Artefakte postuliert.[36]

Die Basisannahmen für die Bestimmung kultureller Unterschiede werden trotz ihrer grundlegenden Bedeutung für Kulturen in der Forschung häufig vernachlässigt, da sie als schwer erfaßbar gelten. Dieses Gefüge grundlegender Orientierungs- und Vorstellungsmuster bzw. Weltanschauungen stellt jedoch die Basis einer Kultur dar und bestimmt so die Wahrnehmung und das Handeln von Individuen und Gesellschaften. Es geht in seiner ursprünglichen Form auf eine Arbeit von Kluckhohn und Strodtbeck aus dem Jahre 1961 zurück.[37] Die Basisannahmen ordnen sich den Autoren zufolge unabhängig vom Einzelfall in jeder Kultur nach den Grundthemen menschlicher Existenzbewältigung. Im folgenden sollen einige der grundlegenden Annahmen näher erläutert werden, um kulturelle Unterschiede differenzierter herauszuarbeiten. Ihre Erläuterung erfolgt in Anlehnung an die Ausführungen von Schein, der das Konzept von Kluckhohn und Strodtbeck aufgenommen hat.[38] Hinter den sechs grundlegenden Annahmen verbergen sich die folgenden Fragestellungen:[39]

- *Der Charakter der Realität und die Natur der Wahrheit*: Was ist wirklich und was nicht? Halten sich die Mitglieder einer Kultur an die Wissenschaft oder nehmen sie eine experimentelle Haltung ein, indem sie Entscheidungen über wahr und falsch von einem Versuch abhängig machen?
- *Das Wesen der zeitlichen Dimension*: Wie wird die zeitliche Dimension definiert und gemessen? Wie wichtig ist Zeit? Leben die Mitglieder einer Kultur eher gegenwarts- oder vergangenheitsbezogen? Sind sie eher langfristig oder kurzfristig orientiert?

- *Die Wirkung von räumlicher Nähe bzw. Distanz*: Wie wird den Mitgliedern einer Gesellschaft Raum zugeordnet? Welche Rolle spielt die räumliche Distanz bei der Einschätzung von Beziehungen z.B. in Bezug auf den Grad der Intimität?
- *Die Natur des menschlichen Wesens:* Was bedeutet es, menschlich zu sein? Ist die menschliche Natur eher von guten oder schlechten Absichten gekennzeichnet?
- *Die Art menschlicher Aktivität:* Wie wird die Beziehung zur Umwelt eingeschätzt? Wird die Umwelt eher als bezwingbar oder als übermächtig eingeschätzt? Stehen die Mitglieder einer Gesellschaft ihrem Schicksal eher passiv gegenüber oder versuchen sie, aktiv darauf Einfluß zu nehmen?
- *Die Beschaffenheit menschlicher Beziehungen:* Welche Vorstellungen über die sozialen Ordnungskriterien herrschen in einer Gesellschaft vor (z.B. Alter, Herkunft, Erfolg)? Wodurch werden zwischenmenschliche Beziehungen charakterisiert? Zählt der Teamerfolg oder der Einzelerfolg?

3.5 Fazit

Die bisherigen Ausführungen dieses Kapitels beschreiben Systematisierungsmöglichkeiten bzw. Analyseraster für das Konstrukt Kultur. Die Vielfältigkeit der Definitionen und Konzepte, von denen im Rahmen dieses Buches nur ein sehr kleiner Teil vorgestellt werden kann, unterstreicht die Notwendigkeit einer klaren, unmißverständlichen Begriffsdefinition von Kultur für Forschungsarbeiten im Bereich der interkulturellen Vergleichsforschung. Nur auf dieser Grundlage weisen kulturvergleichende Managementstudien einen Aussagewert für praktische Fragestellungen auf.

Der Schwerpunkt des dritten Teils dieses Kapitels liegt auf der Darstellung von Ergebnissen kulturvergleichender Managementstudien und insbesondere auf der Beschreibung der Hofstede-Studie, die weiterhin als die meistbeachtete, wenn auch nicht ohne Kritik betrachtete Studie dieser Art gilt. Anhand der skizzierten Ergebnisse können schließlich konkrete Rückschlüsse für den Vergleich einzelner nationaler Kulturen gezogen werden.

4. Kulturvergleichende Managementstudien

4.1 Überblick über kulturvergleichende Managementstudien

Kulturvergleichende Managementstudien verfolgen das Ziel, das Arbeitsverhalten verschiedener Kulturen zu beschreiben und zu vergleichen. Aus dieser Analyse können Verbesserungsvorschläge für die Interaktion von Mitgliedern unterschiedlicher Kulturen abgeleitet werden. Beispiele für solche empirisch fundierten kulturvergleichenden Managementstudien geben Ronen/Shenkar (1985), Ronen/Kraut (1977) sowie Ronen (1985).[40] Ronen[41] beschreibt und vergleicht die Studien von Haire/Ghiselli/Porter (1966), Sirota/Greenwood (1971), Ronen/Kraut (1977), Hofstede (1976), Redding (1976), Badaway (1979) Griffeth/Hom/DeNisi/Kirchner (1980) und Hofstede (1980a).[42] Beispielhaft für das Vorgehen bei dieser Art der interkulturellen Vergleichsforschung werden im folgenden einige Fragestellungen skizziert und diskutiert, die Laurent 1983 in seiner Untersuchung des Managementverhaltens in neun westeuropäischen Ländern, den USA und zwei asiatischen Ländern (Indonesien und Japan) verwendete.[43] Laurent ließ Manager aus jedem Land ihre Einschätzung von 60 als typisch erachteten Arbeitssituationen beschreiben. Drei dieser Einschätzungen werden im folgenden referiert.

Item 1:	Der Hauptgrund für hierarchische Strukturen besteht darin, daß jeder weiß, wer Autorität über wen besitzt.		
Zustimmungsraten:			
Indonesien	86 %	Großbritannien	38 %
Japan	52 %	Niederlande	38 %
Italien	50 %	Deutschland	24 %
Frankreich	45 %	USA	18 %

Tab. 2.1: Zustimmungsraten "Hierarchische Strukturen" (vgl. Adler, 1997b, S. 43, in Anlehnung an Laurent, 1983, S. 82).

Werden lediglich die extremen Zahlen verglichen, so zeigt sich, daß die Zustimmungsrate in Indonesien mehr als viermal höher ist als in den USA. Sind diese Unterschiede in der Zustimmung nicht zufälliger Natur, so gilt es, eine Erklärung für die Varianz zu finden. Adler[44] führt als Erklärung an, daß die meisten Amerikaner dem Statement von Laurent nicht zustimmen, da Hierarchie für sie in erster Linie dazu da ist, Aufgaben zu organisieren und Problemlösungen im Hinblick auf diese Aufgaben zu vereinfachen. Sie glauben, daß eine Organisation mit wenigen Hierarchiestufen funktionieren kann. Dies gilt vor allem, wenn die Aufgaben klar definiert sind und die Organisation klein ist. Im Gegensatz dazu stimmen Indonesier und auch Japaner sowie Italiener mit dem Statement von Laurent in hohem Maße überein, messen einer ausgeprägten Hierarchie also eine sehr viel höhere Bedeutung zu. Als Fazit könnte auf potentielle Probleme im Hinblick auf den Umgang mit Hierarchien hingewiesen werden, wenn beispielsweise Amerikaner mit Indonesiern zusammenarbeiten. Ähnliches gilt für die deutsche Kultur, da Deutschland mit einer Zustimmungsrate von 24 % nur unwesentlich höhere Werte aufweist als die USA.

Item 2:	Für die Effizienz von Arbeitsabläufen ist es häufig notwendig, hierarchische Ebenen zu umgehen.		
Ablehnungsraten:			
Italien	75 %	USA	32 %
Deutschland	46 %	Großbritannien	31 %
Frankreich	42 %	Schweden	22 %
Niederlande	39 %		

Tab. 2.2: Ablehnungsraten "Effizienz von Arbeitsabläufen" (vgl. Adler, 1997b, S. 44, in Anlehnung an Laurent, 1983, S. 86).

Auch hinsichtlich dieses Statements sind erhebliche Unterschiede in der Bewertung durch Vertreter verschiedener Kulturen festzustellen. Die größte Zustimmung ist in Schweden zu identifizieren: Es ist wichtig, die Arbeit zu erledigen, d.h. man geht mit Fragen zu der Person, bei der man mit der größten Wahrscheinlichkeit die notwendigen Informationen und das notwendige Fachwissen findet. Dies muß nicht notwendigerweise der Vorgesetzte sein. Die meisten Schweden sind der Ansicht, daß eine perfekte Hierarchie, in der der Vorgesetzte alles weiß, unmöglich ist. Im Gegensatz dazu sehen viele Italiener die Umgehung ihres Vorgesetzten als ein Zeichen von Nichtunterordnung unter ihren Vorgesetzten an. Häufiges Umgehen des Vorgesetzten wird als Indikator für eine schlecht gestaltete Organisation gesehen. Wird berücksichtigt, daß sowohl Schweden als auch Italien europäische Länder sind, so läßt sich ableiten, daß selbst innerhalb Europas mit potentiellen kulturbedingten Managementkonflikten zu rechnen ist.[45] Deutschland weist bei diesem Statement einen mittleren Wert auf. Es scheint daher eine ähnliche Einschätzung des Sachverhalts vorzuliegen wie in den Niederlanden oder in Frankreich. Der Vergleich mit den extremen Werten aus Schweden oder Italien deutet darauf hin, daß in der Interaktion zwischen Angehörigen dieser Länder die Gefahr kulturbedingter Konflikte besteht, die durch eine entsprechende Vorbereitung der Beteiligten reduziert werden kann.

Item 3:	Es ist wichtig für einen Manager, immer eine präzise Antwort auf die arbeits-bezogenen Fragen von Untergebenen zu haben.		
Zustimmungsraten:			
Japan	78 %	Schweiz	38 %
Indonesien	73 %	Großbritannien	27 %
Italien	66 %	Dänemark	23 %
Frankreich	53 %	USA	18 %
Deutschland	46 %	Niederlande	17 %
Belgien	44 %	Schweden	10 %

Tab. 2.3: Ablehnungsrate "Antworten von Vorgesetzten" (vgl. Adler, 1997b, S. 45, in Anlehnung an Laurent, 1983, S. 86).

Bei der Einschätzung der Rolle einer Führungskraft wurden ebenfalls kulturspezifische Unterschiede festgestellt. Japaner und Indonesier stimmten dem Statement viermal häufiger zu als Schweden. Die Amerikaner weisen mit 18 % die drittniedrigste Zustimmungsrate auf. Nach Adler sind auch viele Amerikaner der Ansicht, daß die Rolle eines Managers darin besteht, Probleme zu lösen: Manager sollten ihren Untergebenen helfen, Wege zu finden, wie Probleme gelöst werden können statt nur Antworten auf Fragen zu liefern. Allwissende Antworten entmutigen die Initiative und Kreativität des Untergebenen und vermindern so die Produktivität. Im Gegensatz dazu sehen Franzosen die Führungskraft als Experten. Um ihre Glaubwürdigkeit aufrecht zu erhalten, müssen also präzise Antworten auf die meisten Fragen gefunden werden. Die entscheidende Frage, die diesen Unterschieden zugrunde liegt, ist, ob eine Führungskraft primär eine Problemlösungsfunktion hat oder ob sie in erster Linie ein Experte ist. Es gibt auf diese

Frage keine richtige oder falsche Antwort. Sie wird lediglich aus verschiedenen kulturellen Perspektiven unterschiedlich eingeschätzt. Der Wert für Deutschland liegt wiederum in etwa in der Mitte. Daraus kann geschlußfolgert werden, daß eine Führungskraft je nach Situation als Problemlöser oder als Experte fungieren kann.

Laurent kommt in seiner Untersuchung zu dem Schluß, daß die nationale Herkunft von europäischen und amerikanischen Managern signifikant die Ansichten beeinflußt, welche Managementpraktiken in einem Unternehmen als effektiv zu erachten sind. Zusammenfassend kann festgehalten werden, daß das Ausmaß, in dem eine Führungskraft eine Organisation z.B. als politisch oder autoritär betrachtet, entsprechend ihrem Herkunftsland variiert.[46]

4.2 Kulturvergleichende Managementstudie von Hofstede

Die kulturvergleichende Managementstudie von Hofstede[47] nimmt eine besondere Stellung im Bereich der interkulturellen Vergleichsforschung ein. Sie ist eine der ersten Arbeiten auf diesem Gebiet und von ihrer empirischen Grundlage her sehr umfangreich. Die Studie gehört zu denjenigen Arbeiten des Cross-Cultural Managements, die auf der Werteebene und damit auf der mittleren Ebene des Kultur-Konzepts von Schein ansetzen.[48]

Zieht man das Kulturkonzept von Schein heran, so erfaßt sie also Variablen, die den befragten Menschen teils bewußt, teils aber auch unbewußt sind. Diese Vorgehensweise steht im Gegensatz zu anderen Studien, die primär die Ebene der Artefakte betrachten. In letzteren bilden leichter meßbare, aber schwieriger zu interpretierende Variablen, wie beispielsweise das Wirtschaftswachstum in einem Land oder dessen politisches System, den Gegenstand der Untersuchung.[49]

Hofstede identifizierte in seiner Untersuchung auf der Basis theoretischer Grundlagen und statistischer Analysen vier Kulturdimensionen, anhand derer kulturelle Unterschiede von Ländern beschrieben werden können. Es handelt sich hierbei um das umfangreichste Datenmaterial zu dieser Thematik, das jemals mit einem einzigen Fragebogen erhoben worden ist. Insgesamt lagen bei der Auswertung der Untersuchungsergebnisse 116.000 Fragebögen vor, die Informationen von Mitarbeitern der Firma IBM enthielten.

Die befragten Mitarbeiter repräsentierten alle Hierarchieebenen des Unternehmens und verfügten über die unterschiedlichsten Qualifikationen vom ungelernten Arbeiter bis zum Hochschulabsolventen. Insgesamt wurden Mitarbeiter aus 38 unterschiedlichen Berufsgruppen befragt.[50] Zudem wurde die Untersuchung zunächst zu zwei verschiedenen Zeitpunkten in Tochtergesellschaften von IBM durchgeführt (1967-1969 und 1971-1973).[51] Der Fragebogen wurde jeweils in die entsprechende Landessprache, insgesamt in zwanzig verschiedene Sprachen übersetzt.[52]

Von insgesamt 150 Fragen bezogen sich 60 auf Überzeugungen und Werte der Probanden. Diese wurden für die vorliegenden Ergebnisse ausgewertet.[53]

Da nur Individuen befragt wurden, die ähnliche Berufe ausübten und die bei den Tochtergesellschaften des gleichen Unternehmens beschäftigt waren, besteht nach Hofstede eine hohe Wahrscheinlichkeit, daß die ermittelten Unterschiede tatsächlich auf die nationalen Unterschiede und damit auf die mentalen Programme, die die Mitarbeiter zu Beginn ihrer Tätigkeit mitgebracht haben, zurückzuführen sind.[54]

Aus den arbeitsbezogenen Werten konnten im Rahmen der Untersuchung vier grundlegende Dimensionen von Landeskulturen identifiziert werden. Diese Dimensionen erklären zusammen 49 % der Varianz.[55] Hofstede ordnete ihnen die Bezeichnungen Machtdistanz, Unsicherheitsvermeidung, Femininität versus Maskulinität sowie Individualismus versus Kollektivismus zu. Zwar sind diese Begriffe nicht neu, sondern existieren bereits in verschiedenen Teilbereichen der Sozialwissenschaften; die folgenden Ausführungen umschreiben jedoch, welcher Bedeutungsinhalt sich hinter diesen Attributen im Rahmen der Hofstede-Studie verbirgt.

4.2.1 Die Kulturdimensionen

4.2.1.1 Machtdistanz

Mit der Dimension Machtdistanz wird das Ausmaß wiedergegeben, in dem die Angehörigen einer Kultur akzeptieren, daß Macht in Institutionen ungleich verteilt ist. Sie " .. drückt die emotionale Distanz aus, die zwischen Mitarbeitern und Vorgesetzten herrscht."[56] Der Machtdistanzindex wurde mit Hilfe der folgenden drei Items ermittelt:[57]

- Antworten von nicht leitenden Angestellten auf die Frage: "Wie häufig taucht Ihrer Erfahrung nach folgendes Problem auf: Die Mitarbeiter haben Angst, dem Vorgesetzten zu zeigen, daß sie nicht seiner Meinung sind?" (Mittlerer Punktwert auf einer Punkteskala von 1-5, d.h. von "sehr oft" bis "sehr selten").
- Wahrnehmung des Mitarbeiters, wie der Vorgesetzte *tatsächlich* Entscheidungen trifft (Prozent von Mitarbeitern, die entweder den autokratischen oder patriarchalischen Stil von vier möglichen wählen oder die Alternative "keiner von diesen").
- Bevorzugung des Stils, wie der Vorgesetzte aus der Sicht des Mitarbeiters Entscheidungen fällen sollte (Prozent von Mitarbeitern, die einen autokratischen oder patriarchalischen Stil bevorzugten, oder im Gegensatz dazu, einen Stil, der sich auf Mehrheitsentscheidungen begründet, aber bei dem die Mitarbeiter nicht mit in die Beratung einbezogen sind).

Ein Machtungleichgewicht existiert in vielen Kulturen, es kann jedoch von Kultur zu Kultur unterschiedlich stark ausgeprägt sein. In Gesellschaften, die von einer hohen Machtdistanz - also von einem hohen Machtungleichgewicht - gekennzeichnet sind, werden hierarchische Ordnungen akzeptiert, in denen jedes Individuum ohne weitere Rechtfertigung seinen Platz einnehmen kann. Kulturen mit einer geringen Machtdistanz streben nach Machtgleichgewicht und fordern Erklärungen für Machtungleichgewichte. Der wesentliche Unterschied zwischen Gesellschaften, die sich hinsichtlich des Machtdistanzindexes unterscheiden, besteht also darin, wie mit einem auftretenden Machtungleichgewicht umgegangen wird. Dies birgt selbstverständlich auch Konsequenzen für die Gestaltung von Organisationen.[58]

"In Ländern mit geringer Machtdistanz ist die Abhängigkeit des Mitarbeiters von seinem Vorgesetzten begrenzt, und ein konsultativer Stil wird bevorzugt, d.h., es gibt eine Interdependenz zwischen Mitarbeiter und Vorgesetztem. Die emotionale Distanz zwischen ihnen ist gering: für den Mitarbeiter ist der Vorgesetzte immer ansprechbar, und er traut sich auch, ihm zu widersprechen. In Ländern mit großer Machtdistanz stellt man eine große Abhängigkeit des Mitarbeiters von seinem Vorgesetzten fest. Die Mitarbeiter reagieren, indem sie diese Abhängigkeit vorziehen (autokratischer oder patriarchalischer Vorgesetzter) oder völlig ablehnen. ... Die Mitarbeiter sprechen nur selten ihren Vorgesetzten direkt an bzw. widersprechen ihm."[59]

Das folgende Beispiel illustriert und erläutert anhand einiger praktischer Aspekte im Aufeinandertreffen zweier Kulturen den Bedeutungsinhalt der Kulturdimension Machtdistanz.

Fallbeispiel 1: Das chinesische Abendessen

Eine der führenden kanadischen Banken lud eine chinesische Delegation zu einem Abendessen ein. Hierfür waren zwei junge Kanadier verantwortlich, die sich die Aufgaben der Gastgeber teilten.

Das Abendessen war leider kein Erfolg. Sowohl die Chinesen als auch die Kanadier fühlten sich während der gesamten Mahlzeit sehr unbehaglich. Während dieses Abendessens wurden weder offizielle Reden gehalten noch kam man sich auf der persönlichen Ebene näher. Am Ende der Mahlzeit standen die Chinesen auf, bedankten sich bei den Vertretern der Bank, lehnten die von den Kanadiern organisierte Rückfahrt zum Hotel ab und verließen gekränkt das Restaurant. Auch die Kanadier waren verwirrt. Sie empfanden den Aufbruch der Chinesen als sehr plötzlich, und sie wußten immer noch nicht, was sie falsch gemacht hatten. Obwohl sie das Menü sorgfältig ausgewählt hatten (z.B. Vermeidung von Molkereiprodukten), einen exzellenten Übersetzungsservice zur Verfügung gestellt und sich sogar über die in Kanada übliche Höflichkeit hinaus bemüht hatten, erkannten die Kanadier, daß trotzdem etwas falsch gelaufen war. Wo lag das Problem?

Bei der Analyse der Situation wurde deutlich, daß die Erwartungen der Chinesen nicht erfüllt worden waren. Zunächst war es für die sehr hierarchisch orientierten Chinesen verwirrend, daß sich zwei Personen die Gastgeberrolle teilten. Zweitens betrachteten die Chinesen die Jugend ihrer kanadischen Gastgeber als eine Kränkung ihres eigenen Status, da für sie Alter ein Indikator für Seniorität darstellt. Drittens wird in China traditionellerweise vor dem Essen vom Gastgeber eine Willkommensrede gehalten, die anschließend von den Gästen erwidert wird; da die Kanadier diese Erwartungen der Chinesen nicht erfüllten, wurde ihr Verhalten als unhöflich angesehen.

Der spezielle Vorfall, der die Kanadier gekränkt hatte, war der plötzliche Aufbruch der Chinesen nach dem Abendessen. Dies ist für Chinesen jedoch weder unüblich noch

> Ausdruck eines Problems: Chinesen ziehen sich im allgemeinen früh zurück, und der Abend war für sie schon weit fortgeschritten.
> Der auf der Seite der Kanadier herrschende Mangel an Verständnis für die eher hierarchisch orientierte Kultur der Chinesen sowie ihrer Art, Respekt auszudrücken, führte letztlich zu den Problemen in den Geschäftsverhandlungen mit der chinesischen Besucherdelegation.
>
> *Quelle: Übersetzung in Anlehnung an Adler, 1997b, S. 54.*

4.2.1.2 Unsicherheitsvermeidung

Die Kulturdimension Unsicherheitsvermeidung beschäftigt sich mit dem Ausmaß, in dem sich die Angehörigen einer Kultur durch unsichere, zweideutige und/oder unstrukturierte Situationen bedroht fühlen und solche zu vermeiden versuchen. Die folgenden Items tragen zu ihrer Erfassung bei:

- Streß am Arbeitsplatz: "Wie häufig sind sie bei der Arbeit nervös oder angespannt?"
- Regelorientierung: Zustimmung zu der Aussage: "Im Unternehmen bestehende Regelungen dürfen nicht übertreten werden - auch wenn der Mitarbeiter der Meinung ist, es geschehe zum besten der Firma."
- Der Anteil an Mitarbeitern, die ihre Absicht bekundeten, langfristig Karriere im Unternehmen zu machen: "Wie lange werden Sie Ihrer Einschätzung nach noch für IBM arbeiten?"

Stark unsicherheitsvermeidende Kulturen sind durch starre Glaubens- und Verhaltenscodes gekennzeichnet und verhalten sich intolerant gegenüber davon abweichenden Personen und Ideen. In schwach unsicherheitsvermeidenden Kulturen übersteigt die Bedeutung der Praxis die Bedeutung der Prinzipien, und es besteht eine höhere Toleranz gegenüber Abweichungen. Der wesentliche Unterschied zwischen Ländern, die unterschiedlich hohe Indizes hinsichtlich der Dimension Unsicherheitsvermeidung aufweisen, zeigt sich in der Reaktion der Individuen auf Zeitdruck oder auf Ungewißheiten in der Zukunft. Die Menschen versuchen in unterschiedlichem Ausmaß, die Zukunft zu beeinflussen und zu kontrollieren.[60] Genau wie die Dimension Machtdistanz hat auch die Unsicherheitsvermeidungsdimension Konsequenzen für die Gestaltung von Organisationen. Hofstede geht sogar soweit zu behaupten, daß Länder mit schwacher Unsicherheitsvermeidung mit größerer Wahrscheinlichkeit grundlegende Innovationen hervorbringen, da sie abweichenden Ideen mit größerer Toleranz begegnen. Bei der Umsetzung dieser Innovationen sieht er jedoch einen entscheidenden Nachteil für diese Nationen, da Detailarbeit und Pünktlichkeit erforderlich sind. Dies hingegen sind typische Kennzeichen von Kulturen mit hoher Unsicherheitsvermeidung. Zusammenfassend stellt er fest, daß Großbritannien mehr Nobelpreisträger hervorgebracht hat als Japan, daß hingegen Japan mehr neue Produkte auf dem Weltmarkt eingeführt hat.[61] Das folgende Beispiel illustriert die Kulturdimension Unsicherheitsvermeidung im Kontext eines multinationalen Unternehmens.

> **Fallbeispiel 2: Bindung an das Unternehmen**
>
> Seit zwei Jahren war die japanische Unternehmung nun auf dem dänischen Markt tätig, und die Situation stellte sich sehr positiv für den japanischen Geschäftsführer Ehara dar: die Entwicklung des Marktanteils der Elektroartikel seiner Firma hatte einen noch positiveren Verlauf genommen als erwartet. Auch die Zahl der benötigten Mitarbeiter war schnell angestiegen, so daß bereits nach kurzer Zeit auch Dänen in relativ verantwortungsvollen Positionen im Unternehmen tätig waren. Unter anderem war auch die Position des Marketingleiters von einem Dänen, Peter Christensen, besetzt worden. Systematisch war Christensen durch die Teilnahme an mehreren Seminaren auf seine Aufgabe vorbereitet worden. Zudem hatte Ehara selbst in Zusammenarbeit mit der Personalabteilung und nach Absprache mit Christensen einen langfristigen Karriereplan entworfen, der für den jungen Dänen hervorragende Aufstiegsmöglichkeiten vorsah.
>
> Um so erstaunter war der Geschäftsführer, als er eines morgens die Kündigung Christensens auf dem Schreibtisch vorfand. Letzterem war - nicht zuletzt durch die in dem japanischen Unternehmen erworbenen Qualifikationen - eine hervorragend dotierte Position in einem Konkurrenzunternehmen angeboten worden, und er hatte sich entschlossen, sie anzunehmen. Wie ist das Unverständnis des japanischen Geschäftsführers zu erklären?
>
> Die Verwirrung des Geschäftsführers Ehara kann zurückgeführt werden auf unterschiedliche kulturbedingte Unsicherheitsvermeidungstendenzen in Japan und in Dänemark. Während bei den Japanern ein stärkeres Sicherheitsdenken vorherrscht, das sich in Prinzipien wie der lebenslangen Anstellung äußert,[62] können Dänen tendenziell eher mit Unsicherheit leben. Dementsprechend wechseln sie auch vergleichsweise häufiger als die Ostasiaten ihren Arbeitsplatz.

4.2.1.3 Femininität versus Maskulinität

Der von Hofstede identifizierten Kulturdimension Femininität versus Maskulinität liegt die Annahme zugrunde, daß zwischen eher maskulinen Werten und eher femininen Werten unterschieden werden kann. Eine maskuline Orientierung ist durch eine hohe Bedeutung der folgenden Punkte gekennzeichnet:

- Einkommen: die Möglichkeit, viel zu verdienen.
- Anerkennung: die Anerkennung zu bekommen, die man verdient hat, wenn man gute Arbeit leistet.
- Beförderung: die Möglichkeit zu haben, in höhere Positionen aufzusteigen.
- Herausforderung: bei der Arbeit gefordert zu werden - eine Arbeit zu haben, die einen zufriedenstellt.

Eine feminine Orientierung zeigt sich primär durch folgende Charakteristika:

- Vorgesetzter: zum direkten Vorgesetzten ein gutes Verhältnis zu haben.
- Zusammenarbeiten: mit Kollegen gut zusammenzuarbeiten.

- Umgebung: in einer für sich selbst und die Familie angenehmen und freundlichen Umgebung zu leben.
- Sicherheit des Arbeitsplatzes: das sichere Gefühl zu haben, solange beim Arbeitgeber beschäftigt zu sein wie man will.

Die maskuline Orientierung umfaßt also das Streben nach materiellem Erfolg, Heldentum und einer starken Leistungsorientierung; die feminine Orientierung beinhaltet Präferenzen für Lebensqualität, Bescheidenheit und zwischenmenschliche Beziehungen. Ferner ist die Rollenflexibilität in feminin orientierten Kulturen stärker ausgeprägt als in eher maskulinen Kulturen, d.h. die Rollen der Geschlechter überschneiden sich: "sowohl Frauen als auch Männer sollten bescheiden und feinfühlig sein und Wert auf Lebensqualität legen."[63] Der fundamentale Unterschied zwischen den beiden Ausprägungen besteht in der Form, in der eine Gesellschaft den Geschlechtern soziale Rollen zuordnet.[64] Dieser Aspekt wird durch das folgende Fallbeispiel illustriert.

Fallbeispiel 3: Nicht-adäquates Commitment schwedischer Manager

Schweden verfolgt eine Politik, die es den Eltern überläßt, ob der Vater oder die Mutter Erziehungsurlaub für ein Kind in Anspruch nimmt. Als dieses Gesetz noch neu war, führte die Ankündigung eines leitenden Direktors des schwedischen Postdienstes, er wolle für einige Monate Erziehungsurlaub für sein neugeborenes Kind in Anspruch nehmen, zu großer Aufruhr. Er erklärte der Presse, daß sich Manager von anderen Mitarbeitern nicht unterscheiden: wie andere Arbeitnehmer wollen und müssen auch Manager Arbeits- und Familienleben in Einklang bringen. Zusätzlich gab er seiner Meinung Ausdruck, daß eine Organisation, die nicht eine Zeitlang ohne ihren leitenden Direktor auskomme, keine "raison d'être" hätte.

Schwedische Expatriates haben häufig keine Möglichkeit, ihren ausländischen Kollegen den Wunsch nach Harmonisierung von Arbeits- und Familienleben zu erklären. Schweden überraschen auch häufig ihre internationalen Kunden, wenn sie deutlich machen, daß für sie die Arbeitswoche am Freitag um 17 Uhr beendet ist, oder wenn sie die Absicht äußern, nach einem Arbeitstag mit dem ersten Flugzeug nach Hause zurückzukehren, um mehr Zeit mit ihrer Familie verbringen zu können.

Nach Aussagen schwedischer Geschäftsleute seien viele Ausländer (insbesondere Amerikaner) häufig bereit, den ganzen Abend und das ganze Wochenende zu arbeiten, um ein wichtiges Projekt zu beenden; diese Amerikaner verurteilen das Verhalten der Schweden häufig als eine Demonstration nicht-adäquaten Commitments hinsichtlich ihrer Arbeit und sind, wenn sie mit Schweden zusammenarbeiten müssen, schnell verärgert. Worauf sind die geschilderten unterschiedlichen Verhaltensweisen von Amerikanern und Schweden zurückzuführen?

> Die Schweden demonstrieren lediglich ihr starkes Commitment für Lebensqualität (feminine Orientierung), während die Amerikaner oder andere ähnliche Nationalitäten sich ihrer starken Aufgabenorientierung entsprechend verhalten (maskuline Orientierung).
>
> *Quelle: Übersetzung in Anlehnung an Adler, 1997b, S. 57.*

4.2.1.4 Individualismus versus Kollektivismus

Die Kulturdimension Individualismus versus Kollektivismus beschreibt das Ausmaß, in dem in einer Gesellschaft Eigeninitiative und Selbstversorgung für sich selbst und den engsten Familienkreis im Gegensatz beispielsweise zu staatlicher Fürsorge oder dem Konzept der Großfamilie bevorzugt wird. In eher individualistischen Kulturen besteht zwischen den Menschen lediglich ein lockeres Beziehungsgeflecht. Jeder ist primär für sich selbst verantwortlich. Eher kollektivistische Kulturen verfügen dagegen über engere, klarer definierte Beziehungssysteme. Dies gilt für Großfamilien ebenso wie für Unternehmen. Es wird deutlich unterschieden zwischen der eigenen Mitgliedschaftsgruppe und fremden Gruppen. Im Austausch für die Fürsorge, die von der eigenen Gruppe geboten wird, gibt das Gruppenmitglied uneingeschränkte Loyalität.

Der differenzierende Aspekt in dieser Dimension besteht in der Unabhängigkeit, die in einer Gesellschaft zwischen den Individuen herrscht. Dies gilt im Privatleben genauso wie im Arbeitsleben, und somit besitzt auch diese Dimension einen Einfluß auf die Gestaltung von Organisationen. Das folgende Beispiel verdeutlicht diese Dimension.

> **Fallbeispiel 4: Untersuchung der Pacific Area Travel Association**
>
> Ein Marktforschungsinstitut in Tokio führte eine Untersuchung über die Potentiale der Touristikbranche für die Pacific Area Travel Association (PATA) durch, eine Organisation nationaler Verkehrsbüros verschiedener Länder rund um den Pazifik. Obwohl die Untersuchung in Form eines standardisierten Fragebogens durchgeführt wurde, war es jedem Land ermöglicht worden, auch einige eigene offene Fragen zu stellen. Alle Länder antworteten umgehend. Von den zehn untersuchten Ländern war das U.S. Department of Commerce die erste Organisation, die den Fragebogen zurücksandte. Die Briefe und Telexe aus den USA waren jeweils individuell unterzeichnet.
>
> Kurz nachdem die PATA-Untersuchung abgeschlossen war, erhielt das Marktforschungsinstitut den Auftrag für eine ähnliche Studie von der Vereinigung südostasiatischer Länder (ASEAN). Wegen der ähnlichen Inhalte führten die Forscher die ASEAN-Studie in nahezu der gleichen Art und Weise wie die PATA-Untersuchung durch. Sie forderten offene Fragen von den nationalen Verkehrsämtern von Thailand, den Philippinen, aus Singapur, Malaysia und Indonesien an. Da man die Sammlung der Fragen für die PATA in weniger als einem Monat vollständig vorliegen hatte, nahmen die Forscher des Instituts an, daß sechs Wochen mehr als genug Zeit sein würden für die südostasiatischen Länder. Dies war jedoch ein Fehler! Die Länder des ASEAN brauchten erheb-

> lich mehr Zeit als die Länder der PATA. Bevor die endgültige Antwort von den Philippinen kam, mußten viele Telexe zwischen den Philippinen und Tokio hin- und hergeschickt werden. Noch dazu war jedes Telex von den Philippinen mit einem anderen Namen unterzeichnet. Wie ist der unterschiedliche Verlauf der beiden Studien zu erklären?
>
> Als Begründung für die unterschiedlichen Antwortzeiten der Amerikaner und der Philippiner gaben die Mitarbeiter des Marktforschungsinstituts die relative Wichtigkeit des Individuums bzw. der Gruppe in den einzelnen Ländern an. Während in den USA Kompetenzen an einzelne Mitarbeiter vergeben werden, delegierten die eher gruppenorientierten Philippiner die Aufgabe an eine ganze Abteilung. Da auf den Philippinen sehr viel mehr Personen involviert waren, dauerte die Beantwortung des Fragebogens naturgemäß auch sehr viel länger.
>
> *Quelle: Übersetzung in Anlehnung an Adler, 1997, S. 50/51.*

Obwohl die eben dargestellten vier Dimensionen aus Daten abgeleitet wurden, die bei Mitarbeitern einer multinationalen Unternehmung erhoben wurden, konnten sie nach Aussage von Hofstede auch in späteren Untersuchungen von anderen Forschern, die mit anderen Methoden arbeiteten und andere Zielgruppen untersuchten, in hohem Maße bestätigt werden.[65]

4.2.1.5 Konfuzianische Dimension

Bei der ersten Untersuchung Hofstedes konnte aufgrund der Zusammensetzung des Forschungsteams die Gefahr nicht ausgeschlossen werden, daß die kulturelle Prägung der aus westlichen Industrieländern (Großbritannien, Frankreich, Holland, Norwegen, USA) stammenden Forscher einen Einfluß auf die Gestaltung des Fragebogens besessen hat. Es bestand die Möglichkeit, daß manche der gestellten Fragen in manchen Kulturen als irrelevant erachtet wurden, während andere für diese Kulturen relevante Fragen gar nicht erst gestellt wurden.

Um eine mögliche Verzerrung der Ergebnisse auszuschließen, wurde später ein Fragebogen entworfen, der eine deutliche chinesische Kulturprägung aufweist (Chinese Value Survey). Anhand dieses in zehn Sprachen übersetzten Fragebogens wurde dann eine Untersuchung von jeweils 100 Studenten aus insgesamt 23 Ländern durchgeführt.

Es fanden allerdings nur wenige Items des IBM-Fragebogens in der gleichen Form in den chinesisch geprägten Fragebögen Berücksichtigung. Trotzdem zeigten die Ergebnisse wiederum vier Dimensionen. Ähnliche Dimensionen wie Machtdistanz, Individualismus versus Kollektivismus und Maskulinität versus Femininität konnten auch in dieser Untersuchung gefunden werden. Lediglich die Dimension Unsicherheitsvermeidung konnte nicht bestätigt werden. Statt dessen wurde eine Dimension gefunden, die mit den Ergebnissen der IBM-Studie nicht in Verbindung gebracht werden konnte. Sie wird von den Forschern mit konfuzianischer Dynamik umschrieben. Diese Dimension drückt im wesentlichen eine Grundorientierung im Leben des Menschen aus, die entweder eher langfristig oder eher kurzfristig sein kann. Sie enthält Werte, die westliche Forscher zwar erkennen können, die aber bisher in den Fragebögen nicht berücksichtigt wurden. Kulturen, die auf dieser Dimension als langfristig orientiert eingestuft werden, zeichnen sich z.B. aus durch

- eine große Ausdauer bzw. Beharrlichkeit im Verfolgen der Ziele,
- an Status ausgerichteten Rangordnungen,
- Anpassung von Traditionen an moderne Gegebenheiten,
- Respekt vor sozialen und Statusverpflichtungen in gewissen Grenzen,
- hohe Sparquoten und hohe Investitionstätigkeit,
- Bereitschaft, sich selbst einem Zweck unterzuordnen und
- Schamgefühl.

Kurzfristig orientierte Kulturen dagegen zeichnen sich aus durch

- persönliche Aufrichtigkeit und Stabilität,
- Vermeiden von Gesichtsverlusten,
- Respekt vor sozialen und Statusverpflichtungen ohne Berücksichtigung von Kosten,
- geringe Sparquote und niedrige Investitionstätigkeit,
- Erwartung schneller Gewinne,
- Respekt gegenüber Traditionen und
- auf Gegenseitigkeit beruhenden Grußformeln, Geschenken und Gefälligkeiten.

Erstere Werthaltungen werden als stärker zukunftsorientiert und dynamisch gesehen (insbesondere Beharrlichkeit und Sparsamkeit), letztere als eher gegenwarts- oder vergangenheitsorientiert und dementsprechend statisch.[66] Der Name dieser Dimension resultiert daraus, daß nahezu alle Werte der kurz- und langfristigen Dimension direkt aus den Lehren des Konfuzianismus abgeleitet werden können.[67]

Das folgende Beispiel mit einem aus dieser Dimension resultierenden Konfliktfall illustriert die Konfuzianische Dimension.

Fallbeispiel 5: Langfristige versus kurzfristige Verträge

Die Direktoren einer japanischen Firma und einer kanadischen Unternehmung treffen sich 1984 in Vancouver, um einen Vertrag über die Verschiffung von Kohle von Britisch Kolumbien nach Japan zu verhandeln. Die Japaner, die scheinbar die Unsicherheit in der Versorgung mit Kohle zu reduzieren versuchten und eine kontinuierliche, stabile Produktion in Japan sichern wollten, verlangten von den Kanadiern die Unterzeichnung eines 10-Jahres-Vertrags. Die Kanadier andererseits wollten sich nicht zu einer so langfristigen Vereinbarung verpflichten, weil sie die Möglichkeit nicht ausschließen konnten, in der Zwischenzeit ein lukrativeres Angebot zu bekommen.

Während die Japaner das Risiko in ihrer Kohleversorgung reduzieren wollten, waren die Kanadier bereit, das Risiko einzugehen, einen zuverlässigen Käufer zu verlieren und die

> Möglichkeit aufrechtzuerhalten, höhere Gewinne durch andere potentielle Käufer in der Zukunft zu erzielen. Die Verhandlungen stießen also auf nahezu unüberwindliche Hindernisse. Bevor die Frage der zeitlichen Orientierung nicht gelöst war, konnte kein Vertrag unterzeichnet werden. Die Chancen für den Abschluß eines Vertrages standen also schlecht.
>
> *Quelle: Übersetzung in Anlehnung an Adler, 1997b, S. 32.*

4.2.2 Länderspezifische Ergebnisse der Hofstede-Studie

Eine Beschreibung von Kulturen anhand der vier von Hofstede identifizierten Dimensionen ist hilfreich für die Identifikation und Erklärung von kulturellen Unterschieden. Die Ergebnisse für die einzelnen Länder wurden ermittelt durch die Auswertung vorgegebener Antworten, die sicherstellten, daß sich die Ergebnisse durch einen Punktwert darstellen ließen. Die Punktwerte geben relative und nicht absolute Positionen der Länder wider.[68]

Die graphische Darstellung der Ergebnisse erfolgt mit Hilfe von Koordinatensystemen, die jeweils eine Kulturdimension auf der X-Achse und eine andere auf der Y-Achse enthalten. Sie verdeutlicht das Ausmaß der kulturellen Distanz zwischen zwei Ländern bezogen auf diese Dimensionen. Länderspezifische Ergebnisse wurden für die folgenden Länder ermittelt:

Kürzel	Land	Kürzel	Land	Kürzel	Land
ARA	Arabische Länder[69]	GUA	Guatemala	PAN	Panama
ARG	Argentinien	HOK	Hongkong	PER	Peru
AUL	Australien	IDO	Indonesien	PHI	Philippinen
AUT	Österreich	IND	Indien	POR	Portugal
BEL	Belgien	IRA	Iran	SAF	Südafrika
BRA	Brasilien	IRE	Irland	SAL	Salvador
CAN	Kanada	ISR	Israel	SIN	Singapur
CHL	Chile	ITA	Italien	SPA	Spanien
COL	Kolumbien	YUG	Jugoslawien[70]	SWE	Schweden
COS	Costa Rica	JAM	Jamaika	SWI	Schweiz
DEN	Dänemark	JPN	Japan	TAI	Taiwan
EAF	Ostafrika[71]	Kor	Südkorea	THA	Thailand
EQA	Ecuador	MAL	Malaysia	TUR	Türkei
FIN	Finnland	Mex	Mexiko	URU	Uruguay
FRA	Frankreich	NET	Niederlande	USA	Vereinigte Staaten
GBR	Großbritannien	NOR	Norwegen	VEN	Venezuela
GER	Deutschland	NZL	Neuseeland	WAF	West Afrika[72]
GRE	Griechenland	PAK	Pakistan		

Tab. 2.4: Länderabkürzungen (Hofstede, 1997, S. 72).

Kapitel 2: Der kulturelle Kontext 53

In Abbildung 2.5 werden die einzelnen Länder nach den Dimensionen Individualismus versus Kollektivismus und Machtdistanz dem Koordinatensystem zugeordnet, in Abbildung 2.6 nach den Dimensionen Unsicherheitsvermeidung und Machtdistanz, in Abbildung 2.7 nach den Dimensionen Unsicherheitsvermeidung und Maskulinität versus Feminität. Tabelle 2.5 gibt den Index der Langfrist-Orientierung (LTO-Wert) für die in der Studie untersuchten 23 Länder wider.

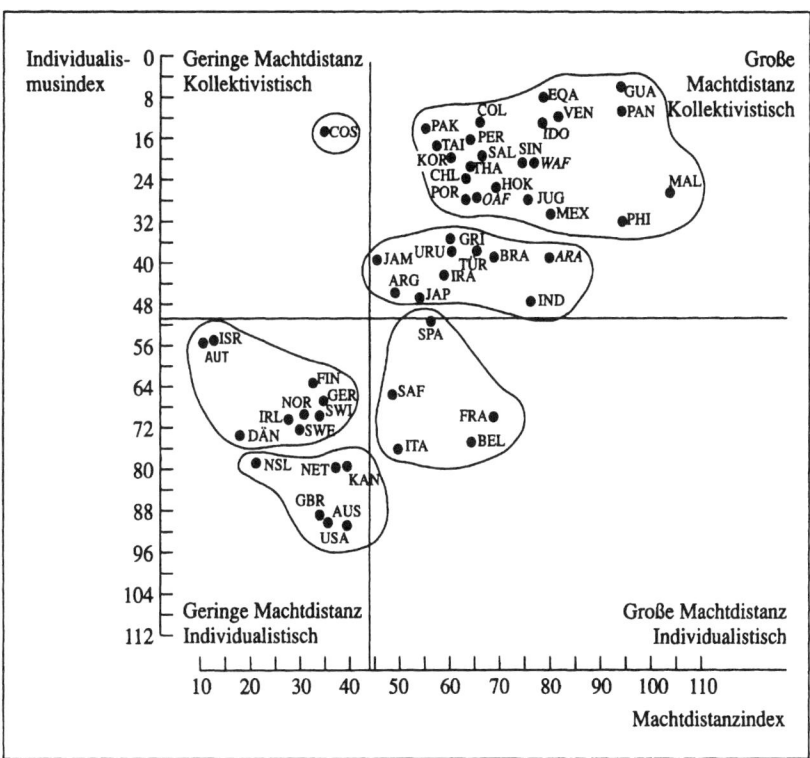

Abb. 2.5: Machtdistanz und Individualismus versus Kollektivismus (Hofstede, 1997, S. 71).

Die deutsche Kultur ist nach den Ergebnissen der Hofstede-Studie durch eher individualistische Verhaltensweisen gekennzeichnet. Dies gilt auch für die Schweiz und weniger ausgeprägt für Österreich.

Das Ausmaß der Machtdistanz wird für alle drei genannten Länder als eher gering eingeordnet. Im Hinblick auf die Ausprägungen für diese beiden Kulturdimensionen weist Deutschland eine große Ähnlichkeit zu Finnland, der Schweiz, Norwegen, Schweden, Irland, Dänemark und mit Abstrichen auch zu Österreich und Israel auf. Diese Länder werden aufgrund der zwischen ihnen festgestellten Ähnlichkeiten einem Ländercluster zugeordnet.

Extreme Unterschiede sind bei der Betrachtung der Kulturdimensionen Machtdistanz und Individualismus versus Kollektivismus zwischen Deutschland und südostasiatischen Ländern sowie mittel- und südamerikanischen Ländern festzustellen. Diese beiden Ländercluster sind den Untersuchungsergebnissen zufolge kulturell am weitesten voneinander entfernt.

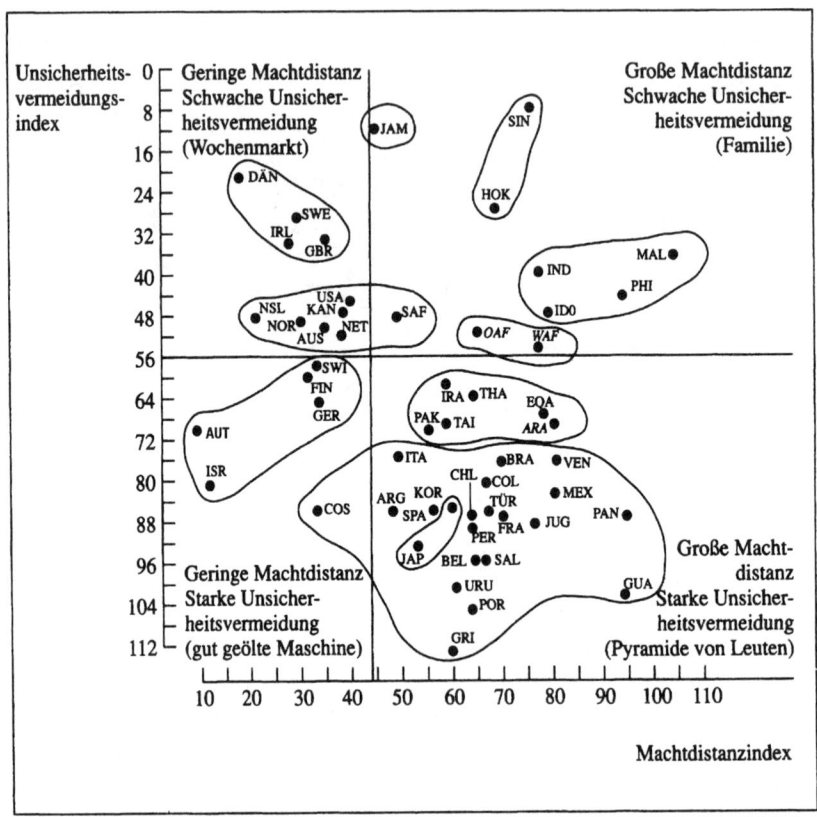

Abb. 2.6: Machtdistanz und Unsicherheitsvermeidung (Hofstede, 1997, S. 197).

Auch im Hinblick auf die Dimensionen Unsicherheitsvermeidung und Machtdistanz konnten Ländercluster identifiziert werden. Die deutsche Kultur wird durch eine vergleichsweise starke Unsicherheitsvermeidungstendenz beschrieben. Im Hinblick auf die beiden zugrunde gelegten Kulturdimensionen befindet sich Deutschland in einem Cluster mit der Schweiz, Finnland, Österreich und Israel. Extrem entgegengesetzte Ausprägungen dieser beiden Dimensionen weisen Hongkong und Singapur auf, die ebenfalls ein Cluster bilden. Wie unterschiedlich Unsicherheitsvermeidungstendenzen selbst in europäischen Ländern ausgeprägt sind, zeigt das folgende Beispiel:

Kapitel 2: Der kulturelle Kontext

Fallbeispiel 6: Unsicherheitsvermeidung in Europa

Arndt Sorge leistete in den 60er Jahren seinen Wehrdienst bei der Bundeswehr ab. In der Nähe seiner Heimatstadt, wo er seine freien Wochenenden verbrachte, stand eine Kaserne der britischen "Rheinarmee". Sorge wollte sich gerne Filme im englischen Original ansehen, die in der britischen Kaserne gezeigt wurden. Er ging zur Wache und fragte, ob er als deutscher Soldat hinein dürfe.

Die Wache schickte ihn zum wachhabenden Unteroffizier, der wiederum den stellvertretenden Kommandeur anrief; dann riß er ein Blatt aus einem Notizblock und schrieb darauf: "Herr Arndt Sorge hat die Erlaubnis, Filmvorführungen zu besuchen." Er unterschrieb und fügte hinzu, daß die Erlaubnis vom stellvertretenden Kommandeur erteilt wurde. ... Arndt Sorge wurde Organisationssoziologe und erinnert sich an diese Begebenheit als ein Beispiel dafür, wie Briten eine unvorhergesehene Bitte offenbar ganz anders handhaben, als er es von der Bundeswehr her gewohnt war. Die Deutschen hätten länger gebraucht und die Erlaubnis mehrerer Stellen eingeholt; sie hätten nähere Auskunft über den Antragsteller verlangt und ihm ein formelleres Dokument ausgestellt.

Quelle: Hofstede, 1997, S. 151.

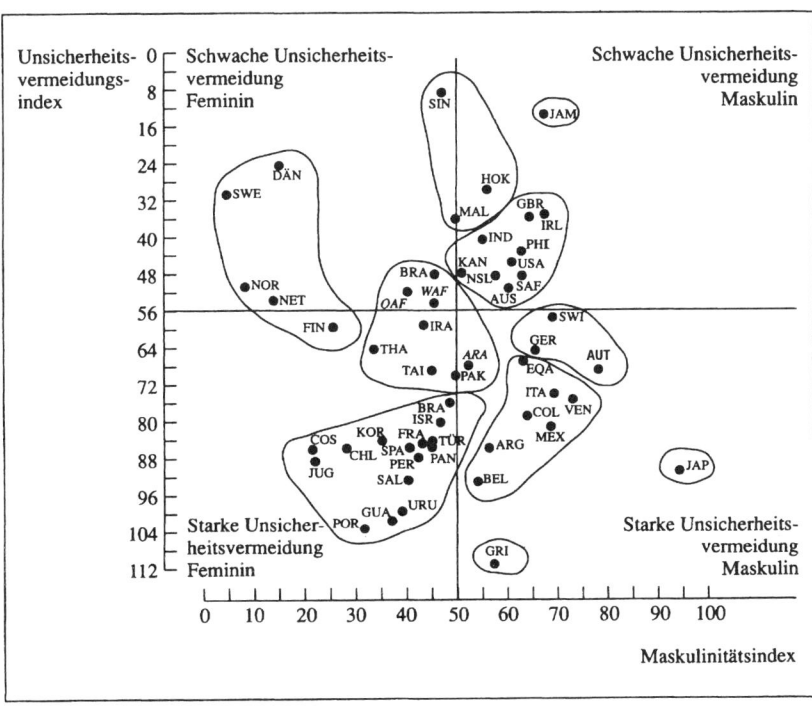

Abb. 2.7: Maskulinität versus Femininität und Unsicherheitsvermeidung (Hofstede, 1997, S. 173).

Wird der Maskulinitätsindex mit der Dimension Unsicherheitsvermeidung kombiniert, kann ein Cluster identifiziert werden, das die überwiegend deutschsprachigen Länder Deutschland, Österreich und die Schweiz enthält. Allen drei Ländern werden eher maskuline Werte bei relativ hoher Unsicherheitsvermeidungstendenz zugeschrieben. Nach Japan ist die Gruppe der überwiegend deutschsprachigen Länder von der zweitstärksten maskulinen Orientierung gekennzeichnet.

In dieser Graphik zeigen sich - im Gegensatz zu den anderen Darstellungen - erhebliche Unterschiede zwischen den deutschsprachigen und den skandinavischen Ländern, insbesondere zu Dänemark und Schweden.

Im Hinblick auf die fünfte Dimension - die langfristige versus kurzfristige Orientierung von Kulturen - weist Deutschland einen eher geringen Wert auf. Es ist damit den eher kurzfristig orientierten Kulturen zuzuordnen. Dieses Ergebnis steht im Gegensatz zu den asiatischen Ländern, die einer langfristigen Orientierung einen hohen Wert beimessen. So wird das extreme Wirtschaftswachstum der vier asiatischen Tiger - Hongkong, Singapur, Südkorea und Taiwan - teilweise auf eine starke Orientierung an konfuzianischen Werten zurückgeführt.[73]

Land/Region	LTO-Wert	Land	LTO-Wert
China	118	Polen	32
Hongkong	96	Deutschland	31
Taiwan	87	Australien	31
Japan	80	Neuseeland	30
Südkorea	75	USA	29
Brasilien	65	Großbritannien	25
Indien	61	Kanada	23
Thailand	56	Simbabwe	25
Singapur	48	Philippinen	19
Niederlande	44	Nigeria	16
Bangladesch	40	Pakistan	0
Schweden	33		

Tab. 2.5: Index der langfristigen Orientierung in abnehmender Sequenz für einzelne Länder (Hofstede, 1993, S. 191).

Die verschiedenen Darstellungen zeigen, wie komplex eine Analyse der Wirkungen von Kultur auf Verhaltensweisen der Individuen in einzelnen Ländern sein kann. Länder, die im Hinblick auf einige Kulturdimenisonen nahe beieinander zu liegen scheinen, weisen hinsichtlich anderer Dimensionen große Unterschiede auf.

So scheint es einerseits selbstverständlich zu sein, daß eine hohe Machtdistanz mit einer eher kollektivistischen Grundhaltung einhergeht. Dies wird durch die in der ersten Darstellung gezeigten Ergebnisse Hofstedes bestätigt. Machtdistanz und Individualismus weisen eine Korrelation von r = -0,67 auf. Die Ausprägungen der beiden Dimensionen korrelieren ferner mit dem Wohlstand der jeweiligen Nationen, der durch das Bruttosozialprodukt je Einwohner erfaßt wird. Zwischen der Machtdistanz und dem Bruttosozialprodukt besteht eine negative Korrelation, zwischen Individualismus und dem Bruttosozialprodukt besteht eine positive Korrelation. Dies verdeutlicht auch die klare Trennung der wohlhabenden Industrienationen und der Entwicklungs- und Schwellenländer auf der Machtdistanz-Individualismus-Matrix.[74]

Andererseits ist eine geringe Unsicherheitsvermeidungstendenz wider Erwarten nicht immer mit stark maskulinen Werten verbunden, obwohl diejenigen, die bereit sind, mit Unsicherheit zu leben, sicherlich nach Belohnungen in Form von Geld oder Macht streben und eher weniger Wert auf die Qualität des Arbeitslebens und zwischenmenschliche Beziehungen legen. Hofstede konnte zwischen den beiden Dimensionen Unsicherheitsvermeidung und Femininität versus Maskulinität keine statistisch signifikante Beziehung nachweisen.[75]

Zusammenfassend kann festgestellt werden, daß die empirischen Ergebnisse hinsichtlich des Einflusses der Kulturdimensionen auf das Verhalten von herkömmlichen Stereotypen in erheblichem Maße abweichen können. Dies unterstreicht die Notwendigkeit, empirische Forschung in diesem Bereich durchzuführen, um Erklärungsmuster zu liefern und um konkrete Entscheidungshilfen für Verhaltensweisen in der unternehmerischen Praxis geben zu können.

4.2.3 Bewertung der Hofstede-Studie

Die Hofstede Studie stellt einen wichtigen Beitrag im Bereich der kulturvergleichenden Managementforschung dar. Die Durchführung dieser umfassenden Studie und ihre Wiederholung zu verschiedenen Untersuchungszeitpunkten muß als beispielhaft erachtet werden. Die Ergebnisse ermöglichen Aussagen über potentielle Unterschiede zwischen einzelnen Kulturen und können insbesondere bei einer ersten Orientierung einen Leitfaden zur Erklärung von Verhalten darstellen. Es können jedoch auch - abgesehen von der Fundamentalkritik Hansens, der "dichte Beschreibungen" statt isolierter Faktoren fordert - einige Kritikpunkte an der Konzeption der Studie Hofstedes angebracht werden.[76]

Wie einführend bereits deutlich gemacht wurde, setzt die Untersuchung Hofstedes auf der Werteebene, also der mittleren Ebene im Schein-Konzept an. Es stellt sich jedoch die Frage, inwieweit mit der Methode standardisierter Fragebögen auch die unbewußte Ebene erreicht werden kann und somit auch tiefere Beweggründe des Handelns von Managern erfaßt werden können.[77] Ferner wurden Länder abgegrenzt und nicht Kulturen. Das Beispiel Jugoslawien zeigt in grausamer Deutlichkeit, daß aktuelle Staatsgrenzen keineswegs auch relativ homogene Kulturkreise enthalten müssen. Ferner kann Hofstede auch Länder, in denen mehrere Sprachen mehr oder weniger gleichberechtigt nebeneinander existieren, nicht in seine Ländercluster einordnen.

Die Untersuchung wurde lediglich in einem einzigen Unternehmen durchgeführt. Das wertet Hofstede selbst positiv, weil viele Rahmenbedingungen konstant gehalten werden. In einer von einer sehr starken Unternehmenskultur geprägten Organisation wie

IBM ist jedoch davon auszugehen, daß der Personalauswahl weltweit ein ähnliches Anforderungsprofil zugrunde liegt, was zur Verzerrung der Ergebnisse führen kann. Es stellt sich also die Frage, ob bei einer Stichprobe, die mehrere Unternehmen umfaßt, die Unterschiede zwischen einzelnen Ländern oder die Ländercluster anders ausgefallen wären. Solche in erheblichem Maße abweichende Ergebnisse konnten jedoch zumindest auf der Basis der Ergebnisse einer Vergleichsstudie, die in einem international besetzten Managementtraining durchgeführt wurde, nicht festgestellt werden.[78]

Schließlich muß bei der Betrachtung der Ergebnisse der Studie berücksichtigt werden, daß die Ergebnisse der ersten Untersuchungen Hofstedes mittlerweile über zwanzig Jahre alt sind. Inwieweit die Ergebnisse bis heute Gültigkeit für die einzelnen Länder besitzen, ist sicherlich nur durch eine erneute, umfassende Untersuchung feststellbar.

Es wird zwar angenommen, daß sich Kulturen in einem solchen relativ kurzen Zeitraum nicht grundsätzlich verändern. Dennoch kann es einschneidende Veränderungen wie beispielsweise durch die Wiedervereinigung in Deutschland geben, die die Durchschnittswerte mit hoher Wahrscheinlichkeit beeinflussen.[79]

4.2.4 Praktische Umsetzung der Ergebnisse der Hofstede-Studie

Scholz/Schröter/Messemer[80] zeigen verschiedene Einsatzmöglichkeiten der Ergebnisse der Hofstede-Studie auf. Ausgangspunkt ihrer Überlegungen ist, daß die vier Kulturdimensionen dazu führen, daß Mitglieder unterschiedlicher Kulturen gleiche Situationen unterschiedlich wahrnehmen:

> *"Unterschiedliche Perzeptionen führen zu Sender-Empfänger-Konstellationen, bei denen trotz gleichen Nachrichteninhalts durch die unterschiedlichen Wertefilter differierende Informationen entstehen. Während beispielsweise die deutsche Kultur und deren Unternehmen Attribute wie Qualität und Liefertermintreue 'senden', dürfte der Empfang dieser Nachricht je nach national-kulturell bedingtem Wertefilter unterschiedlich 'gut' sein. Bei hohem Unsicherheitsvermeidungsstreben (Spanien) wird die Nachricht Liefertermintreue unter Umständen überbewertet und als Versprechen für eine 100 %ige Einhaltung der Termine aufgefaßt, also auch erwartet. Bei geringem Streben nach Unsicherheitsvermeidung (Dänemark) wird dieselbe Nachricht entweder als irrelevant abgetan oder sogar als störend empfunden."[81]*

Werden in einem Unternehmen, das international tätig ist oder werden will, solche Sachverhalte systematisch analysiert, so besteht eine geringere Gefahr der Fehlallokation von Ressourcen. Beispielsweise könnten auf der Basis der obigen Ausführungen Werbekonzeptionen oder Vertriebsstrategien entwickelt werden, deren Inhalte konkret auf die Anforderungen einer bestimmten Kultur abgestimmt sind. Die einzelnen international tätigen Mitarbeiter hätten einen Orientierungsrahmen zu ihrer Verfügung, der ihnen nicht nur das Verständnis der fremden Kultur erleichtert, sondern auch eine Basis für die Verbesserung der Interaktionen darstellt.

Ähnlich wie bei den Interaktionen von Mitarbeitern mit ausländischen Kunden kann auch bei der Personalauswahl der Wahrnehmungsfilter eine große Rolle spielen. Insbesondere Mitarbeiter, die das Verbindungsglied zwischen dem Mutterunternehmen und der Auslandsniederlassung darstellen - die sogenannten "linking pins" - sollten neben der fachlichen Qualifikation auch eine möglichst hohe Anpassungsfähigkeit an die jeweilige nationale oder regionale Kultur aufweisen. Die gleichen Anforderungen werden auch an die Mitglieder international zusammengesetzter Projektteams gestellt.

"Unterschiedliche Machtabstände von Teammitgliedern können den Erfolg von Projekten negativ beeinflussen. Gleiches gilt für differierende Erwartungshaltungen. Hofstede (1984) konstatiert jedoch, daß sich maskuline und feminine Kulturen durchaus ergänzen können. Kulturen mit divergierenden Risikoneigungen oder Machtabständen sind indessen schwerlich vereinbar. Für das Personalmanagement international tätiger Unternehmen bedeutet dies, daß sich das Unternehmen bewußt machen muß, welche 'National- und Regionalprofile' die Mitarbeiter aufweisen, wenn ihnen Aufgaben wie beispielsweise die angeführte Mitarbeit in einem internationalen Projektteam übertragen werden soll. Dies kann im Einzelfall sogar dazu führen, bei der Auswahl des 'linking pin' das Nationalprofil vor das Fähigkeitsprofil zu stellen"[82]

Die Eignungswertermittlung kann also durch unterschiedliche kulturelle Prägungen der Wahrnehmung bei Personalverantwortlichen unterschiedlicher Nationen für die gleiche Person unterschiedlich ausfallen.

Ein Beispiel einer praktischen Anwendung der von Hofstede ermittelten Kulturdimensionen auf Unternehmensebene ist der von der Firma Tetra Pak/Alfa Laval konzipierte *Interaction Ruler*.[83] Ziel dieses Instrumentes ist es, zu überprüfen, inwieweit die grundlegenden Werte der Unternehmenskultur mit denen der jeweiligen nationalen Kultur des Gastlandes vereinbar sind. Auf der Basis der vier Kulturdimensionen wird festgestellt, in welchen Bereichen eine Übertragbarkeit der Unternehmenskultur möglich ist und in welchen Bereichen dies zu Konflikten führen kann, so daß Anpassungen notwendig sind. Die Abbildung 2.8 illustriert dieses Vorgehen, das für jede ausländische Niederlassung eine individuelle Lösung vorsieht und mögliche Probleme frühzeitig erkennen hilft.[84]

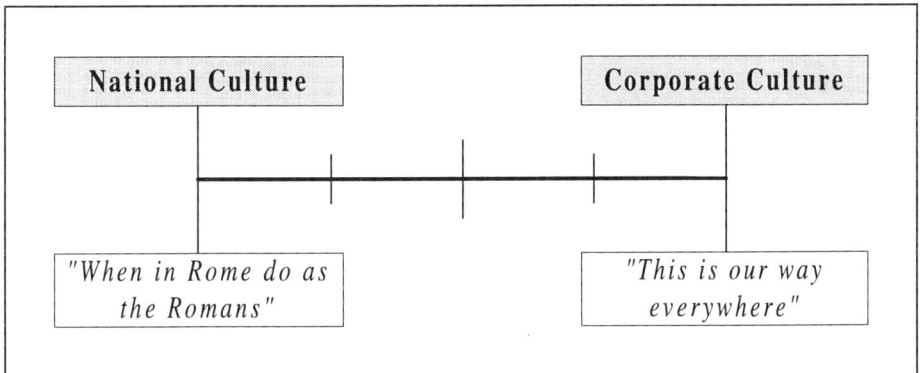

Abb. 2.8: Interaction Ruler der Firma Tetra Pak/Alfa Laval (Carlsson, 1993).

5. Zur Entwicklung von Kulturen

In den bisherigen Ausführungen dieses Kapitels wurde primär darauf eingegangen, wie Kultur definiert und konzeptionalisiert werden kann. Ferner wurden einige Ergebnisse der kulturvergleichenden Managementforschung referiert. Allen Erläuterungen und Konzepten lag eine mehr oder wenige statische Perspektive zugrunde. Insbesondere im Hinblick auf die Anwendbarkeit empirischer Ergebnisse in praktischen Problemlösungen stellt sich die Frage, ob diese unabhängig vom Zeitpunkt der Erhebung auch noch nach vielen Jahren Gültigkeit besitzen. Beispielsweise sind die hier referierten Ergebnisse der Hofstede-Studie bereits über zwanzig Jahre alt. Es gilt also zu erörtern, inwieweit Kulturen Veränderungen im Zeitverlauf unterliegen können. Mit diesem Aspekt eng verbunden ist die Fragestellung, ob Organisationen und ihre Managementpraktiken sich durch die zunehmende internationale Verflechtung der Weltwirtschaft einander annähern oder ob sie nach wie vor kulturbedingte Besonderheiten aufweisen.

Gerade im Hinblick auf die Entstehung und Weiterentwicklung des Europäischen Binnenmarktes, die mit der zunehmenden Harmonisierung von Gesetzen und Verordnungen verbunden ist, wird häufig eine Kulturkonvergenz zwischen den Ländern Europas unterstellt.[85] Es wird also eine zunehmende Annäherung der einzelnen Landeskulturen postuliert. Dies hat zur Folge, daß der Bedeutung von kulturellen Unterschieden nur wenig Beachtung geschenkt wird. Muß dagegen die Annahme der Beständigkeit kultureller Unterschiede aufrecht erhalten werden (Kulturdivergenz), kann das Verständnis derselben einen entscheidenden Erfolgsfaktor in der internationalen Unternehmenstätigkeit darstellen. In bezug auf eine Tätigkeit innerhalb der Europäischen Gemeinschaft würde dies bedeuten, daß eine europaweite Vereinheitlichung der Managementpraktiken nicht ohne weiteres möglich wäre. Es müßte vielmehr auch in diesem Raum eine Anpassung der Praktiken an lokale Gegebenheiten vorgenommen werden.

Die beiden Denkansätze der Kulturkonvergenz und der Kulturdivergenz wurden und werden in der Literatur kontrovers diskutiert.[86] Child[87] analysierte eine Vielzahl von interkulturell angelegten Studien und stellte dabei fest, daß ebenso viele Forscher zu dem Ergebnis kamen, daß sich Kulturen einander annähern wie es Studien gab, die das Gegenteil behaupteten. Bei einer detaillierteren Analyse stellte er fest, daß solche Studien, die auf der Makroebene ansetzten - also beispielsweise die Organisationsstruktur analysierten - tendenziell zu konvergenztheoretischen Schlußfolgerungen kamen, während solche, die auf der Mikroebene ansetzten - also das Verhalten von Organisationsmitgliedern untersuchten - eher zu divergenztheoretischen Schlußfolgerungen kamen. Als Fazit kann festgehalten werden, daß Organisationen sich weltweit in ihren Abläufen und ihrer Technologie zwar immer ähnlicher werden, daß aber die Unterschiede im Verhalten der Organisationsmitglieder trotzdem bestehen bleiben und, wenn überhaupt, nur langfristigen Veränderungen unterliegen. Dies unterstreicht auch Schein, der, wie oben bereits erläutert wurde, annimmt, daß die Wirkungen von der Artefaktebene zu den grundlegenden Annahmen weitaus schwächer sind als die in der entgegengesetzten Richtung.[88]

Kapitel 2: Der kulturelle Kontext 61

6. Zusammenfassung

Zusammenfassend kann festgehalten werden, daß ein adäquates Verständnis des kulturellen Kontexts insbesondere bei der Analyse der Verhaltensweisen von Organisationsmitgliedern von entscheidender Bedeutung ist.

So können die Ergebnisse der interkulturellen Vergleichsforschung Fach- und Führungskräften, die eine Auslandstätigkeit anstreben oder bereits ausführen, wertvolle Hinweise für den Umgang mit Mitgliedern fremder Kulturen liefern.[89] Ferner können Sie die Basis für die Konzeption interkultureller Vorbereitungsmaßnahmen darstellen.

Auch für die Personalverantwortlichen in einem international tätigen Unternehmen können solche Ergebnisse von großem Nutzen sein. Ähnlich wie im Beispiel des Interaction Rulers der Firma Tetra Pak/Alfa Laval wäre eine Überprüfung der Übertragbarkeit bestimmter Elemente der Personalpolitik auf Auslandsniederlassungen in strukturierter Form möglich. Denkbar wäre in diesem Zusammenhang beispielsweise die Beantwortung der Frage, ob eher Anreizsysteme für Gruppen oder für Individuen in einer bestimmten Kultur effektiv sein können. Die Hofstede-Studie liefert hierfür zumindest erste Anhaltspunkte. An dieser Stelle muß jedoch auch darauf hingewiesen werden, daß eine Reihe von weiteren interkulturellen Studien hier aufgrund der Kürze des Kapitels nicht referiert werden konnten. Nichtsdestotrotz leisten auch sie einen wertvollen Beitrag zum Verständnis interkultureller Unterschiede und zum interkulturellen Management.[90]

7. Diskussionsfragen zu Kapitel 2

(1) Definieren Sie den Begriff Kultur.

(2) Wie kann Kultur konzeptionalisiert werden? Stellen Sie zwei Konzepte dar und nehmen Sie zu den von Ihnen dargestellten Konzepten Stellung.

(3) Skizzieren Sie die kulturvergleichende Managementstudie von Hofstede.

(4) Nehmen Sie kritisch Stellung zur Hofstede-Studie.

(5) Zeigen Sie praktische Anwendungsmöglichkeiten der Hofstede-Studie auf.

(6) Inwieweit unterliegen Kulturen Veränderungen? Illustrieren Sie Ihre Ausführungen mit Beispielen.

(7) Wie stehen Sie zu der These: "Die Kulturen in Europa werden immer ähnlicher"?

8. Fallbeispiele

Die folgenden Fallbeispiele spiegeln kulturelle Unterschiede wider. Beurteilen Sie, welche grundlegenden Annahmen zur Bestimmung kultureller Unterschiede in den einzelnen Fällen die dominierende Rolle spielen.

Fallbeispiel A: Kaschmir versus Schweden

1981 wurde ein schwedischer Berufsoffizier als UN-Beobachter nach Kaschmir geschickt. Seine Aufgabe war es, in der gefährdeten Zone zwischen Pakistan und Indien nach Truppenbewegungen Ausschau zu halten. Der Offizier und seine Familie bewohnten ein Hausboot in der Nähe von Sringar, der Hauptstadt der Provinz. Wie es für Europäer, die in Kaschmir arbeiten, üblich ist, stellte die Familie einen Bediensteten ein, der alle anfallenden Tätigkeiten im Haushalt erledigen sollte. Der Hausangestellte war immer höflich und zuvorkommend, kochte hervorragendes Essen und hielt das Hausboot sehr sauber.

Die Familie war sehr zufrieden mit seiner Arbeit, und nach kurzer Zeit beschloß man, ihm eine Gehaltserhöhung zu geben. Überraschenderweise erschien dieser am nächsten Tag nicht zur Arbeit, sondern schickte seinen kleineren Bruder an seiner Stelle. Mit seinem neuen höherem Gehalt hatte er seinen kleinen Bruder eingestellt, um für die Familie zu arbeiten. Mit der Gehaltserhöhung konnte er seinen gewohnten Lebensstandard beibehalten ohne zu arbeiten und außerdem seinem Bruder helfen.

Weil der Bedienstete aus Kaschmir ein Hindu war, glaubte er nicht, daß er in diesem Leben seinen Lebensstandard verbessern könnte. Indem er sich also konform verhielt und nicht die Harmonie der Umstände störte (indem er sich einfach seinem Schicksal fügte und nichts dagegen tat = Passivitätskomponente) glaubte er, die Reinkarnation in eine höhere Klasse in seinem nächsten Leben zu erreichen. Diese natürliche Tendenz, das Leben einfach zu akzeptieren ohne die Erwartung materiellen Reichtums, steht im Gegensatz zu der schwedischen Einstellung, hart zu arbeiten, um Ziele zu erreichen und materiellen Reichtum zu erlangen (Aktivitätskomponente). Die Überraschung des Schweden, als der jüngere Bruder zur Arbeit erscheint, spiegelt den Gegensatz wider.

Fallbeispiel B: Feng Shui

Als eine nordamerikanische Bank in Hongkong neue Büroräume suchte, hatte die hierfür verantwortliche, aus Amerika entsandte Führungskraft, Mr. Parker, die Wahl zwischen zwei Bürohäusern. Er suchte das Haus aus, das größer und sauberer war und sich außerdem in der Nähe des Amtssitzes des Vizepräsidenten befand. Es entsprach somit genau seinen Vorstellungen.

Seine chinesischen Kunden fühlten sich jedoch unwohl, wenn sie ihn in seinem neuen Büro besuchen mußten. Ein Kunde, mit dem Mr. Parker sich ausgesprochen gut verstand, sagte ihm: "Dieser Raum hat ein schlechtes Feng Shui." "Feng Shui" oder "Windkräfte" sind irdische Kräfte, von denen die Chinesen meinen, daß sie Erfolg oder Mißerfolg beeinflussen können. "Feng Shui" spiegelt den Glauben der Chinesen wider, und all ihre Aktivitäten und Arbeitsplätze sind danach ausgerichtet. Das Ziel der Chinesen ist, in Harmonie mit ihrer Umwelt zu leben.

Der aus Amerika entsandte Mitarbeiter befand sich in einem Dilemma. Typisch für nordamerikanische Statusüberlegungen hatte er die Büroräume nach ihrer Größe und nach der günstigen Lage in der Nähe des Vizepräsidenten ausgesucht. Im Gegensatz dazu glaubten die Chinesen, daß es ein "schlechter" Ort ist, weil er eben ein schlechtes "Feng Shui" hat. Daher sagten sie dem amerikanischen Manager geschäftliche Mißerfolge voraus, solange er in den Büroräumen bliebe.

Sofort zog der Amerikaner in ein kleineres Büro um, in dessen Mitte sich ein abstoßender Pfeiler befand. Die chinesischen Kunden rieten ihm, einen Spiegel an diesem Pfeiler anzubringen, um so den Nachteil zu kompensieren. Von nun an gab es keine geschäftlichen Mißerfolge mehr; seine Kunden waren zufrieden mit dem neuen Büro und besuchten ihn weiterhin regelmäßig.

Nordamerikanische und chinesische Wahrnehmungen der Welt unterscheiden sich erheblich voneinander. Nordamerikaner wollen die Welt kontrollieren, während die Chinesen in Harmonie mit ihr leben wollen. Der Amerikaner wollte mit seiner ersten Entscheidung Status und Einfluß maximieren. Die Entscheidung des Chinesen war nicht rational; der Raum war unglücklich gewählt, da er sich nicht im Einklang mit der Natur befand. Der nach China entsandte Amerikaner war jedoch sensitiv genug gegenüber den chinesischen Werthaltungen und wechselte die Büroräume.

9. Weiterführende Literatur

Adler, N. J.: International Dimensions of Organizational Behavior, 4. Auflage, Boston MA 2001.

Barmeyer, C. I., Bolten, J.: Interkulturelle Personalorganisation, Sternenfels, Berlin 1998.

Bergemann, N., Sourisseaux, A.: Interkulturelles Management, Heidelberg 1998.

Dülfer, E.: Internationales Management in unterschiedlichen Kulturbereichen, 5. überarb. u. erw. Aufl., München/Wien 1997.

Engelhard, J.: Interkulturelles Management, Wiesbaden 1997.

Hansen, K. P.: Kultur und Kulturwissenschaften. Eine Einführung, 2. vollst. überarb. Aufl., Stuttgart 1999.

Hofstede, G.: Lokales Denken, globales Handeln. Kulturen, Zusammenarbeit und Management, München 1997.

Lane, H. W., DiStefano, J. J., Maznevski, M. L.: International Management Behavior, 4. Aufl., Oxford 2000.

Thomas, A.: Psychologie interkulturellen Handelns, Göttingen 1996.

---

[1] Vgl. z.B. Dülfer, 1991, S. 169 ff.; Hodgetts/Luthans, 1994, S. 58 ff.; Adler, 1997b.

[2] Dülfer, 1991, S. 169.

[3] Vgl. hierzu auch Keller, 1989, Sp. 231-241.

[4] Vgl. Hofstede, 1983, S. 75-89; Adler, 1997b, S. 60; Dowling/Welch, 1998; Weber/Dowling/Festing, 1994.

[5] Vgl. hierzu auch Staehle, 1990, S. 468 ff.

[6] Vgl. Neghandi, 1983, S. 17-28.

[7] Vgl. Putti/Chia, 1990, S. XIII; Keller, 1989, Sp. 231.

[8] Diese Schwerpunktsetzung führte zu dem Vorwurf einer zu geringen Praxisorientierung der interkulturellen Vergleichsforschung. "Aus der Lektüre der Masse der empirisch quantitativen Untersuchungen läßt sich kaum auf die tatsächlichen und brennenden Probleme des internationalen Managements rückschließen, geschweige denn eine Vertiefung des Problemverständnisses erreichen oder gar praktikable Lösungsansätze finden. Die zukünftige Forschung muß sich daher sowohl um eine Verbesserung der Forschungskonzepte als auch vor allem um eine verstärkte Zusammenarbeit mit Unternehmen bemühen, um deren Probleme in der unternehmerischen Praxis besser zu verstehen. Insb. die Probleme des Transfers von Managern und Managementtechniken ... rücken damit stärker in den Mittelpunkt der Forschung." (Staehle, 1990, S. 469).

[9] Vgl. Keller, 1989, Sp. 232; Adler, 1997b, S. 10.

[10] Vgl. zu dieser Diskussion den Beitrag von Child, 1981, S. 303-356; sowie zusammenfassend in der deutschsprachigen Literatur: Staehle, 1990, S. 469.

[11] Vgl. hierzu auch Keller, 1989, Sp. 239.

[12] Vgl. hierzu auch Neghandi, 1983; Neghandi, 1974, S. 59-67; Neghandi, 1975, S. 334-344; Ronen, 1985, S. 40 ff.

[13] Kroeber/Kluckhohn, 1952, S. 181.

[14] Kluckhohn, 1951, S. 86.

[15] Vgl. Hofstede, 1991, S. 4, in der deutschen Übersetzung: Hofstede, 1997, S. 2 f.

[16] Hofstede, 1997, S. 2 f.; diese Definition liegt der im weiteren Verlauf dieses Kapitels beschriebenen Untersuchung von Hofstede zugrunde.

[17] Hansen, 1995, S. 5.

[18] Vgl. Hansen, 1995, S. 30 ff.

[19] Vgl. Triandis, 1972.

[20] Vgl. Fiedler/Mitchell/Triandis, 1971.

[21] Vgl. Hansen, 1995, S. 130 ff.

[22] Vgl. z.B. Kammel/Teichelmann, 1994, S. 1-3.

[23] Vgl. zu den weiteren Ausführungen Dülfer, 1997, S. 259 ff.

[24] Dülfer, 1997, S. 259 f.

[25] Vgl. Dülfer, 1981.

[26] Dülfer, 1997, S. 262, Hervorhebung im Original.

[27] Ausführliche Erläuterungen der einzelnen Schichten sowie Beispiele gibt Dülfer in Kapitel 6 des Buches Dülfer, 1997.

[28] Dülfer, 1992, Sp. 1883.

[29] Vgl. zu den weiteren Ausführungen Dülfer, 1991, S. 211.

30	Dülfer, 1997, S. 221.
31	Vgl. zu diesen und den folgenden Ausführungen Adler, 1997b, S. 15 ff.
32	Vgl. hierzu auch Nieschlag/Dichtl/Hörschgen, 1997, S. 168 ff.
33	Vgl. zu den folgenden Ausführungen Schein, 1992.
34	Vgl. beispielsweise Scholz/Messemer/Schröter, 1991, S. 43-74.
35	Vgl. Scholz/Messemer/Schröter, 1991, S. 47.
36	Vgl. hierzu auch die Ausführungen bei Klimecki, 1996. Er identifiziert kulturelle Aspekte der Führung.
37	Vgl. zu den weiteren Ausführungen Kluckhohn/Strodtbeck, 1961.
38	Vgl. Schein, 1992, S. 95-96; Ergänzend siehe auch Adler, 1997b, S. 19-33.
39	Vgl. hierzu auch Adler, 1997b.
40	Vgl. Ronen/Shenkar, 1985; Ronen/Kraut, 1977; S. 89-96; Ronen, 1985.
41	Vgl. Ronen, 1985, S. 240 ff.
42	Vgl. Haire/Ghiselli/Porter, 1966; Sirota/Greenwood, 1971, S. 53-60; Ronen/Kraut, 1977, S. 89-96; Hofstede, 1976, S. 148-155; Redding, 1976; Badaway, 1979; Griffeth/Hom/DeNisi/Kirchner, 1980; Hofstede, 1980a.
43	Vgl. hierzu Laurent, 1983, S. 75-96.
44	Vgl. Adler, 1997b, S. 43.
45	Vgl. zu dieser Argumentation ebenfalls Adler, 1997b, S. 44.
46	Vgl. Laurent, 1983, S. 75-96.
47	Die Ausführungen stützen sich auf die folgenden Quellen: Hofstede, 1980a, S. 42-63; Hofstede, 1980a; Hofstede, 1984a, S. 1-22; Hofstede, 1984b, S. 389-398; Hofstede, 1991; Hofstede, 1993; Hofstede, 1997.
48	Vgl. hierzu auch Kumar/Dolles, 1996, S. 56. Für einen Überblick und Vergleich von weiteren, ähnlich angelegten kulturvergleichenden Managementstudien siehe Ronen/Shenkar, 1985, S. 435-454.
49	Vgl. z.B. Hofstede, 1980a, S. 50.
50	Vgl. Hofstede, 1997, S. 363.
51	Vgl. Hofstede, 1980a, S. 44. Die folgenden Ausführungen mögen eine Reihe unterschiedlicher Angaben über die empirische Basis der Studie in der Literatur erklären: Die erste Auswertung bezog sich lediglich auf 40 der insgesamt 72 untersuchten nationalen Tochtergesellschaften, da keine Daten aus Stichproben verwendet werden sollten, die kleiner als 50 waren. "Die Anzahl der untersuchten Länder wurde später um zehn weitere erweitert, während 14 weitere Länder zu drei Ländergruppen zusammengefaßt wurden (Ostafrika, Westafrika und die arabisch sprachigen Länder), so daß sich die Zahl der Einheiten auf 53 erhöhte. Acht der Tochtergesellschaften hatten zu wenige Mitarbeiter aus dem betreffenden Land, um sie in die Analyse mit einzubeziehen" (Hofstede, 1997, S. 364).
52	Vgl. Hofstede, 1984a, S. 3.
53	Vgl. Hofstede, 1980a, S. 44.

[54] Vgl. Hofstede, 1984a, S. 3.
[55] Vgl. Hofstede, 1980a, S. 81-85.
[56] Hofstede, 1997, S. 27.
[57] Hofstede, 1997, S. 28 f.
[58] Vgl. Hofstede, 1984a, S. 3 f.
[59] Hofstede, 1997, S. 32. Die folgenden Ausführungen beruhen auf Hofstede, 1997, S. 154 f.
[60] Vgl. Hofstede, 1984a, S. 4.
[61] Vgl. Hofstede, 1997, S. 171.
[62] Das Prinzip der lebenslangen Anstellung wird zwar auch nicht mehr in allen japanischen Unternehmen praktiziert, es dominiert jedoch noch in weiten Teilen der Wirtschaft.
[63] Hofstede, 1997, S 113; vgl. auch die Ausführungen auf S. 111-113.
[64] Vgl. Hofstede, 1984a, S. 4.
[65] Vgl. Hofstede, 1984a, S. 3-5.
[66] Vgl. Hofstede, 1991, S. 160-173.
[67] Vgl. Hofstede, 1997, S. 233.
[68] Vgl. zur Vorgehensweise bei der Ermittlung der empirischen Daten auch Hofstede, 1997, S. 27.
[69] Hierunter werden Ägypten, Libanon, Libyen, Kuwait, Irak, Saudi-Arabien und die Vereinigten Arabischen Emirate zusammengefaßt.
[70] Hierunter ist das ehemalige Jugoslawien zu verstehen.
[71] Hierunter werden Kenia, Äthiopien und Sambia zusammengefaßt.
[72] Hierunter werden Nigeria, Ghana und Sierra Leone zusammengefaßt.
[73] Vgl. hierzu auch Hofstede/Bond, 1988.
[74] Vgl. Hofstede, 1984b, S. 390-393.
[75] Vgl. Hodgetts/Luthans, 1994, S. 75 f.
[76] Vgl. zur Kritik auch Staehle, 1990, S. 471 f.
[77] Vgl. hierzu auch Kumar/Dolles, 1996, S. 56.
[78] Vgl. Hofstede, 1980a, S. 66-69.
[79] Vgl. Weber/Dowling/Festing, 1994.
[80] Vgl. Scholz/Messemer/Schröter, 1991, S. 53 ff.
[81] Scholz/Messemer/Schröter, 1991, S. 53.
[82] Scholz/Messemer/Schröter, 1991, S. 61. Diese Graphik geht zurück auf: Scholz/Schröter/Messemer, 1991.
[83] Vgl. hierzu Carlsson, 1993, S. 480-481.
[84] Weitere mögliche Implikationen der Untersuchungsergebnisse werden in Kapitel 9 bei Hofstede, 1991, diskutiert. Hofstede, 1991, S. 207 ff.
[85] Vgl. hierzu die Diskussion bei Scholz/Messemer/Schröter, 1991, S. 44 ff.

[86] Vgl. z.B. Child, 1981; Ronen, 1985, S. 235 ff.; Adler, 1997b, S. 60; Hofstede, 1991, S. 238; Dowling/Welch, 1998; Weber/Dowling/Festing, 1994.

[87] Child, 1981.

[88] Schein, 1992.

[89] Vgl. zu Aspekten der interkulturellen Führung insbesondere Den Hartog/House/Hanges/Ruiz-Quintanilla/Dorfman, 1999; House/Wright/Aditya, 1997, sowie die Internetseite des GLOBE-Projektes http://mgmt3.ucalgary.ca/web/globe.nsf/index. Ferner siehe auch die Angaben zur weiterführenden Literatur. Zum Thema Global Leadership vgl. Mendenhall/Kühlmann/Stahl, 2000. Fallbeispiele für das interkulturelle Verhaltenssituationen in Organisationen finden sich bei Oddou/Mendenhall, 1998.

[90] Vgl. z.B. die neueren groß angelegten empirischen Studien von Wu/Sparrow, 1997; Kostova/Cummings, 1997; Gibson, 1997.

KAPITEL 3

Der organisationale Kontext

1. Einführung

Personalmanagement, auch Internationales Personalmanagement, vollzieht sich in einem Rahmen von Kontextfaktoren der Organisation, die Gegenstand vielfältiger organisationstheoretischer Analysen sind. Im Kontext des Internationalem Managements stehen dabei zwei Fragen im Zentrum der Diskussion:

(1) Unter welchen Bedingungen wird im grenzüberschreitenden Zusammenhang Wertschöpfung intern, d.h. innerhalb von international tätigen Unternehmen, unter welchen Bedingungen extern, d.h. durch internationalen Handel zwischen unabhängigen Marktpartnern, erzielt?[1]

(2) Auf welche Weise werden international tätige Unternehmen gesteuert bzw. welche Koordinationsinstrumente werden eingesetzt?[2]

Die Antworten auf beide Fragen haben Relevanz für das Personalmanagement. Die Antwort auf die erste Frage berührt die Abgrenzung der Unternehmenstätigkeiten im In- und Ausland und damit - aus Sicht des internationalisierenden Unternehmens - die Stufen der Internationalisierung und die Interorganisationsbeziehungen. Beides hat Auswirkungen auf das benötigte Personal, dessen Qualifikation sowie die Entsendungs- und Rückgliederungsproblematik in den international tätigen Unternehmen. Die Antwort auf die zweite Frage nach der Steuerung bzw. den Koordinationsinstrumenten führt zu dem Zusammenhang von Strategie, Struktur und Personalmanagement sowie zu den Wertorientierungen des Managements, die alle vorgennanten Aspekte berühren.

Das Internationale Personalmanagement ist Teil der Unternehmensstrategie, wird von den strukturellen Gegebenheiten beeinflußt, ist aber selbst Teil des organisierten Steuerungssystems. Dies wird deutlich, wenn solche Koordinationsinstrumente wie Werte der Führungskräfte bzw. Unternehmenskultur, persönliche Kommunikation und damit Auslandsreisen, Führungskräftetransfers oder personalwirtschaftliche Berichtssysteme betrachtet werden.[3] Für das Verständnis der Zusammenhänge im Internationalen Personalmanagement ist es deshalb wichtig, die Interdependenz zwischen Personalfunktion und den organisationalen Kontextfaktoren zu untersuchen und Veränderungen im Verlaufe des Internationalisierungsprozesses zu identifizieren.

Dies soll - nach einigen grundlegenden Ausführungen - zunächst vor dem Hintergrund eines Stufenkonzepts der Internationalisierung[4] und dann im Zusammenhang mit dem EPRG-Konzept von Heenan/Perlmutter[5] erfolgen. Es schließt sich eine kurze Diskussion der zunehmenden Bedeutung des Personalmanagements im Rahmen der Unternehmensstrategie an.[6]

1.1 Internationale Strategie, Struktur und Personalmanagement

Im ersten Abschnitt dieses Kapitels werden die Unternehmensstrategie und die Organisationsstruktur als relevante organisationale Kontextfaktoren in den Vordergrund der Betrachtung gestellt. Diese Vorgehensweise wird in Anlehnung an Tichy/Fombrun/Devanna[7] gewählt. Diese Forscher knüpfen an der Chandler-These *structure follows strategy*[8] an und erweitern diesen Zusammenhang. Die Forschergruppe sieht das Hauptproblem des strategischen Managements darin, eine direkte Verbindung zwischen Strategie, Struktur und Personalmanagement einer Organisation herzustellen.[9] Ferner weisen die Autoren darauf hin, daß die Abstimmung von Unternehmensstrategie, Organisationsstruktur und Personalmanagement durch politische, wirtschaftliche und kulturelle Kräfte beeinflußt wird. Insbesondere der zuletzt genannte Punkt führt zu der Annahme, daß ihr Modell auch auf internationaler Ebene in besonderem Maße relevante Einflußfaktoren umfaßt.

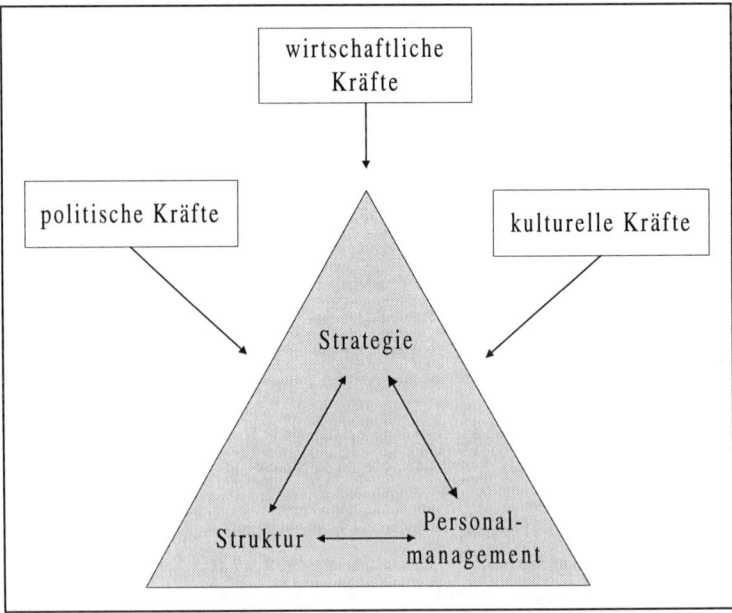

Abb. 3.1:   Strategisches Personalmanagementmodell (Tichy/Fombrun/Devanna, 1982, S. 47-61).

Dem in Abbildung 3.1 wiedergegebenen strategischen Personalmanagementmodell zufolge beeinflußt jede Strategie und damit verbunden jede Struktur einer multinationalen Organisation die Handlungsweise des Personalmanagements und wird auch von ihr beeinflußt. Um die Handlungsweisen im Internationalen Personalmanagement zu verstehen, ist es daher notwendig, zunächst einmal die verschiedenen Optionen eines Unternehmens hinsichtlich Strategie und Struktur zu kennen. Diese sollen im weiteren Verlauf des Kapitels dargestellt werden.

1.2 Struktur und Strategie im international tätigen Unternehmen

Die Struktur und die Strategie der Organisation bestimmen die Aufgaben der Individuen und der Geschäftseinheiten innerhalb der Unternehmung sowie die Prozesse, die aus den miteinander verflochtenen Aufgaben resultieren. Sie bestimmen ebenfalls, inwiefern und bis zu welchem Grad die Organisation differenziert oder integriert ist. Auf diese Weise wird also die Effektivität der Individuen und Geschäftseinheiten und damit das Überleben der Unternehmung von der gewählten Strategie und Struktur bestimmt.[10]

Normalerweise durchlaufen multinationale Unternehmen mehrere Stufen der Internationalisierung. Beeinflußt wird dieser Prozeß durch Veränderungen der Zielsetzung sowie des Ausmaßes der internationalen Aktivitäten. Wenn Unternehmen diese Evolutionsstufen durchlaufen, verändern sich ihre Organisationsstrukturen, denn in der Regel bedroht die extreme Beanspruchung, die beim Vordringen in neue, ausländische Märkte entsteht, die bis dahin vorherrschende Organisationsstruktur. Demzufolge beeinflußt das Wachstum gemeinsam mit verschiedenen anderen Faktoren der internationalen Umwelt[11] und dem Koordinationsbedarf innerhalb den verschiedenen Geschäftseinheiten die Reaktion von Strategie und Struktur.

Die Entscheidung, in ein anderes Entwicklungsstadium einzutreten, kann als eine strategische Entscheidung angesehen werden, obwohl sie nicht immer rational oder methodisch unterstützt getroffen wird. Die Struktur entwickelt sich entsprechend den Veränderungen in der Strategie der multinationalen Unternehmung.[12] Die Gestaltung der Personalmanagementpraktiken ergibt sich - wie oben gezeigt wurde - als Ergebnis der Strategie- und Strukturentscheidungen. Deshalb enthalten sowohl die Strategie als auch die Struktur der multinationalen Unternehmung signifikante Implikationen für das Internationale Personalmanagement.

Da die Effektivität des Personalmanagements davon abhängt, inwieweit dieses dem Entwicklungsstadium der Organisation entspricht,[13] ist es wichtig, die Entwicklungsschritte, die ein international tätiges Unternehmen während seines Wachstums auf jeder Stufe durchläuft, im Zusammenhang mit den erforderlichen Konsequenzen für das Personalmanagement zu untersuchen.

Zunächst werden im folgenden Abschnitt die Variationsmöglichkeiten von Strategien und Strukturen in einer multinationalen Unternehmung beschrieben. Im Anschluß daran stehen die Implikationen für das Internationale Personalmanagement im Mittelpunkt der Betrachtung. Schließlich folgt eine Diskussion der Kombinationsmöglichkeiten zwischen Unternehmensstrategie, Struktur und Personalmanagementstrategie.

2. Stufen der Internationalisierung

Die Entwicklung von einer auf nationaler Ebene tätigen Unternehmung zu einer globalen Unternehmung umfaßt im allgemeinen mehrere Stufen. Obwohl in der Forschung ein idealtypischer Internationalisierungsprozeß identifiziert wurde, muß eingeräumt werden, daß dieser Prozeß nicht von allen Unternehmen in der gleichen Weise durchlaufen wird. So wechseln manche Unternehmen sehr schnell von einer Stufe zur nächsten, während sich andere langsam im Laufe vieler Jahre entwickeln.[14] Zudem sind nicht bei allen Unternehmen dieselben aufeinanderfolgenden Internationalisierungsstufen zu erkennen, da viele durch Akquisitionen in den Internationalisierungsprozeß eintreten oder diesen beschleunigen.[15] Akquisitionen können durch externe Faktoren wie Bestimmungen der Regierung des Gastlandes oder durch günstige Umstände, ein bestimmtes Unternehmen zu kaufen, ausgelöst werden. Zusammenfassend kann also festgehalten werden, daß die Anzahl der Schritte oder Stufen auf dem Internationalisierungspfad sowie die Geschwindigkeit, mit der sie durchlaufen werden, von Unternehmen zu Unternehmen variieren kann.

Wie schon erwähnt wurde, sind mit diesem Evolutionsprozeß veränderte strukturelle Maßnahmen, Kontrollmechanismen und Personalmanagementpraktiken verbunden. Dies wird in Tabelle 3.1 illustriert. Die folgende Analyse verdeutlicht diese Beziehungen, indem sie den typischen Weg einer auf nationaler Ebene tätigen Unternehmung zu einer globalen Organisation untersucht und Implikationen für das Personalmanagement aufzeigt. Hierbei folgt allerdings nur eine inhaltliche Anlehnung an Tabelle 3.1, die Bezeichnungen und Stufenabgrenzungen variieren jedoch.

	Evolution der Organisationsstruktur	Andere strukturelle Charakteristika	Kontrollstrategien	Stellenbesetzungsstrategien
Anfangsstadium	Exportabteilung	Lockere, formale Beziehungen	Indirekte, lockere Verbindung	Stellenbesetzung durch HCNs
Frühes Produktionsstadium	Exportabteilung bzw. internationale Abteilung	Formalisierte Beziehungen zwischen MG und TG	Indirekte Kontrolle durch technisches Personal	Stellenbesetzung durch PCNs
Standardisierung des Produktionsprozesses; Reifestadium, wenige Produkte	Internationale Abteilung	Zunehmende Formalisierung	Direkte Kontrolle, enge Verbindung	Stellenbesetzung durch HCNs
Produktinnovation und Wachstum durch Diversifikation	Organisationsstruktur auf regionaler Basis oder nach Produktgruppen	Zunehmende Formalisierung	Indirekte Kontrolle durch Personal	Stellenbesetzung durch HCNs oder PCNs
Streben nach globaler Rationalisierung	Matrixorganisation auf regionaler Basis oder nach Produktgruppen	Zunehmende Formalisierung	Direkte Kontrolle	Stellenbesetzung durch HCNs

TG = Tochtergesellschaften; MG = Muttergesellschaft

Tab. 3.1: Evolution und Wachstum internationaler Aktivitäten (in Anlehnung an Neghandi, 1987, S. 23).

2.1 Stufe 1: Export

Der Export, das Anfangsstadium der Internationalisierung, löst nur selten größere organisatorische Veränderungen aus. Dies gilt zumindest bis das Exportvolumen einen kritischen Punkt erreicht. Die Exportaktivitäten werden bis dahin meist von einem Vermittler abgewickelt. Hierbei kann es sich um einen Exporteur oder eine ausländische Distributionsgesellschaft handeln.

Wenn das Exportvolumen größer wird, setzen Unternehmen häufig einen Exportmanager ein. Seine Aufgabe ist es, den Verkauf im Ausland zu beaufsichtigen und aktiv Ausschau nach neuen Märkten zu halten. Weiteres Wachstum im Exportbereich bringt dann normalerweise die Einrichtung einer Exportabteilung mit sich, die auf der gleichen Ebene wie die inländische Verkaufs- oder Vertriebsabteilung angesiedelt ist.[16] In diesem Stadium kontrollieren Mitarbeiter der Unternehmenszentrale die Exportaktivitäten. Unterstützt werden sie durch den Exportmanager, der die ausländischen Märkte häufig besucht. Die Personalabteilung (wenn sie formal vorhanden ist) wickelt alle administrativen Aufgaben ab. Insbesondere sind hier Auswahlprozesse und Entgeltfragen als zusätzliche Gebiete zu den auf nationaler Ebene anfallenden Aktivitäten zu nennen.

2.2 Stufe 2: Verkaufstochtergesellschaft

Wenn eine Unternehmung ein gewisses Know-how auf ausländischen Märkten erworben hat, werden Agenten und Distributoren durch Verkaufstochtergesellschaften oder Niederlassungen in den relevanten ausländischen Märkten ersetzt. Diese Stufe kann eingeleitet werden durch Probleme mit ausländischen Agenten, das Verlangen nach mehr Vertrauen in die internationalen Verkaufsaktivitäten, den Wunsch, eine bessere Kontrolle zu haben oder die Entscheidung, die Exportaktivitäten mehr als bisher zu unterstützen. In der Regel ist diese Entwicklung durch eine zunehmende Bedeutsamkeit des Exports für den Erfolg der Unternehmung bedingt.

An diesem Punkt muß die Organisation eine Entscheidung bezüglich der Stellenbesetzungspolitik treffen. Wenn sie die Kontrolle über die Verkaufstochtergesellschaft aufrechterhalten will, entscheidet sie sich normalerweise für die Entsendung von Mitarbeitern aus der Unternehmenszentrale (PCNs). Werden länderspezifische Faktoren wie z.B. die Kenntnis des ausländischen Marktes, sprachliche Fähigkeiten und Sensitivität gegenüber Bedürfnissen des Gastlandes als wichtig erachtet, erfolgt die Stellenbesetzung in der Tochtergesellschaft in der Regel mit einheimischen Mitarbeitern (HCNs).

Wenn die Organisation entscheidet PCNs einzusetzen, wird die Rolle der Personalabteilung in der Unternehmenszentrale auf die Überwachung der Mitarbeiterauswahl und Mitarbeiterkompensation innerhalb der Exportabteilung und der Verkaufstochtergesellschaft beschränkt sein. Wie Tabelle 3.1 zeigt, entscheiden sich die meisten Unternehmen in dieser Stufe für PCNs.

2.3 Stufe 3: Internationale Abteilung

Für einige Unternehmen ist es von der Einrichtung einer Verkaufstochtergesellschaft zur Produktion im Ausland nur ein sehr kleiner Schritt. Dies ist insbesondere der Fall, wenn ein Unternehmen das Produkt bereits im Ausland montieren läßt (z.B. um Kostenvorteile aus einem relativ niedrigen Lohnniveau im Ausland zu ziehen oder um Transportkosten zu sparen). Alternativ kann die Unternehmung auch schon ein gut etabliertes Export- und Marketingprogramm besitzen, so daß sie auf mögliche Anreize der Regierung des Gastlandes aufmerksam wird und diese nutzt. So können Importkontrollen des Gastlandes durch die Einrichtung einer Produktionsstätte im Gastland umgangen werden. Auch in diesem Fall wäre die Aufnahme von Produktionsaktivitäten nur eine kleine Etappe auf dem Weg zur Internationalisierung des Unternehmens.

Andere Unternehmen empfinden dagegen den Übergang zu einer Investition im Ausland als einen großen, manchmal unüberwindbaren Schritt. Beispielsweise hatte eine australische Unternehmung, die erfolgreich Bergbauausrüstungen nach Kanada exportierte, Probleme mit dem Kundendienst und mit den Lieferzeiten. Die Einrichtung einer eigenen Produktionsstätte wurde jedoch als ein zu großer Schritt angesehen, so daß die Unternehmung einen Lizenzvertrag mit einem kanadischen Hersteller abschloß.[17]

Die strukturelle Antwort auf Produktionsaktivitäten im Ausland ist häufig die Etablierung einer separaten internationalen Abteilung, in der alle internationalen Aktivitäten gruppiert sind (siehe Abbildung 3.2) und die von einer Führungskraft in der Unternehmenszentrale geleitet wird.[18] Die meisten Organisationen legen in dieser Stufe Wert auf eine intensive Kontrolle und besetzen daher die Schlüsselpositionen in ausländischen Tochtergesellschaften mit PCNs,[19] insbesondere, wenn die Organisation ihre ausländischen Produktionsaktivitäten in mehrere Länder ausweitet.

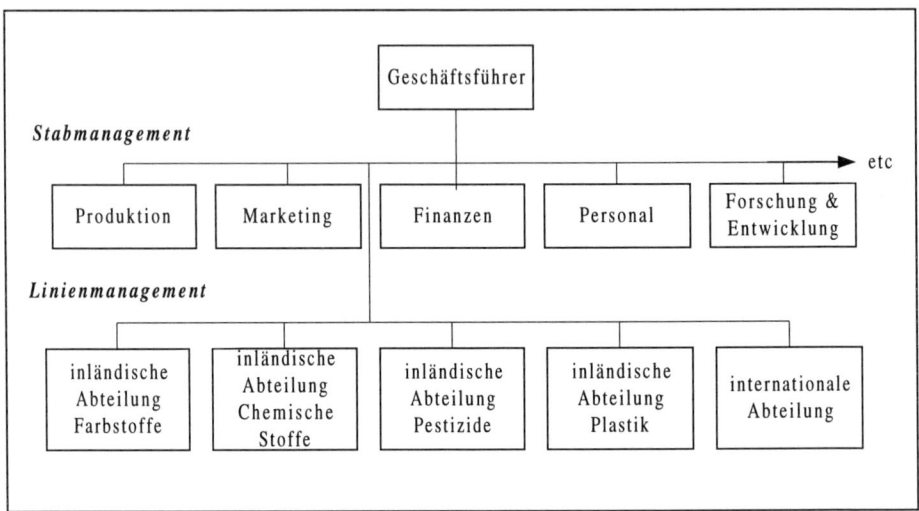

Abb. 3.2: Eingliederung der internationalen Abteilung in die Leitungsstruktur (Phatak, 1989, S. 84).

Werden multinationale Unternehmen unterschiedlicher Herkunft betrachtet, so sind Unterschiede in den typischen Internationalisierungspfaden US-amerikanischer, europäischer und japanischer Unternehmen festzustellen.

Die meisten US-amerikanischen Industrieunternehmen sind in ausländische Produktionsaktivitäten ohne genau spezifizierte Gestaltungsmaßnahmen "hineingestolpert". Bewußte Wachstumsstrategien auf globaler Ebene ergaben sich erst später. Frühe, teilweise zufällig erworbene Investitionen in ausländische Produktionsstätten waren häufig defensive Reaktionen auf die Bedrohung von Marktanteilen.[20] Die Struktur und die Kontrollmechanismen einer frühzeitigen Auslandsproduktion spiegeln diesen Schritt wider.[21] Folglich wird die internationale Abteilung oft als unabhängiger Teil des Unternehmens betrachtet und nicht als Gegenstand derselben strategischen Planung, die die inländischen Aktivitäten steuert.[22] In diesem Stadium ist die internationale Personalmanagementfunktion in erster Linie mit dem Management von PCNs beschäftigt. Der Schwerpunkt liegt auf der Auswahl von Mitarbeitern, die das Tagesgeschäft mit den ausländischen Tochtergesellschaften durchführen können. Diese überwachen den technischen und managementbezogenen Know-how-Transfer, schaffen Verständnis für die Unternehmensstrategien und informieren die Unternehmenszentrale.[23]

Europäische international tätige Unternehmen wählen tendenziell einen anderen strukturellen Weg. Frankos Studie über 70 europäische multinationale Unternehmen zeigt, daß europäische Unternehmen direkt von einer funktionalen Mutter-Tochter-Struktur zu einer divisionalisierten globalen Struktur (mit einer weltweiten Gliederung nach Produkten oder Gebieten) oder zu einer Matrixorganisation übergehen, ohne die Zwischenstufe der internationalen Abteilung zu durchlaufen.[24] Die Personalmanagementpraktiken werden entsprechend den Erfordernissen der neuen Struktur angepaßt. Schwedische multinationale Unternehmen nahmen in der Vergangenheit traditionsgemäß eher eine Mutter-Tochter-Struktur an. Forschungsergebnisse von Hedlund[25] zeigten jedoch bereits Mitte der 80er Jahre, daß dies im Begriff der Veränderung ist. Es dominiert mittlerweile eher eine Mixtur von Elementen der Mutter-Tochter-Struktur und einer Struktur, die von einer Divisionalisierung nach Produkten gekennzeichnet ist.

Japanische multinationale Unternehmen entwickeln sich ähnlich wie die US-amerikanischen Unternehmungen. Exportabteilungen werden ebenfalls zunächst zu internationalen Abteilungen, aber nach Forschungsergebnissen von Ronen[26] vollziehen sich die Veränderungen weitaus langsamer. Die Charakteristika japanischer Organisationskulturen wie Kontrollmechanismen und Entscheidungsfindungssysteme, die Rolle der Handelsgesellschaften und die japanischen Managementsysteme scheinen zu einer eher langsamen Evolution der internationalen Abteilung beizutragen. Diese Charakteristika hemmen oft den Übergang zur nächsten Stufe der Internationalisierung.

2.4 Stufe 4: Globale Divisionalisierung nach Produkt oder Gebieten

An diesem Punkt entwickelt sich die Organisation durch Standardisierung des Produktionsprozesses und Diversifikation von einem frühen Produktionsstadium zu einer Phase des Wachstums. In dieser Stufe wird die internationale Abteilung allmählich überlastet.

Der Druck, der allein schon durch den Umfang der Auslandsaktivitäten bedingt ist, bringt Kommunikations- und somit Effizienzprobleme mit sich. Aus dem Bedürfnis nach nationaler Verantwortung in der Tochtergesellschaft einerseits und nach globaler Integration der Muttergesellschaft andererseits entstehen Spannungen.

Das Autonomiestreben in der Tochtergesellschaft entwickelt sich aufgrund verschiedener Faktoren. Als Beispiele können Unterschiede in den Marktstrukturen, den Distributionskanälen und den Konsumentenbedürfnissen sowie der Druck von Seiten der Regierung des Gastlandes genannt werden. Diese Aspekte können gastlandspezifische Lösungen als sinnvoll erscheinen lassen, da so besser auf die Anforderungen des lokalen Marktes eingegangen werden kann.

Das Bedürfnis nach einer globalen Integration durch die Unternehmenszentrale entsteht durch multinationale Kunden, globale Mitbewerber, einen zunehmend schneller werdenden Informationsfluß, eine sich beschleunigende Ausbreitung neuer Technologien und aus der Notwendigkeit, Wettbewerbsvorteile durch economies of scale zu erlangen.

In solchen Situationen muß sich eine multinationale Unternehmung zwangsläufig mit den beiden folgenden Strukturproblemen auseinandersetzen:

(1) mit dem Ausmaß, in dem Schlüsselentscheidungen im Stammhaus oder in den Tochtergesellschaften getroffen werden (Zentralisierung versus Dezentralisierung)

(2) mit der Art der Kontrolle, die die Unternehmenszentrale über die Tochtergesellschaft ausüben will.[27]

Auf diese beiden Aspekte wird in den beiden folgenden Exkursen näher eingegangen.

2.4.1 Zentralisierung versus Dezentralisierung

Der Zentralisierungsgrad eines Unternehmens wird beeinflußt von Faktoren wie der Größe der Tochtergesellschaft, dem Marktwachstum, der Nationalität der Muttergesellschaft, den Wünschen und Vorstellungen der Muttergesellschaft und den Bedingungen im Land der Tochtergesellschaft.[28] In welcher Art und Weise die genannten Einflußfaktoren auf den Zentralisierungsgrad wirken, wird im folgenden anhand von Forschungsergebnissen aufgezeigt.

- *Größe der Tochtergesellschaft:* Die Forschung hat unterschiedliche Auswirkungen des Einflußfaktors "Größe der Tochtergesellschaft" auf das Ausmaß der Zentralisierung identifiziert. In einigen Forschungsbeiträgen wird festgestellt, daß multinationale Unternehmen eine zentralisierte Struktur für Tochtergesellschaften vorsehen, die mehr als 50 % des Gesamtumsatzes erbringen. Andere Forschungsbeiträge wiederum besagen das Gegenteil: Wenn ausländische Tochtergesellschaften größer werden, ist die Struktur weniger zentralisiert, weil die Muttergesellschaft sonst durch zu viele Entscheidungen überlastet wäre. Zudem wären solche Tochtergesellschaften in geringerem Maße von den Ressourcen der Muttergesellschaft abhängig. Für diesen Einflußfaktor läßt sich also ohne weitere Differenzierung der Argumentation keine eindeutige Wirkungsrichtung festlegen.

- *Marktwachstum:* Multinationale Unternehmen, deren Tochtergesellschaften in stark wachstumsorientierten Märkten mit globalem Wettbewerb tätig sind, streben häufig eine stärker global orientierte Perspektive und folglich eine zentralisiertere Struktur an.
- *Nationalität der Muttergesellschaft*: Des weiteren wurde festgestellt, daß auch die Nationalität der Muttergesellschaft einen Einfluß auf die Struktur ausübt. Beispielsweise sind westeuropäische und japanische Unternehmen eher zentralisiert als amerikanische.
- *Wünsche/Vorstellungen der Muttergesellschaft:* Es können auch subjektive Gründe für eine Struktur vorherrschen; so kann das Management der Unternehmenszentrale seine Macht aufrechterhalten wollen.
- *Beziehungen zwischen Mutter- und Tochtergesellschaft:* Zusätzlich sind Strukturentscheidungen häufig durch Erfordernisse der Tochtergesellschaft oder des jeweiligen Gastlandes bestimmt. Beispielsweise sind dezentralisiertere Strukturen häufiger, wenn Tochtergesellschaften weniger von den Ressourcen der Muttergesellschaft (Management Know-how, Technologien oder Marketing-Wissen) abhängig sind. Ist eine Tochtergesellschaft in einem Geschäftszweig außerhalb der Kerntätigkeit des Unternehmens aktiv und versteht das Management im Stammhaus solche Tätigkeiten nicht, wird es die Entscheidungskompetenzen dezentralisieren. Auch wenn die Regierung des Gastlandes mehr Input aus dem Gastland, z.B. in Form von Beteiligungen an Joint Ventures, fordert, kann eine Dezentralisierung der Entscheidungsfindung notwendig sein. Know-how im Bereich des Personalmanagements (und auf anderen Gebieten) wird mit größerer Wahrscheinlichkeit in eine zentralisierte Struktur übertragen, weil das Stammhaus und die Tochtergesellschaft in einer sehr viel engeren Beziehung stehen und ein häufigerer Informationstransfer stattfindet als in dezentralisierten Strukturen.

Das Unternehmen muß sich nicht zwischen den extremen Orientierungen Zentralisierung versus Dezentralisierung entscheiden. Statt dessen kann eine Einordnung auf einem Kontinuum erfolgen. Das geschieht in Abhängigkeit von Veränderungen der Umweltfaktoren oder der Organisationsentwicklung. Eine Faustregel kann darin bestehen, strategische Gebiete zu zentralisieren und operationale Aspekte zu dezentralisieren.

2.4.2 Kontrollmöglichkeiten und -instrumente

Zusätzlich zum Zentralisierungsgrad kann die Wahl des Kontrollsystems die Art und das Ausmaß der Integration beeinflussen. In der Literatur werden zwei Kontrolltypen diskutiert: outputorientierte und kulturorientierte Kontrollsysteme.

- Die *outputorientierten Kontrollsysteme* zielen auf eine Überwachung auf der Basis von Daten ab und sind ergebnisorientiert. Normalerweise liefern Tochtergesellschaften Daten über ihre Leistungsfähigkeit, Informationen aus dem Finanzbereich, Pläne und Budgets an die Muttergesellschaften. IBM verlangt beispielsweise von allen Geschäftseinheiten Daten über die gleichen dreizehn Elemente, die sowohl quantitative (z.B. Kosten/Ertrags-Verhältnis, Geschäftsvolumen) als auch qualitative Ergebnisse (z.B. Personalberichterstattung) umfassen. In solchen Output-Kontroll-

Systemen transferieren multinationale Unternehmen mit größerer Wahrscheinlichkeit Menschen mit technischen Fähigkeiten als Mitarbeiter, die zur Organisationsentwicklung oder zur Übertragung von unternehmenskulturellen Werten beitragen sollen.

- Die *kulturorientierten Kontrollsysteme* sind eher verhaltensorientiert. Sie umfassen soziale Interaktionen, Personaltransfers und Sozialisation der Mitarbeiter. Diese Art der Kontrolle ermöglicht es den Mitarbeitern der Tochtergesellschaft, ein Verständnis von dem in einem Unternehmen angemessenen Verhalten zu entwickeln. In diesem Kontext ist primär die Entsendung von Mitarbeitern zu nennen. In kulturorientierten Kontrollsystemen übertragen Stammhausentsandte Wissen über das Unternehmen und seine Kultur. Auf diese Weise können Wettbewerbsvorteile realisiert werden.

In der Realität dominieren Kombinationen dieser beiden Kontrollsysteme.

2.4.3 Implikationen für die Organisationsstruktur

Die entsprechende strukturelle Maßnahme auf dieser Stufe der Internationalisierung kann eine auf Produkten oder geographischen Regionen basierende globale Struktur sein. Dies ist abhängig davon, ob die Unternehmensstrategie primär auf Produktdiversifikation oder auf geographischer Ausdehnung beruht. (vgl. Abbildung 3.3 und 3.4).[29] Die Organisation ist in diesem Stadium zu einer multinationalen Unternehmung gereift. Die strategische Planung erfolgt nun idealerweise auf weltweiter Basis. Dieses Stadium markiert den entscheidenden Punkt im Übergang zu einer globalen Organisation: Top-Manager erkennen, daß strategische Planung und wichtige politische Entscheidungen zumindest unter Beteiligung der Unternehmenszentrale erfolgen müssen, damit eine weltweite Perspektive der gesamten Unternehmensinteressen entwickelt und aufrechterhalten werden kann.[30]

Diese Transformation in ein gereiftes, multinationales Unternehmen ändert nicht nur den Blickwinkel für internationale Personalmanagementaktivitäten, sondern auch die Organisation der Personalmanagementfunktion.[31] Wie gezeigt wurde, wird auf der Stufe der internationalen Abteilung die Politik des Internationalen Personalmanagements in erster Linie als Ergänzung der inländischen Aktivitäten gestaltet. In dem Maße, in dem die multinationale Unternehmung versucht, die Personalmanagementaktivitäten an die Anforderungen der einzelnen Länder anzupassen, verändert sich auch die Personalmanagementfunktion. Das Management der PCNs bleibt im Verantwortungsbereich der Personalabteilung der Unternehmenszentrale, und lokale Mitarbeiter liegen im Verantwortungsbereich jeder einzelnen Tochtergesellschaft. Die Personalabteilung der Unternehmenszentrale übernimmt eine unterstützende Rolle und interveniert nur in extremen Situationen auch in lokale Angelegenheiten. Beispielsweise hat Ford in Australien ein Höchstmaß für die Entscheidungsbefugnisse des Personalmanagements festgelegt. Darüber hinausgehende Entscheidungen werden an *Regional Headquarters*[32] weitergeleitet, um die Zustimmung auf der Ebene der gesamten Unternehmung einzuholen. Diese unterstützende Rolle im Personalmanagement reflektiert den Wunsch des Managements nach zentraler Kontrolle der strategischen Planung.

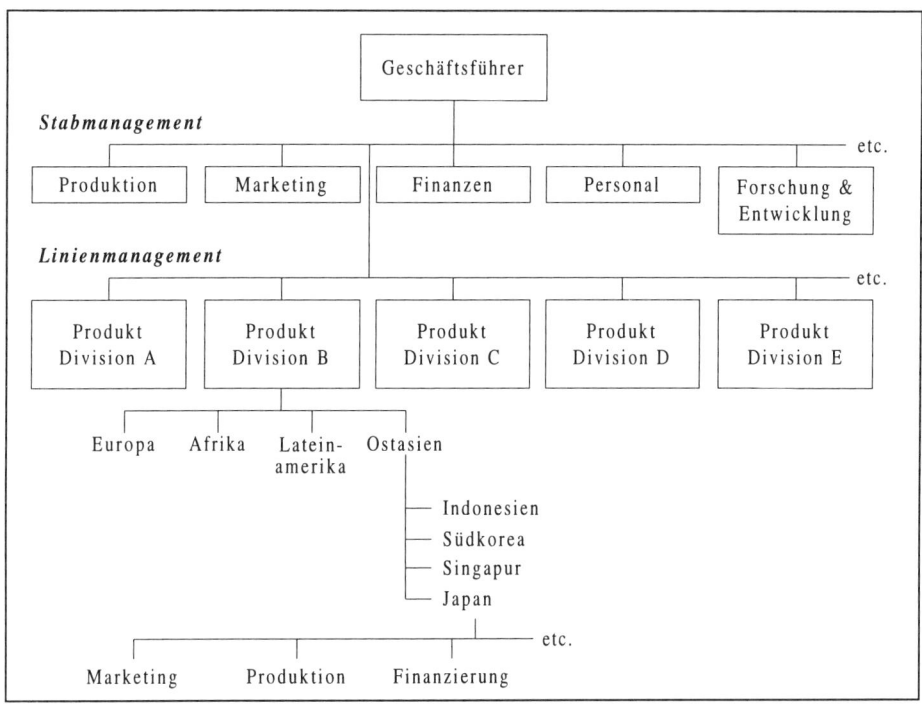

Abb. 3.3: Globale Divisionalisierung nach Produkten (Phatak, 1989, S. 90).

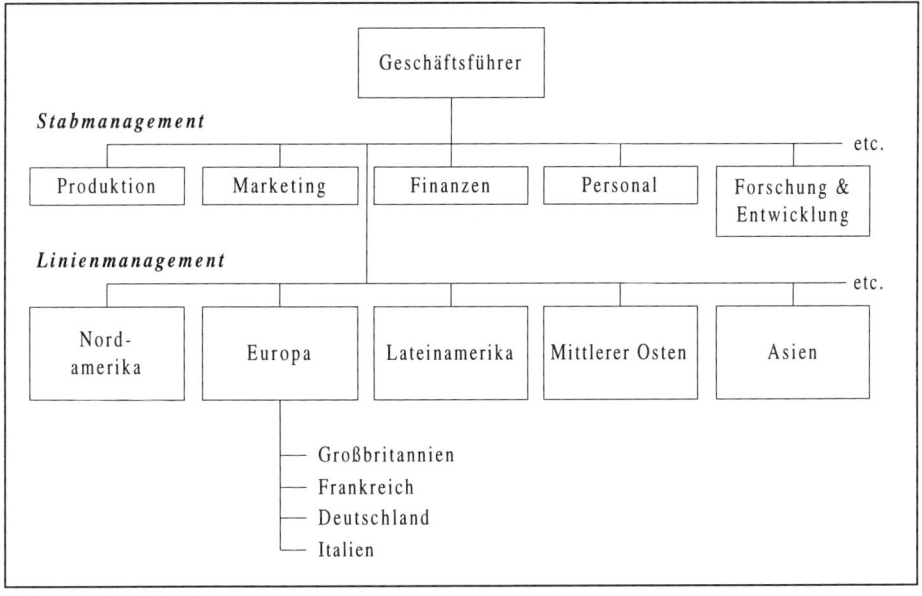

Abb. 3.4: Globale Divisionalisierung nach Gebieten (Phatak, 1989, S. 93).

Der Planungsprozeß im Personalmanagement wird komplexer, je weiter sich die Organisation entwickelt. Die Koordination von Aktivitäten und die Entwicklung von Strategien für weltweite Märkte werden zu marktabhängigen Managementfunktionen, die spezielle Fachkenntnisse erfordern. Das Wachstum im Ausland, kombiniert mit Veränderungen in der Organisationsstruktur internationaler Operationen, führt zu einer Zunahme des Bedarfs an erstklassigen Managementkräften, die einen guten Überblick über die Beziehungen zwischen Muttergesellschaft und Tochtergesellschaften besitzen. Innerhalb der Personalmanagementfunktion stellt die Entwicklung von Managern, die in der Lage sind, in einer internationalen Umgebung zu operieren, eine neue Aufgabe dar.[33]

2.5 Stufe 5: Globale Organisationsstrukturen

Wenn das international tätige Unternehmen wächst und eine globale Perspektive immer größere Bedeutung gewinnt, befindet es sich in der typischen *"think global, act local"*[34] Konfliktsituation. Die zunehmend komplexe internationale Umwelt - charakterisiert durch globale Wettbewerber, globale Kunden, universelle Produkte, schnellen technologischen Wandel und weltweite *economies of scale* - zwingt die Unternehmung zu globaler Integration, während gleichzeitig z.B. die Regierungen der Gastländer lokale Anpassung fordern.

Um diesen konfligierenden Forderungen begegnen zu können, muß das international tätige Unternehmen eine angemessene Struktur entwickeln. Für diese Stufe wurden in der Literatur die folgenden Konzepte identifiziert: die Matrix, die gemischte Struktur, das transnationale Unternehmen, die Heterarchie und das multinationale Netzwerk.

2.5.1 Die Matrix

In der Matrixstruktur (vgl. Abbildung 3.5)[35] teilen sich die internationale oder geographische Abteilung und die Produktabteilung gemeinsam die Autorität. Diese Art der Organisation "verletzt" Fayols Prinzip der Einheitlichkeit der Auftragserteilung und führt die Philosophie der Übereinstimmung von Struktur und Entscheidungsprozeß in die Managementlehre ein. Interessenkonflikte werden offen ausgetragen, und jeder wichtige Aspekt in der Entscheidungsfindung hat einen Vertreter, so daß er nicht vernachlässigt wird. Deshalb haben Manager mit funktioneller, geographischer und Produktgruppenverantwortung einen ähnlichen Status wie die jeweiligen in den ausländischen Tochtergesellschaften. Auf dieser Stufe versucht die multinationale Unternehmung, die Aktivitäten über mehr als eine Dimension zu integrieren.

Während die Matrixstruktur in den siebziger Jahren noch populär war, ist ihre Beliebtheit zurückgegangen. Sie ist eine kostenintensive Methode der Organisation, die eine sorgfältige Implementation und ein hohes Engagement des Top-Managements erfordert, um erfolgreich zu sein. Galbraith und Karzanjian[36] sind der Ansicht, daß die Matrixorganisation "auch weiterhin die einzige Organisationsform ist, die der Strategie der gleichzeitigen Verfolgung multipler Dimensionen mit gleicher Priorität gerecht wird. ... Die strukturelle Form hat Erfolg, weil sie der Situation entspricht."

Der europäische Elektronikkonzern Asea Brown Boveri (ABB) ist ein Verfechter der Matrixorganisation. Der Vorstandsvorsitzende Barnevik erläutert den Organisationsansatz folgendermaßen:

"ABB ist eine Organisation, die von drei internen Widersprüchen gekennzeichnet ist. Wir wollen global und lokal, groß und klein und radikal dezentralisiert mit einem zentralisierten Berichts- und Kontrollsystem sein. Wenn wir diese Widersprüche lösen, erreichen wir einen realen organisatorischen Vorteil. Hier kommt die Matrix ins Spiel. Die Matrix ist der Rahmen, durch den wir unsere Aktivitäten organisieren. Sie erlaubt uns, unser Geschäft auf globaler Ebene zu optimieren und das Ergebnis in jedem Land, in dem wir operieren, zu maximieren. Einige Menschen zeigen der Matrixorganisation gegenüber Widerstand. Sie sagen, daß die Matrix zu rigide und zu simplifizierend sei. Aber welche Wahl haben wir? Zu sagen, daß man keine Matrix mag, ist das gleiche wie zu sagen, daß man keine Fabriken und kein Atmen mag. Selbst wenn man die formale Matrix ablehnt, wird man eine informelle haben - und es ist noch viel schwieriger, damit fertig zu werden. Wenn wir die Matrixorganisation beherrschen, werden wir eine wirklich multinationale Unternehmung haben."[37]

Viele Unternehmen bemühen sich vergeblich, die Matrix zu beherrschen. Bartlett und Ghoshal[38] sind der Ansicht, daß die Matrixorganisation in der Praxis und insbesondere im internationalen Kontext im Prinzip nicht zu bewältigen ist. Sie nennen vier Faktoren, die zu einer schwierigen Handhabbarkeit dieser Struktur beitragen:

(1) Das duale Berichtssystem, das zu Konflikten und zur Verwirrung führen kann.

(2) Die Wucherung von Informationskanälen, die zu Informationsstaus führen kann.

(3) Sich überschneidende Verantwortungsbereiche, die Konflikte sowie einen Verlust an Zurechenbarkeit produzieren können.

(4) Entfernungsbedingte, sprachliche, zeitliche und kulturelle Barrieren, die es der Führungskraft nahezu unmöglich machen, Konflikte zu lösen und Verwirrung aufzuklären.

Bartlett und Ghoshal kommen zu dem Schluß, daß die erfolgreichsten Unternehmen sich heute weniger auf die Suche nach der idealen Struktur und dafür mehr auf die Entwicklung von Fähigkeiten und Verhaltensweisen der einzelnen Führungskräfte konzentrieren sollten. Diese Unternehmen versuchen, eine "Matrix im Kopf der Führungskräfte" zu kreieren. Auf diese Weise ist die ganze Organisation motiviert, einer komplizierten und dynamischen Umwelt kooperativ zu begegnen.

Wenn sich jedoch ein international tätiges Unternehmen für eine Matrixstruktur entscheidet, muß es die Stellenbesetzungsentscheidungen besonders sorgfältig treffen. Dies illustriert Ronen:

"Die Matrixstruktur erfordert Manager, die über eine gute Generalistenausbildung im Management verfügen, die in erheblichem Maße zwischenmenschliche Fähigkeiten aufweisen und die mit der Ambiguität der Verantwortung und der Autorität, die dem Matrixsystem inherent sind, umgehen können. Training für solche Bereiche wie Planungsfähigkeit, die für eine Matrix erforderlichen zwischenmenschlichen Fähigkeiten, die Art der Analyse und angemessene Präsentation von Ideen für die Planung innerhalb einer Gruppe sind von größter Bedeutung für den Matrixansatz. Hinzu kommt, daß Führungskräfteentwicklung und Personalplanung von noch größerer Bedeutung sind in der volatilen Umwelt der Matrix als in traditionellen Organisationen."[39]

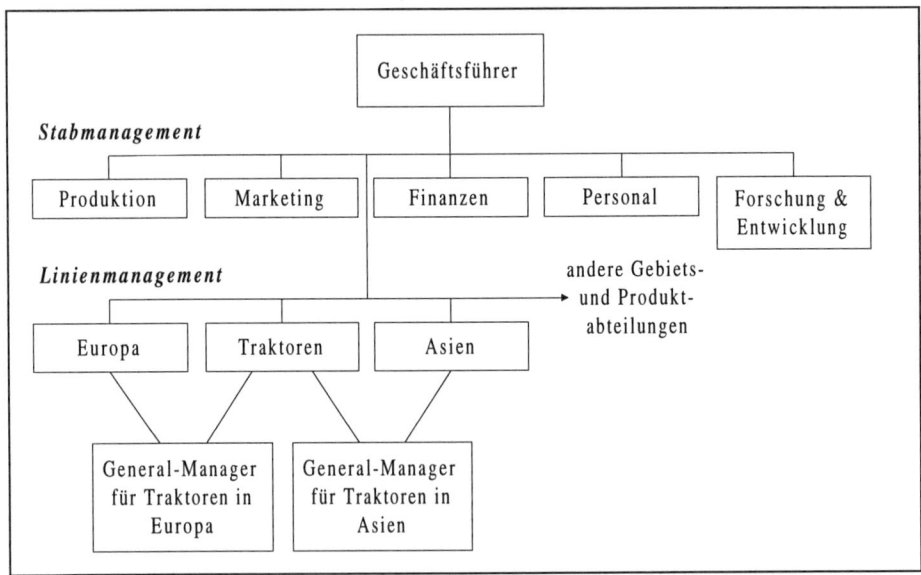

Abb. 3.5:   Die Matrixstruktur (Phatak, 1989, S. 100).

2.5.2 Gemischte Strukturen

Bei dem Versuch, das Wachstum der diversifizierten Organisation zu bewältigen oder eine Matrixstruktur zu implementieren, die nicht erfolgreich war, haben sich einige Unternehmen für eine Lösung entschieden, die als gemischte Struktur bezeichnet werden kann.

Dowling[40] führte eine Studie durch, in der er feststellte, daß mehr als ein Drittel der Unternehmen gemischte Strukturen aufwiesen. Am zweithäufigsten wurde eine regional orientierte Struktur gewählt. Einen etwas geringeren Stellenwert nahm die Matrixstruktur ein.

Unter Berücksichtigung aller Unternehmen, die international tätig waren, wiesen die einzelnen Strukturtypen die folgenden Häufigkeiten auf:

Strukturtyp	Anteil
Internationale Aktivitäten organisiert in Tochtergesellschaften mit Koordination von Produktion/Dienstleistungen, Marketing, Personal etc. auf lokaler Ebene	11,8 %
Internationale Abteilungsstruktur mit einem leitenden Management, das dem Präsidenten bzw. dem Geschäftsführer des Unternehmens Bericht erstattet	14,7 %
Ein oder mehrere *Regional Headquarters* werden zur Koordination von Produktion/Dienstleistungen, Marketing und Personal zwischen nationalen Aktivitäten benutzt	20,6 %
Weltweite Produkt- oder Matrixstruktur zur Koordination internationaler Tätigkeiten	17,6 %
Strukturmischformen	35,3 %

Tab. 3.2: Strukturtypen internationaler Unternehmen (Dowling, 1988).

Galbraith und Kazanjian identifizieren ebenfalls gemischte Strukturen, die als Reaktion auf globalen Druck und auf trade-offs entstanden zu sein scheinen:

"Beispielsweise behielten Organisationen, die bis dahin auf der Basis von Gebieten strukturiert waren, ihre geographischen Profit-Center; sie führten jedoch Produktmanager ein, die auf weltweiter Ebene tätig waren. Colgate-Palmolive hatte immer starke Gebietsmanager. Aber nachdem [dieses Unternehmen] die finanziellen Mittel für die Produktforschung verdoppelte und die Colgate Zahncreme ein universelles Produkt wurde, erweiterte man die Organisation in der Unternehmenszentrale um Produktmanager, um die Mittel der Produktforschung zu verwalten und die Marketingprogramme weltweit zu koordinieren. In ähnlicher Weise haben auch die bisher auf der Basis von Produkten divisionalisierten Unternehmen wieder eine internationale Abteilung eingeführt. Bei Motorola besaßen für Produktgruppen zuständige Manager die Verantwortung für ihre Produktlinien auf weltweiter Ebene. Als sie mit den Japanern in Japan im Wettbewerb standen, wurde eine internationale Abteilung eingeführt, um eine Koordination der verschiedenen Produktlinien zu gewährleisten."[41]

Obwohl alle strukturellen Formen, die aus der evolutionären Entwicklung der internationalen Unternehmenstätigkeit resultieren, nur schwer zu steuern sind, scheint sich das Problem bei gemischten Strukturen noch komplexer zu gestalten. Sie sind entsprechend schwieriger zu erklären, zu implementieren und zu kontrollieren. Dabei ist es - wie die Diskussion der Matrixstruktur gezeigt hat - wichtig, daß die Mitarbeiter in der gesamten Organisation die gemischte Organisationsstruktur verstehen und daß informellen Kontrollmechanismen, zwischenmenschlichen Beziehungen oder den Einstellungen des Managements ebenfalls eine entsprechende Aufmerksamkeit gewidmet wird.

2.5.3 Das transnationale Unternehmen

Einige Forscher identifizieren eine neue Stufe der Entwicklung von Organisationsstrukturen, die auf globaler Divisionalisierung von Produkten oder Gebieten und Matrixstrukturen aufbaut. Sie ist charakterisiert durch eine Interdependenz von Ressourcen und Verantwortungsbereichen über das ganze Unternehmen, unabhängig von nationalen Grenzen. Zusätzlich gibt es strikte Anweisungen für die Integration von Geschäftseinheiten, eine starke *Corporate Identity* und eine gut entwickelte, weltweite Managementperspektive. Um diese neue Form zu beschreiben, wurde der Ausdruck "transnational" geprägt. In einer Studie zeigen Bartlett und Ghoshal auf:

> *"Unter den Unternehmen, die wir untersucht haben, gab es mehrere, die sich in einem Prozeß der Entwicklung solcher organisationalen Fähigkeiten befanden. Sie hatten bereits das Stadium der klassischen Fähigkeiten einer multinationalen Unternehmung überschritten, die wie eine dezentralisierte Föderation von Einheiten arbeitet und in der Lage ist, die unterschiedlichen internationalen Notwendigkeiten und Möglichkeiten wahrzunehmen und zu nutzen; ferner besitzen sie Fähigkeiten, die über diejenigen einer globalen Unternehmung hinausgehen. Sie verfügen über Managementtechniken, die auf einer streng kontrollierten, weltweiten Basis durch eine zentralisierte Struktur arbeiten. Sie haben das entwickelt, was wir als transnationale Fähigkeiten bezeichnen: die Fähigkeiten, ein Management über nationale Grenzen hinweg zu gestalten, lokale Flexibilität zu erhalten, während globale Integration erreicht wird. Mehr als alles andere beinhalten diese Fähigkeiten die Verbindung lokaler Tätigkeiten und eine flexible Zentralisierung, so daß diese lokalen und zentralen Fähigkeiten in optimaler Weise zusammenwirken können."*[42]

2.5.4 Die Heterarchie

Eine ähnliche Beschreibung dieser postmultinationalen Stufe ist die Heterarchie, eine auf Hedlund zurückgehende strukturelle Form, in der das international tätige Unternehmen eine ganze Reihe unterschiedlicher Arten von Zentren besitzt.

Hedlund ist der Ansicht, daß ein Wettbewerbsvorteil nicht in irgendeinem bestimmten Land (z.B. im Stammland der Unternehmung) gewonnen wird, sondern in vielen Ländern. So kann jede Tochtergesellschaft eine globale Koordinationsstelle sein, d.h. jede Tochtergesellschaft kann eine strategische Rolle nicht nur für sich selbst, sondern für das gesamte Unternehmen spielen.

In einer heterarchischen Unternehmung wird Kontrolle weniger durch Top-Down-Mechanismen der früheren hierarchischen Art ausgeübt, sondern mehr durch normative Mechanismen wie die Unternehmenskultur und einem auf breiter Ebene geteilten Bewußtsein zentraler Ziele und Strategien des Unternehmens.

Aus der Sicht des Personalmanagements ist dieser Strukturtyp besonders interessant, denn sein Erfolg scheint hauptsächlich in einem Punkt zu liegen: in der Fähigkeit der Organisation, die erforderlichen personalwirtschaftlichen Maßnahmen zu formulieren, zu implementieren und zu verbessern. Hedlund betont, daß diese Strukturform hochqualifiziertes und erfahrenes Personal genauso wie ein sorgfältig durchdachtes Belohnungs- und Bestrafungssystem benötigt, um normative Kontrollmechanismen zu entwickeln und durchzusetzen.

Zusammenfassend kann festgestellt werden, daß in allen bisher dargestellten Strukturalternativen für international tätige Unternehmen - der Matrixstruktur, der gemischten Struktur und der Heterarchie - der Faktor "Personalressource" ein wichtiges Thema ist. Daher wird die Entwicklung transnationaler Manager oder globaler Führungskräfte, die über nationale Grenzen und über die Grenzen der Tochtergesellschaften hinweg denken und handeln können, eine wichtige Aufgabe für das Management dieser komplexen Organisationsformen. Die Verwendung von Personal als informeller Koordinationsmechanismus spielt hier ebenfalls eine Rolle. Dieser Aspekt wird im weiteren Verlauf dieses Kapitels noch näher betrachtet.

2.5.5 Das Netzwerk

Studien, die primär auf Konzepten der sozialen Austauschtheorie und der Interaktion von Akteuren in einem Netzwerk basieren, haben große multinationale Unternehmen als ein komplexes System multipler Beziehungen interpretiert.

Frühere Arbeiten über die Beziehungen zwischen Mutter- und Tochtergesellschaft betonten eher den Strom von der Mutter- zur Tochtergesellschaft und untersuchten diese Beziehung vor allem im Zusammenhang mit Kontrolle und Koordination. Die Verbindungen wurden formal über die Organisationsstruktur und über standardisierte Prozeduren erklärt; informelle Verbindungen wurden mit Hilfe von zwischenmenschlichen Kontakten und Sozialisation beschrieben.[43] Es gilt mittlerweile als anerkannt, daß dieser Ansatz in manchen Fällen als zu begrenzt erachtet werden muß, denn für relativ stark internationalisierte Unternehmen "... haben sich aus der früheren Peripherie der Tochtergesellschaften bedeutende Zentren für Investitionen, Aktivitäten und Einfluß entwickelt."[44]

In der Tat scheint die Interaktion zwischen der Muttergesellschaft und jeder einzelnen Tochtergesellschaft eines multinationalen Unternehmens dyadisch zu sein, zwischen vielen Akteuren auf vielen verschiedenen organisatorischen Ebenen stattzufinden und verschiedene Austauschbeziehungen abzudecken. Jedes einzelne Ergebnis wird für eine effektive globale Leistung wichtig. Es ist realistischer, solche multinationalen Unternehmen als lose verbundene politische Systeme zu betrachten, als in ihnen eng verbundene, homogene, hierarchisch kontrollierte Systeme zu sehen.[45] Unter Berücksichtigung dieses Trends haben Bartlett und Ghoshal ihr Konzept der multinationalen Unternehmung erweitert.[46] Sie betrachten multinationale Unternehmen als ein intraorganisationales System. Damit ist ein Netzwerk von Austauschbeziehungen zwischen unterschiedlichen organisationalen Einheiten gemeint, das sowohl Muttergesellschaften und nationale Tochtergesellschaften umfaßt als auch externe Organisationen wie die jeweiligen Regierungen der Gastländer, Kunden, Zulieferer und Wettbewerber, mit denen die unterschiedlichen Einheiten des multinationalen Unternehmens interagieren müssen.

Das Management einer solchen multizentrischen Struktur ist komplex. Zusätzlich zu dem intraorganisationalen Netzwerk (das Beziehungen zur Muttergesellschaft wie zu zahlreichen anderen Tochtergesellschaften umfaßt) hat jede Tochtergesellschaft eine Reihe externer Beziehungen. Diese umfassen lokale Anbieter, Kunden, Wettbewerber, die Regierung des Gastlandes und Partner aus eventuellen Allianzen. Das Management sowohl der intraorganisationalen als auch der interorganisationalen Sphäre und des gesamten integrierten Netzwerkes ist entscheidend für die Leistung des Unternehmens auf globaler Ebene.

In diesem Zusammenhang spielt das Personalmanagement eine Schlüsselrolle. Da Netzwerkbeziehungen durch persönliche Kontakte aufgebaut und aufrechterhalten werden, sind Stellenbesetzungsentscheidungen von nicht zu unterschätzender Bedeutung für das effektive Management der Verbindungen, die die unterschiedlichen Tochtergesellschaften etabliert haben. Nichtsdestotrotz werden in der Praxis nach wie vor Entscheidungen über Stellenbesetzungen ohne Berücksichtigung ihrer Effekte auf die Netzwerkbeziehungen getroffen.[47]

Die folgende Abbildung stellt die einzelnen Stufen der Internationalisierung von Unternehmen noch einmal zusammenfassend dar.

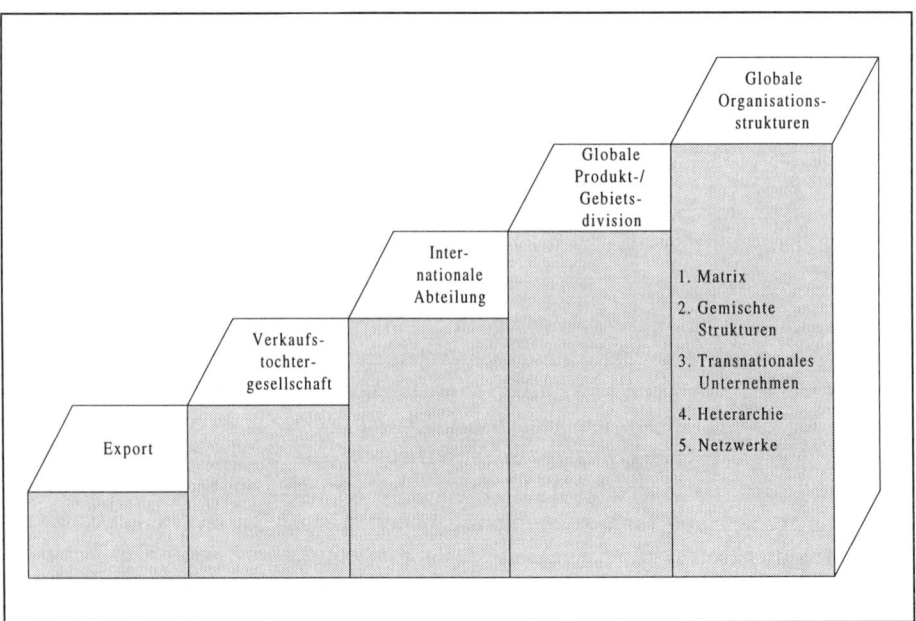

Abb. 3.6: Stufenmodell der Internationalisierung

Zusammenfassend kann festgestellt werden, daß mit einem steigenden Internationalisierungsgrad zunehmend integrierte Organisationsstrukturen notwendig werden, da sie einerseits eine lokale Anpassung ermöglichen, andererseits aber auch die Steuerung des Gesamtsystems und die Realisierung von Verbundvorteilen ermöglichen.[48]

3. Interorganisationsbeziehungen

Eine Organisation kann eine Allianz mit einem oder mehreren externen Partnern eingehen, um effektiver im globalen Wettbewerb konkurrieren zu können. Als Allianzpartner bieten sich beispielsweise Wettbewerber, bedeutende Zulieferer oder Unternehmen an, mit denen es in enger Beziehung steht. Dies erhöht die Komplexität des Managements einer multinationalen Unternehmung zusätzlich.[49]

Da Allianzen in allen Formen und in jeder Größenordnung gebildet werden, hat der Begriff Allianz unterschiedliche Bedeutungen bekommen. Es können strategische Allianzen, Cooperative Ventures, Collaborative Agreements und Corporate Linkages unterschieden werden. Alle diese Bezeichnungen können Joint Ventures enthalten. Unter Joint Ventures werden Organisationseinheiten verstanden, die Kooperationen über eine eigens dafür gegründete und rechtlich selbständige Gesellschaft als Gemeinschaftsunternehmen abwickeln. Die Kooperationspartner bringen jeweils verschiedene Ressourcen in das Joint Venture ein und sind in der Regel zu gleichen Teilen am Joint Venture beteiligt. Häufig werden sie für technologisch komplexe Aufgaben gegründet.[50]

Für die Zwecke der an dieser Stelle geführten Diskussion wird eine sehr weit angelegte Definition zugrundegelegt: eine Unternehmensallianz ist eine formale und gegenseitig anerkannte kommerzielle Zusammenarbeit zwischen Unternehmen. Die Partner legen ihre geschäftlichen Ressourcen zusammen, tauschen sie aus oder integrieren sie mit dem Ziel des beiderseitigen Gewinns. Dennoch erhalten die Partner separate Geschäftseinheiten aufrecht. Der wichtigste Aspekt ist, daß eine Allianz eine Form der Geschäftsbeziehung darstellt, die ein gewisses Maß an interorganisationaler Integration enthält, die über die Käufer-Verkäufer-Beziehung hinausgeht, aber nicht das Ausmaß von Mergers oder Akquisitionen annimmt. Dies schließt nicht aus, daß sich einige Allianzen zu einem späteren Zeitpunkt zu Mergern oder zu Übernahmen entwickeln. Welcher Typ von Interorganisationsbeziehung entsteht, hängt einerseits von der Bedeutung der Allianz für das Mutterunternehmen und andererseits von dem Ausmaß ab, in dem das Mutterunternehmen versucht, die der Allianz zugewiesenen Ressourcen zu kontrollieren.

In den achtziger Jahren wurde eine bedeutende Zunahme an Allianzbildungen festgestellt.[51] Interorganisationsbeziehungen können in so unterschiedlichen Branchen wie Telekommunikation, Aerospace, Automobilindustrie, Elektroindustrie und Transportindustrie festgestellt werden. Die gemeinsamen Aktivitäten können den Forschungs- und Entwicklungsbereich, die Produktion oder das Marketing betreffen. Eine Allianz kann Arrangements über Leasingvereinbarungen, Marketing- oder Distributionspartnerschaften sowie Konsortien umfassen. Motive für die Entstehung von Allianzen sind z.B. die Einsparung von Produktions- und Transaktionskosten, die Risikoteilung, die gemeinsame Überwindung von Kapazitäts- und Know-how-Grenzen sowie die Reduzierung von Unsicherheit.

Unabhängig von den Motiven für die Initiierung eines solchen Arrangements fügt die entstehende Partnerschaft dem Organisationsstrategie- und -struktur-Mix eine neue Dimension hinzu. Um die Ziele der kooperativen Partnerschaft innerhalb des Kontextes einer breiter angelegten Unternehmensstrategie zu erreichen, muß die Organisation die

Allianz in ihre eigenen, bereits bestehenden Aktivitäten und Funktionen integrieren oder sie damit in einen Zusammenhang bringen. Es muß zudem eine Methode entwickelt werden, mit der die Leistung der Zusammenarbeit kontrolliert werden kann.

Wie auch bei anderen Strukturformen gezeigt werden konnte, beeinflussen die verschiedenen Formen interorganisationaler Beziehungen das Personalmanagement auf unterschiedliche Art und Weise, je nachdem, welcher Allianztyp betroffen ist. Wenn beispielsweise in einem internationalen Joint Venture Manager unterschiedlicher Nationalitäten in einer neuen Einheit zusammenarbeiten, müssen diese Führungskräfte zunächst lernen, mit ausländischen Partnern umzugehen. "Die Stellenbesetzung im Joint Venture mit Führungskräften, die im Hinblick auf Managementstil und -philosophie flexibel sind, ist wahrscheinlich die einzige und wichtigste Aufgabe, die die Personalabteilung in dieser kritischen Zeit bewältigen muß."[52] Auch Lorange stellt eine Beziehung zwischen dem Erfolg der Kooperation und den auf die Kooperationsform abgestimmten personalwirtschaftlichen Maßnahmen her, wenn er sagt, daß die Personalfunktion für die erfolgreiche Implementierung eines Joint Ventures entscheidend ist.[53] In ihrer Analyse strategischer Allianzen klassifizieren Cascio und Serapio diese kollaborativen Formen von Geschäftsbeziehungen entsprechend dem erforderlichen Ausmaß an Interaktion zwischen den Vertretern der betrachteten Unternehmen. Je nach erforderlichem Interaktionsgrad sind wiederum unterschiedliche personalwirtschaftliche Maßnahmen durchzuführen. Zusammenfassend kann an dieser Stelle festgehalten werden, daß die Humanressourcen in Interorganisationsbeziehungen eine entscheidende Rolle für den Erfolg spielen.[54]

4. Internationalisierung und Personalmanagement

4.1 Beziehungen zwischen Organisationsstruktur und Personalmanagement

Die obige Diskussion hat die Evolution einer Organisation von einer nationalen zu einer global orientierten Unternehmung dargestellt. Wie bereits erläutert wurde, wählen US-amerikanische, mitteleuropäische, schwedische und japanische Unternehmen während ihres Wachstumspfades unterschiedliche strukturelle Maßnahmen. Auch andere Variablen - Größe der Organisation, Muster der Internationalisierung, Managementtechniken usw. - spielen eine Rolle im Strategie-Struktur-Mix. Verschiedene Forscher haben die hier beschriebenen Muster identifiziert. Es besteht jedoch eine Gefahr darin, diese Stufen mehr als normativ denn als deskriptiv anzusehen.

Den Ausführungen Bartletts zufolge scheint es, als ob Organisationsstrukturen nicht immer stringent aus der Strategie abgeleitet werden, sondern ebenso von Modeerscheinungen geprägt sind. Die vorgenommen Reorganisationsmaßnahmen entsprachen zwar häufig den idealtypischen Internationalisierungspfaden, ihr Ergebnis war jedoch oft enttäuschend, da das Ausbalancieren von globalen und nationalen Interessen sich als weitaus komplexer als die Zeichnung eines neuen Organisationscharts erwies.[55]

Da die Unternehmen untereinander stark variieren, wenn sie die verschiedenen Stufen der internationalen Entwicklung durchlaufen, sind eine Reihe von unterschiedlichen

Beziehungen zwischen dem jeweiligen Personalmanagementansatz und der Organisationsstruktur zu finden. Fast die Hälfte aller in einer Studie von Dowling untersuchten Unternehmen berichteten, daß die Aktivitäten der Personalfunktion nicht mit der Art und Weise der internationalen Unternehmensaktivitäten in Beziehung stehen.[56] Die Ergebnisse der von Dowling durchgeführten Studie werden in Tabelle 3.3 dargestellt.

Frage: Ist die Personalmanagementfunktion ähnlich gestaltet wie die internationalen Aktivitäten der Unternehmung?		
Antwort:	absolut	relativ
Ja.	19	55,9 %
Nein, die Struktur der Personalfunktion ist unterschiedlich.	14	44,1 %
Wenn Ihre Antwort „Nein" lautet, beschreiben Sie bitte die Struktur Ihrer Personalmanagementfunktion:		
		Absolute Zahl der Antworten:
Beratende Tätigkeit durch die Unternehmenszentrale; die internationale Organisation ist sehr klein, so daß das Personalmanagement von der Unternehmenszentrale unterstützt wird; alle Personalmanager der Tochtergesellschaften berichten der Unternehmenszentrale; zentralisiert.		4
Unternehmensphilosophie hinsichtlich des Personalmanagements wird in der Unternehmenszentrale entwickelt und dann unter Berücksichtigung der regionalen Besonderheiten auf regionaler Ebene implementiert.		2
Internationale Organisation der Personalmanagementfunktionen mit Verantwortung für alle personalmanagementspezifischen Aktivitäten außerhalb des Stammlandes der Unternehmung.		2
Kleine Gruppe von Personalmanagern in der Unternehmenszentrale; Personalmanager in jeder strategischen Geschäftseinheit und an jedem Ort.		1
Separate internationale Personalmanagementfunktionen auf allen Ebenen des Unternehmens; alle arbeiten eng zusammen, obwohl jede Funktion noch eigene Verantwortungsbereiche entsprechend ihrer Stellung im Unternehmen hat.		1
Dezentralisierte Personalfunktion; Personalmanagement in jeder Tochtergesellschaft und in der Unternehmenszentrale.		1
Abhängig vom Umfang der Tätigkeiten in dem jeweiligen Land gibt es auch auf lokaler Ebene Personalmanagementfunktionen; PCNs sowie TCNs werden von der Unternehmenszentrale betreut.		1
Unterstützung bezüglich der Personalmanagementfunktion in internationalen Abteilungen wird durch die Unternehmenszentrale geleistet.		1
Separate Personalabteilungen für jedes Unternehmen plus zentrales Personalwesen in der Unternehmenszentrale.		1

Tab. 3.3: Struktur der Personalmanagementfunktion (Dowling, 1989, S. 70).

4.2 Internationale Personalmanagementansätze: Das Konzept von Perlmutter

Die Personalmanagementliteratur verwendet in Anlehnung an Heenan/Perlmutter (1979)[57] vier Wertorientierungen, um die Führungskonzeptionen und damit auch die Stellenbesetzungspolitik einer multinationalen Unternehmung gegenüber ihren Tochtergesellschaften zu kennzeichnen. Diese Ansätze sind in hohem Maße durch die Einstellung des Top-Managements in der Unternehmenszentrale und durch den Strategie-Struktur-Mix bestimmt. Sie sind von Bedeutung für die Strategie des Internationalen Personalmanagements sowie für die im nächsten Kapitel behandelte Rekrutierungsthematik. Die vier Ansätze werden wie folgt beschrieben:[58]

(1) *Ethnozentrische Orientierung:* Nur wenige Tochtergesellschaften verfügen über Autonomie; strategische Entscheidungen werden in der Unternehmenszentrale getroffen, und Schlüsselpositionen werden sowohl im Stammland als auch bei ausländischen Aktivitäten von Managern aus der Unternehmenszentrale besetzt. Mit anderen Worten: Tochtergesellschaften werden von Expatriates aus dem Stammland (PCNs) geführt.

(2) *Polyzentrische Orientierung:* Die multinationale Unternehmung behandelt jede Tochtergesellschaft als eine unabhängige nationale Einheit mit einer gewissen Autonomie in den Entscheidungskompetenzen. Tochtergesellschaften werden normalerweise von einheimischen Mitarbeitern (HCNs) geführt, die selten in Positionen der Unternehmenszentrale befördert werden.

(3) *Regiozentrische Orientierung:* Dieser Ansatz hebt auf die geographische Strategie und Struktur eines multinationalen Unternehmens ab. Wie beim geozentrischen Ansatz wird hier ein größerer Pool von international tätigen Managern gebildet, die allerdings nur in begrenzter Art und Weise international tätig sind. Das Personal kann in ein anderes Land außerhalb des jeweiligen Heimatlandes versetzt werden, aber nur innerhalb einer bestimmten geographischen Region. Regionale Manager werden in der Regel nicht in die Unternehmenszentrale befördert, aber sie verfügen auf regionaler Ebene über einen hohen Grad an Autonomie in der Entscheidungsfindung.

(4) *Geozentrische Orientierung:* Die Organisation betrachtet nicht die Nationalität, sondern allein die Fähigkeiten des jeweiligen Mitarbeiters. Dieser Ansatz der Stellenbesetzungspolitik ohne Berücksichtigung der Nationalität muß von einer weltweit integrierten Unternehmensstrategie begleitet werden, um erfolgreich zu sein.[59]

Tabelle 3.4 faßt diese vier Ansätze zusammen und illustriert ihren Einfluß auf verschiedene Aspekte eines multinationalen Unternehmens: die Komplexität der Organisation, die Autorität und Entscheidungsfindung, die Bewertung und Kontrolle, die Anreize (Belohnungen und Bestrafungen), die Kommunikation, die geographische Identifikation und den Fortbestand der Organisation.

	Ethnozentrisch	Polyzentrisch	Regiozentrisch	Geozentrisch
Komplexität der Organisation	komplex in MG, einfach in TGs	TG unabhängig von MG	TG in Region voneinander abhängig	Zunehmend komplex, MG und TG weltweit stark abhängig
Autorität und Entscheidungsfindung	hoch in MG	relativ gering in MG	hoch in RHQ und/oder enge Zusammenarbeit	Zusammenarbeit von MG und TG weltweit
Bewertung und Kontrolle	Standards der MG für Bewertung von Person und Leistung	Bestimmung der Standards auf lokaler Ebene	Bestimmung der Standards auf regionaler Ebene	Lokale und weltweite Bestimmung der Standards
Belohnungen und Bestrafungen; Anreize	hoch im MG, gering in TG	große Variationsbreite, hohe oder niedrige Belohnungen für Leistungen der TG	Belohnung für Beiträge zur Zielerreichung auf regionaler Ebene	Belohnungen für lokal und international tätige Führungskräfte für Erreichung lokaler und globaler Ziele
Kommunikation/ Informationsfluß	Hohe Anzahl von Anweisungen und Ratschlägen an TG	wenig zwischen TG und MG, wenig zwischen TG	wenig Kontakt zwischen MG und TG, aber Kontakt kann intensiv sein zwischen RHQ und TG sowie zwischen TG der Region	Wechselseitige Kommunikation zwischen TG und MG
Geographische Identifikation	Nationalität des Unternehmenseigners	Nationalität des Gastlandes	Regionales Unternehmen	Weltweites Unternehmen, aber auch Identifikation mit nationalen Interessen
Fortbestand (Rekrutierung, Personaleinsatz und Personalentwicklung)	Entwicklung von Mitarbeitern aus dem Mutterland für Schlüsselpositionen auf weltweiter Ebene	Entwicklung lokaler Mitarbeiter für Schlüsselpositionen in ihrem eigenen Land	Personalentwicklung auf regionaler Ebene für Schlüsselpositionen innerhalb der Region	Entwicklung der weltweit besten Mitarbeiter für weltweite Schlüsselpositionen

TG = Tochtergesellschaften; MG = Muttergesellschaft; RHQ = *Regional Headquarters*

Tab. 3.4: Wertorientierungen der Muttergesellschaften gegenüber ihren Tochtergesellschaften in multinationalen Unternehmen (in Anlehnung an Heenan/Perlmutter, 1979, S. 18-19).

Es stellt sich die Frage, welcher Ansatz bei der Entwicklung einer Strategie für Internationales Personalmanagement gewählt werden sollte. Die Antwort - "Es kommt darauf an" - sollte in diesem Zusammenhang nicht überraschen. Faktoren wie Strategie, Struktur, Größe, Verfügbarkeit von Personal, Einstellung der Unternehmenszentrale und Regelungen der jeweiligen Regierungen bestimmen den Ansatz. Evans macht hierzu die folgenden Ausführungen:

"Die Wahl eines geozentrischen oder polyzentrischen Ansatzes des Personalmanagements auf globaler Ebene wird nicht von einem Produktmarkt oder einer Industrielogik diktiert; jeder Ansatz repräsentiert eine unterschiedliche Umgangsweise mit den verschiedenen soziokulturellen Umwelten einer multinationalen Unternehmung. ... Folglich sollten in weltweiten Industrien tätige Unternehmungen, in denen Abteilungen und Tochtergesellschaften interdependent sind, eine globale Personalmanagementstrategie annehmen. Die Kosten solcher Strategien werden aufgewogen durch die enormen potentiellen Erträge einer erfolgreichen globalen Strategie. Unternehmen, deren Abteilungen und Unternehmenseinheiten als unabhängig voneinander erachtet werden können, sollten die billigere polyzentrische Personalmanagementstrategie annehmen. Einigen Nachteilen der beiden extremen Positionen kann durch den Einsatz eines geschickten Managementprozesses entgegengewirkt werden."[60]

Wie bereits gezeigt wurde, beeinflussen Organisationsstruktur und Strategie den Ansatz des Internationalen Personalmanagements. Beispielsweise führt ein *geozentrisch* orientiertes Unternehmen in der Regel sein globales Arbeitskräftepotential auf zentralisierte oder zumindest koordinierte Art und Weise. Die Personalmanagementpolitik des Unternehmens ist relativ spezifisch und einflußreich. Es gibt eine Vielzahl von Richtlinien, Politiken, Prinzipien und führenden Unternehmenswerten. Erwünschte Personalpraktiken werden häufig beschrieben. Im folgenden werden einige spezielle Beispiele genannt:

- Weltweite Politik für eine offene Beschwerdeprozedur und Haltung gegenüber Gewerkschaften.
- Einheitliche Verfahren der Leistungsbewertung und der globalen Entgeltpolitik.
- Überwachung des Personalmanagements durch Mitarbeiterbefragungen, die die Leistung von Geschäftseinheiten und Abteilungen vergleichen.
- Code von Unternehmenswerten, der die Unterweisung neuer Mitarbeiter lenkt.

Das *polyzentrische* Unternehmen auf der anderen Seite dezentralisiert das Personalmanagement auf der Ebene der ausländischen Tochtergesellschaften. Die Koordination auf der Ebene der Gesamtunternehmung ist, wenn sie existiert, lose und informell. Es gibt nur wenige Unternehmensleitlinien, vage Politiken und keine Spezifizierung der gewünschten Praxis. All dies wird dem jeweiligen Geschäftsführer der ausländischen Tochtergesellschaft und deren Personalabteilung überlassen, die sich nicht nur den lokalen Produkt-Markt-Bedingungen anpassen, sondern auch den lokalen soziokulturellen Verhältnissen. Die Rolle der Mitarbeiter in der Unternehmenszentrale ist auf die Identifizierung und Entwicklung potentieller Führungskräfte beschränkt, die die Nachfolge entsprechender General Manager für die Geschäftsführung der dezentralisierten Unternehmen sicherstellen. Sie umfaßt außerdem die Organisation gelegentlicher Treffen von Mitarbeitern aus den Tochtergesellschaften, um Erfahrungen auszutauschen. Beispiele für polyzentrische Unternehmen sind Schlumberger, Holderbaum (ein schweizer Unternehmen, das weltweit führend in der Zementindustrie ist), American Express, GEC in Großbritannien, die schwedische Gasfirma AGA und Nestlé.[61]

Das *ethnozentrische* Unternehmen ist Heenan/Perlmutter zufolge am ehesten in den frühen Stufen der Internationalisierung zu finden.[62] Weil das Unternehmen eine strenge Kontrolle seiner ausländischen Aktivitäten anstrebt, verläßt es sich auf den Einsatz von Stammhausentsandten im Management und im technischen Bereich, die dann Berichtssysteme und operationale Systeme transferieren. Sobald die ausländische Tochtergesellschaft gut etabliert ist, können die Expatriates durch HCNs ersetzt werden. Dies erfolgt jedoch in vielen Fällen nicht wie Mayrhofer/Brewster am Beispiel europäischer multinationaler Unternehmen verdeutlichen. Die beiden Autoren zeigen, daß viele Annahmen über die Entsendung von Mitarbeitern ins Ausland auf europäischer Ebene relativiert werden müssen: Ihren Ausführungen zufolge spielt z.B. die geographische Distanz zwischen dem Entsendungsland und dem Zielland eine geringere Rolle; auch die kulturellen Unterschiede sind innerhalb Europas relativ gering. In ähnlicher Weise diskutieren sie verschiedene weitere Einflußfaktoren, die dazu führen, daß viele europäische Unternehmen nach wie vor eine ethnozentrische Orientierung verfolgen. Ausschlaggebend ist, daß die Nachteile der ethnozentrischen Strategie im europäischen Kontext weniger groß sind, während sich die Vorteile weitaus bedeutsamer gestalten.[63]

Das *regiozentrische* Unternehmen fällt zwischen ethnozentrische und polyzentrische Ansätze.[64] Es bietet seinen Managern Kontrollmöglichkeiten, aber diese Kontrolle ist auf bestimmte Regionen in der Welt beschränkt. Empirische Ergebnisse zeigen, daß insbesondere bei der Strategieformulierung ein erheblicher Einfluß des Stammhauses auf die Regional Headquarters festzustellen ist. Der regiozentrische Ansatz erlaubt es dem multinationalen Unternehmen, Politik und Praktiken auf bestimmte Regionen zuzuschneiden. Manchmal resultiert die regionale Lösung auch aus Problemen der Implementierung globaler Lösungen: Es ist leichter, die weltweiten Aktivitäten zunächst auf regionaler Ebene zu bündeln.[65] Die Diskussion dieses Ansatzes im Zusammenhang mit der Stellenbesetzungspolitik in multinationalen Unternehmen ist relativ begrenzt.[66] Eine Ausnahme stellt die Studie von Morrison et al. dar. Sie kommen zu dem Schluß, daß die Regionalisierung als Sprungbrett auf dem Weg zu größerer Effektivität im globalen Wettbewerb gesehen wird:

"Bei einer regionalen Strategie erweitern Unternehmen die Loyalität zum Heimatland auf die ganze Region. Lokale Märkte werden absichtlich mit der Region verbunden, in der Wettbewerbsstrategien formuliert werden. Innerhalb dieser Region determinieren dann Top-Führungskräfte Investitionsvorhaben, das Produktmix, die Wettbewerbsposition und Leistungsbeurteilungen. Es wird den Managern die Möglichkeit gegeben, regionalen Herausforderungen lokal zu begegnen."[67]

Top-Positionen werden mit erfahrenen Mitarbeitern der Region besetzt oder aber es erfolgen Entsendungen aus dem Stammhaus. Die zuletzt genannte Lösung scheint zu dominieren: Schütte stellte fest, daß in der Mehrzahl der von ihm untersuchten *Regional Headquarters* mehr als zwei Drittel des Managements Stammhausmitarbeiter waren. Keiner von diesen hatte vorher wesentliche Abschnitte seiner Karriere in der Region verbracht. Erstaunlicherweise war der Prozentsatz von Stammhausentsandten in den *Regional Headquarters* japanischer Unternehmen geringer als der westlicher multinationaler Organisationen.[68] Dies widerspricht Ergebnissen anderer empirischer Studien[69] und bedarf der weiteren Untersuchung.

Auch bestimmte Kontextfaktoren können die Anwendung des regiozentrischen Ansatzes notwendig erscheinen lassen. Einigen Forschern[70] zufolge erfordert beispielsweise der europäische Binnenmarkt regionenspezifische Problemlösungen. Daher wird der regiozentrische Ansatz von besonderer Relevanz für den Binnenmarkt sein, denn die Unternehmen werden ein spezifisches Euro-Management - ausgeführt von spezifischen Euro-Managern[71] - anstreben.[72] Marr hat schon 1991 zwei Sonderbände der Zeitschrift Personalforschung unter das Motto des "Euro-strategischen Personalmanagements" gestellt.[73]

Wunderer zufolge ist eine Spezialisierung des Euro-Managers nach kulturell ähnlichen Regionen oder Gebieten der gleichen Landessprache denkbar.[74] Ähnliche Überlegungen werden auch für die Region Asien geäußert.[75] Einige japanische Forscher gehen sogar so weit zu sagen, daß die regiozentrische Orientierung nicht nur ein möglicher Schritt auf dem Wege der Internationalisierung ist, sondern eine Notwendigkeit auf dem Weg zu einem globalen Unternehmen darstellt.[76]

Unternehmen können auch Kombinationen dieser Ansätze verwenden. Beispielsweise können die europäischen Interessen einer regiozentrischen Orientierung folgen, während die südostasiatischen Interessen zunächst in ethnozentrischer Weise gestaltet werden. Auch die einzigartigen Charakteristika einer Tochtergesellschaft oder der Umwelt in dem jeweiligen Gastland müssen bei der Bestimmung der Stellenbesetzungserfordernisse mit in Betracht gezogen werden.[77]

4.3 Bedeutung des Personalmanagements im Rahmen der Unternehmensstrategie

Wie in Kapitel 8 noch ausführlicher gezeigt wird, beschäftigt sich die wissenschaftliche Diskussion zunehmend mit der Beziehung zwischen Personalmanagement und strategischen Aspekten.[78] Hiermit spiegelt sich in der Forschung ein Trend, der in der Praxis zu erkennen ist.

Lorange stellte schon Mitte der 80er Jahre fest, daß das Personalmanagement eine kritische Dimension des strategischen Managements darstellt, die in proaktiver Weise gestaltet werden sollte. "Ohne das Wachstum der Humanressourcen als strategische Ressource innerhalb der Unternehmung", argumentiert er, "wird es schwierig sein, die langfristige strategische Zukunft der Unternehmung zu sichern, auch wenn die finanziellen Ressourcen adäquat sein mögen."[79] Dieses Argument bewahrheitet sich auch für das multinationale Unternehmen.

Genauso wie sich das Feld des Internationalen Personalmanagements nach Ansicht von Laurent[80] in den 80er Jahren noch in den Kinderschuhen befand, war auch die Rolle des Internationalen Personalmanagements in der strategischen Planung in diesem Stadium angesiedelt. Die sehr begrenzte empirische Forschung konzentrierte sich auf das Ausmaß der Mitwirkung von Personalmanagern in die Formulierung und Implementierung beabsichtigter Strategien. Auch Mitte der neunziger Jahre sind einige Fachleute weiterhin der Meinung, daß man über das Stadium der "Kinderschuhe" noch nicht weit hinausgekommen sei.[81]

Einige Forscher sehen die Rolle des Internationalen Personalmanagements primär im Zusammenhang mit Kontrollaktivitäten. Beispielsweise befürworten Doz/Prahalad[82] einen starken Personalmanagementprozeß, um die geplante Entwicklung eines Pools junger Mitarbeiter in ausreichender Größe zu sichern, um Flexibilität in der Stellenbesetzung zu ermöglichen, um Kontrollen und Ausgeglichenheit in der komplexen Matrixstruktur zu ermöglichen und um eine explizite Beziehung zwischen strategischer Kontrolle und dem Personaleinsatz zu ermöglichen. In einer von Dowling/Schuler[83] durchgeführten Studie bestanden die größten Herausforderungen der internationalen Personalmanagementfunktion in der strategischen Planung in den folgenden Punkten:

- Frühzeitige Identifikation von Top-Management-Potentialen.
- Identifikation kritischer Erfolgsfaktoren für den zukünftigen internationalen Manager.
- Schaffung von Entwicklungsmöglichkeiten.
- Entwicklung von Karriereplänen für international tätige Mitarbeiter sowie Organisation und Überwachung der einzelnen Maßnahmen.
- Abstimmung zwischen strategischer Unternehmensplanung und Personalplanung.
- Förderung global und regional orientierter Strategien (z.B. in Europa) unter Berücksichtigung der dynamischen Organisationsentwicklung und der verschiedenen dezentralisierten Geschäftseinheiten.
- Sicherung des Personaleinsatzes, so daß sowohl auf internationaler als auch auf nationaler Ebene jeweils zur richtigen Zeit die entsprechenden Humanressourcen zur Verfügung stehen.

Bhatt et al.[84] untersuchten die Rolle des Personalmanagements in der strategischen Planung multinationaler Unternehmen. Die Studie zielte darauf ab zu erfassen, ob und inwiefern die Personalabteilung in die Planung auf der Unternehmensebene und auf der Ebene der strategischen Geschäftseinheit involviert war. Auf der Unternehmensebene war die Einbeziehung personalwirtschaftlicher Aspekte eher informell und nur für bestimmte Bereiche vorgesehen. Zudem spielte die Kompetenz und die Persönlichkeit des Personalverantwortlichen eine entscheidende Rolle in diesem Zusammenhang.

Das Hauptgebiet, auf dem die Personalabteilung bei der Strategieformulierung einbezogen wurde, war die Stellenbesetzung. Andere traditionelle Bereiche des Personalmanagements (z.B. Kompensation und Bewertung der Leistung von Managern) wurden als allgemeine Belange des Top-Managements angesehen und nicht in erster Linie als Angelegenheiten des Personalmanagements. Ähnliche Befunde ergaben sich bei einer

Untersuchung deutscher multinationaler Unternehmen von Festing Mitte der 90er Jahre.[85] Auf der Ebene der *strategischen Geschäftseinheiten* wurde die Personalabteilung stärker in die strategische Planung einbezogen. Im Mittelpunkt stand die Frage, wie die Personalverantwortlichen helfen könnten, eine Strategie zu implementieren.

Die Repositionierung der Personalfunktion, die nicht mehr nur zur Strategieimplementierung beiträgt, sondern auch in die Strategieformulierung einbezogen wird, ist im internationalen Kontext von besonderer Bedeutung. Wie durch die Diskussion des Internationalisierungpfades gezeigt werden konnte, besitzt jede Stufe der Internationalisierung Implikationen für das Personalmanagement. Dies gilt insbesondere, wenn es um Stellenbesetzungsentscheidungen geht. Eine Veränderung in der Strategie erfordert auch entsprechende Anpassungen im Personalmanagement, und diese können nur proaktiv und effektiv sein, wenn das Personalmanagement in die Strategieformulierung einbezogen wird. Doz und Prahalad[86] betonen, daß ein Personalmanagementsystem nur dann wichtige Veränderungen durchsetzen kann, wenn es entsprechende Unterstützung durch das Top-Management erhält.

In enger Beziehung zu der Forderung, die Personalfunktion in die Strategieformulierung der multinationalen Unternehmung einzubeziehen, steht die Notwendigkeit, daß Mitarbeiter der Personalabteilung internationaler als bisher ausgerichtet sein sollten. Es ist schwer, internationale Personalmanagementpraktiken zu entwickeln und durchzuführen, wenn der relevante Mitarbeiter im Personalwesen die Bedeutung der internationalen Aktivitäten für die Wettbewerbsfähigkeit nicht in hohem Maße schätzt und sich der spezifischen Anforderungen an die Humanressourcen durch die komplexe globale Umwelt nicht bewußt ist. Nur eine globale Perspektive ermöglicht die Entwicklung einer effektiven Unternehmenspolitik.[87] Als Beispiel für ein Unternehmen, das eine Vielzahl von Auslandsentsendungen innerhalb der Personalfunktion durchführt, kann für den deutschsprachigen Bereich die Siemens AG genannt werden.

Die Notwendigkeit einer internationalen Perspektive gilt sowohl für den individuellen Personalverantwortlichen als auch für die Personalabteilung. Um dieses Ziel zu erreichen, schlägt Reynolds[88] vor, daß Personalverantwortliche aus der Muttergesellschaft ins Ausland transferiert werden. Dies bedeutet nicht, daß sie in die Personalabteilungen der Tochtergesellschaften entsandt werden, sondern in Linienpositionen, die ihre Perspektive erweitern. Die Versetzung von Personalverantwortlichen aus den Tochtergesellschaften in die Muttergesellschaft stellt eine weitere Möglichkeit dar, den Personalverantwortlichen aus der Unternehmenszentrale eine Wertschätzung der internationalen Operationen des Unternehmens zu vermitteln. Dies kann ebenso zur Entwicklung von Richtlinien und Aktivitäten zur Unterstützung des Personals im gesamten globalen Netzwerk beitragen. Brandt hat jedoch den folgenden Einwand: "Wie schnell und inwieweit ein Personalverantwortlicher seinen Funktionsbereich globalisieren kann, hängt häufig von der Unternehmensgröße, der Natur der Aktivitäten und dem Ausmaß der Zentralisation oder Dezentralisation ab."[89] Kleinere Unternehmen mit beschränkten Ressourcen, für die es unmöglich ist, Personaltransfers mit dem Ziel der Entwicklung zu finanzieren, müssen andere Wege finden, um ihre Personalverantwortlichen global zu orientieren, beispielsweise durch jährliche Besuche in Schlüsselauslandsgesellschaften. Größere multinationale Unternehmen veranstalten häufige Treffen von Personalverantwortlichen aus der Muttergesellschaft und aus den Tochtergesellschaften als eine Möglichkeit, die Corporate Identity zu stärken, und um eine größere Konsistenz in den internationalen Personalmanagementpraktiken zu sichern.

Trotz dieser Erfolge zeigt die von Reynolds[90] durchgeführte Studie von 35 großen US-amerikanischen multinationalen Unternehmen, daß die Internationalisierung der Personalfunktion noch nicht sehr weit fortgeschritten ist. Er fand heraus, daß Personalverantwortliche mit Erfahrungen im Internationalen Personalmanagement sich in der Regel sehr eng auf die Kompensation von Expatriates konzentrieren. Bei der Untersuchung der Zeitallokation der Personalverantwortlichen in den untersuchten Unternehmen, stellte Reynolds fest, daß 54 % der Arbeitszeit der Entgeltfindung für Expatriates gewidmet wird und 10 % auf die internationale Personalstrategie verwandt wird. Wie in Kapitel 6 näher ausgeführt werden wird, ist die Kompensation ein sehr komplexes Problem für multinationale Unternehmen. Um die Entwicklung in Richtung einer Globalisierung zu forcieren, benötigt die multinationale Unternehmung Mitarbeiter, deren Perspektive internationale Dimensionen des Personalmanagements mehr berücksichtigt als nur im Rahmen der Entgeltfindung für Expatriates. Daß hieran intensiv gearbeitet wird, zeigen die Ausführungen in Kapitel 8, in denen diese Thematik wieder aufgenommen wird.

5. Zusammenfassung

In der obigen Darstellung hat sich gezeigt, daß ein Zusammenhang zwischen der Ausgestaltung des Internationalen Personalmanagements und den Stufen der Internationalisierung eines Unternehmens besteht. Strukturelle und strategische Herausforderungen verändern sich entsprechend der Managementphilosophie und dem Schwerpunkt der internationalen Aktivitäten einer multinationalen Unternehmung. Genauso verändern sich auch die Aufgabenschwerpunkte im Internationalen Personalmanagement. Dies zu erkennen und zu steuern ist die Aufgabe der Mitarbeiter des Internationalen Personalmanagements. Um diese Rolle auszufüllen, sollten die internationalen Personalmanager die Variationen in der Entwicklung ihrer Unternehmung zu einer globalen (oder sogar transnationalen) Unternehmung verstehen. Jedes Wachstumsstadium bietet neue organisationale Herausforderungen, die durch das Internationale Personalmanagement signifikant beeinflußt werden können. Antizipation von Veränderungen in der Personalauswahl, eine langfristige Perspektive in der Entwicklung internationaler Manager, Datensammlung auf internationaler Ebene, Partizipation an der Karriereplanung und rechtzeitiges Erkennen potentieller Konflikte zwischen Mutter- und Tochtergesellschaften sind von entscheidender Bedeutung für eine internationale Personalpolitik. Die Herausforderungen bestehen darin, proaktiv zu handeln und integrierte Ansätze im Internationalen Personalmanagement zu kreieren, der Flexibilität und lokale Angemessenheit fördert.

6. Diskussionsfragen zu Kapitel 3

(1) Welche Stufen durchläuft ein Unternehmen im Internationalisierungsprozeß auf dem Weg zu einer transnationalen Unternehmung?

(2) Welche Spannungen entstehen zwischen der Unternehmenszentrale und den Tochtergesellschaften, wenn die multinationale Unternehmung ein globales Entwicklungsstadium erreicht hat?

(3) Skizzieren Sie das Prinzip sowie die Vor- und Nachteile des Einsatzes einer Matrixstruktur in einem international tätigen Unternehmen.

(4) Welche personalwirtschaftlichen Aktivitäten sind mit dem ethnozentrischen, dem polyzentrischen, dem geozentrischen und dem regiozentrischen Ansatz verbunden?

(5) Welche Rolle kann Internationales Personalmanagement in der strategischen Unternehmensplanung spielen?

7. Fallbeispiele

Fallbeispiel 1: Unternehmen A

Allgemeine Informationen zum Unternehmen

Das deutsche Großunternehmen mit weltweit mehreren 100 000 Beschäftigten ist in weit über 100 Ländern der Erde wirtschaftlich tätig. Ca. 75 % der Umsätze werden in Europa getätigt, der Rest insbesondere in Nordamerika, Asien und - in geringerem Umfang - in allen anderen Regionen der Erde.

Die australische Tochtergesellschaft hat über 1000 Beschäftigte. Der "Managing Director" ist von der deutschen Muttergesellschaft für die Dauer von vier Jahren ernannt. Die Nationalität dieser Managing Directors ist nicht fixiert: In den vergangenen Jahrzehnten hatten diese Position Australier und Deutsche inne. Der Managing Director berichtet an die Zentrale in Deutschland.

Die australische Unternehmensleitung besteht aus dem Managing Director und weiteren Managern der zweiten Ebene (einschließlich dem Personalmanager), die an den Managing Director und an die jeweiligen regionalen Einheiten in der Muttergesellschaft berichten.

Die Personalabteilung

Das Personnel Department ist in die Bereiche Planung, Lohnabrechnung, Training und Sicherheit gegliedert. Der Anteil der Beschäftigten im Personalbereich beträgt 1,2 % der australischen Gesamtbeschäftigtenzahl. Der Personalmanager berichtet an den australischen Managing Director und an die Zentrale in Deutschland. Diese wird jedoch über die laufenden Aktivitäten nur informiert, während die Kontrolle beim Managing Director in Australien liegt. Allerdings müssen politische Entscheidungen - z.B. Änderungen der Lohnstruktur - mit der Muttergesellschaft abgestimmt werden.

Der Personalmanager ist ein Engländer, der zwei Jahre in der deutschen Muttergesellschaft, sechs Monate in Nordamerika und einige Monate in Südafrika tätig war. Sein Stellvertreter ist Südafrikaner, der nach einer Tätigkeit innerhalb des Unternehmens in Südafrika ein Jahr in der deutschen Muttergesellschaft beschäftigt war. Ein weiteres Mitglied der Personalabteilung verfügt ebenfalls über internationale Erfahrungen.

Funktionen des Personalmanagements

Personalbeschaffung/Auswahl/Stellenbesetzung:

- Alle Inhaber von Schlüsselpositionen müssen einige Zeit - meist ca. zwei Jahre - in der deutschen Muttergesellschaft tätig sein; sie sprechen deshalb praktisch durchweg mindestens zwei Sprachen (englisch und deutsch). Derzeit sind etwa 10 Personen aus der australischen Tochtergesellschaft im deutschen Mutterunternehmen tätig. Deutsche sind - zeitlich begrenzt - zu Zwecken des Technologietransfers im australischen Unternehmen tätig.
- Für die Leitung der Tochtergesellschaft gibt es keine Vorgabe. In den letzten Jahrzehnten lag die Leitung bei Australiern und Deutschen. Stets ist jedoch ein Mitglied des Corporate Management Committees Deutscher. Schlüsselpositionen werden ansonsten nicht gezielt mit Deutschen besetzt. Solche Positionen nehmen neben Australiern auch Südafrikaner, Briten, Amerikaner, Finnen usw. ein.
- Die Auswahl für ein "Overseas Assignment" ist nicht formalisiert; in der Regel ist die Entsendung das Ergebnis des Beurteilungsprozesses.

Personalentwicklung/Beurteilung/Training:

- Personalentwicklung für den Personenkreis, der für die Besetzung von Schlüsselpositionen in Frage kommt, umfaßt stets Aufenthalte in der deutschen Muttergesellschaft (meist für zwei Jahre) sowie häufig weitere internationale Erfahrungen. Teilweise bestehen familiäre Probleme, die einen solchen Aufenthalt verhindern oder zum Abbruch führen (etwa bei 10 bis 15 % der entsandten Mitarbeiter). Für männliche und weibliche Mitarbeiter ist das Personalentwicklungssystem prinzipiell gleichermaßen offen. Die "Dual Career Couple"-Problematik wird informell bearbeitet.
- Repatriierung: Die entsendende Gesellschaft muß der entsandten Person ein angemessenes Tätigkeitsfeld nach der Rückkehr aus dem Ausland garantieren.
- Die Personalentwicklung für Führungskräfte wird durch ein international geführtes Informationssystem über diesen Personenkreis unterstützt.
- Die entsandte Person und deren Partner nehmen vor der Auslandstätigkeit an einem "Predeparture-Training" teil. Es umfaßt insb. Sprachtraining sowie "Kulturtraining".
- Die gesetzlich vorgeschriebenen Aufwendungen für Training betragen 1,5 % der Lohnsumme. Bei Unternehmen A beläuft sich der Anteil tatsächlich jedoch auf 3,5 %.
- Basis für die Personalentwicklung ist das Beurteilungssystem, das ein Vorgesetzten-Mitarbeiter-Förderungs- und Beratungsgespräch mit einschließt.

Anreize/Kompensation:

- Lohn bzw. Gehalt von Expatriates wird nach deutschem Standard festgelegt, wenn in Deutschland das Lohn- bzw. Gehaltsniveau höher ist als im Land der Tochtergesellschaft. Wenn - wie in den USA - das Entgelt für Führungskräfte höher als in Deutschland ist, wird es nach dortigen Maßstäben bemessen.
- Bei der Rückkehr in das Land, aus dem entsandt wurde, ist das hier übliche Gehaltsniveau maßgebend; allerdings ist mit dem Auslandsaufenthalt oft ein Aufstieg und ein entsprechend höheres Entgelt verbunden.

Führung:

- Für die Koordination zwischen Mutter- und Tochtergesellschaft ist es wichtig, daß in jeder Abteilung mindestens eine Person tätig ist, die einen längeren Aufenthalt in der Muttergesellschaft und evtl. in einer anderen Tochtergesellschaft absolviert hat und damit über entsprechende Erfahrungen verfügt, die innerhalb der Abteilung weitergegeben werden sollen.

Fallbeispiel 2: Unternehmen B

Allgemeine Informationen zum Unternehmen

Das deutsche Großunternehmen mit weltweit mehreren 10.000 Beschäftigten ist in weit über 100 Ländern der Erde wirtschaftlich tätig.

Die australische Tochtergesellschaft hat mehrere 100 Beschäftigte; sie verkauft und produziert ihre Produkte in Australien. Die Tochtergesellschaft ist relativ autonom. Zwischen der Muttergesellschaft und der Tochtergesellschaft bestehen relativ wenige Kontakte, obwohl viele Informationen - auch aus dem Personalbereich - an die Zentrale in Deutschland gegeben werden. Der Tochtergesellschaft gehören mehrere deutsche Manager an. Besuche aus der deutschen Zentrale sind allerdings selten. In zehn Jahren gab es im Personalbereich nur zwei solcher Besuche.

Die Personalabteilung

Die Personalabteilung besteht aus dem Personalmanager und ca. 10 weiteren Mitarbeitern (1,9 % der Gesamtbelegschaft), die insbesondere für Rekrutierung, Training, Sicherheit und Lohnabrechnung zuständig sind.

Es bestehen praktisch keine direkten Kontakte der Personalabteilung in der Tochtergesellschaft zur deutschen Zentrale; Bindeglied zwischen Zentrale und Personalabteilung der Tochtergesellschaft ist der Managing Director. Der Einfluß der Zentrale auf die Personalarbeit im australischen Tochterunternehmen wird als gering eingeschätzt. Das australische Tochterunternehmen ist für die lokale Personalpolitik selbst verantwortlich.

Funktionen des Personalmanagements

Rekrutierung/Auswahl/Stellenbesetzung:

- Etwa 3 % der Beschäftigten haben einen deutschen Hintergrund. Dabei handelt es sich je zur Hälfte um Stammhausentsandte und Einwanderer. Vier der Expatriates sind Direktoren, die restlichen Expatriates haben technisch orientierte Positionen inne. Alle Expatriates haben sich definitiv für eine Tätigkeit in Australien entschieden; eine Rückkehr nach Deutschland ist nicht vorgesehen. Die aus Deutschland stammenden Manager dominieren; zwei weitere Manager sind Australier bzw. Neuseeländer. Die Stellenbesetzungspolitik sieht eine solche oder ähnliche Mischung des Managements vor.
- In der deutschen Muttergesellschaft sind keine Australier tätig.
- Rekrutierung und Auswahl: Für Rekrutierung und Auswahl der Expatriates ist keine formale Politik verankert.

Personalentwicklung/Beurteilung/Training:

- In dem australischen Unternehmen wird ein Fähigkeitsdefizit bei den Beschäftigten konstatiert: Das Ausbildungssystem wird als problematisch angesehen; dennoch hat das bewährte deutsche Ausbildungssystem bisher keinen Einfluß auf die Ausbildungspraxis.
- Bei Einführung einer komplizierten Technologie wurden deutsche Ingenieure in die australische Tochtergesellschaft entsandte, um die australischen Arbeitnehmer zu trainieren. Wegen der begrenzten Englischkenntnisse dieser Ingenieure war diese Aktion nur begrenzt erfolgreich.
- Die in Australien gesetzlich vorgeschriebenen Trainingsaufwendungen in Höhe von 1,5 % der Lohnsumme werden erreicht.
- Internationale Personalentwicklung spielt keine große Rolle: Da nur ein interner Aufstieg im australischen Unternehmen vorgesehen ist, bestehen auch wenig Aufstiegschancen auf internationaler Ebene.
- Ein - ausnahmsweise - zentral von der Muttergesellschaft vorgegebenes Beurteilungssystem hat sich nicht bewährt und wird von den australischen Managern abgelehnt: es habe eher demotivierend gewirkt und viele Konflikte gebracht.

Anreize/Kompensation:

- Alle Beschäftigten - auch die deutschen Expatriates - werden entsprechend den australischen Gegebenheiten entlohnt.
- Es sind wenig Hinweise auf Besonderheiten des Führungskonzepts vorhanden.
- Besondere Koordinationsinstrumente zwischen Zentrale und Tochter sind - mit Ausnahme der jährlich stattfindenden Besuche des Managing Directors in Deutschland - nicht erkennbar.

> **Fragen zu den Fallbeispielen:**
>
> (1) Analysieren Sie die Personalmanagementaktivitäten der beiden in den Fallstudien beschriebenen Unternehmen. Welche Grundorientierungen des Internationalen Personalmanagements können Sie identifizieren?
>
> (2) Bitte begründen Sie Ihre Antwort und nehmen Sie kritisch Stellung.

8. Weiterführende Literatur

Frese, E.: Die organisationstheoretische Dimension globaler Strategien - Organisatorisches Know-how als Wettbewerbsfaktor, in: Neumann, M. (Hrsg.): Unternehmensstrategie und Wettbewerb auf globalen Märkten und Thünen-Vorlesung, Berlin 1994, S. 53-80.

Macharzina, K.: Die Steuerung von Auslandsgesellschaften bei Internationalisierungsstrategien, in: Haller, M. et al. (Hrsg.): Globalisierung der Weltwirtschaft - Einwirkungen auf die Betriebswirtschaftslehre, Bern et al. 1993, S. 77-109.

Pausenberger, E.: Organisationsmodelle im Internationalisierungsprozeß, in: WISU, Nr. 2, 1993, S. 126-132.

Sydow, J.: Strategie und Organisation international tätiger Unternehmungen - Managementprozesse und Netzwerkstrukturen, in: Ganter, H.-D./Schienstock, G. (Hrsg.): Management aus soziologischer Sicht: Unternehmensführung, Industrie- und Organisationssoziologie, Wiesbaden 1993, S. 47-82.

Wolf, J.: "Sein" und "Sollen" im internationalem Personalmanagement, in: Engelhard, J. (Hrsg.): Strategische Führung internationaler Unternehmen: Paradoxien, Strategien und Erfahrungen, Wiesbaden 1996, S. 119-147.

Wolf, J.: Strategie und Struktur 1955-1995: Ein Kapitel der Geschichte deutscher nationaler und internationaler Unternehmen, Wiesbaden 2000.

---

[1] Vgl. u.a. Picot/Dietl/Franck, 1997, sowie Ebers/Gotsch, 1995.

[2] Vgl. Böttcher, 1996; Kenter, 1985; Macharzina, 1993a; Wolf, 1994; Wolf, 1996; Welge, 1980.

[3] Vgl. Wolf, 1996, S. 125 ff.

[4] Diese Stufenkonzepte der Internationalisierung wurden von verschiedenen Forschern in z.T. unterschiedlicher Art und Weise konzeptionalisiert. Als Beispiele werden hier die folgenden Quellen genannt: Stopford/Wells, 1972; Phatak, 1989; Neghandi, 1987. Im Bereich der deutschsprachigen Forschung ist beispielsweise Meissner zu nennen. Meissner, 1987, setzt allerdings einen etwas anderen Akzent als die anderen genannten Stufenmodellen.

[5] Vgl. Heenan/Perlmutter, 1979.

[6] Diese Aspekte werden vertieft in Kapitel 8, wo aktuelle Aspekte des Strategischen Internationalen Personalmanagements vorgestellt und diskutiert werden.

[7] Vgl. Tichy/Fombrun/Devanna, 1982, S. 47-61.

[8] Chandler, 1962.

[9] Vgl. hinsichtlich einer ähnlichen Argumentation im Kontext des Internationalen Personalmanagements: Kammel/Teichelmann, 1994, Kapitel 1.

[10] Vgl. Baird/Meshoulam, 1988, S. 116-128.

[11] Einflußfaktoren der internationalen Umwelt können z.B. Regelungen der Regierung des Gastlandes über Eigentumsverhältnisse und Arbeitsrecht sein.

[12] Vgl. Phatak, 1989.

[13] Vgl. Baird/Meshoulam, 1988.

[14] Vgl. Phatak, 1989.

[15] Vgl. Welch/Luostarinen, 1988, S. 34-55.

[16] Vgl. Phatak, 1989.

[17] Vgl. o.V., 1975, S. 398.

[18] Vgl. Phatak, 1989.

[19] Die Stellenbesetzung erfolgt insbesondere dann mit PCNs, wenn ein intensives Kontrollmotiv vorliegt. Liegt dagegen das Hauptinteresse der Internationalisierung auf der Erschließung neuer Märkte und ist hierfür Know-how über die besonderen Bedingungen des Gastlandes erforderlich, so werden die Schlüsselpositionen eher mit HCNs besetzt. Diese Ausführungen zeigen, daß die Stufenmodelle der Internationalisierung stark vereinfachen und unterschiedlichen Zielsetzungen nicht immer gerecht werden. So ist auch der Unterschied zwischen den hier skizzierten Aussagen und Tabelle 3.1 zu erklären.

[20] Vgl. Stopford/Wells, 1972.

[21] Einige Firmen nehmen eher zufällig Exportaktivitäten an, und die nachfolgenden internationalen Aktivitäten sind relativ ungeplant.

[22] Vgl. Stopford/Wells, 1972.

[23] Vgl. Pucik, 1985, S. 425.

[24] Vgl. Leksell, 1981.

[25] Vgl. Hedlund, 1984, S. 109-123.

[26] Vgl. Ronen, 1986.

[27] Vgl. Slater/Napier/Taylor, 1989.

[28] Die Diskussion der Aspekte Zentralisierung/Dezentralisierung sowie Kontrolle basiert auf Slater/Napier/Taylor, 1989.

[29] Vgl. Negandhi, 1987.

[30] Vgl. Stopford/Wells, 1972a.

[31] Vgl. Pucik, 1985, S. 425.

[32] Vgl. zu empirischen Daten über die Verwendung von Regional Headquarters Schütte, 1997.

[33] Vgl. Pucik, 1985, S. 425.

[34] Bartlett/Ghoshal, 1988, S. 54-74.

[35] Vgl. Galbraith/Kazanjian, 1986, S. 37-54.

[36] Zur Diskussion der Matrixform vgl. Galbraith/Kazanjian, 1986, S. 50; Naylor, 1985; Pitts/Daniels, 1984.
[37] Taylor, 1991, S. 95-96.
[38] Vgl. Bartlett/Ghoshal, 1990, S. 138-145.
[39] Vgl. Dowling, 1988.
[40] Galbraith/Kazanjian, 1986, S. 50.
[41] Bartlett/Ghoshal, 1988, S. 54-74.
[42] Vgl. Martinez/Jarillo, 1989, S. 489-514.
[43] Anderson/Forsgren/Pahlberg/Thilenius, 1990, S. 2. Vgl. hierzu auch die Ausführungen von Sydow, 1993, über Managementprozesse in Netzwerkstrukturen.
[44] Vgl. Forsgren, 1990, S. 261-267.
[45] Vgl. Ghoshal/Bartlett, 1990, S. 603-625.
[46] Vgl. Welch/Welch, 1993.
[47] Vgl. hierzu auch Pausenberger, 1993.
[48] Vgl. Osborn/Baughn, 1990, S. 503-519; Jarillo/Stevenson, 1991, S. 64-70.
[49] Vgl. Picot/Dietl/Franck, 1997, S. 133.
[50] Vgl. Scott-Kemmis/Darling/Johnston/Collyer/Cliff, 1990.
[51] Lei/Slocum, 1991, S. 57.
[52] Vgl. Lorange, 1986, S. 133.
[53] Vgl. Cascio/Serapio, 1991.
[54] Bartlett, 1982; vgl. auch Hout/Porter/Rudden, 1982.
[55] Vgl. Dowling, 1989, S. 66-72.
[56] Vgl. Heenan/Perlmutter, 1979.
[57] Vgl. Heenan/Perlmutter, 1979; ferner Ondrack, 1985, S. 6-32; Phatak, 1989.
[58] Vgl. die teilweise gegenläufigen empirische Ergebnisse von Kobrin, 1994: Eine Übereinstimmung der Einstellung des Managements mit der Strategie oder Organisationsstruktur konnte er nicht bestätigen. Dagegen konnte eine Beziehung zwischen der Einstellung des Top-Managements und der geographischen Konfiguration des Unternehmen gefunden werden.
[59] Evans, 1986, S. 105-117.
[60] Evans, 1986, S. 105-117.
[61] Vgl. Evans, 1985, S. 6-32; Phatak, 1989.
[62] Vgl. hierzu auch Scholl, 1989.
[63] Vgl. Mayrhofer/Brewster, 1996.
[64] Vgl. hierzu auch Morrison/Roth, 1992.
[65] Vgl. Schütte, 1997, S. 544-547.

66 Auch die Arbeit von Schütte, 1997, stellt eine der wenigen Ausnahmen dar. Auch ohne Berücksichtigung von personalwirtschaftlichen Aktivitäten wurde die regiozentrische Orientierung in der Forschung bisher nur selten berücksichtigt, obwohl sie nach Schütte durchaus ein Ausweg aus dem Spannungsfeld zwischen lokaler Anpassung und globaler Integration sein kann (vgl. Schütte, 1997, S. 543). Vgl. zu empirischen Arbeiten zur regiozentrischen Orientierung auch Lehrer/Asakawa, 1995; Lassere, 1996.

67 Auch die Arbeit von Schütte, 1997, stellt eine der wenigen Ausnahmen dar. Auch ohne Berücksichtigung von personalwirtschaftlichen Aktivitäten wurde die regiozentrische Orientierung in der Forschung bisher nur selten berücksichtigt, obwohl sie nach Schütte durchaus ein Ausweg aus dem Spannungsfeld zwischen lokaler Anpassung und globaler Integration sein kann (vgl. Schütte, 1997, S. 543). Vgl. zu empirischen Arbeiten zur regiozentrischen Orientierung auch Lehrer/Asakawa, 1995; Lassere, 1996.

68 Morrison/Ricks/Roth, 1991, S. 24.

69 Vgl. z.B. Kopp, 1994.

70 Vgl. hierzu Wunderer, 1992, S. 161-181; eine weiterführende Diskussion findet sich bei Weber/Festing, 1994.

71 Hinsichtlich der Gestaltung von Anforderungsprofilen für Euro-Manager siehe z.B. Bournois/Chauchat, 1990, S. 3-18; einen Eindruck über Karrieremuster in Europa vermittelt Bröcker, 1991. Auswirkungen des europäischen Binnenmarktes auf verschiedenen personalwirtschaftliche Funktionsbereiche werden beschrieben bei Wunderlich, 1991.

72 Beispielsweise werden im Bereich des Personalmanagements spezielle Konzepte für die Kompensation von in Europa tätigen Führungskräften erstellt. Vgl. hierzu Allen, 1987, S. 3-6; Newhouse, 1993. Im Hinblick auf praktische Erfahrungen mit einem eurospezifischen Ansatz vgl. Banks/Christensen/Grohmann, 1992, S. 16-21; Hohr, 1992, S. 432-439; einen Überblick über verschiedene Themenbereiche eines eurostrategischen Personalmanagements gibt Marr, 1991a.

73 Vgl. Marr, 1991a.

74 Vgl. Wunderer, 1992; Vgl. hierzu auch Lehrer/Asakawa, 1995. Kritisch zu der Diskussion Europa 1993 und Konsequenzen für das Internationale Personalmanagement äußert sich Wolf, 1994, S. 18 f.

75 Vgl. z.B. Schütte, 1995; Lassere/Schütte, 1995; Lassere, 1996.

76 Vgl. hierzu Aoki/Tachiki, 1992.

77 Vgl. Boyacigiller, 1990, S. 357-381.

78 Vgl. z.B. Dyer, 1986; Schuler/Dowling/de Cieri, 1993; Festing, 1996b.

79 Lorange, 1986. Vgl. hierzu auch die Ausführungen bei Weber, 1989. Letzterer führt die Herausbildung des eigenständigen Strategiefaktors Personalarbeit insbesondere in Deutschland auf die folgenden Faktoren zurück: demographische Entwicklung, Arbeitsmarktsituation, Werte, Technologie und rechtliche Rahmenbedingungen (vgl. Weber, 1989, S. 7 ff.).

80 Vgl. Laurent, 1986, S. 91-102.

81 Vgl. Althauser, 1996. Vgl. zu dieser Diskussion ferner Kapitel 8 sowie Festing, 1997a.

82 Vgl. Doz/Prahalad, 1986, S. 55-71.

[83] Vgl. Schuler/Dowling, 1988.
[84] Vgl. Bhatt et al., 1988, S. 427-435; Oddou/Mendenhall, 1991, S. 26-34.
[85] Vgl. Festing, 1996b.
[86] Vgl. Doz/Prahalad, 1986.
[87] Vgl. Dowling, 1986.
[88] Vgl. Reynolds, 1992.
[89] Brandt, 1991, S. 38.
[90] Vgl. Reynolds, 1992.

KAPITEL 4

Internationale Rekrutierung und Auswahl

1. Einführung

Die Rekrutierung und Auswahl von Mitarbeiterinnen und Mitarbeitern im internationalen Kontext ist eine Aufgabe von strategischer Bedeutung. Sie ist der erste Schritt, der bei der Besetzung einer Position im Ausland bewältigt werden muß.

Unter Rekrutierung wird das Suchen und Finden potentieller Kandidaten für eine Tätigkeit in ausreichender Anzahl und Qualität verstanden. Aus dem Kreis der Bewerbungen kann die Organisation die für den jeweiligen Arbeitsplatz am besten geeignete Person auswählen. Die Auswahl ist demnach der Prozeß der Informationssammlung mit der Zielsetzung der Bewertung und der Entscheidung darüber, welcher Kandidat für bestimmte Positionen eingestellt werden soll.[1] Die Rekrutierung und Auswahl international tätiger Mitarbeiter und Mitarbeiterinnen umfaßt also primär den Suchprozeß nach geeigneten Kandidaten für eine Auslandstätigkeit sowie die Entscheidung für eine Person aus dem Unternehmen oder für einen Kandidaten des externen Arbeitsmarktes.

Innerhalb des Rekrutierungsprozesses ergeben sich Fragestellungen hinsichtlich der Beschaffungsquellen, die als geeignet angesehen werden, und bezüglich der Auswahlmethoden, die eine adäquate Rekrutierung auf der Basis eines definierten Anforderungsprofils zulassen.[2] Diese stellen sich in multinationalen Unternehmen noch komplexer dar als bei der Stellenbesetzung auf nationaler Ebene, weil mehr Rahmenbedingungen und Einflußfaktoren berücksichtigt werden müssen.

Im ersten Teil der Ausführungen werden Möglichkeiten der Stellenbesetzungspolitik im Kontext von verschiedenen Rahmenbedingungen und Zielen der multinationalen Unternehmung dargestellt. In diesem Zusammenhang wird auch auf mögliche Rekrutierungsquellen und -wege eingegangen.

Der zweite Teil des Kapitels beschäftigt sich mit den Personalauswahlpraktiken für internationale Positionen im engeren Sinne. Empirische Ergebnisse zu den Auswahlpraktiken in US-amerikanischen und deutschen multinationalen Unternehmen werden vorgestellt; theoretische Überlegungen zu Anforderungsprofilen und Auswahlverfahren im internationalen Kontext runden diesen Abschnitt ab.

Im dritten Teil des Kapitels diskutieren die Autoren Einflußfaktoren auf Entscheidungen der internationalen Personalauswahl. So wird der Abbruch von Auslandstätigkeiten als Folge eines Auswahlfehlers angesprochen und auf die Bedeutung einer frühzeitigen Planung der Wiedereingliederung hingewiesen. Ferner sind gesetzliche Regelungen hinsichtlich der Chancengleichheit bei der Einstellung Gegenstand der Diskussion, sofern sie Auswahlentscheidungen beeinflussen. Einen besonderen Stellenwert nimmt die Situation der Frauen im Internationalen Management ein. Abschließend wird die Rekrutierung von TCNs und HCNs dargestellt.[3]

2. Stellenbesetzungsstrategien

Bevor mögliche Stellenbesetzungsstrategien vorgestellt werden, ist es wichtig, die relevanten Rahmenbedingungen dieser Entscheidungen kennenzulernen. Es müssen also unternehmensinterne und -externe Einflußfaktoren diskutiert werden. Zudem stellt sich die Frage nach den Zielen von Auslandsentsendungen, so daß auch hierauf im folgenden eingegangen wird. Ist die Entscheidung über die Stellenbesetzungspolitik unter Berücksichtigung dieser Kontextfaktoren gefallen, ist über Rekrutierungsquellen und -wege zu entscheiden.

2.1 Einflußfaktoren und Entsendungsziele

Die Darstellung internationaler Stellenbesetzungsstrategien in der Literatur folgt weitgehend dem von Perlmutter bzw. Heenan/Perlmutter eingebrachten EPRG-Konzept.[4] Wie in Kapitel 3 bereits gezeigt wurde, werden vier Grundorientierungen unterschieden, die sich in Besetzungsstrategien konkretisieren lassen und die als Bezugspunkt für die Bewertung dieser Besetzungsstrategien dienen.[5] Während Perlmutter davon ausgeht, daß die Wahl der Grundorientierung von der Einstellung des Top-Managements bzw. von dem verwendeten Führungsstilkonzept abhängt,[6] identifiziert Scherm weitere Einflußfaktoren, die im Zusammenhang mit den Personaleinsatz- bzw. -bereitstellungsstrategien im internationalen Kontext diskutiert werden. Er unterscheidet vier Gruppen von Einflußfaktoren:[7]

(1) *Stammhaus bzw. Unternehmenszentrale:* Nach Scherm spielen die Grundhaltung des Stammhauses zu internationalen Aktivitäten, der Internationalisierungsgrad des Unternehmens sowie die Unternehmenskultur in diesem Kontext eine entscheidende Rolle.

(2) *Umweltbedingungen des Gastlandes:* In dieser Kategorie werden vorwiegend rechtliche und politische Rahmenbedingungen im Gastland, das Qualifikationsniveau der Gastlandmitarbeiter, die lokale Arbeitsmarktsituation sowie das Ausmaß und die Orientierung relevanter Interessengruppen thematisiert.

(3) *Merkmale der Auslandsgesellschaft:* Als wichtige Einflußfaktoren werden das Alter, die Größe der Auslandsgesellschaft, die Branchenzugehörigkeit sowie die Technologie angeführt.

(4) *Individuelle Merkmale:* Die individuellen Merkmale beziehen sich auf den zu entsendenden Mitarbeiter. Es wird die Frage nach seiner Bereitschaft zum Auslandseinsatz und nach seiner familiären Situation gestellt.

Die von Scherm referierten Untersuchungen zu Einzelaspekten des Gesamtzusammenhangs[8] ergeben kein konsistentes Bild, das Grundlage für Gestaltungsempfehlungen sein könnte: "Die Vielfalt der Faktoren, ihre gegenseitige Überlagerung hinsichtlich der Wirkungen und die Abhängigkeit von unternehmensspezifischen Gestaltungsentscheidungen führen ... dazu, daß die Untersuchungen nur deskriptiven Charakter haben ..."[9] Vielversprechender sind deshalb umfassendere Ansätze, die die strategische Gesamtkonstellation und die sie beeinflussenden Faktoren im Blickfeld haben, insbesondere jene Ansätze, die mit Hilfe ökonomischer oder ressourcenorientierter Theorien die Faktoren mit der größten Relevanz in das Zentrum der Analyse rücken. Der gegenwärtige Stand der Diskussion wird in Kapitel 8 im Überblick dargestellt.

Die Bedeutung der jeweiligen Einflußfaktoren wird von den Zielen beeinflußt, die mit der Entsendung von Mitarbeitern ins Ausland verbunden sind. Sie ergeben sich aus den Rahmenbedingungen der Unternehmenstätigkeit. Im Anschluß an die Sichtung einer Auswahl von deutsch- und englischsprachigen Publikationen, die in den letzten 20 Jahren erschienen sind, unterscheidet Scherm drei Zielkategorien:[10]

(1) *Transfer von Know-how:* Mit Know-how Transfer ist der Transfer von technologischem Wissen sowie von Managementkenntnissen,[11] aber auch die Reduktion von Defiziten bei geeigneten und qualifizierten Bewerbern gemeint.

(2) *Koordination und Kontrolle der Unternehmenseinheiten:* Mit diesem Zielkomplex sind die Steuerungsaktivitäten angesprochen, die eine personenbezogene Komponente umfassen: die Schaffung einer gemeinsamen Unternehmenskultur, die Schaffung von persönlichen Kontakten u.a. zur Sicherung von Interessen, die Implementierung bestimmter Verhaltensweisen sowie von Koordinations- und Kontrollinstrumenten durch entsprechend handelnde Personen.

(3) *Führungskräfteentwicklung:* In international tätigen Unternehmen spielt die Auslandsentsendung als Element der Personalentwicklung insbesondere von Führungskräften eine wichtige Rolle. Hierauf wird in Kapitel 5 näher eingegangen.

Die Bedeutung der drei genannten Zielkategorien wird durch die empirischen Untersuchungsergebnisse von Horsch (1995) und Wirth (1992) unterstrichen. Die Reihenfolge ihrer Nennung variiert allerdings, denn den verschiedenen Zielkategorien kommt in unterschiedlichen Konstellationen unterschiedliche Bedeutung zu: Know-how Transfer spielt bei beginnender Internationalisierung, Koordination und Kontrolle sowie Führungskräfteentwicklung eher bei fortgeschrittener Internationalisierung eine wichtige Rolle. Die eingangs angesprochenen Rahmenbedingungen und die jeweils wirksamen Entsendungsziele sind also nicht unabhängig voneinander.

Nachdem bisher die Unternehmensperspektive im Vordergrund stand, wird im folgenden Abschnitt zum besseren Verständnis der Thematik dargestellt, welche Vor- und Nachteile die Mitarbeiter sehen, wenn es um die Entscheidung für oder gegen eine Auslandstätigkeit geht. Anhand eines Modells wird gezeigt, wie die Versetzungsbereitschaft der Mitarbeiter beeinflußt werden kann.

2.2 Ziele und Versetzungsbereitschaft aus Mitarbeitersicht

Seit einigen Jahren wird vermehrt berichtet, daß es schwieriger wird, Mitarbeiter ins Ausland zu entsenden. Für ein Unternehmen ist es wichtig zu wissen, welche Gründe aus Mitarbeitersicht für und gegen eine Auslandstätigkeit sprechen. Aufschluß hierüber gibt die Untersuchung von Wirth (1992), der Mitarbeiter deutscher, international tätiger Unternehmen befragt hat. Seine Ergebnisse zeigen, daß Mitarbeiter verschiedene Zielsetzungen mit einer Auslandstätigkeit verbinden. Diese unterscheiden sich je nachdem, welchen Entwicklungsstand das Zielland aufweist. So spielt das Einkommen eine besonders große Rolle bei Entsendungen in Entwicklungsländer. Gerade in diesen Ländern ist es mit hohen Kosten verbunden, wenn der Mitarbeiter und seine Familie den gewohnten Lebensstandard aufrecht erhalten wollen. Offensichtlich wird ein hohes Einkommen aber auch als Kompensation für eine teilweise geringere Lebensqualität gesehen. Abbildung 4.1 zeigt die Ergebnisse im einzelnen.

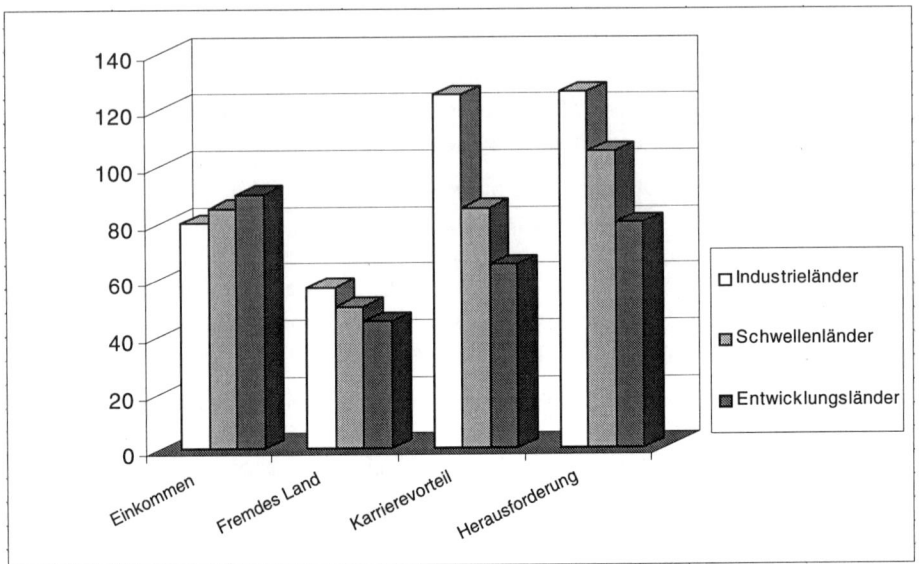

Abb. 4.1: Gründe für einen Auslandseinsatz (Wirth, 1992, S. 136).

Gründe, die gegen eine Auslandstätigkeit sprechen, sind vorwiegend im familiären Umfeld angesiedelt. Es werden aber auch Karrierenachteile befürchtet, die primär dadurch entstehen, daß ins Ausland entsandte Mitarbeiter bei Beförderungen im Stammhaus aufgrund von Personalplanungsfehlern nicht berücksichtigt werden. Tabelle 4.1 zeigt, wie häufig die Gründe in der Untersuchung von Wirth genannt wurden.[12]

Gründe für die Ablehnung einer Auslandstätigkeit	Anteil der Nennungen
Ablehnende Haltung des Ehepartners	71 %
Nachteile für die Entwicklung der Kinder	64 %
Trennung von Verwandten und Freunden	49 %
Karrierenachteile	41 %
Umstellung der Lebensgewohnheiten	37 %
Sprachschwierigkeiten	29 %

Tab. 4.1: Gründe für die Ablehnung einer Auslandstätigkeit (Wirth, 1992).

Im Anschluß an die Darstellung der Gründe, die für und gegen eine Auslandsentsendung aus Mitarbeitersicht sprechen, stellt sich die Frage, wie die Versetzungsbereitschaft von Mitarbeitern von Seiten des Unternehmens beeinflußt werden kann. Zunächst einmal ist festzustellen, daß die Versetzungsbereitschaft von extrinsischen und intrinsischen Determinanten abhängt.

Bestimmungsfaktoren der *intrinsischen Motivation* können die Mobilitätsneigung des Mitarbeiters, seine Einstellung gegenüber fremden Kulturen oder die Bewertung der Aufgabe im Ausland sein.

Das Ausmaß der *extrinsischen Motivation* wird bestimmt durch die positiven und negativen Anreize, die vom Gastland ausgehen, und durch das unternehmensspezifische Anreizsystem. Als Beispiele für entscheidungsrelevante Gastlandfaktoren nennen Marr/Schmölz den Entwicklungsstand des Landes, die politische Situation oder das kulturelle bzw. sportive Freizeitpotential. Im Zusammenhang mit den organisatorischen Anreizen sind vorwiegend finanzielle Anreize in Form von Einkommen sowie innerbetrieblicher Aufstieg zu nennen.

Zusätzlich wirken *moderierende Einflüsse* wie die Schulpflichtigkeit von Kindern oder die Berufstätigkeit des Ehepartners. Alle diese Einflußfaktoren unterliegen der *subjektiven Bewertung* durch den Mitarbeiter. Das Resultat dieses Bewertungsprozesses ist das Ausmaß der Versetzungsbereitschaft.

Unter Berücksichtigung des in Abbildung 4.2 dargestellten Modells von Marr/Schmölz zeigt sich, daß lediglich ein kleiner Teil der Einflußfaktoren durch das entsendende Unternehmen zu steuern ist.

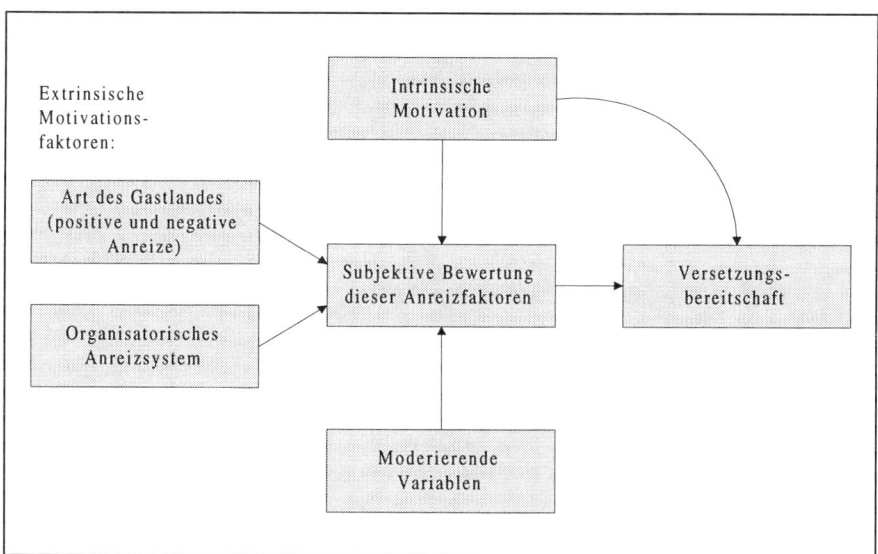

Abb. 4.2: Modell der Versetzungsbereitschaft (Marr/Schmölz, 1989, Sp. 1975-1976).

Im folgenden wird diskutiert, in welcher Form die Nationalität eines Mitarbeiters Berücksichtigung bei den Überlegungen zur Stellenbesetzungsstrategie findet. Als Hintergrundinformation sind hier die Ausführungen über Einflußfaktoren und Entsendungsziele von Bedeutung.

2.3 Ansätze der Stellenbesetzungspolitik

Wie eingangs bereits erwähnt wurde, orientieren sich viele Forschungsarbeiten über Stellenbesetzungspolitik an dem in Kapitel 3 bereits skizzierten Konzept von Perlmutter bzw. Heenan/Perlmutter (1979). Wird die Stellenbesetzungspolitik an diesem Konzept ausgerichtet, so kann eine international tätige Unternehmung zwischen vier Optionen wählen: Sie kann ethnozentrisch, polyzentrisch, geozentrisch oder regiozentrisch ausgerichtet sein.[13] Dieses Konzept wurde auch in der deutschsprachigen Forschung zum Internationalen Personalmanagement intensiv diskutiert.[14] Die Unterscheidung dieser vier Stellenbesetzungsstrategien knüpft an dieser Differenzierung von Werthaltungen des Managements an. Sie wird hier aufgegriffen und im Hinblick auf die Rekrutierungs- und Auswahlproblematik vertieft.

(1) *Die ethnozentrische Stellenbesetzungspolitik*:
Der ethnozentrische Ansatz der Stellenbesetzungspolitik hat zur Folge, daß alle Schlüsselpositionen in einem multinationalen Unternehmen von PCNs besetzt werden. In diesem Fall ergibt sich die Entsendungsproblematik mit ihren Folgeproblemen Vorbereitung, Entgelt- und Vertragsgestaltung etc.[15] Diese Vorgehensweise wird häufig in einem frühen Stadium der Internationalisierung angewandt, wenn eine Unternehmung ein neues Geschäft, eine neue Technologie oder ein neues Produkt in einem anderen Land etabliert und wenn vorherige Erfahrung auf diesem Gebiet unerläßlich ist. Andere Gründe, eine ethnozentrische Stellenbesetzungspolitik zu verfolgen, bestehen in einem wahrgenommenen Qualifikationsdefizit der HCNs bzw. in der Notwendigkeit, gute Kommunikationsbeziehungen mit der Unternehmenszentrale aufrechtzuerhalten. Hieraus resultiert, daß der ethnozentrische Ansatz auch für eine sehr erfahrene international tätige Unternehmung, die auch geozentrisch organisiert sein könnte, angemessen ist. Beispielsweise kann ein unterentwickeltes Land genau eine ethnozentrische Stellenbesetzungspolitik als Teil eines Entwicklungsprogramms erfordern, um einen Technologietransfer durch PCNs zu gewährleisten. Hier zeigt sich die Bedeutung der von Scherm identifizierten Einflußfaktoren für eine Stellenbesetzungspolitik.

Eine ethnozentrische Politik bringt jedoch auch eine Reihe von Nachteilen mit sich. Zeira[16] hat einige wesentliche Probleme identifiziert. Erstens limitiert eine ethnozentrische Stellenbesetzungspolitik die Aufstiegsmöglichkeiten der HCNs, was zu sinkender Produktivität und zunehmender Fluktuation innerhalb dieser Gruppe von Arbeitnehmern führen kann. Zweitens braucht die Anpassung der im Ausland tätigen Manager im Gastland in vielen Fällen sehr lange. Während dieser Zeit macht der PCN oft Fehler und trifft nur suboptimale Entscheidungen. Drittens erachten HCNs die häufig großen Einkommensunterschiede von PCNs und HCNs zugunsten der Stammhausmitarbeiter als ungerechtfertigt. Schließlich bedeutet für viele Expatriates[17] eine Schlüsselposition im Ausland neuen Status, Autorität und einen höheren Lebensstandard. Zeira stellt fest, daß diese Veränderungen die Sensitivität der Expatriates gegenüber den Bedürfnissen und Erwartungen ihrer Untergebenen im Gastland schwächt und daß sie häufig zu einer nicht objektiven Selbstbewertung führen.

(2) *Die polyzentrische Stellenbesetzungspolitik*:

In einer polyzentrischen Stellenbesetzungspolitik werden HCNs rekrutiert, um die Tochtergesellschaften in ihrem eigenen Land zu führen. In der Regel werden die Positionen in der Unternehmenszentrale von PCNs eingenommen. Insgesamt können vier große Vorteile einer polyzentrischen Stellenbesetzungspolitik identifiziert werden. Erstens eliminiert die Beschäftigung von HCNs Sprachbarrieren innerhalb der Auslandsgesellschaft. Sie verhindert gleichzeitig die Anpassungsprobleme von im Ausland tätigen Managern und ihren Familien und senkt ferner den Bedarf an teuren Trainingsprogrammen. Zweitens erlaubt die Beschäftigung von HCNs einem multinationalen Unternehmen, in sensiblen politischen Situationen weniger Profil zu zeigen. Diesbezüglich hat Robinson[18] festgestellt, daß ein äußerst dubioser Grund für die Einstellung lokaler Manager darin besteht, PCNs daran zu hindern, außergesetzliche Zahlungen an lokale Regierungsmitglieder zu leisten! Es ist schwer zu bewerten, in welchem Ausmaß dieser Faktor Stellenbesetzungsentscheidungen beeinflußt, aber es ist offensichtlich, daß dies in einigen Ländern sehr gut der Fall sein kann. Ein dritter Vorteil einer polyzentrischen Politik besteht darin, daß die Einstellung von HCNs weniger kostenintensiv ist. Dies ist selbst dann der Fall, wenn eine Prämie gezahlt wird, um höher qualifizierte Bewerber anzuziehen. Viertens sichert eine polyzentrische Stellenbesetzungspolitik die Kontinuität im Management ausländischer Tochtergesellschaften.

Einige der hier genannten Vorteile betreffen direkt die Unzulänglichkeiten einer ethnozentrischen Politik. Eine polyzentrische Politik hat jedoch ihre eigenen Nachteile. Vielleicht liegt die größte Schwierigkeit darin, die Lücke zwischen lokalen, nationalen Tochtergesellschaften und der Unternehmenszentrale zu überbrücken. Sprachbarrieren, konfligierende nationale Interessen und eine Reihe kultureller Unterschiede - beispielsweise Unterschiede in den persönlichen Werten und Einstellungen zum Wirtschaftsleben - könnten die Mitarbeiter der Unternehmenszentrale von denen in den ausländischen Tochtergesellschaften isolieren. Eine multinationale Unternehmung wäre dann eine Föderation von unabhängigen nationalen Einheiten, die lediglich über nominale bzw. formale Verbindungen mit der Unternehmenszentrale verbunden ist. Eine solche Situation gestaltet das Erreichen einer wichtigen strategischen Veränderung wie beispielsweise einer effizienteren weltweiten Produktionsteilung sehr schwierig. Ein zweites Problem, das im Zusammenhang mit einer polyzentrischen Stellenbesetzungspolitik steht, betrifft die Karrierepfade von HCNs und PCNs. Führungskräfte der Gastländer haben nur begrenzte Möglichkeiten, Erfahrungen außerhalb ihres eigenen Landes zu sammeln und können nicht über den Geschäftsführerposten ihrer eigenen Tochtergesellschaft hinaus aufsteigen. Auch PCNs eröffnen sich nur begrenzte Möglichkeiten, Auslandserfahrungen zu sammeln. Da die Positionen in der Unternehmenszentrale nur von PCNs besetzt werden, wird das für die Ressourcenallokation zwischen Tochtergesellschaften und Unternehmenszentrale und das für die gesamte strategische Planung zuständige Management nur wenig Auslandserfahrung besitzen, von der es profitieren kann. In einer zunehmend wettbewerbsorientierten internationalen Umgebung ist so ein Mangel an Erfahrung als ein Schwachpunkt anzusehen. Ferner kann durch eine solche Stellenbesetzungspolitik die zynische Sichtweise vieler - insbesondere US-amerikanischer - PCNs gestärkt werden, welche besagt, daß Auslandserfahrung im Zusammenhang mit beruflichem Aufstieg wenig wertvoll sei.[19]

(3) *Die regiozentrische Stellenbesetzungspolitik*:
Ein dritter Ansatz der internationalen Stellenbesetzungspolitik ist eine regionale Politik, die die Nationalität des Mitarbeiters insofern berücksichtigt, als Mitarbeiter aus den jeweiligen Regionen in Top-Positionen eingesetzt werden. Heenan und Perlmutter[20] definieren sie als eine funktionale Rationalisierung auf der Basis von mehr als einem Land. Die spezifische Mixtur variiert mit der Ausrichtung der wirtschaftlichen Aktivitäten des Unternehmens und der Produktstrategie. Robock und Simmonds[21] stellen drei Beispiele vor, wie die wirtschaftlichen Aktivitäten eines Unternehmens oder die Produktstrategie die Stellenbesetzungspolitik beeinflussen können. Erstens können kulturelle Kenntnisse der Region von großer Bedeutung sein. Dies ist relativ häufig bei Konsumgütern oder einzelnen, lokal angepaßten Produktlinien zu finden. In diesem Fall ist der Bedarf an PCNs im Vergleich zum Bedarf an erfahrenen HCNs und TCNs gering. Wenn Produktkenntnisse wichtig sind und Industriegütermärkte bedient werden, ist dagegen oftmals der Einsatz von PCNs sinnvoll. Ausschlaggebend für eine solche Entscheidung ist die Notwendigkeit eines schnellen Zugangs zu Angebotsquellen im Stammhaus und zu entsprechenden Informationen. Drittens neigen Dienstleistungsunternehmen wie Banken dazu, eine relativ große Anzahl von PCNs zu beschäftigen. Dies ist vor allem dann der Fall, wenn eine Firma die Kunden einer Unternehmung des Mutterlandes im Ausland bedient.

(4) *Die geozentrische Stellenbesetzungspolitik*:
Beim geozentrischen Ansatz internationaler Stellenbesetzungspolitik werden die besten Leute für Schlüsselpositionen in der ganzen Organisation ohne Berücksichtigung der Nationalität gesucht. Es gibt zwei wesentliche Vorteile einer geozentrischen Stellenbesetzungspolitik. Erstens erlaubt sie den multinationalen Unternehmen, einen Kader von internationalen Mitarbeitern zu entwickeln, und zweitens reduziert sie die Tendenz zur nationalen Identifikation von Managern mit ihren jeweiligen Unternehmenseinheiten. Eine Schwierigkeit bei der Implementation einer geozentrischen Politik besteht darin, daß die meisten Gastländer von den ausländischen Tochtergesellschaften erwarten, daß sie einheimische Mitarbeiter beschäftigen. Zur Erreichung dieses Ziels nutzen sie beispielsweise ihre Einwanderungsgesetze: diese sehen vor, daß die Einstellung von HCNs erfolgt, wenn sie in adäquater Anzahl und Qualität zur Verfügung stehen. Die meisten westlichen Länder - auch die USA und

Deutschland - fordern von den betreffenden Unternehmen eine ausführliche Begründung, wenn sie einen Ausländer anstatt eines einheimischen Mitarbeiters beschäftigen. Diese Dokumentation kann ein zeitintensiver, teurer und manchmal sinnloser Prozeß sein. Zum anderen kann die Implementierung einer geozentrischen Politik teuer sein wegen der zunehmenden Trainings- und Versetzungskosten sowie der Notwendigkeit einer Entgeltpolitik mit standardisierten internationalen Basiszahlungen, die höher sein können als das nationale Niveau in vielen Ländern. Schließlich fordert eine geozentrische Stellenbesetzungspolitik längere Zeiten der Entscheidungsfindung und eine zentralisiertere Kontrolle des Stellenbesetzungsprozesses. Dies sind Maßnahmen, die notwendigerweise die Unabhängigkeit der Tochtergesellschaften reduzieren, wogegen Widerstand geleistet werden könnte.

2.4 Verbreitungsgrad der Ansätze

Zusammenfassend kann gesagt werden, daß multinationale Unternehmungen je nach den Rahmenbedingungen einen oder mehrere der vier Ansätze internationaler Stellenbesetzungspolitik verfolgen können. Interessant ist der Verbreitungsgrad der einzelnen Grundorientierungen. Dowling[22] stellte 1988 bei einer Untersuchung US-amerikanischer Unternehmen eine relativ gleichmäßige Verbreitung der Grundorientierungen der Stellenbesetzungsstrategien fest. Wunderer zitiert das Ergebnis einer Umfrage bei 16 Personalvorständen von Großunternehmen in der Bundesrepublik Deutschland im Jahre 1991 sowie die Prognose für das Jahr 2000. Tabelle 4.2 stellt die beiden Untersuchungen im Vergleich dar. Leider sind die Ergebnisse nur bedingt vergleichbar, da bei Dowling ein relativ großer Anteil von Unternehmen (35 %) angibt, eine Mischform zu verfolgen. Diese Antwortkategorie war jedoch in der Befragung der deutschen Unternehmen nicht vorgesehen. Bemerkenswert ist der Trend, der sich aus dem Ergebnissen der von Wunderer zitierten Studie ableiten läßt. Der ethnozentrische Ansatz scheint in der Zukunft zugunsten der geozentrischen Orientierung an Bedeutung zu verlieren. Mayrhofer warnt jedoch vor einer allzu "stiefmütterlichen" Behandlung der ethnozentrischen Orientierung, zumal wenn personalwirtschaftliche Maßnahmen losgelöst von unternehmensstrategischen Überlegungen verändert werden. Ferner schreibt er dem ethnozentrischen Ansatz insbesondere in Europa ein großes Potential zu.[23]

Grund-orientierung	USA 1988	D 1991	D 2000 (Prognose)
Ethnozentrisch	15 %	41 %	31 %
Polyzentrisch	12 %	37 %	38 %
Regiozentrisch	20 %	-	-
Geozentrisch	18 %	22 %	31 %
Mischformen	35 %	-	-

Tab. 4.2: Empirische Ergebnisse und Prognosen zur Verbreitung der Grundorientierungen der Stellenbesetzungspolitik (Dowling, 1988; Wunderer, 1993, S. 9).

Neben der Wahl einer der idealtypischen Strategien aus dem EPRG-Konzept gibt es auch Unternehmen, die ad-hoc vorgehen. Dies ist allerdings eine bessere Beschreibung für die Trägheit des Unternehmens, eine Entscheidung bezüglich der Stellenbesetzungspolitik zu treffen. Robinson[24] hat zusammengefaßt, wie sich eine Ad-hoc-Basis häufig entwickelt: "Die Gefahr besteht darin, daß die Firma sich für eine Politik entscheidet, PCNs in ausländischen Managementfunktionen einzusetzen mit dem Fehler, daß es sich einfach nur um eine Ausweitung der auf nationaler Ebene verfolgten Politik handelt, statt um eine bewußte Suche nach einer optimalen Nutzung der Managementfähigkeiten." Die Praxis, wie Robinson sie beschreibt, ist in US-amerikanischen multinationalen Unternehmen nicht unbekannt. Der Ad-hoc-Ansatz der Stellenbesetzungspolitik resultiert heute jedoch eher in der Einstellung von HCNs als in der von PCNs. Ein multinationales Unternehmen, dessen Stellenbesetzungsstrategie man als Ad-hoc-Strategie bezeichnen würde, wird große Schwierigkeiten bei der Entwicklung einer konsistenten Personalmanagementstrategie haben, die mit der Gesamtunternehmensstrategie im Einklang steht. Folglich wird sich ein solches Unternehmen häufig in einer vergleichsweise schlechten Position befinden. Dies gilt sowohl bei der Antizipation von Problemen als auch wenn es darum geht, von Chancen zu profitieren.

2.5 Rekrutierungsquellen

Die Bedeutung der Rekrutierungs- und Auswahlentscheidungen in internationalen Unternehmungen bzw. für Tätigkeiten im internationalen Kontext ergibt sich aus den besonderen Risiken einer Fehlbesetzung und den hohen Kosten des Abbruchs einer internationalen Tätigkeit.[25] Neben der oben diskutierten nationalitätsorientierten Dimension der Stellenbesetzungsstrategie ergibt sich eine zweite wichtige Dimension, die sich auf die Frage der internen oder externen Rekrutierung bezieht. Wegen der großen Auswahlrisiken dominiert die interne Rekrutierung. Als Entscheidungsgrundlage werden Leistungsbeurteilungen und persönliche Berichte, Interviews mit den Mitarbeitern sowie Karrierepläne im Rahmen der Personalentwicklung herangezogen.[26]

Im folgenden soll es um die *interne Personalbeschaffung* gehen. Die im Jahr 2000 durchgefühte empirische Bestandsaufnahme im Rahmen des *Cranfield Project on Strategic International Human Resource Management*, einer europaweiten Untersuchung in 3165 international tätigen Unternehmen, ergab in drei hierarchisch unterteilten Gruppen von Führungskräften folgende Anteile der internen Personalbeschaffung:

Gruppen von Führungskräften	Anteil interner Beschaffung
Obere Führungskräfte	53,1 %
Mittlere Führungskräfte	75,8 %
Untere Führungskräfte	64,0 %

Tab. 4.3: Anteile interner Personalbeschaffung bei Führungskräften in international tätigen europäischen Unternehmen (Auswertung von Daten der Cranfield-Studie, Erhebung 2000).

Besonders ausgeprägt ist die Neigung zur internen Personalbeschaffung demnach bei Führungskräften des mittleren Managements und bei Führungsnachwuchskräften. Dieses Ergebnis zeigt sich bei einem Vergleich der Rekrutierungspraktiken in 19 europäischen Ländern relativ einheitlich (vgl. Tabelle 4.4). Deutliche Abweichungen ergeben sich lediglich auf der unteren Führungsebene mit einem wesentlich geringeren Anteil interner Personalbeschaffung in den französischen, portugiesischen, spanischen und bulgarischen Stichproben.

Land	Führungsebene			N =
	Obere	Mittlere	Untere	
Deutschland	49,2	77,0	62,6	465
Österreich	58,9	85,0	63,6	107
Schweiz	54,5	79,8	76,8	99
Großbritannien	58,3	82,0	73,7	532
Irland	41,5	70,0	75,6	243
Belgien	60,9	71,0	65,7	169
Niederlande	65,9	69,5	65,9	82
Dänemark	28,6	71,4	68,1	213
Schweden	51,3	79,9	85,7	154
Norwegen	41,8	73,4	72,2	79
Finnland	63,1	76,9	72,3	130
Frankreich	55,9	68,2	28,4	236
Spanien	52,7	73,3	45,9	146
Portugal	37,1	62,9	38,2	89
Italien	41,5	66,0	66,0	53
Türkei	52,1	80,3	66,9	142
Griechenland	70,3	82,4	55,4	74
Bulgarien	46,3	61,1	46,3	54
Tschechien	73,5	88,8	83,7	98
Insgesamt	**53,1**	**75,8**	**64,0**	**3165**

Tab. 4.4: Interne Stellenbesetzung in international tätigen Unternehmen in ausgewählten europäischen Ländern (Anteil der Unternehmen in %; Auswertung von Daten der Cranfield-Studie, Erhebung 2000).

Eine Studie von Horsch (1995) gibt einen Hinweis darauf, daß die externe Personalbeschaffung für Auslandseinsätze ebenfalls nur eine untergeordnete Rolle spielt. In nahezu der Hälfte der von ihm befragten Unternehmen erfolgt keine externe Rekrutierung für Mitarbeiter, die in naher Zukunft ins Ausland entsandt werden. Diejenigen, die Mitarbeiter für Auslandspositionen unternehmensextern suchen, gehörten eher zu den kleineren Unternehmen, die erst seit relativ kurzer Zeit international tätig sind.[27]

Bei der *externen Rekrutierung* von Führungskräften wird das relativ große Stellenbesetzungsrisiko vielfach durch den Einsatz externer Berater aufgefangen: Den hohen Investitionen in das Führungspersonal des oberen Managements stehen dann ebenfalls hohe Investitionen in Beratungskompetenz gegenüber. Die Anteile der Unternehmen, die Personalberater einsetzen, weisen in der Stichprobe des Cranfield-Projects on Strategic International Human Resource Management für die drei genannten Gruppen folgende Werte auf:

Gruppen von Führungskräften	Anteile von Unternehmen, die Personalberater einsetzen
Obere Führungskräfte	61,1 %
Mittlere Führungskräfte	38,3 %
Untere Führungskräfte	20,0 %

Tab. 4.5: Anteile international tätiger europäischer Unternehmen, die Personalberater für die Rekrutierung von Führungskräften einsetzen (Auswertung der Cranfield-Studie, Erhebung 2000).

Diese Zahlen variieren auch im Vergleich mit den Ergebnissen von 1995. In dem europäischen 19-Länder-Vergleich von 2000 ergeben sich hinsichtlich der Inanspruchnahme von externer Beratungskompetenz deutliche Unterschiede. Allerdings gilt praktisch durchgängig, daß Personalberater bei oberen Führungskräften mehr als bei mittleren Führungskräften, bei mittleren Führungskräften mehr als bei unteren Führungskräften in Anspruch genommen werden (vgl. Tabelle 4.6). Auffällig ist der vergleichsweise geringe Einsatz von Personalberatern auch im Bereich der oberen Führungsebene in Bulgarien und Tschechien.

Land	Führungsebene			N =
	Obere	**Mittlere**	**Untere**	
Deutschland	59,6	26,9	6,2	465
Österreich	59,8	31,8	10,3	107
Schweiz	69,7	47,5	31,3	99
Großbritannien	78,2	50,6	28,0	532
Irland	63,4	53,1	30,9	243
Belgien	66,3	49,7	30,2	169
Niederlande	62,2	39,0	17,1	82
Dänemark	69,0	35,2	5,6	213
Schweden	71,4	26,6	9,1	154
Norwegen	63,3	22,8	6,3	79
Finnland	77,1	23,8	15,4	130
Frankreich	77,1	65,7	49,2	236
Spanien	48,6	30,8	32,2	146
Portugal	44,9	22,5	9,0	89
Italien	52,8	41,5	28,3	53
Türkei	28,9	28,2	19,7	142
Griechenland	41,9	17,6	8,1	74
Bulgarien	16,7	24,1	14,8	54
Tschechien	24,5	19,4	12,2	98
Insgesamt	**61,1**	**38,3**	**20,6**	**3165**

Tab. 4.6: Einsatz von Personalberatern bei der Stellenbesetzung in international tätigen Unternehmen in ausgewählten europäischen Ländern (Anteil der Unternehmen in %; Auswertung von Daten der Cranfield-Studie, Erhebung 2000).

Bei der externen Rekrutierung spielen neben der Inanspruchnahme von externer Beratungskompetenz die traditionellen Wege der Stellenausschreibung und der persönlichen Ansprache eine wichtige Rolle. Auch hier lassen sich in verschiedenen Ländern unterschiedliche Muster der Rekrutierungspraktiken feststellen, die in Tabelle 4.7 für Deutschland, Schweiz, Großbritannien, Frankreich, die Niederlande und die Tschechische Republik dargestellt sind.

	D	CH	GB	F	NL	CZ
Interne Besetzung	49,2	54,5	58,3	55,9	65,9	73,5
Personalberater	59,6	69,7	78,2	77,1	62,2	24,5
Stellen-ausschreibung in Zeitungen	33,3	27,3	44,4	8,5	30,5	25,5
Persönliche Ansprache	8,2	16,2	15,6	9,7	15,9	16,3
Anzahl der erfaßten Unternehmen	465	99	532	236	82	98

Tab. 4.7: Rekrutierungspraktiken in international tätigen Unternehmen bei der Stellenbesetzung auf der oberen Führungsebene in ausgewählten europäischen Ländern (Anteile in %; Auswertung von Daten der Cranfield-Studie, Erhebung 2000).

3. Auswahlkriterien und -verfahren für Expatriates

In den späten siebziger Jahren charakterisierten Newman, Bhatt und Gutteridge[28] die Literatur hinsichtlich der Determinanten für die Effektivität von Expatriates als im wesentlichen wiederholend und in ihrer Natur anekdotenhaft. Sie empfahlen "ein Moratorium interdisziplinärer Forschung, das über die Effektivität von Expatriates und von Organisationen in anekdotenhafter Form berichtet". Ihre Empfehlung ist weitgehend ignoriert worden. Viele Veröffentlichungen[29] fassen weiterhin die existierende Literatur ohne theoretische oder methodologische Betrachtungen unkritisch zusammen.

Zu einem ähnlichen Ergebnisse kommen auch Forscher aus dem deutschsprachigen Raum.[30] Einige Veröffentlichungen sind seit Newmans, Bhatts und Gutteridges Bericht erschienen, die eine etwas detailliertere Diskussion verdienen. Auf sie wird im folgenden eingegangen. Auf der Basis von empirischem Datenmaterial soll ein Einblick in die Auswahlpraktiken US-amerikanischer und deutscher Unternehmen gegeben werden. Ferner werden theoretische Überlegungen zur Definition von Anforderungsprofilen für internationale Positionen vorgestellt. Abschließend diskutieren die Autoren Auswahlverfahren, durch die eine Einschätzung der internationalen Dimensionen von Auswahlkriterien ermöglichst werden soll.

3.1 Auswahlpraktiken in US-amerikanischen MNU — die Studie von Tung

Die Auswahlpraktiken US-amerikanischer multinationaler Unternehmen werden in Anlehnung an eine empirische Untersuchung von Tung[31] beschrieben. Die Ergebnisse basieren auf einer Befragung von 80 US-amerikanischen multinationalen Unternehmen. Mit Hilfe einer Literaturanalyse über den Erfolg von Expatriates identifiziert Tung 18 relevante Auswahlkriterien. Die Antwortenden, in der Regel die Verantwortlichen für internationale Aktivitäten, wurden gebeten anzugeben, ob diese Kriterien in ihren Unternehmen "angewandt und sehr wichtig" sind oder "nicht angewandt" werden. Tung faßt diejenigen Variablen, die zum Erfolg von Expatriates beitragen, in vier übergreifende Gruppen zusammen:

(1) Fachliche Kompetenz am Arbeitsplatz

(2) Persönlichkeitsmerkmale oder Beziehungsfähigkeit

(3) Umweltfaktoren

(4) Familienstand

Ferner ordnet Tung die Auslandstätigkeiten in Anlehnung an Hays[32] vier Kategorien zu:

(1) Der *Structure Reproducer* hat die Aufgabe, in einer ausländischen Tochtergesellschaft eine Struktur aufzubauen oder zu reproduzieren, die derjenigen ähnlich ist, die er aus dem Stammhaus kennt. Dies könnte eine Marketingabteilung oder ein Kostenrechnungssystem sein.

(2) Der *Troubleshooter* wird in eine ausländische Tochtergesellschaft entsandt, um ein operationales, in der Regel technisches Problem zu lösen.

(3) Die Mitarbeiter auf der operativen Ebene (*Operational Element*) sind ähnlich wie lokale Mitarbeiter in einer bereits existierenden Struktur tätig.

(4) Der *Chief Executive Officer* (Geschäftsführer) hat die Aufgabe, die gesamten Auslandsoperationen zu beaufsichtigen und zu führen.

Einige Kriterien wie "Reife und emotionale Stabilität" oder "Fachkenntnisse in dem jeweiligen Tätigkeitsbereich" wurden sehr häufig angewandt und für alle vier Tätigkeitsbereiche als sehr bedeutsam eingeschätzt. Aus den Ergebnissen wurde jedoch deutlich, daß für jeden Tätigkeitsbereich einige Kriterien als wichtiger erachteter wurden als andere. Zum Beispiel war "Kommunikationsfähigkeit" weniger wichtig für technische Aufgaben (Troubleshooter) als für einen Geschäftsführer (CEO). Die "Kenntnis der Sprache des Gastlandes" war dagegen für keine dieser beiden Tätigkeitsbereiche so wichtig wie für den Leiter eines Funktionsbereiches und für Mitarbeiter auf operativer Ebene. Wahrscheinlich haben Individuen, die diesen letzten beiden Tätigkeitsbereichen zugeordnet werden, nur begrenzten Zugang zu Übersetzern oder arbeiten mit einer größeren Wahrscheinlichkeit mit HCNs zusammen, die nicht englisch sprechen. Trotz der offensichtlichen Anforderungsunterschiede zwischen inländischen und internationalen Tätigkeiten[33] verwendete ein beachtlicher Anteil der Befragten "die gleichen Kriterien wie bei vergleichbaren Tätigkeiten zuhause" für Geschäftsführer, Leiter von Funktionsbereichen und weitere Mitarbeiter auf operativer Ebene.

In diesem Untersuchungsteil bat Tung die Befragten auch, die Verfahren zu nennen, durch welche die 18 in dieser Studie betrachteten Auswahlkriterien in den Unternehmen eingeschätzt werden. Sie stellte fest, daß nur wenige Firmen auf formale Weise die fachliche Kompetenz bewerteten. Dies Ergebnis ist verständlich, wenn man berücksichtigt, daß die meisten Expatriates intern rekrutiert wurden, und eine umfassende Dokumentation hinsichtlich der fachlichen Kompetenz durch Leistungsbewertungen und persönliche Berichte verfügbar ist. Um die Familiensituation in Bezug auf die Auslandsentsendung einschätzen zu können, interviewten 52 % der Unternehmungen den Kandidaten zusammen mit dem Ehepartner, wenn es sich um Managementpositionen handelte; bei technischen Positionen interviewten nur 40 % beide Ehepartner. Nur 1 % der Firmen führte keine Interviews mit dem Kandidaten oder dem Ehepartner durch. Diese eben genannten Zahlen von Firmen, die im Vorfeld Gespräche sowohl mit den Kandidaten als auch mit deren Ehepartnern durchführen, mögen hoch erscheinen, aber sie sind weniger beeindruckend, wenn man die Tatsache berücksichtigt, daß die mangelnde Anpassungsfähigkeit des Ehepartners der am häufigsten zitierte Grund für den Abbruch von Auslandstätigkeiten ist. Anzumerken ist, daß bezüglich des Interviews mit dem Lebenspartner der zu entsendenden Führungskraft erhebliche Unterschiede in den Praktiken der US-amerikanischen und deutschen Unternehmen festzustellen sind. So stellte Festing (1996) bei einer Befragung in deutschen Unternehmen fest, daß ein solches Interview nur in Ausnahmefällen erfolgt.[34] Bestätigt wird diese Einschätzung durch Untersuchungsergebnisse von Horsch (1995). Er konstatiert, daß der Lebenspartner des zu entsendenden Mitarbeiters nur in 10 % der von ihm befragten Unternehmen in den Auswahlprozeß des Mitarbeiters einbezogen wurde.[35]

Das überraschendste Ergebnis ergab die Frage nach der Bewertung der Beziehungsfähigkeit der Kandidaten. Obwohl die meisten Unternehmungen angaben, daß Beziehungsfähigkeit wichtig wäre, bewerteten nur 5 % der Firmen die Beziehungsfähigkeit eines Kandidaten durch eine formale Prozedur (z.B. Urteil durch Vorgesetzte oder psychologische Bewertung). Die Forschung zeigt jedoch, daß die Beziehungsfähigkeit mit dem Erfolg eines Expatriates in positiver Beziehung steht. Folglich stellt der Verzicht auf ihre Bewertung eine Schwäche in den Auswahlverfahren für Expatriates dar. Wie im weiteren Verlauf der Ausführungen noch diskutiert wird, reflektiert dieses Defizit wahrscheinlich die Einschätzung des Top-Managements, daß Beziehungsfähigkeit entweder nicht wichtig ist oder daß fachliche Fähigkeiten von größerer Bedeutung sind, auch wenn es um die Besetzung internationaler Positionen geht.

Ein weiterer diskussionswürdiger Aspekt in dem Beitrag von Tung stellt das Auswahl- und Trainingsmodell dar, das in Abbildung 4.3 wiedergegeben wird. Die folgenden Charakteristika des Modells sind besonders bemerkenswert:

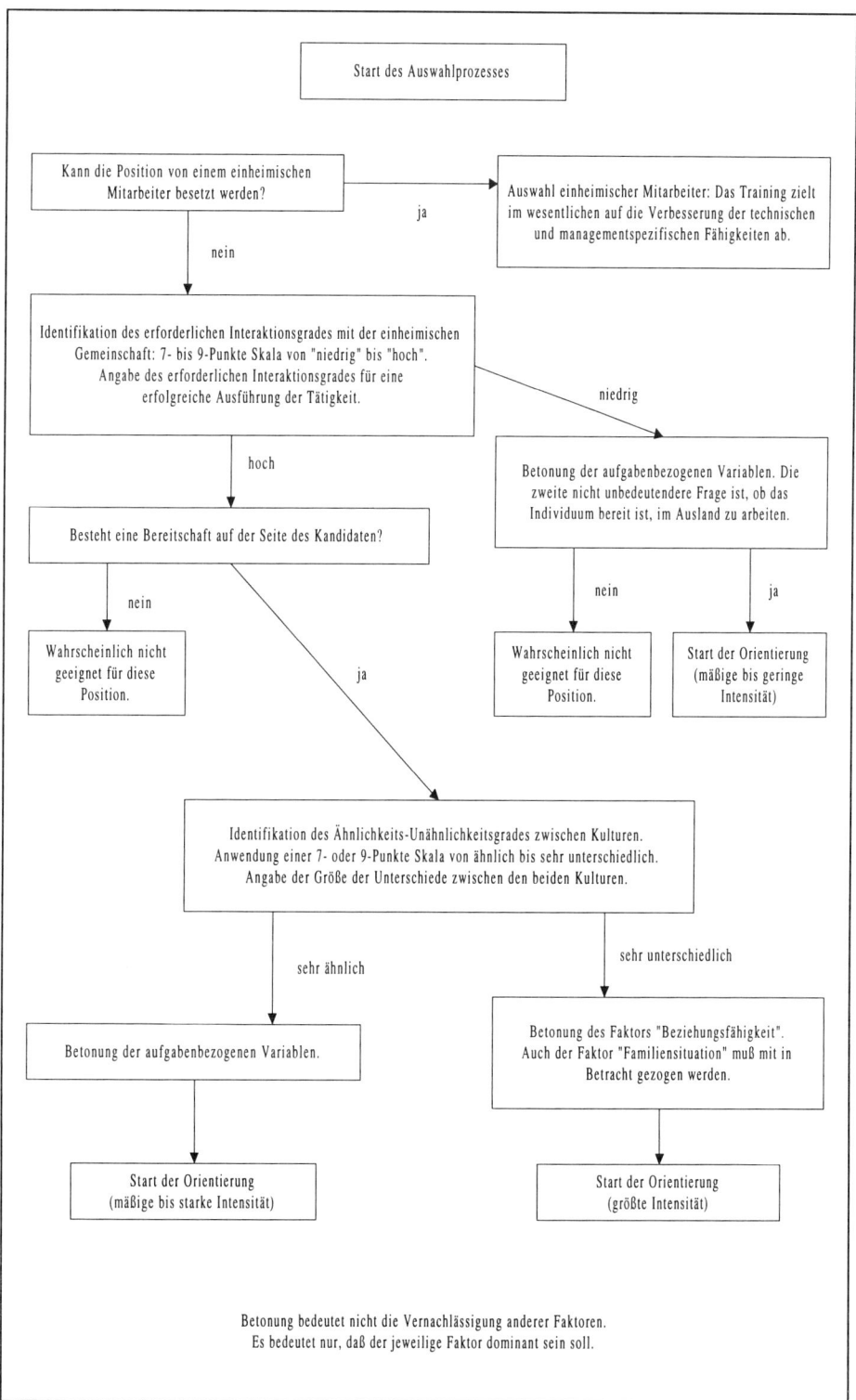

Abb. 4.3: Flußdiagramm des Auswahlprozesses (Tung, 1981).

- Erstens hebt es den Aspekt der Nationalität des Mitarbeiters hervor, indem zunächst Informationen darüber gefordert werden, ob die jeweilige Position auch mit einem HCN besetzt werden könnte.
- Zweitens folgt das Modell einer nonkompensatorischen Auswahlstrategie, d.h. daß ein negativ ausgeprägtes Kriterium nicht durch ein besonders positiv ausgeprägtes Kriterium kompensiert werden kann. Es handelt sich also um eine weniger risikoreiche Auswahlstrategie für Expatriates.[36]
- Drittens spiegelt dieses Modell einen Kontingenzansatz für die Auswahl und das Training wider, in dem berücksichtigt wird, daß unterschiedliche Tätigkeiten der Expatriates variierende Interaktionsgrade mit HCNs und eine jeweils unterschiedliche Aufenthaltsdauer bedeuten können. Zudem wird deutlich, daß die Zielregionen des Auslandsaufenthaltes hinsichtlich des Ähnlichkeitsgrades mit der Heimatkultur des Expatriates wesentlich variieren können.

Anhand des entwickelten Auswahl- und Trainingsmodells analysierte Tung die Beziehung zwischen der Art der verwendeten Auswahl- und Trainingsprozedur und der Abbruchrate von Auslandstätigkeiten für die Unternehmen. Sie stellte eine Korrelation von r = - 0,63 fest. Dieser Wert sagt aus, daß die Abbruchrate um so geringer war, je intensiver die verwendeten Auswahl- und Trainingsprozeduren betrieben wurden.

3.2 Das Auswahlkonzept von Mendenhall/Oddou

Eine weitere wichtige Veröffentlichung ist ein Überblick über die Literatur hinsichtlich der kulturellen Anpassung von Expatriates, der von Mendenhall und Oddou (1985)[37] erstellt wurde. In einer Untersuchung der Probleme bei der Auswahl von Expatriates stellten Mendenhall und Oddou fest, daß viele Personaldirektoren auch bei der Auswahl potentieller Expatriates die Formel "Leistung im Inland gleich Leistung im Ausland" anwenden. Die Konsequenz dieser Vorgehensweise ist, daß außer den fachlichen Fähigkeiten und einer erfolgreichen Laufbahnentwicklung auf nationaler Ebene kaum andere Faktoren Berücksichtigung finden.

Mendenhall/Oddou schließen aus ihren Forschungsergebnissen, daß das Feld der Auswahl und des Trainings von Expatriates von zwei interdependenten Problemen gekennzeichnet ist. Erstens existiert kein adäquates Verständnis der relevanten Variablen für die kulturelle Anpassungsfähigkeit. Dies bedingt ein zweites Problem: es werden nicht angemessene Auswahl- und Trainingsmethoden verwendet. Das Ziel der Arbeit von Mendenhall/Oddou bestand darin, durch einen Literaturüberblick die wichtigsten Dimensionen im kulturellen Anpassungsprozeß des Expatriates zu identifizieren und Implikationen dieser Dimensionen für die Auswahl und das Training von Expatriates zu diskutieren. Auf der Basis ihrer Literaturanalyse kamen sie zu dem Ergebnis, daß vier Dimensionen im kulturellen Anpassungsprozeß von Expatriates relevant sind: Selbstorientierung, Fremdorientierung, Wahrnehmungsfähigkeit und kulturelle Anpassungsfähigkeit. Diese vier Dimensionen werden im folgenden näher erläutert.

Selbstorientierung

Die Dimension Selbstorientierung beschäftigt sich mit Aktivitäten und Attributen, die zur Stärkung der Selbsteinschätzung, des Selbstvertrauens und der seelischen Gesundheit dienen. Sie setzt sich aus drei Subfaktoren zusammen:

(1) *Verstärkungssubstitution* - oder *reinforcement substitution* wie dieser Aspekt im angelsächsischen Sprachgebrauch genannt wird - bezeichnet das Ersetzen von angenehmen Aktivitäten und Interessen in der Kultur des Heimatlandes durch Substitute in der Kultur des Gastlandes. Demzufolge wird ein Expatriate, der in der Lage ist, seine Interessen hinsichtlich Ernährung, Sport und Musik umzustellen und in einer anderen Kultur Äquivalente zu finden, in der Anpassung an eine neue Kultur mit einer größeren Wahrscheinlichkeit erfolgreicher sein als jemand, dem dies nicht gelingt.

(2) *Streßreduktion* bezieht sich auf das Bedürfnis, sich zeitweise zurückzuziehen (z.B. ein Tagebuch zu führen oder sich seinen Hobbies zu widmen). So kann der Expatriate sich graduell an die Anforderungen einer neuen Kultur und an eine neue physische Umgebung anpassen. Expatriates, die auch in einer fremden Kultur Möglichkeiten der Streßreduktion finden, werden sich mit einer größeren Wahrscheinlichkeit anpassen als jemand, dem dieses nicht möglich ist.

(3) *Fachliche Kompetenz* ist der dritte Faktor der Dimension Selbstorientierung. Von Expatriates wird erwartet, daß sie die ihnen zugewiesenen Aufgaben erfüllen. Die notwendigen Fähigkeiten und das notwendige Selbstvertrauen, um dieses Ziel zu erreichen (häufig mit wenig oder gar keiner Unterstützung) stellten sich als ein wichtiger Teil des Anpassungsprozesses des Expatriates heraus. Mendenhall und Oddou zitieren eine Anzahl von Studien, in denen herausgefunden wurde, daß gut angepaßte Expatriates ihr Fachwissen höher einschätzten als schlecht angepaßte.

Fremdorientierung

Die Dimension Fremdorientierung umfaßt Aktivitäten und Attribute, die die Interaktionsfähigkeit des Expatriate mit den HCNs steigern. Hier werden zwei Subfaktoren unterschieden: Beziehungsfähigkeit und der Wille bzw. die Bereitschaft zur Kommunikation. Beziehungsfähigkeit bezieht sich auf die Fähigkeit, lang andauernde Freundschaften mit HCNs zu entwickeln.

Der Wille zur Kommunikation meint nicht in erster Linie die flüssige Beherrschung einer fremden Sprache, sondern es kommt vielmehr auf die Bereitschaft des Expatriates an, die Sprache des Gastlandes zu benutzen. So kann ein entsandter Mitarbeiter, der die Sprache des Gastlandes zwar nicht fließend beherrscht, trotzdem Ausdrücke der Umgangssprache erlernen (lokaler Slang, Kommentare über das Wetter, Sportmannschaften usw.), um den Wunsch auszudrücken, die einheimischen Mitarbeiter zu verstehen und eine Beziehung mit ihnen aufzubauen.

Wahrnehmungsfähigkeit

Die Wahrnehmungsdimension bezieht sich auf das Verständnis, warum Angehörige anderer Kulturen sich in manchen Situationen anders als erwartet verhalten. Die Fähigkeit, korrekte Annahmen über die Gründe oder Ursachen des Verhaltens von HCNs zu treffen, ist wichtig, weil dies dem entsandten Mitarbeiter erlaubt, zukünftiges Verhalten vorherzusagen. Sie reduziert dadurch den Streß der Unsicherheit in zwischenmenschlichen Beziehungen. Nach Erkenntnissen von Mendenhall und Oddou hat die Forschung gezeigt, daß gut angepaßte Expatriates versuchen, vorurteilsfrei in der Interpretation des Verhaltens von HCNs zu sein. Sie behaupten, dies führe zu einem besseren Informationsaustausch und zu verbesserten zwischenmenschlichen Beziehungen von Expatriates und HCNs.

Kulturelle Anpassungsfähigkeit

Die Dimension kulturelle Anpassungsfähigkeit berücksichtigt die Tatsache, daß die Qualität der Anpassung eines Expatriates bei seiner Auslandstätigkeit auch zum Teil von dem jeweiligen Land abhängig ist. In der Literatur gibt es Hinweise darauf, daß westlichen Expatriates die Anpassung an verschiedene Kulturen unterschiedlich leicht oder schwer fällt. Mendenhall und Oddou zitieren die Arbeit von Torbiörn (1982),[38] in der herausgefunden wurde, daß westliche Expatriates hohe Unzufriedenheitsgrade mit ihren Auslandstätigkeiten in Indien/Pakistan, in Südostasien, im Mittleren Osten, Nordafrika, Ostafrika und in Liberia äußerten. Ausschlaggebend hierfür waren eine geringe Arbeitszufriedenheit, die hohe Streßbelastung, das Gesundheitssystem, Wohnmöglichkeiten, Unterhaltungsmöglichkeiten, Ernährung sowie die Qualifikation der lokalen Mitarbeiter. Ferner erfordern einige Kulturen, die ein maskulin-dominiertes Wertesystem aufweisen, extreme kulturelle "Zähigkeit" von westlichen, weiblichen Expatriates, um eine Anpassung zu erreichen.[39]

Mendenhall und Oddou leiten zwei wesentliche Vorschläge aus ihrer Studie ab. Erstens handelt es sich bei der kulturellen Anpassung ihrer Ansicht nach eher um einen mehrdimensionalen Prozeß als um ein eindimensionales Phänomen. Folglich sollten die Auswahlverfahren der multinationalen Unternehmen verändert werden, und zwar von ihrem derzeitigen eindimensionalen Schwerpunkt, der die fachliche Kompetenz als primäres Kriterium sieht, zu einem multidimensionalen Blickwinkel, der auf den in der Studie identifizierten Dimensionen basiert. Zweitens sollten verständliche Trainingsprogramme zur kulturellen Anpassung für Expatriates entwickelt werden, die jede der vier oben genannten Dimensionen umfassen. Um diese Vorschläge realisieren zu können, schlagen Mendenhall und Oddou Verbesserungsmöglichkeiten für den Auswahlprozeß von Expatriates vor. Insbesondere empfehlen sie, daß er sich auf die Bewertung der Stärken und Schwächen des Bewerbers in den identifizierten Dimensionen des kulturellen Anpassungsprozesses konzentrieren sollte:

- Für die Dimension *Selbstorientierung* sind eine Reihe von psychologischen Tests verfügbar, um das Streßausmaß und Verhaltensaspekte zu messen. Fachliche Fähigkeiten werden in den meisten Organisationen bereits bewertet, beispielsweise durch Leistungsbeurteilungen.

- Hinsichtlich der Dimension *Wahrnehmungsfähigkeit* könnten durch psychologische Tests mit erwiesener Validität die Flexibilität der Wahrnehmungs- und Bewertungstendenzen des Individuums beurteilt werden. Diese Tests könnten in Verbindung mit tiefenpsychologischen Bewertungen durch beratende Psychologen oder Vorgesetzte stehen. Die Verwendung von Tests kann auch die Selbstreflexion des Mitarbeiters hinsichtlich seiner Motivation für die Auslandstätigkeit anregen.
- Der oben erläuterte Ansatz könnte auch verwendet werden, um die *Fremdorientierung* zu erfassen.
- Der Fremdheitsgrad der Kultur des Landes, in das ein zukünftiger Expatriate entsandt wird, kann durch den Vergleich der politischen, legalen, sozioökonomischen und wirtschaftlichen Systeme des Gastlandes mit denen des Heimatlandes bewertet werden.[40] Wenn es einen beträchtlichen Unterschied gibt, d.h., wenn das Gastland kulturell schwierig ist, sollten nur Bewerber mit hohen Punktzahlen in den Bewertungsschemata für die Tätigkeit berücksichtigt werden. Für Entsendungen in Länder, die dem Heimatland ähnlich sind (z.B. eine Entsendung aus den USA nach Australien) können auch Bewerber mit eher marginalen Bewertungen berücksichtigt werden. Dieser Punkt ist der Anmerkung über Ähnlichkeit/Unähnlichkeit zwischen Kulturen als Auswahlfaktor in Tungs Modell sehr ähnlich (vgl. Abbildung 4.3).

3.3 Anforderungsprofile für international tätige Mitarbeiter

In einer weiteren Studie bezieht Ronen (1990) diejenigen Dimensionen des Erfolgs von Expatriates mit ein, die von Tung sowie von Mendenhall und Oddou identifiziert wurden. In Ronens Modell werden fünf Kategorien von Erfolgsattributen dargestellt: Tätigkeitsbezogene Faktoren, Beziehungsfähigkeit (ähnlich wie Mendenhalls und Oddous Wahrnehmungsdimension), Motivation, Familiensituation sowie sprachliche Fähigkeiten. Nach Ronen ist jedoch

" ... die relative Wichtigkeit jeder Kategorie schwer festzustellen. Zurückkehrende (internationale Mitarbeiter) sowie Beurteilungen von Managern liefern jedoch ... einige Informationen zu diesem Aspekt. Unglücklicherweise macht das Fehlen einer systematischen Auswertung solcher Daten jedes Statement über die relative Wichtigkeit dieser Dimensionen als Beitrag zum Effektivitätsgrad von international tätigen Mitarbeitern zu Spekulationen." [41]

Die fünf Kategorien und ihre speziellen Aspekte werden in Tabelle 4.8 dargestellt.

Tätigkeitsbezogene Faktoren:
• Technische Fähigkeiten • Kenntnis der Tätigkeiten in der Unternehmenszentrale und im Gastland • Managementfähigkeiten • Administrative Kompetenz
Dimensionen der Beziehungsfähigkeit:
• Toleranz gegenüber Unklarheit/Zweideutigkeit • Flexibilität im Verhalten • Vorurteilsfreiheit • Kulturelle Empathie und geringer Ethnozentrismus • Zwischenmenschliche Fähigkeiten
Motivation:
• Glaube an die Mission • Kongruenz mit dem Karriereplan • Interesse an Auslandserfahrung • Interesse an der spezifischen Kultur des Gastlandes • Bereitschaft, neue Einstellungs- und Verhaltensmuster anzunehmen
Familiensituation:
• Bereitschaft des Ehepartners, im Ausland zu leben • Anpassungsfähiger und unterstützender Ehepartner • Stabile Ehe
Sprachliche Fähigkeiten:
• Sprache des Gastlandes • Nonverbale Kommunikation

Tab. 4.8: Kategorien von Erfolgsattributen (Ronen, 1989, S. 438).

Die Erfolgskriterien, die Ronen nennt, sind auf einer recht allgemeinen Ebene angesiedelt und besitzen somit sicherlich für die unterschiedlichsten Situationen Gültigkeit. Sie widersprechen damit auch nicht den Ausführungen von Bröcker (1996), der die Anforderungen an international tätige Mitarbeiter keineswegs als statisch ansieht. Die zunehmende Internationalisierung, die in Kapitel 1 dokumentiert wurde, stellt seines Erachtens auch höhere Anforderungen an die Mitarbeiter des Unternehmens. Insbesondere sieht er auch eine veränderte Situation für Stammhausmitarbeiter des multinationalen Unternehmens:

"Sie müssen die Auslandsaktivitäten planen und per 'Ferndiagnose' steuern, über 'Antennen' mit großer Reichweite verfügen, sensibel auf landesspezifische Veränderungen von Rahmen- und Marktbedingungen reagieren - und dabei dem Team vor Ort den erforderlichen Spielraum lassen."[42]

Das Idealprofil eines entsandten Managers kann es seinen Ausführungen zufolge nur entsprechend des Verhältnisses der jeweiligen Konstellation Stammland/Gastland geben. Er zeigt,

> *"... daß Auswahlkriterien für die Rekrutierung von Führungskräften nur definierbar sind, wenn sie auf dem jeweiligen Punkt des Zusammentreffens von Kulturen recherchiert werden."*[43]

Ähnlichen Überlegungen folgt auch der Ansatz von Engelhard/Wonigeit (1991),[44] der Veränderungen der Qualifikationsanforderungen an Manager durch die EG-Binnenmarktentwicklung fokussiert. Die beiden Autoren gehen davon aus, daß die verstärkte Europäisierung in der Unternehmenstätigkeit eine Vermehrung der Qualifikationsanforderungen mit sich bringt, d.h. daß die Manager neben generellen Managementqualifikationen auch über kulturelle Managementqualifikationen verfügen müssen, um im europäischen Markt zu bestehen. Zwar ist dieses Konzept primär im Kontext der EG-Binnenmarktentwicklung entstanden, die kulturellen Managementanforderungen können aber in ähnlicher Form auch für andere internationale Tätigkeiten Anwendung finden. Das Konzept von Engelhard/Wonigeit wird in Abbildung 4.4 wiedergegeben.[45]

Neben der Konstellation Stammland/Gastland sind anderen Autoren zufolge weitere situative Gegebenheiten wie die Aufgabenumwelt der Unternehmung zu berücksichtigen, wenn es um die Besetzung internationaler Positionen geht. Beispielhaft kann hier als Analyseinstrument das in Kapitel 2 erläuterte Umweltschichtenmodell von Dülfer (1997) genannt werden,[46] oder es kann auf die Aufgabentypen verwiesen werden, die Tung (1981) identifiziert hat.

Qualifikationsanforderungen	Generelle Managementqualifikationen	Kulturelle Managementqualifikationen
personenbezogen (Ego-Dimension)	Technische Kompetenz/ Fachwissen / Professionalität Planungs-/ Organisationsfähigkeit Entscheidungs-/ Innovationsfähigkeit/ Visionäres Denken Konzeptionelle Fähigkeiten	Fähigkeit zur Streßbewältigung Fähigkeit zur Substitution (kulturgebundener) zufriedenheitsstiftender Aktivitäten Fähigkeit zur Handhabung von Entfremdung und Isolation Mobilitätsfähigkeit Ganzheitliches kulturübergreifendes Denken
interaktionsbezogen (Alter-Dimension)	Kommunikationsfähigkeit Kooperationsbereitschaft/ Team-/ Konfliktfähigkeit Motivationsfähigkeit Durchsetzungsfähigkeit	Fähigkeit zur Entwicklung dauerhafter interpersoneller Beziehungen zu Angehörigen fremder Kulturen Interkulturelle Kommunikationsfähigkeit
umweltbezogen (Perzeptionsdimension)	Analysefähigkeit (Monitoring)	Fähigkeit zur korrekten Attribution fremdkultureller Verhaltensmuster Fähigkeit zur kognitiven Anpassung an fremdkulturelle Bewertungsschemata

Nationaler Manager

Euro-Manager

Abb. 4.4: Vergleich von Qualifikationsanforderungen für nationale Manager und Euro-Manager (Engelhard/Wonigeit, 1991, S. 189).

3.4 Anforderungen in der Praxis deutscher Unternehmen

In einer empirischen Studie untersucht Horsch (1995) die Anforderungen, die 20 Unternehmen der Metall-, Elektro- und Chemischen Industrie sowie aus dem Dienstleistungssektor an ihre international tätigen Mitarbeiter stellen. Er kommt zu dem Schluß, daß der wichtigste Faktor Fachwissen ist,[47] gefolgt von Sprachkenntnissen und kultureller Anpassungsfähigkeit. Abbildung 4.5 gibt Aufschluß über die Ergebnisse. In der Kategorie Sonstige Kriterien werden Aspekte wie strategisches Denken, hohes Entwicklungspotential, Referenzen des Vorgesetzten, Loyalität, Durchsetzungsfähigkeit, Frustrationstoleranz, geeignetes Alter und Familiensituation zusammengefaßt.

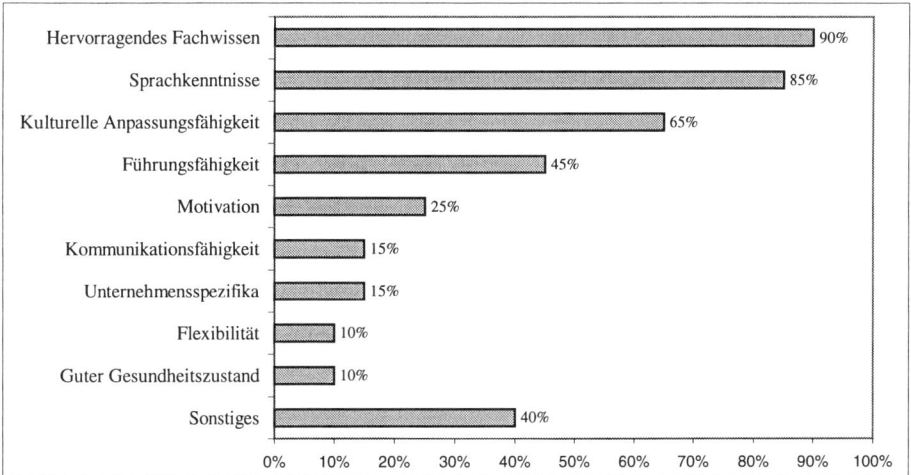

Abb. 4.5: Anforderungen an international tätige Mitarbeiter aus der Sicht der Unternehmen (Horsch, 1995, S. 143).

Ein ähnliches Ergebnis ergibt sich auch, wenn international tätige Mitarbeiter befragt werden.[48] Auch hier wird dem Fachwissen am meisten Bedeutung beigemessen. An zweiter Stelle folgt jedoch bereits die kulturelle Anpassungsfähigkeit, während Fremdsprachenkenntnisse erst auf Platz sechs genannt werden.

Abbildung 4.6 gibt dieses Ergebnis wieder. Neben dem Fachwissen wird von Seiten der Mitarbeiter besonderer Wert auf Kenntnisse der Unternehmensspezifika, psychische Belastbarkeit sowie Konfliktfähigkeit gelegt. Der Familie wird lediglich ein mittlerer Stellenwert eingeräumt.

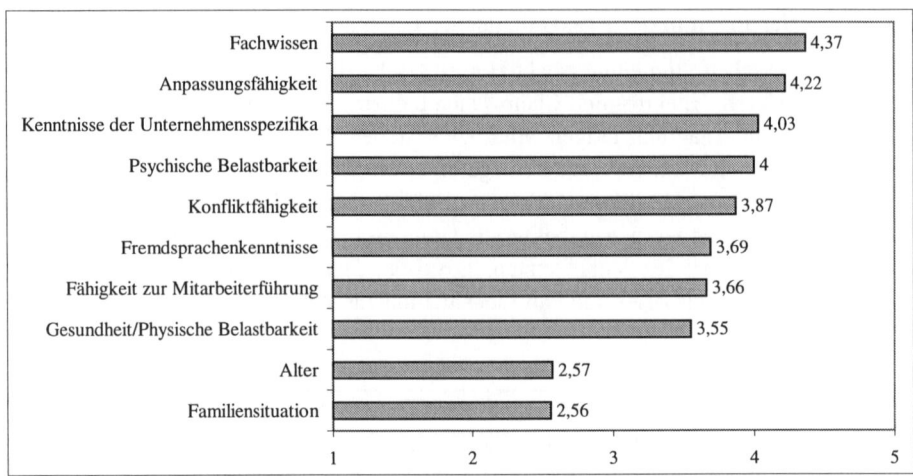

Abb. 4.6: Anforderungen an international tätige Mitarbeiter aus der Sicht der Mitarbeiter (1=geringe Bedeutung; 5=hohe Bedeutung; Horsch, 1995, S. 144).

3.5 Auswahlverfahren für internationale Positionen

Sind die Anforderungen an zu entsendende Mitarbeiter definiert worden, stellt sich die Frage, wie ihre Ausprägung bei den einzelnen Kandidaten eingeschätzt bzw. gemessen werden kann. Einige Beispiele hierfür wurden schon im Zusammenhang mit den Konzeptionen von Tung sowie von Mendenhall und Oddou gegeben.

Auf nationaler Ebene werden zur Gewinnung von Informationen über die Eignung von Bewerbern unterschiedlich stark strukturierte Verfahren diskutiert: Bewerbungsunterlagen, Interviews, biographische Fragebögen, psychologische Tests und Assessment Center.[49] Über die Frage, welches Auswahlverfahren sich besonders für den Einsatz im internationalen Kontext eignet, herrscht weder in der Literatur noch in der Praxis Konsens. Während einige Autoren die Auffassung vertreten, daß bei internationalen Positionen die gleichen Grundsätze für die Anwendung von Auswahlinstrumenten gelten wie für nationale Aufgabengebiete,[50] bevorzugen andere, z.B. Dülfer, spezifische Problemlösungen. Er präferiert vor allem zwei spezifisch international ausgerichtete Auswahlverfahren: den Biographischen Fragebogen in Form von beschreibenden Persönlichkeitstests und das Assessment Center.[51] In der englischsprachigen Literatur werden neben Assessment Centern vor allem Interviews positiv eingeschätzt. Die Befragung erfolgt in diesem Fall durch ein Selection Board (Expertenbefragung); teilweise wird sie durch psychologische Tests ergänzt. Die Auswahlinstrumente werden nach Mendenhall/Oddou so ausgerichtet, daß sie den Besonderheiten internationaler Tätigkeiten gerecht werden: Anpassungs- und Kommunikationsfähigkeit sowie die Persönlichkeit des Bewerbers stehen im Mittelpunkt.[52]

Die empirische Studie von Horsch (1995) gibt Aufschluß darüber, welche Auswahlverfahren in deutschen multinationalen Unternehmen eingesetzt werden. Seinen Ergebnissen zufolge werden als Auswahlverfahren bei der Besetzung von Auslandspositionen vor allem Interviews und Personalbeurteilungen regelmäßig verwendet. Nur in Ausnahmefällen findet man auch den Einsatz von Assessment Centern oder Persönlichkeitstests. Eine wichtige Voraussetzung für Auslandsentsendungen sind zudem auch positive gesundheitliche Gutachten.[53] Aus diesen Ergebnissen geht nicht hervor, inwieweit beispielsweise Interviewtechniken und Assessment Center spezifisch auf internationale Positionen ausgerichtet sind. Insgesamt erweckt dies den Eindruck, daß in der Auswahlpraxis der deutschen Unternehmen ein nur wenig systematischer Ansatz für die Rekrutierung auf internationaler Ebene vorherrscht.

Ein Ansatz, der die internationale Personalauswahl direkt fokussiert, ist das Hildesheimer Interkulturelle Assessment Center.[54] Ausgangspunkt ist ein Konzept für die Diagnose interkultureller Kompetenz. Unter diesem Begriff wird die Fähigkeit verstanden, soziale Kompetenz auch im Umgang mit Vertretern fremder Kulturen, z.B. in einem internationalen Team, zu beweisen. Auf dieser Basis wurde ein diagnostisches Verfahren zur Einschätzung der Eignung einer Person für internationale Einsätze abgeleitet.[55] Im Mittelpunkt des Auswahlinstrumentes steht eine Teilkomponente der interkulturellen Kompetenz, die interkulturelle Sensibilität, die sich primär auf die Lernfähigkeit und auf die Offenheit im interkulturellen Kontext bezieht.[56] Das entwickelte Anforderungsprofil setzt sich auf dieser Basis aus den Dimensionen "Differenzierte Selbstwahrnehmung", "Fähigkeit zur Klärung eigener Werte und Überzeugungen", "Verhaltensdisponibilität", "Metakulturelle Prozeßkompetenz", "Vermeidung von vorschnellen Attributionen", "Vermeidung von Ethnozentrismus", "Ambiguitätstoleranz" sowie "Verfügen über Strategien zur Minimierung von kulturbedingtem Streß" zusammen. Dieses Anforderungsprofil wird den Methoden zur Diagnose der Persönlichkeitsmerkmale zugrunde gelegt. Im einzelnen sind eine Gruppendiskussion, ein Rollenspiel und die Bearbeitung von Fallstudien vorgesehen. Die Bewertung der Bewerber erfolgt wie auch in anderen Assessment Centern durch geschulte Beobachter.[57]

4. Weitere Aspekte der Personalrekrutierung und -auswahl

Die im folgenden diskutierten weiteren Aspekte der Personalrekrutierung und -auswahl beeinflussen zwar nicht direkt den Rekrutierungsprozeß, trotzdem sind sie relevante Rahmenbedingungen, die Einfluß auf die Auswahlentscheidungen haben. Zunächst wird auf den Abbruch von Auslandstätigkeiten als Folge von Auswahlfehlern berichtet. Anschließend steht das Problemfeld der Wiedereingliederung von entsandten Mitarbeitern nach dem Auslandseinsatz, die sogenannte Repatriierung, im Mittelpunkt.[58] Es folgen einige Bemerkungen zu den gesetzlichen Rahmenbedingungen, die die Chancengleichheit verschiedener Mitarbeitergruppen bei der Einstellung jeweils auf nationaler Ebene garantieren sollen. Schließlich wird die besondere Situation von Frauen im internationalen Management diskutiert. Am Ende des Kapitels wird auf die Rekrutierung von HCNs und TCNs eingegangen.

4.1 Abbruchraten von Auslandstätigkeiten

Im folgenden wird zunächst die Bedeutung des Abbruchs von Auslandstätigkeiten diskutiert. Anschließend wird anhand von empirischen Daten versucht, das Ausmaß dieses Problems in der Praxis einzuschätzen. Eine Analyse der Gründe, die zum Abbruch von Auslandstätigkeiten führen, schließt diesen Abschnitt ab.

4.1.1 Zur Bedeutung des Abbruchs von Auslandstätigkeiten

Ein häufig wiederkehrender Aspekt in der Literatur über internationale Rekrutierung und Auswahl ist der der Abbruchraten von Auslandstätigkeiten. Führt man diese Abbruchraten auf eine nicht angemessene Auswahl zurück, repräsentiert das Versagen von Expatriates einen Auswahlfehler.[59] Die Kosten eines solchen Auswahlfehlers können sowohl direkt als auch indirekt sein. Im Falle des Rückrufs eines Expatriates[60] umfassen die direkten Kosten das Gehalt, Trainingskosten sowie Reise- und Versetzungskosten.

Aus den bereits dargestellten Ausführungen von Harvey (1983)[61] kann auf die Wichtigkeit des Problems geschlossen werden. Er schätzt, daß die durchschnittlichen Kosten für die Muttergesellschaft pro Abbruch dreimal so hoch sein können wie das Jahresgehalt im Heimatland plus Versetzungskosten, die von den Wechselkursen und von dem Ort der Auslandstätigkeit abhängen. In einer Studie aus dem Jahre 1997 wird angegeben, daß eine Auslandsentsendung mindestens das Doppelte des Bruttoinlandsgehalts eines Mitarbeiters kostet.[62]

Die Bedeutung der indirekten Kosten einer Fehlbesetzung nimmt mit dem Rang der Auslandsposition zu. Beispielsweise kann der Geschäftsführer einer ausländischen Tochtergesellschaft, der sich später als ungeeignet für diese Tätigkeit erweist, den Beziehungen zur Regierung des Gastlandes sowie zu Kunden schaden, was in Verlusten von Marktanteilen, Problemen mit Regierungsvertretern des Gastlandes und Forderungen, daß PCNs durch HCNs ersetzt werden, resultieren kann. Zeira und Banai[63] sind der Meinung, daß multinationale Unternehmen diese Faktoren als reale Kosten des Versagens internationaler Führungskräfte stärker berücksichtigen sollten als direkte Ausgaben wie Gehalt und Repatriierungskosten.

4.1.2 Abbruchraten von Auslandstätigkeiten — empirische Befunde

Ein Blick in die internationale Literatur zeigt, daß das Versagen von Expatriates ein sich ständig wiederholendes Problem ist. Mendenhall und Oddou berichten, daß die geschätzte Abbruchrate von Auslandstätigkeiten von 1965 bis heute zwischen 25 % und 40 % schwankt, Desatnick und Bennett stellten fest, daß der Anteil in Entwicklungsländern sogar auf 70 % ansteigt.[64]

In einer der wenigen empirischen Studien über den Abbruch von Auslandstätigkeiten untersuchte Tung[65] eine Reihe von US-amerikanischen, europäischen und japanischen multinationalen Unternehmen. Ihre Ergebnisse werden in Tabelle 4.9 zusammengefaßt.

US-amerikanische multinationale Unternehmen	
Abbruchraten in %	Anteil der Unternehmen in %
20-40	7
10-20	69
< 10	24
Europäische multinationale Unternehmen	
Abbruchraten in %	Anteil der Unternehmen in %
11-15	3
6-10	38
< 5	59
Japanische multinationale Unternehmen	
Abbruchraten in %	Anteil der Unternehmen in %
11-19	14
6-10	10
< 5	76

Tab. 4.9: Abbruchraten von Auslandstätigkeiten (Tung, 1982, S. 57-71).

Wie Tabelle 4.9 zeigt, weisen US-amerikanische Unternehmen, im Gegensatz zu europäischen und japanischen grenzüberschreitend tätigen Organisationen, sowohl höhere prozentuale Abbruchraten als auch einen höheren Anteil von Unternehmen auf, die über Abbruchraten von 10 % und mehr berichten. Diese nationalen Unterschiede sollten jedoch nicht die Tatsache verschleiern, daß alle Unternehmen in Tungs Stichprobe ein signifikantes Problem mit dem Abbruch von Auslandstätigkeiten hatten.[66] Obwohl keine Daten verfügbar sind, die fehlerhafte Auswahlentscheidungen auf nationaler Ebene mit denen auf internationaler Ebene vergleichen, scheint es plausibel zu sein, daß nur wenige Unternehmen inländische Fehlentscheidungsraten der relativen Größe aufweisen, wie sie in Tabelle 4.9 dargestellt werden. Für deutsche Unternehmen liegen Ergebnisse aus der Untersuchung von Horsch vor. Auch hier zeigt sich kein einheitliches Bild über alle Unternehmen hinweg. Die Abbruchquoten variieren von 0 % bis 80 %, wobei 9 der 16 Unternehmen, aus denen Daten vorliegen, Werte von 0 bis 5 % aufweisen, weitere vier Unternehmen berichten von einer 10 %igen Abbruchquote.[67]

4.1.3 Gründe für den Abbruch von Auslandstätigkeiten

Einige der Unterschiede zwischen nationaler und internationaler Auswahl werden offensichtlich, wenn die Gründe für den Abbruch von Auslandstätigkeiten untersucht werden. Tung fragte in der Stichprobe von multinationalen Managern nach Gründen für den Abbruch von Auslandstätigkeiten in den jeweiligen Unternehmen. Für die Befragten aus US-amerikanischen Unternehmen waren die Gründe sortiert nach Wichtigkeit:

(1) Mangelnde Anpassungsfähigkeit des Ehepartners.

(2) Mangelnde Anpassungsfähigkeit des Managers.

(3) Andere Familienprobleme.

(4) Persönliche und emotionale Reife des Managers.

(5) Mangelnde Fähigkeit, mit der größeren Verantwortung im Ausland fertig zu werden.

Für europäische Unternehmen wurde von den Antwortenden durchgängig nur ein Grund für den Abbruch von Auslandstätigkeiten angegeben: Die mangelnde Fähigkeit des Ehepartners, sich an die neue Umgebung anzupassen.

In der japanischen Stichprobe waren die Gründe in der Reihenfolge ihrer Wichtigkeit:

(1) Mangelnde Fähigkeit, mit größerer Verantwortung im Ausland umzugehen.

(2) Schwierigkeiten mit der neuen Umgebung.

(3) Persönliche und emotionale Reife des Managers.

(4) Fehlen technischer Fähigkeiten.

(5) Mangelnde Anpassungsfähigkeit des Ehepartners.

Tung analysiert die Tatsache, daß die mangelnde Anpassungsfähigkeit des Ehepartners einen relativ untergeordneten Grund in japanischen Unternehmen darstellte im Vergleich zu den Ergebnissen der europäischen und US-amerikanischen Unternehmen. Ihrer Ansicht nach ist dies nicht erstaunlich, wenn man die Rolle und den Status betrachtet, den die japanische Gesellschaft der Ehefrau zuschreibt.[68] Wie bei den Abbruchraten sind keine Daten verfügbar, die die Gründe für inländische und internationale Selektionsfehler vergleichen, aber es ist eine plausible Hypothese, daß zwischenmenschliche und umweltspezifische Anpassungsprobleme für die Erklärung des Versagens von Managern, die auf nationaler Ebene tätig sind, nicht so bedeutend sind wie bei internationalen Managern.

Wie oben bereits erwähnt, ist das Versagen von Expatriates in der Literatur zur internationalen Rekrutierung ein wichtiger Aspekt, jedoch gibt es nur wenige Studien hierzu. In einer von Dowling und Welch (1988)[69] durchgeführten Studie, die die internationalen Personalmanagementpraktiken von vier multinationalen Unternehmen untersucht (zwei waren australisch, eine europäisch, eine amerikanisch), wurde herausgefunden, daß der Abbruch von Auslandstätigkeiten keine bedeutende Rolle spielte. Alle Unternehmen in dieser Studie berichteten von einem kleinen Anteil vorzeitiger Rückkehrer, die meistens auf das Fehlen technischer Fähigkeiten oder auf die mangelnde Anpassungsfähigkeit des Ehepartners zurückgeführt wurden. Ein US-amerikanischer Personaldirektor, der für diese Studie interviewt wurde, betonte, daß die Begründung für das Versagen von Expatriates durch die mangelnde Anpassungsfähigkeit des Ehepartners manchmal eine vereinfachende Erklärung darstellt. Er wies darauf hin, daß der Expatriate (alle Expatriates in dieser Studie waren männlich) möglicherweise seine Frau für seine eigene mangelnde Anpassungsfähigkeit verantwortlich macht. Zudem hätten auch einige scharfsinnige Ehepartner die schlechte Leistung des im Ausland tätigen Mitarbeiters erkannt und den vorzeitigen Abbruch ausgelöst, um so den Schaden, den die Karriere des Expatriates nehmen könnte, in Grenzen zu halten. Die zitierten niedrigen Abbruchraten in dieser Studie widersprechen dem größten Teil der Forschungsliteratur. Die bekannteste Studie wurde jedoch schon in den späten siebziger Jahren durchgeführt.[70] Es kann sein, daß international tätige Unternehmen diese Probleme seit dieser

Zeit bewußter wahrnehmen und gelernt haben, sie zu vermeiden. Offensichtlich ist aber weitere Forschung zu diesem Aspekt erforderlich.

4.2 Berücksichtigung der Repatriierung bei der Auswahlentscheidung

Ein anderer in der Literatur selten berücksichtigter Aspekt ist die Wiedereingliederung der Expatriates in ihrem Heimatland am Ende einer Auslandstätigkeit. Dies spiegelt die Handhabung des Problems in der unternehmerischen Praxis wider. Wiedereingliederungsprozesse werden in dem Kapitel über internationale Personalentwicklung vorgestellt und diskutiert. Im folgenden werden lediglich Aspekte angesprochen, die eine frühzeitige Berücksichtigung der späteren Wiedereingliederungsproblematik nahelegen. Andere Begriffe, die für die Wiedereingliederung von entsandten Mitarbeitern verwendet werden, sind Repatriierung, Reentry, Reintegration oder Rückgliederung.[71]

Das Hauptproblem der Repatriierung besteht darin, daß der Expatriate ohne entsprechende Personalplanung des Unternehmens und ohne entsprechende unterstützende Maßnahmen sowohl auf berufliche als auch auf persönliche Wiedereingliederungsschwierigkeiten stoßen kann. In der Forschung wurden einige Faktoren identifiziert, die zu Problemen für Expatriates führen können:[72]

- Die Erfahrung "aus den Augen, aus dem Sinn" der Muttergesellschaft zu sein, kann die Chancen auf einen beruflichen Aufstieg nach der Rückkehr in das Stammhaus verringern. Manchmal hat die Unternehmung nur wenig oder gar keine Planung hinsichtlich der Repatriierung oder der Karriereförderung des im Ausland tätigen Managers durchgeführt. Dies ruft regelmäßig Frustrationen hervor.

- Wenn entsandte Mitarbeiter auf eine Position in das Stammhaus zurückkehren, die mit weniger Verantwortung und Status verbunden ist, als ihre vorhergehende internationale Aufgabe, so können Ängste vor einem "Karriereknick" auftreten. Tung[73] stellte fest, daß negative Karriereeinflüsse nach den Auslandstätigkeiten in US-amerikanischen, international tätigen Organisationen häufig vorkommen. Dieses Phänomen steht im Gegensatz zu den meisten der europäischen, japanischen und australischen multinationalen Unternehmen, die internationaler Erfahrung eine größere Bedeutung beimessen.[74]

- Technologische Fortschritte in der Unternehmung können die fachlichen Fähigkeiten des im Ausland tätigen Mitarbeiters veralten lassen.

- Veränderungen in den formalen und informellen Tätigkeiten und Informationskanälen der Organisation können Anpassungsschwierigkeiten für den Expatriate hervorrufen, insbesondere wenn nur ungenügender Kontakt mit dem Expatriate während seiner Auslandstätigkeit bestanden hat. Fehlender Kontakt führt zu einem Gefühl der Isolation und des Exils für den im Ausland tätigen Mitarbeiter.

- Wie Adler (1997b)[75] berichtete, wollen 20 % der im Ausland tätigen Mitarbeiter nach der Rückkehr ins Heimatland ihr Unternehmen verlassen. Eine schlechte Repatriierungspolitik kann also zur Desillusionierung der Mitarbeiter und zu ungewollter Fluktuation führen. Dies ist insbesondere dann der Fall, wenn andere Unternehmen bereit sind, für die Erfahrung und das Fachwissen eines Expatriates höhere

Gehälter zu zahlen.[76] Die Kosten der Fluktuation von Expatriates sind für ein international tätiges Unternehmen beträchtlich. Sie setzen sich aus dem Verlust wertvoller Mitarbeiter mit internationaler Erfahrung und aus den erforderlichen Investitionen für die Beschaffung eines angemessenen Ersatzes zusammen. Ein zusätzliches Problem ist, daß die Entsendungsbereitschaft von Nachwuchskräften sinkt, wenn sie Zeuge dieser Wiedereingliederungsprobleme werden.

- Für den Ehepartner und die Familie des Expatriates kann die Wiedereingliederung ebenfalls Schwierigkeiten und Desillusionierung bedeuten. Menschen können sich in ihrem eigenen Land entfremdet fühlen, insbesondere, wenn sie während ihres Auslandseinsatzes keinen Kontakt zu ihrer Familie, zu Freunden und zu lokalen Ereignissen gehabt haben. Ihre internationale Erfahrung hat sie vielleicht sozial und psychologisch von ihrer heimatlichen Umgebung distanziert. Eventuell hat es den Expatriates und ihren Familien auch gefallen, während ihrer Auslandstätigkeit an der sozialen und ökonomischen Elite teilgehabt zu haben, und die Heimkehr bringt eine Art sozialer Enttäuschung mit sich - genauso wie das Vergütungspaket keine Prämien für Expatriates mehr enthält![77]

- Zusätzlich haben Expatriates vielleicht eine erweiterte kulturelle Perspektive entwickelt, weil sie die Bedingungen des Heimatlandes mit anderen Lebensstilen und Umwelten vergleichen konnten. Viele Rückkehrer von Auslandstätigkeiten berichten, daß ihre Umgebung nur wenig Interesse zeigt, an den Erfahrungen des Expatriates teilzuhaben.[78]

Insgesamt haben nur wenige Unternehmen Programme etabliert, um ihre Expatriates und deren Familien bei Repatriierungsschwierigkeiten zu unterstützen.[79] Die Planung dieser Programme sollte jedoch bereits mit der Personalauswahl für internationale Positionen beginnen. Unterstützungsprogramme zur sozialen und beruflichen Repatriierung sollten als ein Teil des gesamten Prozesses der Karriereentwicklung und des internationalen Personalmanagements implementiert werden. Tung[80] hat einige Empfehlungen für eine erfolgreiche Repatriierung entwickelt:

- Ein Mentorenprogramm sollte etabliert werden, um die Karriere des Expatriates zu begleiten. Wenn die Zuordnung von individuellen Mentoren zu kostenintensiv ist, sollte eine Abteilung im Personalmanagement für die Karriereplanung und regelmäßige Treffen zwischen internationalen Mitarbeitern und Rückkehrern zuständig sein.

- Organisationen sollten den Kontakt mit Expatriates z.B. durch die Übersendung von Zeitungen, unternehmensinternen Informationsblättern und Post aufrechterhalten.

Weitere Konzepte und Ausgestaltungsmöglichkeiten der Wiedereingliederung sind Gegenstand des Kapitels über "Internationale Personalentwicklung".

4.3 Aspekte der Chancengleichheit

Im Rekrutierungs- und Auswahlprozeß müssen multinationale Unternehmen - je nach landesspezifischer Gesetzgebung und Ausprägung der Unternehmenskultur - den Aspekt der Chancengleichheit bei der Einstellung berücksichtigen.[81] Dies setzt die

Kenntnis der gesetzlichen Grundlagen in den einzelnen Ländern voraus. Im folgenden werden einige relevante Bestimmungen diskutiert, um die Problematik zu verdeutlichen.

Die USA haben ein Statut, den Title VII of the Civil Rights Act of 1964, das Bestimmungen für die Gleichbehandlung verschiedener Zielgruppen abdeckt. Viele andere Länder (z.B. Großbritannien und Australien) haben separate Gesetze zum Schutz gegen Rassen- und Geschlechterdiskriminierung. Ähnlich stellt sich die Situation auch in Deutschland dar. Es gibt verschiedene gesetzliche Regelungen, die die Gleichbehandlung aller Mitarbeitergruppen gewährleisten sollen. Grundlegend ist Artikel 3 des Grundgesetzes, der die Gleichberechtigung von Mann und Frau gewährleisten soll. Ferner wird folgendes festgelegt:

"Niemand darf wegen seines Geschlechts, seiner Abstammung, seiner Rasse, seiner Sprache, seiner Heimat und Herkunft, seines Glaubens, seiner religiösen oder politischen Anschauungen benachteiligt oder bevorzugt werden."[82]

Die Gleichbehandlung von Mann und Frau sowie von ethnischen und religiösen Angruppen im Arbeitsleben wird ferner durch § 611a BGB sowie durch § 75 BetrVG geregelt.

Einige Länder haben wenig oder gar keine Gesetzgebung für die Gleichbehandlung bei der Einstellung. Insbesondere in Teilen des Mittleren Ostens, Afrikas, Asiens und Lateinamerikas, in denen Frauen einen eher niedrigeren sozialen Status haben, werden Frauen nicht überall eingestellt.[83]

Gleichbehandlungsgesetze im Zusammenhang mit der Beschäftigung sind Ausdruck der sozialen Werte einer Gesellschaft oder eines Landes.[84] Sind die Auswahlverfahren einer multinationalen Unternehmung nicht konform mit diesen Werten, so ist häufig eine Verteidigung gegenüber Illegalitätsvorwürfen erforderlich. Um dies zu vermeiden, müssen die unterschiedlichen nationalen Beschäftigungsgesetze in den Auswahlentscheidungen Berücksichtigung finden. Beispielsweise sind Vorschriften über Altersgrenzen bei der Pensionierung oder bei der Einstellung in den USA und in manchen anderen Ländern illegal, aber wiederum in anderen Ländern legal. Welches Gesetz in welchem Land besteht und welches möglicherweise Vorrang hat, läßt sich nur jeweils für das betrachtete Land herausfinden. Eine einheitliche Lösung des Problems gibt es jedoch für die multinationale Unternehmung nicht.

4.4 Frauen im internationalen Management

Im folgenden wird zunächst auf den Anteil weiblicher Mitarbeiter bei den Auslandsentsendungen eingegangen. Anschließend steht das Dual-Career Problem aus der Sicht von Frauen im Mittelpunkt. Zudem werden Möglichkeiten der Rekrutierung von Frauen im Gastland analysiert. Abschließende Erläuterungen der Beschäftigung von Frauen in Japan runden das Kapitel ab.

4.4.1 Die Entsendung von weiblichen Führungskräften

Bis heute sind nur sehr wenige Frauen für Auslandstätigkeiten von westlichen multinationalen Unternehmen entsandt worden. Adler (1984)[85] führte eine Studie der internationalen Personalmanagementpraktiken in über 600 US-amerikanischen und kanadischen Unternehmen durch und fand heraus, daß von 13.338 identifizierten Expatriates nur 3 % (402) weiblich waren. Weibliche Expatriates wurden vornehmlich von Unternehmen mit mehr als 1000 Mitarbeitern im Bankensektor, in der Elektro- und in der ölverarbeitenden Industrie sowie im Pressebereich beschäftigt.

Ein vom Anteil der weiblichen Expatriates vergleichbares Ergebnis liefert die in deutschen Unternehmen durchgeführte Studie von Horsch (1995). Seinen Ergebnissen zufolge variiert der Anteil der entsandten Frauen an der Gesamtzahl der Expatriates zwar unternehmensspezifisch zwischen 0 % und 42,9 %, bei 16 der befragten zwanzig Unternehmen stellte er jedoch einen Anteil weiblicher Expatriates zwischen 0 % und 5 % fest. Hinsichtlich der Branche kann kein Zusammenhang hergestellt werden, da in allen untersuchten Branchen - Metall-/Elektroindustrie, chemische Industrie und Dienstleistung gleichermaßen hohe und niedrige Werte identifiziert werden konnten.[86]

Adler diskutiert verschiedene Gründe für den geringen Anteil weiblicher Expatriates. Eine Erklärung ist, daß diese Daten einfach die Präferenzen für Männer und Frauen widerspiegeln und daß die Mehrheit der Frauen gar nicht ins Ausland entsandt werden will. Solch eine Begründung impliziert, daß sowohl weiblichen als auch männlichen Mitarbeitern die Möglichkeit von Auslandstätigkeiten offensteht. Adler berichtet jedoch, daß dies nicht immer der Fall ist.

Eine andere Erklärung ist, daß nur eine begrenzte Zahl von Frauen mit ausreichender Erfahrung für Auslandstätigkeiten zur Verfügung steht. Auch diese Aussage wird in Frage gestellt.

Eine weitere mögliche Erklärung besteht darin, daß die Entscheidungen multinationaler Unternehmen durch die sozialen Normen beeinflußt werden, die in vielen Ländern vorherrschen. Zum Beispiel stellen einige Länder im Mittleren Osten keine Arbeitserlaubnis für weibliche Expatriates aus, auch wenn die Unternehmung sie auswählen würde.

Adler ist der Ansicht, daß solche Beispiele eher eine Ausnahme darstellen. Im Gegenteil, in manchen Ländern existieren zwar die oben skizzierten sozialen Normen gegenüber der Beschäftigung von Frauen, diese gelten jedoch nicht für weibliche Expatriates, weil sie von den Einheimischen weniger als Frauen denn als Ausländerinnen gesehen werden und somit einen anderen Status als einheimische Frauen haben.

Selbst wenn Mitarbeiterinnen entsandt werden, kann der Nachteil, einer Minderheit in diesem Land anzugehören, nicht ganz von der Hand gewiesen werden. Zum Beispiel beinhalten einige der traditionellen Unterhaltungsmethoden in der asiatischen Wirtschaftskultur sexuelle Ausbeutung von Frauen und schließen sie damit als gleichberechtigte Kollegen aus.[87]

4.4.2 Das Dual-Career-Problem

Ein wichtiger Aspekt, der im Zusammenhang mit der Auswahl sowohl von männlichen wie von weiblichen Expatriates steht, ist das Dual-Career-Problem. Die Tatsache, daß es hier als Unterpunkt des Abschnitts "Frauen im Management" diskutiert wird, bedeutet lediglich, daß sich das Problem in der Regel für die Entsendung von Frauen als noch gravierender erweist als dies häufig bei männlichen Entsandten der Fall ist.[88]

In den USA leben 47 Millionen Menschen in Dual-Career-Familien,[89] und die Beanspruchung durch Arbeit und Familie ist ein immer größeres Problem sowohl für Individuen als auch für Organisationen. Der Versuch, den Anforderungen von Arbeit und Familienleben gerecht zu werden, gestaltet sich bei internationalen Tätigkeiten noch schwieriger. Die Versetzung eines Mitarbeiters ins Ausland kann die Karriere des Ehepartners und die schulische Erziehung der Kinder unterbrechen sowie einen großen emotionalen und sozialen Umbruch bedeuten.[90] Eine weitere Schwierigkeit besteht darin, daß es - auch wenn die multinationale Unternehmung einen Arbeitsplatz für den Ehepartner arrangiert - keine Garantie dafür gibt, daß die Regierung des Gastlandes auch eine Arbeitserlaubnis für diese Person bewilligt.

4.4.3 Die Rekrutierung weiblicher Mitarbeiter im Gastland

Die Rekrutierung von weiblichen HCNs stellt einen wichtigen Aspekt für international tätige Organisationen dar. Viele Unternehmen haben ohnehin Schwierigkeiten bei der Rekrutierung und Auswahl von HCNs. Dies gilt insbesondere in weniger entwickelten Ländern, wo ein relativ niedriges Bildungsniveau und die wirtschaftliche Entwicklung die Anzahl potentieller Kandidaten begrenzen.[91] Bei der Rekrutierung von Frauen gestaltet sich diese Problematik häufig noch schwieriger.

So kann der Status von Frauen in einigen Ländern herkömmliche Beschäftigungspraktiken des Unternehmens und insbesondere die Ziele der Gleichbehandlung aller Zielgruppen einschränken. In westlichen Ländern geht die Tendenz - im wesentlichen durch die Einführung der Gesetze bezüglich der Gleichstellung der Geschlechter - dahin, alle Tätigkeiten beiden Geschlechtern zu öffnen.[92] Im allgemeinen sind jedoch die Geschlechter hinsichtlich Beschäftigungsmöglichkeiten und Erziehung um so weniger gleichberechtigt, je weniger ein Land entwickelt ist. Es gibt viele Länder, in denen Bräuche, Einstellungen oder die Religion feindlich gegenüber der Präsenz von Frauen in Berufen oder im Wirtschaftsleben und in der Gesellschaft im allgemeinen eingestellt sind. Ball und McCulloch[93] diskutieren Einzelheiten einer geschlechterdiskriminierenden Gesetzgebung in verschiedenen Ländern. Sogar in Ländern, in denen die Gesetzgebung Gleichberechtigung der Geschlechter festlegt, stimmt die Realität manchmal nicht damit überein. Wie Jelinek und Adler festgestellt haben, verewigen die Kulturen mancher Länder, insbesondere asiatischer Länder, "... den Mangel an einheimischen weiblichen Managern".[94]

4.4.4 Weibliche Führungskräfte in Japan

Mehrere Forscher haben die Möglichkeiten für ausländische Unternehmen untersucht, weibliche HCNs in Japan zu beschäftigen.[95] Kaminsky und Paiz stellen in diesem

Zusammenhang fest, daß über ein Drittel aller japanischen Frauen Universitäts- oder College-Abschlüsse besitzen. Sie werden jedoch wegen der kulturell bedingten Präferenz, Männer einzustellen, von japanischen Unternehmen nicht aktiv rekrutiert. Verglichen mit den USA nehmen japanische Frauen daher einen relativ geringen Anteil am Arbeitskräftepotential ein und werden zudem hauptsächlich in traditionellen Berufen beschäftigt, beispielsweise als Sekretärinnen, Hostessen oder Lehrerinnen. Obwohl sie über gute Qualifikationen verfügen, spielen berufstätige japanische Frauen in japanischen Unternehmen nur eine zeitlich begrenzte oder unterstützende Rolle und steigen nicht in dem Maße auf wie Männer. In der japanischen Wirtschaft ist eine Vollbeschäftigungspolitik und eine lebenslange Beschäftigung nur für Männer erreichbar.[96] Die Erwartung der Unternehmung ist, daß die Frau die Belegschaft im Alter von ca. 25 Jahren wieder verläßt, um eine Familie zu gründen und daß sie zehn oder zwanzig Jahre später in eine Teilzeitposition zurückkehrt. Japanische nationale Statistiken zeigen jedoch, daß sich dieses Beschäftigungsmuster verändert, da immer mehr Frauen hochwertige Qualifikationen erlangen und für längere Perioden im Arbeitskräftepotential verbleiben.

Die beschränkten Möglichkeiten und Gehaltsunterschiede für in japanischen Unternehmen beschäftigte Frauen können die Chancen ausländischer Unternehmungen bei der Rekrutierung lokaler weiblicher Mitarbeiter verbessern. Kaminsky und Paiz sagen eine Zunahme in der Beteiligungsrate der Frauen am japanischen Arbeitskräftepotential - vor allem als Führungskräfte in ausländischen multinationalen Unternehmen - voraus. Solch ein Muster könnte sich wahrscheinlich auch in anderen Ländern entwickeln. Adler zieht die folgende Schlußfolgerung: "Es gibt keinen Zweifel, daß die erfolgreichsten nordamerikanischen Firmen sowohl Männer als auch Frauen rekrutieren werden, um ihre internationalen Operationen zu managen. Die einzige Frage ist, wie schnell und wie effektiv die Firmen die Einführung von Frauen in das weltweite Managementpotential realisieren werden."[97]

4.5 Rekrutierung und Auswahl von HCNs und TCNs

Wie Heenan und Perlmutter,[98] Berenbeim[99] und andere Forscher beobachtet haben, werden multinationale Unternehmen im Verlaufe ihrer Entwicklung dazu neigen, von einer schwerpunktmäßig ethnozentrischen Stellenbesetzungspolitik zu einer polyzentrischen und/oder regiozentrischen Politik überzugehen. Ein Effekt, der sowohl aus der polyzentrischen als auch aus der regiozentrischen Stellenbesetzungspolitik resultiert, ist die deutliche Reduzierung von PCNs, die ins Ausland entsandt werden. Es gibt eine Reihe von Gründen, warum die Anzahl der PCNs in den Auslandsniederlassungen reduziert werden sollte.

Ein offensichtlicher Faktor sind die Kosten, die mit dem Unterhalt der Expatriates und ihrer Familien im Ausland verbunden sind. Im Zusammenhang mit der Höhe des Grundgehalts und verschiedenen Zuschlägen stehen die Kosten der Besteuerung im Ausland, die bei einer langen Auslandstätigkeit untragbar werden können.[100] In Japan, wo sowohl die Aufwendungen für Wohnungen als auch die Steuern sehr hoch sind, können diese Kosten noch höher liegen. Durch das Ersetzen von PCNs durch HCNs und ggfs. auch durch TCNs kann das Unternehmen also erhebliche Einsparungen realisieren.

Ein zweiter Grund, warum in multinationalen Unternehmen häufig eine große Bereitschaft herrscht, PCNs zu ersetzen, besteht darin, daß die Managementfähigkeiten und auch die fachlichen Kompetenzen in vielen Ländern verbessert worden sind und daß nun eine große Anzahl qualifizierter und erfahrener lokaler Mitarbeiter zur Verfügung steht, um den Platz der Expatriates zu übernehmen. Daher ist einer der wichtigsten Gründe für die Beschäftigung von PCNs in der Anfangsphase der Internationalisierung, das Fehlen qualifizierter lokaler Mitarbeiter, nicht länger gegeben.

Die Beschäftigung von HCNs verhindert ebenfalls viele der gut dokumentierten Probleme, die mit der Verfolgung einer ethnozentrischen Stellenbesetzungspolitik mit übermäßigem Vertrauen in PCNs verbunden sind.[101] Kobrin[102] geht davon aus, daß ein einheimischer Mitarbeiter, der über vergleichbare Qualifikationen verfügt, der die Sprache spricht, die Kultur und das politische System versteht und häufig auch Mitglied der lokalen Elite ist, effektiver ist als ein fremder Expatriate.

Ein dritter Faktor, der die Stellenbesetzungspolitik beeinflußt, ist der Druck vieler Regierungen, die Anzahl der PCNs zu limitieren und die Anzahl der HCNs zu steigern. Dieser Druck kann explizit (Einwanderungsquoten für PCNs) oder implizit sein (informelle Kommentare von Regierungsvertretern während der Verhandlungen um verschiedene Lizenzen oder Genehmigungen für Projekte). So fordern viele Schwellenländer in Asien und Afrika multinationale Unternehmen auf, sich zu aufwendigem Training von HCNs zu verpflichten, bevor sie Arbeitsgenehmigungen für PCNs erteilen. In manchen Ländern wird dieser Prozeß durch lokale politische Aspekte noch kompliziert.

Die Problematik der Berücksichtigung von Einwanderungsgesetzen ist nicht nur auf Schwellenländer beschränkt. Die meisten Industrienationen (einschließlich der USA) haben Einwanderungsgesetze, die von den Unternehmen den Nachweis fordern, warum sie einen Ausländer statt eines einheimischen Mitarbeiters einstellen wollen. Erfolgreiche Unternehmen schließen solche Erfordernisse mit in ihren Planungsprozeß ein, wenn sie neue Investitionen oder Entwicklungen planen.

Ein Beispiel für ein solches erfolgreiches Handeln stellen die Aktivitäten der Citibank in Australien dar. Australien bot Mitte der 80er Jahre Banken eine einzigartige Möglichkeit zur Markterschließung. Die Citibank war einer der erfolgreichen Bewerber für eine Banklizenz. Banken entsenden nach wie vor in hohem Maße PCNs. Ähnliches gilt im übrigen auch für die ölverarbeitende Industrie und Baufirmen, weil alle drei Branchen Humanressourcen mit sehr spezifischen Fähigkeiten erfordern, die häufig lokal nicht verfügbar sind.

Über ein Jahr bevor die Lizenzen vergeben wurden, entsandte die Citibank einen leitenden Personalmanager für einen einjährigen Aufenthalt nach Sydney, um die Implikationen für die Stellenbesetzungspolitik einer Bewerbung um eine Banklizenz bei der australischen Regierung zu analysieren. Nachdem eine Einschätzung vorgenommen worden war, welche Anzahl von Arbeitsgenehmigungen für PCNs erforderlich sein würden, wurde eine detaillierte Übersicht der Investitionen der Citibank in das Training von Australiern für die Einwanderungsbehörde vorbereitet. Sie enthielt auch Karrierebeispiele von australischen Staatsbürgern, die bei der Citibank in Australien, in ausländischen Niederlassungen und in den USA beschäftigt waren.[103] Dies erwies sich als eine erfolgreiche Strategie. Die Citibank bekam eine der 16 angebotenen Lizenzen und alle beantragten Visa. Sie ist heute eine der führenden ausländischen Banken in Australien.

Die gleichen allgemeinen Kriterien wie für die Auswahl von PCNs gelten auch für die Auswahl von HCNs, obwohl normalerweise mehr Training benötigt wird, da HCNs häufig einen Mangel an Kenntnissen über die Organisation und ihre Produkte oder Dienstleistungen aufweisen. Desatnick und Bennett[104] betonen die Wichtigkeit einer sorgfältigen Vorbereitung und weisen auf die zusätzlich erforderlichen zeitlichen Investitionen bei der Auswahl und Rekrutierung von HCNs hin. Dieser Prozeß fordert eine realistische Einschätzung der verfügbaren Qualifikationen auf dem lokalen Arbeitsmarkt und die Fähigkeit, den Rekrutierungs- und Auswahlprozeß auf die spezifischen einheimischen Bedingungen zuzuschneiden. Zum Beispiel ist die Rekrutierung an Colleges ein integraler Teil der US-amerikanischen Rekrutierungspraxis. Dies ist jedoch in anderen westlichen Ländern viel seltener der Fall, da das Wirtschaftsleben weniger direkte Verbindungen zu den Bildungsinstitutionen aufweist. Multinationale Unternehmen sollten diejenigen Rekrutierungswege nutzen, die auch von lokalen Firmen verwendet werden. Diese Rekrutierungswege sind allerdings ohne die Unterstützung eines einheimischen Personalmanagers nicht sofort zu erkennen. Um die besten Absolventen der einheimischen Universität für das Unternehmen zu interessieren, müssen multinationale Unternehmen häufig höhere Entgelte anbieten als einheimische Firmen. Dies gilt insbesondere für Führungskräfte, denn einheimische Arbeiter und Angestellte sind normalerweise nicht so schwer zu rekrutieren wie Manager. Nichtsdestotrotz ist eine sorgfältige Planung und Identifikation des Stellenbesetzungsbedarfs auf jeder Ebene des Rekrutierungsprozesses wichtig.

Multinationale Unternehmen haben teilweise auch schon die Vorteile in der Beschäftigung von TCNs erkannt. Normalerweise ist die Entsendung von Angehörigen dritter Länder für amerikanische oder deutsche multinationale Unternehmen weniger kostenintensiv, denn nur wenige Länder haben höhere Gehaltsstrukturen für Manager als diese beiden Länder. Internationale Vergütungsexperten haben allerdings festgestellt, daß sie sich durch die Globalisierung die Managementgehälter über nationale Grenzen hinweg auf der gleichen Ebene einpendeln wie die US-amerikanischen Gehälter. So wies die *British Personnel Association* auf einen signifikanten Anstieg der Managementgehälter in Großbritannien hin. Einer der Gründe für diese Entwicklungstendenz war, daß der britische Geschäftsführer einer US-amerikanischen Tochtergesellschaft nicht länger US-amerikanische Untergebene mit höheren Gehältern akzeptieren wollte.

Auch steuerliche Überlegungen können den Einsatz von TCNs günstiger erscheinen lassen. Dies ist insbesondere der Fall bei US-amerikanischen Unternehmen. Die Vereinigten Staaten sind eines der wenigen Länder, die das Einkommen ihrer Staatsbürger im Ausland besteuern. Folglich können US-amerikanische, australische und britische Expatriates, die Seite an Seite in Taiwan arbeiten, gleiche Gehälter und Auslandszuschläge bekommen, aber der US-amerikanische Expatriate kostet das Unternehmen sehr viel mehr, weil der Arbeitgeber sich nicht um die australische und britische Einkommensteuer kümmern muß. Das Einkommen des Amerikaners muß dagegen nicht nur in Taiwan versteuert werden, sondern sein Gehalt und die Zuschläge unterliegen auch der Steuer in den Vereinigten Staaten. Dies kann in einigen Hochsteuer-Ländern den Arbeitgeber mehr kosten als das Gehalt des Mitarbeiters.[105]

Ein weiterer Vorteil der Beschäftigung von TCNs besteht darin, daß sie bereits für die Organisation gearbeitet haben und deshalb mit den Managementpraktiken und der Unternehmenspolitik vertraut sind. Ferner ist die Wahrscheinlichkeit, daß sie in einen Loyalitätskonflikt zwischen Organisation und Gastland geraten, sehr viel geringer. Ball und McCulloch[106] schildern Beispiele von HCNs, die lokale Anbieter präferierten, obwohl importierte Waren billiger und von besserer Qualität waren. Eine solche Gefahr ist bei dem Einsatz von TCNs geringer.

Nicht überraschend ist, daß Gastländer, die die Beschäftigung der einheimischen Staatsbürger fördern wollen, die Einstellung einer großen Anzahl von TCNs als genauso inakzeptabel empfinden wie die von PCNs. TCNs treten meistens in größerer Anzahl auf, wenn ein Unternehmen ein *Regional Headquarters* etabliert (z.B. *Pacific Basin Regional Headquarters* in Melbourne oder Singapur), da Mitarbeiter aus den Ländern der Region in das *Regional Headquarters* entsandt werden, um mehr Erfahrungen zu gewinnen oder um bestimmte Positionen einzunehmen.

Kobrin[107] vertritt die Meinung, daß viele US-amerikanische multinationale Unternehmen die Substituierung von Stammhausentsandten durch HCNs übertrieben haben. Er ist der Ansicht, daß die sinkende Zahl der Expatriates eher auf die Anpassungsschwierigkeiten von Amerikanern zurückgeführt werden kann als auf die normalerweise angeführten Kostengründe. Seiner Ansicht nach waren Amerikaner nicht in der Lage, mit internationalen Aufgaben umzugehen.

Die Konsequenz dieser Handlungsweise ist, daß sich die Belegschaft betroffener Auslandsgesellschaften in erster Linie aus Mitarbeitern zusammensetzt, die sich mit der lokalen Tochtergesellschaft statt mit der weltweiten Organisation identifizieren. Solche Bedingungen lassen bedeutende strategische Management- und Kontrollaspekte aufkommen. Es stellen sich beispielsweise die folgenden Fragen: Wie können Manager dazu ermutigt werden, sich eher mit den unternehmensweiten als mit lokalen Zielsetzungen zu identifizieren? Wie kann die strategische Kontrolle über das Personal und die informelle Organisation aufrechterhalten werden? Wie kann man den Managern internationale Erfahrungen ermöglichen, wenn nicht die Möglichkeit der Besetzung von Auslandspositionen besteht?

Kobrin geht davon aus, daß sich " ... dieses Problem durch das erschreckend niedrige Niveau der internationalen Orientierung und der sprachlichen Fähigkeiten bei Absolventen der amerikanischen Universitäten und *Business Schools* noch verschärfen wird. Dies ist eine weitere Schwierigkeit für US-amerikanische Unternehmen bei der Rekrutierung zukünftiger Manager. Dieser letzte Punkt wird durch das Ergebnis einer für die *National Geographic Society* durchgeführten Umfrage noch verstärkt. Bei dieser

Umfrage wurden 18- bis 24-jährige Personen in neun Ländern untersucht.[108] Die amerikanischen Probanden wurden an letzter Stelle auf der Rangliste für "allgemeine geographische Kenntnisse", einer Variablen, die angemessen mit "internationalem Bewußtsein" korreliert, geführt. Aus diesen Erkenntnissen folgt, daß amerikanische Unternehmen bei der Rekrutierung den Schwerpunkt auf internationales Bewußtsein, Sprachkenntnisse[109] usw. legen müssen. Auch Trainingsmaßnahmen sollten einen höheren Stellenwert bekommen, um einen internationalen Kader an Managern zu entwickeln. Des weiteren ist auch die zunehmende Zahl von TCNs zu berücksichtigen, die in den Universitäten rekrutiert werden können.[110] Es gibt Hinweise darauf, daß einige Unternehmen sich der von Kobrin diskutierten Aspekte bewußt sind. In einer in den USA durchgeführten Studie, in der für Internationales Personalmanagement verantwortliche Manager befragt wurden, gehörten für die Probanden solche Aspekte wie "die Notwendigkeit, global denken zu lernen" und "die sich verändernde Rolle von US-amerikanischen Expatriates in der Welt"[111] zu den wichtigsten gegenwärtigen Aspekten im Internationalen Personalmanagement. Selbst wenn jedoch ein ausreichender Kader an qualifizierten Expatriates zur Verfügung steht, verstärken US-amerikanische Organisationen den Einsatz von TCNs und PCNs. Ausschlaggebend hierfür sind primär Kosten- und politische Gründe. Bei dieser Vorgehensweise werden allerdings Aspekte des Trainings und der Bindung der HCNs und TCNs an das Unternehmen immer wichtiger, und es muß den Karrieremöglichkeiten und den Karrierepfaden für HCNs und TCNs mehr Beachtung geschenkt werden.

5. Zusammenfassung

Dieses Kapitel hat einen Überblick über Aspekte der Rekrutierung und Auswahl für internationale Positionen gegeben. Im einzelnen wurden die folgenden Punkte angesprochen: die Stellenbesetzungspolitik im Kontext ihrer Einflußfaktoren, die Personalauswahlpraktiken in verschiedenen Ländern, mögliche Anforderungsprofile und Auswahlverfahren für internationale Positionen sowie weitere entscheidungsrelevante Gesichtspunkte wie die Situation von Frauen im internationalen Management oder die Einbeziehung der Personalauswahl in die Gesamtplanung von Auslandsentsendungen. Im folgenden sollen diese Ausführungen noch einmal abschließend bewertet und mögliche zukünftige Forschungsfragen identifiziert werden.

Zusammenfassend kann festgestellt werden, daß es der Personalauswahl für internationale Positionen bisher an einer theoretisch-konzeptionellen Fundierung mangelt.[112] Es sollten in einem integrierten Konzept Erkenntnisse über mögliche Erfolgsfaktoren eines Auslandseinsatzes sowie über zweckmäßige Meßmöglichkeiten erarbeitet und einer empirischen Prüfung unterzogen werden. Einflußfaktoren für ein theoretisches Modell könnten die Umwelt in dem jeweiligen Gastland, die zu bewältigende Aufgabe und in der Person des entsandten Mitarbeiters liegende Größen sein. Setzt man an diesen Elementen an, besteht die Möglichkeit, auf bereits etablierten Konzepten aufzubauen. Für die Analyse der Umwelt werden in Kapitel 2 eine Reihe von Hinweisen gegeben. Beispielhaft sei hier nur auf das Umweltschichtenmodell von Dülfer hingewiesen. Bei der Systematisierung der im Ausland zu bewältigenden Aufgabe besteht die Möglichkeit, sich an den Ergebnissen von Tung zu orientieren, die zwischen dem Geschäftsführer einer ausländischen Niederlassung, dem Leiter eines Funktionsbereiches, einem Troubleshooter und Mitarbeitern auf operativer Ebene unterscheidet. Im Zusammenhang mit den von der Unternehmung verfolgten Entsendungszielen könnte dies ein fruchtbarer Ansatz sein. Auch rollentheoretische Überlegungen[113] könnten hier weiterführen. Auf die fachliche Qualifikation des zu entsendenden Mitarbeiters wird hier nicht weiter eingegangen, denn ihre Einschätzung ist ein Problem, das gleichermaßen bei einer Tätigkeit auf nationaler Ebene entsteht. Inwieweit die Führungsfähigkeiten eines Mitarbeiters im internationalen Kontext Potential aufweisen, ist sicherlich die komplexeste Fragestellung im Zusammenhang mit internationaler Personalauswahl. Sie könnte z.B. durch die Verwendung anerkannter theoretischer Ansätze geklärt werden. So wurde die normative Seite des Führungsmodells von Vroom/Jago[114] bereits als Trainingsgrundlage in der Vorbereitungsphase der Entsendung und im eigentlichen Auslandseinsatz als Hilfsinstrument für die Analyse von Führungssituationen und als Unterstützung für Partizipationsentscheidungen diskutiert.[115] Zumindest die deskriptive Seite des Modells könnte dienlich sein für die Überprüfung der Mitarbeitereignung für Auslandseinsätze, denn mit ihr kann festgestellt werden, wie sich Führungskräfte in spezifischen Situationen hinsichtlich der Mitarbeiterpartizipation verhalten.

Ferner könnte auch die Motivation und Einstellung eines Mitarbeiters zum Auslandseinsatz in den Mittelpunkt gerückt werden. So sind Kumar/Steinmann und Torbiörn der Frage nach einem Zusammenhang zwischen Entsendungserfolg - definiert durch die Zufriedenheit der Delegierten mit dem Auslandseinsatz - und Motivation bzw. Einstellung zum Auslandseinsatz nachgegangen.[116] Als theoretische Grundlage für eine solche Untersuchung könnte die VIE-Theorie von Vroom geeignet sein.[117]

In einem Konzept für die internationale Personalauswahl sollte auch die interkulturelle Kompetenz[118] mit ihren affektiven, kognitiven und verhaltensorientierten Dimensionen nicht fehlen. Als Erklärungsansatz der kognitiven Dimension könnte z.B. die Theorie der kognitiven Komplexität zugrunde gelegt werden,[119] für die Analyse der Verhaltensdimension wäre auch die Theorie der Identitätsbalance denkbar.[120] Ein diesbezügliches Meßverfahren wurde mit dem Hildesheimer Assessment Center skizziert.

Sicherlich müssen alle genannten Einflußfaktoren auf der Ebene der Umwelt, der Aufgabe und der Persönlichkeit im Zusammenhang gesehen werden, da sie nicht unabhängig voneinander sind. Auch bei der Verwendung unterschiedlicher Erklärungsansätze muß vor Überschneidungen oder sich widersprechenden Grundannahmen gewarnt werden. Dies sind jedoch lediglich einige Vorschläge, wie die bisherigen Erkenntnisse zur internationalen Personalauswahl mit theoretischen Ansätzen und Konzepten verknüpft werden könnten, um einem Erkenntnisfortschritt in diesem Forschungsfeld zu erlangen.

Neben dieser Forderung nach der systematischen Integration bisheriger Forschungsergebnisse lassen sich auch eine Reihe weiterer Einzelaspekte in der internationalen Personalauswahl identifizieren. Einige werden im folgenden genannt:

- So sollten nach Tung die Abbruchraten von Auslandstätigkeiten detaillierter untersucht werden. Sie fordert dies insbesondere für US-amerikanische multinationale

Unternehmen, weil hier das Problem besonders groß zu sein scheint. Ein Bedarf an einer konzeptionellen Grundlage hierfür besteht jedoch auch unabhängig von empirischen Untersuchungen. Aussagefähige Daten wären allerdings auch für Unternehmen anderer nationale Herkunft wünschenswert.[121]

- Zweitens besteht Bedarf an Studien, die neue Auswahlstrategien für Expatriates untersuchen. Da die meisten Expatriates unternehmensintern ausgewählt werden, sollte die Anwendung einer internen Stellenbesetzungstechnik in Betracht gezogen werden. Ein Beispiel hierfür ist das Hildesheimer Interkulturelle Assessment Center. Mendenhall und Oddou sind der Ansicht, daß dies auch eine nützliche Technik für die Messung der persönlichen Dimensionen (Selbstorientierung, Wahrnehmungsorientierung und Fremdorientierung) ihres Modells[122] sein könnte. Andere interne Auswahltechniken wie die Verwendung von Auswahlgremien, die aus Managern zusammengesetzt sind, die erst kürzlich Auslandserfahrung sammeln konnten, sollten ebenfalls hinsichtlich ihrer Validität untersucht werden.[123]

6. Diskussionsfragen zu Kapitel 4

(1) Charakterisieren Sie die wichtigsten Merkmale der ethnozentrischen, polyzentrischen, regiozentrischen und geozentrischen Ansätze internationaler Stellenbesetzungspolitik.

(2) Worin bestehen die Vor- und Nachteile des polyzentrischen Ansatzes internationaler Stellenbesetzungspolitik?

(3) Warum ist ein Ad-hoc-Ansatz in der internationalen Stellenbesetzungspolitik eine wenig erfolgreiche Strategie für multinationale Unternehmen?

(4) Welches sind die wichtigsten Anforderungskriterien bei der Auswahl von für Tätigkeiten im Ausland vorgesehenen Mitarbeitern in multinationalen Unternehmen? Welche Faktoren können diese Kriterien beeinflussen?

(5) Viele multinationale Unternehmen halten die Auslandsentsendung von Frauen für sehr problematisch. Mit welchen Schwierigkeiten rechnen diese Unternehmen im einzelnen? Denken Sie, daß sich die Wahrnehmung dieser Problematik mit der Zeit verändern wird?

(6) In welchem Bereich der internationalen Personalplanung sehen Sie den größten Bedarf an neuen Problemlösungen? Begründen Sie Ihre Aussage.

7. Fallbeispiel

Rekrutierung eines Managers für BRB, Israel

BRB Inc., eine multinational tätige Elektronikfirma, plant die Eröffnung einer neuen Tochtergesellschaft in Israel. Die Unternehmenszentrale befindet sich in Los Angeles, Kalifornien; ferner besteht ein zweites *Regional Headquarters* in England. Die Zentrale in den USA ist für sechs nordamerikanische Abteilungen und für drei südamerikanische

Tochtergesellschaften zuständig. Die Zentrale in Großbritannien ist verantwortlich für alle Operationen in Europa und in Asien. Das Vorhaben in Israel ist die erste geschäftliche Aktivität des Unternehmens im turbulenten Mittleren Osten.
Während der letzten zehn Jahre resultierte das phänomenale Wachstum von BRB im wesentlichen aus der Fähigkeit des Unternehmens, neue Märkte mit der Konkurrenz überlegenen, technologisch hochwertigen Produkten zu erobern.

Die Verantwortung für die Funktion "Personalwesen" liegt sowohl in den USA als auch in Europa bei dem jeweiligen Vizepräsidenten. John Conners ist der für das Personalwesen in den USA zuständige Vizepräsident, Francis O'Leary übernimmt diese Funktion in Großbritannien.

Paul Lizfeld, der Geschäftsführer von BRB, gab diesen beiden Vizepräsidenten die Aufgabe, einen Geschäftsführer für die Aktivitäten in Israel zu finden. "Mir ist es egal, wer ihn findet, das wichtigste ist, daß er geeignet ist für diese Aufgabe. Wir können es uns nicht leisten, ihn in sechs Monaten durch jemand anderes zu ersetzen. Ist das klar?!" Lizfeld gab seinen Vizepräsidenten die Anweisung, sich unabhängig voneinander umzusehen und sich dann gegenseitig bei der Auswahl der richtigen Person abzustimmen. Sie wußten, daß sie beide ihre Positionen bei dieser Aufgabe verlieren konnten.

Die beiden Personalmanagementfunktionen waren unabhängig voneinander und jede wurde individuell geführt. Der Rekrutierungsprozeß in den USA unterschied sich von dem in Großbritannien. Jedes *Headquarters* war durch unterschiedliche Organisationsstrukturen und Unternehmenskulturen gekennzeichnet. Die einzige Verbindung zwischen den beiden war der strenge Führungsstil von Lizfeld, der in jeder Situation Kostenkontrolle in den Vordergrund stellte.

Die Aktivitäten in den USA

John Conners arbeitet schon seit 20 Jahren bei BRB. Er begann als Ingenieur und arbeitete auch zunächst im technischen Bereich. Nachdem er das MBA an der UCLA im Bereich Personalwesen absolviert hatte, wechselte er auch in diesen Bereich über. Die Geschäftsführung war der Ansicht, daß jemand, der über einen technischen Hintergrund verfügte, optimal geeignet für die Rekrutierung von hochqualifizierten technischen Personal bei BRB wäre.

Vor drei Jahren wurde Conners zum Vizepräsidenten von BRB befördert, nachdem er vorher für die Stellenbesetzung in den Tochtergesellschaften in Peru und in Brasilien zuständig gewesen war. Abgesehen von den jeweiligen Geschäftsführern waren alle Stellen optimal besetzt worden. Conners hatte den Eindruck, daß das Problem der Geschäftsführer darin bestand, mit Lizfeld zusammenzuarbeiten.

John Conners zog viele unterschiedliche Strategien für die Rekrutierung eines Geschäftsführers der neuen israelischen Tochtergesellschaft in Betracht. Er wollte gewährleisten, daß er die richtige Person für diese Aufgabe findet. Der erste Schritt bei der Auswahl des idealen Kandidaten beinhaltete die Bestimmung der Auswahlkriterien.

Conners definierte die Aufgabe in Israel als Kontrolle und Management der Aktivitäten von BRB in Israel. Der Geschäftsführer muß sowohl direkt als auch indirekt mit der israelischen Regierung zusammenarbeiten.

Die politische Unruhe in Israel verlangt von dem Geschäftsführer eine gewisse Sensitivität gegenüber der Regierung des Landes. Ferner muß diese Person auch direkt mit Lizfeld zusammenarbeiten, da sie Anweisungen von ihm bekommt und ihm regelmäßig Bericht erstatten muß.

Wie viele Länder im Mittleren Osten war auch Israel in Aufruhr. Conners wußte bis dahin wenig über die israelische Kultur, aber er beschloß, sich bei Leuten zu erkundigen, die in letzter Zeit Verhandlungen in Israel geführt hatten. Er wußte, daß Israel dauerhaft von einem Krieg bedroht wurde. Außerdem war das Land von hohen Inflationsraten und einer turbulenten wirtschaftlichen Entwicklung gekennzeichnet. Kürzlich hatte er auch gehört, daß das Land hinsichtlich einiger politischer und kultureller Aspekte geteilt war. Die Person, die diese Aufgabe akzeptierte, würde also Nerven aus Stahl und eine außerordentliche Geduld benötigen.

Conners entschied sich für die folgenden Auswahlkriterien für diese Tätigkeit: Technische Fähigkeiten, kulturelle Empathie, einen starken Sinn für Politik, sprachliche Fähigkeiten, Organisationstalent und eine anpassungsfähige, unterstützende Familie. Er war ferner der Ansicht, daß ein zukünftiger Geschäftsführer über die folgenden Charakteristika verfügen sollte: Überzeugungskraft, Entscheidungsfähigkeit, Einfallsreichtum, Flexibilität und Anpassungsfähigkeit an neue Herausforderungen. Seine Aufgabe war nun, jemanden zu finden, der all diese Eigenschaften besaß.

Er beschloß, mit seiner Suche innerhalb der Organisation zu beginnen. Er wußte, daß diese Vorgehensweise sowohl Vorteile als auch Nachteile hatte. Da BRB sich in Israel immer noch in der Anfangsphase der Internationalisierung befand, könnte die Gegenwart eines Stammhausmitarbeiters hilfreich sein. Lizfeld würde dies begrüßen. Dadurch würden allerdings auch viele Schwierigkeiten entstehen. Es könnte beispielsweise sehr schwierig sein, jemanden zu finden, der überhaupt bereit ist, sich nach Israel versetzen zu lassen. Durch die hohen Lebenshaltungskosten und die unruhige politische Lage ist diese Position nur schwer als attraktiv zu verkaufen. Conners kannte die "israelische Mentalität".

Ferner war er sich dessen bewußt, daß der Management- und Verhandlungsstil dieser Person weder zu aggressiv noch zu schwach sein durfte. Conners wußte, daß Lizfeld gerne die Atmosphäre der Unternehmenszentrale auf die Tochtergesellschaft in Israel übertragen würde und daß er plante, sich selbst aktiv in das Management der Operationen einzuschalten.

Die zweite Option war, jemanden extern zu rekrutieren. Der ideale Kandidat müßte sowohl über Erfahrungen auf nationaler als auch auf internationaler Ebene verfügen. Conners hatte die Möglichkeit, entweder mit einer Vermittlungsagentur zusammen zu arbeiten oder eine Anzeige im *Wall Street Journal* zu schalten bzw. auf Anzeigen zu reagieren. Er war sicher, daß er jemanden mit den erforderlichen Qualifikationen finden würde; er wußte allerdings auch, daß es schwierig sein würde, jemanden auf dem externen Arbeitsmarkt zu finden, den Lizfeld akzeptierte. Conners hatte zwei Führungskräfte für die südamerikanischen Tochtergesellschaften eingestellt, und Lizfeld hatte sie innerhalb von sechs Monaten wieder entlassen. Conners wußte, daß er besonders vorsichtig sein mußte. Noch ein "unqualifizierter" Kandidat könnte ihn seinen Job kosten. Conners fand drei Kandidaten für die zu besetzende Position. Ein Kandidat, Joel Goldberg, war eine Empfehlung einer Personalvermittlungsagentur, die Conners eingeschaltet hatte. Goldberg verfügte über 35 Jahre Erfahrung im Elektronik- und Radarbereich.

Er war Geschäftsführer der *Radar Developments Incorporated*, eines der größten Elektronikunternehmen in New York. Goldberg hatte die Kontrolle von *Radar Developments Incorporated* 1981 übernommen. 1983 hatte das Unternehmen bereits den Umsatz verdreifacht und die Gewinne verfünffacht. Goldberg verfügte über die entsprechenden Kenntnisse, um die Tätigkeit auszuführen. Weiterhin besaß er die notwendigen individuellen Charakteristika, die Conners als wesentlich für diese Position ansah. Goldberg hatte nach dem Collegeabschluß zwei Jahre lang in einem Kibbutz in Israel studiert, sprach fließend hebräisch und war praktizierender Jude. Er wollte in einigen Jahren seinen Lebensabend in Israel verbringen. Conners war daher besorgt, daß er vielleicht nicht lange genug im Unternehmen bleiben würde, um eine solide Organisation aufzubauen. Außerdem arbeitete Goldberg sehr selbständig und unabhängig, worin ein potentielles Problem in der Zusammenarbeit mit Lizfeld zu sehen war.

Der nächste Kandidat war Robert Kyle, der Vizepräsident von BRB's Radar-/ Elektronikabteilung. Kyle arbeitete seit mehr als zwanzig Jahren für BRB und war für zwei andere internationale Abteilungen der BRB in Japan und in Kanada verantwortlich. Kyle war vertraut mit internationalen Tätigkeiten und kannte auch die Unternehmenskultur von BRB. Lizfeld gab ihm exzellente Beurteilungen für die anderen beiden internationalen Aufgabenzuweisungen. Er verfügte über sehr gute Managementfähigkeiten und wurde sowohl innerhalb der Organisation als auch in der Industrie von allen respektiert. Kyle erlangte seinen Doktortitel bei der MIT im Bereich des Elektroingenieurwesens und machte sein MBA in Dartmout. Er besaß hervorragende technische Kenntnisse und war vertraut mit dem Unternehmen. Conners machte sich jedoch Sorgen um die kulturelle Akzeptanz Kyles in Israel, da er die Sprache nicht beherrschte und die israelischen Einstellungen nicht kannte. Er könnte von Kyle zwar verlangen, an einem intensiven kulturellen Training teilzunehmen, aber trotzdem hatte Conners Bedenken, einen Nichtjuden als Geschäftsführer nach Israel zu schicken.

Der letzte Kandidat war Rochelle Cohen, eine Israelin, die seit 1982 in den Vereinigten Staaten lebt. Ursprünglich kam sie in die USA als Assistentin des Leiters der elektronischen Abteilung von *Yassar Aircraft*, einer israelischen Unternehmung, die ihre erste internationale Niederlassung 1978 eröffnete. Frau Cohen erbrachte hervorragende Leistungen. Jetzt will sie jedoch wieder zurück nach Israel, um mit ihrer Familie zusammen zu sein. Außerdem wurde ihr Verlobter, den sie heiraten möchte und mit dem sie eine Familie gründen will, kürzlich nach Israel zurück versetzt. Frau Cohen besitzt internationale Erfahrungen, da sie in den Vereinigten Staaten, in Großbritannien und in Israel gearbeitet hat, aber Conners hatte trotzdem Bedenken, sie einzustellen. Ihren guten politischen Kenntnissen und Beziehungen zur Regierung des Landes stehen ihre Jugend, ihr Mangel an technischer Erfahrung und ihr Geschlecht als Problembereiche gegenüber.

Conners nahm Kontakt mit O'Leary auf, um zu sehen, welche Fortschritte er gemacht hatte.

Die Aktivitäten in Großbritannien

Francis O'Leary dachte über seine letzten acht Jahre bei BRB nach. Sein Aufstieg aus einfachen Verhältnissen in Belfast zum Vizepräsidenten für Personalwesen bei BRB war außergewöhnlich. Er bewies seine Fähigkeiten durch harte Arbeit, kontinuierliche Weiterbildung und hervorragende Menschenkenntnis. Die Aufgabe, einen geeigneten Geschäftsführer für die Tochtergesellschaft in Israel zu finden, stellte eine große Herausforderung für ihn dar.

O'Leary hatte sehr viel Erfolg bei der Rekrutierung und Einstellung von technischem Personal, das BRB innovative Ideen für neue Produkte und Technologien brachte. Dies führte letztlich zu seinem Aufstieg in das Top-Management von BRB.

Vor vier Jahren stellte er Rani Gilboa, einen jungen israelischen Ingenieur und früheren israelischen Soldaten ein. Gilboas Forschungsgebiet lag im Bereich der von BRB verwendeten Technologie. Nach dem Abschluß seines Studiums kam er zu BRB, weil er dort Möglichkeiten zur Verwirklichung seiner Konzepte sah. Gilboas ständige Beiträge zum Erfolg von BRB sicherten sowohl seine als auch O'Learys Position innerhalb des Unternehmens.

Seit dieser Zeit hatte O'Leary noch weitere Erfolge bei der Einstellung innovativer technischer Führungskräfte aus Israel. Sie entstammten im wesentlichen seinen unermüdlichen Studien der israelischen Kultur. Mit einem Gefühl für die israelischen Menschen wies O'Leary ein Gespür auf bei der Abwerbung von Innovatoren von etablierten israelischen Unternehmen. Jetzt stand er der Aufgabe gegenüber, einen Geschäftsführer für die in Haifa neu gegründete Tochtergesellschaft zu finden.

Die Auswahl eines geeigneten Managers war schwieriger als erwartet. Durch seine Kenntnis der israelischen Kultur wußte O'Leary intuitiv, daß ein Israeli an der Spitze der neuen Tochtergesellschaft stehen sollte. Wesentlich für den Erfolg der neuen Tochtergesellschaft waren Akzeptanz durch die Mitarbeiter der Tochtergesellschaft, die Beherrschung der hebräischen Sprache, Unterstützung des Ehepartners sowie die

Kenntnis der Gesetze und Steuerbestimmungen in Israel. Unglücklicherweise zog der Geschäftsführer von BRB die Präsenz eines Stammhausmitarbeiters in der neuen Tochtergesellschaft vor und gab O'Leary die Anweisung, diesem Aspekt Priorität einzuräumen. Nachdem O'Leary ein Negativbeispiel vorgestellt hatte, erlaubte der Geschäftsführer, auch andere Kandidaten zu überprüfen. Ein weiteres Problem wurde deutlich, als Lizfeld andeutete, daß er sich aktiv am Management der israelischen Tochtergesellschaft beteiligen wolle. Für O'Leary bedeutete dies, daß westliche Werte auch auf Israel ausgedehnt werden sollten.

Bis vor kurzem konzentrierte sich O'Learys Rekrutierungsstrategie für Managementpositionen auf interne Beförderungen. Ein bekannter Leistungsträger aus der Organisation wurde einem externen vorgezogen. Wenn kein Mitarbeiter über die erforderlichen Qualifikationen verfügte, verwendete O'Leary in erster Linie die Zeitung als Quelle für neue Kandidaten. Ferner wandte er sich an die erst seit kurzem auf dem englischen Markt existierenden Personalvermittlungsagenturen.

Nach einigen Monaten intensiven Studiums von Bewerbungen hatte er schließlich drei Kandidaten für die Position in Israel. Nun mußte O'Leary sich entscheiden, welchen Kandidaten er Lizfeld vorschlagen sollte.

Michael Flack arbeitete für BRB seit mehr als 19 Jahren. Nach seinem Collegeabschluß als Ingenieur in Cambridge, trat Flack in die Firma als Mechanikingenieur ein. Nach ca. fünf Jahren wurde er zum Abteilungsleiter befördert. Nach elf Jahren in verschiedenen Design-Abteilungen wechselte er in den Produktionsbereich über. Nach 17 Jahren in der Firma wurde er zum Direktor ernannt und hatte die Verantwortung für 43 Mitarbeiter.

Flack verfügt über keinerlei internationale Erfahrung. Außerdem war er als "Tüftler" bekannt und schätzte es, mit seinen Mitarbeitern ausführlich technische Details zu diskutieren. Dies führte zu enormen Erfolgen seiner Abteilung, aber häufig vernachlässigte er seine administrativen Aufgaben.

Rani Gilboa war der Ansicht, sein Freund Yair Shafrir wäre perfekt für diese Position. Shafrir war derzeit Vizepräsident bei *Elta Electronics* in Israel. Elta ist eine von Israels Top-Radar-Firmen, die die Qualität mehrerer Produkte im letzten Krieg unter Beweis stellen konnte. Shafrir machte sein Ingenieursdiplom an der Universität von Jerusalem. Er hat die 19 Jahre seines bisherigen Berufslebens in Israel verbracht, wo er bereits in vier verschiedenen Unternehmen tätig war. Jeder Wechsel des Arbeitgebers war mit einem Aufstieg verbunden. Shafrir verfügte über einen starken Willen und über ein hervorragendes Organisationstalent. Er war in der Lage, Projekte zum Teil in nur 70 % der vorgegebenen Zeit abzuschließen, ein seltener Fall in Israel. Diese Rekorde resultieren in erster Linie aus seinen persönlichen Führungsfähigkeiten und aus der Stärke seines Willens. Da er seine ganze Karriere in israelischen Unternehmen verbrachte, hatte O'Leary nur wenig Zweifel, daß Shafrir für diese Aufgabe nicht geeignet sein könnte. In kultureller Hinsicht war er der perfekte Mann für diese Aufgabe. O'Leary hatte jedoch Bedenken hinsichtlich der Aktivitäten Lizfelds in der israelischen Tochtergesellschaft. Der eigensinnige Shafrir, der keine internationale Erfahrungen besitzt, könnte durch die Einmischung verärgert sein.

Ferner führte eine gut placiert Annonce in der London Times zu einer großen Anzahl an Bewerbungen. Einer der drei in die engere Auswahl gezogenen Kandidaten antwortete ca. vier Wochen nach Erscheinen der betreffenden Zeitung ebenfalls auf die Anzeige.

Harold Michaelson war ein englischer Staatsbürger jüdischen Glaubens. Michaelsons Familie floh 1938 aus Polen nach England. Harold wurde 1940 geboren. Sein Ingenieurstudium absolvierte er in den USA. Dort arbeitete er auch die ersten zwei Jahre seines Berufslebens bei *General Electric*, bevor die Krankheit seines Vaters ihn zwang, nach England zurückzukehren. Er akzeptierte eine Position als Ingenieur bei Marconi und sorgte nach dem Tod seines Vaters für seine Mutter. Mrs. Michaelson hatte immer davon geträumt, in ihrem jüdischen Heimatland zu leben - ein Traum, der von ihrem Mann nicht geteilt wurde. Ein Jahr nach seinem Tode zog sie zu ihrer Schwester nach Haifa. Harold hatte schon akzeptiert, für Marconi nach Israel zu gehen, um dort an dem Verteidigungsflugzeug LAVI mitzuarbeiten. Nachdem dieses Projekt abgesagt wurde, war auch die Versetzung Michaelsons nach Israel hinfällig geworden.

Zur Zeit des Interviews war Michaelson Vizepräsident von Marconi. Er war der jüngste Vizepräsident seines Unternehmens. Seine hervorragenden Kenntnisse im technischen und im administrativen Bereich sowie die Beherrschung der hebräischen Sprache machten Harold zu einem starken Kandidaten für die zu besetzende Position. Während des Interviews deutete er den schlechten Gesundheitszustand seiner Mutter und ihre Weigerung, Israel zu verlassen, an. Falls er für diese Position genommen würde, würde er sich auch stärker um sie kümmern. O'Leary fragte sich, ob dies der wesentliche Grund für Harolds Wunsch, in Israel zu leben, war. Würde er auch nach dem Tod seiner Mutter noch dort leben wollen?

O'Leary wartete nun ungeduldig auf ein Gespräch mit Conners. Was würde er zu seinen Kandidaten sagen? Welche Vorschläge hatte er selber zu machen?

Fragen zum Fallbeispiel

(1) Welche Unterschiede und Gemeinsamkeiten bestehen zwischen den beiden hier dargestellten Rekrutierungsstrategien?

(2) Welche Kandidaten würden Sie in die engere Auswahl ziehen? Für wen würden Sie sich entscheiden? Bitte geben Sie Gründe an. Argumentieren Sie vor dem Hintergrund der Konzepte, die Sie in diesem Kapitel kennengelernt haben.

Quelle: in Anlehnung an Roof/Bakhtari, 1991.

8. Weiterführende Literatur

Kammel, A., Teichelmann, D.: Internationaler Personaleinsatz - Konzeptionelle und instrumentelle Grundlagen, München 1994.

Kühlmann, T. M. (Hrsg.): Mitarbeiterentsendung ins Ausland: Auswahl, Vorbereitung, Betreuung und Wiedereingliederung, Göttingen 1995.

Kühlmann, T. M., Stahl, G. K.: Diagnose interkultureller Kompetenz: Entwicklung und Evaluierung eines Assessment Centers, in: Barmeyer, C., Bolten, J. (Hrsg.): Interkulturelle Personalorganisation, Sternenfels 1998, S. 213-224.

Mendenhall, M., Oddou, G. (Hrsg.): Readings and Cases in International Human Resource Management, Boston 1992 bzw. 2., überarb. Aufl. 1999.

Scherm, E.: Internationales Personalmanagement, 2. unwesentlich veränderte Aufl., München/Wien 1999.

Schreyögg, G., Oechsler, W. A., Wächter, H.: Managing in a European Context: Human Resources, Corporate Culture, Industrial Relations; Text and Cases, Wiesbaden 1995.

Stahl, G.: Internationaler Personaleinsatz von Führungskräften, München/Wien 1998.

---

[1] Vgl. Lueger, 1993, S. 2-3.

[2] Vgl. Pierach et al., 1993, S. 79.

[3] Wie eingangs dieses Kapitels bereits angedeutet wurde, setzt die Rekrutierung von Personal für internationale Unternehmenstätigkeiten eine Entscheidung über die Entsendung von Personal in das Ausland voraus. Diese wurde auch in der deutschsprachigen Diskussion internationaler Personalmanagementfragen schon früh thematisiert (vgl. Burens, 1984; Eckartsberg, 1978; Pausenberger/Noelle, 1977). Sie spielt zudem in einschlägigen Standardwerken eine zentrale Rolle (vgl. Macharzina, 1992; Groenewald/Sapozhnikov, 1990; Kenter, 1989; FemppelNeumeier/Seibold, 1989; Marr/Schmölz, 1989; Miller, 1989) und wird als dominanter Bezugspunkt für die Behandlung des internationalen Personalmanagements herangezogen (vgl. Kammel/Teichelmann, 1994; Wirth, 1992).

[4] Vgl. Heenan/Perlmutter, 1979, sowie die Ausführungen in Kapitel 3; siehe ferner Scherm, 1995; Perlitz, 1997, S. 469 ff.

[5] Vgl. Schulte, 1988; Marr/Schmölz, 1989; Domsch/Lichtenberger, 1991a; Domsch/Lichtenberger 1991b; Weber/Festing, 1991.

[6] Vgl. Perlitz, 1997, S. 140, S. 471.

[7] Vgl. Scherm, 1995, S. 142 ff.

[8] Vgl. Scherm, 1995, S. 142 ff.

[9] Scherm, 1995, S. 143.

[10] Vgl. Scherm, 1995, S. 145 ff. Diese Zielkategorien werden keinesfalls einheitlich so in der Literatur diskutiert. In den verschiedenen Forschungsarbeiten gibt es eine ganze Fülle von Motiven, die sich teilweise überschneiden, teilweise gegenseitig bedingen und keine sich gegenseitig ausschließende Kategorien darstellen. Vgl. zu dieser Diskussion Wirth, 1992, S. 124; Macharzina, 1992, S. Domsch/Friebel, 1979, S. 216; Pausenberger/Noelle, 1977, S. 347 ff.; Edström/Galbraith, 1977b, S. 252; Welge, 1980, S. 197; Kenter, 1989, Sp. 1926; Miller, 1989, Sp. 75; van Roessel, 1988, S. 66-68; Torbiörn, 1982, S. 27.

[11] Vgl. zur aktuellen Diskussion um Know-how Transfer und Wissensmanagement Probst/Raub/Romhardt, 1997; Davenport/Prusak, 1998.

[12] Vgl. hierzu auch die Untersuchungsergebnisse von Horsch, 1995, S. 139. Er unterscheidet zwischen unternehmensbezogenen und privaten Motiven.

[13] Vgl. Heenan/Perlmutter, 1979; Robinson, 1978; Robock/Simmonds, 1989.

[14] Vgl. hierzu beispielsweise Dielmann, 1993; Meffert, 1986; Welge, 1992; Mayrhofer, 1991; Weber/Festing, 1991; Schulte, 1988.

15 Vgl. Femppel/Neumeier/Seibold, 1989; Kenter, 1989; Macharzina, 1992; Marr/Schmölz, 1989; Miller, 1989; Wirth, 1992 u. a.

16 Vgl. Zeira, 1976, S. 34-42.

17 Unter einem Expatriate wird ein ins Ausland entsandter Mitarbeiter verstanden. Dementsprechend bezeichnet man die personalwirtschaftlichen Aktivitäten, die mit einer Auslandsentsendung verbunden sind, auch als Expatriate Management.

18 Vgl. Robinson, 1978.

19 Vgl. Smith, 1975, S. 71-75.

20 Vgl. Heenan/Perlmutter, 1979.

21 Vgl. Robock/Simmonds, 1989.

22 Vgl. Dowling, 1988.

23 Vgl. Mayrhofer, 1991.

24 Vgl. Robinson, 1978, S. 297.

25 Die direkten Abbruchkosten umfassen das Gehalt einschließlich aller Zuschläge, Trainingskosten sowie Reise- und Versetzungskosten. Indirekte Kosten ergeben sich aus den negativen Konsequenzen von Fehlbesetzungen für die wirtschaftlichen Entwicklung des Unternehmens. Vgl. zur Abbruchproblematik die Ausführungen im weiteren Verlauf dieses Kapitels.

26 Vgl. zur Internationalen Personalentwicklung das folgende Kapitel.

27 Vgl. Horsch, 1995, S. 151.

28 Vgl. Newman/Bhatt/Gutteridge, 1978, S. 655-661.

29 Vgl. z.B. Heller, 1980, S. 47-55; Raffael, 1982, S. 59-62; Murray/Murray, 1986, S. 75-80.

30 Vgl. Bergemann/Sourisseaux, 1992a, S. 154; Keller, 1982, S. 563; van Roessel, 1988, S. 19.

31 Vgl. Tung, 1981, S. 68-78.

32 Vgl. Hays, 1974, S. 25-37.

33 Vgl. Dowling, 1988.

34 Vgl. hierzu Festing, 1996a; Festing, 1996b.

35 Vgl. Horsch, 1995, S. 148.

36 Vgl. Newman/Bhatt/Gutteridge, 1978.

37 Vgl. Mendenhall/Oddou, 1985, S. 39-47; Mendenhalls und Oddous Statement liegt die Annahme zugrunde, daß Personalverantwortliche diejenigen sind, die die Auswahlentscheidung für Expatriates treffen. In vielen oder in den meisten Fällen ist die Auswahlentscheidung ein Vorrecht des Linienmanagements.

38 Vgl. Torbiörn, 1982.

39 Vgl. hierzu auch die Ausführungen zum kulturellen Kontext in Kapitel 2.

40 Vgl. hierzu auch das in Kapitel 2 dargestellte Umweltschichtenmodell von Dülfer.

41 Ronen, 1990, S. 130.

42 Bröcker, 1996, S. 269.

43   Bröcker, 1996, S. 276.

44   Vgl. Engelhart/Wonigeit, 1991. Ein anderes Konzept zu den Qualifikationsanforderungen von Euro-Managern stellt Hummel, 1991, vor.

45   Zu weiteren Diskussion über Anforderungsprofile international tätiger Führungskräfte vgl. Bergemann/Sourisseaux, 1992b; Broja, 1982; v. Eckartsberg, 1984; Pierach et al., 1993; Speer, 1987;

46   Vgl. hierzu auch Dülfer, 1997; Engelhard, 1992, Sp. 1261; von Keller, 1982, S. 599; van Roessel, 1988, S. 63, 125-127.

47   Häufig wird kritisiert, daß dem Merkmal "Fachwissen" zuviel Beachtung zukommt bei der Besetzung von Positionen im Ausland, während die interkulturelle Dimension des Auslandseinsatzes vernachlässigt wird. Vgl. zur Kritik an der Auswahlpraxis von multinationalen Unternehmen z.B. Gertsen, 1990, S. 347 f.; Hixon, 1986, S. 92; Kumar/Steinmann, 1982, S. 195; Kumar/Karlshaus, 1992, S. 59 ff.; Bittner/Reisch, 1991, S. 37-40; Tung, 1982, S. 63; Tung, 1988, S. 3 ff.

48   Insgesamt wurden 117 entsandte Mitarbeiter befragt.

49   Vgl. zu Auswahlverfahen und Instrumenten Schuler/Frier/Kauffmann, 1993, S. 13 ff.; Schuler/Funke, 1989, S. 296.

50   Vgl. z.B. Schöllhammer, 1992, Sp. 1871.

51   Vgl. Dülfer, 1991, S. 289.

52   Vgl. Mendenhall/Oddou, 1985, S. 44.

53   Vgl. Horsch, 1995, S. 152 f.

54   Das Assessment Center wurde an der Forschungsstelle für interkulturelle Kommunikation der Universität Hildesheim unter der Leitung von Professor Beneke entwickelt. An einem ähnlichen Konzept arbeitet auch die Arbeitsgruppe um Professor Baumann an der Universität Tübingen. Vgl. zu interkulturellen Assessment Centern ferner Kühlmann/Stahl, 1996; Stahl, 1995a; Stahl, 1995b; Bergemann/Sourisseaux 1992.

55   Vgl. hierzu Beneke, 1992, S. 93.

56   Beneke unterteilt die interkulturelle Kompetenz in Teilkomponenten, die im Zusammenhang mit den unterschiedlichen zeitlichen Horizonten von Auslandsentsendungen stehen. Er unterscheidet zwischen "Interkultureller Sensibilität", "Interkultureller Handlungskompetenz" und "Regionalkompetenz" (vgl. Beneke, 1992, S. 97).

57   Vgl. zu diesen zusammenfassenden Ausführungen Beneke, 1992.

58   Dieses Themenfeld wird hier erstmals angesprochen. Es ist auch Gegenstand der Personalentwicklung, die im nächsten Kapitel behandelt wird.

59   Zur Diskussion über Auswahlfehler vgl. Henemann, 1989; Diese Aussage über Abbruchraten von Expatriates ist keineswegs eindeutig. Nach Pat Morgan sind Personalverantwortliche bei der Diskussion von Abbruchraten in einer schwierigen Situation. Sie sind sich im klaren darüber, daß ihnen der Einfluß der zusätzlichen Kosten des Abbruchs von Auslandstätigkeiten genauso angelastet wird wie die Schande, die damit verbunden ist. Auf der Ebene der Personalleitung haben viele Verantwortliche Schwierigkeiten mit der Definition des Wortes "Abbruch": einige sagen, daß definitionsgemäß die Abbruchrate 100 % beträgt, weil jeder Expatriate irgendwann einmal nach Hause zurückkehrt.

Es stellt sich also die Frage nach der Definition: wird ein Abbruch vollkommen vom Mitarbeiter und seinen Angehörigen verursacht oder kann er auch vom Unternehmen verursacht werden, beispielsweise im Falle einer Reorganisation des Unternehmens oder wenn ein leitender Angestellter stirbt? Letzteres würde ebenfalls eine Rückkehr vor dem vorgesehenen Zeitpunkt bedeuten.

[60] Die Definition des Abbruchs von Auslandstätigkeiten wurde in der vorherigen Fußnote bereits problematisiert. Empirische Untersuchungen hierzu konzentrieren sich hauptsächlich auf die Ermittlung der Abbruchraten und vernachlässigen meist die schwieriger erfaßbare suboptimale Leistung der entsandten Mitarbeiter. Es wird jedoch angenommen, daß gerade sie erhebliche Ausmaße annimmt. Zusammenstellungen von Daten aus empirischen Untersuchungen sind zu finden bei Black/Mendenhall, 1990, S. 114; Black/Mendenhall/Oddou, 1991, S. 291; Dowling/Schuler/Welch, 1994, S. 59 f.

[61] Vgl. Harvey, 1983, S. 71-78.

[62] Vgl. Eicker, 1997, K1; vgl. hierzu auch die Ausführungen bei Bergemann/Sourisseaux, 1992, S. 142; Black/Gregersen/Mendenhall, 1992, S. 11 f.; Lanier, 1979, S. 160; van Roessel, 1988, S. 21.

[63] Vgl. Zeira/Banai, 1984, S. 29-35.

[64] Vgl. Mendenhall/Oddou, 1978.

[65] Vgl. Tung, 1982, S. 57-71.

[66] Vgl. zu einer kritischen Einschätzung der Abbruchproblematik Harzing, 1995.

[67] Vgl. Horsch, 1995, S. 173.

[68] Wie im weiteren Verlauf des Kapitels noch gezeigt wird, sind die meisten entsandten Mitarbeiter männlich. Deshalb wird hier von Ehefrauen gesprochen.

[69] Vgl. Dowling/Welch, 1988, S. 39-65.

[70] Vgl. Tung, 1981.

[71] Vgl. hierzu auch Weber/Festing, 1996, S. 457.

[72] Vgl. Adler, 1986; Torbiörn, 1982; Tung, 1988, S. 241-244.

[73] Vgl. Tung, 1988.

[74] US-amerikanische Unternehmen neigen dazu, sich mehr auf den inländischen Markt zu konzentrieren, während Firmen, deren Aktivitäten von anderen Ländern mit kleineren inländischen Märkten ausgehen, stärker von den Erträgen auf internationalen Märkten abhängig sind.

[75] Vgl. Adler, 1997b.

[76] Vgl. Kendall, 1981, S. 21-25.

[77] Vgl. Tremayne, 1984.

[78] Vgl. Harvey, 1982; Tremayne, 1984; Oddou/Mendenhal, 1989; Black, 1989; Tung, 1989; Tung, 1988; Mendenhall/Oddou, 1988, S. 78-84; Korn/Ferry, 1981; Howard, 1973, S. 25-29.

[79] Vgl. Adler, 1986; Torbiörn, 1982; Tung, 1988; Black/Stephens, 1989; Gaylord, 1979, S. 186-191; Walker, 1976, S. 94-101.

[80] Vgl. Tung, 1988.

[81] In den USA wird dieser Aspekt unter der Überschrift Equal Employment Opportunities (EEO) diskutiert.

[82] Art. 3, GG.

[83] Vgl. Desatnick/Bennett, 1978.

[84] Vgl. zu diesen Ausführungen das in Kapitel 2 erläuterte Kulturkonzept von Schein. Die Gesetze sind auf der Ebene der Artefakte angesiedelt. Beeinflußt werden sie durch zugrunde liegende Werte und Basisannahmen.

[85] Vgl. Adler, 1984b, S. 78-89.

[86] Vgl. hierzu Horsch, 1995, S. 147.

[87] An dieser Stelle ist auch auf eine neuere Forschungsarbeit von Nancy Adler hinzuweisen, in der sie sich mit Frauen in wichtigen Positionen der Politik und der Wirtschaft beschäftigt (vgl. Adler, 1997a).

[88] Adler, 1984a, S. 66-79; Nach Pat Morgan, Präsident der Internationalen Abteilung der Gesellschaft für Human Resource Management, ist die Diskussion über den begleitenden Ehepartner heute intensiver als früher. Interessanterweise berichten viele Personalabteilungen, daß wenn der begleitende Ehepartner männlich ist, die Probleme viel größer werden aufgrund des Egos des Mannes und seines Selbstwertgefühls. Diese Fälle erlangen viel Aufmerksamkeit, weil viele multinationale Unternehmen gewährleisten möchten, daß Frauen ihre Auslandsentsendungen beenden können und dann zurückkommen, um im Unternehmen aufzusteigen (Persönliches Gespräch, August 1989).

[89] Vgl. Hall/Richter, 1988, S. 213-223.

[90] Vgl. Dowling, 1988.

[91] Vgl. Desatnick/Bennett, 1978.

[92] Vgl. Landau, 1984, S. 53-70.

[93] Vgl. Ball/McCulloch, 1988.

[94] Vgl. Jelinek/Adler, 1988, S. 11-19.

[95] Vgl. Kaminski/Paiz, 1984, S. 277-292; Lansing/Ready, 1988, S. 469-481.

[96] Vgl. Devanna, 1987, S. 469-481.

[97] Vgl. Adler, 1987, S. 169-191.

[98] Vgl. Heenan/Perlmutter, 1979.

[99] Vgl. Berenbeim, 1983.

[100] Die Entgeltproblematik, die bei Auslandsentsendungen entsteht, ist Gegenstand von Kapitel 6. Dort ist eine detaillierte Erläuterung der unterschiedlichen Zuschläge zu finden, die den Expatriates gezahlt werden.

[101] Vgl. hierzu Zeira, 1976.

[102] Vgl. Kobrin, 1988, S. 63-75.

[103] Die Citibank verfügte bereits über eine beschränkte Banklizenz, die ihr erlaubte, eine Tätigkeit als Handelsbank auszuüben und eine Finanzgesellschaft zu betreiben.

[104] Vgl. Desatnick/Bennett, 1978.

[105] Vgl. Korrespondenz mit Patric Morgan of Bechtel, August 1989.

[106] Vgl. Ball/McCulloch, 1988.

[107] Vgl. Kobrin, 1988.

[108] Vgl. National Geographic Society, 1988.

[109] Es gibt starke Befürworter dafür, daß Englisch jetzt die Sprache des internationalen Geschäftslebens ist, aber es gibt auch englisch sprechende Führungskräfte, die sich weigern, irgendeine andere Sprache zu sprechen. Diese werden häufig als ethnozentrisch in ihrem Verhalten und ihren Einstellungen wahrgenommen. Eine ganze Reihe von Forschern sind der Ansicht, daß Zweisprachigkeit ein qualitativer Unterschied zu Einsprachigkeit ist, da es der Wahrnehmung und der Interpretation "Stereo-Qualität" verleiht; vgl.: Hedlund, 1986, S. 31, zur Diskussion dieses Themas und weiterer Punkte.

[110] Vgl. Luck-Nunke, 1984, S. 41-45.

[111] Vgl. Dowling, 1989, S. 66-72.

[112] Vgl. zu dieser Diskussion Bergemann/Sourisseaux, 1992, S. 154; Keller, 1982, S. 563.

[113] Unter Rollen werden Erwartungen einer oder mehrerer Personen (Rollensender) an das Verhalten (Rolleninhalt) einer bestimmten Person (Rolleninhaber) verstanden (vgl. Torbiörn, 1982, S. 30; Weber/Mayrhofer/Nienhüser, 1993, S. 239). Zu einer Anwendung im personalwirtschaftlichen Kontext vgl. auch Schuler/Jackson, 1987.

[114] Vgl,. Vroom/Yetton, 1973; Vroom/Jago, 1978; Vroom/Jago 1987; Vroom/Jago 1991.

[115] Vgl. Sydow, 1981, S. 14; Staehle, 1991, S. 794 f.; Vroom/Jago, 1991, S. 203 f.

[116] Vgl. Torbiörn, 1982, S. 72-77.

[117] Vgl. Vroom, 1964.

[118] Definiert werden kann interkulturelle Kompetenz in Anlehnung an Gertsen, 1990, S. 341: " ... the ability to function effectively in another culture ...". Die Unterteilung in drei Dimensionen wird von verschiedenen Autoren verwendet (vgl. z.B. Ciborowski, 1979, S. 103; Kim, 1988, S. 85; Triandis, 1977, S. 20 f.; Koester/Wiseman/Sanders, 1993, S. 6).

[119] Vgl. hierzu Schroder/Driver/Streufert, 1975; Streufert/Swezey, 1986; Streufert/Streufert, 1978; Streufert, o.J.; Streufert, 1978.

[120] Vgl. hierzu Habermas, 1977; Krappmann, 1978.

[121] Vgl. Tung, 1981; Tung, 1982.

[122] Vgl. Mendenhall/Oddou, 1985.

[123] Vgl. Hixon, 1986, S. 91-94.

KAPITEL 5

Internationale Personalentwicklung

1. Einführung

In der deutschsprachigen Literatur wird der Begriff der Personalentwicklung Ende der sechziger Jahre eingeführt.[1] Seine Verwendung erfolgt keinesfalls einheitlich, sondern umfaßt jeweils unterschiedliche Aufgabenbereiche des Personalmanagements.[2] Unter Personalentwicklung können in einer weiten Fassung des Begriffes die Veränderungen der beruflich relevanten persönlichen Merkmale (Kenntnisse, Erfahrungen, Fähigkeiten), die hierauf einwirkenden Maßnahmen wie Weiterbildung und gezielte Vermittlung von Erfahrungen sowie die Maßnahmen verstanden werden, mit denen auf die Veränderungen reagiert wird, z.B. Zuweisung neuer Aufgaben oder Erweiterung des Zuständigkeitsbereiches.[3] Weiterbildung bzw. Training ist also regelmäßig Teil der Personalentwicklung, zweckmäßigerweise aber mit Personalentwicklung nicht gleichzusetzen.[4] Die Elemente eines so verstandenen Personalentwicklungssystems werden in Abbildung 5.1 systematisch wiedergegeben.

Informationsinstrumente		Maßnahmen	
Aufgaben	Personen	Weiterbildung	Aufgabenzuordnung
Stellenbeschreibung	Erfassung des Entwicklungs-potentials Leistungsbeurteilung	Weiterbildungsangebote Gezielte Weiterbildungsempfehlungen	Systematischer und wechselnder Arbeitseinsatz (Job Rotation Innerbetrieblicher Stellenmarkt Nachfolgeplanung Laufbahnplanung
Informationsverarbeitung: Mitarbeiterberatungs- und Fördergespräch			

Abb. 5.1: Elemente eines Personalentwicklungssystems (in Anlehnung an Weber, 1993, S. 146).

Ziele dieser personalwirtschaftlichen Maßnahmen bestehen vor allem in der Mitarbeitermotivation durch Information über berufliche Entwicklungschancen und Berücksichtigung der individuellen Bedürfnisse, in der Versorgung des Unternehmens mit entsprechend qualifizierten Arbeitnehmern sowie in der Abstimmung von individuellen und organisatorischen Interessen.[5]

Internationale Personalentwicklung bezieht sich auf die Zielgruppe der international tätigen Mitarbeiter eines Unternehmens. Diese umfaßt nicht nur Stammhausmitarbeiter, sondern auch Mitarbeiter der Auslandsgesellschaften.[6] Systeme bzw. Konzepte der Personalentwicklung werden mit Blick auf die internationale Unternehmenstätigkeit am ehesten für Führungskräfte angewandt.[7] In der Unternehmenspraxis und in der Fachliteratur stehen Fragen der Auslandsentsendung im Vordergrund,[8] relativ breit diskutiert werden in diesem Kontext schon seit geraumer Zeit Konzepte und Methoden des Trainings zur Vorbereitung auf international ausgerichtete Tätigkeiten.[9]

Aus den obigen Ausführungen ergibt sich, daß dieses Kapitel zwei Perspektiven verfolgt: einerseits stellt sich die Frage nach Maßnahmen der Personalentwicklung im internationalen Vergleich. Auf der Basis dieser Informationen können z.B. Überlegungen angestellt werden, inwieweit einzelne Maßnahmen auf andere Länder übertragbar sind. Am Beispiel der Cranfield-Studie wird ein Überblick über die Situation in verschiedenen Ländern Europas gegeben. Auf der anderen Seite stellt sich die Frage nach den Personalentwicklungsmaßnahmen, die im Zusammenhang mit Auslandsentsendungen eine Rolle spielen. Es werden nicht nur die Entsendungen betrachtet, die vom Stammhaus in die Auslandsgesellschaft erfolgen, sondern auch solche, die von den ausländischen Organisationseinheiten ausgehen. Ziel dieses Kapitels ist es, einen Überblick über die vielen Aspekte zu geben, die mit internationaler Personalentwicklung zusammenhängen. Die Entwicklung international tätiger Führungskräfte bildet hierbei den Schwerpunkt.

2. Personalentwicklungsinstrumente im europäischen Vergleich

Um auf einem globalen Markt wettbewerbsfähig zu sein, ist es für international tätige Unternehmen lebenswichtig, ihre direkt oder indirekt im Auslandsgeschäft engagierten Mitarbeiter entsprechend zu qualifizieren und ihnen Erfahrungen zu vermitteln.

Empirische Befunde bestätigen die Bedeutung der Aus- und Weiterbildung in der Unternehmenspraxis: In der Cranfield-Studie nimmt die Personalentwicklung stets einen Spitzenplatz, oft sogar den ersten Platz, in der Bedeutung aller personalwirtschaftlichen Aktivitäten ein.[10] Im folgenden wird kurz auf die Ergebnisse zur Weiterbildungsintensität und zur Durchführung von Auslandsentsendungen als zentrale Elemente der Personalentwicklung eingegangen. Einige Schlußfolgerungen runden diesen Abschnitt ab.

2.1 Weiterbildung und Weiterbildungskosten

Die Cranfield-Untersuchung von 2000 ergab, daß in 2599 international tätigen Unternehmen in 19 europäischen Ländern circa 45 % der Mitarbeiter innerhalb eines Jahres an wenigstens einer Weiterbildungsveranstaltung teilgenommen hat (siehe Tabelle 5.1). Die länderspezifischen Ergebnisse weisen jedoch große Unterschiede auf: Über 60 Prozent der Mitarbeiter in Schweden und Finnland, und knapp 12 Prozent der Mitarbeiter in Bulgarien nahmen an mindestens einer Weiterbildungsveranstaltung teil. Insgesamt deutet sich damit im Vergleich zur Untersuchung von 1995 eine Zunahme an: 1995 lag der Anteil der Mitarbeiter, die an mindestens einer Weiterbildungsveranstaltung pro Jahr teilgenommen haben, noch bei gut einem Drittel.

Es muß allerdings angemerkt werden, daß die Ergebnisse von zufälligen Einflüssen durch die zum Teil kleinen Stichproben bzw. deren Zusammensetzung nicht völlig frei sind. So ist der besonders weiterbildungsintensive Dienstleistungssektor in den länderbezogenen Teilstichproben unterschiedlich stark repräsentiert.

Land	Anteil in %	N =
Finnland	64	111
Schweden	63	115
Irland	53	214
Tschechien	53	93
Türkei	52	107
Großbritannien	51	387
Norwegen	51	72
Dänemark	50	154
Spanien	50	134
Frankreich	48	210
Belgien	46	133
Schweiz	46	77
Niederlande	44	74
Griechenland	41	62
Portugal	38	83
Italien	37	47
Österreich	34	87
Deutschland	31	400
Bulgarien	12	39
Insgesamt	**45**	**2599**

Tab. 5.1: Anteil der in Weiterbildung involvierten Mitarbeiter in internationalen Unternehmen[11](Auswertung von Daten der Cranfield-Studie, Erhebung 2000).

Dennoch ist bemerkenswert, daß überwiegend in den skandinavischen Ländern eine besonders hohe, in Irland, Tschechien und der Türkei eine deutlich überdurchschnittliche Weiterbildungsaktivität festgestellt wurde.

Land	Anteil in %	N =
Norwegen	4,4	69
Frankreich	4,2	221
Niederlande	4,1	71
Türkei	3,8	75
Schweden	3,8	68
Portugal	3,8	70
Irland	3,5	157
Dänemark	3,2	123
Großbritannien	3,1	311
Bulgarien	3,0	28
Belgien	3,0	118
Schweiz	2,8	61
Finnland	2,8	92
Deutschland	2,7	286
Tschechien	2,5	79
Griechenland	2,5	45
Italien	2,2	42
Österreich	2,2	71
Spanien	2,1	117
Insgesamt	**3,1**	**2104**

Tab. 5.2: Anteil der Aus- und Weiterbildungskosten an der jährlichen Lohn- und Gehaltssumme in international tätigen Unternehmen (Auswertung von Daten der Cranfield-Studie, Erhebung 2000).

Der Anteil der weiterbildungsaktiven Mitarbeiter in Deutschland und Österreich ist deutlich niedriger als in den meisten anderen Ländern. Dies kann mit der besonders systematischen und effizienten beruflichen Erstausbildung in deutschen Unternehmen nur zum Teil erklärt werden, da der durchschnittliche Anteil der Aus- und Weiterbildungskosten an der Lohn- und Gehaltssumme (siehe Tabelle 5.2) ebenfalls sehr niedrig ist. Wenn Qualifizierungsaufgaben in die persönliche und finanzielle Verantwortung der Mitarbeiter übertragen werden, schlägt sich dies in den oben referierten Daten nicht nieder.

2.2 Auslandseinsätze

Rund ein Drittel der Unternehmen in der Stichprobe gibt an, Mitarbeiter regelmäßig ins Ausland zu entsenden. Der Durchschnittswert für die deutschen Unternehmen liegt mit 19,6 % besonders niedrig, der für die norwegischen Unternehmen mit 72,2 % besonders hoch. Interessant ist, daß im Vergleich zur Cranfield-Untersuchung von 1995 der Anteil der Unternehmen, die regelmäßig Auslandseinsätze praktizieren, um ca. 50 % zugenommen hat.

Land	Anteil in %	N =
Norwegen	72,2	18
Griechenland	57,1	63
Belgien	52,7	150
Frankreich	50,0	210
Schweiz	48,4	91
Finnland	45,1	122
Türkei	43,7	103
Schweden	37,4	139
Niederlande	34,2	76
Spanien	33,9	124
Großbritannien	31,4	497
Dänemark	30,3	185
Tschechien	30,2	86
Italien	28,9	45
Irland	28,6	210
Bulgarien	25,6	39
Österreich	23,2	95
Deutschland	19,6	414
Portugal	18,9	74
Insgesamt	**34,3**	**2741**

Tab. 5.3: Anteil internationaler Unternehmen, die regelmäßig Auslandseinsätze praktizieren (Auswertung von Daten der Cranfield-Studie, Erhebung 2000).

2.3 Schlußfolgerungen aus den Ergebnissen der Cranfield-Studie

Trotz der begrenzten Repräsentativität der Stichprobe lassen sich an die Ergebnisse einige wichtige Feststellungen anschließen: Ein relativ großer Anteil der international tätigen europäischen Unternehmen bewältigt das Auslandsgeschäft ohne systematische Mitarbeiterentsendung und offenbar auch mit begrenzter Weiterbildungsaktivität. Auch die Ergebnisse mehrerer anderer, auch außereuropäischer Untersuchungen weisen darauf hin, daß " ... selbst vorbereitende Trainingsmaßnahmen für den Auslandseinsatz bei weitem nicht zum Standardangebot der Unternehmungen"[12] gehören.

Andererseits kann festgestellt werden, daß eine Minderheit von Unternehmen in besonders hohem Maße im Weiterbildungsbereich engagiert und gleichzeitig auch wirtschaftlich besonders erfolgreich ist. Die Entscheidung bleibt allerdings offen, ob diese Unternehmen besonders erfolgreich sind, weil sie dem Bildungsbereich so große Bedeutung beimessen, oder ob diese Unternehmen sich aufgrund ihres wirtschaftlichen Erfolges im Bildungsbereich in besonders starkem Maße engagieren. Am plausibelsten ist die Annahme, daß Unternehmen, die sich dynamisch entwickeln, auch internationale Märkte erschließen, deshalb besonders erfolgreich sind und zur Sicherung dieses Erfolges in besonders hohem Maße in die Qualifizierung ihrer Mitarbeiter investieren. Investitionen in die Qualifizierung der Mitarbeiter haben dann eine besonders gute Chance auf Erfolg, wenn sie in ein strategisches Konzept eingebettet sind oder - anders formuliert - wenn sie Teil eines Konzeptes der Personalentwicklung sind.

3. Grundlagen der Personalentwicklung in internationalen Unternehmen

3.1 Marktentwicklungen und Anforderungen an die Personalentwicklung

Im folgenden wird beantwortet, wie sich veränderte Marktentwicklungen auf das Management von international tätigen Unternehmen auswirken. In der Vergangenheit haben multinationale Unternehmen praktisch alle Personalentwicklungsanstrengungen auf Stammhausmitarbeiter konzentriert.[13] Dieser Ansatz paßte gut zur vorherrschenden Einstellung zu internationalen Unternehmenstätigkeiten: Man ging davon aus, daß Unternehmenswachstum und -gewinn gesichert werden können, indem einfach die gleichen Güter und Dienstleistungen wie bisher auf den gleichen Märkten angeboten werden. Gleichzeitig sah man auch keinen Anlaß für Veränderungen in der bisherigen Stellenbesetzungspolitik. Managemententwicklungsmaßnahmen waren dann erfolgreich, wenn sie jederzeit ähnlich qualifizierten Ersatz für die einzelnen Führungspositionen produzierten. Alle wesentlichen Entscheidungen wurden in der Unternehmenszentrale vom Geschäftsführer bzw. Vorstand oder von den leitenden Angestellten getroffen. Die Erwartung an Linienmanager auf niedrigeren hierarchischen Ebenen bestand darin, daß sie das Tagesgeschäft den Leitsätzen und der Unternehmenspolitik entsprechend abwickelten. Langfristige strategische Fragestellungen spielten bei dieser Zielgruppe keine Rolle. Dies trifft natürlich nicht auf alle Unternehmen zu, aber in der Retrospektive werden sich einige wiedererkennen.

Heute finden viele international tätige Unternehmen eine ganz andere Situation vor. Die wirtschaftliche Umwelt ist sehr turbulent, sie ist zunehmend global ausgerichtet, und es herrscht ein heftiger Wettbewerb. Multinationale Unternehmen aus allen Teilen der Welt erkennen zunehmend die Notwendigkeit von Veränderungen. Flexibilität und Dynamik sind in der Unternehmensführung gefordert. Um Wachstum und Rentabilität auch weiterhin sichern zu können, müssen international tätige Organisationen die folgenden Aspekte berücksichtigen:

- Sie müssen festlegen, in welchen Geschäftsfeldern Aktivitäten erfolgen sollen und welche Wettbewerbsstrategien verfolgt werden müssen, um der Konkurrenz in diesen Feldern erfolgreich begegnen zu können.
- Detaillierte Wettbewerbsstrategien müssen formuliert und realisierbare Implementierungspläne entwickelt werden.
- Es muß ein Bewußtsein für sich verändernde Märkte und Technologien auf der ganzen Welt geschaffen und entsprechende Reaktionsmöglichkeiten sollten vorgesehen werden.
- Mit unerwarteten politischen, ökonomischen und wettbewerbsbezogenen Herausforderungen muß flexibel umgegangen werden.

Die Erfüllung dieser Aufgaben erfordert ein ganz anderes Managementsystem als vorher.[14] Charakteristika eines solchen Managementsystems könnten sein:

- Die weltweite Verantwortung für wesentliche strategische Entscheidungen wird auf Teams von Linienführungskräften verteilt. Jede Ebene der Organisation beschäftigt sich mit anderen strategischen Aspekten. Ein interaktiver Dialog zwischen den verschiedenen Geschäftsbereichen und Ebenen der Organisation ermöglicht es den Managern, strategische Übereinstimmung zu erlangen und eine effiziente Allokation der verfügbaren Ressourcen durchzuführen.
- Informationssammlung und -weitergabe werden integrative Bestandteile jeder Linienmanagertätigkeit im Inland und Ausland.
- Personalentwicklungsmaßnahmen werden für HCNs und TCNs genauso wie für PCNs angeboten.
- Intensive Teamarbeit ist in der Planung und in der reibungslosen Implementierung strategisch notwendiger Veränderungen unerläßlich.

Internationales Management erfordert einen breiteren Blickwinkel, andere Fähigkeiten und eine sehr viel größere Toleranz gegenüber Ambiguität und Unsicherheit. Diese Erfordernisse müssen bei der Planung von Managemententwicklungsprogrammen für multinationale Unternehmungen berücksichtigt werden. Welche Veränderungen sich in den Anforderungen an die international tätigen Führungskräfte konkret im Verlauf der Internationalisierung ergeben, zeigen die folgenden Ausführungen.

3.2 Strategie, Struktur und Internationale Personalentwicklung

Die Internationalisierung des Unternehmens stellt eine wichtige Determinante bei der Planung und Etablierung internationaler Personalentwicklungsmaßnahmen dar. Jede der im folgenden beschriebenen Phasen der Internationalisierung[15] erfordert unterschiedliche Maßnahmen. Es wird davon ausgegangen, daß ein typischer Internationalisierungsverlauf mit begrenzten Beziehungen zu ausländischen Märkten beginnt. Es folgt die Etablierung von Tochtergesellschaften, später von regionalen Aktivitäten und globaler Geschäftstätigkeit.[16]

3.2.1 Begrenzte Beziehungen zu ausländischen Märkten

Der erste Typus von internationalen Aktivitäten, der hier betrachtet werden soll, ist eine Organisation, die internationale Verkaufsaktivitäten durch Exportbüros, Verkaufsrepräsentanten, Joint Ventures oder Beziehungen zu ausländischen Distributoren realisiert. Unternehmen dieser Kategorie beschränken im allgemeinen ihre Personalentwicklungsanstrengungen auf ihre eigenen Manager. Einige bieten jedoch auch an, die Fach- und Führungskräfte ihrer Partner zu unterstützen. Sie bieten Managementtrainings für Verkaufsrepräsentanten, Führungskräfte in Schlüsselpositionen oder sogar für Geschäftsführer verschiedener Partnerorganisationen an, wenn das Exportarrangement eine große Bedeutung für das Gesamtunternehmen besitzt. Diese Fach- und Führungskräfte stellen potentielle Kandidaten für zukünftige Managementpositionen in der multinationalen Unternehmung dar, wenn die internationalen Aktivitäten ausgeweitet werden sollten.

Sie kennen sich dann bereits in der Region und in dem jeweiligen Geschäft aus und konnten bereits operative und strategische Managementfähigkeiten entwickeln.

3.2.2 Tochtergesellschaften

Der zweite Typus internationaler Aktivitäten ist ein Unternehmen, das seine internationalen Aktivitäten über Tochtergesellschaften steuert. Manchmal ist es notwendig, zunächst die Leitung der Tochtergesellschaft einem Stammhausmitarbeiter zu übertragen. Es herrscht jedoch die Ansicht, daß mit zunehmender Entwicklung das gesamte Management einer Tochtergesellschaft aus dem jeweiligen Gastland stammen sollte. Es müssen daher Entwicklungsmöglichkeiten für lokale Manager angeboten werden, um sie auf Managementaufgaben vorzubereiten.

3.2.3 Regionale Geschäftsaktivitäten

Der dritte Typ internationaler Aktivitäten ist ein Unternehmen mit regionalen Geschäftsaktivitäten. Wenn die leitenden Angestellten in verschiedenen Ländern einer Region gelebt haben, ist ein Bewußtsein der kulturellen und geographischen Unterschiede vorhanden, denn diese Unterschiede müssen in Strategien und Geschäftsplänen für die gesamte Region berücksichtigt werden. Mit einer regional ausgerichteten Geschäftstätigkeit sind erhebliche Entwicklungsanstrengungen verbunden:

- Zukünftige auf regionaler Ebene tätige PCNs müssen einige Auslandstätigkeiten zum Zwecke der Entwicklung durchlaufen, bevor sie in der Lage sind, Führungspositionen im *Regional Headquarters* einzunehmen.

- Auch HCNs und TCNs müssen Auslandsentsendungen angeboten werden, um ihre Führungsfähigkeiten zu entwickeln.

- Einige multinationale Unternehmen bieten auch temporäre Personaltransfers zwischen Tochtergesellschaften zur Lösung möglicher Verständigungsprobleme an.

- Es müssen Treffen zwischen den Führungskräften der verschiedenen Tochtergesellschaften einer Region eingerichtet werden. So können neuere Entwicklungen und Probleme diskutiert, Ideen und Informationen ausgetauscht und mögliche Lösungsvorschläge erarbeitet werden.

- Zukünftig werden solche Führungskräfte, die an der Spitze von bedeutenden regionalen Geschäftsaktivitäten standen, wahrscheinlich Kandidaten für Geschäftsführerpositionen in dem gleichen Bereich auf weltweiter Ebene sein. Um sie auf ihre zukünftigen Aufgaben vorzubereiten und um sicherzustellen, daß gegenwärtige globale Geschäftsstrategien die Interessen aller Regionen in angemessener Weise vertreten, integrieren führende Unternehmen ihre regionalen Geschäftsführer in ein Top-Managementteam.

3.2.4 Globale Geschäftsaktivitäten

Der letzte Typus internationaler Aktivitäten ist eine Spitzenunternehmung mit globalen Aktivitäten. Hier fördern Personalentwicklungsprogramme die Informationsteilung über ökonomische, soziale, politische und technologische Trends sowie über Marktentwicklungen auf weltweiter Ebene. Sie fördern die Teambildung über miteinander verbundene Geschäftsbereiche genauso wie über Funktionen und Länderregionen. Hierfür ist ein viele Elemente umfassendes Personalentwicklungssystem erforderlich. Nach Pucik[17] besteht die schwierigste Aufgabe in der Entwicklung eines Kaders von Führungskräften mit einem ausreichend tiefen Verständnis des globalen Marktes. Dies ist erforderlich, um einen Wettbewerbsvorteil im internationalen Wettbewerb zu erlangen. Manche multinationale Unternehmen vertrauten in der Vergangenheit auf die Entwicklung eines Kaders internationaler Manager, die von einem Auslandsaufenthalt zum nächsten versetzt wurden. Dieses Modell wird häufig als "Kolonialmodell" bezeichnet, weil es von vielen europäischen Organisationen angewendet wurde. Zudem wird erst jetzt erkannt, daß nicht nur ein kleiner Kader von PCNs über internationale Erfahrungen verfügen sollte, sondern daß dieses Know-how - unabhängig von der Nationalität - auch auf anderen Managementebenen erforderlich ist. Folglich wird mittlerweile ein immer größerer Teil von Mitarbeitern in einen internationalen Personalentwicklungspool einbezogen. Dies geschieht zunehmend durch kurzfristige Auslandstätigkeiten, die von einigen Monaten bis zu mehreren Jahren reichen.[18]

Wenn sie globale Geschäftsaktivitäten durchführen, bieten multinationale Unternehmen auch Entwicklungsmöglichkeiten für TCNs und HCNs an. Dieses Training ist notwendig, um zur Entwicklung des Kaders von internationalen Managern beizutragen. Gleichzeitig dient es auch der Motivation dieser Zielgruppe. Zum Beispiel entsendet Kodak häufig PCNs in die zweite oder dritte Führungsebene einer Auslandsniederlassung und überläßt die jeweils oberste Führungsposition einem HCN. Diese Art der Stellenbesetzung ist nur möglich, wenn multinationale Unternehmen der Entwicklung von HCNs und TCNs eine entsprechende Bedeutung einräumen. Insbesondere ist dies in solchen Ländern wichtig, in denen qualifizierte Arbeitnehmer knapp sind. Die Bedeutung eines gut ausgebildeten HCN wird von einem leitenden Personalmanager einer großen multinationalen Unternehmung der chemischen Industrie verdeutlicht:

"In Lateinamerika stellt die Rekrutierung qualifizierter Mitarbeiter für alle Ebenen der Organisation eine große Herausforderung dar. Der Kandidatenpool ist sehr viel kleiner, was zur Folge hat, daß häufig Einstellungsstandards gesenkt werden müssen. Dies wiederum führt zu einem sehr viel größeren Bedarf an internen Trainingsmaßnahmen nach der Einstellung. Auch nachdem wir Personal entwickelt haben, müssen wir härter arbeiten, um es zu behalten. Beispielsweise entwickeln wir jemanden zu einem Leiter der Finanzabteilung und glauben, daß er der nächste Finanzdirektor sein wird. Bevor wir ihm dies jedoch anbieten, kommt ein anderes Unternehmen und stellt ihn als Finanzdirektor ein, weil er der beste Kandidat auf dem Markt ist. Auch lokale Unternehmen stellen vorzugsweise Mitarbeiter aus multinationalen Unternehmen ein."[19]

Multinationale Unternehmen müssen dem wachsenden Bedarf an internationaler Personalentwicklung begegnen. Es muß erörtert werden, wie viele Mitarbeiter trainiert werden, welches das Gesamtziel des Trainings ist und wer trainiert werden soll (PCNs, HCNs und/oder TCNs). In der Realität weisen viele multinationale Unternehmen nach wie vor die meisten ihrer Trainings- und Entwicklungsressourcen den PCNs zu.

4. Elemente internationaler Personalentwicklung

Im folgenden wird die in der Einführung dieses Kapitels dargestellte Systematik von Elementen eines Personalentwicklungssystems noch einmal aufgegriffen. Es wird zunächst verdeutlicht, daß der Auslandseinsatz selbst bereits eine Maßnahme der internationalen Personalentwicklung darstellt. Die im weiteren genannten Systemelemente sind ebenfalls im wesentlichen auf den Auslandseinsatz bezogen.

An erster Stelle der Diskussion von Elementen der internationalen Personalentwicklung stehen ihrer Bedeutung entsprechend die Weiterbildungsmaßnahmen für international tätige Führungskräfte. Anschließend wird auf die Problematik und auf erste Lösungsansätze der Leistungsbeurteilung auf internationaler Ebene eingegangen. Ein anderes wichtiges Problemfeld ist die Repatriierung von Mitarbeitern, die einen Auslandseinsatz absolviert haben. Die weiteren Elemente von Personalentwicklungssystemen werden lediglich kurz angesprochen, da sie bisher nicht im Zentrum der internationalen Personalforschung stehen und nur wenige konzeptionelle Arbeiten vorliegen.

4.1 Auslandsentsendung als Maßnahme internationaler Personalentwicklung

Das Problemfeld des Personaltransfers ins Ausland hat in den letzten Jahren besonders starke Aufmerksamkeit gefunden und in der deutschsprachigen Diskussion des Internationalen Personalmanagements eine herausragende Rolle gespielt.[20] In Nachschlagewerken wie dem "Handwörterbuch Export und Internationale Unternehmung" steht im Bereich des Internationalen Personalmanagements ebenfalls der Personaleinsatz im Ausland im Vordergrund.[21]

Als Auslandsentsendung wird in der Regel die Gesamtheit der Maßnahmen bezeichnet, die aus der Sicht des Unternehmens im Zusammenhang mit einer vorübergehenden Tätigkeit von Mitarbeitern in einem ausländischen Unternehmen zu bearbeiten sind. Kenter/Welge (1983) untergliedern den Vorgang in Auswahl-, Vorbereitungs-, Einsatz- und Rückkehr-Phase. Adler (1981) nahm schon früher eine ähnliche Systematisierung vor. Obwohl die beiden Begriffe Auslandseinsatz und Auslandsentsendung häufig gleichgesetzt werden, stellt der Auslandseinsatz im Rahmen umfassender Entsendungskonzepte lediglich einen Teilaspekt dar; er umfaßt den Zeitraum, in dem eine Person dem ausländischen Unternehmen zugeordnet ist. Bei Verwendung dieser weiten Sicht umfaßt die Auslandsentsendung auch die bereits im letzten Kapitel dargestellte Auswahlproblematik. Zudem können die Vorbereitungs-, Einsatz- und Rückkehrphase als Teilaspekte der Personalentwicklung bzw. als Bestandteile von typischen Karrierewegen in international tätigen Unternehmen gesehen werden. Welche Bedeutung die Auslandsentsendung einnimmt, zeigt eine explorative Studie von Bittner und Reisch, die zu Beginn der neunziger Jahre in deutschen Unternehmen durchgeführt wurde. Tabelle 5.4 informiert darüber, welche internationalen Personalentwicklungsmaßnahmen zum Untersuchungszeitpunkt von den befragten Unternehmen durchgeführt wurden.

Internationale Personalentwicklungsmaßnahmen	Anteil der Unternehmen (in %)
Auslandseinsätze im Rahmen von Trainee-Programmen	81,1
Auslandseinsätze von Führungskräften zur Sammlung internationaler Erfahrungen	78,4
Bildung internationaler Führungskräfte-Teams und Arbeitsgruppen	64,9
Identifikation von Führungspotential in ausländischen Niederlassungen	48,6
Internationale Job-Rotation Programme für Führungskräfte	40,5
Gezielte Akquisition und Rekrutierung ausländischer „High-Potentials"	32,4
Gezieltes Führungskräfte-Training in Cross-Cultural Management	27,0
Akquisition ausländischer Top-Manager für die Unternehmensleitung	27,0
Internationales Unternehmenskultur-Management	8,1
Keine Maßnahmen	2,7

Tab. 5.4: Internationale Personalentwicklung (Bittner/Reisch, 1991, S. 15).

Häufig beziehen sich die genannten Maßnahmen der internationalen Personalentwicklung nur auf Stammhausmitarbeiter. Der *Ausländeranteil an den Führungskräften* in den Stammhäusern deutscher Unternehmen ist dagegen eher gering: Im Top-Management und in der oberen Führungsebene liegt er bei 6,5 %, in den unteren und mittleren Führungsebenen sind Schwankungen um zwei Prozent zu verzeichnen. Die befragten Unternehmen, die in diesem Bereich über Planungen für die Zukunft verfügen, äußerten allerdings die Absicht, den Anteil der ausländischen Mitarbeiter im Management in der Zukunft deutlich zu erhöhen.[22] Wenn multinationale Unternehmen HCNs und TCNs in die Unternehmenszentrale entsenden, setzen sie sie bewußt der Unternehmenskultur des Stammhauses aus. Mit dieser Maßnahme soll Verständnis für unternehmenskulturelle Werte entwickelt werden, das die ständige Reflexion der eigenen lokalen Interessen ergänzt.[23] Dies ist ein notwendiger Bestandteil der erfolgreichen Führung einer globalen Unternehmung.

Insgesamt lag der Anteil der Führungskräfte der befragten deutschen Unternehmen mit mehrjähriger Auslandserfahrung 1991 bei 13,7 % mit einem deutlichen Schwerpunkt im Top-Management (35,9 %). Auch hier wurde eine zunehmende Bedeutung für die Zukunft erwartet.[24]

Hinsichtlich der *Zielländer von Auslandsentsendungen* europäischer Unternehmen gibt die Price Waterhouse-Studie (1997) Aufschluß: Während der letzten zwei Jahre haben die internationalen Personaleinsätze in alle Regionen der Welt zugenommen. Die größten Zuwachsraten lagen in Südostasien mit 57 %, Europa (49 %), Zentral- und Osteuropa (48 %) sowie China (43 %). Ein ähnliches Bild zeigt sich bei den Trends, die für die nächsten fünf Jahre von den befragten Unternehmen erwartet werden. Interessant ist, daß immer mehr europäische Unternehmen Versetzungen in das europäische Ausland nicht mehr als Auslandsentsendungen behandeln. Immerhin bieten aber noch drei Viertel dieser Unternehmen gewisse Zulagen für eine Auslandstätigkeit in Europa an.[25]

Die durchschnittliche *Dauer von Auslandsentsendungen* deutscher Unternehmen betrug bei einer Erhebung von 1995 knapp vier Jahre.[26] Als Trend zeichnet sich in Europa ab, daß Tätigkeiten im Ausland eher verkürzt werden. Zudem werden auch zunehmend sogenannte *virtuelle Entsendungen* vorgenommen. Dies bedeutet, daß Verantwortung für Positionen im Ausland von Mitarbeitern mit einem unverändert im Heimatland angesiedelten Standort getragen wird. Kennzeichen von solchen virtuellen Entsendungen sind ständige Kommunikation mit den ausländischen Mitarbeitern sowie ein reger Besuchsverkehr. Ermöglicht werden sie durch die Fortschritte in der Informations- und Kommunikationstechnologie. Beweggründe für virtuelle Auslandsentsendungen liegen zum einen in der mangelnden Bereitschaft der Mitarbeiter, im Ausland zu arbeiten (31 %), und zum anderen in möglichen Kosteneinsparungen (22 %). Insgesamt berichteten 70 % der befragten europäischen Unternehmen von virtuellen Assignments, und mehr als die Hälfte erwarten einen erheblichen Anstieg in diesem Bereich für die Zukunft.[27]

4.2 Weiterbildung und Training für Expatriates

Die Weiterbildung nimmt einen zentralen Stellenwert in der internationalen Personalentwicklung ein. Ihre Gestaltung ist ausschlaggebend dafür, daß ein Mitarbeiter den Herausforderungen seiner internationalen Tätigkeit gut vorbereitet begegnen kann. Dieses Problemfeld wurde in der deutschsprachigen Diskussion schon früh aufgenommen. Schon Ende der 70er Jahre empfahl Stiefel sechs Entwicklungsziele als Grundlage für das internationale Managementtraining, die wie folgt zusammengefaßt werden können: Bewältigung des Kulturschocks, Entwicklung eines dem Gastland adäquaten Führungsverhaltens, Bewältigung der Rollenprobleme, Fähigkeit zur Vermittlung der fachlichen Expertise und des Führungswissens an Mitarbeiter des Gastlandes, Innovationssicherung und Erwerb kommunikativer Kompetenz.[28] Diese auf die Entsendung von Führungskräften abhebenden Zielvorstellungen wurden in der Folge erweitert und systematisiert.[29] Zunächst werden einige Modelle zur Analyse des Trainingsbedarfes und zur Gestaltung von international orientierten Weiterbildungsmaßnahmen vorgestellt. Anschließend wird auf die besonderen Problembereiche der kulturellen, sprachlichen und praktischen Vorbereitung von entsandten Mitarbeitern eingegangen.

4.2.1 Umfassende Trainingsmodelle für Expatriates

Die Vorbereitung der Expatriates auf ihre Auslandstätigkeit ist vielfach nicht ausreichend.[30] Dabei ist sie insbesondere wegen des unterschiedlichen kulturellen Hintergrundes im Stamm- und Gastland sowie wegen der sich hieraus ergebenden Personal- und Kommunikationsprobleme dringend erforderlich.[31] Ob sich in multinationalen Unternehmen langfristig so etwas wie eine transnationale Unternehmenskultur herausbilden kann, die die Bearbeitung dieses Problemfeldes überflüssig macht, erscheint fraglich.

Konsequenzen einer mangelnden Vorbereitung für Expatriates deuten die folgenden Beispiele an. So wurde ermittelt, daß zwischen 16 und 49 % aller amerikanischen entsandten Manager vorzeitig wegen schlechter Leistungen oder wegen mangelnder Anpassungsfähigkeit an die fremde Umgebung zurückkehren.[32] In anderen Untersuchungen wurde herausgefunden, daß Verhandlungen zwischen Geschäftsleuten aus verschiedenen Kulturen häufig an interkulturellen Problemen scheitern.[33] Die Kosten dieser Fehlschläge sind hoch: Für eine Unternehmung mit weltweit Hunderten von im Ausland tätigen Mitarbeitern können sie schnell Millionen von DM oder Dollar erreichen. Copeland und Griggs haben geschätzt, daß in den USA die direkten Kosten von abgebrochenen Auslandsentsendungen bei über 2 Milliarden US-Dollar pro Jahr liegen. Dies schließt die nur schwer zu bemessenen Verluste wie den geschädigten Ruf des Unternehmens oder entgangene Geschäftsmöglichkeiten nicht mit ein.[34]

Am Beispiel des interkulturellen Trainings wird noch einmal verdeutlicht, daß viele Unternehmen der internationalen Personalentwicklung zu wenig Bedeutung beimessen, obwohl diese Art der Auslandsvorbereitung seit langem als ein Instrument zur Erleichterung interkultureller Interaktionen gepriesen wird.[35] In Nordamerika führen die meisten Firmen keine kulturbezogene Vorbereitung durch. Beispielsweise wurden nur 30 % der Manager, die für ein bis fünf Jahre ins Ausland entsandt wurden, vor ihrer Auslandstätigkeit trainiert.[36] In Europa ist die Zahl sogar noch geringer. In der Erhebung europäischer Entsendungspraktiken aus dem Jahre 1997 wird angegeben, daß nur 13 % der befragten Unternehmen ihren Mitarbeitern die Möglichkeit eines interkulturellen Trainings anbieten. Etwas häufiger wird dieses Instrument bei Ländern genutzt, die große kulturelle Unterschiede im Vergleich zu Europa aufweisen: hier sind es 47 %.[37] Aus einer Vielzahl von Gründen für die seltene Anwendung interkulturellen Trainings, scheint der schwerwiegendste Grund darin zu liegen, daß das Top-Management nicht davon überzeugt ist, daß ein solches Training vor dem Hintergrund der Kosten-/Nutzen-Relation notwendig ist.[38] Auch wenn diese Einschätzung in Europa weniger stark verbreitet ist,[39] muß dieses Problemfeld systematischer bearbeitet werden. Entwicklung für Expatriates sollte dort beginnen, wo die Auswahl endet. An die Entwicklung von Expatriates sind daher folgende Anforderungen zu stellen:

- Entwicklung von Expatriates vor, während und nach der Auslandstätigkeit.
- Orientierung und Training für die Familie des Expatriates vor, während und nach der Auslandstätigkeit.
- Entwicklung der Mitarbeiter der Unternehmenszentrale, die für die Planung, Organisation und Kontrolle von Auslandstätigkeiten zuständig sind.

Bei der Entwicklung des internationalen Entwicklungspaketes für Expatriates ist die Berücksichtigung multipler Beziehungen in und zwischen den jeweiligen Rollen, die im Heimatland und im Gastland wahrgenommen werden, zu berücksichtigen. Sie werden in Abbildung 5.2 wiedergegeben werden.

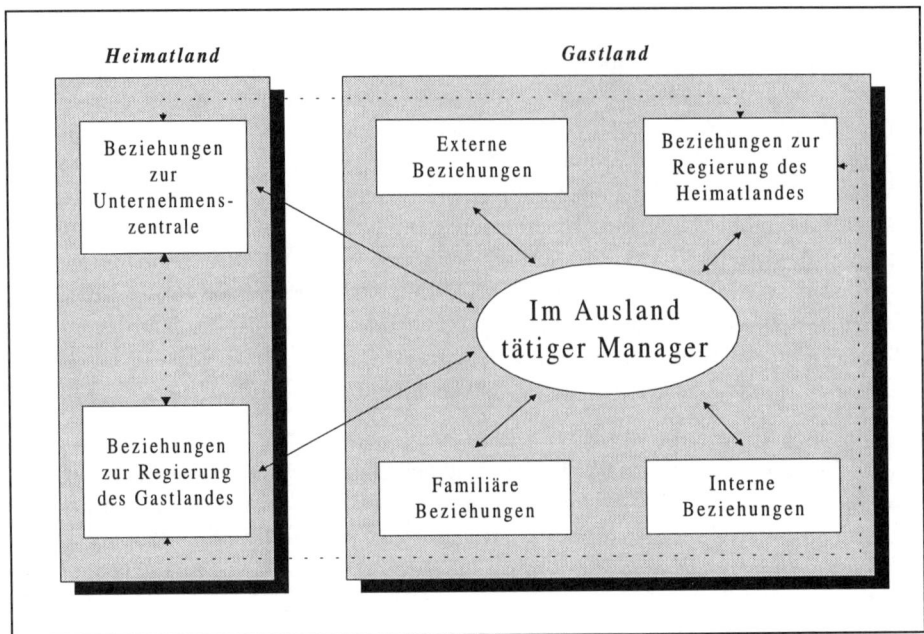

Abb. 5.2: Wesentliche Rollenbeziehungen zwischen dem im Ausland tätigen Manager und anderen Interessengruppen im internationalen Management (Rahim, 1983, S. 313).

Ferner müssen internationale Entwicklungsprogramme die Bedeutung von Einstellungs- und Verhaltensänderungen bei den Expatriates und ihren Familien berücksichtigen. Wesentliche Aspekte des Trainings und der Entwicklung von Expatriates werden in Abbildung 5.3 zusammengefaßt. Wenn ein Mitarbeiter für eine Position im Ausland ausgewählt worden ist, wird das interkulturelle Training der erste entscheidende Schritt sein, denn kulturbezogene Fähigkeiten ergänzen das fachliche Wissen. Je nach Land, in dem die Auslandstätigkeit stattfindet, können der Mitarbeiter und seine Familie mit einer Kultur unterschiedlichen Fremdheitsgrades konfrontiert werden. Es können sich über sprachliche Barrieren hinaus Unterschiede im gesellschaftlichen Leben, politischen Klima und in der Religion ergeben.[40]

Aus verschiedenen Studien[41] geht hervor, daß es drei Bereiche gibt, deren optimale Gestaltung einen sanften Übergang zu einer Auslandstätigkeit fördern: kulturelles Training, Sprachunterricht und Unterstützung bei praktischen, alltäglichen Angelegenheiten. Die ersten beiden Arten des Trainings beginnen notwendigerweise vor der internationalen Tätigkeit. Die praktische Unterstützung, beginnt, wenn der Mitarbeiter im Gastland ankommt. Alle drei Ansätze werden im folgenden angesprochen.

Kapitel 5: Internationale Personalentwicklung 175

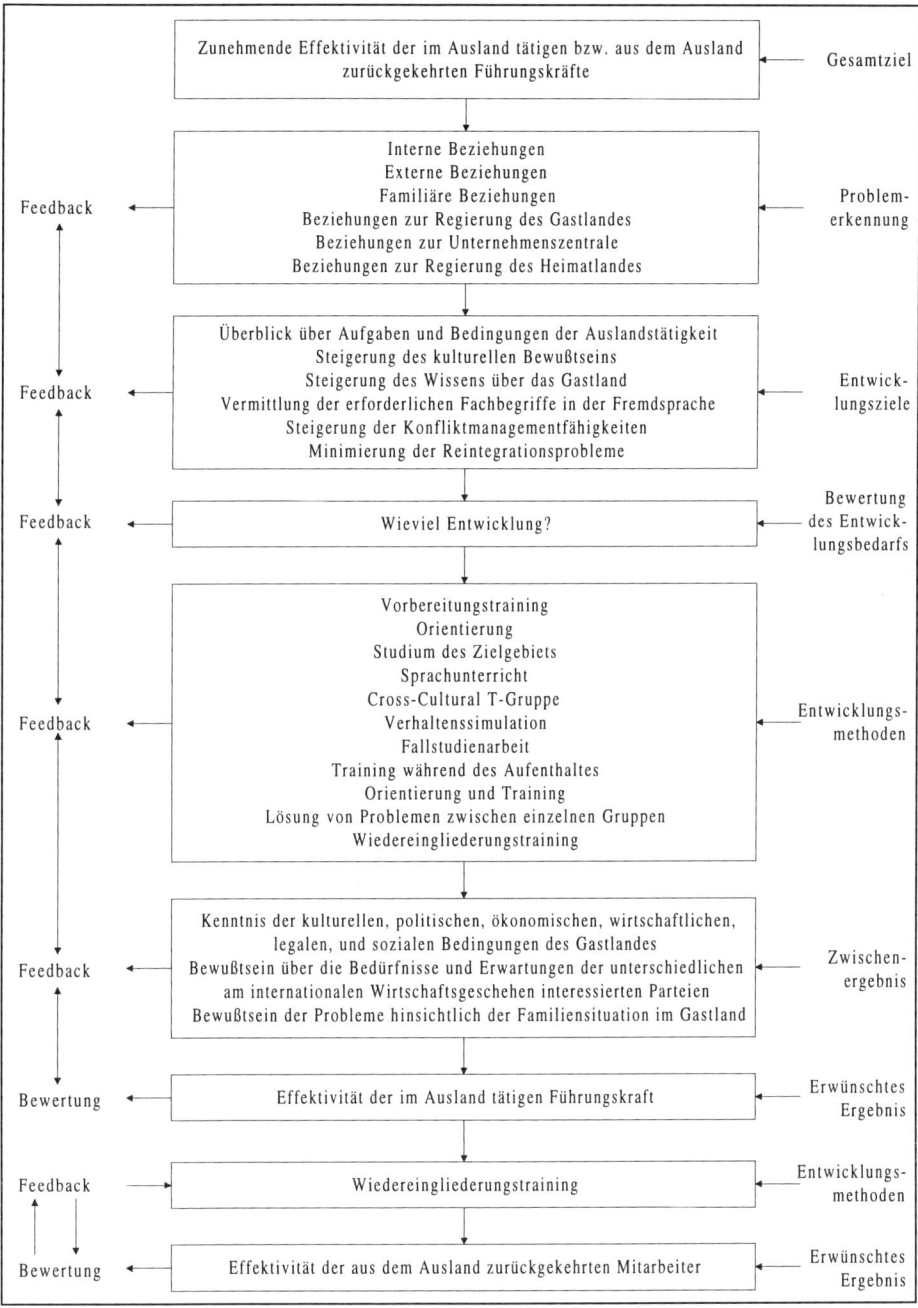

Abb. 5.3: Modell für die Entwicklung eines multinationalen Managements (Rahim, 1983, S. 313).

4.2.2 Interkulturelles Training

Zunächst wird in den folgenden Ausführungen auf die Bedeutung interkulturellen Trainings für den entsandten Mitarbeiter und seine Familie eingegangen. Anschließend werden mögliche Ziele diskutiert und verschiedene Trainingsmethoden vorgestellt, bevor Kontingenzansätze für das Training von Expatriates dargestellt werden.

4.2.2.1 Bedeutung interkulturellen Trainings

Um effektiv zu sein, muß sich der im Ausland tätige Mitarbeiter an die Kultur des Gastlandes anpassen und darf sich dort nicht isoliert fühlen. Ein kulturelles Trainingsprogramm kann dafür sehr hilfreich sein. Der potentielle Nutzen eines kulturellen oder interkulturellen Trainingsprogrammes ist weitgehend anerkannt; trotzdem wird - wie oben gezeigt wurde - diese Art von Training häufig nicht angeboten.[42]

Durch kulturelles Training wird der Expatriate die Kultur des Gastlandes besser einschätzen können, so daß er sich dementsprechend verhalten kann. Sieveking, Anchor und Marston[43] illustrierten diesen Punkt anhand der Kultur des Mittleren Ostens. In dieser Region liegt der Schwerpunkt auf persönlichen Beziehungen, Vertrauen und Respekt. Hiermit gekoppelt ist eine aus westlicher Sicht übermäßige Betonung der Religion, die nahezu jeden Lebensbereich durchdringt. Ohne ein Verständnis (oder zumindest Akzeptanz) der Kultur des Gastlandes in einer solchen Situation wird der Expatriate während seiner internationalen Tätigkeit wahrscheinlich großen Schwierigkeiten gegenüberstehen.

Nach Harris ist es auch wichtig, die Familie in kulturelle Trainingsprogramme mit einzubeziehen. "In der Vergangenheit ist der Familie keine ihr angemessene Aufmerksamkeit zuteil geworden. Das größte Problem für Amerikaner im Ausland ist nicht das technische Know-how, sondern es sind eher Probleme mit den Ehepartnern und/oder den Kindern."[44]

Hinsichtlich dieser Problematik scheinen zumindest in Europa einige Fortschritte in der internationalen Personalmanagementpraxis erzielt worden zu sein. Mittlerweile beziehen ca. zwei Drittel der Unternehmen den Ehepartner und ein Drittel auch die Kinder regelmäßig in die kulturelle Vorbereitung mit ein, wenn auch der Mitarbeiter in den Genuß solcher Maßnahmen kommt. Lediglich 6 % der in der Price Waterhouse-Studie befragten Unternehmen beschränkten das Cross-cultural Training allein auf den entsandten Mitarbeiter. Nur eine Minderheit ermittelte allerdings systematisch den Erfolg solcher Maßnahmen.[45]

4.2.2.2 Ziele interkulturellen Trainings

Das grundlegende Ziel interkultureller Trainingsmaßnahmen läßt sich gut anhand des Verlaufes des kulturellen Anpassungsprozesses von international tätigen Mitarbeitern zeigen: Es besteht im wesentlichen in der Entwicklung von interkultureller Kompetenz, die den Verlauf der kulturellen Anpassung positiv beeinflussen kann.[46] Beide Konzepte werden im folgenden kurz dargestellt.

Kultureller Anpassungsprozeß

Der kulturelle Anpassungsprozeß verläuft bei vielen Mitarbeitern ähnlich und kann durch das in der Literatur viel diskutierte Anpassungsphasenkonzept beschrieben werden, das auf die Arbeiten von Danckwortt (1959) zurückgeht. In diesem Konzept (siehe Abbildung 5.4) wird zwischen vier grundlegenden Phasen unterschieden, die sich in ihrem typischen Verlauf als U-förmige Kurve der Anpassung und Zufriedenheit des Mitarbeiters im Zeitverlauf darstellen lassen: die Beobachtungsphase, die Auseinandersetzungsphase, die Verfestigungsphase und die Aufbruchphase:[47]

- *Beobachtungsphase*: Die Ankunft im Gastland verläuft in der Regel problemlos, da alles durch das Unternehmen organisiert ist und der Mitarbeiter eine hohe Aufmerksamkeit erfährt. Es werden schnell Kontakte zu Einheimischen und zu Landsleuten geknüpft, die schon länger im Land sind. Der Entsandte ist überwältigt von den Eindrücken seiner neuen Umwelt, und seine Grundeinstellung ist meist optimistisch.

- *Auseinandersetzungsphase*: Die ersten Schwierigkeiten treten auf: die Kollegen erweisen sich möglicherweise als nicht so zuverlässig wie erwartet, die Kontaktaufnahme zur lokalen Bevölkerung gestaltet sich vielleicht schwieriger als angenommen etc. Der Entsandte nimmt eine kritische Haltung gegenüber der fremden Umwelt ein. Diese krisenhafte Phase dauert oft zwischen drei und sechs Monaten. Es kommt zu Verunsicherungen, die das Selbstbewußtsein beeinträchtigen können, während gleichzeitig die Erwartungen der lokalen Mitarbeiter an die Leistungsfähigkeit des entsandten Mitarbeiters steigen. In dieser Phase besteht die größte Gefahr, daß ein Mitarbeiter den Auslandseinsatz abbricht. Es kann der sogenannte Kulturschock eintreten. Dieser wird definiert durch die emotionalen Reaktionen eines Entsandten auf den Verlust der gewohnten Kultur.[48] Die hiermit einhergehende Streßsituation wird je nach subjektiv empfundener Distanz zu der anderen Kultur in unterschiedlicher Intensität wahrgenommen.[49]

- *Verfestigungsphase*: Wenn die vorhergehenden Auseinandersetzungen zu einem Gleichgewicht geführt haben, verfestigen sich die Eindrücke, und der entsandte Mitarbeiter erholt sich von der Krise. Er paßt sich allmählich an die Gegebenheiten des Gastlandes an, was auch durch die verbesserten Sprachkenntnisse und das Erkennen von Ursachen in den unterschiedlichen Verhaltensweisen gefördert wird. Idealerweise setzt eine Relativierung des Bezugssystems ein: Die eigenen Wertvorstellungen sind nur noch eine mögliche Variante eines Bewertungsmaßstabes.

- *Aufbruchphase*: Bereits im Vorfeld der Rückkehr in das Heimatland beginnt die Aufbruchphase, die von Unsicherheiten über die berufliche und private Zukunft geprägt sein kann. Dem Mitarbeiter wird bewußt, daß er Personen, evtl. kulinarische Genüsse, materielle Privilegien, Bräuche und Verhaltensweisen, die er im Gastland schätzen gelernt hat, im Heimatland vermissen wird. Die Zufriedenheit kann wieder absinken, und es kann bei der Rückkehr in das Heimatland zu einem Kontrakulturschock kommen, der Kennzeichen eines (Wieder-)Anpassungsprozesses ist.

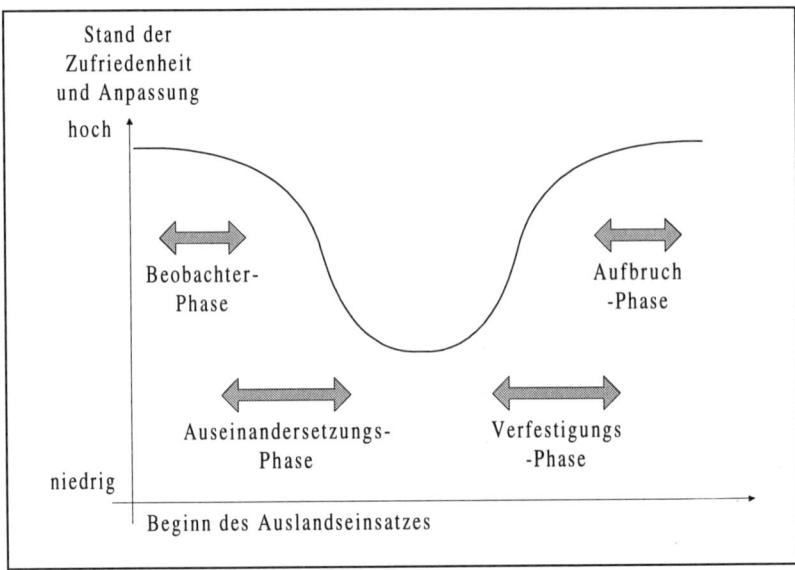

Abb. 5.4: Kultureller Anpassungsprozeß (in Anlehnung an Danckwortt, 1959, S. 172).

Eine Verallgemeinerung dieses systematisierenden Konzepts ist nicht möglich, da jeweils unterschiedliche persönliche Erfahrungen, Lebens- und Arbeitssituationen vorliegen. Die Länge der einzelnen Phasen variiert zwischen verschiedenen Individuen teilweise erheblich. In machen Fällen wird sich vielleicht auch ein ganz anderer Phasenverlauf ergeben.[50] Zudem sind die Phasen nicht klar voneinander abgrenzbar. Das Modell gibt auch keinerlei Hinweise auf die Art und Weise, in der die kulturelle Anpassung erfolgt. Manchmal sind diejenigen international tätigen Führungskräfte besonders erfolgreich, die sehr stark unter dem Kulturschock gelitten haben, denn ihre Auseinandersetzung mit der ausländischen Kultur war zwangsläufig sehr intensiv.[51]

Interessant sind in diesem Zusammenhang die Ergebnisse einer empirischen Studie von Black und Gregersen,[52] die teilweise sicherlich auch auf eine unterschiedliche Anpassung an die Gegebenheiten im Gastland zurückgeführt werden können. Die beiden Forscher haben festgestellt, daß entsandte Mitarbeiter durch unterschiedliche Einstellungen gegenüber dem Stammhaus und der Auslandsniederlassung gekennzeichnet sind.

Die Ergebnisse zeigen, daß mehr als die Hälfte der Entsandten sich nur zu einem geringen Grad mit der ausländischen Gesellschaft identifizieren. Die größte Gruppe, die freien Agenten, zeichnet sich allerdings gleichzeitig durch ein geringes Commitment gegenüber dem Stammhaus aus. Dies zeugt nicht von einem gelungen Personalmanagement, denn fehlende Perspektiven sind meistens die Ursache dafür, daß sich die *Free Agents* bereits innerlich vom Unternehmen verabschiedet haben und nur auf ein akzeptables Angebot von einem anderen Unternehmen warten. Eine gelungene kulturelle Anpassung kann man dagegen bei denjenigen Entsandten vermuten, die sich selbst als doppelte Staatsbürger (*Dual Citizens*) sehen und bei denjenigen, die sich bereits wie Einheimische (*Going Native*) fühlen. Abbildung 5.5 gibt Aufschluß über die Ergebnisse im einzelnen.

	Treue zur lokalen Einheit: gering	**Treue zur lokalen Einheit: groß**
Treue zum Stammhaus: gering	Free Agents 41 %	Going Native 15 %
Treue zum Stammhaus: groß	Hearts at Home 12 %	Dual Citizens 32 %

Abb. 5.5: Loyalitätsformen entsandter Mitarbeiter (Black/Gregersen, 1992, S. 62-67).

Trotz der aufgezeigten Probleme gibt das Anpassungsphasenkonzept einen Eindruck über mögliche Schwankungen in der Zufriedenheit und in der Anpassung des Mitarbeiters, die helfen können, die eigenen Wahrnehmungen und Stimmungen besser zu verstehen. Dieser Verlauf kann beeinflußt werden, indem die interkulturelle Kompetenz des zu entsendenden Mitarbeiters gesteigert wird. Welche Inhalte unter diesem Konzept zusammengefaßt werden, zeigen die folgenden Ausführungen.

Interkulturelle Kompetenz

In der Literatur wird oftmals postuliert: Je fremdartiger das Gastland und insbesondere seine Kultur für einen Delegierten ist, desto wichtiger sind persönlichkeitsbezogene Kompetenzen, Anpassungsfähigkeit und Kommunikationsfähigkeit.[53] Diese werden hier unter dem Begriff "Interkulturelle Kompetenz" subsumiert. Zusammenfassend kann gesagt werden, daß dieser Begriff die Fähigkeit bezeichnet, sich an eine fremde Kultur anzupassen und in ihr effektiv zu handeln.[54]

Die interkulturelle Kompetenz setzt sich aus drei interdependenten Dimensionen zusammen: die affektive, also eher gefühlsbezogene, die kognitive, d.h. wissens- und erkenntnisbezogene, und die verhaltensbezogene Dimension.[55] Anhand der *affektiven* Dimension wird betrachtet, mit welchen zum Großteil im Wege der Sozialisation erworbenen Emotionen ein Individuum auf bestimmte Menschen, Situationen bzw. Umweltbedingungen reagiert. Bei der *kognitiven* Dimension geht es darum, wie das Individuum die interkulturelle Situation, insbesondere das Verhalten der Interaktionspartner analysiert und interpretiert. Dabei sind besonders die Kenntnisse der Person und ihr kognitiver Stil von Bedeutung. Die *verhaltensbezogene* Dimension besagt, daß auch bei vorteilhaften Ausprägungen auf den Dimensionen des Affektes und der Kognition es noch davon abhängt, ob die Person in der Lage ist, dieses in kompetentes, d.h. effektives und angemessenes[56] Verhalten umzusetzen.[57]

Die wechselseitige Beziehung zwischen den Dimensionen läßt sich anhand der folgenden Beispiele deutlich machen: Die affektive Dimension beeinflußt die Gedächtnisleistung und die Wahrnehmung von Stimuli. Sind die Stimuli mit der Stimmung konsistent, so werden sie besser aufgenommen und gespeichert und sind dementsprechend auch besser abrufbar. Einfacher ausgedrückt: Freut man sich auf einen Auslandseinsatz und steht der fremden Kultur positiv gegenüber, so nimmt man auch eher die positiven Seiten des Landes wahr. Auch angemessene Verhaltensweisen werden schneller erlernt.

Der Erfolg einer Auslandsentsendung hängt also neben den grundlegenden fachlichen Qualifikationen, den gesundheitlichen Voraussetzungen und der familiären Situation primär von der interkulturellen Kompetenz des Mitarbeiters ab. Abbildung 5.6 stellt diese Zusammenhänge dar.

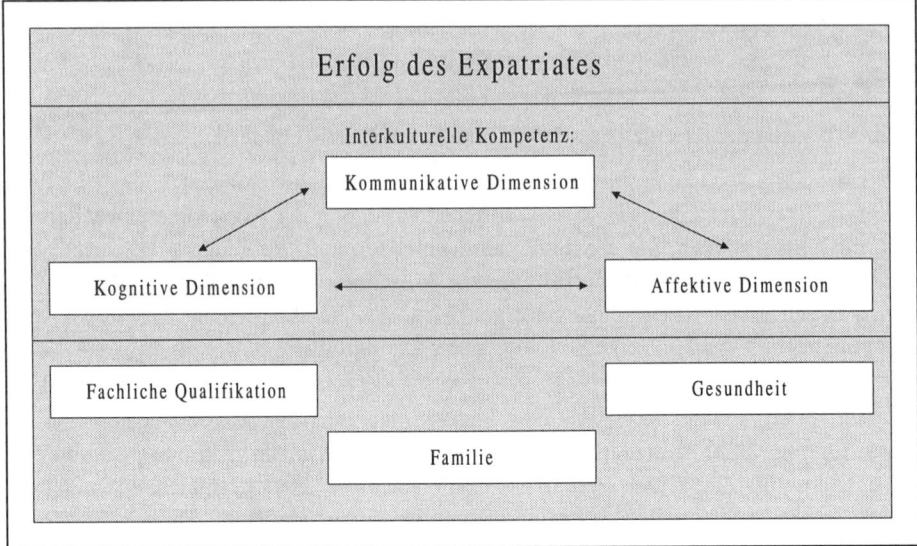

Abb. 5.6: Determinanten des Erfolges von Expatriates (Wirth, 1992, S. 176, in Anlehnung an Triandis 1977, S. 20 f.).

Für die Entwicklung von interkultureller Kompetenz stehen verschiedene Methoden zur Verfügung, die jeweils unterschiedliche Dimensionen in den Vordergrund stellen.

Methoden interkulturellen Trainings

Wie in den obigen Ausführungen bereits angedeutet wurde, kann grundsätzlich zwischen kulturallgemeinen und kulturspezifischen Trainingsmethoden unterschieden werden.

- *Kulturallgemeine Vorbereitungsmethoden* sollen den Anpassungsprozeß an jede Kultur erleichtern und beziehen sich nicht auf ein bestimmtes Entsendungsland. Im Mittelpunkt steht die Entwicklung eines Bewußtseins der eigenen Kultur, auf dessen Basis das Verständnis für Interaktionen mit fremden Kulturen gefördert wird.
- *Kulturspezifischen Methoden* liegt die Annahme zugrunde, daß die Zusammenarbeit von Angehörigen unterschiedlicher Kulturen durch rationale Kooperation bestimmt ist. Es werden Informationen und Erfahrungen der Kultur eines spezifischen Landes oder einer Region vermittelt.[58]

In der Praxis sind beide Formen des Trainings zu finden.[59] Neben dieser inhaltlichen Differenzierung wird in Anlehnung an Landis/Brislin[60] auch zwischen verschiedenen

Techniken der Wissens- und/oder Erfahrungsvermittlung unterschieden: kognitiv, affektiv und verhaltensorientiert:[61]

- *Kognitives Training* dient primär der Wissensvermittlung. Landeskundliche Informationen zu Themen wie Geschichte, Geographie, Wirtschaft, Politik und Gesellschaft werden durch Filme, Vorträge und schriftliches Informationsmaterial vermittelt. Zudem wird über besondere Verhaltensweisen, Traditionen und Lebensstile berichtet. Meist sind auch organisatorische Fragen der Auslandsentsendung Gegenstand dieser Vorbereitungsmaßnahmen: Gehaltsfragen, Wiedereingliederungsplanung, Betreuung durch das Unternehmen sowie praktische Fragestellungen wie Umzug und Wohnungssuche. Teilweise berichten auch Rückkehrer aus den jeweiligen Einsatzländern von ihren persönlichen und beruflichen Erfahrungen.[62]

- *Affektive Trainingsmethoden* sollen es dem zu entsendenden Mitarbeiter ermöglichen, eine Beziehung zur fremden Kultur aufzubauen. Sie gehen über die reine Informationsvermittlung hinaus, indem sie den Teilnehmer aktiv in den Lernprozeß einbeziehen. Typische Maßnahmen sind die Fallstudie, der Kulturassimilator oder das Rollenspiel. Im Rahmen von Fallstudien kann der angehende Expatriate anhand von interkulturellen Sachverhalten sein theoretisches Wissen auf konkrete Situationen anwenden und mögliche Lösungen erarbeiten. Bei dem Kulturassimilator[63] wird eine Vielzahl von Szenenbeschreibungen (ca. 75 bis 100) vorgelegt, die zwischenmenschliche Problemsituationen mit interkulturellem Hintergrund darstellen. Der Kandidat muß aus jeweils mehreren (ca. vier) ebenfalls vorgegebenen Handlungsalternativen eine auswählen und erfährt durch ein Feedback, welche die richtige Handlungsweise ist. Zudem wird eine Erklärung hierfür geliefert. Im Rollenspiel[64] wird der Mitarbeiter einer bestimmten Situation gegenübergestellt: Er muß sich in eine neue Rolle hineindenken und versuchen, die Gefühle desjenigen, dessen Rolle er annimmt, sowie seines Gegenübers zu verstehen. Dies fördert die Selbstwahrnehmung und ist eine Grundvoraussetzung im Lernprozeß der Anpassung an eine fremde Kultur. Die Zielsetzung aller Maßnahmen besteht also darin, potentielle interkulturelle Probleme zu erkennen und zu lösen, indem eigene kulturelle Grundlagen erkannt und eine korrekte Attribuierung von Verhaltensweisen der Menschen in der Gastkultur erlernt werden.

- *Verhaltensorientierte Trainingsmethoden* sind durch eine noch größere Intensität der Auseinandersetzung der Teilnehmer gekennzeichnet als die anderen beiden Gruppen. Zu dieser Kategorie gehören das sogenannte Sensitivitätstraining, Simulationstraining und Felderfahrungen. Das Sensitivitätstraining wird häufig auch kurz "T-Group" (Trainingsgruppe) genannt. Es wird in Gruppen von 6 bis 15 Teilnehmern aus unterschiedlichen Kulturen durchgeführt. Die Gruppe soll sich in einem gruppendynamischen Prozeß selbst erfahren, damit die Teilnehmer Gruppenprozesse, individuelle Bedürfnisse, Einstellungen und Werte besser verstehen. Grundlage sind möglichst wertfreie, spontane und kritische Feedbacks.[65] Auf diese Weise ergeben sich viele Möglichkeiten, interkulturelle Lernerfahrungen zu sammeln. Simulationen oder Felderfahrungen bedeuten, daß Mitarbeiter sich vor ihrer Entsendung in einer sogenannten Mikrokultur aufhalten. Im Zusammenleben und -arbeiten erfahren sie Streßsituationen, die auch real während des Auslandseinsatzes im Entsendungsland zu erwarten sind.[66] So kann die Vermittlung einer einheimischen Gastfamilie (Gastfamiliensurrogat) helfen, der entsandten Führungskraft den Einstieg in die neue Umwelt zu erleichtern, indem sie eine erste Kontaktbasis bietet.[67] Ein Beispiel für eine kulturallgemeine Simulationsübung ist *Bafá Bafá*. Bei dieser Art der Vorbereitung sind die Teilnehmer aufgefordert, fiktive verbale und nonverbale Kommunikationsformen einer Gruppe zu erkennen und ihr Bedeutungsinhalte zuzuordnen.

Über die Verbreitung der verschiedenen interkulturellen Trainingsmethoden in der Praxis deutscher Unternehmen gibt es nur wenige Anhaltspunkte. Joggi/Rutisheimer-Frey stellten in ihrer empirischen Studie Mitte der achtziger Jahre fest, daß überwiegend der vortragsartige Stil der kognitiven Trainingstechnik eingesetzt wird.[68] Inwieweit diese Aussage für Unternehmen unterschiedlicher nationaler Herkunft zutrifft und ob sich die Bedeutung der Trainingstechniken im Zeitverlauf verändert hat, ist anhand des vorliegenden Datenmaterials nicht einzuschätzen. Tabelle 5.5 systematisiert die verschiedenen Methoden interkulturellen Trainings nach Inhalten und verwendeten Techniken und liefert einige Beispiele. Die Ergebnisse einer aktuellen Befragung von ca. 400 Expatriates unterstreichen, wie wichtig es auch aus der Sicht der Expatriates ist, ein breites Wissen über das Gastland zu erwerben (kognitive Dimension) und eine positive Beziehung zum Entsendungsland aufzubauen (affektive Dimension).[69]

Inhalte der Trainingsmaßnahmen	kulturallgemein	kulturspezifisch
Kognitiv	Vorträge über interkulturelle Kommunikation, Anthropologie	länderkundliche Informationsseminare, traditioneller Sprachunterricht
Affektiv	Fallstudien über interkulturelle Probleme	Rollenspiele/Fallstudien, die auf die Kultur des Entsendungslandes bezogen sind, Kulturassimilator
Verhaltensorientiert	Simulationsübung, z.B. *Bafá Bafá* Sensitivitätstraining mit Teilnehmern verschiedener Kulturen	Gastfamliensurrogat mit Familie aus dem Entsendungsland

Tab. 5.5: Beispiele für Methoden interkulturellen Trainings (Überlegungen in Anlehnung an Wirth, 1992, S. 176).

Eine etwas andere Systematisierung interkultureller Trainingsmethoden wird in Tabelle 5.6 dargestellt. Hier werden verschiedene Trainingsmethoden mit den verwendeten Techniken und den jeweils verfolgten Zielen dargestellt.

Methode	Technik	Zweck
Didaktisch-informatorisches Training	• Lektüren • Lesematerial • Videotapes • Filme	Studie des Gebietes, der Unternehmenstätigkeit, in Institutionen des Heimatlandes
Interkulturelle Erfahrungs-Workshops	• Kulturassimilator • Simulationen • Rollenspiele • Fallstudien	kulturabhängige und kulturunabhängige Verhandlungstechniken, Ziel: Reduktion von Ethnozentrismus
Sensitivitätstraining	• Kommunikationsworkshops • T-Groups • Auslandsreisen	Förderung von Selbstbewußtsein, Kommunikationsstilen, Empathie, Zuhörfähigkeit
Felderfahrungen	• Treffen mit ehemaligen Expatriates • Minikulturen • Gastfamiliensurrogate	Kennenlernen von Bräuchen, Werten, Glaube, Religion, nonverbalem Verhalten
Sprachliche Fähigkeiten	• Kurse • Kassetten	Förderung zwischenmenschlicher Kommunikation für Erfordernisse der Arbeit und im Alltag

Tab. 5.6: Trainingstechniken (in Anlehnung an Ronen, 1989).

Die Durchführung interkultureller Trainingsprogramme erfordert eine hohe Kompetenz in diesem Bereich. Bei kulturspezifischen Maßnahmen sind zudem Kenntnisse des Ziellandes erforderlich. Deshalb führen viele multinationale Unternehmen diese Maßnahmen nicht intern durch. Sie wenden sich statt dessen an Spezialisten wie Moran, Stahl und Boyer in den USA oder an das *Center for International Briefing* (bekannt als *Farnham Castle*) in Großbritannien.[70] In Deutschland sind in diesem Kontext beispielsweise die Carl Duisberg Zentren (Köln), das Institut für interkulturelles Management in Bad Honnef, die Gesellschaft für Interkulturelle Kommunikation in Hildesheim, die Deutsche Gesellschaft für Personalführung (DGfP) in Düsseldorf oder die Evangelische Akademie Bad Boll zu nennen.[71] Zusätzlich zu diesen Anbietern gibt es Handbücher und Videofilme wie z.B. *Going International* von Copeland und Griggs.[72]

Eine weitere, häufig der interkulturellen Vorbereitung zugeordnete Maßnahme besteht in der Entsendung der Mitarbeiter zu einem *Kurzbesuch in das Gastland (Look-and-*

See-Trip).⁷³ Eine gut geplante Auslandsreise für den Kandidaten und seinen Ehepartner ermöglicht beiden eine Vorbesichtigung, um die Eignung und das Interesse an dem Auslandsaufenthalt einzuschätzen.⁷⁴ Solch eine Reise dient auch der Einführung des Entsendungskandidaten in die Geschäftswelt außerhalb des eigenen Landes. Marx stellt in ihrer Studie der internationalen Personalmanagementpraktiken deutscher Unternehmen fest, daß fast 60 % der befragten Unternehmen einen solchen *Look-and-See-Trip* anbieten.⁷⁵ Dieser Wert scheint etwas höher zu liegen als der europäische Durchschnitt, denn in der Price Waterhouse-Studie wird angegeben, daß nur 53 % der befragten Unternehmen eine solche Möglichkeit anbieten.⁷⁶

Die Bedeutung des *Look-and-See-Trips* im Zusammenhang mit der interkulturellen Vorbereitung für einen Auslandseinsatz wird jedoch häufig überschätzt. Meist sind die Reisen sehr kurz, und es sind eine Reihe von dienstlichen Aufgaben zu erfüllen. Somit bleibt nur wenig Raum, um sich über kulturell bedingte Verhaltensweisen einen Eindruck zu verschaffen.⁷⁷ Außerdem wird die Entscheidung, ob die Auslandstätigkeit akzeptiert wird oder nicht, meist schon vor der Informationsreise gefällt, und nur im schlimmsten Fall gibt es noch ein Zurück.

Kulturelle Trainingsprogramme können den Übergang in eine andere Kultur erleichtern und dazu beitragen, effektivere Expatriates zu entwickeln. So hätte z.B. ein hoch bezahlter Expatriate wahrscheinlich nicht zwei Flaschen Brandy mit nach Katar gebracht, wenn er vorher landeskundliche Informationen bekommen hätte. Die Flaschen wurden vom Zoll entdeckt und der Mitarbeiter wurde sofort ausgewiesen, wodurch seine Firma als unerwünscht galt und ebenfalls des Landes verwiesen wurde. In den im folgenden Abschnitt geschilderten Kontingenzansätzen für interkulturelles Training wird diskutiert, wann welche Art der Vorbereitung sinnvoll und notwendig ist.

4.2.2.3 Kontingenzansätze für das Training von Expatriates

Das Modell von Tung

Weil nicht alle Tätigkeiten von Expatriates gleich sind, variiert auch die Vorbereitung der Auslandsentsendungen. Tung⁷⁸ hat einen Kontingenzansatz für das Training von Expatriates entwickelt, um die Art und Intensität des erforderlichen Trainings zu bestimmen. Sie geht davon aus, daß der notwendige Interaktionsgrad mit der Kultur des Gastlandes und die Ähnlichkeit zwischen der Kultur des Heimatlandes und der neuen Kultur die beiden wesentlichen Bestimmungsfaktoren darstellen. Die dazu in Beziehung stehenden Trainingselemente umfassen den Inhalt und die Intensität des Trainings. Die Hauptaussagen des Modells können wie folgt beschrieben werden:

- Eine geringe Interaktion zwischen dem Mitarbeiter und Mitgliedern der Kultur des Gastlandes bei gleichzeitiger hoher Ähnlichkeit zwischen beiden Kulturen erfordert ein Training, das sich eher auf aufgabenbezogene Aspekte als auf kulturelle Aspekte konzentrieren sollte. Eine relativ geringe Trainingsintensität reicht in diesem Fall aus.

Bei einem hohen Interaktionsgrad mit einheimischen Mitarbeitern und einer geringen Ähnlichkeit zwischen den Kulturen, sollte der Inhalt des Trainings sich ebenso auf die

Entwicklung interkultureller Fähigkeiten konzentrieren wie auf die neue Aufgabe. Die Intensität eines solchen Trainings sollte mittel bis hoch sein.

Ähn-lichkeitsgrad \ Interaktions-grad	Hoch	Niedrig
Hoch		- aufgabenbezogen - geringe Intensität
Niedrig	- kulturbezogen - große Intensität	

Abb. 5.7: Kontingenzmodell für interkulturelles Training von Tung (Darstellung in Anlehnung an die Ausführungen von Tung, 1988).

Das Modell von Tung spezifiziert zwei Kriterien (Grad der erwarteten Interaktion und kulturelle Ähnlichkeit), die dazu beitragen, Trainingsmethoden auszuwählen. Die sich ergebenden Schlußfolgerungen sind jedoch sehr allgemein, denn das Modell hilft dem Benutzer lediglich zu bestimmen, wann aufgabenbezogene Aspekte und wann zusätzlich kulturelles Lernen zu fördern ist. Es zeigt allerdings nicht, welche Trainingsmethoden anzuwenden sind oder was eine geringere oder höhere Intensität bedeuten mag.

Das Modell von Mendenhall/Dunbar/Oddou

Das Modell von Mendenhall/Dunbar/Oddou leistet gegenüber dem Modell von Tung einen Fortschritt.[79] Auch hier wird die Wichtigkeit des erwarteten Interaktionsgrades und der Ähnlichkeit zwischen den Kulturen des Heimat- und des Gastlandes für die Bestimmung der interkulturellen Trainingsmethoden und der erforderlichen Trainingsintensität erkannt. Für die Systematisierung von Trainingsmethoden verwenden sie das zu Beginn dieses Kapitels dargestellte Konzept affektiver, kognitiver und verhaltensorientierter Trainingstechniken und ordnen den drei Trainingstechniken jeweils unterschiedliche Intensitäten zu: Die Intensität der kognitiven Trainingstechnik wird als relativ gering eingeschätzt, die der affektiven als mittel und die der verhaltensorientierten Vorbereitungsmethode weist den höchsten Intensitätsgrad auf. Auf dieser Basis geben sie die folgenden Empfehlungen:

- Wenn der erwartete Interaktionsgrad niedrig und der Ähnlichkeitsgrad der beiden Kulturen hoch ist, sollte nach Mendenhall/Dunbar/Oddou die Länge des Trainings weniger als eine Woche betragen. Sie empfehlen kognitive Methoden wie Briefings über die Kultur und allgemeine Informationen durch Lektüren, Filme oder Bücher. Insgesamt halten sie eine geringe Trainingsintensität für ausreichend.

- Wenn ein Mitarbeiter für einen Zeitraum von zwei bis zwölf Monaten ins Ausland geht und wenn ein gewisser Interaktionsgrad mit den Mitgliedern der Kultur des Gastlandes erwartet wird, sollte die Trainingsintensität höher und die Maßnahme langfristiger angelegt sein (1 bis 4 Wochen). Zusätzlich zu den kognitiven Techniken werden Trainingsmethoden wie der Kulturassimilator und Rollenspiele als angemessen erachtet.

- Wenn das Individuum in eine neue und andersartige Kultur entsandt wird und der erwartete Interaktionsgrad hoch ist, sollte die Intensität des interkulturellen Trainings hoch sein, und es sollte einen Zeitraum von mindestens zwei Monaten umfassen. Zusätzlich zu den schon diskutierten weniger intensiven Trainingsmethoden könnten Sensitivitätstraining, Felderfahrungen und interkulturelle Erfahrungsworkshops angemessene Trainingstechniken in dieser Situation sein.

Das Konzept von Mendenhall, Dunbar und Oddou stellt eine signifikante Verbesserung des allgemeineren Modells von Tung dar. Es bietet eine Gruppierung von spezifischen Methoden im Zusammenhang mit Intensitätsstufen und diskutiert auch die Dauer des Trainings entsprechend den Kriterien "Interaktionsgrad" und "kulturelle Ähnlichkeit". Trotz dieser wichtigen Verbesserungen gibt es wenig Aufschluß über Trainings- und Lernprozesse. Es wird - obwohl beide Modelle intuitiv Sinn machen - der theoretische Hintergrund nie explizit dargestellt, und daher ist es bei fehlendem empirischen Datenmaterial zur Unterstützung dieser Modelle schwierig, ihre Richtigkeit für die Anwendung und den Erfolg in der realen Welt zu bewerten. 1990 haben Black und Mendenhall ein theoretisch fundiertes Modell entwickelt, in dem sie Banduras Theorie des sozialen Lernens[80] als Grundlage verwendet haben. Sie scheinen mit diesem Modell einen nützlichen Weg gefunden zu haben, um angemessene Inhalte und Methoden für Trainingsprogramme von Expatriates zu bestimmen und ihren Erfolg zu bewerten.

4.2.3 Sprachliche Vorbereitung

Die Bedeutung von sprachlichen Fähigkeiten im internationalen Management ist weithin anerkannt:[81] Sprachtraining ist zur Vorbereitung auf eine Auslandstätigkeit oft notwendig, um einen erfolgreichen und produktiven Einsatz sicherzustellen. Es ist ein Standardelement jedes langfristigen Personalentwicklungsprogrammes für weltweit tätige Mitarbeiter.[82]

Dieses Problemfeld wurde lange Zeit im angelsächsischen Bereich unterschätzt. Es ist problemlos möglich, Routinetätigkeiten auf der ganzen Welt nur in englischer Sprache durchzuführen. Ein ausschließliches Vertrauen auf diese Sprache verringert jedoch den Anreiz, die Kenntnisse von Mitarbeitern einer multinationalen Unternehmung in weiteren Sprachen zu fördern. Damit wird auch die Fähigkeit, fremdsprachige Informationen schnell zu verarbeiten, verringert. In der Folge kann es zu Kontrollproblemen in den ausländischen Niederlassungen kommen, da ohne Kenntnisse der Landessprache die Aktivitäten der lokalen Mitarbeiter nicht überwacht werden können. Zudem kann die lokale Presse nicht entsprechend verfolgt werden, wenn nur englischsprachige Publikationen gelesen werden. Die Wirtschaftspresse in den USA liefert häufig detaillierte Berichte über strategische Pläne großer Unternehmen. Während viele Führungskräfte in japanischen Unternehmen über ausreichende Sprachkenntnisse verfügen, um englischsprachige Handelsblätter und Konferenzpräsentationen zu verstehen, sind Mitarbeiter westlicher Unternehmen hierzu in asiatischen Ländern häufig nicht in der Lage. Sie müssen also auf wertvolle Informationsquellen verzichten und können keine eigenen Schlußfolgerungen auf mögliche strategische Entwicklungen ziehen. Dies ist jedoch eine Aufgabe, auf die ein außenstehender Übersetzungsdienst nicht vorbereitet ist.

Je größer ein Land bzw. ein Markt ist, um so geringer ist die Neigung, fremde Sprachen zu erlernen. Diese Tendenz spiegelt sich besonders deutlich in der angelsächsischen Diskussion wieder. Baker stellt in seiner Studie fest, daß von 74 US-amerikanischen Führungskräften nur 23 der Ansicht waren, daß die Kenntnis von Fremdsprachen notwendig sei, um geschäftliche Verhandlungen im Ausland zu führen.[83] Diejenigen Firmen, die Sprachtraining anboten, waren der Meinung, daß es die Effektivität der Mitarbeiter verbesserte und sie befähigte, leichter eine Beziehung zu einer fremden Kultur aufzubauen. Dies wiederum fördere das Image der multinationalen Unternehmung im Gastland. Diejenigen, die antworteten, daß die Kenntnis von Fremdsprachen nicht notwendig sei, führten meistens die Tatsache an, daß Englisch weltweit die wichtigste Managementsprache sei.

Baker stellte eine deutlich unterschiedliche Einstellung in der Gruppe von Befragten fest, die in nicht-englischsprachige Länder entsandt worden waren. Von diesen Probanden waren 36 % der Meinung, daß die Kenntnis der lokalen Sprache notwendig sei, und 32 % der untersuchten Unternehmen boten Sprachtraining an. Meist wurden die Trainings extern durchgeführt: Die Mitarbeiter wurden bei Sprachinstituten wie Alliance Francaise, Goethe-Institut oder Berlitz sowie in lokalen Universitäten geschult.[84] Internes Sprachtraining wird wegen der relativ hohen Kosten pro Teilnehmer weniger oft angeboten.

Es ist offensichtlich, daß die Fähigkeit, eine Fremdsprache zu sprechen, die Effektivität und die Verhandlungsfähigkeit eines Expatriates verbessert. Wie Baker und Baliga[85] betonten, kann sie den Zugang zu Informationen über wirtschaftliche und politische Entwicklungen in dem jeweiligen Gastland verbessern. In Kapitel 4 wurde bereits in Anlehnung an Mendenhall und Oddou[86] erläutert, daß der Wille zu kommunizieren nicht von dem Grad der flüssigen Beherrschung einer Fremdsprache abhängig ist, sondern eher von dem Selbstvertrauen des Expatriates und seinem Willen, die Sprache des Gastlandes zu benutzen.

Dieses Plädoyer für den Erwerb von Kenntnissen in der Sprache des Gastlandes steht nicht im Widerspruch zu den Bestrebungen, die englische Sprache als die Weltwirtschaftssprache Nr.1 zu pflegen.

4.2.4 Praktische Unterstützung

Die Unterstützung bei der Bewältigung von Alltagssituationen leistet, genau wie die interkulturelle und sprachliche Vorbereitung, einen wichtigen Beitrag zur Anpassung des Expatriates und seiner Familie an die neue Umgebung. Überließe man den Mitarbeiter und seine Familie sich selbst, könnte dies zu einer Abwehrreaktion gegenüber der fremden Kultur führen. Lanier[87] fordert, daß ein multinationales Unternehmen der Familie des Expatriates beim Aufbau eines neuen Netzwerkes Unterstützung gewährt. Je eher ein Alltagsleben mit Freunden, funktionierenden Bankverbindungen, zufriedenstellenden Einkaufsmöglichkeiten und problemlosen Transportwegen aufgebaut ist, desto besser sind die Aussichten, daß sich der Expatriate erfolgreich anpassen wird. Eine gut bewährte Möglichkeit ist es, Kontakte zwischen der Familie des Expatriate und anderen bereits etablierten entsandten Familien herzustellen.

Diese Begegnungen ermöglichen zumindest einen ersten Informationsaustausch. Wenn die flüssige Beherrschung der Sprache des Gastlandes für eine erfolgreiche Anpassung wichtig ist, sollte weiteres Training für den Expatriate und seine Familie nach der Ankunft stattfinden. Orientierungsprogramme und lokale Sprachprogramme werden normalerweise von den Mitarbeitern der Personalabteilung im Gastland organisiert. Ferner können auch die in Kapitel 1 dieses Buches schon angesprochenen Relocation Services unterstützend in Anspruch genommen werden. Anpassung und Angleichung gehen jedoch in beide Richtungen:

> „Um zu helfen, die kulturelle Lücke zu schließen, ist es nicht immer genug, nur dem Expatriate und seiner Familie die Kultur und die Sprache des Gastlandes zu erklären. Es ist genauso wichtig, den einheimischen Mitarbeitern zu erklären, wer diese "gringos" sind und warum sie so fremd sind. Dies trägt zur gegenseitigen Angleichung bei."[88]

4.2.5 Weiterbildung für ausländische Mitarbeiter

Bisher konzentrierten sich die Ausführungen zur Weiterbildung auf Expatriates. Je nach Phase der Internationalisierung ist es wichtig, daß multinationale Unternehmen auch Trainingsmöglichkeiten für ihre HCNs und TCNs zur Verfügung stellen. Diese können die Entwicklung von Managementfähigkeiten oder unternehmenskulturelle Aspekte beinhalten. Fachliche Weiterbildung für die in der Hierarchie niedriger angesiedelten Mitarbeiter wird im allgemeinen eher von der Tochtergesellschaft angeboten als von der Unternehmenszentrale organisiert. Im folgenden werden kurz die Problemfelder Führungstraining, Bildung globaler Managementteams sowie Weiterbildung für ausländische Mitarbeiter im Stammhaus angesprochen.

Führungstraining

Eines der Hauptziele des Managementtrainings für HCNs und TCNs besteht darin, den Managern zu vermitteln, wie sie die Mitarbeiter in ihrem eigenen Land führen, motivieren und entwickeln können. Soll z.B. das Qualitätsmanagement verbessert werden, so muß nicht nur sichergestellt werden, daß Mitarbeiter die erforderlichen fachlichen Qualifikationen besitzen, sondern auch, daß sie über entsprechende Fähigkeiten in der Personalführung verfügen. In vielen Fällen bedeutet es auch die Veränderung ihrer gesamten Arbeitsweise. Ein US-amerikanischer Proband in einer von Schuler und Dowling durchgeführten Untersuchung stellte fest:

Kapitel 5: Internationale Personalentwicklung

"Die Implementierung eines Qualitätsmanagements, das eine neue Rolle von den jeweiligen Managern erfordert, ist in den USA schwierig genug, aber das Management von Klassenunterschieden im Bereich der industriellen Beziehungen in Großbritannien, Frankreich und Deutschland und die de facto im Gesetz fast sanktioniert zu werden scheinen, macht diese Aufgabe noch viel schwieriger." [89]

Es sollte also vermieden werden, die Entwicklungsprogramme des Heimatlandes ohne wietere Überlegungen in andere Länder zu exportieren. Solche Trainings müssen kulturell angepaßt werden, um den lokalen Bedingungen zu entsprechen.

Bildung globaler Managementteams

Das Training von HCNs und TCNs kann auch mit der Zielsetzung der Entwicklung von globalen Managementteams gestaltet werden. Durch Rotationserfahrungen und internationale Treffen können freundschaftliche Verbindungen zwischen Person aus allen Teilen der Welt entwickelt werden. Diese Verbindungen dienen in der Zukunft dazu, wirklich globale Teams zu bilden.

Weiterbildung für ausländische Mitarbeiter im Stammhaus

Die Etablierung globaler Operationen bedeutet, daß ein Unternehmen über einen Kader internationaler Mitarbeiter verfügen muß (PCNs, TCNs, HCNs), die für Tätigkeiten überall auf der Welt zur Verfügung stehen. Um diesen Mitarbeiterpool zu entwickeln, müssen multinationale Unternehmungen Training für HCNs und TCNs im Mutterland der Unternehmung anbieten.

Dieser Aspekt ist von besonderer Bedeutung für US-amerikanische Unternehmen, die zunehmend mit dem Problem konfrontiert werden, in den USA arbeitenden HCNs und TCNs bei der Anpassung zu helfen. Genauso wie z.B. international tätige Amerikaner mit wenig vertrauten sozialen und geschäftlichen Verhaltensweisen kämpfen müssen, gilt dies auch für Europäer, Asiaten und Manager aus Lateinamerika, die in zunehmender Anzahl in den USA arbeiten.

Um den Kulturschock zu verringern, vertrauen in den USA viele Unternehmen auf Berater, die Bücher, Filme und spezielle Programme über das Corporate Life in den Vereinigten Staaten anbieten.

Einige Mitarbeiter nehmen an Sprachunterricht und Schulungen teil, die ursprünglich für die Vorbereitung von zu entsendenden Amerikanern konzipiert waren. Diese werden für Ausländer, die in die USA versetzt worden sind, modifiziert. Andere Unternehmen versuchen eine Art Mentorensystem einzusetzen, indem sie ausländische Neuankömmlinge mit amerikanischen Managern zu "Paaren" zusammenfassen.

Einige Unternehmen bieten Trainingsprogramme an, die ausländischen Führungskräften vermitteln sollen, wie Amerikaner motiviert werden können und wie Leistungsbeurteilungsgespräche in den USA geführt werden. So stellte ein US-amerikanisches Unternehmen Trainer ein, die Rollenspielsitzungen mit japanischen Managern durchführen sollten, denn einige von diesen hatten Probleme mit der amerikanischen Offenheit. Während einer dieser Sitzungen, in der ein japanischer Manager die Leistung eines amerikanischen Mitarbeiters kritisieren sollte, mußte fünfmal die gleiche Situation durchgespielt werden. Erst dann hatte er sich so direkt ausgedrückt, daß der Amerikaner realisieren konnte, daß er kritisiert wurde. Dieser Fall wurde von Larry Wedersphan geschildert, Direktor der internationalen Abteilung von Moran, Stahl & Boyer, der Beratungsfirma, die diese Sitzungen durchführte.[90]

4.3 Leistungsbeurteilung

Im Rahmen der Personalentwicklung stellt die Leistungsbeurteilung ein wichtiges Instrument zur Gewinnung von Informationen über den Mitarbeiter dar. In den folgenden Ausführungen wird zunächst auf den Begriff und die Bedeutung der internationalen Leistungsbeurteilung eingegangen. Anschließend werden Einflußfaktoren für Unterschiede zwischen Leistungsbeurteilungen auf nationaler und auf internationaler Ebene identifiziert. Im Mittelpunkt der Ausführungen steht ein Modell der internationalen Leistungsbeurteilung, das zur Systematisierung von Forschungsbeiträgen herangezogen wird. Abschließend folgen einige Bemerkungen zur Leistungsbewertung bei HCNs und TCNs.[91]

4.3.1 Begriff und Bedeutung

Obwohl sich die Leistungsbewertung auf nationaler Ebene und auf internationaler Ebene nicht grundsätzlich unterscheiden, gibt es einige Besonderheiten, die im folgenden aufgezeigt werden. Den Ausgangspunkt für diese Diskussion bildet eine allgemeine Begriffsdefinition in Anlehnung an Domsch/Gerpott. Sie definieren

> *"Personalbeurteilung ... als die geplante, formalisierte und standardisierte Bewertung von Organisationsmitgliedern (Personal, Beurteilte) im Hinblick auf bestimmte Kriterien durch von der Organisation dazu explizit beauftragte Personen (= Beurteiler) auf der Basis sozialer Wahrnehmungsprozesse im Arbeitsalltag."*[92]

Wird davon ausgegangen, daß ein solches Personalbeurteilungsinstrument in der Unternehmenszentrale eines Konzerns existiert und Anwendung findet, so stellt sich die Frage, inwieweit es gleichermaßen auf andere Länder übertragbar ist.

Bei der Durchführung von Personalbeurteilungen international tätiger Mitarbeiter gilt es also, in Anlehnung an die obige Definition zu prüfen, inwieweit gleiche standardisierte Beurteilungsverfahren in verschiedenen Ländern angewendet werden können, ob die zugrunde gelegten Kriterien auch vor dem Hintergrund anderer Kontextfaktoren anwendbar und relevant sind, ob der jeweilige Vorgesetzte für die Durchführung der Beurteilung verantwortlich sein sollte, und inwieweit die Ergebnisse durch die sich auf internationaler Ebene komplexer gestaltenden sozialen Wahrnehmungsprozesse beeinflußt sein können. Es kann auch anders gefragt werden: Wie müssen Leistungsbeurteilungssysteme gestaltet werden, damit sie im internationalen bzw. interkulturellen Kontext sinnvoll eingesetzt werden können?

Werden diese Kriterien systematisch untersucht, so ist festzustellen, daß ein internationales Leistungsbeurteilungssystem substantieller Modifikationen bedarf. Dies ist in der Praxis bisher nur selten erfolgt, und auch in der Forschung zum Internationalen Personalmanagement gibt es bislang nur wenige Ansätze.[93] Im folgenden sollen daher zunächst diejenigen Faktoren identifiziert werden, die zu Unterschieden zwischen Leistungsbeurteilungssystemen auf nationaler und auf internationaler Ebene führen.

4.3.2 Leistungsbeurteilung auf nationaler und internationaler Ebene

Wesentliche Aspekte, die bei der Konzeption eines internationalen Leistungsbeurteilungssystems berücksichtigt werden sollten, hat Harvey zusammengestellt:[94]

- *Unterschiedlichkeit der Mitarbeiter in einem international tätigen Unternehmen:* Bei den Mitarbeitern kann es sich um PCNs, HCNs oder TCNs handeln. Häufig sind diese Mitarbeitergruppen durch unterschiedliche Verträge, Kompensationspakete oder Karrieremöglichkeiten gekennzeichnet. Gehören Beurteiler und Mitarbeiter zwei verschiedenen Kulturen an, fließen unterschiedliche Normen und Werte in die Beurteilung mit ein. Dies gilt es zu berücksichtigen.

- *Vielfalt externer Umwelteinflüsse:* Unter diesem Punkt werden in erster Linie Charakteristika des Wirtschaftssystems wie z.B. Inflationsraten, Arbeitslosigkeit oder Zinssätze subsumiert, die außerhalb des Einflußbereiches des entsandten Mitarbeiters liegen. Auch die Unterschiedlichkeit internationaler Märkte spielt hier eine Rolle. Landeskulturelle Einflußfaktoren führen dazu, daß sich Mitarbeiter mit jeweils mehr oder weniger Schwierigkeiten an das Entsendungsland anpassen, wodurch auch die Leistung des Mitarbeiters beeinflußt wird. Das folgende Beispiel illustriert dies:

  "Man feuert nicht einen mexikanischen Manager, weil die Arbeitsproduktivität nur halb so hoch ist wie der amerikanische Durchschnitt. In Mexiko würde dies bedeuten, daß der Manager drei- bis viermal so viel arbeitet wie der durchschnittliche mexikanische Industriearbeiter. Hier brauchen wir relevante, vergleichbare Daten, nicht absolute Zahlen; unser geplagter mexikanischer Manager muß mit den für Mexiko typischen Einschränkungen leben, nicht mit europäischen oder amerikanischen, und diese können sehr unterschiedlich sein. Die Art und Weise, in der wir Arbeitsproduktivität messen, ist genau die gleiche, aber die Ergebnisse sind wegen der Umweltunterschiede anders."[95]

- *Unterschiede in Unternehmensstrategie, -struktur und -kultur:* Internationale Aktivitäten werden in der Regel durch andere Strategien geprägt als die nationale Geschäftstätigkeit. So kann das strategische Ziel einer Tochtergesellschaft darin bestehen, durch aggressive Preispolitik den Cash-flow des Mitbewerbers anzugreifen. Dies bedeutet für die Tochtergesellschaft evtl. rote Zahlen, auf weltweiter Ebene kann jedoch die Gewinnsituation des Unternehmens verbessert werden.[96] Hinzu kommen mögliche Unterschiede in der Entscheidungsfindung zwischen Tochtergesellschaft und Stammhaus durch ein unterschiedliches Ausmaß an Zentralisierung oder durch kulturelle Einflüsse.

- *Mangelnde Vergleichbarkeit der Daten:* Der Vergleich von Leistungen der Expatriates eines Unternehmens setzt einheitliche Standards voraus, die nur selten vorhanden sind. Die folgenden Beispiele illustrieren dies: Importtarife können Preislisten verzerren, ein Dockstreik in einem Land kann die Lieferung notwendiger

Komponenten für eine Produktionsstätte in einem anderen Land verzögern, und lokale Arbeitsbestimmungen können Vollbeschäftigung in Fabriken erfordern, die unterhalb der Kapazitätsgrenze produzieren. Diese Faktoren können eine objektive Bewertung der Leistung einer Tochtergesellschaft problematisch machen.[97]

- *Zeit, Kosten, geographische Distanz:* In der Regel ist eine internationale Leistungsbeurteilung zeitaufwendiger und mit höheren Kosten verbunden, weil mehr Einflußfaktoren berücksichtigt werden müssen, deren Erfassung sich bei geographischer Distanz zwischen dem Beurteiler und dem Mitarbeiter schwieriger gestaltet. Zudem müssen auch Zeiten der Anpassung an eine neue Kultur bei der Gestaltung des internationalen Leistungsbeurteilungssystems berücksichtigt werden.

Diese Aspekte zeigen, daß die Entwicklung eines internationalen Personalbeurteilungssystems hohe Anforderungen an Personalverantwortliche stellt. Im folgenden wird in Anlehnung an Harvey (1997) ein Modell der internationalen Leistungsbeurteilung als Orientierungsgrundlage vorgestellt. Es baut auf dem aktuellen Stand der Forschung auf und integriert weitere Beiträge in sinnvoller Weise.

4.3.3 Modell internationaler Leistungsbeurteilung

Das Modell, das den folgenden Ausführungen zugrunde liegt,[98] wurde für eine US-amerikanische multinationale Unternehmung entwickelt. Es zielt nicht nur auf die jährliche Erfassung der Leistung des Expatriates ab, sondern berücksichtigt auch Personalentwicklungsziele. Defizite des Mitarbeiters werden identifiziert, um in der Zukunft gezielt personalwirtschaftliche Maßnahmen einsetzen zu können.[99]

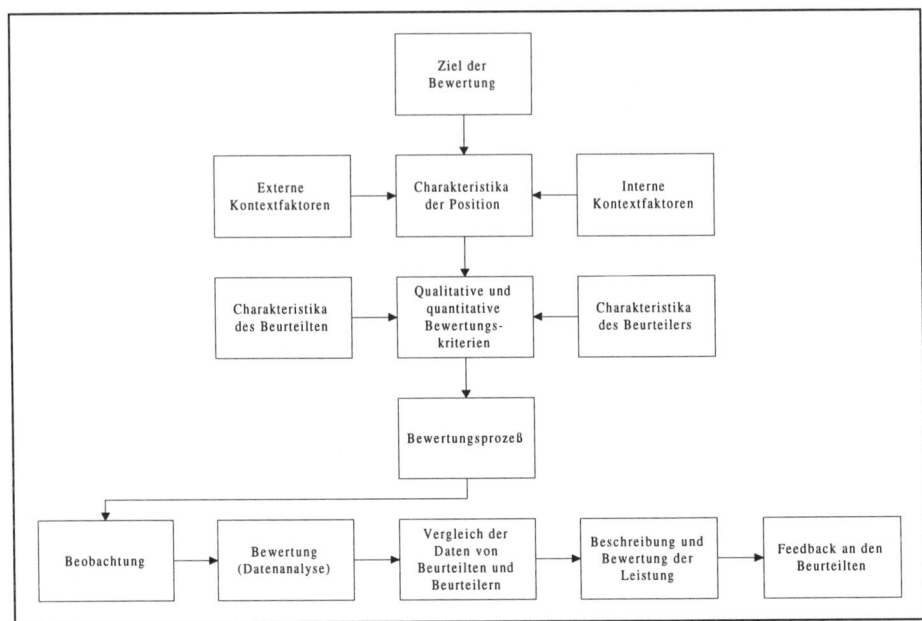

Abb. 5.8: Modell internationaler Leistungsbeurteilung (Harvey, 1997b, S. 48).

Das Leistungsbewertungssystem soll sowohl einen Vergleich von international tätigen Mitarbeitern ermöglichen, als auch Veränderungen in der Leistung eines Expatriates im Zeitverlauf, evtl. auch in unterschiedlichen Umwelten, verdeutlichen. Zudem dienen die Daten der Rechtfertigung personalwirtschaftlicher Entscheidungen. Im folgenden werden die Merkmale der Position, die qualitativen und quantitativen Bewertungskriterien sowie der Bewertungsprozeß skizziert.

4.3.3.1 Charakteristika der Position

Zunächst wird die Position des zu bewertenden Mitarbeiters analysiert: Auf welcher hierarchischen Ebene ist sie angesiedelt, welche Rolle wird von dem Positionsinhaber verlangt, um welchen Typ von Aufgabe handelt es sich, und welche Infrastruktur steht unterstützend zur Verfügung? Zur Konzeptionalisierung der Position werden die gleichen Typen von Auslandstätigkeiten herangezogen, die bereits im Zusammenhang mit der internationalen Personalauswahl erläutert wurden.[100]

- Der *Structure Reproducer* hat die Aufgabe, in einer ausländischen Tochtergesellschaft eine Struktur aufzubauen oder zu reproduzieren, die derjenigen ähnlich ist, die er aus dem Stammhaus kennt. Dies könnte eine Marketingabteilung oder ein Kostenrechnungssystem sein.
- Der *Troubleshooter* wird in eine ausländische Tochtergesellschaft entsandt, um ein operationales, in der Regel technisches Problem zu lösen.
- Die Mitarbeiter auf der operativen Ebene (*Operational Element*) sind ähnlich wie lokale Mitarbeiter in einer bereits existierenden Struktur tätig.
- Der *Chief Executive Officer* (Geschäftsführer) hat die Aufgabe, die gesamten Auslandsoperationen zu beaufsichtigen und zu führen.

Nun können jedoch die Leistungen z.B. von Geschäftsführern verschiedener Tochtergesellschaften nicht ohne weiteres miteinander verglichen werden, da interne und externe Kontextfaktoren berücksichtigt werden müssen. *Interne Kontextfaktoren* umfassen vorwiegend die Organisationskultur, -struktur und -strategie der Auslandsniederlassung. Es stehen die folgenden Fragen im Vordergrund:

- Inwieweit sind die Aktivitäten zwischen Stammhaus und Tochtergesellschaft aufeinander abgestimmt?
- Weisen beide Organisationseinheiten Kennzeichen der gleichen Phase der Internationalisierung auf?[101]
- In welcher Weise sind mögliche Unterschiede zwischen den beiden Organisationseinheiten für die Leistungsbeurteilung relevant?

Externe Kontextfaktoren beinhalten den Stand der wirtschaftlichen Entwicklung des Gastlandes. Betrachtet wird hier beispielsweise die zur Verfügung stehende Infrastruktur oder das Ausmaß staatlicher Interventionen in das Wirtschaftsleben. Zudem wird auch der Fremdheitsgrad der Kulturen analysiert. Je größer die Unterschiede in den externen und internen Kontextfaktoren von Stammhaus und Tochtergesellschaft, um so höher ist die Komplexität der Gestaltung eines internationalen Leistungsbeurteilungssystems.

4.3.3.2 Beurteilungskriterien

Grundsätzlich stehen quantitative und qualitative Kriterien zur Leistungsbewertung zur Verfügung. Bei der Anwendung von *quantitativen Kriterien* sind jedoch erhebliche Meß- und Zurechnungsprobleme zu erwarten. Ein Beispiel für die Verwendung von quantitativen Kriterien ist die Orientierung der Leistungsbewertung an finanzwirtschaftlichen Kennziffern eines Unternehmens. Diese unterliegen jedoch nicht nur dem Einfluß des Mitarbeiters; statt dessen spielen Transferpreise, Wechselkurse und Konvertierbarkeit der Währung, das verwendete Kostenrechnungssystem sowie steuerliche Verpflichtungen eine manchmal viel bedeutendere Rolle. Aufgrund des Fehlens von geeigneten standardisierten quantitativen Meßinstrumenten und um dem Einfluß von Unterschieden in der internen und externen Umwelt Rechnung zu tragen, werden zunehmend *qualitative Kriterien* zur Leistungsbeurteilung herangezogen. Mit diesem Ansatz soll die Fairneß im Beurteilungsprozeß erhöht und die besondere Situation international tätiger Mitarbeiter berücksichtigt werden. Als Beispiel können in dieser Kategorie strategiebezogene Kriterien[102] genannt werden, deren Anwendung jedoch auch nicht frei von Problemen ist. Auch hier verzerren nicht vergleichbare Daten oder die Unbeständigkeit der internationalen Umwelt die Ergebnisse.

Die inhaltliche Definition der Kriterien wird durch organisatorische Rahmenbedingungen bestimmt. Dies kann z.B. die Grundorientierung des Personalmanagements sein, die im folgenden in Anlehnung an das EPRG-Konzept[103] von Heenan/Perlmutter interpretiert wird. Bei einem ethnozentrischen Ansatz werden z.B. die Bewertungsstandards von PCNs festgelegt. Ein polyzentrischer Ansatz bedeutet dagegen, daß die Kriterien weitgehend auf lokaler Ebene von HCNs bestimmt werden. Ändert sich die Grundorientierung, so variieren auch die Bewertungskriterien. Beispielsweise erfordert ein Übergang vom Technologietransfer zu einem globaleren Ansatz mit längerfristig orientierten Zielen auch eine erhebliche Veränderung der Leistungsbewertung.

Gehören Mitarbeiter und Beurteiler unterschiedlichen Kulturen an, so stellt dies eine große Herausforderungen für das Leistungsbeurteilungssystem dar. Möglicherweise haben beide unterschiedliche Vorstellungen über Kriterien, den Ablauf und die Verwendung der Ergebnisse der Leistungsbeurteilung.[104] Ferner können zwischen ihren Kulturen Führungskonzepte, Kontrollinstrumente, das Ausmaß der Partizipation oder Kommunikationswege und -stile erheblich variieren. Insbesondere bei Führungspositionen sind jedoch oft gerade diese Aspekte Gegenstand der Beurteilung. Folglich kann es zu unterschiedlichen Kausalattributionen kommen: Der Beurteiler führt schlechte Leistungen auf die Person des Beurteilten zurück, während dieser primär situative Einflußfaktoren verantwortlich macht.

Verschiedene Autoren schlagen vor, dieses Problem zu lösen, indem mehrere voneinander unabhängige Beurteilungen einer Person und ihrer Leistung vorgenommen werden. Ihre Zahl sollte um so höher sein, je größer die strategische Bedeutung der fokussierten Position ist.[105] Mindestens notwendig ist in jedem Fall, den Beurteilern mögliche Auswirkungen der kulturellen Unterschiede auf die Leistungsbeurteilung zu verdeutlichen, um so eine Sensibilität für die Problematik zu schaffen.

4.3.3.3 Beurteilungsprozeß

Der Leistungsbeurteilungsprozeß ist bei internationalen Positionen wegen der großen Komplexität besonders aufwendig. Ausschlaggebend hierfür können Zeitunterschiede, geographische Entfernungen sowie die oben bereits skizzierten kulturellen Unterschiede zwischen Beurteiler und beurteiltem Mitarbeiter sein. Diese können zu unterschiedlichen Einschätzungen der am Beurteilungsprozeß Beteiligten führen, so daß ein expliziter Vergleich der Ergebnisse sowie Feedbackschleifen sinnvoll erscheinen, damit die Wahrscheinlichkeit eines für beide Seiten befriedigenden Ergebnisses steigt.

Um trotz unterschiedlicher Rahmenbedingungen ein internationales Leistungsbeurteilungssystem gestalten zu können, klassifiziert Harvey[106] die zu beurteilenden Mitarbeiter nach verschiedenen Kategorien. Als Basis verwendet er die internen und externen Kontextfaktoren, die er in Beziehung zur Situation im Herkunftsland des Mitarbeiters setzt. Unterschieden wird zwischen extremer und geringer Unterschiedlichkeit der beiden Gruppen von Einflußfaktoren, so daß sich aus den möglichen Kombinationen eine Vier-Felder-Matrix ergibt. Beispielsweise ist eine Beurteilungskategorie im Rahmen der externen Einflußfaktoren durch erhebliche Unterschiede in der wirtschaftlichen Entwicklung und der Kultur sowie durch eine Vielzahl von Interventionen der Regierung des Gastlandes in das Wirtschaftsleben gekennzeichnet; die internen Kontextfaktoren können durch Verschiedenartigkeit in Kultur, Strategie und Struktur beschrieben werden. Die Ergebnisse aller Beurteilten, die solchen Bedingungen ausgesetzt sind, werden der gleichen Kategorie zugeordnet. Nach Harvey sind ihre Leistungsbeurteilungsergebnisse prinzipiell miteinander vergleichbar. Durch ein solches System soll die Konsistenz zwischen den Ergebnissen der Beurteilten bei gleichzeitiger Komplexitätsreduktion erhöht werden, da nicht für alle Konstellationen ein spezifisches Leistungsbeurteilungssystem entwickelt werden muß.

4.3.4 Bewertung von HCNs und TCNs

Die bisherige Diskussion hat die Leistungsbewertung von HCNs und TCNs unberücksichtigt gelassen. Dies reflektiert den Mangel an Forschungsbeiträgen zu diesem Thema.[107] US-amerikanische Unternehmen haben versucht, die gleichen Beurteilungsverfahren für PCNs, HCNs und TCNs zu verwenden. Sie wurden in englischer Sprache zur Verfügung gestellt oder ohne inhaltliche Anpassungen in die Landessprache übersetzt. Beide Ansätze haben Nachteile. Bei der Anwendung englischer Formulare verstehen manche HCNs und TCNs die Kriterien nicht richtig. Auch wenn die Formulare in die Landessprache übersetzt werden, besteht die Möglichkeit, daß die Inhalte und Zielsetzungen von den einheimischen Mitarbeitern nicht richtig gedeutet werden.

Der Praxis der Leistungsbewertung selbst steht der Aspekt der kulturellen Anwendbarkeit gegenüber.[108] Leistungsbewertung kann in verschiedenen Ländern als Signal des Mißtrauens oder sogar als Beleidigung verstanden werden. In Japan ist es beispielsweise wichtig, eine direkte Konfrontation zu vermeiden, um das Gesicht zu wahren. Diese Tatsache beeinflußt natürlich auch die Art und Weise, in der eine Leistungsbeurteilung durchgeführt wird. Eine japanische Führungskraft kann nicht direkt einen arbeitsbezogenen Fehler oder Irrtum eines Untergebenen ansprechen:

"Statt dessen wird sie wahrscheinlich beginnen, mit der betreffenden Person über die Stärken ihrer Arbeit zu sprechen, um anschließend die Diskussion über die Arbeit auf einem relativ allgemeinen Niveau fortzusetzen. Sie fährt fort, indem sie die Konsequenzen der Fehler erklärt, die der Untergebene begangen hat; nach wie vor geschieht dies jedoch ohne den wirklichen Fehler oder den individuellen Mitarbeiter anzusprechen. Es wird erwartet, daß der Untergebene durch diese Diskussion seinen Fehler versteht und selbst einen Vorschlag macht, wie er seine Arbeit verbessern könnte."[109]

Zusammenfassend kann festgestellt werden, daß die Durchführung von Leistungsbeurteilungen im internationalen Kontext ein hohes Maß an kultureller Sensitivität erfordert. Um diese bei der Gestaltung von Beurteilungssystemen zu beweisen, sollte mit HCNs zusammen ein geeignetes System der Leistungsbeurteilung für lokale Mitarbeiter konzipiert werden. Möglichkeiten der Durchführung könnten dann ebenfalls gemeinsam erörtert werden.

4.4 Repatriierung als Element der Karriereplanung

Zu Beginn dieses Kapitels wurden die verschiedenen Phasen einer Auslandsentsendung systematisiert. Es wurde unterschieden zwischen Auswahl-, Vorbereitungs-, Einsatz- und Rückkehrphase.[110] An dieser Stelle soll auf die letzte Phase der Auslandsentsendung - auf die Rückkehr ins Stammhaus eingegangen werden. Im folgenden wird zunächst der Begriff der Wiedereingliederung - die Repatriierung - geklärt sowie die Bedeutung dieses Themenfeldes herausgestellt. Im Anschluß daran werden verschiedene Repatriierungsmodelle dargestellt. Es folgen einige abschließende Bemerkungen zur Repatriierung aus Mitarbeiter- und Unternehmenssicht sowie Gestaltungshinweise für die Handhabung der Repatriierungsproblematik.

4.4.1 Begriff und Bedeutung

Wie bereits im letzten Kapitel erläutert, wird die Rückkehrproblematik mit zahlreichen Begriffen wie Rückgliederung, Reintegration, Reentry, Wiedereingliederung und Repatriierung belegt. Mit diesen Termini wird der Prozeß bezeichnet, den ein in das Ausland entsandter und in das Stammhaus zurückkehrender Mitarbeiter durchläuft. Inhaltlich umfaßt dieser Vorgang sowohl die Aspekte der beruflichen Reintegration in das Stammhaus als auch die Wiedereingliederung in das private Umfeld im Heimatland.[111]

Die Bedeutung der Repatriierung wird vor allem dann klar, wenn man sich die Ziele von Auslandsentsendungen vor Augen führt. Wie bereits im Zusammenhang mit der internationalen Personalauswahl dargestellt wurde, handelt es sich in der Regel um ein ganzes Bündel von Zielen, das letztlich zu einer Auslandsentsendung führt:[112] Neben der Übertragung von Know-how[113] und der Ausübung von Kontrolle und Koordination[114] sind im Kontext der Repatriierung auch die Ziele der Personal- und Organisationsentwicklung relevant. Personalentwicklung zielt hier auf die Entwicklung und den Ausbau von Managementfähigkeiten bei ins Ausland entsandten Führungskräften.[115] Im Vordergrund steht dabei weniger die Aneignung von landesspezifischem Wissen als vielmehr eine Erprobung von Führungsqualitäten.[116] Neben der Entwicklung von

Nachwuchskräften ist auch die Organisationsentwicklung als Entsendungsziel besonders relevant für die Repatriierung.[117] Aus dem Ausland zurückkehrende Führungskräfte bringen Erfahrungen mit, die sich das Stammunternehmen als Anstoß für organisationale Veränderungen zunutze machen kann.

Diese wenigen Bemerkungen zeigen, wie wichtig gelungene Wiedereingliederungsmaßnahmen für das Unternehmen und den Mitarbeiter sind, um eine langfristige Zusammenarbeit beider zu gewährleisten und eine frühzeitige Kündigung des Mitarbeiters zu verhindern.[118]

In der Praxis scheint die Bedeutung von Wiederengliederungsprogrammen noch nicht überall erkannt worden zu sein. Die Price Waterhouse-Studie zeigt, daß nur noch knapp die Hälfte aller Unternehmen dem Rückkehrer nach dem Auslandeinsatz wieder einen Arbeitsplatz im Heimatland garantiert.[119] 1995 waren dies noch mehr als zwei Drittel der befragten Unternehmen! Gleichzeitig wurde von der Hälfte der befragten Unternehmen angegeben, daß entsandte Mitarbeiter nicht in das Stammhaus zurückkehren wollen. Gründe hierfür sind, daß sie nicht auf die finanziellen Vorteile verzichten wollen oder daß sie eine Einschränkung ihres Verantwortungsbereiches im Vergleich zur Auslandstätigkeit nicht akzeptieren.[120] Immerhin ein Drittel der Unternehmen berichtet, daß Rückkehrer aus dem Ausland innerhalb von relativ kurzer Zeit nach der Rückkehr das Unternehmen wieder verlassen.[121] Damit sind auch die Investitionen verloren, die der Arbeitgeber in das Humankapital der Mitarbeiter getätigt hat.[122] Um so wichtiger ist es, die Vorgänge der Wiedereingliederung systematisch zu bearbeiten.

4.4.2 Repatriierungsmodelle

Das Problemfeld der Repatriierung der in das Ausland entsandten Mitarbeiter wird sowohl in der wissenschaftlichen als auch in der Praktikerliteratur überwiegend deskriptiv behandelt,[123] wobei Erklärungskomponenten insbesondere im Zusammenhang mit dem psychischen Geschehen in der Rückkehrphase angedeutet werden. Jedoch liefern auch Beschreibungen des Problemfeldes wichtige Hinweise für die gedankliche Durchdringung des Entsendungsgeschehens. Es liegen mehrere Phasenmodelle zur Beschreibung der Wiedereingliederung von Mitarbeitern vor. Im Mittelpunkt der Betrachtung steht jeweils das psychische Geschehen auf der Seite der rückkehrenden Mitarbeiter und die Bearbeitung dieser psychischen Besonderheiten. Im folgenden werden die Beiträge von Fritz (1982) und Hirsch (1992) referiert.

Drei-Phasen-Modell der Repatriierung von Fritz

Fritz entwirft ein idealtypisches Modell der Auseinandersetzung mit der sich ändernden Realität vor und nach der Rückkehr in das Stammhaus. Er beschreibt charakteristische Verhaltensmuster in diesem Prozeß, der die folgende Phasen umfaßt: Antizipationsphase, Akkomodationsphase und Adaptionsphase.

In der *Antizipationsphase* versucht der Entsandte auf der Grundlage beruflicher und privater Erfahrungen ein Bild der möglichen Rückkehrsituation zu entwerfen. :[124] Kennzeichnend ist eine hohe Erwartungshaltung des Rückkehrers an seine Umwelt, vor allem an das Unternehmen im Hinblick auf die künftige Tätigkeit.

Im Zentrum des Konzepts steht die *Akkomodationsphase*, die die Konfrontation der antizipierten Situation mit der Realität enthält. Der entsandte Mitarbeiter stellt möglicherweise fest, daß seine Erwartungen sich nicht erfüllt haben und versucht, diese Unterschiede zu erklären. Durch die Verwendung bestimmter Erklärungsmuster aktualisiert er seine Erwartungen und richtet sein zukünftiges Verhalten darauf aus. Bezüglich der sozialen Integration zeigt der Expatriate in der Regel eine von vier alternativen Reaktionsmöglichkeiten[125]

- Anpassung, indem auftretende Probleme und Widersprüche durch zielgerichteten Einsatz der eigenen Fähigkeiten bewältigt werden,
- Dissoziation, indem sich der Mitarbeiter nicht eingliedert, sondern einen weiteren Auslandseinsatz anstrebt,
- Ablehnung der Stammlandkultur oder
- Abhängigkeit, die gleichbedeutend ist mit einer bedingungslosen Übernahme der Werte und Normen des Unternehmens bzw. des Heimatlandes.

In der *Adaptionsphase* kommt es schließlich zur wechselseitig akzeptierten sozialen Integration des Rückkehrers.[126] Fritz trifft - anders als der nachfolgende Ansatz von Hirsch (1992) - keine Aussagen über den zeitlichen Rahmen der einzelnen Phasen.

Prozeßmodell der Reintegration von Hirsch

Auch Hirsch (1992) rückt das schockartige Erleben bei der Konfrontation des Rückkehrers mit der fremd gewordenen Umwelt und - als Folge revidierter und realistischerer Erwartungen - die spätere Integration in den Mittelpunkt der Betrachtung. Er baut sein Modell auf praktischen Erfahrungen mit der Wiedereingliederung von Mitarbeitern auf. Einen graphischen Überblick gibt Abbildung 5.9.

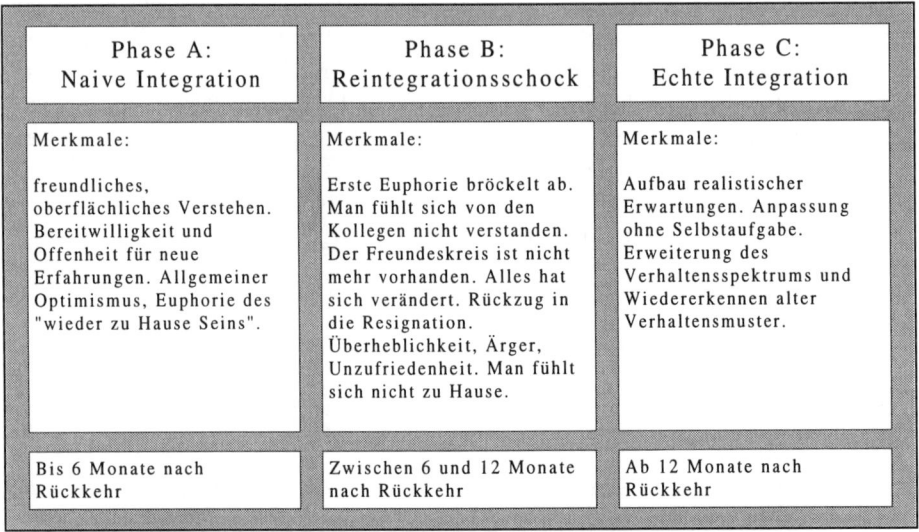

Abb. 5.9: Prozeßmodell der Reintegration nach Hirsch (Hirsch, 1992, S. 291).

Die Phase der Naiven Integration ist gekennzeichnet durch den Willen des Rückkehrers, sich bereitwillig an die Gegebenheiten des Stammlandes bzw. -unternehmens anzupassen. Es schließt sich die Phase des Reintegrationsschocks an, die mit der Akkomodationsphase aus dem Modell von Fritz vergleichbar ist: der Rückkehrer wird mit der ihm fremd gewordenen Umwelt konfrontiert und hat Anpassungsschwierigkeiten. Erst in der Phase der Echten Integration gelingt es dem Mitarbeiter durch den Aufbau realistischer Erwartungen, sich an seine Umwelt anzupassen und sozial zu integrieren. Allerdings weist Hirsch darauf hin, daß ein temporärer Rückfall in die Phase des Reintegrationsschocks z.B. durch neue Probleme im beruflichen Umfeld möglich ist.[127]

Beide Konzept sind einander sehr ähnlich. In ihrer inhaltlichen Aussage können sie sich ergänzen und Anknüpfungspunkte für konkretes Handeln bieten.

4.4.3 Die Repatriierung aus Mitarbeiterperspektive

Die oben skizzierten Verlaufsmodelle gehen im wesentlichen von der Sichtweise des entsandten Mitarbeiters aus. In der umfangreichen Berichterstattung über die Wiedereingliederungsproblematik wird das oftmals schockartige Erleben nach der Rückkehr in das Stammhaus inhaltlich ausgefüllt, d.h. die beruflichen und privaten Probleme der Rückkehrer werden näher beschrieben.[128] Dabei dominieren die folgenden Themen:

(1) *Aufgabenumfeld bzw. Stelle*: Es wird kein geeigneter Arbeitsplatz gefunden bzw. das Arbeitsumfeld und das soziale Umfeld haben sich nachhaltig verändert.[129] Diese Thematik und die mit der oft unbefriedigenden Lösung verbundene Unzufriedenheit steht in der einschlägigen Diskussion im Vordergrund.[130]

(2) *Karriereverlauf*: Da die im Stammhaus verbliebenen Kollegen des Entsandten oftmals höhere hierarchische Positionen erreicht haben, entsteht bei den Rückkehrern - insbesondere wenn es Schwierigkeiten bei der Bereitstellung einer angemessenen Stelle gibt - der Eindruck eines Karriereknicks, der als frustrierend empfunden wird.[131]

(3) *Status*: Die Auslandsentsendung ist bei Führungskräften regelmäßig mit einer herausgehobenen Position im Gastland und einem entsprechenden Status verbunden, der bei der Rückkehr kaum erreicht werden kann. Selbstverständlich gewordene Privilegien werden nicht mehr gewährt.[132]

(4) *Familiäre und soziale Beziehungen*: Die Veränderungen des persönlichen Lebensumfeldes bedeuten Belastungen der familiären Beziehungen und den Verlust von großen Teilen des Bekannten- und Freundeskreises.[133]

Trotz der umfangreichen Problemkataloge sind von den Unternehmen oftmals nur wenige und nicht ausreichende Maßnahmen zur Wiedereingliederung ergriffen worden, wodurch die Frustration der Rückkehrer zusätzlich erhöht wird.[134]

Eine Brücke zwischen individueller und Unternehmensperspektive wird geschlagen, wenn die Auswirkungen der Rückkehrsituation auf die Loyalität gegenüber dem Unternehmen und die daraus resultierenden Verhaltensweisen betrachtet werden. Einen empirisch gestützten Beitrag zu dieser Frage haben Black und Gregersen (1992) geleistet.

Die Ergebnisse wurden weiter oben in diesem Kapitel bereits dargestellt. Die beiden Forscher unterscheiden vier idealtypische Konstellationen, die anhand der Dimensionen "Loyalität gegenüber dem Stammhaus" und "Loyalität gegenüber der lokalen Einheit" gebildet werden. In bezug auf die Wiedereingliederung kommen sie zu dem Ergebnis, daß ein Verbleiben im Unternehmen insbesondere bei jeweils hoher Loyalität gegenüber Stammhaus und lokaler Einheit zu erwarten ist, wobei jedoch nur 32 % der Stichprobe in diese Kategorie fallen. Dies macht deutlich, daß mit Auslandsentsendungen offenbar in erheblichem Umfang die Gefahr verbunden ist, daß die Rückkehrer das Unternehmen entweder verlassen oder angesichts einer geringen Bindung nicht mit vollem Engagement im Sinne des Unternehmens handeln.

4.4.4 Die Repatriierung aus Unternehmensperspektive

Bei der Darlegung der Unternehmensperspektive im vorliegenden Zusammenhang spiegeln sich zum Teil die individuellen Probleme der Rückkehrer. Großes Gewicht haben die folgenden Themenkreise:

(1) *Bereitstellung einer angemessenen Stelle*, wobei die künftige Position des Rückkehrers dessen Qualifikation und Potential nutzen sollte.[135]

(2) *Bereitstellung angemessener Anreize*: In diesem Kontext sind Fragen der Entgeltproblematik angesprochen.[136] Die finanziellen Anreize stellen allerdings bei der Rückgliederung ein Handicap dar, denn eine Einordnung in das Gehaltsgefüge im Stammhaus bedeutet in der Regel erhebliche Entgelteinbußen.

(3) *Einordnung in das Personalentwicklungssystem*: Auslandseinsätze leisten Beiträge zur Personalentwicklung. Auch aus der Personalentwicklungsperspektive muß das Unternehmen also der Auswahl, der Vorbereitung, der Betreuung und der späteren Wiedereingliederung Beachtung schenken. Das Wiedereingliederungsproblem ordnet sich in den größeren Zusammenhang der Personalentwicklung und insbesondere der Karriereplanung ein.[137]

Eine Sichtung der Diskussionsbeiträge zum Thema Wiedereingliederung von Führungskräften zeigt, daß individuelle, mit der Auslandsentsendung verbundene Probleme einerseits und unternehmensseitige Maßnahmen zur Handhabung dieser Probleme andererseits die einschlägige Diskussion beherrschen. Oder einfacher formuliert: Durch die Rückkehr von entsandten Mitarbeitern entstehen Probleme, die durch geeignete Maßnahmen reduziert werden müssen. Konzeptionell befriedigender wäre allerdings die Entwicklung eines Systems aufeinander abgestimmter Maßnahmen, denn die Repatriierung ist nur ein Teilaspekt der Auslandsentsendung und diese wiederum nur eine mögliche Variante der Personalpraktiken im internationalen Kontext.

4.4.5 Gestaltungsmaßnahmen der Repatriierung

Die Gestaltungsmöglichkeiten der Repatriierung sind vielfältig und komplex. Wie das folgende Zitat zeigt, beginnen sie nicht erst mit dem Zeitpunkt der Rückkehr des Mitarbeiters vom Auslandseinsatz, sondern spielen im Grunde in allen Phasen der Entsendung eine Rolle:

"Die Repatriierung von Mitarbeitern im Stammhaus beginnt bereits mit den Auswahl- und Vorbereitungsentscheidungen ihres Einsatzes im Ausland. Ihre Wiedereingliederung endet nicht schon mit der Rückkehr ins Stammhaus; sie ist vielmehr erst abgeschlossen, wenn sich der Mitarbeiter in seine Stammhaus-Position so eingearbeitet hat, daß er die dort anfallenden Arbeiten meistert und dabei Arbeitszufriedenheit empfindet."[138]

Es kann folglich zwischen Wiedereingliederungsmaßnahmen vor, während und nach der Entsendung unterschieden werden.

Im *Vorfeld der Entsendung* sollte als erstes die strategische Funktion des Auslandseinsatzes bestimmt werden. Wiedereingliederungsprogramme sind aus Unternehmenssicht dann um so wichtiger, wenn Investitionen in den Mitarbeiter getätigt werden, die das Unternehmen langfristig nutzen möchte.[139] Sollte dies nicht der Fall sein und will man die Repatriierungsproblematik umgehen, können auch ältere Führungskräfte in ihrem letzten Berufsabschnitt entsandt werden, wenngleich diese Lösung auch nicht ganz unproblematisch ist.[140] Aus der Klärung dieser strategischen Fragen ergeben sich die Anforderungen an die Personalauswahl (Welche Kriterien werden der Auswahl zugrunde gelegt?) und an die Vertragsgestaltung (Welche Anreize bietet das Unternehmen: langfristige Entwicklungsperspektive und/oder monetäre Anreize?). Auch die Zuordnung eines Mentors im Vorfeld der Entsendung ist ein viel diskutierter Vorschlag.[141] Hierbei handelt es sich in der Regel um eine hierarchisch höher gestellte Führungskraft, die dem Mitarbeiter als Kontaktperson im Stammhaus zur Seite gestellt wird. Sie soll die Interessen des Expatriates während dessen Abwesenheit vertreten und ihn über personelle und fachliche Veränderungen im Stammhaus unterrichten. Gleichzeitig beobachtet der Mentor auch die Leistungen des Mitarbeiters im Ausland und betreut ihn. Die empirische Untersuchung von Marx ergab, daß lediglich ca. 30 % der deutschen Unternehmen ein solches Mentorensystem einsetzen.[142]

Während der Entsendung können vor allem die Zusendung von allgemeinem und firmenspezifischem Informationsmaterial (Firmenzeitung, Mitteilungen aus der Personalabteilung, Tageszeitungen, Zeitschriften) sowie regelmäßige (teilweise obligatorische) Heimflüge dazu beitragen, den Kontakt mit dem Mitarbeiter zu halten und so potentielle Wiedereingliederungsprobleme zu verringern. Spätestens sechs Monate vor der geplanten Rückkehr des Mitarbeiters sollte eine geeignete Position im Stammhaus gesucht werden. Idealerweise wird der Entsandte in diese Planungen einbezogen.[143]

Im *Anschluß an die Entsendung* werden bisher - außer einem Gespräch mit der Personalabteilung - kaum Maßnahmen durchgeführt.[144] Denkbar wäre z.B. eine Unterstützung bei der Wohnungssuche oder ein organisierter Informationsaustausch zwischen Rückkehrern in Form von Rückkehrer-Seminaren[145] oder Debriefing-Seminaren. Letztere dienen der systematischen Wissens- und Erfahrungsaufbereitung nach dem Auslandseinsatz.[146] Idealerweise werden auch Partner der Expatriates in diese Maßnahmen einbezogen.[147] Nur 52 % der in der Price Waterhouse-Studie befragten Unternehmen nutzen dieses Instrument. Die anderen gaben an, daß ein Debriefing nicht notwendig sei, da man aufgrund des ständigen Kontaktes während der Auslandsentsendung viele Entwicklungen direkt verfolgen könne.[148]

4.5 Weitere Elemente internationaler Personalentwicklung

Die weiteren Elemente von Personalentwicklungssystemen, die in der Einführung genannt wurden, fanden bisher im internationalen Kontext eher selten Berücksichtigung. Dennoch sollen hier erste Forschungsergebnisse aufgezeigt werden. Ziel der Ausführungen ist es, Hinweise für eine systematischere Nutzung dieser Instrumente in der Praxis oder Ansatzpunkte für die weitere Forschung zu liefern.

4.5.1 Informationsinstrumente und Informationsverarbeitung

Elemente der Informationssammlung und -verarbeitung, die bisher noch nicht explizit angesprochen wurden, sind die internationale Potentialbeurteilung und das Beurteilungs- und Fördergespräch.

Internationale Potentialbeurteilung

Häufig wird nicht explizit zwischen Leistungs- und Potentialbeurteilung unterschieden. Während jedoch die Leistungsbeurteilung vergangenheitsorientiert ist, bezieht sich das Potential eines Mitarbeiters auf zukünftige Entwicklungsmöglichkeiten. Potentialbeurteilung ist der Versuch, gegenwärtige und zukünftig zu entwickelnde Qualifikationen einer international tätigen Führungskraft zu bestimmen.[149] Dabei sind verläßliche Aussagen nicht möglich, jedoch erhöht sich durch den Einsatz der Potentialbeurteilung die Wahrscheinlichkeit, den "richtigen" Mitarbeiter und die "richtigen" Personalentwicklungsmaßnahmen auszuwählen.[150] Die Personalbeurteilung wird eingesetzt mit dem Ziel, systematisch Informationen zu erheben, um einen ineffizienten Ressourceneinsatz zu vermeiden und um Anreize für erwünschtes Verhalten zu bieten.[151] Die Potentialbeurteilung im Hinblick auf internationale Positionen ist in der Personalmanagementforschung bisher weitgehend vernachlässigt worden. Die Überlegungen zur internationalen Personalauswahl bieten aber Anknüpfungspunkte. Deshalb wird hier auch auf Kapitel 4 verwiesen.

Beurteilungs- und Förderungsgespräch

Ziel des Beurteilungs- und Förderungsgespräches ist es, die Leistung des Mitarbeiters in der Vergangenheit zu besprechen, den individuellen Entwicklungsbedarf zu ermitteln und daraufhin die geeigneten Entwicklungsmaßnahmen zu bestimmen. Beteiligte an dem Gespräch sind in der Regel der Mitarbeiter und sein direkter Vorgesetzter.[152]

Leistungsbeurteilung, Potentialbeurteilung sowie das Beurteilungs- und Förderungsgespräch sind wichtige Instrumente zur Informationsgewinnung.

4.5.2 Maßnahmen der Aufgabenzuordnung

Maßnahmen der Aufgabenzuordnung umfassen den systematischen und wechselnden Arbeitseinsatz (*Job Rotation*), die Laufbahnplanung, die Nachfolgeplanung und die innerbetriebliche Stellenausschreibung. Da die Laufbahnplanung auch *Job Rotation* mit einbeziehen kann, wird auf diese nicht explizit eingegangen. Auch bei der Nachfolgeplanung stellen sich - abgesehen von der Identifikation international ausgerichteter Führungskräfte für die Besetzung internationaler Schnittstellen - nur wenige Anforderungen, die sich nicht auch bei der Durchführung einer Nachfolgeplanung auf nationaler Ebene ergeben würden. Die beiden anderen Elemente - die Laufbahnplanung und die innerbetriebliche Stellenausschreibung - werden im folgenden kurz im Kontext des Internationalen Personalmanagements vorgestellt.

4.5.2.1 Internationale Laufbahnplanung

Die Laufbahnplanung oder auch Karriereplanung ist bisher nur relativ selten Gegenstand der Forschung im internationalen Kontext gewesen.[153] Eine Laufbahn ist die beliebige Stellenfolge einer Person im betrieblichen Stellengefüge. Sie umfaßt nicht nur den vertikalen Aufstieg, sondern auch horizontale Versetzungen.[154] Dementsprechend sind unter einer internationalen Laufbahnplanung die personalpolitischen Maßnahmen zu verstehen, die zu einer systematischen Abfolge von Beschäftigungen eines Mitarbeiters im In- und Ausland beitragen, " ... um für die internationalen Aufgaben stets qualifizierte und engagierte Manager und Spezialisten zur Verfügung zu haben."[155]

Kommt dieses Instrument der Personalentwicklung zum Einsatz, so wird in der Regel angestrebt, daß der Mitarbeiter mit jeder neuen Aufgabe auf vorher gewonnenen Qualifikationen aufbauen kann.[156] Ferner werden verschiedene weitere Ziele verfolgt: Die Bindung des Mitarbeiters an das Unternehmen[157] und die Bereitschaft, sich mit den Zielen des Unternehmens zu identifizieren, sollen verstärkt werden[158]. Zielgruppen internationaler Laufbahnplanung können nicht nur PCNs sein, sondern auch HCNs und TCNs. Sind Auslandseinsätze Bestandteil der Laufbahnplanung, so kann dies zur Steigerung der Entsendungsbereitschaft[159] und Lernmotivation der Mitarbeiter beitragen sowie die Wiedereingliederung in das Unternehmen erleichtern. In diesem Fall betrachtet der Mitarbeiter einen Auslandseinsatz nicht mehr als Unterbrechung seiner Karriere, sondern als lohnenden Bestandteil seiner Entwicklung.[160]

Empirische Befunde zum Auslandseinsatz als Komponente von Karrieremustern kommen je nach Untersuchungsperspektive zu unterschiedlichen Befunden. Während Adler in ihrer Analyse über die Karrierevorstellungen von MBAs zu dem Ergebnis kommt, daß Auslandsentsendungen traditionellerweise eine Schlüsselrolle für internationale Managerkarrieren darstellen,[161] stellen Mendenhall/Dunbar/Oddou fest, daß Auslandsentsendungen bisher in keinem Karrieremodell explizit Berücksichtigung gefunden haben.[162]

Einige europäische Unternehmen wie Philips haben Auslandseinsätze als interkulturelles Training in die Karriereplanung für Führungskräfte aufgenommen. Beispielsweise werden Mitarbeiter für drei oder vier Jahre in ausländische Tochtergesellschaften entsandt, um sowohl operative Ziele als auch Personalentwicklungsziele zu realisieren. Einige US-amerikanische multinationale Unternehmen wie *Hercules Incorporated, Ford, Dow Chemical, Monsanto, Westinghouse* und *General Electric* konnten erfolgreich einen ähnlichen Entwicklungsansatz praktizieren. Dies ist jedoch nicht alltäglich in US-amerikanischen Organisationen und könnte somit ein Grund für die festgestellten hohen Abbruchraten bei US-amerikanischen Expatriates sein (siehe Kapitel 4). Der deutsche Konzern Bayer AG legt seinen Aktivitäten in diesem Bereich die folgenden Grundsätze zur internationalen Personalpolitik für Führungskräfte zugrunde:[163]

> **Grundsätze zur internationalen Personalpolitik bei Bayer**
>
> Der internationale Einsatz von Führungskräften dient in erster Linie der Führungskräfte-Entwicklung. Geeignete Anlässe für einen Einsatz außerhalb der Heimatlandes sind z.B.:
>
> - der Transfer von Know-how
> - die Mitarbeit bei Projekten
> - die Wahrnehmung von Aufgaben, für die vor Ort keine geeigneten Führungskräfte zur Verfügung stehen
> - Hilfestellung bei der Eingliederung von neu erworbenen Unternehmen
>
> Führungspositionen im Top-Management bei der Bayer AG und Bayer-Tochterunternehmen sollen grundsätzlich nur Kandidaten mit internationaler Erfahrung übertragen werden. Sie sollen daher vorzugsweise für einen Zeitraum von mindestens zwei bis drei Jahren außerhalb ihres Heimatlandes bei einer anderen Bayer-Konzerngesellschaft tätig gewesen sein.
>
> Von Führungskräften, die Aufgaben im obersten Führungsbereich bei wichtigen Bayer-Auslandsgesellschaften (z.B. Geschäftsführung) übernehmen sollen, wird in der Regel Stammhauserfahrung erwartet - erworben durch mindestens 2-3-jährige Erfahrung bei der Bayer AG.

4.5.2.2 Innerbetrieblicher Stellenmarkt

Innerbetriebliche Stellenausschreibungen waren lange kein Thema im Internationalen Personalmanagement, denn bisher konnten sich die Mitarbeiter lediglich am Schwarzen Brett oder in der Personalabteilung über freie Stellen in ihrem Unternehmen informieren. Praktische Zwänge führten dazu, daß bei diesem System die standortspezifischen Stellen im Vordergrund standen.

Die neue Informations- und Kommunikationstechnik macht jedoch eine standortunabhängige, schnelle und unkomplizierte Ausschreibung von Stellen auf weltweiter Ebene möglich. Die Siemens AG hat seit Oktober 1996 einen für jeden Mitarbeiter zugänglichen Stellenmarkt auf dem Intranet realisiert, der seit Februar 1997 auch für Siemens International zur Verfügung steht. Dieser sogenannte *Human Resources Market* bietet allen Mitarbeitern die Möglichkeit, sich über offene Stellen im Unternehmen und Möglichkeiten der Mitarbeit in Projekten zu informieren. Gleichzeitig können auch Stellengesuche aufgegeben werden. Dies alles erfolgt vor dem Hintergrund genau definierter Grundsätze und Spielregeln, die *Fair Play* in einer Vertrauenskultur sichern sollen.[164] Ein ähnliches System haben z.B. auch der Schweizerische Bankenverein oder die Firma Federal Express eingeführt. In der Regel steht es in einem engen Zusammenhang mit weiteren Personalinformationssystembestandteilen des Unternehmens und ermöglicht somit erhebliche Steuerungspotentiale, indem auch intranetbasierte Controllingmaßnahmen auf weltweiter Ebene durchgeführt werden können.[165]

Die neue Informations- und Kommunikationstechnik führt auf diese Weise auch zu einer stärkeren Einbeziehung des Mitarbeiters in seine eigene Karriereplanung und ermöglicht eine ganz neue Personalentwicklungsphilosophie. Bei Siemens wird sie wie folgt beschrieben: "Weg von der Steuerung über kostenintensive administrative Prozesse und hin zu einer Vorstellung, die den Mitarbeiter als Selbstentwickler versteht."[166] Für das Internationale Personalmanagement bedeutet dies, daß Mitarbeiter sich selbst für internationale Positionen bewerben können, auch wenn ihre Absichten nicht vom Vorgesetzten gefördert werden. Gleichzeitig kann über eine unkomplizierte Suche seitens der Personalabteilung festgestellt werden, ob ein Mitarbeiter mit einer entsprechenden Qualifikation Interesse an einer Auslandsposition in einer bestimmten Region hat.

5. Zusammenfassung

Dieses Kapitel hat gezeigt, wie vielfältig und komplex das Themenfeld der internationalen Personalentwicklung ist. Im internationalen Vergleich deutet sich bereits bei der Betrachtung weniger Personalentwicklungsinstrumente an, daß in unterschiedlichen Ländern unterschiedliche Traditionen vorherrschen. Schaut man sich die Herausforderungen an, denen die Personalentwicklung im Verlauf der Internationalisierung eines Unternehmen gegenüber steht, zeigt sich, daß nicht nur der nationale Kontext sondern auch der organisationale Kontext von Bedeutung ist. Ein internationales Personalentwicklungsprogramm ohne enge Koordination mit den strategischen Unternehmenszielen kann nicht effektiv sein! Produktmärkte spielen hier genauso eine Rolle wie die Frage, ob in den einzelnen Ländern entsprechend qualifiziertes Personal zur Verfügung steht. Einen wichtigen Punkt stellt auch die Notwendigkeit der Entwicklung eines internationalen Kaders von Führungskräften dar. Die Analyse dieser Aspekte soll Ansatzpunkte für Personalverantwortliche liefern, um Entwicklungsaktivitäten planen zu können, die mit den strategischen Zielen einer multinationalen Unternehmung kongruent sind.

Die Darstellung der einzelnen Elemente der Personalentwicklung im internationalen Kontext hat gezeigt, welche Schwerpunkte in der internationalen Personalmanagementforschung in der Vergangenheit gesetzt wurden. So liegen bereits eine Reihe von Konzepten zur Vorbereitung auf den Auslandseinsatz und zur Repatriierung vor. In anderen Bereichen besteht dagegen noch ein erheblicher Bedarf an weiteren Erkenntnissen und Lösungsmöglichkeiten. Dies gilt z.B. für Mitarbeiterförderungsgespräche oder für die Potentialbeurteilung im internationalen Kontext. Fragestellungen nach dem Zusammenhang zwischen den einzelnen Elementen der internationalen Personalentwicklung sind bisher ebenfalls zu kurz gekommen. Sie finden allenfalls Berücksichtigung in den Modellen zum Strategischen Internationalen Personalmanagement.[167]

Ferner stellt sich die Frage, welche Möglichkeiten sich für die internationale Personalentwicklung durch den Einsatz neuer Informations- und Kommunikationstechnik ergeben. Die Durchführung interner Stellenmärkte per Intranet scheint nur einen ersten Schritt darzustellen. Auch läßt sich in Unternehmen wie der Siemens AG oder der Beiersdorf AG ein Trend erkennen, der auf eine stärkere Eigeninitiative des Mitarbeiters in der Personalentwicklung hindeutet.

6. Diskussionsfragen zu Kapitel 5

(1) Definieren Sie den Begriff "Personalentwicklung".

(2) Vergleichen Sie das traditionelle Managementsystem einer multinationalen Unternehmung mit den heute häufig angewandten Managementansätzen in globalen Unternehmen.

(3) Welchen Stellenwert hat der Auslandseinsatz im Personalentwicklungssystem?

(4) Welche besonderen Anforderungen sind bei der Weiterbildung von international tätigen Mitarbeitern zu berücksichtigen?

(5) Erläutern Sie den kulturellen Anpassungsprozeß und den Begriff "Interkulturelle Kompetenz". In welchem Zusammenhang stehen diese beiden Konzepte mit den Methoden interkulturellen Trainings?

(6) Es wird häufig beklagt, daß US-amerikanische Manager weniger Fähigkeiten im Umgang mit kulturellen Unterschieden besitzen als ihre europäischen Konkurrenten. Wie denken Sie darüber?

(7) Von welchen Rahmenbedingungen ist der Einsatz bestimmter interkultureller Trainingsmethoden abhängig? Legen Sie Ihrer Argumentation ein Konzept zugrunde.

(8) Diskutieren Sie die wesentlichen Aspekte, die mit der Leistungsbewertung eines im Ausland tätigen Mitarbeiters verbunden sind. Legen Sie Ihrer Argumentation ein Konzept zugrunde.

(9) Stellen Sie einen typischen Repatriierungsverlauf dar. Welche Aspekte sind aus Mitarbeiterperspektive, welche aus Unternehmensperspektive besonders wichtig? Geben Sie Hinweise zur Gestaltung der Wiedereingliederung international tätiger Mitarbeiter.

7. Fallbeispiel

Gareth Evans: Der Weg zur Hölle

John Baker, der Chefingenieur der *Carribean Bauxite Company of Barracania* auf den Westindischen Inseln traf gerade die letzten Vorbereitungen, um die Insel zu verlassen. Seine Beförderung zum Produktionsleiter der *Keso Mining Corporation* in der Nähe von Winnipeg - eines der schnell expandierenden kanadischen Unternehmen von *Continental Ore* - war ihm vor einem Monat mitgeteilt worden. Nun hatte er alle notwendigen Dinge veranlaßt bis auf das letzte, äußerst wichtige Interview mit seinem Nachfolger, dem hoch qualifizierten jungen Barracanier Matthew Rennalls. Der Erfolg dieses Interviews war von entscheidender Bedeutung für die weiteren Aktivitäten der *Carribean Bauxite Company of Barracania*. Es sollte Rennalls motivieren, der Herausforderung seiner neuen Aufgabe voller Zuversicht zu begegnen.

Ein Druck auf die Klingel hätte Rennalls in das Büro gerufen, aber Baker zögerte diesen Moment noch ein wenig hinaus, um sich genau zu überlegen, was er sagen wollte und vor allen Dingen wie er es sagen wollte.

John Baker, ein aus England stammender Expatriate, war 45 Jahre alt und hatte während seiner 23 Jahre bei *Continental Ore* in vielen verschiedenen Ländern gearbeitet: im Fernen Osten, in mehreren Ländern Afrikas, in Europa und in den letzten zwei Jahren auf den Westindischen Inseln. Von seinem vorhergehenden Aufenthalt in Hamburg war er nicht sehr begeistert gewesen und hatte sich deshalb sehr gefreut über die Aufgabe auf den Westindischen Inseln. Es war jedoch nicht nur das Klima, das eine ausschlaggebende Rolle spielte. Baker hatte immer bevorzugt in Entwicklungsländern gearbeitet, weil er ungleich besser als andere Führungskräfte von *Continental Ore* mit den einheimischen Mitarbeitern umgehen konnte. Bereits nach 24 Stunden in *Barracania* wußte er jedoch, daß er all sein Einfühlungsvermögen brauchen würde, um die Probleme, die ihm auf diesem Gebiet bevorstanden, lösen zu können.

Bei seinem ersten Interview mit Hutchins, dem Produktionsleiter, wurde das Problem Rennalls und seine Zukunft diskutiert. In diesem Gespräch wurde deutlich, daß es Bakers wichtigste Aufgabe sein würde, Rennalls zu einem guten Nachfolger zu "erziehen". Hutchins betonte, daß Rennalls nicht nur einer der qualifiziertesten barracanischen Mitarbeiter in der Belegschaft von *Carribean Bauxite* war - er schloß an der Universität von London sein ingenieurwissenschaftliches Studium mit Auszeichnung ab -, sondern daß er als Sohn des Ministers für Finanzen und wirtschaftliche Planung auch über einen erheblichen politischen Einfluß verfügte.

Das Unternehmen zeigte sich hoch erfreut als Rennalls sich für diese Tätigkeit entschied statt für die Regierung zu arbeiten. Es schrieb diese Entscheidung dem Erfolg des liberalen Regionalisierungsprogrammes des Unternehmens zu, das seit dem zweiten Weltkrieg 18 barracanischen Führungskräften den Aufstieg ins Mittlere Management ermöglichte. Der Erfolg dieses Regionalisierungsprogrammes hatte ebenfalls zu guten Beziehungen mit der Regierung von Barracania geführt.

Dies war insbesondere nach der Unabhängigkeitserklärung des Landes von besonderer Bedeutung, da man ausländischen Investoren sehr kritisch gegenüberstand. Hutchins hatte daher nur wenig Probleme, Baker davon zu überzeugen, daß die erfolgreiche Karriereentwicklung von Rennalls von größter Wichtigkeit war.

Das Gespräch zwischen Hutchins und Baker fand vor nunmehr zwei Jahren statt; Baker lehnte sich nun in seinem Sessel zurück und fragte sich, wie erfolgreich seine Bemühungen um die Karriereentwicklung von Rennalls waren. Welche Aspekte seines Charakters waren eher hilfreich, welche waren eher hinderlich? In welcher Hinsicht war seine eigene Persönlichkeit eher hilfreich oder aber eher hinderlich in dieser Angelegenheit? Der wichtigste Aspekt auf der positiven Seite waren ohne Frage Rennalls technische Fähigkeiten. Von Beginn an hatte er Baker oft mit seinem Enthusiasmus, seinen Fähigkeiten, neue Aufgaben zu bewältigen und mit seinen konstruktiven Beiträgen zu Diskussionen innerhalb der Abteilung beeindruckt. Er war bei den einheimischen Mitarbeitern beliebt und bewies gute Umgangsformen mit seinen ausländischen Vorgesetzten. Dies waren ganz klare Pluspunkte, doch was schlug negativ zu Buche?

An erster Stelle war hier sein Rassenbewußtsein zu nennen. Die vier Jahre an der Universität in London hatten dies noch verstärkt und ihn für jegliche Art gönnerhaften Verhaltens von Expatriates sensibel gemacht. Vielleicht engagierte er sich deshalb kurz nach seiner Rückkehr aus London auf politischer Ebene für die Unabhängigkeitsbewegung des Landes.

Die Ambitionen von Rennalls - und er war sicherlich ehrgeizig - lagen jedoch nicht in der Politik, so nationalistisch er auch war; er sah ein, daß er sich selbst und seinem Land (Bauxite war verantwortlich für die Hälfte des Wertes der barracanischen Exporte) am ehesten dienen konnte, in dem er seine technischen Fähigkeiten optimal einsetzte. Insofern war es für Hutchins eine leichte Aufgabe, Rennalls vor Beginn seiner Tätigkeit im Unternehmen von der Aufgabe seines politischen Engagements zu überzeugen.

Baker wußte, daß das Rassenbewußtsein Rennalls der Grund dafür war, daß die Beziehung dieser beiden Männer nicht so eng war, wie sie hätte sein können. Oberflächlich betrachtet hätte sie gar nicht harmonischer sein können. Der Austausch von Formalitäten beschränkte sich zwischen den beiden auf ein Minimum; Baker war froh darüber, daß Rennalls seinen Sinn für Humor teilte und so wurden am laufenden Band Späße gemacht. Sie luden sich häufig gegenseitig nach Hause ein und spielten auch Tennis zusammen - und trotzdem blieb die Barriere unsichtbar, undefinierbar, aber immer präsent. Die Existenz dieser Wand zwischen den beiden war eine dauerhafte

Quelle der Frustration für Baker, da sie ihm ständig eine Schwäche bewußt machte, die er nicht bereit war zu akzeptieren. Bei allen anderen Nationalitäten hatte er Erfolg gehabt, warum nicht bei Rennalls?

Aber zumindest war es ihm besser als allen anderen Expatriates gelungen, Rennalls Vertrauen zu erwecken. In der Tat war die manchmal zynische Haltung des jungen Mannes aus Barracania einer der Diskussionspunkte in dem letztjährigen Leistungsbeurteilungsgespräch. Er wußte, daß er diesen Aspekt auch in dem bevorstehenden

Gespräch noch einmal ansprechen mußte, da Jackson, ein leitender Konstrukteur, sich erst gestern über das Verhalten von Rennalls beschwert hatte. Mit diesem Gedanken im Kopf beugte Baker sich vor zu seinem Mikrofon: "Würdest Du bitte hereinkommen, Matt? Ich würde gern kurz mit Dir sprechen."

"Wie Du weißt, Matt, werde ich in einigen Tagen in Kanada sein und ich dachte es wäre nützlich, wenn wir uns vorher noch ein letztes Mal unterhalten. Es ist sicher ein wenig vermessen von mir zu sagen, daß ich Dir behilflich sein könnte. Bald wirst Du auf meinem Stuhl sitzen und meine Aufgaben erfüllen, aber auf der anderen Seite bin ich zehn Jahre älter als du, und vielleicht kannst Du den Gedanken akzeptieren, von meiner Erfahrung zu profitieren."

Baker sah wie Rennalls bei dieser Bemerkung in seinem Stuhl erstarrte und fügte eine Erklärung hinzu: "Wir haben beide an genug Weiterbildungsmaßnahmen teilgenommen, um uns an die wiederholten Aufforderungen des Personalchefs zu erinnern, den Mitarbeitern - wann immer eine geeignete Situation auftritt - ein Feedback über ihre Leistung zu geben und nicht nur einmal im Jahr, wenn entsprechenden Regelungen zufolge Leistungsbeurteilungen stattfinden sollen."

Rennalls nickte und Baker fuhr fort. "Ich werde mich immer an mein letztes Beurteilungsgespräch mit meinem letzten Vorgesetzten in Deutschland erinnern. Er verwendete eine sogenannte Plus-/Minustechnik. Er war der festen Überzeugung, daß, wenn ein Vorgesetzter die Leistung seiner Mitarbeiter verbessern will, sein erstes Ziel sein sollte, daß der Mitarbeiter ermutigt und neu inspiriert aus dem Gespräch geht. Jegliche Kritik sollte konstruktiv und hilfreich sein. Er sagte - und ich stimme damit überein -, daß ein guter Weg, jemanden zu ermutigen, darin bestünde, ihm sowohl positive als auch seine negative Aspekte zu erläutern. Daher dachte ich, Matt, daß es eine gute Idee wäre, unsere Diskussion nach diesen Maßstäben zu führen."

Rennalls gab keinen Kommentar dazu ab, und Baker fuhr fort: "Was Deine Leistung angeht übersteigt das Plus das Minus bei weitem. Ich war zum Beispiel sehr beeindruckt, wie Du Dein theoretisches Wissen angewendet hast, um die praktischen Herausforderungen Deiner Tätigkeit zu bewältigen. Auch bei Diskussionen innerhalb der Abteilung habe ich Deine Kommentare immer als angemessen und hilfreich geschätzt. Du wirst erfreut sein zu hören, daß ich Mr. Hutchins erst letzte Woche gesagt habe, daß er sich hinsichtlich der technischen Fähigkeiten keinen geeigneteren Kandidaten als Nachfolger auf der Position des Chefingenieurs wünschen kann."

"Das ist wirklich sehr nett von Dir, John," erwiderte Rennalls dankbar lächelnd. "Ich mache mir nur Sorgen, wie ich diesen hohen Erwartungen gerecht werden kann."

"Oh, ich bin sicher, daß es in dieser Hinsicht keine Probleme geben wird, insbesondere, wenn Du den negativen Aspekt, den ich nun mit Dir diskutieren möchte, überwinden kannst. Es ist ein Aspekt, über den ich schon des öfteren mit Dir gesprochen habe, so daß ich gleich auf den Punkt kommen möchte. Ich habe festgestellt, daß Du freundlicher bist und ein besseres Verhältnis zu Deinen einheimischen Kollegen als zu den Europäern hast. Gerade gestern bekam ich eine Beschwerde von Mr. Jackson, der sagte, daß Du Dich ihm gegenüber sehr grob verhalten hättest - und daß das auch nicht zum ersten Mal vorgekommen wäre. Matt, ich glaube nicht, daß es notwendig ist, Dir zu erklären, wie wichtig es für Dich ist, mit den Expatriates ein gutes Verhältnis zu pflegen. So lange das Unternehmen nicht genug Leute Deines Kalibers qualifiziert hat, müssen Europäer einfach die Führungspositionen hier in Barracania übernehmen.

All dies ist entscheidend für Eure zukünftigen Interessen. Kann ich Dir also irgendwie bei diesem Problem helfen?"

Während Baker über dieses Thema sprach, hatte Rennalls angespannt in seinem Sessel gesessen und es dauerte einige Sekunden bis er antwortete. "Es ist wirklich außerordentlich, wie man anderen unterschiedliche Eindrücke vermitteln kann, je nach der Absicht, die man verfolgt, nicht wahr? Ich kann Dir nur versichern, daß meine Auseinandersetzungen mit Jackson - und Du wirst Dich vielleicht auch an Godson erinnern - überhaupt nichts mit ihrer Hautfarbe zu tun haben. Ich verspreche Dir, daß ich genauso reagiert hätte, wenn ein Barracanier sich so herrisch verhalten hätte. Und ich bin sicher, wenn ich das in diesen vier Wänden sagen darf, daß ich nicht der einzige war, der Jackson und Gordon als schwierig empfunden hat. Ich könnte die Namen mehrerer Expatriates nennen, die der gleichen Ansicht waren. Wie auch immer, es tut mir wirklich sehr leid, daß ich den Eindruck vermittelt habe, als könne ich nicht mit Europäern umgehen.

Er ist absolut falsch - und ich realisiere, daß ich so schnell wie möglich alles tun muß, um ihn zu korrigieren. Deinem letzten Punkt, daß Europäer ihre Führungspositionen in diesem Unternehmen auch in der nahen Zukunft noch behalten werden, stimme ich zu. Ich weiß, daß Carribean Bauxite - wie sie es bereits seit vielen Jahren getan haben - Barracanier befördern, sobald sie genügend Erfahrungen gesammelt haben. Und zum Schluß, möchte ich Dir versichern, John, - und mein Vater denkt genauso wie ich - daß ich mit meiner Arbeit hier sehr zufrieden bin, und daß ich hoffe, noch viele weitere Jahre für dieses Unternehmen tätig zu sein." Rennalls hatte aufrichtig gesprochen, und obwohl Baker nicht überzeugt war, wollte er die Sache nicht weiter verfolgen. Er wollte das Gespräch beenden: "Matt, mein Eindruck mag falsch sein, aber ich möchte Dich an das alte Sprichwort erinnern. Laß es uns dabei belassen."

Aber plötzlich wußte Baker, daß er es dabei nicht belassen wollte. Er war wieder einmal enttäuscht darüber, daß er nicht in der Lage war, die Wand zwischen ihm und Rennalls zu durchdringen und daß er sich noch immer dieses höfliche Dementi anhören mußte, es gäbe keine rassistischen Vorurteile. Baker, der eigentlich die Absicht hatte, das Interview an dieser Stelle zu beenden, entschied, es noch einmal zu versuchen.

"Um noch einmal auf die eben erläuterte Plus-/Minustechnik zurückzukommen: Es gibt noch einen anderen positiven Faktor, den ich vergessen hatte zu erwähnen. Ich möchte Dir nicht nur gratulieren zum Erfolg Deiner Arbeit, sondern auch zu der Fähigkeit, einer Herausforderung zu begegnen, die ich als Europäer nie kennengelernt habe.

Continental Ore ist, wie Du weißt, ein typisches Wirtschaftsunternehmen, das ein Produkt der wirtschaftlichen und sozialen Umwelt der Vereinigten Staaten und Europas ist. Meine Vorfahren sind in den letzten zwei- oder dreihundert Jahren alle in dieser Umgebung aufgewachsen, und ich hatte daher das Glück in einer Welt zu leben, in der die Wirtschaft ein Teil meines Lebens war. Sie war nichts revolutionäres, das plötzlich in mein Leben trat. In Deinem Fall ist die Situation jedoch anders, weil Du und Deine Vorfahren nur über fünfzig oder sechzig Jahre Erfahrung in dieser wirtschaftlichen Umgebung verfügen. Du mußtest den Unterschied zwischen 50 und zwei- oder dreihundert Jahren bewältigen. Laß mich Dir und allen, die das gleiche wie Du geschafft haben nochmals gratulieren, Matt, daß Ihr diese Hürde so erfolgreich bewältigt habt. Dies ist meiner Ansicht nach der Grund dafür, daß die Zukunftschancen von Barracania und besonders von Caribbean Bauxite so gut sind."

Rennalls hatte aufmerksam zugehört und als Baker fertig war, antwortete er: "John, ich muß Dir noch einmal danken für das, was Du gesagt hast und für meinen Teil kann ich nur sagen, daß es befriedigend ist, daß mein persönlicher Einsatz so gut bewertet wurde.

Ich hoffe, daß bald mehr Leute so denken wie Du." Es entstand eine Pause, und einen Moment lang dachte Baker hoffnungsvoll, daß er endlich den lang erwarteten Durchbruch geschafft hatte, aber Rennalls lächelte kaum zurück. Die Barriere blieb ungebrochen. Es folgte noch eine fünfminütige Konversation über den Unterschied zwischen dem Klima in der Karibik und in Kanada, und danach beendete Baker das Gespräch. Obwohl er immer noch weit davon entfernt war, den wirklichen Rennalls zu kennen, war er trotzdem froh darüber, daß das Gespräch in einer so freundschaftlichen Atmosphäre stattgefunden hatte.

Diesen Eindruck konnte er aber nur bis zum nächsten Morgen aufrechterhalten. Baker hatte sich noch von einigen Personen verabschiedet und kam so etwas später als gewöhnlich ins Büro. Sobald er an seinem Schreibtisch Platz genommen hatte, kam seine Sekretärin mit einem besorgten Gesicht herein. Sie sprach schnell: "Als ich heute morgen kam, stand Mr. Rennalls schon vor meiner Tür. Er schien sehr wütend zu sein und sagte mir in einem fast unverschämten Ton, daß er mir einen wichtigen Brief diktieren müßte, der sofort weggeschickt werden müßte. Er war so aufgewühlt, daß er sich nicht ruhig verhalten konnte und die ganze Zeit auf und ab ging, was ihm normalerweise gar nicht ähnlich sieht. Er wollte nicht mal abwarten, bis ich den Brief geschrieben hatte und er ihn lesen konnte. Er unterschrieb einfach ein weißes Blatt Papier, auf dem der Brief geschrieben werden sollte. Anschließend ist der Brief dann an alle Büros verteilt worden. Ihre Kopie befindet sich in ihrem Fach.

Fragen zum Fallbeispiel

(1) Wie ist die Reaktion Rennalls zu erklären und wie sah der Inhalt des diktierten Briefes wohl aus? Argumentieren Sie vor dem Hintergrund der Variablen, die Sie im Zusammenhang mit der internationalen Leistungsbeurteilung kennengelernt haben.

(2) Was ist im Hinblick auf internationale Personalentwicklung zu beachten?

Quelle: Zusammenfassende Übersetzung in Anlehnung an Gareth, 1991, S. 385-390.

8. Weiterführende Literatur

Bittner, A., Reisch, B.: Internationale Personalentwicklung in deutschen Großunternehmen - Eine Bestandsaufnahme, Bad Honnef 1991.

Djarrahzadeh, M.: Internationale Personalentwicklung für ausländische Führungskräfte deutscher Unternehmen, in: Coenenberg, A. G., Scholz, C., Djarrahzadeh, M. (Hrsg.): Internationalisierung als Herausforderung für das Personalmanagement, Stuttgart 1993, S. 263-279.

Harvey, M.: Focusing the International Personnel Performance Appraisal Process, in: Human Resource Development Quarterly, Vol. 8, Nr. 1, 1997, S. 41-62.

Hein, S. M.: Internationaler Einsatz von Führungskräften, Wiesbaden 1999.

Kammel, A.: Ansatzpunkte und Instrumente der Internationalen Führungskräfteentwicklung, in: WISU, Nr. 7, 1994, S. 603-609.

Kühlmann, T. M. (Hrsg.): Mitarbeiterentsendung ins Ausland: Auswahl, Vorbereitung, Betreuung und Wiedereingliederung, Göttingen 1995.

Sattelberger, T., Boehm-Tettelbach, B.: Strategische Personal- und Organisationsentwicklung in internationalen Strukturen, in: Sattelberger, T. (Hrsg.): Human Resource Management im Umbruch: Positionierung, Potentiale, Perspektiven, Wiesbaden 1996, S. 314-348.

Stahl, G.: Internationaler Personaleinsatz von Führungskräften, München/Wien 1998.

Wirth, E.: Mitarbeiter im Auslandseinsatz: Planung und Gestaltung, Wiesbaden 1992.

---

[1] Vgl. Djarrahzadeh, 1993, S. 115.

[2] Vgl. z.B. Becker, 1993, S. 24 f.; Conradi, 1983, S. 2 ff.

[3] Vgl. Weber/Mayrhofer/Nienhüser, 1993, S. 208.

[4] Scherm, 1995, S. 238 ff., unterscheidet demgegenüber zwei Hauptgestaltungsfelder: Cross-cultural Training, das den Erwerb von Sprachkompetenz mit einschließt, und Führungskräfte-Entwicklung. Kammel/Teichelmann, 1994, S. 107 ff., stellen den internationalen Personaleinsatz als Bestandteil der Führungskräfteentwicklung dar und stellen interkulturelles Management-Training in das Zentrum dieses Themenkomplexes. Diese Diskussion deutet den unterschiedlichen Sprachgebrauch in diesem Forschungsfeld an.

[5] Vgl. Weber, 1991, S. 137 f. Vgl. zu den Zielen von Personalentwicklungsmaßnahmen auch Mentzel, 1992a, S. 27; Schanz, 1993, S. 93 f.; Berthel, 1995, S. 237.

[6] Vgl. Drumm, 1995, S. 627.

[7] Vgl. z.B. Robinson, 1992; Djarrahzadeh, 1993; Hirschbrunn/Schlossberger, 1996.

[8] Vgl. u. a. vam Roessel, 1988; Groenewald/Sapozhnikov, 1990; Macharzina, 1992; Engelhardt/Hein, 1996.

[9] Vgl. u. a. Macharzina/Engelhard, 1987; Black/Mendenhall, 1989; Domsch/Lichtenberger, 1990; Domsch/Ladwig, 1996; Niederhofer/Held 1996.

[10] Vgl. Gaugler/Wiltz, 1993; Weber/Kabst, 1996, und eigene zusätzliche Auswertungen.

[11] Gerundete Werte.

[12] Scherm, 1995, S. 223.

[13] Vgl. zur Diskussion über die historische Entwicklung der internationalen Geschäftstätigkeit Shaeffer, 1989, S. 29-36.

[14] Vgl. Harris, 1989, S. 49-54.

[15] Die hier beschriebenen Phasen der Internationalisierung entsprechen in etwa den in Kapitel 3 dargestellten Entwicklungsstufen.

[16] Wie bereits in Kapitel 3 deutlich wurde, bedeutet ein typischer Internationalisierungsverlauf nicht zwangsläufig, daß alle Unternehmen diese Stufen in gleicher Schnelligkeit und Abfolge durchlaufen. Manche Unternehmen werden sich vielleicht nicht über die erste Stufe hinaus internationalisieren, andere wiederum werden Stufen überspringen.

[17] Vgl. Pucik, 1985.

[18] Vgl. hierzu auch die Ergebnisse der Price Waterhouse-Studie von 1997.

[19] Zitiert nach Schuler/Dowling, 1988.

[20] Vgl. u. a. Pausenberger, 1983; Kenter, 1985; Eckartsberg, 1978; Fritz, 1982; Fritz/Gaugler, 1983; Burens, 1984; Cisek, 1989; Domsch/Lichtenberger, 1990a, 1990b und 1991; Groenewald/Sapozhnikov, 1990; Harvey, 1989; Howard, 1980 und 1982; Kammel, 1992; Kumar/Karlshaus, 1992; Kumar/Steinmann, 1982; v. Landsberg/Wölke, 1985; Napier/Peterson, 1991; Niemann, 1989; Ondrack, 1985; Sartor, 1984; Wirth, 1992..

[21] Vgl. Marr, 1989; Miller, 1989; Kenter, 1989; Gaugler, 1989.

[22] Vgl. Bittner/Reisch, 1991, S. 18-20.

[23] Viele der Forscher vertreten die Ansicht, daß diese Form des entwicklungsorientierten Transfers auch als Koordinations- und Kontrollstrategie fungieren kann, vgl. auch Edström/Galbraith, 1977b, S. 248-263; Prahalad/Doz, 1981, S. 5-13.

[24] Vgl. Bittner/Reisch, 1991, S. 26.

[25] Vgl. Price Waterhouse, 1997, S. 40-43.

[26] Vgl. Marx, 1996, S. 7.

[27] Vgl. Price Waterhouse, 1997, S. 42-43.

[28] Vgl. Stiefel, 1978, S. 38.

[29] Vgl. Löber, 1984; Dadder, 1987.

[30] Vgl. z.B. Domsch/Lichtenberger, 1990, S. 400-413.

[31] Vgl. hierzu in der deutschsprachigen Literatur insb. Dülfer, 1983, S. 1-27; Thomas, 1990, S. 149-154. Vor dem Hintergrund der deutsch-koreanischen Kulturunterschiede diskutiert Park Probleme des Führungsverhaltens: vgl. Park, 1983.

[32] Vgl. Baker/Ivancevich, 1971, S. 39-44; Black, 1988, S. 277-294; Dunbar/Ehrlich, 1986; Tung, 1981, S. 68-78; Harvey, 1989; Oddou/Mendenhall, 1989; Korn/Ferry, 1989; Schwind, 1985, S. 7-15.

[33] Vgl. Graham, 1984, S. 81-95; Tung, 1984

[34] Vgl. Copeland/Griggs, 1985.

[35] Vgl. Brislin, 1981; Landis/Brislin, 1983; Mendenhall/Dunbar/Oddou, 1987, S. 331-345.

[36] Vgl. o.V., 1984.

[37] Vgl. Price Waterhouse, 1997, S. 35. Es ist anzumerken, daß im Vergleich zu der Untersuchung von 1995 sogar eine Zunahme in der Häufigkeit der Anwendung interkulturellen Trainings für sogenannte schwierige Länder zu verzeichnen ist. 1995 wurde nur in 21 % der Unternehmen diese Möglichkeit angeboten. Für deutsche Unternehmen liegen Zahlen aus dem Jahre 1991 vor: Culture-Awareness-Seminare wurden demnach nur in geringfügigem Maß für Entsendungen nach Europa (inklusive Osteuropa und GUS-Staaten) und Nordamerika durchgeführt. Die Werte lagen zwischen 6 und 8 %. Für die Regionen Afrika, Japan/Pazifik, Südostasien, arabische Länder und Lateinamerika schwankte der Wert um 20 % (vgl. Bittner/Reisch, 1991, S. 45-49). Die Studie von Marx zeigt einen deutlich höheren Wert für deutsche Unternehmen: 44,6 %. Es ist zu klären, ob dies auf unterschiedliche Definitionen zurückzuführen ist, oder ob hier tatsächlich ein Trend zu erkennen ist (vgl. Marx, 1996, S. 10).

38 Vgl. Mendenhall/Oddou, 1985, S. 39-47; Schwind, 1985; Zeira, 1975, S. 96-103; Marx, 1996, S. 11.

39 Bittner/Reisch zeigen, daß nur ca. 16 % der Führungskräfte der befragten deutschen Unternehmen interkulturelles Training für überflüssig halten und nur ca. 16 % der Unternehmen interkulturelle Vorbereitungsmaßnahmen nicht als sinnvoll erachten. Gegen die Durchführung solcher Trainings spricht vielmehr Zeitmangel vor der Ausreise bzw. daß keine guten Trainings zur rechten Zeit zur Verfügung stehen (vgl. Bittner/Reisch, 1991, S. 58).

40 Vgl. Napier/Taylor/Slater, 1988.

41 Vgl. Mendenhall/Oddou, 1986, S. 73-79; Brislin, 1981; Landis/Brislin, 1983.

42 Vgl. Black/Mendenhall, 1990, S. 113-136. Vgl. hierzu ferner die Ausführungen unter Abschnitt 4.4.1.

43 Vgl. Sieveking/Anchor/Marston, 1981, S. 197-202; vgl. auch Sieveking/Marston, 1978, S. 20-23.

44 Vgl. Harris, 1989.

45 Vgl. Price Waterhouse, 1997, S. 35.

46 In der Literatur werden die Ziele interkulturellen Trainings teilweise anders definiert und systematisiert. Auf diese Diskussion wird hier jedoch nicht näher eingegangen.

47 Vgl. Danckwortt, 1959, S. 172-175.

48 Der Begriff des Kulturschocks geht auf Oberg, 1960, zurück und ist seitdem zu einem in der Literatur viel diskutierten Phänomen geworden. Vgl. hierzu auch Kühlmann, 1995.

49 Vgl. Grosskopf, 1982, S. 171.

50 Vgl. zur Kritik an Anpassungsphasenkonzepten z.B. auch Furnham/Bochner, 1986, S. 132; Löber, 1984, S. 13.

51 Vgl. hierzu auch Adler, 1997b; 1986, S. 193.

52 Vgl. Gregersen, 1992; Gregersen/Black, 1992; Black/Gregersen, 1992.

53 Vgl. z.B. Steinmann/Kumar, 1984, S. 404, 419; Engelhard/Wonigeit, 1991, S. 189; Mendenhall/Oddou, 1985, S. 39 ff.

54 Vgl. Gertsen, 1990, S. 341; Dinges/Duffy, 1979, S. 210; Triandis, 1977, S. 20 f. Vgl. ferner Thomas/Hagemann, 1992, S. 174; Thomas, 1995.

55 Vgl. Ciborowski, 1979, S. 103.

56 Vgl. Koester/Wiseman/Sanders, 1993, S. 6.

57 Vgl. Kim, 1988, S. 85; Triandis, 1977, S. 20 f. In manchen Konzeptionen wird die verhaltensbezogene Dimension auch auf kommunikative Aspekte beschränkt (vgl. Gertsen, 1990, S. 345 f.; Wirth, 1992, S. 176) oder das gesamte Konzept wird als Kommunikationskompetenz interpretiert (vgl. z.B. Kim, 1988, S. 85 f.; Ting-Toomey, 1993, S. 90 ff.). Kommunikation wird jedoch häufig definiert als jegliche beabsichtigte und unbeabsichtigte, von anderen Personen wahrgenommene Aktivität (vgl. z.B. Kim, 1988, S. 45; Bilmes/Boggs, 1979, S. 48). In diesem Fall würde sich jedoch kein Unterschied zum Verhaltensbegriff ergeben, da dieser als beobachtbare Aktivitäten lebender Organismen definiert wird (vgl. Weber/Mayrhofer/Nienhüser, 1993, S. 273).

58 Vgl. Wirth, 1992.

[59] Vgl. z.B. die Angebote der verschiedenen interkulturellen Trainingsinstitute. Die Evangelische Akademie in Bad Boll bietet kulturallgemeine Trainings an, das Institut für interkulturelles Management oder auch die DGfP bieten kulturspezifische Trainings an.

[60] Vgl. Landis/Brislin, 1983.

[61] Die hier verwendete Systematisierung wird keineswegs einheitlich in der Literatur zugrunde gelegt. Dies wird deutlich, wenn man sich die Arbeit von Wirth 1992 anschaut. Er faßt die Dimensionen "affektiv" und "verhaltensorientiert" zu erfahrungsorientierten Trainings zusammen. Eine weitere Konzeptionalisierung von Ronen wird im weiteren Verlauf dieses Kapitels referiert. Vgl. zu allgemeinen Ausführungen über Trainingstechniken auch Mentzel, 1992.

[62] Vgl. Conway, 1984, S. 37.

[63] Die Entwicklung des Kulturassimilators geht auf Fiedler/Mitchell/Triandis, 1971, zurück. Es basiert auf Erkenntnissen der kognitiven Lerntheorie und verwendet Prinzipien der programmierten Unterweisung. Vgl. hierzu auch Albert, 1983.

[64] Vgl. zum Rollenspiel im interkulturellen Kontext z.B. Thiagarajan, 1971.

[65] Vgl. Thiagarajan, 1971; Tung, 1981, S. 71; zur Kritik an Sensitivitätstrainings siehe Brislin/Pedersen, 1976, S. 60.

[66] Vgl. Tung, 1981, S. 71.

[67] Vgl. Ronen, 1990, S. 430.

[68] Vgl. Joggi/Rutishauser-Frey, 1985, S. 256. Ein ähnliches Ergebnis läßt sich auch auf der Basis einer Befragung von 16 deutschen Unternehmen vermuten. Dieser Studie zufolge lag der Schwerpunkt der Auslandsvorbereitung auf der Vermittlung von Fachwissen und Fremdsprachenkenntnissen (vgl. Domsch/Lichtenberger, 1990, S. 405).

[69] Vgl. Arthur Andersen, 1997, S. 7.

[70] Hinsichtlich detaillierterer Informationen über Organisationen im englischsprachigen Raum, die sich auf internationales Training spezialisiert haben, vgl. Tung, 1988, Kapitel 2: Training Institutes for International Assignments.

[71] Eine Liste der Anbieter interkultureller Vorbereitungsmaßnahmen mit Adressen befindet sich z.B. in DGfP, 1995, S. 117 ff.

[72] Copeland/Griggs, 1985.

[73] Vgl. Blue/Haynes, 1977, S. 61-67.

[74] Vgl. hierzu die Checkliste der Deutschen Gesellschaft für Personalführung in DGfP, 1995, S. 33 ff.

[75] Vgl. Marx, 1996, S. 10. Im Vergleich zu diesem Wert wurde in britischen Unternehmen häufiger ein solcher Kurzbesuch angeboten (67 %).

[76] Vgl. Price Waterhouse, 1997, S. 35.

[77] Vgl. Bittner/Reisch, 1991, S. 43

[78] Vgl. hierzu auch Black/Mendenhall, 1989, S. 511-540.

[79] Vgl. Mendenhall/Oddou, 1986, S. 73-79; Mendenhall/Dunbar/Oddou, 1987.

[80] Vgl. Black/Mendenhall, 1990; Bandura, 1977.

81 Vgl. hierzu beispielsweise Marschan/Welch/Welch, 1997; DGfP, 1995, S. 37.

82 Vgl. hierzu die Daten der neusten Studie von Price Waterhouse über die europäische Entsendungspraxis, 1997, S. 35. Die Ergebnisse der Studie zeigen, daß 81 % der befragten europäischen Unternehmen auch Sprachunterricht für den Ehepartner ermöglichen und 42 % auch für die Kinder.

83 Vgl. Baker, 1984, S. 68-70.

84 Eine Übersicht über Anbieter von Sprachschulungen findet sich bei DGfP, 1997, S. 123.

85 Vgl. Baliga/Baker, 1985.

86 Vgl. Mendenhall/Oddou, 1985.

87 Vgl. Lanier, 1979, S. 160-163.

88 Persönliches Gespräch mit Patrick Morgan, August 1989.

89 Zitiert nach Schuler/Dowling, 1988.

90 Vgl. Bennett, 1988, S. 33.

91 Leistungsbeurteilungen spielen auch für die Entgelt- bzw. Kompensationspolitik eine wichtige Rolle. Dieser Zusammenhang wird hier nicht thematisiert, sondern in Kapitel 6 angesprochen.

92 Domsch/Gerpott, 1992, Sp. 1632; zur Personalbeurteilung - allerdings ohne spezifischen internationalen Bezug - vgl. auch Liebel/Oechsler, 1992.

93 Vgl. Black/Gregersen/Mendenhall, 1992; Schuler/Fulkerson/Dowling, 1991.

94 Vgl. Harvey, 1997b, S. 43. Vgl. hierzu auch Schuler/Fulkersen/Dowling, 1991.

95 Garland, 1986.

96 Vgl. Pucik, 1985.

97 Vgl. hierzu auch die Beispiele bei Garland, 1986.

98 Vgl. zu den folgenden Ausführungen Harvey, 1997b, S. 47 ff.

99 Nicht zuletzt deshalb wurde die Leistungsbeurteilungsproblematik dem Kapitel der internationalen Personalentwicklung zugeordnet.

100 Hays, 1974, S. 25-37.

101 Vgl. hierzu Milliman/Glinow/Nathan, 1991 sowie Kapitel 3 und 8.

102 Strategiebezogene Beurteilung bedeutet, daß der Mitarbeiter auf der Basis strategischer Zielerreichung wie z.B. Umsatzsteigerung beurteilt wird.

103 Vgl. hierzu Kapitel 3 und 4.

104 Vgl. hierzu auch Hoecklin, 1995.

105 Vgl. z.B. Black/Gregersen/Mendenhall, 1992; Doz/Prahalad, 1986.

106 Vgl. Harvey, 1997b, S. 57 ff.

107 Diese Aussagen beruhen auf persönlichen Gesprächen mit Mark Mendenhall und Patrik Morgan vom August 1989. Vgl. ferner Schuler/Fulkersen/Dolwing, 1991; Harvey, 1997b, S. 42.

108 Schneider, 1988, S. 231-246; Latham/Napier, 1989.

109 Koivisto, 1992.

110 Vgl. Kenter/Welge, 1983; Adler, 1981.

[111] Vgl. hierzu auch Kühlmann/Stahl, 1995.
[112] Vgl. Kenter, 1989, Sp. 1926.
[113] Vgl. z.B. Edström/Galbraith, 1977a, S. 12; 1977b, S. 252; 1978, S. 333; Kenter, 1989, Sp. 1926; Pausenberger/Noelle, 1977, S. 347-349.
[114] Vgl. z.B. Kenter, 1989, Sp. 1926; Kobrin, 1988, S. 71-73.
[115] Vgl. Desatnick/Bennett, 1978, S. 156; Edström/Galbraith, 1977a, S. 13 f.; 1977b, S. 252 f.; 1978, S. 333; Kenter, 1989, Sp. 1929; Kobrin, 1988, S. 73; Pausenberger/Noelle, 1977, S. 348 f.
[116] Kenter nennt an dieser Stelle Eigenschaften wie geistige Flexibilität, kulturelle Empathie, Risikobereitschaft, Urteilsschärfe, Entscheidungssicherheit u.a. (vgl. Kenter, 1989, Sp. 1929).
[117] Vgl. Edström/Galbraith, 1977a, S. 14 f.; 1977b, S. 253; 1978, S. 334.
[118] Vgl. zu diesen Zusammenhängen auch Weber/Festing, 1996.
[119] Marx stellt einen deutlichen Unterschied in der europäischen Praxis fest. Während nur 35,6 % der von ihr untersuchten britischen Unternehmen einen Arbeitsplatz nach der Rückkehr garantieren, sind es bei den befragten deutschen Unternehmen immerhin fast 90 % (vgl. Marx, 1996, S. 12).
[120] Vgl. hierzu auch die empirischen Ergebnisse der Arthur Andersen-Studie (1997; S. 8), einer Befragung von ca. 400 Expatriates.
[121] Vgl. Price Waterhouse, 1997, S. 38 f.
[122] Vgl. hierzu auch Weber/Festing, 1996.
[123] Vgl. Wolf, 1994, S. 22.
[124] Vgl. Fritz, 1982, S. 39 f.; vgl. ferner Black/Gregersen/Mendenhall, 1992, S. 229 ff.; Kenter/Welge, 1983, S. 181.
[125] Vgl. Fritz, 1982, S. 47 f.; Gaugler, 1989, Sp. 1949; Gregersen, 1992, S. 46.
[126] Vgl. Fritz, 1982, S. 39-49.
[127] Vgl. Hirsch, 1992, S. 291 f.
[128] Vgl. hierzu auch Fritz/Gaugler, 1983, S. 7.
[129] Vgl. u. a. Black/Gregersen/Mendenhall, 1992, S. 223; Dülfer, 1992, S. 480; Gaugler, 1989, Sp. 1939; Kammel/Teichelmann, 1994, S. 100; Kenter/Welge, 1983, S. 182; Kumar, 1992, S. 332; Oddou/Mendenhall, 1991, S. 33.
[130] Vgl. Black/Gregersen/Mendenhall, 1992, S. 235; Howard, 1980, S. 838.
[131] Vgl. u. a. : Black/Gregersen/Mendenhall, 1992, S. 183; Domsch/Lichtenberger, 1993, S. 451; Howard, 1980, S. 838; Tung/Punnett, 1993, S. 51.
[132] Vgl. u. a. Black/Gregersen/Mendenhall, 1992, S. 240 f.; Adler, 1981, S. 344; de Cieri/Dowling/Taylor, 1991, S. 403.
[133] Vgl. u. a. Black/Gregersen/Mendenhall, 1992, S. 223 und 242 f.; Gaugler, 1989, Sp. 1938 ff.; Kammel/Teichelmann, 1994, S. 101.
[134] Vgl. Black/Gregersen/Mendenhall, 1992, S. 235; Howard, 1980, S. 838.
[135] Vgl. u. a. Kenter/Welge, 1983, S. 181; Dülfer, 1992, S. 481; Gaugler, 1989, Sp. 1946.

136 Vgl. Gaugler, 1989, Sp. 1939.

137 Vgl. z.B. Neumeier, 1990.

138 Gaugler, 1989, Sp. 1948. Vgl. hierzu auch Alger, 1989, S. 1132; Clague/Krupp, 1978, S. 29; Conway, 1984, S. 38; Hirsch, 1992, S. 286 f.

139 Vgl. z.B. Weber/Festing, 1996; Djarrahzadeh, 1993, S. 86; Hendry, 1994, S. 101.

140 Vgl. Fritz, 1982, S. 76 f.; Firtz/Gaugler, 1983, S. 7; Gaugler, 1989, Sp. 1943; Black/Gregersen, 1991, S. 685.

141 Alternative Begriffe sind career sponsor, buddy, Pate oder Tutor. Vgl. z.B. Black/Gregersen/Mendenhall, 1992, S. 249 f.; Kammel, 1992, S. 182 f.; Praxisbeispiele: Alger, 1989, S. 1131 f.; Blocklyn, 1989, S. 46.

142 Vgl. Marx, 1996, S. 11.

143 Vgl. z.B. Black/Gregersen/Mendenhall, 1992, S. 251-254; Domsch/Lichtenberger, 1991, S. 25.

144 Vgl. Black/Gregersen/Mendenhall, 1992, S. 256 f.; Harvey, 1982, S. 58.

145 Vgl. Gundlach/Hilmes, 1987, S. 490; Hirsch, 1992, S. 294; kritisch dazu Schmidt, 1981, S. 21.

146 Vgl. z.B. Harvey, 1982, S. 58; Howard, 1980, S. 842.

147 Vgl. z.B. Black/Gregersen, 1991, S. 692; Napier/Peterson, 1991, S. 26; Thomas/Hagemann, 1992, S. 180.

148 Vgl. Price Waterhouse, 1997, S. 38.

149 Vgl. z.B. Becker, 1994, S. 326; Wirth, 1992, S. 214.

150 Vgl. Scherm, 1995, S. 235 f.

151 Vgl. z.B. Becker, 1991, S. 75; Schanz, 1993, S. 414, Becker, 1992, Sp. 1923.

152 Vgl. hierzu Papenfuß/Pfeuffer, 1989, S. 647; Scherm, 1995, S. 231.

153 Empirische Studien, in denen u.a. das Problem der internationalen Laufbahnplanung angesprochen wird, sind die folgenden: Steinmann/Kumar, 1976; Kenter/Welge, 1983; Mendenhall/Dunbar/Oddou, 1987; Adler, 1986; Roessel, 1988, Kumar/Karlshaus, 1992; Wirth, 1992.

154 Vgl. zu grundlegenden Ausführungen über die Laufbahnplanung Berthel, 1995, S. 289 f.

155 Vgl. Schmidt-Dorrenbach, 1989, Sp. 1276.

156 Vgl. Schmidt-Dorrenbach, 1989, Sp. 1283.

157 Bereits Gonzales/Neghandi (1967, S. 40) stellten fest, daß Führungskräfte mit Auslandserfahrung eine hohe Bindung an das Unternehmen aufweisen. 87 % der Führungskräfte verblieben nach dem Auslandseinsatz im Unternehmen.

158 Vgl. Mentzel, 1992b, S. 131 ff.

159 Vgl. Roessel, 1988, S. 21. Vgl. hierzu auch Steinmann/Kumar, 1976, S. 85.

160 Vgl. Kumar, 1992, S. 332 f. Als Nebeneffekt können auch die finanziellen Anreize geringer ausfallen, wenn der Auslandseinsatz ein fester Bestandteil der Laufbahnplanung ist (vgl. Festing, 1996b; Scherm, 1995, S. 216).

[161] Vgl. Adler, 1991, S. 281.
[162] Vgl. Mendenhall/Dunbar/Oddou, 1987, S. 335 f.
[163] Vgl. die Grundsätze Nr 4, 5 und 6 zur internationalen Bayer-Personalpolitik für Führungskräfte.
[164] Vgl. Kürn, 1997.
[165] Vgl. Martin, 1997; Lüdi/Wenger, 1997.
[166] Kürn, 1997, S. 32.
[167] Vgl. z.B. Festing, 1996b.

KAPITEL 6

Internationale Entgeltfindung

1. Einführung

Unter den Aufgabenbereichen des Personalmanagements kommt der Entgeltfindung oder auch Kompensation eine besondere Bedeutung zu. Sie stellt neben immateriellen Anreizen, die im Mittelpunkt der Personalentwicklung stehen (z.B. Aufstiegschancen, Weiterbildung),[1] eine weitere wichtige Möglichkeit zur Steuerung des Verhaltens der Mitarbeiter dar.

Wesentliches Betätigungsfeld ist die Lohn- und Gehaltspolitik. Hinzu kommen die Bearbeitung von Steuerfragen, betriebliche Sozialleistungen sowie in manchen Unternehmen Erfolgs- und Kapitalbeteiligung. Entgeltpolitische Entscheidungen haben einen direkten Einfluß auf die Personalkosten und damit auch auf die Gesamtkosten des Unternehmens.

Die Entscheidungsspielräume der Personalverantwortlichen sind im nationalen Kontext durch gesetzliche und tarifvertragliche Regelungen begrenzt.[2] Diese Regelungen differieren in erheblichem Maße zwischen verschiedenen Ländern und somit ergeben sich unterschiedliche Kompensationspakte in den verschiedenen Auslandsniederlassungen eines internationalen Konzerns. Wird ein Mitarbeiter von einem Land in ein anderes entsandt, so stellt sich die Problematik noch komplexer dar: Es gibt keine gesetzlichen oder gar tarifvertraglichen Regelungen, die die Höhe des Entgelts für den entsandten Mitarbeiter determinieren, es müssen jedoch eine Reihe von Bestimmungen berücksichtigt werden, um den Mitarbeiter nicht schlechter zu stellen als in seinem Heimatland. In der Regel möchte man ihm sogar einen Anreiz bieten, die Herausforderung einer Auslandstätigkeit anzunehmen. Die Kompensation für im Ausland tätige Mitarbeiter stellt somit einen wesentlichen Aspekt der Auslandsentsendung dar. Im Kontext der immateriellen Anreize stellt er eine Möglichkeit dar, die Entsendungs- und Leistungsbereitschaft der Mitarbeiter zu fördern.[3]

Diejenigen Personalverantwortlichen, die für die Vertragsgestaltung von Expatriates zuständig sind, müssen über ein sehr spezielles Know-how verfügen. Eine erfolgreiche Gestaltung internationaler Vergütungssysteme erfordert nicht nur Kenntnisse der relevanten lokalen Gesetze, der Mitarbeiter der Personalabteilung muß sich vielmehr auch mit Wechselkursen und deren Schwankungen sowie mit Inflationsraten auseinandersetzen. Ferner sollte er sich mit den lokalen Vergütungssystemen, dem Lohnniveau sowie lokalen Traditionen auskennen. Nur so kann er einschätzen, welche Zuschläge in welcher Höhe in welchem Land gezahlt werden müssen. Alle genannten Aspekte müssen im Kontext sich verändernder politischer, wirtschaftlicher und sozialer Bedingungen gesehen werden.

Um die Probleme der Entgeltfindung zu lösen, können multinationale Unternehmen auch Leistungen von Unternehmensberatungen in Anspruch nehmen. Dies scheint allerdings nur dann lohnend zu sein, wenn nur einige wenige Auslandsentsendungen pro Jahr durchgeführt werden oder wenn ausnahmsweise Entsendungen in außergewöhnliche Regionen erfolgen. Nehmen internationale Personaltransfers einen größeren Umfang ein, so ist die Entwicklung eigener Spezialisten nahezu unerläßlich.[4] In diesem Fall scheint auch die Investition in ein unterstützendes Software-Programm lohnend zu sein.[5]

In dem vorliegenden Kapitel werden zunächst einige Daten der schon mehrfach angesprochenen europäischen Vergleichsstudie referiert. Sie zeigen an einigen Beispielen, daß sich die Entgeltpraktiken im internationalen Vergleich voneinander unterscheiden. Anschließend werden Ziele und Modelle internationaler Entgeltpolitik diskutiert.

Der Hauptteil dieses Kapitel setzt sich mit der Vergütung von entsandten Mitarbeitern auseinander. Nachdem zunächst in einem allgemeinen Überblick die Bestimmungsfaktoren für das Gehalt von Expatriates erläutert werden, wird auf wichtige Einzelaspekte eingegangen: die Nettovergleichsrechnung (englisch: *Balance Sheet Approach*), den Kaufkraftausgleich, die Auslandszulage, weitere Zusatzleistungen für Expatriates und Aspekte der Besteuerung sowie der Sozialversicherung. Es schließen sich einige strategische Überlegungen im Zusammenhang mit internationaler Entgeltpolitik an. Abschließend wird auf die Besonderheiten von Kompensationspraktiken in einzelnen Ländern eingegangen, um die Notwendigkeit der lokalen Anpassung globaler Entgeltstrategien deutlich zu machen.

2. Entgeltpraktiken im internationalen Vergleich

Die Kompensationspraktiken der Unternehmen variieren erheblich im internationalen Vergleich. Dies wird am Beispiel von Daten zum Einsatz von Erfolgs- und Kapitalbeteiligungssystemen in verschiedenen Europäischen Ländern gezeigt. Ferner werden nationale Unterschiede illustriert, indem die Verbreitung von Cafeteria-Systemen in europäischen international tätigen Unternehmen diskutiert wird.

2.1 Erfolgs- und Kapitalbeteiligung

Im Anreiz- bzw. Kompensationspaket der Unternehmen spielen Erfolgs- und Kapitalbeteiligungen eine insgesamt wichtige, wenn auch in den verschiedenen Ländern unterschiedliche Rolle. Innerhalb der europäischen Union läßt sich beobachten, daß ein enger Zusammenhang zwischen der steuerlichen Förderung und der Verbreitung der verschiedenen Beteiligungsformen besteht. Beteiligungssysteme sind aufgrund dieses Zusammenhangs in Frankreich, Großbritannien, Deutschland, Belgien und Irland weit verbreitet. In den anderen Ländern der Europäischen Union, in denen die Mitarbeiterkapitalbeteiligungen nicht oder nur in geringem Maße gefördert werden, dominieren die Bar-Gewinnbeteiligungsmodelle.

In Frankreich praktizierten Anfang der 90er Jahre aufgrund der staatlichen Rahmenbedingungen etwa 1.200 Unternehmen Gewinnbeteiligungsmodelle mit aufgeschobener Auszahlung und rund 4.600 Unternehmen Bar-Gewinnbeteiligungsmodelle; in Großbritannien gab es über 7.000 Beteiligungsmodelle, unter denen die Mitarbeiterkapitalbeteiligung dominiert, insbesondere das freiwillig gewährte Aktienbezugsrecht.[6] Ähnliche Befunde liegen aus den USA vor. Hier haben die steuerlich begünstigten Finanzierungen nach dem *Employee Stock Ownership Plan* (ESOP) zu einem Ansteigen der Unternehmen mit Mitarbeiterbeteiligungen von 1.600 auf 9.000 sowie der Zahl der Belegschaftsaktionäre von 250.000 auf etwa 8 Millionen geführt.[7]

Diese Zusammenhänge schlagen sich auch in den Befunden nieder, die im Rahmen der Befragung von über 3100[8] international tätigen europäischen Unternehmen über die Kompensationspraktiken im Hinblick auf verschiedene Mitarbeitergruppen gewonnen wurden (siehe Tabellen 6.1 und 6.2).

Land	Betroffener Personenkreis		Anzahl der erfaßten Unternehmen
	Management (Führungskräfte)	Professionals (Technische und kaufmännische Fachkräfte)	
Frankreich	85,2	82,6	236
Schweiz	78,8	54,5	99
Österreich	66,4	43,9	107
Deutschland	63,4	32,9	465
Tschechien	58,2	39,8	98
Niederlande	34,1	39,0	82
Großbritannien	30,6	27,6	532
Finnland	30,0	33,1	130
Irland	21,8	18,9	243
Schweden	20,8	15,6	154
Belgien	20,7	11,8	169
Spanien	20,5	15,1	146
Bulgarien	20,4	11,1	54
Portugal	20,2	13,5	89
Griechenland	18,9	9,5	74
Norwegen	15,2	12,7	79
Türkei	14,8	4,9	142
Dänemark	14,6	9,9	213
Italien	3,8	5,7	53
Insgesamt	34,6	25,8	3165

Tab. 6.1: Erfolgsbeteiligung in international tätigen europäischen Unternehmen (Auswertung von Daten der Cranfield Studie, Erhebung 2000).

Die Befunde machen deutlich, daß sowohl Erfolgs- als auch Kapitalbeteiligungen Führungskräften häufiger angeboten werden als anderen Mitarbeitergruppen. Sie bestätigen im übrigen, daß Kapitalbeteiligungen in Großbritannien, Frankreich und Irland, Erfolgsbeteiligungen in Frankreich und in der Schweiz besonders häufig praktiziert werden.

Im Vergleich zu diesen Ländern sind Kapitalbeteiligungen in Deutschland relativ selten. Bei den Erfolgsbeteiligungen liegen die international tätigen deutschen Unternehmen allerdings in der europäischen Spitzengruppe. Dies ist besonders ausgeprägt im Hinblick auf das Management festzustellen.[9]

Land	Betroffener Personenkreis		Anzahl der erfaßten Unternehmen
	Management (Führungskräfte)	Professionals (Technische und kaufmännische Fachkräfte)	
Großbritannien	41,7	30,8	532
Frankreich	39,0	19,5	236
Irland	34,2	22,2	243
Belgien	30,8	15,4	169
Niederlande	28,0	14,6	82
Schweiz	26,3	8,1	99
Finnland	25,4	13,8	130
Norwegen	25,3	16,5	79
Griechenland	23,0	6,8	74
Spanien	21,9	11,0	146
Schweden	20,8	10,4	154
Bulgarien	20,4	18,5	54
Deutschland	17,8	9,0	465
Dänemark	16,9	12,2	213
Italien	15,1	0	53
Österreich	10,3	5,6	107
Tschechien	7,1	5,1	98
Türkei	7,0	4,9	142
Portugal	5,6	0	89
Insgesamt	22,4	18,2	3165

Tab. 6.2: Kapitalbeteiligung in international tätigen europäischen Unternehmen (Auswertung von Daten der Cranfield-Studie, Erhebung 2000).

2.2 Cafeteria-Systeme

In den vergangenen Jahren hat die Einrichtung von Wahlmöglichkeiten bei der Gestaltung des Kompensationspaketes in den entwickelten Volkswirtschaften an Bedeutung gewonnen. Diese Entwicklung wird überwiegend unter dem Stichwort "Cafeteria-Systeme" geführt. Als Cafeteria-Systeme werden Konzepte einer individualisierten Entgelt- und Sozialleistungspolitik verstanden, bei denen die Arbeitnehmer die Möglichkeit haben, betriebliche Sozialleistungen entsprechend den persönlichen Präferenzen aus vorgegebenen Alternativen auszuwählen. In dieses Auswahlsystem können auch Entgeltkomponenten einbezogen werden. Das Gesamtbudget ist bei Anwendung des Cafeteria-Systems konstant; Ziel ist die im Hinblick auf die angestrebten Anreizwirkungen optimale Aufteilung des Budgets.[10] Die empirische Bestandsaufnahme in ausgewählten europäischen Ländern zeigt, daß die Verbreitung des "Cafeteria-Gedankens" in Europa sehr unterschiedlich ist (siehe Tabelle 6.3). 26 % der 2304 in der Untersuchung erfaßten Unternehmen praktizieren das Cafeteria-System; die Abweichungen im Verbreitungsgrad nach oben und nach unten sind jedoch beträchtlich. Während dieses System in Norwegen, Finnland und Dänemark offensichtlich sehr verbreitet ist und in der Schweiz immerhin von rund ein Drittel der erfaßten Unternehmen praktiziert wird, liegen die deutschen und noch deutlicher die schwedischen und französischen Unternehmen weit zurück.

Land	Anteil der Unternehmen, die Cafeteria-Systeme anbieten (in %)	Anzahl der erfaßten Unternehmen
Norwegen	77,0	100
Finnland	60,2	108
Dänemark	57,3	192
Spanien	49,6	119
Schweiz	32,5	126
Irland	31,1	164
Italien	28,3	46
Niederlande	21,3	108
Großbritannien	17,3	539
Türkei	15,5	84
Deutschland	12,8	321
Schweden	4,3	162
Frankreich	3,0	235
Insgesamt	26,0	2304

Tab. 6.3: Cafeteria-Systeme in international tätigen europäischen Unternehmen (Anteil der Unternehmen in %; Auswertung von Daten der Cranfield-Studie, Erhebung 1995).

3. Ziele internationaler Entgeltpolitik

Die Entgeltfindung auf internationaler Ebene verfolgt grundsätzlich die gleichen Ziele wie Vergütungssysteme auf nationaler Ebene. Ihre Grundlage ist der Arbeitsvertrag, der zwischen Unternehmen und Mitarbeiter geschlossen wird. Er regelt die Rechte und Pflichten beider Parteien, d.h. der Mitarbeiter stellt seine Arbeitskraft zur Verfügung, und das Unternehmen vergütet sie. Merkmale des Beschäftigungsverhältnisses sind die Treuepflicht des Mitarbeiters bzw. die Fürsorgepflicht des Unternehmens. Durch die Höhe und Form der Vergütung soll der Mitarbeiter für das Unternehmen gewonnen, zur Leistung motiviert und an dieses gebunden werden. Im Prinzip ist die Mitarbeitermotivation das Hauptziel von Entgeltpaketen.[11]

Diese allgemeine Zielsetzung muß jedoch bei Kompensationsfragen auf internationaler Ebene spezifiziert und ergänzt werden. Neben der Motivation des Mitarbeiters zur Leistungserbringung soll auch gezielt die *internationale Mobilität* gefördert werden, um den Bedarf der Unternehmung an entsprechend qualifizierten, international ausgerichteten Mitarbeitern in allen In- und Auslandsniederlassungen zu decken. Wie bereits in Kapitel 4 gezeigt wurde, stellt das organisatorische Anreizsystem eine Möglichkeit dar, die Entsendungsbereitschaft von Fach- und Führungskräften zu erhöhen. Ein weiteres Ziel im Kontext der Mitarbeitermotivation besteht in der Gewährleistung von *Transparenz und Gerechtigkeit* des Vergütungssystems. Aufgrund der verschiedenen betroffenen Mitarbeitergruppen (PCNs, HCNs, TCNs) müssen besondere Anforderungen an die internationale Entgeltpolitik gestellt werden, denn letztlich vergleichen Mitarbeiter ihre Input-/Output-Relationen mit denen ihrer Kollegen. Insofern ist die Entsendungsbereitschaft ein Ergebnis sozialer Vergleichsprozesse. Ein Beispiel verdeutlicht diese Aussage: Bekommt ein deutscher Angestellter eines deutschen Unternehmens im Entsendungsland Frankreich ein sehr viel höheres Entgelt als ein spanischer Kollege in einer vergleichbaren Position im gleichen Land, wird sich dies wahrscheinlich negativ auf die Motivation des Spaniers auswirken, da er sich im Vergleich zu dem deutschen Expatriate ungerecht behandelt fühlt.

Mit der Kompensation für Auslandsentsendungen sind sehr viel höhere Kosten verbunden als dies bei Entgeltpaketen auf nationaler Ebene der Fall ist. Um die Allokation der zur Verfügung stehenden Ressourcen effizient zu gestalten, ist spezifisches Know-how über die internationale Entgeltpolitik erforderlich. Ferner ist bei jeder grenzüberschreitenden Tätigkeit eine differenzierte *Kosten-/Nutzenanalyse* durchzuführen.[12] Auf diese drei Zielsetzungen internationaler Entgeltpolitik wird im folgenden näher eingegangen.

- *Förderung der internationalen Mobilität:* Mitarbeiter, die außerhalb ihres Heimatlandes eingesetzt werden, müssen ihr vertrautes Umfeld verlassen. Sie müssen sich mit ungewohnten Traditionen und Bräuchen auseinandersetzen. Internationale Kompensation kann daraus resultierende Probleme zwar nicht lösen, aber sie kann verhindern, daß der Mitarbeiter finanzielle Nachteile hat. Ein Ziel von Vergütungssystemen für Expatriates ist es also zu gewährleisten, daß der Mitarbeiter seinen aus dem Heimatland gewohnten Lebensstandard aufrechterhalten kann. Ist die Auslandsentsendung noch dazu in ein Personalentwicklungskonzept eingebettet, können sich für den Expatriate aus den materiellen und immateriellen Anreizen erhebliche

Vorteile ergeben. Insgesamt gilt es, das Kompensationspaket so zu gestalten, daß es für die Mitarbeiter attraktiv ist, in diejenigen Regionen entsandt zu werden, in denen das Unternehmen Stellen besetzen möchte, um globale strategische Ziele zu erreichen.

- *Transparenz und Gerechtigkeit:* Transparenz der einzelnen Vergütungsbestandteile ist vor allem für die Entsendung von PCNs und TCNs wichtig. Wie anhand des obigen Beispiels illustriert wurde, sollte gewährleistet sein, daß Stammhausmitarbeiter und Mitarbeiter dritter Länder, die in demselben Entsendungsland tätig sind, ein vergleichbares Paket von Kompensationsleistungen bekommen. Hierzu kann eine Modularisierung des Entgeltes beitragen, d.h. eine Aufsplittung der Vergütung in einzelne Bestandteile. Die Berechnungsgrundlagen lassen sich standardisieren und führen somit zu einer objektiv nachvollziehbaren Bezahlung. Die Entgeltpolitik weist dadurch Konsistenz und Fairneß auf. Dies ist wichtig, weil den Unternehmensinteressen am besten gedient ist, wenn alle Mitarbeiter mit ihrem Kompensationspaket zufrieden sind und wenn sie darauf vertrauen können, daß alle gleich behandelt werden. Nur in diesem Fall kann durch das Entgeltpaket die Mitarbeitermotivation gefördert werden. Zudem sollten die Arbeitnehmer nachvollziehen können, warum einzelne Vergütungsbestandteile (z.B. Zulagen) bei Wiedereingliederung bzw. Wechsel des Entsendungslandes wegfallen oder sich verringern und so gegebenenfalls das Gesamtgehalt reduzieren. Dadurch kann einer demotivierenden Wirkung durch mögliche Gehaltssenkungen entgegen gewirkt werden.

- *Kosten-/Nutzenaspekte:* Bei der internationalen Entgeltfindung muß jeder Auslandseinsatz für sich betrachtet werden. Der Lebensstandard eines Mitarbeiters richtet sich nach seinen individuellen Bedürfnissen. Ob ein Mitarbeiter alleine oder mit seiner Familie ins Ausland übersiedelt, hat wesentlichen Einfluß auf die Höhe seines Entgelts, weil die Art und Höhe der Zulagen variieren. Weiterhin spielt das Entsendungsland bei der Gehaltsfindung eine wichtige Rolle. Die Länder unterscheiden sich z.T. stark durch ihre wirtschaftlichen und politischen sowie kulturellen Rahmenbedingungen. Für einen Schweizer bedeutet es beispielsweise keine große Umstellung, in Österreich zu arbeiten. Ein anderes Bild ergibt sich jedoch, wenn er statt dessen nach Ägypten entsandt wird. Orientiert sich die Vergütung also an genau festgelegten Einflußgrößen, wie der Familiensituation oder den landesspezifischen Bedingungen des jeweiligen Auslandseinsatzes, kann eine Begrenzung der Entgelthöhe nach unten wie auch nach oben erreicht werden. Ein solches System verhindert, daß einzelne Mitarbeiter für sie attraktive Pakete aushandeln, die aus der Sicht des Unternehmens eine untragbare Kosten-/Nutzenrelation bedeuten. Nicht zuletzt trägt es auch zu einer vereinfachten Handhabung der internationalen Entgeltpolitik bei, da in vielen Fällen standardisierte Regelungen angewendet werden können.

Zu den Zielgruppen internationaler Entgeltpolitik gehören nicht nur die entsandten Mitarbeiter. In multinationalen Unternehmen sollte gleichzeitig sichergestellt sein, daß bestimmte Positionen jeweils eine ähnliche Bedeutung im lokalen Stellengefüge aufweisen und relativ ähnlich entlohnt werden. Auch dies erleichtert im übrigen die Gehaltsfindung bei internationalen Transfers. Abgesehen von der Festlegung der

Gesamthöhe der Personalkosten oder der Gewährung bestimmter Leistungszulagen erfolgt jedoch in der Regel keine Einmischung des Stammhauses in die Entgeltpolitik der Auslandsniederlassungen. Dies würde detaillierte Kenntnisse der lokalen Rahmenbedingungen und Praktiken erfordern, über die in der Regel nur das lokale Personalmanagement verfügt. Eine zentrale Steuerung dieser Aspekte wäre sehr aufwendig und nicht effizient.

Die Entscheidung, welche Bereiche der Entgeltpolitik von der Unternehmenszentrale aus gesteuert werden und welche eher dezentralisiert in der Verantwortung der lokalen Personalabteilungen liegen, besitzt strategischen Charakter. Einige erste Orientierungshilfen können die im folgenden skizzierten Vergütungsmodelle liefern.

4. Modelle internationaler Entgeltpolitik

In der Literatur[13] werden im wesentlichen drei Grundmodelle internationaler Vergütungspolitik unterschieden: das stammlandorientierte, das gastlandorientierte und das geozentrierte Vergütungsmodell. Hier spiegeln sich die Grundannahmen der von Perlmutter identifizierten ethnozentrischen, polyzentrischen und geozentrischen Orientierungen wider. Alle Modelle besitzen unterschiedliche Implikationen für die internationale Entgeltpolitik. Idealerweise richtet sich ihre Gestaltung nach der jeweiligen Internationalisierungsphase, in der sich das Unternehmen befindet.[14] Dementsprechend ist je nach Internationalisierungsphase eine Orientierung an den Standards des Stammlandes, des Gastlandes oder an weltweiten Richtlinien als effizient zu erachten.

- *Der stammlandorientierte Ansatz* ist durch eine ethnozentrische Grundhaltung gekennzeichnet, d.h. die Entgeltpolitik ist durch in der Unternehmenszentrale entwickelte Vergütungsmodalitäten bestimmt. Dieser Ansatz zielt weniger auf die absolute Höhe des Gehaltes ab; die Gestaltung von Kompensationspaketen wird durch stammlandorientierte Kriterien geprägt: "Dazu gehören Bereiche wie etwa die Höhe des erfolgsabhängigen Entgeltanteils auf verschiedenen Hierarchiestufen, die Bestimmungen über Entgelterhöhungen in Abhängigkeit von der Dauer der Betriebszugehörigkeit, der Einfluß der individuellen Leistungsbeurteilung auf die Höhe des Entgelts, die Bereitstellung von Zusatzleistungen in Form von Versicherungen, Pensionszahlungen u.ä., die Breite einzelner Lohn- und Gehaltsstufen, der Abstand zwischen höchster und niedrigster Gehaltsstufe u.a.m."[15] Durch die Verbindlichkeit dieser Kriterien wird sichergestellt, daß im gesamten Unternehmen einheitliche Richtlinien für wesentliche Bereiche der Gehaltsfindung vorliegen und sich so Elemente einer einheitlichen, stammhausorientierten Unternehmenskultur herausbilden können. Gleichzeitig rücken jedoch notwendige und wertvolle landesspezifische Aspekte der Entgeltpolitik in den Hintergrund und können sich nicht als Wettbewerbsvorteil auswirken. Der stammlandorientierte Ansatz prägt auch die Entgeltgestaltung bei der Entsendung von Stammhausmitarbeitern. Ein Vorteil besteht darin, daß die Anbindung des Gehaltes des Expatriates an das Gehaltssystem des Stammhauses erhalten bleibt und somit Vergleichsmöglichkeiten zu Mitarbeitern bestehen, die in ähnlichen Positionen im Stammland beschäftigt sind. Dies vereinfacht auch die Wiedereingliederung, da das Grundgehalt - bereinigt um Zulagen und Mehraufwendungen - in seiner Höhe fortgeschrieben und ggf. durch eine Beförderung bei Rückkehr in die Unternehmenszentrale erhöht wird. Nachteilig ist, daß das Gehalt eines PCN wesentlich höher sein kann als das eines HCN. Dadurch besteht die Gefahr der Demotivation der lokalen Mitarbeiter. Eine Möglichkeit, diesem Problem zu begegnen, besteht darin, daß Gehaltszahlungen nicht vollständig von der ausländischen Niederlassung geleistet werden, um so die Transparenz für die Mitarbeiter der Tochtergesellschaft einzuschränken. Ein weiterer Nachteil des stammlandorientierten Vergütungsmodells liegt darin begründet, daß die multinationale Unternehmung Kostenersparnispotentiale möglicherweise nicht ausschöpft, da sie entsprechende lokale Regelungen nicht genügend berücksichtigt. Beispielsweise wird der Erwerb von Aktien für Mitarbeiter in verschiedenen Ländern steuerlich unterschiedlich behandelt und ist dementsprechend aus Unternehmenssicht als Anreiz nicht immer gleich attraktiv.[16]

- *Der entsendungslandorientierte Ansatz* verzichtet weitgehend auf länderübergreifende Regelungen. Es erfolgt eine Ausrichtung der Entgeltpolitik an den Vergütungsmodalitäten des Entsendungslandes, während das im Stammhaus verwendete Entgeltsystem keine oder nur geringe Beachtung findet. Dies sind typische Kennzeichen einer polyzentrischen Orientierung: Landesspezifische Besonderheiten prägen die Gestaltung der Entgeltpolitik! "Hier stehen nicht nur die jeweilige absolute Entgelthöhe für vergleichbare Positionen zur Diskussion, sondern auch andere Elemente der Entgeltpolitik wie Ausprägung des Senioritätsprinzips, Gehaltsabstände zwischen verschiedenen Entgeltstufen, Ausmaß und Bedeutung der leistungsbezogenen Entgeltbestandteile u.ä."[17] Durch dieses System sind die Gehälter der Mitarbeiter innerhalb einer Organisationseinheit vergleichbar, zwischen Stammhaus und Tochtergesellschaft bzw. zwischen Tochtergesellschaften erfolgt jedoch keine Abstimmung. Im Gegensatz zum stammlandorientierten Ansatz haben Mitarbeiter der Tochtergesellschaften im Ausland wenig Möglichkeiten, Einblick in das Entgeltsystem der Muttergesellschaft zu erhalten. Ein wesentlicher Nachteil dieses Ansatzes ergibt sich aus der in vielen Fällen nur geringen Mobilitätsförderung der international tätigen Mitarbeiter. Dies trifft insbesondere dann zu, wenn ein Mitarbeiter aus einem Hochlohnland wie der Bundesrepublik Deutschland entsandt werden soll. Gleichzeitig werden jedoch auch Demotivationen durch hohe Gehaltsunterschiede zwischen den Angestellten einer Organisationseinheit verhindert. Ein weiteres Problem des entsendungslandorientierten Ansatzes kann darin bestehen, daß die Erreichung der weltweiten Unternehmensziele nicht durch eine einheitliche Entgeltpolitik gefördert wird, da das Verhalten der Mitarbeiter nicht zwangsläufig in die gleiche Richtung gelenkt wird, und internationale Erfahrungen nicht systematisch aufgebaut werden.

- *Die geozentrierte Entgeltpolitik* orientiert sich weder an den Standards des Stammlandes noch an denjenigen des Entsendungslandes. Auf der Basis von Elementen aus beiden Umfeldern wird ein einheitlicher Ansatz der internationalen Entgeltpolitik entwickelt. Dieser ist weltweit verbindlich und dient der Unterstützung der strategischen Unternehmensziele. Es kann auch von einem Fit zwischen Unternehmensstrategie und entgeltpolitischer Ausrichtung gesprochen werden: "So kann etwa im Rahmen einer für bestimmte Unternehmensbereiche verfolgten Expansionsstrategie als Bezugspunkt für den erfolgsabhängigen Bestandteil des Entgelts eine Bindung an den erreichten Marktanteil gewählt werden. In einem anderen Bereich mit einem gewünschten strategischen Schwerpunkt auf Produktinnovation ließe sich jedoch der Erfolgsbestandteil an die Verringerung der für die Marktreife eines neuen Produktes erforderlichen Entwicklungszeit koppeln."[18] Vorteilhaft erweist sich beim geozentrierten Ansatz vor allem die Vergleichbarkeit des Gehalts für bestimme Positionen auf weltweiter Ebene. So wird aus entgeltpolitischer Sicht der Einsatz von im Ausland rotierenden Expatriates oder TCNs erleichtert, die mehrere Auslandseinsätze nacheinander in verschiedenen Ländern absolvieren. Ferner ist ein solches System durch eine hohe Transparenz für alle Beteiligten gekennzeichnet und erhöht die internationale Mobilität der Mitarbeiter. Als problematisch könnte sich die Entwicklung der Standards eines solchen Ansatzes erweisen, da viele (kostenintensive) Abstimmungsprozesse erforderlich sind, um die Akzeptanz des Systems zu gewährleisten.

Ebensowenig wie ethnozentrische, polyzentrische oder geozentrische Ansätze in der Stellenbesetzungsstrategie oder gar in der Gesamtorientierung des Personalmanagements in reiner Form zu finden sind, ist dies auch bei den hier vorgestellten Ansätzen internationaler Entgeltpolitik der Fall. Zwar sind oftmals einheitliche Unternehmensrichtlinien vorhanden, Restriktionen in der Durchführung aufgrund von lokalen Anforderungen (z.B. Gesetze) oder Kostengründen führen jedoch zu Mischformen.

5. Kompensation für international tätige Mitarbeiter

Die praktische Gestaltung internationaler Kompensationspakete ist vielfältig und komplex.[19] Ziel dieses Abschnitts ist es, einige der Bestimmungsfaktoren, Bestandteile und Berechnungsmöglichkeiten des Gehaltes von Expatriates vorzustellen. Inwieweit die genannten Bestimmungen Anwendung finden, ist von der Dauer der Entsendung abhängig. Mit diesem Aspekt verbunden ist auch die Frage, ob der Mitarbeiter einen Vertrag mit dem entsendenden Unternehmen oder mit dem aufnehmenden Unternehmen innehat. Abbildung 6.1 gibt einen Eindruck über die verschiedenen Entsendungsarten, die durch jeweils unterschiedliche Vertragsgestaltungen gekennzeichnet sind.[20] Die im folgenden genannten Regelungen sind primär dann relevant, wenn es sich um eine "klassische Auslandsentsendung"[21] handelt, d.h. um eine Versetzung ins Ausland, die zwischen einem und fünf Jahren dauert.

Fallgruppen	Dauer der Entsendung	Unternehmensbezug
Dienstreisen	3 Monate	In der Regel Vertrag und Gehalt durch entsendendes Unternehmen
Abordnungen	3 bis 12 Monate	
Versetzungen	1 bis 5 Jahre	In der Regel Vertrag und Gehalt durch aufnehmendes Unternehmen
Übertritte	ohne Befristung	

Abb. 6.1: Entsendungsarten (Wacker, 1996, S. 425).

Im weiteren Verlauf dieses Kapitels werden die Bestimmungsfaktoren der Gehälter für entsandte Mitarbeiter systematisiert und diskutiert.

5.1 Bestimmungsfaktoren für das Gehalt von Expatriates

Das Gehalt für alle Tätigkeiten auf nationaler wie auf internationaler Ebene wird in der Regel durch drei Faktoren bestimmt: den Wert einer Stelle, der durch eine Stellenbewertung ermittelt werden kann, den Marktwert, der aus einem Gehaltsvergleich resultiert und die Mitarbeiterleistung, die im Rahmen der Leistungsbeurteilung erfaßt wird.[22] Bei internationalen Tätigkeiten müssen jedoch noch weitere Faktoren berücksichtigt werden: Je nach der zu erwartenden Lebensqualität im Einsatzland erfolgt die Festlegung einer Auslandszulage, und Unterschiede im Niveau der Lebenshaltungskosten werden durch einen Kaufkraftausgleich berücksichtigt. Dieser Prozeß ist Gegenstand der Nettovergleichsrechnung (auch *Balance Sheet Approach*), in der das bisherige Vergleichsgehalt dem zukünftigen Gehalt in steuerneutralisierter Form gegenübergestellt wird.[23] Einen zusammenfassenden Überblick über die Bestimmungsfaktoren der Gehaltsfindung von Expatriates gibt Abbildung 6.2. Auf diese Aspekte wird im weiteren Verlauf dieses Kapitels eingegangen.

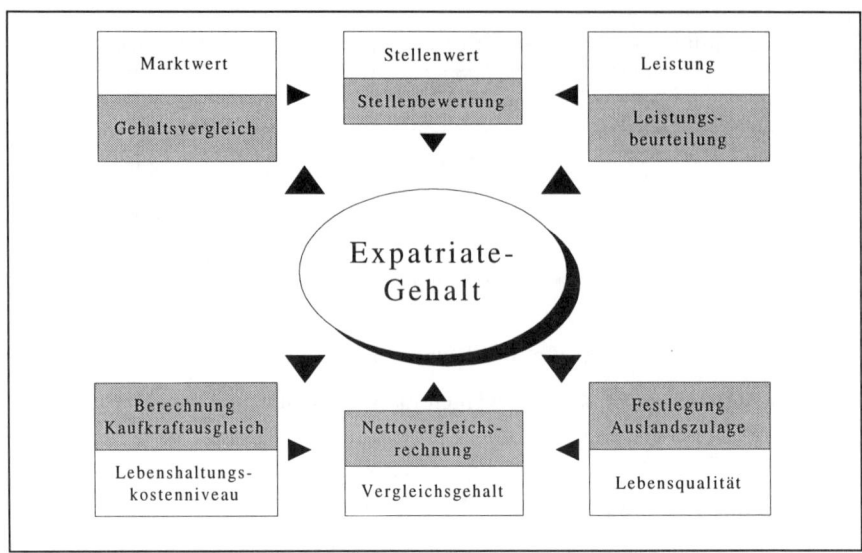

Abb. 6.2: Gehaltsfindung für Expatriates (Wirth, 1996, S. 380).

Wichtig ist bei der Gestaltung von Kompensationspaketen für international tätige Mitarbeiter, daß die materiellen und immateriellen Mehrbelastungen durch den Auslandseinsatz ausgeglichen werden. So sollten Mehrkosten wie erhöhte Lebenshaltungskosten oder Schulkosten für die Kinder vom Arbeitgeber getragen werden. Auch für extreme klimatische Belastungen oder besonders schwierige soziale Situationen ist ein Ausgleich zu zahlen. Die Zusammensetzung dieser zusätzlichen Zahlungen sollte dem Mitarbeiter gegenüber möglichst transparent gemacht werden. Klare Entsendungsrichtlinien tragen zur Akzeptanz des Systems bei. Ferner ermöglichen sie eine flexible Anpassung des Kompensationspaketes, wenn sich die Rahmenbedingungen des Auslandseinsatzes wie z.B. die politische Situation im Gastland verändern. Die Realisierung des Ausgleiches von Mehraufwendungen, der Gewährleistung von Transparenz und der flexiblen Handhabbarkeit können durch den Einsatz der Nettovergleichsrechnung realisiert werden.

5.2 Nettovergleichsrechnung

Viele Unternehmen ermitteln das Gehalt ihrer Expatriates mit Hilfe der Nettovergleichsrechnung.[24] Sie verfolgen die Zielsetzung, daß entsandte Mitarbeiter keine finanziellen Verluste erleiden sollen. Es wird daher ein Gleichgewicht hergestellt zwischen dem bisherigen Gehalt und den Bezügen, die der Mitarbeiter während seines Auslandseinsatzes erhält. Wegen dieses Prinzips wird die Nettovergleichsrechnung auch als Balance Sheet Approach bezeichnet.[25] Die Basis bildet ein Kaufkraftvergleich zwischen In- und Ausland, der gewährleisten soll, daß Mitarbeiter in vergleichbaren Positionen gleichgestellt sind. Sollten erhebliche qualitative Unterschiede zwischen den Einsatzorten bestehen, so wird dies in der Regel durch das Kompensationspaket ausgeglichen.[26]

Kapitel 6: Internationale Entgeltfindung 233

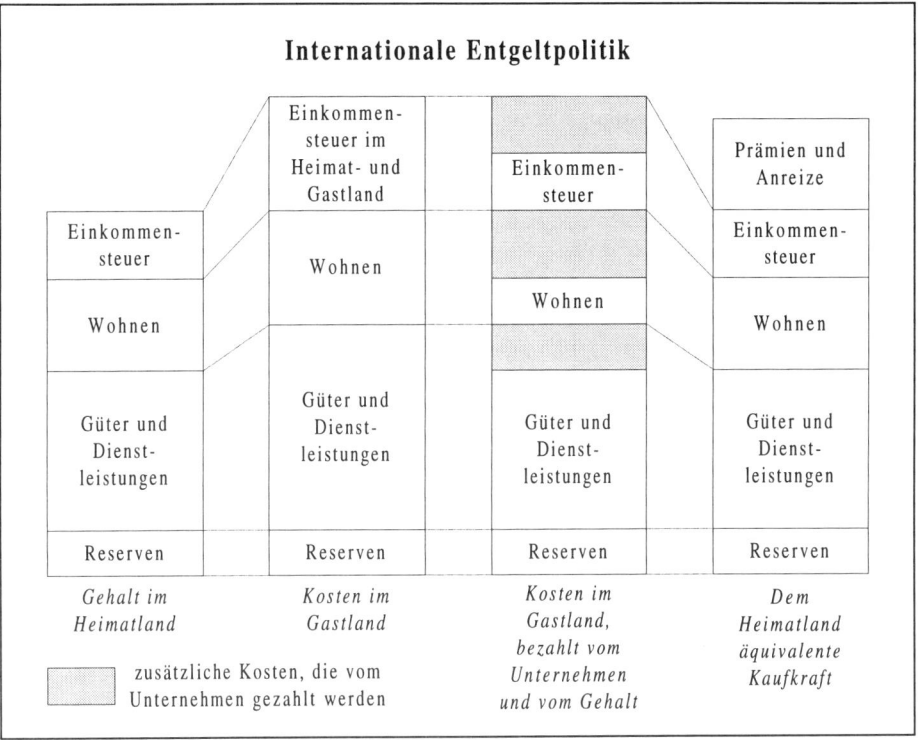

Abb. 6.3: Der Balance Sheet Approach (Reynolds, 1986, S. 51).

Abbildung 6.3 zeigt, welche Bestandteile einer solchen Nettovergleichsrechnung in der Regel zugrunde gelegt werden. Hierfür wird das bisherige Bruttoinlandsgehalt in verschiedene Bestandteile aufgegliedert: Steuern und Sozialabgaben, Kosten für Unterkunft sowie für den Erwerb von Gütern und Dienstleistungen und ein restliches Einkommen, das z.B. für Vorsorgemaßnahmen oder für die Bildung von Reserven aufgewendet wird:

- *Güter und Dienstleistungen:* Ausgaben für Nahrungsmittel, Körperpflegeartikel, Kleidung, Haushaltseinrichtung, Erholung, Transport, medizinische Versorgung usw.
- *Unterkunft*: Die wichtigsten Kosten, die mit dem Hauptwohnsitz des Mitarbeiters verbunden sind.
- *Einkommensteuer*: Steuerzahlungen auf das persönliche Einkommen.
- *Reserve*: Beiträge zur Bildung von Ersparnissen, Zahlungen für Versicherungsleistungen, Beiträge zur staatlichen und privaten Altersversorgung, Investitionen, Ausgaben für die Erziehung der Kinder sowie weitere Sozialversicherungsabgaben.
- *Verschiffung und Lagerung*: Die wesentlichen Kosten, die mit dem eigentlichen Umzug, z.B. mit der Verschiffung und Lagerung von persönlichen und Haushaltsgegenständen, verbunden sind.

Im folgenden wird anhand von zwei Berechnungsbeispielen gezeigt, wie das Bruttoauslandsgehalt eines entsandten Mitarbeiters ermittelt wird. Den Ausgangspunkt stellt das Bruttojahresgehalt für eine der Auslandsposition vergleichbaren Aufgabe im Inland dar. Hiervon werden Steuern, der Arbeitnehmeranteil der Sozialabgaben sowie ein der bisherigen Miete entsprechender Eigenanteil an den Mietkosten (ca. 15 %) abgezogen. Das Ergebnis ist das verfügbare Nettoeinkommen. Dieser Betrag ist für den Mitarbeiter wichtig, da er sich weniger an seinem Bruttogehalt als an seinem Nettogehalt orientiert.[27] Das Nettogehalt bildet die Grundlage für die Berechnung des Kaufkraftausgleiches. Dieser wiederum ergibt sich aus dem Indexfaktor für das jeweilige Land minus 100 %. Ergänzt wird das Paket um eine Auslandszulage, die je nach Einsatzland variiert. Das nun ermittelte Nettoeinkommen wird anschließend in der Landeswährung ausgewiesen, und erforderliche Steuern und Sozialabgaben werden addiert. Das Ergebnis ist das Bruttojahreseinkommen, das der Mitarbeiter im Ausland bekommt. Die beiden folgenden extremen Beispiele illustrieren die Berechnung und zeigen, wie unterschiedlich hoch die Kosten eines Auslandseinsatz der gleichen Person in verschiedenen Ländern für das Unternehmen aufgrund unterschiedlich hoher Lebenshaltungskosten und steuerlicher Bestimmungen sein können:[28]

	Gehaltsbestandteile	USA	Japan
1	Bruttoinlandsgehalt	150 TDM	150 TDM
2	- Einkommensteuer in Deutschland	- 40 TDM	- 40 TDM
3	- Sozialabgaben in Deutschland	- 16 TDM	- 16 TDM
4	- Wohnkosten in Deutschland (ca. 15 % von 1)	- 23 TDM	- 23 TDM
5	Verfügbares Nettoeinkommen in Deutschland	71 TDM	71 TDM
6	-/+ Kaufkraftausgleich	- 8 TDM	+ 71 TDM
7	+ Auslandszulage (auf 1-2)	+ 11 TDM	+ 33 TDM
8	+ Mieteigenanteil (15 % von 1)	+ 23 TDM	+ 23 TDM
9	Nettoanspruch im Ausland	97 TDM	198 TDM
10	+ Sozialabgaben in Deutschland	+ 12,5 TDM	+ 12,5 TDM
11	+ Einkommensteuer im Gastland	+ 34,5 DM	+ 45,5 TDM
12	Bruttovergütung im Ausland	144 TDM	256 TDM

Tab. 6.4: Beispiel für eine Nettovergleichsrechnung in DM ohne Berücksichtigung der Landeswährung (in Anlehnung an DGfP, 1995, S. 79).

Wie in der Nettovergleichsrechnung gezeigt wird, bildet das Bruttoinlandsgehalt der zu besetzenden Position die Basis der Berechnungen. Dieser Größe kommt damit eine erhebliche Bedeutung zu, denn der Kaufkraftausgleich, die Auslandszulagen und auch der Mieteigenanteil werden entweder auf der Grundlage des Brutto- oder des Nettoinlandsgehaltes ermittelt. Aus Unternehmenssicht ist diese Summe ausschlaggebend für die

Ermittlung der Aufwendungen für Versicherungsleistungen und die Altersversorgung. Bestehen Unterschiede zwischen den Entgeltpaketen für Expatriates in ähnlichen Positionen, so sollten diese bei einer konsistenten Entgeltpolitik nicht auf das Grundgehalt zurückzuführen sein, sondern auf Faktoren, die durch das Entsendungsland bedingt sind.

Ein weiterer wichtiger Punkt, der bisher noch nicht angesprochen wurde, ist der Schutz des Mitarbeiters vor dem Währungsrisiko. Dies gilt um so mehr, wenn die Währungen von Heimatland und Entsendungsland stark schwankenden Wechselkursen unterliegen. Zur Lösung dieses Problems stehen verschiedene Alternativen zur Verfügung: Entweder können Mitarbeiter wählen, in welcher Währung das Gehalt ausgezahlt wird, oder das Gehalt kann in unterschiedliche Währungen gesplittet werden. Dies ist insbesondere dann sinnvoll, wenn während des Auslandseinsatzes laufende Zahlungen im Heimatland geleistet werden müssen (z.B. Unterhaltszahlungen) oder wenn die Währung des Entsendungslandes nicht frei konvertierbar ist. Die Ergebnisse der Price Waterhouse-Studie zeigen, daß immerhin 40 % der befragten Unternehmen einen Wechselkurs für eine bestimmte Periode des Auslandseinsatzes garantieren. Schwankt der Wechselkurs um mehr als 10 %, so erfolgt in den meisten dieser Unternehmen eine Anpassung des Kompensationspaketes.[29]

Es wird deutlich, daß die Ermittlung der Bruttovergütung im Ausland in der Regel recht aufwendig ist, da sich der Personalverantwortliche mit den landesspezifischen Gegebenheiten bezüglich der Steuergesetzgebung und der sozialversicherungsrechtlichen Rahmenbedingungen auseinandersetzen muß. Da erstaunt es nicht, daß nahezu die Hälfte der in der Price Waterhouse-Studie von 1997 befragten europäischen Unternehmen zumindest mit einem Teil der Aufgaben unternehmensexterne Spezialisten beauftragen. Im wesentlichen lassen sie sich in Steuerfragen und administrativen Angelegenheiten sowie bei der Erlangung einer Arbeitserlaubnis für den Mitarbeiter unterstützen. Das Hauptmotiv für dieses Outsourcing von Aufgaben des Expatriate Management liegt in erwarteten Effizienzvorteilen.[30]

Neben der Ermittlung des im Ausland zu zahlenden Gehaltes besteht eine weitere Aufgabe darin, das bisherige Inlandsgehalt als eine Art Schattengehalt mit fiktiven Bezügen weiter zu schreiben. Dies ist wichtig für die Ermittlung der Gehaltshöhe nach der Rückkehr des Mitarbeiters und auch für die Berechnung der Höhe der Pensionsrückstellungen. Eine Anpassung des fortgeschriebenen Inlandgehaltes erfolgt in ähnlicher Weise wie bei Mitarbeitern im Inland, d.h. die Einnahme höherwertiger Positionen und regelmäßige Gehaltserhöhungen werden berücksichtigt.[31]

5.3 Kaufkraftausgleich

Mittlerweile ist der Kaufkraftausgleich in der internationalen Entgeltfindung sehr verbreitet.[32] Er trägt den unterschiedlichen Kosten für einen Warenkorb im Herkunftsland und im Entsendungsland Rechnung. Mit einer auf dem Kaufkraftausgleich basierenden Zulage wird angestrebt, daß der im Ausland tätige Mitarbeiter seinen gewohnten Lebensstandard aufrecht erhalten kann. Für die Ermittlung des Indexes stellen eine Reihe von Institutionen Berechnungen zur Verfügung, die auf jeweils unterschiedlichen Grundlagen basieren. Als Informationsquellen stehen das Statistische Bundesamt (Wiesbaden Index), das Europäische Statistische Amt in Luxemburg (EuroCost), Banken, Beratungsunternehmen und der Personalinformationsdienst der Lufthansa zur Verfügung.

Land	Stadt	Index
Japan	Tokio	159,50
Island	Reykjavik	159,03
Schweiz	Genf	134,22
Norwegen	Oslo	130,33
Dänemark	Kopenhagen	120,09
Deutschland	Berlin	118,08
Finnland	Helsinki	116,83
Schweden	Stockholm	115,57
Deutschland	München	113,95
Hongkong	Victoria	111,79
Frankreich	Paris	110,11
Italien	Mailand	109,64
Niederlande	Den Haag	108,87
Österreich	Wien	107,13
Singapur	Singapur	106,69

Land	Stadt	Index
Neuseeland	Wellington	106,02
Belgien	Brüssel	105,67
Spanien	Barcelona	105,07
Rußland	Moskau	103,80
USA	New York	102,23
China	Peking	100,46
GB	London	100,00
Irland	Dublin	97,79
Indien	Neu Delhi	94,99
Griechenland	Athen	90,53
Portugal	Lissabon	89,73
Polen	Warschau	83,61
Kanada	Montreal	83,21
Australien	Sydney	80,65
Türkei	Ankara	77,61

Tab. 6.5   Internationaler Vergleich der Kosten für die Lebenshaltung anhand ausgesuchter Länder und Städte (o. V., 1997, S. 21).

Problematisch ist die Verwendung dieser Kennziffern vor allem in Ländern, die durch eine hohe Inflation gekennzeichnet sind.[33] In diesen Fällen ist - wie oben bereits angeregt wurde - darüber nachzudenken, ob zumindest ein Teil des Entgelts in einer anderen Währung ausgezahlt wird. Eine weitere Schwierigkeit ergibt sich, wenn Mitarbeiter aus einem Hochlohnland wie der Bundesrepublik Deutschland in ein sogenanntes "Niedriglohnland" entsandt werden. Entsprechend den Berechnungen des Kaufkraftausgleiches wäre häufig eine Verringerung des Gehaltes die Folge. Dies würden die zu entsendenden Mitarbeiter jedoch zumeist nicht akzeptieren, so daß hier von der üblichen Entgeltpolitik abgewichen werden muß. Dadurch entstehen erhebliche Unterschiede bezüglich der finanziellen Attraktivität verschiedener Entsendungsländer, die durch zusätzliche Härteprämien noch verstärkt werden.[34]

5.4   Auslandszulage

Mit der Auslandszulage werden im wesentlichen zwei Zielsetzungen verfolgt: Die Entsendungsbereitschaft des Mitarbeiters soll durch finanzielle Anreize gefördert werden, und es soll ein Ausgleich für veränderte und teilweise erschwerte Lebens- und Arbeitsbedingungen gewährt werden. Dies ließe sich prinzipiell auch über eine entsprechende Erhöhung des Grundgehaltes erreichen, allerdings ist die Anpassung über Zulagen flexibler und ziellandspezifischer. So kann z.B. bei einem Wechsel des Einsatzlandes ohne Probleme die Zulage in ihrer Höhe angepaßt werden. Liegt eine transparente Richtlinie für die Entgeltpolitik vor, sollten auch demotivierende Wirkungen durch eine eventuelle Verringerung des gesamten Kompensationspaketes ausgeschlossen werden können, da angestrebt wird, die Kaufkraft und damit den Lebensstandard konstant zu halten. Zulagen schaffen also bei der Festsetzung der Entgelthöhe Transparenz für das Unternehmen sowie für den Mitarbeiter. In der Regel setzt sich eine Auslandszulage aus zwei Bestandteilen zusammen:

- Die sogenannte *Mobilitätszulage* ist nicht oder nur geringfügig abhängig vom Entsendungsland. Sie beträgt je nach Unternehmen zwischen 5 und 15 % des Nettogehalts.[35]
- Die Erschwernis- oder *Hardshipzulage* beträgt je nach Erschwernisgrad des Auslandseinsatzes zusätzlich zur Mobilitätsprämie zwischen 5 und 40 % des Nettogehaltes. Ihre Höhe wird beeinflußt durch ein ganzes Bündel von landesspezifischen Faktoren: Belastung durch Umweltbedingungen (z.B. klimatische Bedingungen, hygienische Verhältnisse, Umweltverschmutzung), Einschränkung der Lebensqualität (z.B. infrastrukturelle Mängel, fehlendes Kultur- und Freizeitangebot, mangelnde Bewegungsfreiheit für den Expatriate und seine Familie), kulturell bedingte Isolation sowie Sicherheitsrisiken.

Beispielhaft wird in Tabelle 6.6 aufgeführt, in welcher Höhe Erschwerniszulagen in einzelnen Ländern und Regionen gezahlt werden.

Kennzeichen der Ländergruppe	Beispiele für Länder in der Ländergruppe	Zuschlag in %
A: keine Erschwernis	EU-Länder, USA, Kanada	0
B: geringste Erschwernis	Australien, Neuseeland, Singapur, Südafrika	5
C: sehr geringe Erschwernis	Chile, Türkei, Tunesien, Ungarn	10
D: geringe Erschwernis	Argentinien, Malaysia, Marokko, Slowenien	15
E: mittlere Erschwernis	Ägypten, Brasilien, Polen, Thailand	20
F: mittelgroße Erschwernis	GUS, Indien (Städte), Japan, Zaire	25
G: große Erschwernis	VR China (Städte), Kasachstan, Libyen, Saudi-Arabien	30
H: sehr große Erschwernis	Iran, Kolumbien, Nigeria, Usbekistan	35
I: höchste Erschwernis	VR China (Provinz), Bangladesch, Indien (Provinz), Mozambique	40

Tab. 6.6: Beispiele für Erschwerniszulagen in Prozent des Nettogehaltes[36] (in Anlehnung an DGfP, 1995, S. 77).[37]

5.5 Zusatzleistungen für Expatriates

Neben der Auslandszulage werden dem Mitarbeiter weitere Zusatzleistungen im Rahmen seines Vergütungspaketes gewährt. Hierbei handelt es sich in der Regel um Erstattungen für Mehraufwendungen, die durch die Auslandstätigkeit entstehen, und um die Übernahme von Beiträgen für Versicherungen. Ihre Höhe variiert genau wie die der Auslandszulage in Abhängigkeit von dem Entsendungsland. Der Mietkostenzuschuß und Zuschläge für die Erziehung der Kinder sind die wichtigsten Zusatzleistungen für Expatriates.

Umzugskostenzuschuß: Die Reisekosten für den Expatriate und seine Familie werden vom Unternehmen getragen, in der Regel von der aufnehmenden Einheit. Ist geplant, daß der Mitarbeiter seine gesamten Hauhaltsgegenstände mitnimmt, so entstehen für ihn hierdurch keine Mehraufwendungen, da der Arbeitgeber die Umzugskosten trägt. Alternativ bieten viele Unternehmen eine Einrichtungspauschale an, so daß der Expatriate vor Ort einen neuen Haushalt bestücken kann.[38]

Mietkostenzuschuß: Die Zahlung eines Mietzuschlages erfolgt, um Mitarbeiter in die Lage zu versetzen, den Lebensstandard ihres Heimatlandes aufrechtzuerhalten oder in einigen Fällen, um Wohnmöglichkeiten zur Verfügung zu stellen, die denen für ähnliche ausländische Mitarbeiter und Gleichgestellte äquivalent sind. Der Mietkostenzuschuß deckt in der Regel die Mehrkosten ab, die den Mitarbeiter durch die Entsendung ins Ausland hinsichtlich seiner Unterkunft erwarten. Statt die realen Kosten zugrunde zu legen, kann auch der in der Nettovergleichsrechnung bereits erwähnte Satz von ca. 15 % des Nettogehaltes als Mieteigenanteil des Mitarbeiters zugrunde gelegt werden. Über Mietzuschüsse wird häufig aufgrund der jeweils spezifischen Familiensituation von Fall zu Fall entschieden. Erheblich einfacher ist es, wenn das Unternehmen Wohnungen im Entsendungsland besitzt und diese dem Mitarbeiter zur Verfügung stellt. Die meisten multinationalen Unternehmen bieten auch finanzielle Unterstützung und/oder Ausgleichszahlungen im Zusammenhang mit dem Verkauf oder der Vermietung des inländischen Wohnraums des Mitarbeiters an. Unternehmen des Finanzdienstleistungsbereichs bieten vielfach besonders weitgehende Hilfen: z.B. Unterstützung beim Verkauf oder beim Abschluß eines Leasingvertrages und Zahlungen für Grundstücksübertragungen sowie für erforderliche Versicherungen.

Zuschläge für die Erziehung der Kinder: Erziehungszuschläge für die Kinder von Expatriates sind ebenfalls ein zentraler Bestandteil jeder internationalen Kompensationspolitik. Sie können z.B. Schulgeld, Sprachunterricht, Einschreibungskosten an der Universität, Bücher und Unterrichtsmaterialien, Transportkosten, Unterkunft und Verpflegung oder Schuluniformen abdecken. Die Verfügbarkeit einer qualitativ hochwertigen Ausbildung in den jeweiligen lokalen Schulen oder das Vorhandensein einer internationalen Schule können allerdings potentielle Problembereiche für das Unternehmen darstellen. Kosten für die Unterbringung in einem Kindergarten werden nur bis zu dem Betrag übernommen, der die im Heimatland anfallenden Kosten übersteigt. In der Price Waterhouse-Stichprobe gaben 60 % der Unternehmen an, daß sie Zuschüsse zu den Kosten eines Kindergartenplatzes leisten.

Obwohl die Erziehung und Ausbildung der Kinder einen wichtigen Faktor für den Mitarbeiter darstellt, wird dieser Aspekt nur von einem Drittel der Unternehmen bei der Personalauswahl für internationale Positionen berücksichtigt. Sie überlassen offensichtlich die Entscheidung, ob die Kinder einem Auslandsaufenthalt ausgesetzt werden sollen, dem Mitarbeiter. Wenn dann allerdings der Mitarbeiter sich mit seiner Familie zu einer Auslandstätigkeit entschlossen hat, bieten 92 % der Unternehmen finanzielle Unterstützung bei der Erziehung an. Selbst nach der Wiedereingliederung des Mitarbeiters in das Heimatland leisten 30 % der befragten Unternehmen Zahlungen, um die Wiederanpassung der Kinder zu fördern, wenn dies erforderlich ist. Maßnahmen, die unterstützt werden, sind z.B. Nachhilfe- oder Sprachunterricht.[39]

Weitere *zusätzliche Leistungen:* Neben diesen Kosten, die nahezu in jedem Kompensationspaket für Expatriates enthalten sind, können je nach Personalpolitik für die folgenden Maßnahmen Kosten anfallen und ggf. übernommen werden:[40]

- Kosten für Heimflüge werden in der Regel einmal pro Jahr erstattet. Ausnahmen können durch Spezifika des Einsatzlandes bedingt sein oder durch außergewöhnliche Vorkommnisse verursacht werden (z.B. schwere Erkrankung oder Tod eines Familienangehörigen).
- Kosten für einen Dienstwagen werden in Abhängigkeit von lokalen Gepflogenheiten, der Unternehmenspolitik und der zu besetzenden Position übernommen.
- Kosten für Hausangestellte werden, wenn dies den Gepflogenheiten des Gastlandes entspricht, erstattet.
- Kosten für Sprachkurse, interkulturelle Trainings und andere Vorbereitungsseminare können übernommen werden.
- Kosten für ärztliche Untersuchungen vor der Ausreise und jährliche Vorsorgeuntersuchungen können vom Unternehmen getragen werden.
- Kosten für Steuerberatungen zu Beginn und zum Ende des Auslandseinsatzes werden unter Umständen erstattet.
- Einlagerungskosten für zurückgelassene Möbel können übernommen werden.
- Kosten für die Arbeits- und Aufenthaltserlaubnis werden erstattet.
- Clubbeiträge werden von über 90 % der Unternehmen übernommen, wenn sie sich als notwendig erweisen.

In der Regel wird der Verdienst des Ehepartners, der aufgrund der Auslandsentsendung seine berufliche Tätigkeit aufgeben mußte, nicht ausgeglichen.

Unternehmensspezifische Beispiele: Sowohl Ford als auch General Motors decken entweder voll oder zu einem großen Teil die Kosten für die Wohnung und die Kindererziehung ab. Ihre Politik hinsichtlich des Wohnens im Heimatland unterscheidet sich jedoch. General Motors versucht, die Mitarbeiter zu ermutigen, das Wohneigentum in ihrem Heimatland zu behalten. Das Unternehmen trägt alle Mietverwaltungskosten und entschädigt den Mitarbeiter für bis zu sechs Monatsmieten, wenn das Haus unvermietet bleibt. Sollte der Mitarbeiter entscheiden, sein Haus zu verkaufen, erstattet die Firma ihm die mit dem Verkauf verbundenen Kosten. Ford bietet dagegen seinen Mitarbeitern drei Optionen an: ein ähnliches Programm wie General Motors mit Maximalbeträgen, ein garantiertes Hauskaufangebot und eine Entschädigung für mögliche Leasinggeschäfte. Beide Unternehmen tragen die meisten Umzugskosten des Mitarbeiters sowie mögliche Lagerungskosten für Einrichtungsgegenstände.[41]

5.6 Besteuerung

Steuern machen einen erheblichen Anteil an den Kosten einer Auslandsentsendung aus. Dies illustriert das Beispiel von Schuler und Dowling eindrucksvoll: Eine leitende Führungskraft, die in Belgien 100.000 US$ verdient, kann ein Unternehmen während einer fünf- bis siebenjährigen Periode im Ausland bis zu einer Million US$ an Steuern kosten.[42] Welche Bestimmungen der Steuergesetzgebung für den Mitarbeiter und aus der Sicht des Unternehmens relevant sind, wird im folgenden erläutert. Hierbei stehen die gesetzlichen Rahmenbedingungen in der Bundesrepublik Deutschland im Vordergrund.

5.6.1 Persönliche Besteuerung des Mitarbeiters

Alle Tätigkeiten von Mitarbeitern, die entweder im Inland durchgeführt werden oder im Inland verwertet werden, unterliegen auch der Besteuerung im Inland (§ 49 EStG). Befindet sich jedoch der Wohnsitz des Mitarbeiters im Ausland und entfällt die Verwertung der Ergebnisse im Inland, so fallen im Inland keine Steuern an. Wird der Wohnsitz nicht verlagert, besteht in bestimmten Fällen ebenfalls die Möglichkeit der Steuerbefreiung im Inland.

Grundsätzlich sind bei der persönlichen Besteuerung des entsandten Mitarbeiters zwei Prinzipien zu berücksichtigen: das Wohnsitz- und das Quellenprinzip.[43]

- Beim *Wohnsitzprinzip* oder auch beim Welteinkommensprinzip richtet sich die Besteuerung nach dem Land, in dem die zu Besteuernden ansässig sind.
- Beim *Quellenprinzip* richtet sich die Besteuerung danach, wo das Einkommen erzielt wurde, d.h. nach dem Einsatzland.

Werden beide Prinzipen angewandt, so können bei einer Auslandsentsendung Steuern sowohl im Herkunftsland des Entsandten als auch im Entsendungsland anfallen.[44] Um dies zu vermeiden, hat die Bundesrepublik Deutschland mit über 60 Ländern Doppelbesteuerungsabkommen geschlossen.[45] In der Regel gilt ein solches Abkommen, wenn ein Mitarbeiter sich länger als ein halbes Jahr im Ausland aufhält. Arbeitnehmer, die bis zu 183 Tage im Ausland eingesetzt werden, unterliegen bei der Besteuerung dem Wohnsitzprinzip, sofern Unternehmen und Mitarbeiter in dem selben Staat ansässig sind.[46]

> *"Besteht ein Doppelbesteuerungsabkommen mit dem Einsatzland, so kann das Heimatunternehmen auf den Abzug von Lohn- bzw. Einkommensteuern dann verzichten, wenn eine Steuerbescheinigung des Finanzamtes vorliegt. Diese wird auf Antrag des Arbeitgebers erteilt, wenn der Mitarbeiter seinen Wohnsitz ins Ausland verlegt hat (Abmeldung des 1. Wohnsitzes erforderlich) und seine Tätigkeit im Ausland aufgenommen hat. Außerdem ist der Mitarbeiter nach 183 Tagen Auslandstätigkeit von der Zahlung der Einkommensteuer des Heimatlandes befreit, ohne daß es einer Abmeldung des 1. Wohnsitzes im Heimatland bedarf."*[47]

Das Doppelbesteuerungsabkommen regelt also im Grunde, daß die Einkommensteuer in dem Land abgeführt wird, in dem der Mitarbeiter tätig ist, während das Heimatland auf eine Besteuerung verzichtet. Sollten auch im Heimatland Teile des Gehaltes ausgezahlt werden, so müssen diese selbstverständlich auch im Heimatland versteuert werden. Dies wird in zunehmenden Maße auch von den ausländischen Finanzbehörden kontrolliert. Es ist anzumerken, daß die hier erwähnte Steuerbefreiung sich lediglich auf die Einkommensteuer bezieht. Einkünfte aus Vermietung, Verpachtung und Kapitalvermögen unterliegen unverändert der Besteuerung im Heimatland; hierbei werden ausländische Einkünfte dem inländischen Einkommen fiktiv hinzugerechnet, so daß eine Steuerbegünstigung vermieden wird.[48]

Wie oben bereits erwähnt wurde, kann es zur Doppelbesteuerung kommen, wenn kein Doppelbesteuerungsabkommen vorliegt. Dieser Fall ist ebenfalls im deutschen Einkommensteuergesetz geregelt:

"Wenn der Mitarbeiter im Ausland mit seinem Gehalt im Rahmen einer beschränkten Steuerpflicht zur Besteuerung herangezogen wird, kann er die im Ausland für ausländische Einkünfte gezahlte Steuer auf die in Deutschland bei unbeschränkter Steuerpflicht zu entrichtende Steuer anrechnen lassen ... Die Anrechnung kann allerdings erst im Veranlagungsverfahren erfolgen. Problematisch bei der Anrechnung ist die Wirkung des Höchststeuerlandes und ein Überhang an ausländischen Steuern. Statt der Anrechnung wird daher auch auf Antrag ein Abzug zugelassen."[49]

5.6.2 Unternehmensbesteuerung

Steuerliche Aspekte von Auslandsentsendungen sind nicht nur aus der Sicht des Mitarbeiters relevant. Auch die Besteuerung des Unternehmens hängt von bestimmten Rahmenbedingungen ab:

"Vergütungen an im Ausland eingesetzte Mitarbeiter (laufende Bezüge oder Kostenerstattungen) sind im Inland nur dann 'abzugsfähige Aufwendungen', wenn ihnen 'verwertbare Leistungen' gegenüberstehen. Das wären z.B. die Förderung des Exportes von Produkten des Stammhauses, die Durchführung von Marktuntersuchungen im Interesse der entsendenden Gesellschaft oder die regelmäßige Berichterstattung über Marktentwicklungen im Ausland."[50]

Um gegenüber der Finanzbehörde "verwertbare Leistungen" nachweisen zu können, sollten Zielsetzungen des Auslandseinsatzes schriftlich festgelegt werden.

5.7 Sozialversicherungsleistungen

Nach Aussage eines Verantwortlichen für Internationales Personalmanagement liegen die Probleme internationaler Kompensation weniger in der Bestimmung des Gehaltes als in den Versicherungsleistungen. Insbesondere die Altersversorgung stellt ein komplexes Problem dar, weil sich kulturbedingt die Praktiken in den einzelnen Ländern erheblich voneinander unterscheiden.[51] Die Prüfung, inwieweit der Versicherungsschutz durch Renten-, Arbeitslosen-, Kranken- und Pflegeversicherung in vollem Umfang aufrecht erhalten bleibt, stellt eine der wichtigsten Aufgaben im Vorfeld der Entsendung dar. Multinationale Unternehmen müssen in diesem Kontext eine Reihe von Fragestellungen berücksichtigen:

- Soll der Expatriate im Heimatland oder im Gastland sozialversichert werden?
- Bleibt der Versicherungsschutz des entsandten Mitarbeiters in vollem Umfang erhalten, wenn er im Gastland sozialversichert wird?
- Bleibt der Mitarbeiter in der Sozialversicherung des Heimatlandes, auch wenn das Unternehmen diese nicht steuerlich geltend machen kann?
- In welcher Höhe bekommt der Expatriate Zuschläge für Sozialversicherungsbeiträge im Heimatland oder im Gastland?

In Deutschland gilt für die Anwendung des Sozialversicherungsgesetzbuches grundsätzlich das Territorialprinzip, d.h. der Wohnort ist für die Gewährung der Sozialleistungen maßgebend. Nur in besonderen Fällen kann der Mitarbeiter trotz Auslandstätigkeit weiterhin in seinem Heimatland versichert bleiben.[52] Dies ist der Fall, wenn dem deutschen Sozialversicherungsrecht übergeordnete Regelungen wie EU-Verordnungen oder andere Sozialversicherungsabkommen[53] vorliegen oder wenn Mitarbeiter lediglich zeitlich befristet im Ausland tätig sind, dabei jedoch Mitglied des inländischen Unternehmens bleiben.[54] Ähnliche gesetzliche Regelungen existieren auch in den USA: Amerikaner können trotz Auslandstätigkeit in bestimmten Situationen im einheimischen Sozialversicherungssystem bleiben.

Wenn keine dieser Ausnahmeregelungen angewendet werden kann, wird der Mitarbeiter im Gastland sozialversichert. "Um spätere Versorgungslücken zu vermeiden, ist die gleichzeitige Fortführung der deutschen Pflichtversicherung auf Antrag oder eine freiwillige Weiterversicherung in der deutschen Rentenversicherung ratsam. In der Regel übernimmt dann die Firma - wie bei Inlandsmitarbeitern – 50 % der Beiträge zur Sozialversicherung (Arbeitgeber-Anteile)."[55]

Auch für die betriebliche Altersversorgung ist meist vorgesehen, daß entsandte Mitarbeiter in der Altersversorgung des Stammlandes verbleiben. Insbesondere, wenn sie vorhaben, nach ihrer Pensionierung im Heimatland zu leben, ist es wichtig, längere Unterbrechungen der Beitragszahlung zu vermeiden.[56] 99 % der in der Price Waterhouse-Studie befragten Unternehmen gaben an, daß zeitlich befristet entsandte Mitarbeiter weiterhin Rentenversicherungsbeiträge in ihrem Heimatland entrichten. Dagegen sind 76 % der permanent im Ausland lebenden Expatriates in das Sozialversicherungssystem des Gastlandes integriert.[57]

5.8 Exkurs: Sozialversicherung für TCNs

Das Problem der Altersversorgung ist etwas komplexer bei TCNs, die über viele Jahre hinweg in verschiedenen Ländern eingesetzt werden. Sie haben häufig keine oder nur eine geringe Deckung durch die Sozialversicherung ihres Heimatlandes, da sie sich hier kaum aufgehalten und dementsprechend auch keine Beiträge geleistet haben. In anderen Fällen sind die Währungen der Länder, in denen sie einen Anspruch auf Versicherungsleistungen erworben haben, nicht konvertierbar. Ferner kann das letzte Durch-

Kapitel 6: Internationale Entgeltfindung

schnittsgehalt, das zur Berechnung der Rentenansprüche verwendet wird, aufgrund von Wechselkursschwankungen ungerechtfertigterweise einen zu geringen Betrag aufweisen.

Die Art und Weise, wie die Altersversorgung für TCNs geplant und durchgeführt wurde, kann also einen entscheidenden Unterschied für die Lebensqualität des Mitarbeiters im Alter ausmachen. Bisher entsprachen die Programme der Muttergesellschaft nicht immer den Bedürfnissen der TCNs. Diesbezüglich sind zudem Unterschiede je nach Nationalität des Unternehmens festzustellen:

US-Amerikanische multinationale Unternehmen versorgen ihre TCNs im allgemeinen entweder mit den Programmen des jeweiligen Gastlandes oder mit einem *Umbrella Pension Plan*[58] der Muttergesellschaft. Japanische Firmen ziehen normalerweise die Programme des Gastlandes vor. Recht häufig nutzen sie jedoch auch die Altersversorgung des Heimatlandes oder handeln individuelle Lösungen mit den Expatriates aus. Europäische Organisationen verlassen sich dagegen meistens auf die Programme des Heimatlandes, etwas weniger häufig nutzen sie auch die Altersversorgungssysteme im Gastland, *Umbrella Pension Plans* oder Individuallösungen.[59]

Dies bestätigt auch die Price Waterhouse-Studie: 78 % der Karriereexpatriates, zu denen häufig auch die TCNs gehören, werden im Stammland der multinationalen Unternehmung versichert. Nur für 20 % wurde ein *Umbrella Plan* entworfen. Von Problemen mit der Altersversorgung berichteten lediglich 15 % der befragten Unternehmen.[60]

6. Strategische Überlegungen

Um in einer sich ständig verändernden internationalen Umwelt erfolgreich zu sein, müssen multinationale Unternehmen klare, flexibel angelegte langfristige Kompensationsstrategien entwickeln. Ein solches effektives Managementbelohnungssystem sollte mit der langfristigen Unternehmensstrategie in Einklang stehen und Veränderungen in der Bedeutung der Anreize für den Mitarbeiter antizipieren. Auf der einen Seite macht der multinationale Rahmen aufgrund der vielfältigen Einflußfaktoren die Entwicklung eines solchen Systems noch schwieriger; auf der anderen Seite ermöglicht er auch die Entwicklung kreativer Eigenlösungen.[61]

Die internationale Entgeltpolitik sollte jedoch nicht nur mit der Unternehmenspolitik, sondern auch mit der gesamten Personalpolitik abgestimmt sein. Wenn eine Unternehmung z.B. eine ethnozentrische Stellenbesetzungspolitik verfolgt, sollte das Kompensationspaket im Einklang mit dem System des Stammhauses stehen. Ist die Stellenbesetzungspolitik geozentrisch orientiert (d.h. eine Position ist unabhängig von der Nationalität mit der jeweils besten Person zu besetzen), ist es möglich, daß es kein klares Zuhause für den entsandten Mitarbeiter gibt. In diesem Fall wird die Organisation ein System entwickeln, das standardisierte Elemente der Führungskräfteentlohnung in einer starken Währung wie US-Dollar oder D-Mark vorsieht. Ein solches System ermöglicht es dem multinationalen Unternehmen, den Unterschieden in den Grundgehältern gerecht zu werden. So verdiente z.B. ein Abteilungsleiter einer mittelständischen Unternehmung Ende der 80er Jahre in der Schweiz 60.000 US$. Die gleiche Führungskraft bekam in Deutschland nur 49.000 US$. In den USA wurden bei einer äquivalenten Position jedoch lediglich 45.000 US$ bezahlt. Der Abstand zwischen den in verschiedenen Ländern üblichen Gehältern nimmt zu, wenn US-amerikanische Führungskräfte in der Unternehmenshierarchie aufsteigen. In Top-Positionen verdienten Geschäftsführer in den USA durchschnittlich 727.000 US$, während solche in der Schweiz nur 214.000 US$ und in Deutschland nur 171.000 US$ verdienen.[62]

Im Zusammenhang mit der strategischen Ausrichtung der internationalen Entgeltpolitik ist auf die Modelle internationaler Vergütung hinzuweisen, die zu Beginn des Kapitels vorgestellt wurden. Sie stellen ebenfalls Orientierungspunkte für strategische Ansätze dar. Ferner wird auf die Einbindung der Kompensation in Modelle des Strategischen Internationalen Personalmanagements verwiesen, die in Kapitel 8 diskutiert werden.

7. Kompensationspraktiken in ausgewählten Ländern

Finanzielle Zahlungen bilden in allen Ländern die Grundlage der Kompensation. Häufig schließt das Gehalt jedoch zusätzlich nicht-monetäre Elemente mit ein.

In Frankreich zum Beispiel sind subventionierte Transportdienste[63] und Kantinenessen oder Essengutscheine üblich. Arbeiter auf den Philippinen bekommen ein bestimmtes Maß an Reis, wobei Reis von höherer Qualität den qualifizierten und gebildeten Arbeitnehmern vorbehalten ist. In anderen Ländern werden Mehl, Getreide und Kartoffeln als Zusatzzahlungen angeboten.

Unternehmen, die Konsumartikel herstellen, können ihren Arbeitnehmern die Wahl zwischen monetärer Entlohnung und der Zahlung einer entsprechenden Summe in Produkten des Unternehmens zu einem reduzierten Preis anbieten. Die Mitarbeiter können dann diese Produkte mit Gewinn wieder verkaufen und so ihr tatsächliches Einkommen verbessern. Nicht-monetäre Entlohnung oder Sachleistungen werden in der Regel angeboten, weil sie steuereffektiv sind.

Zusätzlich zu diesen von Land zu Land unterschiedlichen Entgeltbestandteilen muß sich eine multinationale Unternehmung mit Gehaltsstrukturen auseinandersetzen, die sich von West nach Ost deutlich unterscheiden. In europäischen und nordamerikanischen multinationalen Unternehmen basiert die Kompensation normalerweise auf den Anforderungen der Stelle sowie auf der Leistung der einzelnen Mitarbeiter oder Gruppen von Mitarbeitern.[64] In Hongkong und in Singapur beeinflußt die individuelle Leistungsfähigkeit die Kompensation sehr viel stärker als in den eben genannten Regionen. Japanische Unternehmen neigen dazu, ihre Mitarbeiter entsprechend ihres Alters und ihrer Seniorität zu bezahlen. Ferner spielen in Japan die Gruppen- oder Unternehmensleistungen eine sehr viel größere Rolle als die individuelle Leistung. Lateinamerikanische Firmen zahlen häufig älteren, teilweise auch unproduktiven Arbeitnehmern genauso viel wie ihren jungen Kollegen, denn bei einer Kündigung würden extrem hohe Abfindungen anfallen.

Vergegenwärtigt man sich diese Beispiele, so wird deutlich, daß eine Unternehmung die Traditionen und Bräuche eines Landes nicht ignorieren kann. Trotz aller Globalisierungstendenzen ist die Kenntnis der lokalen Gesetze und Praktiken in jedem Land unerläßlich für die Gestaltung einer internationalen Entgeltpolitik. Nur unter Berücksichtigung dieser Einflußfaktoren kann ein Unternehmen das Verhalten der Mitarbeiter so steuern, daß Wettbewerbsvorteile auf internationaler Ebene erreicht werden.

8. Zusammenfassung

In diesem Kapitel wurde die Problematik der Entgeltfindung in multinationalen Unternehmen dargestellt. Es wurde gezeigt, daß monetäre Anreize nur eine Möglichkeit der Verhaltenssteuerung darstellen und daß ihre Integration in ein System mit immateriellen Anreizen wie Karrieremöglichkeiten erforderlich ist. Für diesen Bereich gibt es in der Literatur bisher nur wenige Lösungsansätze, welche in der Regel in den Konzepten zum Strategischen Internationalen Personalmanagement angesiedelt sind.

Die große Herausforderung der internationalen Entgeltpolitik besteht in der angemessenen Berücksichtigung der verschiedenen lokalen Rahmenbedingungen. Lebenshaltungskosten, Wechselkurse, inflationäre Tendenzen, Steuergesetze und Sozialversicherungssysteme müssen insbesondere bei grenzüberschreitenden Tätigkeiten berücksichtigt werden, um sicher zu stellen, daß ein Mitarbeiter bei einer Auslandsentsendungen keine finanziellen Nachteile erleidet. Im Gegenteil: Das Kompensationspaket sollte durch Zulagen so gestaltet sein, daß eine Auslandsentsendung für qualifizierte Mitarbeiter attraktiv ist.

Dies gilt auch, wenn der Auslandseinsatz in ein Personalentwicklungssystem eingebettet und mit Aufstiegschancen verbunden ist. Von den Personalverantwortlichen erfordert dies ein erhebliches länderspezifisches Know-how. Insbesondere kleinere Unternehmen nehmen daher auch Beratungsleistungen von internationalen Unternehmensberatungen in Anspruch, da sich für sie die Entwicklung dieses speziellen Know-hows nicht lohnt.

Für das multinationale Unternehmen ist es von entscheidender Bedeutung, daß die internationale Entgeltpolitik mit den weiteren personalwirtschaftlichen Maßnahmen, insbesondere mit dem Expatriate Management, abgestimmt ist. Nur so kann das Erreichen globaler Unternehmensziele von Seiten des Personalmanagements unterstützt werden.

9. Diskussionsfragen zu Kapitel 6

(1) Welches sollten die Hauptziele einer internationalen Entgeltpolitik sein?

(2) Diskutieren Sie die Vor- und Nachteile der verschiedenen Vergütungsmodelle.

(3) Erläutern Sie die Nettovergleichsrechnung.

(4) Gibt es Unterschiede in der Entgeltpolitik zwischen PCNs und TCNs?

(5) Wie werden ausländische Einkünfte entsandter Mitarbeiter besteuert?

(6) Warum ist es für multinationale Unternehmen wichtig, die Entgeltpraktiken in anderen Ländern zu kennen?

10. Fallbeispiel

Weidmüller Management International

Die Weidmüller-Gruppe ist ein international tätiger Hersteller von industriellen Leitungs- und Steckverbindern sowie entsprechenden Werkzeugen. In diesem Rahmen bietet das Unternehmen Produkte von einfachen Verbindern bis hin zu intelligenten Komponenten ebenso wie z. B. kundenspezifisch ausgestatteten Gehäusen an. Die Weidmüller-Gruppe ist seit 1959 international tätig und nunmehr in über 30 Ländern auf allen Kontinenten der Erde vertreten.

In den Auslandsniederlassungen werden vorwiegend HCNs als Geschäftsführer beschäftigt. Diese erhalten ein Grundgehalt, das sich am Gehaltsniveau des entsprechenden Landes, gemessen an internationalen Vergleichsstudien orientiert. Das fix ausbezahlte Grundgehalt wird in regelmäßigen Abständen an die veränderte Inflationsrate des jeweiligen Landes angepaßt. Ein weiterer Gehaltsbestandteil ist die variabel gezahlte, leistungsorientierte Zulage. Die Grundlage hierfür bilden zwischen den Geschäftsführungen der Auslandsniederlassungen und des Stammhauses abgestimmte Zielvereinbarungen. Bei der Bestimmung der Ziele steht zunächst die strategische Ausrichtung des Gruppenunternehmens im Vordergrund. Einen weiteren Einflußfaktor stellen die lokalen Gegebenheiten dar. Die Verbindung von Zielerreichung und gezahlter Zulage ist dabei so gewählt, daß es für die Geschäftsführung der Auslandsniederlassung wenig attraktiv ist, die eigene Leistung zu hoch oder zu niedrig anzusetzen, realistische Zielplanung dagegen wird belohnt. Der variable Anteil entspricht bei Zielerreichung ca. 30 % des vereinbarten Zielgehaltes. Abgaben, wie Steuer- und Sozialversicherungsleistungen, orientieren sich an den nationalen Gegebenheiten. Die Vergleichbarkeit der einzelnen Gehälter der Geschäftsführer der Tochtergesellschaften wird durch Gegenüberstellung der Zielgehälter gewährleistet.

Fragen zum Fallbeispiel

(1) Können Sie dieses Fallbeispiel eindeutig einem der Vergütungsmodelle zuordnen?

(2) Wie kann die Vergleichbarkeit der Zielgehälter gewährleistet werden?

11. Weiterführende Literatur

Ackermann, K.-F., Pohl, G.: Internationale Entlohnung, in: Macharzina, K. Welge, M. (Hrsg.): Handwörterbuch Export und internationale Unternehmung, Stuttgart 1989, Sp. 379-391.

Kumar, B. D.: Kulturabhängigkeit von Anreizsystemen, in: Schanz, G. (Hrsg.): Handbuch Anreizsysteme in Wirtschaft und Verwaltung, Stuttgart 1991, S. 129-147.

Macharzina, K.: Entgeltfindung bei der Auslandsentsendung, in: Weber, W. (Hrsg.): Entgeltsysteme - Lohn, Mitarbeiterbeteiligung und Zusatzleistungen, Stuttgart 1993, S. 391-409.

Macharzina, K., Wolf, J. (Hrsg.): Handbuch Internationales Führungskräfte-Management, Stuttgart 1996.

Sadowski, D., Weber-Fahr, M.: Multinationale Unternehmen und die Spreizung von Lohndifferentialen, in: Weber, W. (Hrsg.): Entgeltsysteme - Lohn, Mitarbeiterbeteiligung und Zusatzleistungen, Stuttgart 1993, S. 426-445.

Scherm, E.: Internationales Personalmanagement, 2. unwesentlich veränderte Aufl., München/Wien 1999.

---

[1] Vgl. zu immateriellen Anreizen auch Kapitel 5.

[2] Vgl. zu den Grundlagen der Entgeltfindung Hentze, 1991, S. 63 ff.; Ackermann, 1992.

[3] Vgl. hierzu auch die Ausführungen zum Modell der Entsendungsbereitschaft in Kapitel 4. Es wird in der Literatur immer häufiger betont, daß Mitarbeiter nicht allein über monetäre Anreize für eine Auslandsentsendung motiviert werden können, sondern daß neben der Entgeltpolitik auch die immateriellen Anreize nicht vernachlässigt werden dürfen (vgl. z.B. Scherm, 1995, S. 278 ff.).

[4] Hier handelt es sich in der Regel um hoch bezahlte Mitarbeiter, die auch gerne von der Konkurrenz abgeworben werden (vgl. Towers, Perrin, Forster & Crosby, 1987).

[5] Als Beispiel kann hier das Programm "Resource" von Price Waterhouse genannt werden.

[6] Vgl. zu diesen Ausführungen auch Uvalic, 1990.

[7] Vgl. Zetzsche, 1991.

[8] Diese Zahl enthält diejenigen Unternehmen, die diese Fragen beantwortet haben. Es kann also durchaus zu unterschiedlichen Angaben in den einzelnen Kapiteln kommen, da die einzelnen Fragen jeweils unterschiedlich häufig beantwortet wurden.

[9] Vgl. für eine ausführliche Diskussion des Einsatzes und der Bedeutung von Erfolgs- und Kapitalbeteiligungsmodellen in Europa auf der Basis der Daten der Cranfield-Studie Festing/Groening/Kabst/Weber, 1999.

[10] Vgl. Wagner/Grawert/ Langemeyer, 1993.

[11] Vgl. Reynolds, 1989.

[12] Vgl. u. a. Scherm, 1995.

[13] Vgl. u. a. Mayrhofer, 1996, S. 353-372; Wirth, 1996, S. 373-398, Scherm, 1995; DGfP, 1995.

[14] Vgl. hierzu auch die Modelle zum Strategischen Internationalen Personalmanagement in Kapitel 8. Wirth lehnt sich in seinen Ausführungen an das Konzept von Adler/Ghadar (1991) an und unterscheidet dementsprechend vier Grundmodelle: das heimatlandorientierte, das gastlandorientierte, das zentrale-orientierte und das hybride Vergütungsmodell (vgl. Wirth, 1996, S. 376 ff.).

[15] Mayrhofer, 1996, S. 357.

[16] Einen Überblick über Aspekte der Anreizgestaltung für Expatriates gibt Brooks, 1985, S. 46-53.

[17] Mayrhofer, 1996, S. 358.

[18] Mayrhofer, 1996, S. 358.

[19] Vgl. für einen praxisnahen Überblick über die Vergütung und die Gestaltung von Nebenleistungen bei Auslandsebschäftigung Joha, 1999.

[20] Vgl. hierzu Oechsler, 1996, S. 405 ff.
[21] Vgl. hierzu auch die Ausführungen bei Mayrhofer, 1996, S. 360 ff.
[22] Auf diese Aspekte kann im Rahmen dieses Kapitels nicht eingegangen werden.
[23] Vgl. Wirth, 1996, S. 380.
[24] Andere in der Praxis angewandte Möglichkeiten der Gehaltsfindung für Expatriates sind eine "reine" Orientierung am Vergütungssystem des Heimat- oder Gastlandes, der Marktwert des Mitarbeiters oder Mischformen. Angaben über ihre Verbreitung bei Entsendungen in verschiedene Regionen sind bei Price Waterhouse, 1997, S. 47 f., zu finden.
[25] Vgl. DGfP, 1995, S. 79.
[26] Vgl. zum Balance Sheet Approach auch Reynolds, 1986.
[27] Vgl. Macharzina, 1993a, S. 405.
[28] Vgl. DGfP, 1995, S. 79 ff. Ein Umrechnung in die Währung des Gastlands wird in dem folgenden Beispiel nicht vorgenommen.
[29] Vgl. Price Waterhouse, 1997, S. 49; DGfP, 1995, S. 84.
[30] Vgl. Price Waterhouse, 1997, S. 45.
[31] Vgl. Wirth, 1996, S. 387.
[32] Vgl. Price Waterhouse, 1997, S. 51.
[33] Vgl. Mayrhofer, 1996, S. 363 f.: Kammel/Teichelmann, 1994, S. 92 ff.; DGfP, 1995, S. 78; Adressen finden sich bei DGfP, 1995, S. 185 f.
[34] Vgl. Mayrhofer, 1996, S. 364.
[35] Vgl. DGfP, 1995, S. 76; mit 15 % vergleichsweise hohe Mobilitätsprämien werden in Moskau, Peking, Bangkok, Jakarta oder Sao Paulo gezahlt (vgl. Price Waterhouse, 1997, S. 51).
[36] Zulagen müssen nicht immer an das Nettogehalt gebunden sein. Sie können auch als Pauschalbetrag ausgezahlt werden. Im Zusammenhang mit dem Balance Sheet Approach wird jedoch die Beziehung zum Nettogehalt favorisiert.
[37] Die Einschätzung der Höhe der Hardshipprämien erfolgte im Rahmen eines Erfahrungsaustausches der Mitgliedsunternehmen der Deutschen Gesellschaft für Personalführung. Informationen über Erschwerniszulagen werden auch von Beratungsfirmen zur Verfügung gestellt.
[38] Vgl. Wirth, 1996, S. 391.
[39] Vgl. Price Waterhouse, 1997, S. 55 f.
[40] Vgl. hierzu auch Wirth, 1996, S. 393.
[41] Diese Information basiert auf Projekten von MBA-Studenten an der University of Michigan.
[42] Schuler/Dowling,1988.
[43] Vgl. hierzu auch Macharzina, 1993a, S. 404 f. Wirth bezeichnet das Quellenprinzip auch als Arbeitsortprinzip und das Wohnsitzprinzip als Welteinkommensprinzip (vgl. Wirth, 1996, S. 388).
[44] Vgl. zu diesen Zusammenhängen auch Reuter, 1993.

45 Vgl. zu einer Übersicht von Ländern, mit denen die Bundesrepublik Deutschland ein Doppelbesteuerungsabkommen geschlossen hat, DGfP, 1995, S. 121 ff.

46 Vgl. u. a. Wingert, 1993. Bei Nichtanwendung eines Doppelbesteuerungsabkommens kann die Festsetzung der Steuerpflicht ggf. durch einen Auslandstätigkeitserlaß geregelt sein. Damit verzichtet das Heimatland (z.B. Deutschland) durch Erlaß auf Besteuerung von einheimischen Arbeitnehmern, die im Ausland Einkünfte erzielen. Diese Bestimmung findet insbesondere Anwendung bei Montagearbeitern, die auf ausländischen Baustellen tätig sind (vgl. DGfP, 1995, S. 169). Vgl. zum Auslandstätigkeitserlaß ferner Wacker, 1996, S. 428; Böcher, 1991.

47 DGfP, 1995, S. 168 f.

48 Vgl. Wirth, 1996, S. 388.

49 Wacker, 1996, S. 428.

50 DGfP, 1995, S. 167.

51 Vgl. Schuler/Dowling, 1988.

52 In diesen Fällen muß der Arbeitgeber die Befreiung des Mitarbeiters von der Sozialversicherungspflicht beim Sozialversicherungsträger beantragen. Sozialversicherungsträger sind in der Bundesrepublik Deutschland der Bundesverband der Ortskrankenkassen oder in manchen Bundesländern das Bundesministerium für Arbeit und Sozialordnung (vgl. Wirth, 1996, S. 393 f.).

53 Solche Abkommen bestehen z.B. zwischen den USA, Belgien, Kanada, Italien, Norwegen, der Schweiz, Großbritannien und Deutschland. Eine vollständige Liste von Ländern, mit denen die Bundesrepublik Deutschland Sozialversicherungsabkommen unterhält ist in DGfP, 1995, S. 152 ff. zu finden. Jede Vereinbarung definiert, welche Sozialversicherung in bestimmten Beschäftigungssituationen zuständig ist.

54 Vgl. Ebetshuber, 1987, S. 482; Macharzina, 1993, S. 40; Wirth, 1996, S. 393.

55 Wirth, 1996, S. 394.

56 Vgl. Macharzina, 1993, S. 406; Wirth, 1996, S. 395.

57 Vgl. Price Waterhouse, 1997, S. 62.

58 Bei einem Umbrella Pension Plan handelt es sich um eine ergänzende Altersversorgung, in der Regel für TCNs. Diese wird von multinationalen Unternehmen angeboten, um Deckungslücken, die durch das jeweilige staatliche Sozialversicherungssystem eines Gastlandes oder durch häufige Wechsel der Einsatzländer eines Expatriates verursacht werden.

59 Vgl. Towers/Perrin/Forster/Crosby, 1987.

60 Vgl. Price Waterhouse, 1997, S. 62 f.

61 Vgl. Pucik, 1985.

62 Vgl. o.V., 1987, S. 5; zu aktuellen Gehaltsvergleichen siehe Kapitel 7.

63 Dies sind in der Regel Mittel des öffentlichen Personennahverkehrs.

64 Die zu Beginn des Kapitels identifizierten Bestimmungsfaktoren des Gehaltes von Expatriates (vgl. Abb. 6.2) reflektieren diese westliche Orientierung.

KAPITEL 7

Internationale Arbeitsbeziehungen

1. Einführung

Der Internationalisierung der Unternehmungen folgt die Internationalisierung der Arbeitsbeziehungen.[1] Ein für das Personalmanagement wichtiger Umweltbereich wird durch die Arbeitsbeziehungen und die damit verbundenen rechtlichen und politischen Normen, die sozialen Bindungen und Beziehungen sowie kulturell bedingte Wertvorstellungen repräsentiert.[2] Das Handeln im Internationalen Personalmanagement muß auf die unterschiedlichen Rahmenbedingungen der jeweiligen Systeme der Arbeitsbeziehungen bezogen sein. Dieser Ausschnitt der Rahmenbedingungen ist Gegenstand dieses Kapitels.

Als Arbeitsbeziehungen werden die sozialen, wirtschaftlichen und politischen Beziehungen zwischen den Tarifparteien und innerhalb der Tarifparteien, insbesondere zwischen Unternehmensleitung und Belegschaft, charakterisiert. Während sie vor allem im angelsächsischen Bereich einen zentralen Gegenstand der Forschung und der praktischen Personalarbeit im Betrieb darstellen, haben sie im deutschsprachigen Raum bisher weniger Beachtung in Forschung und Praxis gefunden. Als eine mögliche Ursache hierfür werden die einheitliche Sichtweise der geltenden Rahmenbedingungen und die starke konfliktregulierende Verrechtlichung in Deutschland gesehen.[3]

Aus der Tatsache, daß dies nicht in allen Ländern gleichermaßen der Fall ist,[4] resultiert für international tätige Unternehmen und insbesondere für deren Personalverantwortliche die Notwendigkeit, Lösungen für den Umgang mit den länderspezifischen Unterschieden in den Arbeitsbeziehungen zu finden.[5] Dies setzt voraus, daß Personalverantwortliche zunächst einmal erkennen, daß im Vergleich der Systeme von Arbeitsbeziehungen und den entsprechenden Verhaltensweisen über nationale Grenzen hinweg erhebliche Unterschiede bestehen.[6] Die folgenden Ausführungen illustrieren dies.

Zum Beispiel können Begriffe der Arbeitsbeziehungen in unterschiedlichen Kontexten unterschiedliche Bedeutungen haben.[7] So werden in den USA unter Kollektivverhandlungen (*collective bargaining*) Verhandlungen zwischen lokalen Gewerkschaften und dem Management einer Unternehmung verstanden, während sich der Ausdruck Kollektivverhandlung in Schweden und meist auch in Deutschland auf Verhandlungen zwischen Arbeitgeberorganisationen und Gewerkschaften auf der Ebene eines Industriezweiges bezieht. In Deutschland wird von Tarifverhandlungen, in Österreich von Kollektivvertragsverhandlungen gesprochen. Unterschiede zwischen verschiedenen Ländern werden ebenfalls deutlich, wenn die Ziele von Kollektivverhandlungsprozessen und die Durchsetzbarkeit der kollektiven Vereinbarungen betrachtet werden. Viele europäische Gewerkschaften (z.B. französische Gewerkschaften) sehen die Tarifverhandlungen als eine Art des Klassenkampfes an, in den USA und auch in Deutschland werden solche Tarifverhandlungen jedoch hauptsächlich als Verhandlungen unter ökonomischen Aspekten gesehen.

Die Unterschiede zwischen den US-amerikanischen und den europäischen Gewerkschaften sind beträchtlich.[8] Ein wesentlicher Unterschied ergibt sich aus dem Faktum, daß die sozialistische Bewegung in den USA nicht Fuß gefaßt hat.[9] Es stellt sich die Frage, wie diese Unterschiede zustande kommen. Allgemein anerkannt ist, daß kein System der Arbeitsbeziehungen ohne den historischen Ursprung verstanden werden kann, denn die gegenwärtigen Systeme sind in ihrem jeweiligen Umfeld historisch gewachsen.[10] Schregle hat folgendes beobachtet:

> *"Eine vergleichende Studie .. zeigt, daß das Phänomen der Arbeitsbeziehungen ein sehr zuverlässiger Ausdruck der jeweiligen Gesellschaft, ihrer charakteristischen Merkmale und der Machtbeziehungen zwischen verschiedenen Interessengruppen darstellt. Arbeitsbeziehungen können nicht verstanden werden, ohne nachzuvollziehen, wie in der jeweiligen Gesellschaft Regeln festgelegt und implementiert und wie Entscheidungen getroffen werden."*[11]

Diese Überlegungen zeigen, daß genauso wie die anderen Bereiche des Internationalen Personalmanagements auch der Bereich der internationalen Arbeitsbeziehungen durch eine erhöhte Komplexität im Vergleich zu denen auf nationaler Ebene gekennzeichnet ist. Um dieser Komplexität beggnen zu können, sind Personalverantwortliche in international tätigen Unternehmen gefordert, sich mit neuen Aufgaben auseinanderzusetzen. Diese bestehen im wesentlichen darin,

- Unterschiede in den Systemen der Arbeitsbeziehungen im internationalen Vergleich zu erkennen und
- aufbauend auf dieser Erkenntnis Lösungen für den Umgang mit der Diversität der Arbeitsbeziehungen auf nationaler und internationaler Ebene zu finden und zu implementieren.

Diese beiden Aspekte stehen im Mittelpunkt dieses Kapitels. Zunächst wird als Hilfestellung zur Analyse unterschiedlicher Systeme der Arbeitsbeziehungen ein möglicher konzeptioneller Bezugsrahmen vorgestellt. Anhand der Konzeptionalisierung des *Industrial Relations System* von Dunlop[12] werden wesentliche Vergleichskriterien herausgearbeitet. Anschließend wird auf die Komplexität der einzelnen Elemente im internationalen Kontext eingegangen, bevor Ansatzpunkte zum Management internationaler Arbeitsbeziehungen - vorwiegend aus der Perspektive des Unternehmens - aufgezeigt werden.

2. Systeme der Arbeitsbeziehungen

Systeme der Arbeitsbeziehungen können auf unterschiedliche Weise gekennzeichnet werden.[13] Um die Veränderungen deutlich zu machen, die sich bei der Entwicklung eines Unternehmens von nationaler bis zu intensiver internationaler Geschäftstätigkeit ergeben, wird ein System der Arbeitsbeziehungen beschrieben, das sich im ersten Schritt nur auf die nationale Ebene bezieht.

2.1 Elemente des Systems der Arbeitsbeziehungen

In Anlehnung an Dunlop[14] werden folgende Elemente, die in einem System der Arbeitsbeziehungen eine Rolle spielen, unterschieden:[15]

(1) *Akteure*: Hierunter werden Arbeitgeber bzw. Arbeitgeberverbände, Gewerkschaften und staatliche Stellen verstanden.

(2) *Regeln*: Sie beeinflussen und steuern das Handeln und die Gestaltung der Beziehungen der Akteure.

(3) *Rahmenbedingungen:* Damit ist insbesondere der Stand der Technologie, die Wirtschaftslage sowie die Machtverteilung in einem Land gemeint.

(4) *Wertesystem:* Dieser Punkt umfaßt die dominierende ideologische Orientierung eines Landes.

Die Systembeziehungen werden in der folgenden Graphik[16] veranschaulicht.

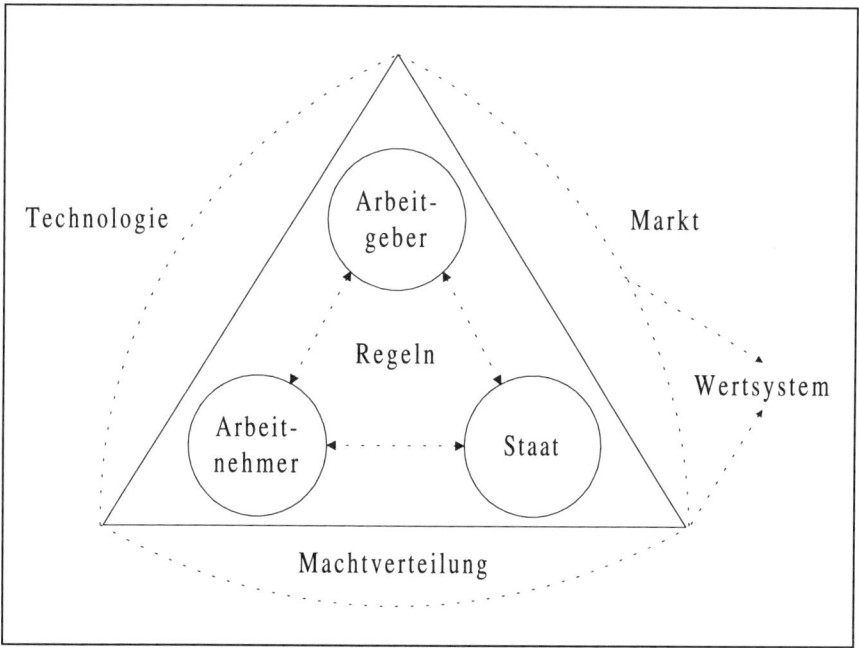

Abb. 7.1:   Nationales System der Arbeitsbeziehungen (Bomers, 1976).

Es wird davon ausgegangen, daß sich das System der Arbeitsbeziehungen auf nationaler Ebene aufgrund der historisch gewachsenen Strukturen in einem relativ stabilen Zustand befindet, der von allen Akteuren in mehr oder weniger großem Ausmaß akzeptiert wird. Dieser stabile Zustand kann jedoch gefährdet werden, sobald einer der Akteure in der Lage ist, seine Position unabhängig von den anderen Akteuren zu verändern. Dies ist der Fall, wenn Unternehmen internationale Aktivitäten aufnehmen, denn sie entziehen damit einen Teil ihrer Operationen dem Einflußbereich der

Arbeitnehmer und dem Geltungsbereich staatlicher Regelungen. Sollten der Internationalisierung der Unternehmen keine Maßnahmen auf der Seite der anderen Akteure folgen, so gerät das System der Arbeitsbeziehungen in ein Ungleichgewicht. Es entsteht eine *transnational power base* der internationalen Unternehmen.[17] Um diese Entwicklungen zu verdeutlichen werden in den folgenden Abschnitten die Möglichkeiten und Grenzen der Internationalisierung der Akteure sowie die damit verbundenen Konsequenzen diskutiert.

2.2 Internationalisierung des Akteurs Arbeitgeber

Mit Blick auf das in Anlehnung an Dunlop dargestellte System der Arbeitsbeziehungen muß festgestellt werden, daß die Internationalisierung von Unternehmen zu einer Veränderung in den historisch gewachsenen Strukturen führt.[18] Durch den Aufbau von Tochtergesellschaften in vielen verschiedenen Ländern der Welt gewinnt der Akteur Arbeitgeber finanzielle und organisatorische Vorteile sowie einen Informationsvorsprung gegenüber den weiterhin vorwiegend auf nationaler Ebene in teilweise sehr unterschiedlicher Art und Weise agierenden Akteuren Arbeitnehmer bzw. Arbeitnehmervertretung und Staat.

Beispielsweise könnte die multinationale Unternehmung mit Produktionsverlagerungen ins Ausland drohen, da alternative Produktionsstätten in den verschiedenen Tochtergesellschaften bestehen. Das Management der Tochtergesellschaft könnte die Verantwortung für einzelne unsoziale Entscheidungen im Gastland auf anonyme Entscheidungsträger in der Unternehmenszentrale abschieben, oder die wahre Ertragslage des Unternehmens verschleiern.[19] Aus diesen Beispielen stellt Staehle unter Bezugnahme auf Abbildung 7.2 fest:

> *"Da das lokale Top-Management der Tochter (Mgt Sub) in allen wesentlichen Entscheidungen vom Top-Management der Mutter (Mgt Mu) abhängig ist, entsteht faktisch ein vierter Akteur im System der internationalen Arbeitsbeziehungen ..., die Zentrale der internationalen Unternehmung. Das in den meisten Ländern schon bestehende Machtungleichgewicht zwischen den Großunternehmen einerseits und dem Staat andererseits wird durch die Internationalisierung noch verstärkt."*[20]

Diese veränderte Situation illustriert Abbildung 7.2, die die Weiterentwicklung des auf Dunlop zurückgehenden Systems der Arbeitsbeziehungen für die internationale Ebene durch Bomers[21] darstellt.

Die oben geäußerte Vermutung einer Gefährdung des relativ stabilen Zustands wird durch die Ausführungen Bomers bestätigt. Um diesen Ungleichgewichtszustand zugunsten international tätiger Unternehmen zu verhindern bzw. zu vermindern, entstanden stellvertretend für die beiden anderen Akteure auf nationaler Ebene die internationale Gewerkschaftsbewegung sowie internationale Organisationen, die sich mit der Problematik der Regulierung des Systems der Arbeitsbeziehungen auf internationaler Ebene befassen.

Kapitel 7: Internationale Arbeitsbeziehungen *255*

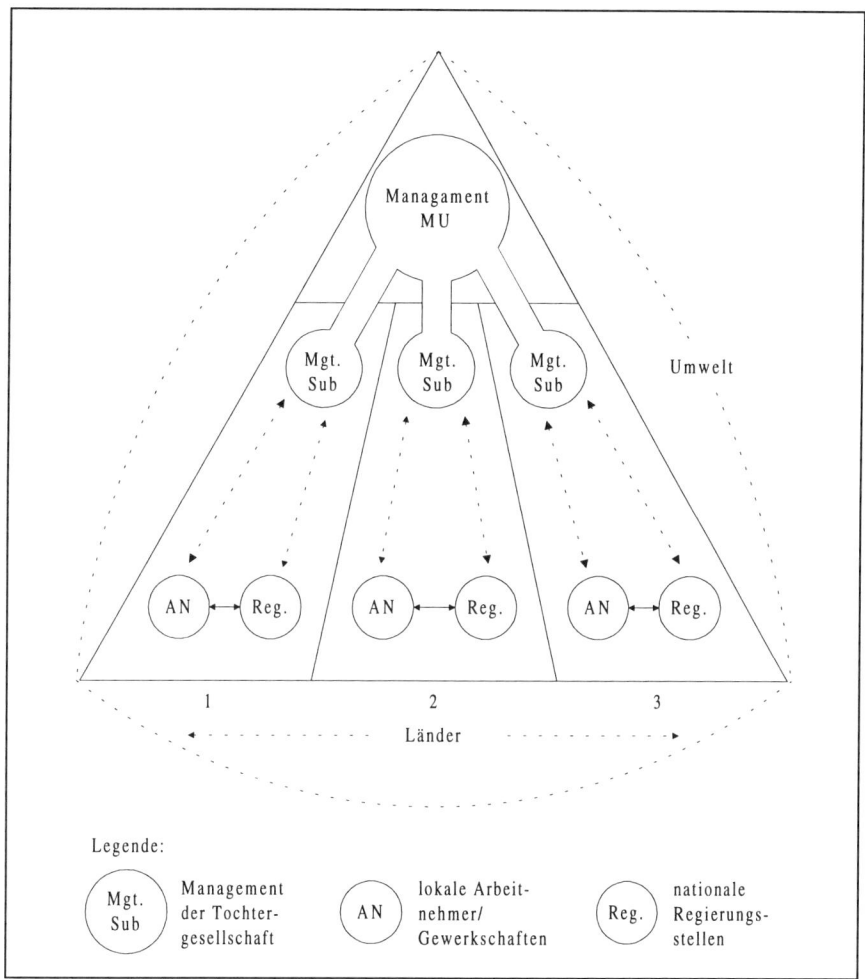

Abb. 7.2: Die Stellung der multinationalen Unternehmen im System der Arbeitsbeziehungen auf internationaler Ebene (Bomers, 1976).

2.3 Internationalisierung des Akteurs Arbeitnehmer

Die Internationalisierung des Akteurs Arbeitnehmer wird durch länderspezifische Unterschiede zwischen den nationalen Gewerkschaften und durch daraus resultierende konfliktäre Interessen erschwert. Trotzdem lassen sich Reaktionsmöglichkeiten der Gewerkschaften auf die Internationalisierung von Unternehmen zurückführen.

2.3.1 Länderspezifische Unterschiede zwischen den Gewerkschaften

Die Arbeitnehmer bzw. deren Vertreter in den einzelnen Ländern gehen von sehr unterschiedlichen, historisch gewachsenen Ausgangsvoraussetzungen aus. Poole[22] hat im wesentlichen fünf Faktoren identifiziert, die den historischen Unterschieden zwischen Gewerkschaften zugrunde liegen können:

- die Art der verwendeten Technologie und der industriellen Organisation in kritischen Stadien der Gewerkschaftsentwicklung,
- die Art der gesetzlichen Vorschriften für Gewerkschaften,
- das Ausmaß der ideologischen Teilung innerhalb der Gewerkschaftsbewegung,
- der Einfluß religiöser Organisationen auf die Entwicklung von Gewerkschaften,
- Managementstrategien für Arbeitsbeziehungen in großen Unternehmen.

Die Ergebnisse der historischen Unterschiede spiegeln sich in den Strukturen der Gewerkschaften in verschiedenen Ländern wider. Grundsätzlich unterschieden wird u.a. zwischen:[23]

- *Einheitsgewerkschaften*, die von politischen Parteien unabhängige Zusammenschlüsse darstellen und die Arbeiter, Angestellte und Beamte gleichermaßen ansprechen,
- *Industriegewerkschaften*, die alle Ebenen von Mitarbeitern in einem Industriezweig repräsentieren ("Ein Betrieb - eine Gewerkschaft"),
- *Handwerksgewerkschaften*, die sich aus qualifizierten Berufsgruppen in mehreren Industriezweigen zusammensetzen,
- *Konglomeraten Gewerkschaften*, die für fast alle Berufstätigen eines Landes offen sind,
- *Richtungsgewerkschaften*, deren Mitglieder eine ähnliche ideologische Grundhaltung teilen und
- *Berufsständische Gewerkschaften*, die einen Zusammenschluß einer bestimmten Berufsgruppe darstellen.

Die Diversität in den Gewerkschaftsstrukturen besitzt einen wesentlichen Einfluß auf den Prozeß der Kollektivverhandlungen in verschiedenen Ländern. Je weniger Kenntnisse darüber bestehen, wie es zur Entwicklung von unterschiedlichen Strukturen kam, um so weniger wird man sie verstehen.[24] Wie Prahalad und Doz[25] feststellten, hat der Mangel an Vertrautheit von Managern eines multinationalen Unternehmens mit den lokalen politischen und gewerkschaftlichen Bedingungen manchmal unnötigerweise Konflikte verstärkt.[26]

Neben den länderspezifischen Unterschieden in der Gewerkschaftsstruktur sind Gewerkschaften häufig auch durch konfliktäre nationale Interessen gekennzeichnet, wenn sie mit multinationalen Unternehmen verhandeln. In Zeiten ökonomischer Rezessionen können diese Konflikte zu einer unüberwindlichen Barriere für die Gewerkschaftsvertreter werden. Blake[27] illustriert eine solche Situation anhand eines Beispiels. In den frühen siebziger Jahren verkündete die Ford Motor Company, daß das Klima in den Arbeitsbeziehungen in Großbritannien keinen Anreiz für weitere Investitionen in diesem Land biete. Als Reaktion auf diese Situation drängte eine Gruppe von holländischen Geschäftsleuten darauf, die Niederlande für zukünftige Investitionen in Betracht zu ziehen. Trotz der starken Kritik an Ford von Seiten der britischen Gewerkschaften zeigte die niederländische Gewerkschaftsführung keinen Widerstand gegenüber diesen Vorschlägen, die beinhalteten, daß die Investitionsfonds in ihr Land übertragen wurden.

Abbildung 7.3 vermittelt einen Eindruck von der beträchtlichen Diversität in der Gewerkschaftsstruktur zwischen ausgewählten Ländern.

Land	Gewerkschaftsstrukturen
Australien	Einheits-, Handwerks-, Industrie-, Angestelltengewerkschaften
Belgien	Industrie-, Richtungsgewerkschaften, Berufsständische Gewerkschaften, Gewerkschaften für den öffentlichen Dienst
Dänemark	Einheits-, Handwerks-, Angestelltengewerkschaften
Deutschland	Industrie-, Angestelltengewerkschaften[28]
Finnland	Industrie-, Angestelltengewerkschaften, Berufsständische Gewerkschaften, technische Gewerkschaften
Großbritannien	Einheits-, Handwerks-, Industrie-, Angestelltengewerkschaften, Gewerkschaften für den öffentlichen Dienst
Japan	Gewerkschaften innerhalb der Unternehmen
Kanada	Industrie-, Handwerksgewerkschaften, konglomerate Gewerkschaften
Niederlande	Richtungs-, Angestelltengewerkschaften, konglomerate Gewerkschaften
Norwegen	Industrie-, Handwerksgewerkschaften
Schweden	Industrie-, Handwerks-, Angestelltengewerkschaften, Berufsständische Gewerkschaften
Schweiz	Industrie-, Handwerks-, Richtungs-, Angestelltengewerkschaften
USA	Industrie-, Handwerks-, Angestelltengewerkschaften, konglomerate Gewerkschaften

Abb. 7.3: Struktur der Gewerkschaften in führenden westlichen Industrienationen (Poole, 1986, S. 79).

2.3.2 Reaktionsmöglichkeiten der Gewerkschaften auf die Internationalisierung von Unternehmen

Wie in Abbildung 7.2 illustriert wurde, wird durch die Internationalisierung der Unternehmen das jeweilige stabile Gleichgewicht im nationalen System der Arbeitsbeziehungen beeinflußt. Wegen der beträchtlichen Macht und dem Einfluß großer multinationaler Unternehmen haben Gewerkschaftsführer daher seit langem die Verbreitung solcher Organisationsformen als eine Bedrohung für die Verhandlungsmacht der Arbeitnehmervertreter angesehen. Gewerkschaften müssen sich insbesondere mit folgenden Charakteristika von multinationalen Unternehmen auseinandersetzen:[29]

(1) *Hervorragende finanzielle Ressourcen:* Dies bezieht sich beispielsweise auf die Fähigkeit, finanzielle Verluste in einer bestimmten ausländischen Tochtergesellschaft, die sich im Streit mit der jeweiligen nationalen Gewerkschaft befindet, zu absorbieren und trotzdem einen Gesamtgewinn auszuweisen.

(2) *Alternative Angebotsquellen*: Die multinationale Unternehmung könnte einen Angebotsdualismus verfolgen, um ihre Anfälligkeit gegenüber Streiks nationaler Gewerkschaften zu reduzieren.

(3) *Die Fähigkeit, Produktionsanlagen in andere Länder zu transferieren:* Die Abhängigkeit der multinationalen Unternehmung von lokalen Arbeitnehmervertretungen kann verringert werden, indem Produktionsanlagen an andere Standorte verlegt werden.

(4) *Überlegenes Wissen und Fachkenntnisse im Bereich der Arbeitsbeziehungen:* Multinationale Unternehmen verfügen durch die Tätigkeit in einer Vielzahl von Ländern über Mitarbeiter, die jeweils länderspezifisches Know-how im Bereich der Arbeitsbeziehungen besitzen.

(5) *Entfernter Ort der Autorität:* Dadurch, daß das Management der Unternehmenszentrale eine hohe geographische Distanz zur Tochtergesellschaft aufweist, kann die Verantwortung für unpopuläre Entscheidungen relativ problemlos dem Stammhaus zugeordnet werden.

(6) *Produktionsanlagen in vielen Industriezweigen:* Wie Vernon[30] feststellte, sind die meisten multinationalen Unternehmen stark diversifiziert.

(7) *Die Kapazität, einen "Investitionsstreik" zu inszenieren:* Die Unternehmung kann sich weigern, zusätzliches Kapital in eine Produktionsanlage zu investieren, um so sicherzustellen, daß die Fabrik zukünftig veraltet und ökonomisch nicht mehr wettbewerbsfähig sein wird.

Dieser Situation steht die Arbeitnehmerseite jedoch nicht ganz machtlos gegenüber. Gewerkschaften können die Handlungsmöglichkeiten von multinationalen Unternehmen begrenzen. Möglichkeiten sind:

(1) Beeinflussung des Gehaltsniveaus bis zu einem Ausmaß, bei dem die Kostenstrukturen nicht mehr wettbewerbsfähig sind,

(2) Begrenzung der willkürlichen Variation der Anzahl der Beschäftigten einer multinationalen Unternehmung und

(3) Erschwerung oder Verhinderung der globalen Integration von Operationen.[31]

Zu 1: Beeinflussung des Gehaltsniveaus

Obwohl die Bedeutung der Kosten des Produktionsfaktors Arbeit aufgrund der zunehmenden Kapitalintensität relativ zu anderen Kostenarten abnimmt, spielen diese immer noch eine wichtige Rolle in der Bestimmung der Wettbewerbsfähigkeit in den meisten Industriezweigen. Der Einfluß der Gewerkschaften auf das Gehaltsniveau ist deshalb von großer Bedeutung.

Multinationale Unternehmen,[32] die aufgrund erfolgreicher gewerkschaftlicher Aktivitäten nicht in der Lage sind, ihr Gehaltsniveau zu kontrollieren, werden Nachteile durch die Kosten haben, die der Produktionsfaktor Arbeit verursacht. Diese Nachteile können dazu führen, daß die dem Unternehmen zur Verfügung stehenden strategischen Optionen eingeschränkt werden.

Zu 2: Begrenzung der Variation der Anzahl der Beschäftigten

Für viele in Westeuropa, Japan und Australien tätige Unternehmen ist die Beschränkung der Möglichkeiten zur Veränderung der Beschäftigtenzahlen ein ernsteres Problem als das nicht zu kontrollierende Gehaltsniveau. Viele Länder verfügen heute über eine Gesetzgebung, die Massenentlassungen in Unternehmen an genau definierte Bedingungen knüpft. Diese Unternehmen müssen zunächst nachweisen, daß strukturelle Bedingungen diese Beschäftigungsverluste unvermeidbar machen. Häufig dauert es sehr lange, die Notwendigkeit dieser Art von Entlassungen nachzuweisen. Ferner bestimmt die Gesetzgebung hinsichtlich der Entlassung von Mitarbeitern in vielen Ländern auch, daß aus dem Unternehmen scheidende Arbeitskräfte durch spezifische Zahlungen - wie beispielsweise den Lohn einer Woche für jedes Dienstjahr - entschädigen müssen.

Tabelle 7.1 illustriert die Durchschnittsverdienste von Produktionsarbeitern in verschiedenen Ländern. Zwar stellt die Höhe des Durchschnittsverdienstes nicht den einzigen Grund für die Höhe der Kosten von Massenentlassungen dar, dennoch gibt sie Aufschluß über eine wesentliche potentielle Einflußgröße. Um konkretere Aussagen treffen zu können, müßten allerdings weitere Faktoren wie die konkreten rechtlichen Rahmenbedingungen in dem jeweiligen Land in die Analyse mit einbezogen werden.

Land	1975	1980	1985	1990	1995
Australien	88	86	63	88	84
Kanada	94	88	84	106	93
Frankreich	71	91	58	102	112
Deutschland	100	125	74	147	185
Italien	73	83	59	119	96
Japan	47	56	49	86	138
Korea	5	10	9	25	43
Schweden	113	127	74	140	124
Großbritannien	53	77	48	85	80
USA	100	100	100	100	100

Tab. 7.1: Durchschnittliche Arbeitskosten pro Stunde im Produktionsbereich (Index USA=100;[33] Bamber/Ross/Whitehouse, 1998).

Wie die Tabelle zeigt, können insbesondere im Vergleich mit den USA die Zahlungen für ungewollte Kündigungen häufig ein erhebliches Ausmaß annehmen. Bemerkenswert ist, daß die durchschnittlichen Arbeitskosten in Deutschland und in den USA 1975 noch gleich waren, während sie zwanzig Jahre später in Deutschland nahezu doppelt so hoch sind.

Die Gewerkschaften können die Möglichkeiten der Unternehmung, die Anzahl der Beschäftigten willkürlich zu variieren, auf zwei Weisen beschränken: erstens, indem sie ihre eigene Regierung beeinflussen, eine Gesetzgebung einzuführen, die konkrete Regelungen für Massenentlassungen enthält und zweitens, indem sie internationale Organisationen wie die *Organization for Economic Cooperation and Development* (OECD) zu Regelungen für multinationale Unternehmen ermutigen.[34]

Zu 3: Erschwerung der globalen Integration

Unter Berücksichtigung der oben erläuterten Faktoren treffen international tätige Organisationen die bewußte Entscheidung, ihre Operationen nicht bis zum höchsten Effektivitätsgrad zu integrieren und zu rationalisieren, weil dies industrielle und politische Probleme aufwerfen würde.

Prahalad und Doz[35] nennen General Motors als ein Beispiel für eine suboptimale Integration. Sie führen an, daß General Motors in den frühen achtziger Jahren auf die Forderung der deutschen Industriegewerkschaft Metall hin substantielle Investitionen in Deutschland machte, um ein gutes Klima im Bereich der Arbeitsbeziehungen in Deutschland zu fördern.

Ein Beobachter der Weltautomobilindustrie stellte fest, daß Autohersteller ihre Fabrikationsnetzwerke eher suboptimieren. Dies geschieht einerseits, um die Gewerkschaften zu beruhigen und andererseits, um eine Vielfalt in den Angebotsquellen zu schaffen, damit ihr Netzwerk nicht durch lokale soziale Streitigkeiten gelähmt wird. Solche Suboptimierungen führten zu 15 % höheren Fabrikationskosten pro Einheit in Europa im Vergleich zu einem ökonomisch optimalen Netzwerk. Als Kommentar zu diesem Beispiel ziehen Prahalad und Doz den folgenden Schluß:

> *"Der Einfluß der Gewerkschaften zögert also nicht nur die Rationalisierung und Integration der Fabrikationsnetzwerke von multinationalen Unternehmen hinaus und steigert die Kosten solcher Anpassungen ..., sondern er reduziert auch - zumindest in solchen Industriezweigen wie der Automobilindustrie - die Effizienz des integrierten Netzwerkes der Organisation. Daher ist es unangemessen, Arbeitsbeziehungen als nebensächlich zu betrachten und sie den Spezialisten in den verschiedenen Ländern zu überlassen. Genauso wie die Politik der Regierungen in die strategischen Wahlmöglichkeiten mit einbezogen werden muß, gilt dies auch für die Arbeitsbeziehungen."*[36]

Die oben aufgezeigten Möglichkeiten enthalten Maßnahmenkataloge, die im Einzelfall sicherlich greifen können. Von größerer Bedeutung ist jedoch wahrscheinlich die Erlangung von allgemeinverbindlichen Vorschriften auf internationaler Ebene, die die Position der Gewerkschaften gegenüber international tätigen Unternehmen generell verbessern. Dies erfordert ein hohes Ausmaß an Internationalisierung auch innerhalb der Gewerkschaftsbewegung. Ansatzpunkte hierfür werden im folgenden aufgezeigt.

2.3.3 Internationalisierungsansätze der Gewerkschaftsbewegung

Die Reaktion der Gewerkschaften im Hinblick auf die Institutionalisierung von Gremien oder die Erlangung von gesetzlichen Regelungen bzw. Richtlinien im internationalen Kontext erfolgte auf drei Ebenen:

(1) Es wurden Internationale Branchensekretariate gebildet (*International Trade Secretariats* - ITS).

(2) Die Gewerkschaften setzten sich für eine restriktive nationale Gesetzgebung ein.

(3) Die Gewerkschaften setzten sich für die Erlangung von Regelungen für multinationale Unternehmen bei internationalen Organisationen ein.

Während sich der erste Punkt primär auf die Internationalisierung der Gewerkschaftsbewegung an sich bezieht, wird in den Punkten zwei und drei deutlich, daß die Gewerkschaften auch einen Einfluß auf andere Akteure ausüben. Dies sind die Nationalstaaten und stellvertretend hierfür auf internationaler Ebene internationale Organisationen.

Die Funktion eines Internationalen Branchensekretariats (ITS) besteht darin, weltweite Verbindungen für nationale Gewerkschaften in einer bestimmten Branche oder in einem bestimmten Industriezweig zu schaffen (z.B. Metall, Transport, Chemie).[37] Langfristig sollen transnationale Verhandlungen mit jeder multinationalen Unternehmung in jedem Industriezweig geführt werden können. Um dieses Ziel zu erreichen, folgt nach Willatt[38] jedes ITS einem ähnlichen Programm. Die Elemente dieser Programme sind in der Regel:

(1) Forschung und Information

(2) Organisation von Firmenkonferenzen

(3) Etablierung eines Firmenrates

(4) Unternehmensweite Diskussionen der Gewerkschaftsführer

(5) Koordinierte Verhandlungen

Bis heute haben die ITS nur beschränkte Erfolge aufzuweisen. Die Gründe für diesen Mangel an Erfolg wurden von Northrup[39] zusammengefaßt:

(1) Allgemein gute Löhne und Arbeitsbedingungen in multinationalen Unternehmen

(2) Starker Widerstand aus dem Management der multinationalen Unternehmung

(3) Konflikte innerhalb der Gewerkschaftsbewegung

(4) Unterschiedliche Gesetze und Bräuche auf dem Gebiet der Arbeitsbeziehungen in den einzelnen Ländern

Neben den internationalen Branchensekretariaten, die für die weltweite Arbeitnehmervertretung eines bestimmten Bereichs verantwortlich sind, sind auch auf anderen Ebenen gemeinsame Gewerkschaftsvertretungen zu finden. Die folgende Abbildung zeigt einige Beispiele hierfür auf.

Ebene	Bünde	Branche
National	DGB	IG Metall
Europa	EGB (Europäischer Gewerkschaftsbund)	EMB (Europäischer Metallgewerkschaftsbund)
Weltweit	IBFG (Internationaler Bund freier Gewerkschaften WVA (Weltverband Arbeitnehmer) WGB (Weltweiter Gewerkschaftsbund)	ITS (International Trade Secretariats) IMB (Internationaler Metall- Gewerkschaftsbund)

Abb. 7.4: Internationale Zusammenschlüsse von Gewerkschaften

2.4 Internationalisierung des Akteurs Staat

Während sich der erste Aspekt bei der Identifizierung der Reaktionsmöglichkeiten der Arbeitnehmervertretungen auf die Gewerkschaftsbewegung selbst konzentrierte, bezieht sich die Einflußnahme der Gewerkschaften bei den beiden anderen Punkten eher auf den dritten Akteur des Systems. Dies ist - wie oben bereits angedeutet wurde - auf nationaler Ebene der Staat und auf internationaler Ebene sind dies die internationalen Organisationen. Die Arbeitnehmervertretungen haben die Möglichkeit, sich für eine restriktive nationale Gesetzgebung und die Entwicklung und Umsetzung von Regeln durch internationale Organisationen einzusetzen.

Die Motivation der Gewerkschaften, eine solche *restriktive nationale Gesetzgebung* zu forcieren, basiert auf dem Wunsch, den Export von Arbeitsplätzen durch eine veränderte Investitionspolitik von multinationalen Unternehmen zu verhindern. Beispielsweise hat sich in den USA die AFL-CIO[40] stark auf diesem Gebiet eingesetzt.[41] Bis heute waren diese Versuche allerdings zum großen Teil nicht erfolgreich. Bei der zunehmenden Internationalisierung der Wirtschaft ist es zudem schwer einzusehen, wie Regierungen überzeugt werden sollen, auf diesem Gebiet restriktive Gesetze zu schaffen.

Versuche der Gewerkschaften, durch internationale Organisationen Einfluß auf multinationale Unternehmen auszuüben haben immerhin einen gewissen Erfolg gehabt. Durch Föderationen von Gewerkschaften wie die *European Trade Union Confederation* (ETUC) und die *International Confederation of Free Trade Unions* (ICFTU) war die Gewerkschaftsbewegung in der Lage, die Internationale Arbeitsorganisation (IAO), die Kommission der Vereinten Nationen für transnationale Unternehmen (UNCTC), die Organisation für wirtschaftliche Zusammenarbeit und Entwicklung (OECD) und die Europäische Gemeinschaft zu beeinflussen.

So nahm 1977 die IAO einen Code für multinationale Unternehmen an (Dreigliedrige Grundsatzerklärung über multinationale Unternehmen und Sozialpolitik). Die UNCTC ist jedoch bis heute in erster Linie mit eher technischen Aspekten des internationalen Wirtschaftslebens beschäftigt.[42] Der ursprünglich 1975 vorgestellte Verhaltenscode der IAO wurde in seinem Entwurf von den OECD Richtlinien für multinationale Unternehmen beeinflußt, die 1976 verabschiedet wurden. Diese freiwilligen Richtlinien enthalten die Offenlegung von Informationen über verschiedene Aspekte wie Wettbewerb, Finanzierung, Besteuerung, Beschäftigung und Arbeitsbeziehungen sowie Wissenschaft und Technologie.[43] Eine Schlüsselposition innerhalb dieser Richtlinien nimmt die Schirmklausel ein, die ihnen vorangestellt wurde. Diese Klausel bestimmt, daß multinationale Unternehmen den Richtlinien " ... im Rahmen der Gesetze, der Regelungen und der vorherrschenden Arbeitsbeziehungen und Beschäftigungspraktiken in jedem Land, in dem sie tätig sind,"[44] folgen sollten.

Campbell und Rowan[45] stellen fest, daß die Arbeitgeber die Schirmklausel so interpretiert haben, als sollten sie im wesentlichen lokalen Gesetzen folgen. Die Gewerkschaften dagegen haben die Klausel so ausgelegt, als wären die Richtlinien ein "Zusatz" zur nationalen Gesetzgebung. Die Implikationen dieser beiden Interpretationen sind nicht unbedeutend: Folgt ein Unternehmen seiner Interpretation, kann es die Richtlinien der OECD verletzen, obwohl seine Aktivitäten im Einklang mit den nationalen Gesetzen und den daraus resultierenden nationalen Praktiken in den Arbeitsbeziehungen stehen. Angesichts der Ambiguität der Schirmklausel und der Tatsache, daß die Verpflichtung gegenüber den OECD-Richtlinien freiwillig ist, wird dieser Aspekt wahrscheinlich umstritten bleiben.

Auch die Effektivität der OECD-Richtlinien hinsichtlich der Regulierung des Verhaltens von multinationalen Unternehmen wird in der Literatur kontrovers diskutiert.[46] Dieser Mangel an Übereinstimmung konzentriert sich vor allem auf Bewertungen der verschiedenen praktischen Herausforderungen der Richtlinien durch einzelne multinationale Unternehmen.

Das wohl bekannteste Beispiel ist der sogenannte Badger Fall. 1976 entschloß sich die Badger Company, eine Tochtergesellschaft von Raytheon, einer US-amerikanischen multinationalen Unternehmung, ihre belgische Tochtergesellschaft zu schließen. Daraufhin entstand ein Streit über die Abfindungszahlungen.[47] Badger (Belgien) hatte Konkurs angemeldet, so daß die belgischen Gewerkschaften der Ansicht waren, daß Raytheon die finanziellen Verpflichtungen der Tochtergesellschaft übernehmen sollte. Raytheon weigerte sich jedoch, und der Fall wurde von der belgischen Regierung und der International Federation of Commercial, Clerical, Professional and Technical Employees (FIET), einem internationalen Branchensekretariat, vor die OECD gebracht. Das Committee on International Investment and Multinational Companies (CIIMC) der OECD wies darauf hin, daß Paragraph 6 der Richtlinien im Falle der Schließung eines Werks eine "geteilte Verantwortung" für die Tochtergesellschaft und für die Muttergesellschaft impliziert. Die Führungskräfte von Badger und die Vertreter der belgischen Regierung verhandelten schließlich eine Vereinbarung, in dem sie der oben erläuterten Erklärung der CIIMC folgten und ihre anfänglichen Forderungen reduzierten.

Blanplain[48] zieht die Schlußfolgerung, daß der Badger Fall die Verantwortung der Muttergesellschaft für die finanziellen Verpflichtungen der Tochtergesellschaft deutlich gemacht hat, auch wenn diese Verantwortung nicht uneingeschränkt ist. Ob der Badger Fall die Effektivität der OECD-Richtlinien beweist oder nicht, sei dahingestellt. Jain, Campbell und Rowan[49] betonen jedoch, daß die belgischen Gewerkschaften beträchtliche Ressourcen geopfert haben, um diesen Test zu machen. Zusätzlich fanden sie sowohl durch amerikanische Gewerkschaften (die durch die AFL-CIO das US-State-Department beeinflußten) als auch durch die belgische Regierung in ihren Verhandlungen mit der OECD und mit Führungskräften von Badger Unterstützung. Liebhaberberg schätzt die Situation kritischer ein:

> *"Trotz eines Ergebnisses, das diejenigen, die der Überwachung von multinationalen Unternehmen wohlwollend gegenüberstehen, als positiv betrachten, ist der Badger Fall eine deutliche Demonstration einer der Schwächen im Instrumentarium der OECD; namentlich: es repräsentiert keine formale Verpflichtung der 24 Mitgliedsstaaten, die es unterzeichnet haben. Die sozialen Kräfte jedes einzelnen Landes müssen Druck auf ihre jeweiligen Regierungen ausüben, wenn sie wollen, daß die Richtlinien angewendet werden."*[50]

Aufgrund der begrenzten Wirkung des OECD-Verhaltenscodes fordern die europäischen Gewerkschaften, daß die Aktivitäten der multinationalen Unternehmen geregelt werden. Die Kommission der EU kann - im Gegensatz zur OECD - stärker bindende Richtlinien erlassen. Diese können zu verpflichtenden Regelungen gemacht werden oder für den nationalen Gesetzgeber bindende Normen begründen. Richtlinien wirken aber nicht wie ein Gesetz unmittelbar auf die Parteien des Arbeitsverhältnisses ein.[51]

Direktiven der EU, die transparenzerhöhend wirken sollen und die Offenlegung unternehmensspezifischer Informationen gegenüber Gewerkschaften zum Gegenstand haben, beziehen sich u.a. auf die Mitarbeiterpartizipation im Aufsichtsrat, die Bildung von Unternehmensgruppen sowie auf eine Reihe sozialer Angelegenheiten und die entsprechenden Informationen. Letztere sind z.B. die Informations- und Beratungsrechte für Arbeitnehmervertreter im Falle von Entlassungen oder Schließung einer Tochtergesellschaft oder für Mitarbeiter großer komplexer Unternehmungen ("Vredeling-Direktive").[52]

Die Kommission der EU hat durch ihre Direktorate für Unternehmensgesetzgebung und Soziale Angelegenheiten eine Reihe von Vorschlägen hinsichtlich der Offenlegung von Informationen entwickelt, die multinationale Unternehmen transparenter machen sollen.

Die bis zu Beginn der neunziger Jahre inhaltsreichste Direktive war die Vredeling-Direktive, die mit Henrik Vredeling, einem früheren niederländischen Mitglied der EG Kommission, assoziiert wird.[53] Die Vredeling-Direktive fordert von multinationalen Unternehmen die Offenlegung von Daten über bestimmte Sachverhalte in genau spezifizierten Intervallen (unabhängig davon, ob eine Anfrage bezüglich dieser Informationen gemacht wurde oder nicht) und die Beratung mit Mitarbeitern über bestimmte Entscheidungen vor der vorgeschlagenen Aktion. Diese Direktive legt auch fest, daß die Muttergesellschaft oder "das relevante Entscheidungszentrum" die Tochtergesellschaft von geplanten Veränderungen unterrichten muß. Bellace und Latta haben die Implikationen der Vorschläge von Vredeling wie folgt zusammengefaßt:

"Von Unternehmen wird gefordert, daß sie zukunftsweisende Daten über Pläne der Unternehmung als Ganzes und nicht nur als historische Daten über bestimmte Tochtergesellschaften herausgeben. Das Ziel besteht darin, ein Bild der gesamten strategischen Planung der Unternehmung aufzubauen und nur begrenzt zugängliche, operationale Daten weiterzuleiten ... Bei der Versorgung der Gewerkschaften mit einem klareren Bild über die langfristigen Pläne multinationaler Unternehmen würde die Vredeling-Direktive die Basis für die Koordination von Gewerkschaftsaktivitäten gegen die multinationale Unternehmung bilden." [54]

Nicht überraschend wurde der Vredeling-Direktive von Seiten der Vertreter der Arbeitgeberverbände und von der Thatcher-Regierung in Großbritannien beträchtlicher Widerstand entgegengebracht.[55] Die Briten waren der Ansicht, daß die Einbeziehung von Mitarbeitern in die Beratung und Entscheidungsfindung freiwillig sein sollte.

Unabhängig von der Vredeling-Direktive sei an dieser Stelle angemerkt, daß Großbritannien bei der Unterzeichnung des Vertrags der Europäischen Union in Maastricht 1992 erlaubt wurde, sich von den sozialpolitischen Entscheidungen auszunehmen.

Die anderen elf Mitgliedsstaaten unterzeichneten das sozialpolitische Protokoll, das ihnen erlaubte, ohne die Partizipation Großbritanniens über ihre eigenen Direktiven abzustimmen.[56]

Im folgenden soll in einem Exkurs näher auf den Richtlinienentwurf über Europäische Betriebsräte eingegangen werden, der die aktuelle Diskussion um die Arbeitnehmervertretung in Europa in erheblichem Maße beeinflußt.

3. Exkurs: Europäische Betriebsräte

Zehn Jahre nachdem die oben in ihren Grundzügen erläuterte Vredeling-Richtlinie vorgeschlagen und letztlich gescheitert ist, wurde von der Kommission der Europäischen Gemeinschaft ein erneuter Versuch gestartet, Europäische Betriebsräte und damit Informations- und Konsultationsgremien der Arbeitnehmer in europaweit agierenden Unternehmen zu institutionalisieren.[57] Im September 1991 wurde ein "geänderter Vorschlag für eine Richtlinie des Rates über die Einsetzung Europäischer Betriebsräte[58] zur Information und Konsultation der Arbeitnehmer in gemeinschaftsweit operierenden Unternehmen und Unternehmensgruppen"[59] vorgelegt. Dieser Vorschlag bezieht sich im Gegensatz zur Vredeling-Direktive lediglich auf europaweit agierende Unternehmen und versucht nicht, nationale Mitbestimmungsregelungen zu verändern.[60] Folglich wird mit diesem Vorschlag angestrebt, in den Mitgliedsstaaten der Europäischen Gemeinschaft, die z.T. durch vollkommen unterschiedliche Systeme der Arbeitsbeziehungen gekennzeichnet sind, das gleiche Instrument im Rahmen der Arbeitnehmervertretung auf europäischer Ebene anzuwenden. "Euro-Betriebsräte" sind ein reines Additivum zu den nationalen Mitbestimmungsrechten und -institutionen. Sie verfügen lediglich über Informationsrechte.[61]

Nachdem der Rat schon 1974 mit seiner Entschließung über ein sozialpolitisches Aktionsprogramm[62] die schrittweise Verbesserung und Einbeziehung der Arbeitnehmer in die Entscheidungsabläufe europäischer Unternehmen angeregt hatte, kam es schließlich 1994 mit der Richtlinie über die Einsetzung eines Europäischen Betriebsrates[63] erstmals zu der gesetzlichen Möglichkeit zur Einrichtung Europäischer Betriebsräte in den Mitgliedsländern. Bis September 1996 mußte diese Richtlinie in nationales Recht umgesetzt sein. In Deutschland ist das Europäische-Betriebsräte-Gesetz vom 28.10.1996 am 01.11.1996 in Kraft getreten.[64]

Die Richtlinie gilt für Unternehmen, die insgesamt mindestens 1.000 Arbeitnehmer in den 14 Mitgliedsstaaten beschäftigen und in mindestens zwei Mitgliedsstaaten jeweils mindestens 150 Arbeitnehmer beschäftigen. Sie gilt für die elf ursprünglichen Unterzeichnerstaaten des Abkommens über die Sozialpolitik, die drei neuen Mitgliedsstaaten Finnland, Österreich und Schweden sowie mittlerweile auch für Großbritannien.[65]

Der "Europäische Betriebsrat" oder "Euro-Betriebsrat" hat keine Zuständigkeiten, die mit denen der Betriebsräte in Deutschland oder Österreich vergleichbar wären. Ihm stehen lediglich Informations- und Konsultationsrechte zu.[66] Deshalb vergleicht Krimphove[67] den Europäischen Betriebsrat mit den im deutschen Betriebsverfassungsgesetz verankerten Wirtschaftsausschüssen. Er räumt aber ein, daß europaweit operierende Unternehmen durch den Europäischen Betriebsrat " ...einen kompetenten Ansprechpartner zur verbindlichen Klärung europaweiter Arbeitnehmerfragen" erhalten. Abbildung 7.5 liefert einen graphischen Überblick über die Grundlage, den Geltungsbereich, die Rechte des EBR, die geregelten Mindestnormen sowie über eine Bewertung aus bundesdeutscher Sicht.

Kapitel 7: Internationale Arbeitsbeziehungen   267

```
┌─────────────────────────────────────────────────────────────────┐
│   ┌─────────────────────────────────────────────────────────┐   │
│   │                      Grundlage                          │   │
│   │   Richtlinie 94/54/EG des Rates vom 22.09.1994 über die │   │
│   │      Einsetzung eines Europäischer Betriebsrates (EBR)  │   │
│   └─────────────────────────────────────────────────────────┘   │
│   ┌─────────────────────────────────────────────────────────┐   │
│   │                     Geltungsbereich                     │   │
│   │  Unternehmen/Unternehmensgruppen mit mindestens 1.000   │   │
│   │          Beschäftigten in der EG und mit jeweils        │   │
│   │   mindestens 150 Beschäftigten in mindestens zwei       │   │
│   │                    Mitgliedsstaaten                     │   │
│   └─────────────────────────────────────────────────────────┘   │
│   ┌──────────────────────┐  ┌───────────────────────────────┐   │
│   │       Rechte         │  │      Mindestnormen für        │   │
│   │  Informationsrechte  │  │    Fehlende Vereinbarungen    │   │
│   │  Konsultationsrechte │  │      Organisation des EBR     │   │
│   │                      │  │      Finanzierung des EBR     │   │
│   └──────────────────────┘  └───────────────────────────────┘   │
│   ┌─────────────────────────────────────────────────────────┐   │
│   │                      Bewertung                          │   │
│   │ - Europäischer Betriebsrat als Additivum zur nationalen │   │
│   │                       Gesetzgebung                      │   │
│   │    - Funktion wie ein Wirtschaftsausschuß in Deutschland│   │
│   └─────────────────────────────────────────────────────────┘   │
└─────────────────────────────────────────────────────────────────┘
```

Abb. 7.5:   Der Europäische Betriebsrat: Grundlage, Geltungsbereich, Rechte, Mindestnormen, Bewertung.

Von den Regelungen zum Eruopäischen Betriebsrat waren „allein im ‚Europa der Elf' .. im Jahr 1995 schätzungsweise 1200 Unternehmen und Unternehmensverbindungen (davon allein in Deutschland ca. 450) und ca. 4 ½ Mio. Arbeitnehmer betroffen" (Krimphove, 2000, S. 510).

Die Inhalte der Richtlinie sind im Vorfeld von den Sozialpartnern in Deutschland kontrovers diskutiert worden.[68] Während der DGB den Vorschlag der EG-Kommission begrüßte, lehnten sowohl die Bundesvereinigung der Deutschen Arbeitgeberverbände (BDA) als auch der Bundesverband der Deutschen Industrie (BDI) die Richtlinie wegen der vermuteten Konsequenzen für die Wettbewerbsfähigkeit der Unternehmen ab. Einzelvorschriften wurden von beiden Sozialpartnern kritisch beurteilt.

Trotz der Kritik beider Sozialpartner und mehr oder weniger unabhängig von dem Richtlinienvorschlag sind bereits seit Mitte der achtziger Jahre dem Europäischen Betriebsrat vergleichbare Institutionen in verschiedenen Unternehmen und Ländern Europas geschaffen worden. *Thomson-Grand-Public*, ein französisches Unternehmen der Elektronik-Industrie, etablierte schon 1985 als erstes Unternehmen ein entsprechendes Gremium auf internationaler Ebene. Diesem Beispiel folgten andere französische Unternehmen. In Deutschland etablierte VW 1990 als erstes Unternehmen einen Euro-Konzernbetriebsrat. 1991 folgten die Bayer AG, die Hoechst AG und die Continental AG. In der Schweiz richtete 1990 Nestlé SA ein entsprechendes Gremium ein. Bereits 1994 hatten im Europäischen Binnenmarkt ca. 30 europaweit operierende Informations- und Konsultationssysteme auf freiwilliger Basis Bestand.[69] Heute verzeichnet *Union*

Network International bereits 470 schriftliche Vereinbarungen zum Europäischen Betriebsrat, die über das Internet angefordert werden können.[70] Die Zahl der bestehenden Vereinbarungen liegt weit darüber.

Trotz der engen Grenzen der neuen Institution "Europäischer Betriebsrat" kommt Deppe noch im Vorfeld der endgültigen Regelung zu einem eher positiven Fazit der Entwicklung:

> *"Auch wenn die Praxis in den Unternehmen den gesetzlichen Erfordernissen (da bislang noch nicht vorhanden) vorausläuft, stecken auch die auf freiwilliger Basis existierenden Euro-Betriebsräte noch in den Kinderschuhen - sowohl in der Bundesrepublik Deutschland als auch in den anderen Ländern der Europäischen Gemeinschaft. Doch der Zug ist eindeutig ins Rollen gekommen, die Bedeutung des Themas hat sprunghaft zugenommen und wird dies auch weiterhin tun. Der Vorstoß der EG-Kommission für einen Euro-Betriebsrat hat jedenfalls die soziale Dimension eines geeinten Europas in den Blickpunkt des Interesses und der Diskussion gebracht."* [71]

4. Management der Arbeitsbeziehungen im internationalen Kontext

Das Management der Arbeitsbeziehungen im internationalen Kontext wird im folgenden zunächst aus der Perspektive des Unternehmens betrachtet. Im Vordergrund stehen die Praktiken europäischer und US-amerikanischer Unternehmen. Anschließend folgt eine Analyse aus der Perspektive der Arbeitnehmervertretung.

4.1 Die Perspektive der multinationalen Unternehmen

Die beiden zu Beginn dieses Kapitels identifizierten Hauptaufgaben des Personalmanagements international tätiger Unternehmen bestanden darin, Unterschiede zwischen den Systemen der Arbeitsbeziehungen im internationalen Vergleich zu erkennen und angemessene Lösungen für den Umgang hiermit zu finden. Während die vorangegangene Darstellung einen Bezugsrahmen zur Analyse von Systemen der Arbeitsbeziehungen geliefert und eine Vielzahl von Ansatzpunkten und Problembereichen hierfür aufgezeigt hat, werden im folgenden Hinweise für das Management von Arbeitsbeziehungen gegeben.

Zunächst sollen anhand praktischer Beispiele einige Problembereiche der Gestaltung der Arbeitsbeziehungen aus der Sicht multinationaler Unternehmen erläutert werden.

Das zentrale Problem für das Management der Arbeitsbeziehungen in einem internationalen Kontext ist die Einstellung der multinationalen Unternehmen gegenüber organisierten Arbeitnehmern. Weil die Unterschiede zwischen den nationalen wirtschaftlichen, politischen und legalen Systemen deutlich verschiedene Systeme der Arbeitsbeziehungen in verschiedenen Ländern hervorrufen, delegieren multinationale Unternehmen im allgemeinen das Management der Arbeitsbeziehungen an ihre ausländischen Tochtergesellschaften.

Eine Politik der Dezentralisierung verhindert nicht zwangsläufig einen gewissen Grad an strategischer Koordination der Arbeitsbeziehungen. Im allgemeinen wird es eine Form der Einbeziehung in oder der Information über die Vereinbarungen zwischen ausländischen Tochtergesellschaften und Arbeitnehmern geben, weil diese die internationalen Pläne und Ziele der Unternehmung beeinflussen und Präzedenzfälle für Verhandlungen in anderen Ländern schaffen können.

Robock und Simmonds[72] stellen z.B. fest, daß sich die Arbeitsbeziehungen im Falle transnationaler Zuliefererbeziehungen[73] als Erfolgsfaktoren in der Durchführung einer globalen Produktionsstrategie erweisen können.[74]

Ferner wurden Unterschiede zwischen europäischen und US-amerikanischen multinationalen Unternehmen bezüglich des Involvements der Unternehmenszentrale in die Arbeitsbeziehungen festgestellt. Beispielsweise haben Studien von Hamill[75] gezeigt, daß US-amerikanische multinationale Unternehmen - verglichen mit den Tochtergesellschaften britischer Unternehmen - eine stärker zentralisierte Kontrolle über die Arbeitsbeziehungen ausüben. Bean[76] hat drei Faktoren identifiziert, die den von US-amerikanischen Unternehmen ausgeübten größeren Zentralisationsgrad in der Kontrolle über die Arbeitsbeziehungen erklären könnten:

- US-amerikanische Unternehmen neigen im Vergleich zu europäischen multinationalen Unternehmen dazu, Autorität im Stammhaus zu konzentrieren, indem sie formalen Managementkontrollen und einem strengen Berichtssystem (insbesondere auf dem Gebiet der finanziellen Kontrolle) ein besonderes Gewicht einräumen, um sicherzustellen, daß geplante Ziele erreicht werden.[77]
- Europäische multinationale Unternehmen verhandeln eher mit Gewerkschaften auf der Ebene des Industriezweiges (häufig durch einen Arbeitgeberverband) als auf der Ebene des Unternehmens.
- Wenn der Umsatz im Inland im Vergleich zu den ausländischen Operationen hoch ist (wie es bei vielen US-amerikanische Unternehmen der Fall ist), werden ausländische Operationen einer Unternehmung mit großer Wahrscheinlichkeit von der Muttergesellschaft als eine Ausweitung der inländischen Operationen angesehen werden. Dies ist für viele europäische multinationale Unternehmen nicht der Fall, da ihre internationalen Operationen einen wesentlichen Teil ihrer Geschäftsaktivitäten ausmachen. Bean zitiert als Beispiele zwei führende schweizerische Organisationen, deren inländischer Umsatz weniger als 4 % ihres Outputs ausmacht. Das Fehlen eines großen einheimischen Marktes ist ein starker Anreiz, Institutionen und Normen des Gastlandes anzunehmen.

Einen zusätzlichen wichtigen Faktor stellt die ideologische Orientierung des Managements dar.[78] Die Kenntnis der ideologischen Grundeinstellungen des Managements gegenüber Gewerkschaften kann zu einer vollständigeren Erklärung des Verhaltens einer multinationalen Unternehmung im Hinblick auf die Arbeitsbeziehungen führen als die alleinige Zurückführung auf ein rationales ökonomisches Modell. Dies ist von besonderer Relevanz für US-amerikanische Organisationen, da die Vermeidung von Gewerkschaften im Wertesystem amerikanischer Manager tief verwurzelt zu sein scheint.[79] Wie Tabelle 7.2 zeigt, besteht in den USA einer der geringsten gewerkschaftlichen Organisationsgrade in der westlichen Welt. Dieser beinhaltet den Prozentsatz von Arbeitern und Angestellten, die Gewerkschaftsmitglieder sind. Folglich besitzen US-amerikanische Manager wahrscheinlich weniger Erfahrungen mit Gewerkschaften im Vergleich zu Managern vieler anderer Länder. In Skandinavien dagegen verfügen die meisten Arbeitnehmer und Arbeitgeber über Erfahrungen im Umgang mit einem System der Arbeitsbeziehungen. Deutschland nimmt bezüglich des gewerkschaftlichen Organisationsgrades eine mittlere Stellung ein. Bemerkenswert ist, daß in vielen Ländern der gewerkschaftliche Organisationsgrad zurückgeht. Eine Analyse der Gründe für diese Entwicklungstendenz wäre interessant.

Land	Organisationsgrad (in %)		Veränderung des Organisationsgrads (in %)	Rangliste des Organisationsgrads[c]	
	1985	1995	1985 bis 1995	1985	1995
Australien[d]	46	33	-28	2	4
Kanada[e]	35	35	0	6	3
Frankreich[d]	15	11	-27	9	10
Deutschland[e]	36[a]	30	-16	5	5
Italien[d,e]	42	38	-10	4	2
Japan[d,e]	29	24	-18	7	7
Korea[f]	12	13	+8,3	10	9
Schweden[d]	85	83	-2,2	1	1
Großbritannien[d]	45	29	-35	3	6
USA[g]	18	15[b]	-12	8	8

Anmerkungen: [a]: 1991
[b]: 1993
[c]: Rangliste der 10 aufgelisteten Länder
[d]: Regierungszahlen
[e]: Gewerkschaftszahlen
[f]: Zahlen des Korea Labour Statistics Departments
[g]: Angepaßter Organisationsgrad

Tab. 7.2: Gewerkschaftlicher Organisationsgrad von Arbeitern und Angestellten (Bamber/Ross/Whitehouse, 1998).

Die erheblichen Unterschiede hinsichtlich des gewerkschaftlichen Organisationsgrades und der Ausformung der Arbeitsbeziehungen zeigen sich auch in der europäischen Bestandsaufnahme. Die Daten bestätigen, daß für die skandinavischen Länder ein hoher gewerkschaftlicher Organisationsgrad und ein hohes Maß an Koalitionsbildung der Unternehmen kennzeichnend ist. In der Stichprobe international tätiger europäischer Unternehmen war der Anteil der Unternehmen mit einem gewerkschaftlichen Organisationsgrad von über 50 % in den skandinavischen Ländern Finnland, Schweden, Dänemark und Norwegen mit Abstand am höchsten. Die schwedischen und finnischen, aber auch die italienischen Unternehmen waren außerdem zu rund 90 % in Arbeitgeberverbänden organisiert. Demgegenüber waren die Anteile der Unternehmen mit hohem gewerkschaftlichen Organisationsgrad und mit der Mitgliedschaft in einem Arbeitgeberverband in Deutschland deutlich, in Frankreich sogar sehr deutlich niedriger (siehe Tabelle 7.3).

Mit der Sammlung von genauen Daten für einen internationalen Vergleich von gewerkschaftlichen Organisationsgraden sind erhebliche Probleme verbunden. Trotzdem wurden mehrere Theorien diskutiert, die die nicht zufälligen Unterschiede zwischen den Ländern erklären sollen. Solche Theorien betrachten ökonomische Faktoren wie Löhne, Preise und Arbeitslosenzahlen, soziale Faktoren wie öffentliche Unterstützung für Gewerkschaften und politische Faktoren. Die Ausgestaltung der von den Gewerkschaften, den Arbeitgebern und den Regierungen verwendeten Strategien haben sich als besonders wichtig erwiesen.[80]

Land	Anteil der Unternehmen mit einem gewerkschaftlichen Organisationsgrad von über 50 % (in %)	Anzahl der erfaßten Unternehmen
Finnland	89,1	128
Schweden	86,2	153
Norwegen	75,4	77
Dänemark	70,4	213
Bulgarien	58,5	53
Tschechien	58,3	98
Griechenland	50,7	71
Belgien	49,1	163
Türkei	47,7	136
Irland	43,1	239
Österreich	35,5	107
Italien	25,0	52
Portugal	21,0	86
Großbritannien	20,6	524
Deutschland	19,7	463
Spanien	12,0	142
Schweiz	8,2	98
Niederlande	7,4	81
Frankreich	4,5	228
Insgesamt	37,4	3112

Tab. 7.3: Gewerkschaftlicher Organisationsgrad in international tätigen europäischen Unternehmen (Auswertung der Cranfield-Studie, Erhebung 2000).

Land	Anteil der Unternehmen, die Mitglied im Arbeitgeberverband sind (in %)	Anzahl der erfaßten Unternehmen
Schweden	96,1	153
Italien	92,5	53
Finnland	90,6	128
Österreich	87,3	102
Frankreich	86,3	227
Niederlande	85,2	81
Belgien	84,1	164
Irland	80,5	241
Spanien	78,3	138
Norwegen	75,9	79
Griechenland	73,9	69
Dänemark	72,0	211
Deutschland	68,8	461
Schweiz	63,9	97
Tschechien	63,5	96
Portugal	57,5	87
Großbritannien	55,4	505
Türkei	45,4	414
Bulgarien	44,4	45
Insgesamt	76,1	2276

Tab. 7.4: Mitgliedschaft im Arbeitgeberverband von international tätigen europäischen Unternehmen (Auswertung der Cranfield-Studie, Erhebung 2000).

Exkurs 1: Kooperationspraktiken in europäischen Unternehmen

Die Kooperation zwischen Arbeitgebern bzw. Management auf der einen Seite und Arbeitnehmern bzw. deren Repräsentanten auf der anderen Seite ist offensichtlich auch durch kulturelle Unterschiede beeinflußt. Darauf deuten die Antworten der Cranfield-Studie auf die Frage nach dem Bestehen von gemeinsamen Arbeitsgruppen von Managern und Mitarbeitern bzw. deren Repräsentanten hin.

Solche gemeinsamen Arbeitsgruppen wurden in den 2.304 in der europaweiten Untersuchung erfaßten international tätigen Unternehmen besonders häufig im Hinblick auf Qualitätsfragen (46,9 % der Unternehmen) und auf Fragen der Arbeitsflexibilität (37,8 % der Unternehmen) gebildet. 23,5 % der Unternehmen gaben an, daß sie gemeinsame Arbeitsgruppen zu Fragen der Produktentwicklung bildeten.

Auch wenn die qualitative Komponente der Kooperation zwischen Management und Arbeitnehmern durch die in Tabelle 7.5 ausführlicher dargestellten Befunde nicht erfaßt wird, weist die deutliche Streuung der Werte doch auf erhebliche Unterschiede in der Handhabung von Innovations- und Führungsproblemen hin. Es ist bemerkenswert, daß

Kooperationsstrategien in den 321 erfaßten deutschen Unternehmen relativ stark verbreitet sind.

Land	Gegenstand			Basis (Anzahl der erfaßten Unternehmen)
	Flexibilität	Qualitätsfragen	Produktentwicklung	
Schweden	78,4 %	61,7 %	25,3 %	162
Niederlande	55,6 %	65,7 %	36,1 %	108
Frankreich	67,2 %	47,2 %	33,6 %	235
Deutschland	31,8 %	70,1 %	45,8 %	321
Norwegen	28,0 %	56,0 %	33,0 %	100
Finnland	36,1 %	56,5 %	19,4 %	108
Spanien	46,2 %	34,5 %	10,1 %	119
Türkei	23,8 %	45,2 %	21,4 %	84
Schweiz	46,0 %	29,4 %	13,5 %	126
Großbritannien	28,8 %	38,4 %	13,4 %	539
Dänemark	15,6 %	38,0 %	20,3 %	192
Irland	22,0 %	32,3 %	9,2 %	164
Italien	8,7 %	15,2 %	17,4 %	46
Insgesamt	37,8 %	46,9 %	23,5 %	2304

Tab. 7.5: Gemeinsame Arbeitsgruppen von Führungskräften und Mitarbeitern bzw. deren Repräsentanten in international tätigen europäischen Unternehmen (Auswertung der Cranfield-Studie, Erhebung 1995).

Exkurs 2: Praktiken in den Arbeitsbeziehungen von US-amerikanischen und britischen multinationalen Unternehmen

Ein großer Teil der Literatur über die Praktiken in den Arbeitsbeziehungen von multinationalen Unternehmen konzentriert sich auf eine Makroebene oder eine vergleichende Ebene; es besteht ein Mangel an Forschungsbeiträgen, die die Arbeitsbeziehungen auf Unternehmensebene untersuchen. Ein Ausnahme ist die Arbeit von Hamill.[81] In einer Reihe von Studien hat Hamill US-amerikanische und britische multinationale Unternehmen untersucht, um ihre Praktiken in den Arbeitsbeziehungen, ihre Praktiken in der Entscheidungsfindung im Hinblick auf die Arbeitsbeziehungen und ihre Leistungen in den Arbeitsbeziehungen zu vergleichen.

Vergleich der Praktiken

Zunächst untersuchte Hamill 84 US-amerikanische und 50 britische multinationale Unternehmen, die in drei verschiedenen Industriezweigen tätig waren, um ihre Praktiken in den Arbeitsbeziehungen hinsichtlich der folgenden Faktoren zu vergleichen:

- Anerkennung der Gewerkschaften
- Mitgliedschaft in Arbeitgebervereinigungen
- Organisation des Managements hinsichtlich Fragen der Arbeitsbeziehungen
- Zustand der Verhandlungen zwischen Arbeitgebern und Arbeitnehmern
- Ebene und Natur der kollektiven Verhandlungsabschlüsse
- Beschwerdeverfahren
- Gehaltszahlungssysteme
- Höhe der Löhne und Gehälter sowie zusätzlicher Sozialleistungen

Die Ergebnisse ergaben eine Reihe von Unterschieden in den Arbeitsbeziehungen zwischen US-amerikanischen und britischen multinationalen Unternehmen in dieser Stichprobe. Die US-amerikanischen multinationalen Unternehmen erkannten seltener Gewerkschaften an, zogen es vor, nicht den Arbeitgeberverbänden beizutreten, hatten höher entwickelte und spezialisiertere Personalabteilungen auf Werksebene, zahlten höhere Löhne und Gehälter und boten großzügigere freiwillige Sozialleistungen als britische Unternehmen an.

Vergleich der Entscheidungsfindung

Eine zweite Studie konzentrierte sich auf die Entscheidungsfindung in den Arbeitsbeziehungen bei multinationalen Unternehmen.[82] Hamill führte eine Reihe von Interviews, meistens mit den Personaldirektoren der britischen Tochtergesellschaften von dreißig Unternehmen. Seine Schlußfolgerung bestand darin, daß die Funktion der Arbeitsbeziehungen innerhalb der multinationalen Unternehmen weit davon entfernt ist, monolithisch zu sein, d.h. vollkommen zentralisiert oder dezentralisiert zu sein. Das Ausmaß der Einbindung der Unternehmung in die Arbeitsbeziehungen jeder Tochtergesellschaft wurde von den folgenden Faktoren beeinflußt:

- *Grad der Produktionsintegration zwischen den Tochtergesellschaften:* Es wurde bei den untersuchten multinationalen Unternehmen herausgefunden, daß ein hoher Integrationsgrad der wichtigste Faktor war, der zu einer Zentralisierung der Funktion der Arbeitsbeziehungen führte.
- *Zugehörigkeit der Tochtergesellschaft zu einer US-amerikanischen oder europäischen multinationalen Unternehmen:* Es wurde herausgefunden, daß die ersteren sehr viel stärker in der Entscheidungsfindung bezüglich der Arbeitsbeziehungen zentralisiert waren als die letzteren. Hamill führte diesen Unterschied in den Managementprozeduren auf die stärker integrierte Natur der US-amerikanischen multinationalen Unternehmen, die größere Divergenz zwischen britischen und US-amerikanischen Systemen der Arbeitsbeziehungen als zwischen europäischen und britischen und den eher ethnozentrischen Managementstil von US-amerikanischen multinationalen Unternehmen zurück.
- *Entstehung von Tochtergesellschaften:* Ob die Tochtergesellschaften gut etablierte einheimische Firmen sind, die von den multinationalen Unternehmen aufgekauft wurden oder ob es sich um von der multinationalen Unternehmung aufgebaute

Standorte handelt, spielt ebenfalls eine Rolle. Handelt es sich um gut etablierte lokale Unternehmen, so wird ihnen ein höheres Maß an Autonomie eingeräumt.
- *Leistungsfähigkeit von Tochtergesellschaften:* Schlechte Leistungen waren meist begleitet von zunehmender Einbindung der Unternehmung in die Arbeitsbeziehungen. Wenn eine schlechte Leistung auf Probleme in den Arbeitsbeziehungen zurückgeführt wurde, versuchte das multinationale Unternehmen die im Mutterland angewendeten Praktiken in den Arbeitsbeziehungen mit dem Ziel der Reduktion von Unruhen oder der Produktivitätssteigerung einzuführen.
- *Rolle der multinationalen Unternehmung als Quelle für Betriebsmittel oder Anlagekapital für die Tochtergesellschaft:* Der Grad der Abhängigkeit der Tochtergesellschaft von den Ressourcen der Muttergesellschaft beeinflußt den Zentralisationsgrad.

Vergleich der Streikneigung

Die dritte Studie von Hamill[83] untersuchte die Streikneigung bei Tochtergesellschaften von multinationalen Unternehmen und einheimischen Unternehmen in Großbritannien in drei Industriezweigen. Die Streikneigung wurde mit Hilfe von drei Variablen gemessen - Streikhäufigkeit, Streikgröße und Streikdauer.

Es gab keinen Unterschied zwischen den beiden Gruppen von Unternehmen hinsichtlich der Streikhäufigkeit, aber in den Tochtergesellschaften der multinationalen Unternehmen fanden umfangreichere und längere Streiks statt als in lokalen Firmen. Hamill ist der Ansicht, daß dieser Unterschied darauf zurückzuführen ist, daß Unternehmen, die in ausländischem Besitz sind, unter weniger starkem finanziellen Druck stehen, einen Streik schnell zu beenden, als einheimische Firmen. Möglicherweise ist dies der Fall, weil sie die Produktion in ein anderes Land verlagern können.

Schlußfolgerungen

Hamill zieht aus seinen Forschungsergebnissen die Schlußfolgerung, daß es keine allgemein gültigen Handlungsempfehlungen für die Organisation der Arbeitsbeziehungen in multinationalen Unternehmen geben kann, da unterschiedliche Rahmenbedingungen jeweils spezifische Strategien erfordern.[84]

Die obigen, in kurzer Form dargestellten Forschungsergebnisse für den Bereich der internationalen Arbeitsbeziehungen lassen erkennen, daß ein in sich geschlossenes Forschungskonzept, das insbesondere strategische Aspekte der internationalen Arbeitsbeziehungen berücksichtigt, noch weitgehend zu vermissen ist. Zwar ist die Forschung auf diesem Gebiet auch im Hinblick auf nationale Mitbestimmungssysteme noch nicht sehr weit fortgeschritten, dennoch gibt es einige Ansatzpunkte, deren Übertragbarkeit auf Aspekte internationaler Arbeitsbeziehungen zumindest geprüft werden sollte.

Einige Forscher zeigen beispielsweise, daß aus der Perspektive des Unternehmens zwischen verschiedenen Mitbestimmungsstrategien unterschieden werden. So unterscheidet Scholz[85] drei unterschiedliche Ansätze:

(1) *Mitbestimmungsverwaltung*: Hier wird Mitbestimmung als exogen vorgegeben und als von der Unternehmensleitung unbeeinflußbar angesehen.

(2) *Mitwirkungsmanagement:* Mitbestimmung wird als eine Möglichkeit angesehen, frühzeitigen Informationsaustausch zu gewährleisten und eventuell verschiedenartige Interessenlagen zu integrieren.

(3) *Mitbestimmungsmanagement*: Die Unternehmensleitung geht davon aus, daß die Aktivitäten der Mitbestimmungsgremien beeinflußbar sind und ihr Einfluß möglichst auf ein Minimum reduziert werden soll.[86]

Nienhüser[87] leitet aus einer Vielzahl empirischer Untersuchungen vier strategische Grundhaltungen ab:

(1) *Die Ausgrenzungsstrategie:* Forderungen der Mitbestimmungsorgane werden so weit wie möglich ignoriert; Konflikte werden nach Möglichkeit durch Kommunikationsvermeidung unterdrückt.

(2) *Die Assimilierungsstrategie:* Es wird versucht, aus möglichen Forderungen der Akteure der innerbetrieblichen Arbeitsbeziehungen resultierende Konflikte durch Gewähren tatsächlicher oder symbolischer Vorteile zu vermeiden.

(3) *Die Polarisierungsstrategie:* Es werden offene Konflikte bei dem gleichzeitigen Versuch, Forderungen möglichst nicht zu erfüllen, in Kauf genommen.

(4) *Die Strategie der antagonistischen Kooperation:* Es werden offene Konflikte akzeptiert. Die Strategie ist jedoch durch Kompromißbereitschaft geprägt und versucht nicht, Forderungen durch Kommunikationsvermeidung oder Belohnungen zu unterdrücken oder umzuleiten. "Man geht zwar davon aus, daß grundsätzliche Interessengegensätze vorhanden sind, die auch evtl. nicht aufgelöst werden können, ... nimmt aber an, daß die Interessengemeinsamkeiten groß genug sind, um eine dauerhafte Kooperation zu gewährleisten."[88]

Es soll der weiteren Forschung überlassen bleiben, diese Ansätze auch auf Fragestellungen im Rahmen der internationalen Arbeitsbeziehungen zu übertragen, um so Forschungsergebnisse ableiten zu können. Diese Konzepte scheinen sich jedoch anzubieten, um die Einstellung des Managements, die zu Beginn dieses Abschnitts als zentrales Problem im Umgang mit Arbeitsbeziehungen in international tätigen Unternehmen dargestellt wurde, systematisch zu untersuchen und konsequente Gestaltungshinweise für eine einheitliche Strategie im Umgang mit Aspekten der Arbeitsbeziehungen in einem international tätigen Unternehmen abzuleiten.

4.2 Die Perspektive der Arbeitnehmervertretung

Obwohl in diesem Kapitel das Management der internationalen Arbeitsbeziehungen in erster Linie aus der Sicht der Personalverantwortlichen analysiert wurde, sollen an dieser Stelle auch kurz einige Einschätzungen zum Management der Arbeitsbeziehungen aus gewerkschaftlicher Perspektive skizziert werden.

Die Literatur, über die in diesem Kapitel ein Überblick gegeben wurde, zeigt, daß es mehrere Arten kollektiver Vereinbarungen zwischen Gewerkschaften und multinationalen Unternehmen gibt. Das Erreichen transnationaler Tarifverhandlungen durch die Gewerkschaften steht jedoch noch aus. Hierzu stellt Enderwick fest, daß

"... allgemeine multinationale kollektive Verhandlungsprozesse mit großer Wahrscheinlichkeit nur eine entfernte Möglichkeit bleiben werden."[89]

Enderwick ist der Meinung, daß Gewerkschaften sich für weniger ehrgeizige Strategien entscheiden sollten. Hierfür nennt er die folgenden Beispiele:

(1) Stärkung des Involvements der nationalen Gewerkschaften in betriebs- oder unternehmensbezogenen Verhandlungen,

(2) Unterstützung der Forschung hinsichtlich der Anfälligkeit ausgesuchter multinationaler Unternehmen und

(3) Verfestigung der Aktivitäten von unternehmensbezogenen ITS (International Trade Secretariats)

Gewerkschaften werden mit großer Wahrscheinlichkeit - neben den bereits dargestellten Reaktionsmöglichkeiten auf die Internationalisierung multinationaler Unternehmen im Einzelfall - die obigen Strategien verfolgen und sich zusätzlich für Regelungen für multinationale Unternehmen durch die EG oder die Vereinten Nationen einsetzen.

5. Zusammenfassung

Der Überblick über zentrale Fragen der internationalen Arbeitsbeziehungen zeigt, daß dieses Gebiet hoch komplex ist und bisher wissenschaftlich nur partiell beleuchtet wurde. Dies ist vor allem darin begründet, daß die Internationalisierung der Akteure Arbeitgeber, Arbeitnehmer und Staat in der jetzt beobachtbaren Art eine relativ neue Erscheinung ist. Diese Entwicklung der Internationalisierung der Akteure, vor allem die Internationalisierung auf der Arbeitnehmerseite als Reaktion auf die Internationalisierung des Unternehmenssektors, wurde umrissen. Außerdem wurde gezeigt, in welcher Weise der Staat die veränderten Beziehungen zwischen Arbeitgebern und Arbeitnehmern regelt bzw. zu regeln versucht. Der Europäische Betriebsrat ist hier einzuordnen.

Das Management der Arbeitsbeziehungen im internationalen Kontext stellt angesichts dieser Entwicklungen eine Herausforderung dar. Hier wurden unterschiedliche Rahmenbedingungen und Praktiken in ausgewählten Ländern referiert. Insgesamt zeigte sich, daß die noch bestehenden Forschungsdefizite aufgearbeitet werden müssen. Weitere Forschungen darüber, wie multinationale Unternehmen die derzeitigen Entwicklungen auf diesem Gebiet sehen, und ob diese Entwicklungen die Gesamtunternehmensstrategie beeinflussen, sind notwendig. Es müssen auch mehr Erkenntnisse darüber gewonnen werden, wie multinationale Unternehmen ihre Politik der Arbeitsbeziehungen in verschiedenen Ländern implementieren. Die Arbeiten von Hamill[90] über die Politik der Arbeitsbeziehungen einer Reihe von multinationalen Unternehmen sind ein exzellentes Beispiel für Forschung, die zur Aufklärung beiträgt.

6. Diskussionsfragen zu Kapitel 7

(1) Warum ist es wichtig, die historische Entwicklung nationaler Systeme von Arbeitsbeziehungen zu verstehen?

(2) In welcher Weise können Gewerkschaften die strategischen Wahlmöglichkeiten multinationaler Unternehmen einschränken?

(3) Identifizieren Sie vier Charakteristika einer multinationalen Unternehmung, die die Stellung der Gewerkschaften schwächen können.

(4) Wie haben Gewerkschaften auf die Entstehung von multinationalen Unternehmen reagiert? Waren diese Reaktionen erfolgreich?

(5) Was ist der "Europäische Betriebsrat", für welche Unternehmen gilt er und welche Aufgaben hat er?

7. Weiterführende Literatur

Endruweit, G., Gaugler, E., Staehle, W., Wilpert, B. (Hrsg.): Handbuch der Arbeitsbeziehungen, Berlin et al. 1985.

Krimphove, D.: Europäisches Arbeitsrecht, München 1996.

Krimphove, D.: Europäischer Betriebsrat – Betriebsräte in Europa. Strategien und Chancen der europaweiten Vereinheitlichung der Arbeitnehmerbeteiligung an unternehmerischen und personalpolitischen Entscheidungen, in: Clermont, C., Schmeisser, W., Krimphove, D. (Hrsg.): Personalführung und Organisation, München 2000, S. 505-539.

Poole, M.: Industrial Relations: Origins and Patterns of National Diversity, London et al. 1986.

Rademacher, U.: Der Europäische Betriebsrat. Die Richtlinie 94/95 EG des Rates vom 22.09.1994 und ihre Umsetzung in nationales Recht, Baden-Baden 1996.

Schreyoegg, G., Oechsler, W. A., Wächter, H.: Managing in a European Context: Human Resources, Corporate Culture, Industrial Relations. Text and Cases, Wiesbaden 1995.

---

[1] Vgl. Staehle, 1985, S. 201 ff.

[2] Vgl. zu diesen Ausführungen Nienhüser, 1989, S. 140-160.

[3] Weber/Mayrhofer/Nienhüser, 1993, S. 19; vgl. auch Endruweit/Gaugler/Staehle/Wilpert, 1985.

[4] Dülfer weist beispielsweise auf den Unterschied zwischen Systemen der Arbeitsbeziehungen in Industrie- und in Entwicklungsländern hin. Vgl. Dülfer, 1991, S. 325 ff.

[5] Einen Überblick über die Mitbestimmungsproblematik auf internationaler Ebene liefern: Macharzina/Engelhard, 1984, S. 297-322.

[6] Die folgenden Punkte basieren teilweise auf Schregle, 1981, S. 15-30.

[7] Dieser Aspekt wird auch als Emic-Etic-Problem diskutiert.

[8] Diese Unterschiede und die dahinter stehenden Ideologien zeigt z.B. Kasselow auf: Kasselow/Everett, 1969; ders., 1982, S. 209-229; deutschsprachige Darstellungen insbes. Teil 3 (Zur Geschichte der Arbeitsbeziehungen) in Endruweit/Gaugler/Staehle/Wilpert, 1985, S. 407-510.

[9] Vgl. Sombart, 1969.

[10] Vgl. Kahn-Freund, 1979.

[11] Schregle, 1981, S. 28.

[12] Vgl. Dunlop, 1958.

[13] Vgl. z.B. Salamon, 1992; Dunlop, 1958; Bomers, 1976.

[14] Vgl. Dunlop, 1958.

[15] Die folgenden Ausführungen basieren teilweise auf Staehle, 1985, S. 201-212; vgl. hierzu auch Schienstock, 1985, S. 327-348.

[16] Die folgende Graphik wurde aus Staehle, 1985, übernommen. Sie geht auf Bomers, 1976, zurück.

[17] Vgl. Levison/Maddox, 1982, S. 70-77.

[18] Die Internationalisierung des Akteurs Arbeitgeber wird in diesem Kapitel relativ knapp abgehandelt, da hierzu in Kapitel 3 bereits ausführliches Material geliefert wurde.

[19] Vgl. hierzu Staehle, 1985, S. 202.

[20] Staehle, 1985, S. 203. Mgt Sub = Management der Tochtergesellschaft; Mgt Mu = Management der Unternehmenszentrale.

[21] Vgl. Bomers, 1976.

[22] Vgl. Poole, 1986.

[23] Vgl. hierzu u.a. Bergmann, 1985, S. 89-108.

[24] Zur Geschichte der Gewerkschaften siehe u.a. Endruweit/Gaugler/Staehle/Wilpert, 1985 Teil 3 mit Beiträgen über Großbritannien und USA, Frankreich und Italien, Skandinavien, Deutschland, Österreich und die Schweiz, S. 409-510.

[25] Vgl. Prahalad/Doz, 1987.

[26] In Kapitel 3 wurde festgestellt, daß US-amerikanische multinationale Unternehmen die Anzahl ihrer im Ausland tätigen Expatriates reduzieren (vgl. Kobrin, 1988, S. 63-75). Im Zusammenhang mit dem Themengebiet der Arbeitsbeziehungen bedeutet dies auch, daß US-amerikanische Führungskräfte weniger Gelegenheiten haben, Erfahrungen mit den Systemen der Arbeitsbeziehungen in anderen Ländern zu sammeln.

[27] Vgl. Blake, 1972, S. 19-26.

[28] Die im Deutschen Gewerkschaftsbund (DGB) zusammengeschlossenen Gewerkschaften können als Einheitsgewerkschaften im Sinne von nicht-Richtungsgewerkschaften eingeordnet werden.

[29] Vgl. Kennedy, 1980.

[30] Vgl. Vernon, 1977.

[31] Vgl. Prahalad/Doz, 1987, Kapitel 5.

[32] Enderwick, 1984, S. 345-365.

[33] Kosten wurden aus den Landeswährungen zum vorherrschenden durchschnittlichen jährlichen Wechselkurs zum US-Dollar errechnet, Daten für Deutschland nur für Westdeutschland. Wie die Daten zeigen, wird der Index stark von Wechselkursschwankungen beeinflußt.

[34] Später in diesem Kapitel wird der Badger-Fall beschrieben, der darin resultierte, daß Raytheon schließlich die Verantwortung für Abfindungszahlungen an die Mitarbeiter, die durch die Schließung der belgischen Tochtergesellschaft entlassen worden waren, akzeptierte.

[35] Vgl. Prahalad/Doz, 1987, Kapitel 5.

[36] Prahalad/Doz, 1987.

[37] Vgl. für eine detaillierte Beschreibung der ITS Neuhaus, 1982.

[38] Vgl. Willat, 1974.

[39] Vgl. Northrup, 1978, S. 330-342.

[40] AFL-CIO = American Federation of Labor and Congress of Industrial Organizations. Diese Organisation ist in etwa vergleichbar mit dem DGB in Deutschland.

[41] Vgl. Kennedy, 1980; Helfgott, 1983, S. 81-86.

[42] Vgl. beispielsweise UNCTC, 1984; United Nations, 1985

[43] Hinsichtlich einer detaillierten Beschreibung und Analyse der OECD-Richtlinien für Multinationale Unternehmen vgl. Campbell/Rowan, 1983; Blanplain, 1985.

[44] Vgl. Staehle, 1985, S. 201-212.

[45] Vgl. Campbell/Rowan, 1983.

[46] Vgl. Rojot, 1985, S. 379-397.

[47] Eine detaillierte Beschreibung dieses Falls ist zu finden bei Blanplain, 1977.

[48] Vgl. Blanplain, 1979.

[49] Vgl. Jain, 1980, S. 201-205; Campbell/Rowan, 1983.

[50] Liebhaberberg, 1980, S. 85.

[51] Vgl. Latta/Bellace, 1983, S. 73-80.

[52] Hier ist auch die Richtlinie zum Europäischen Betriebsrat einzuordnen.

[53] Eine detaillierte Analyse der Vredeling-Direktive ist zu finden bei Van Den Bulcke, 1984, S. 36-60.

[54] Latta/Bellace, 1983, S. 76.

[55] Vgl. Enderwick, 1985.

[56] Vgl. Pickard, 1992; Fitzpatrick, 1992, S. 199-213. Wie in den weiteren Ausführungen erläutert werden wird, haben in den vergangenen Jahren einige weitere Länder dem sozialpolittischen Protokoll zugestimmt. Dazu gehören die drei neuen Mitgliedsstaaten Österreich, Finnland und Schweden sowie Großbritannien.

[57] Vgl. Deppe, 1992b.

[58] Einen hervorragenden Überblick über die Diskussion und den Stand der Entwicklung bis Anfang der 90er Jahre liefern Deppe, 1992; Gester/Koubek/Wiedemeyer, 1991; der aktuelle Stand wird dargestellt in Krimphove, 1996; Rademacher, 1996.

59 Vgl. Kommission der Europäischen Gemeinschaften, 1991.
60 Vgl. hierzu Bersch, 1991, S. 26-28.
61 Vgl. Deppe, 1992a, S. 25-40.
62 Entschließung des Rates über ein sozialpolitisches Aktionsprogramm vom 21.01.1974 (ABl. 1974, Nr. C. 13, S.1)
63 Richtlinie 94/45/EG vom 22. September 1994 über die Einsetzung eines Europäischen Betriebsrates oder Schaffung eines Verfahrens zur Unterrichtung und Anhörung der Arbeitnehmer (ABl. 1994, Nr. L. 254, S. 64).
64 Vgl. Böhm, 1998, S. 85; zur Vorgeschichte vgl. auch Sandmann, 1996.
65 Vgl. Europäischer Rat, 1997, S. 9. Für aktuelle Informationen vgl. http://www.europa.eu.int.
66 Vgl. Böhm, 1998, S. 86.
67 Vgl. Krimphove, 1996, S. 271.
68 Vgl. zu den folgenden Ausführungen Deppe, 1992a; Deppe 1992b, Euro-Betriebsräte: Erweiterung der Informations- und Konsultationsrechte der Arbeitnehmer in EG-weit operierenden Unternehmen und Unternehmensgruppen; Quellen für die einzelnen Stellungnahmen: BDA/BDI, 1991; DGB, 1991a; DGB, 1991b, S. 252 f.; DGB 1991c; DGB 1991d; DGB-Bundesvorstand, 1989; Köstler, 1992, S. 45-55 und weitere Beiträge in diesem Band.
69 Vgl. hierzu Krimphove, 2000, S. 510, und diie dort angegebene Literatur.
70 Diese und weitere Informationen zum Thema sind der Internetseite http://www.union-network.org/Unisite/Sectors/IBITS/ICT/EWC_links.htm zu entnehmen.
71 Deppe, 1992a, S. 40.
72 Vgl. Robock/Simmonds, 1989.
73 Transnationale Zuliefererbeziehungen bedeuten, daß eine Tochtergesellschaft in einem Land von einer Tochtergesellschaft in einem anderen Land z.B. als Quelle von Komponenten oder als ein Verwender der Outputs abhängig ist.
74 Vgl. Defler, 1981, S. 7-12. Arbeitsbeziehungen werden ebenfalls sehr komplex, wenn multinationale Unternehmen in vielen verschiedenen Ländern tätig sind. Auf weltweiter Ebene existiert eine große Diversität in den Arbeitsbeziehungen und in der Gewerkschaftsbewegung. Diese bezieht sich beispielsweise auf die Rahmenbedingungen oder die rechtlichen Erfordernisse in den jeweiligen Ländern. Einen detaillierteren Überblick über die Diversität gibt Blanplain, 1990.
75 Vgl. Hamill, 1983, S. 14-16; Hamill, 1984b, S. 12-16; Roberts/May, 1974, S. 403-416.
76 Vgl. Bean, 1985.
77 Vgl. La Palombara/Blank, 1976; Sim, 1977, S. 45-51; Shetty, 1979, S. 39-48.
78 Eine Diskussion über die Notwendigkeit, Ideologien zu verstehen, findet sich bei Lodge, 1985.
79 Vgl. Kochan/McKersie/Capelli, 1984, S. 16-39.
80 Vgl. Bean, 1985; Poole, 1986; Visser, 1988, S. 125-182.
81 Vgl. Hamill, 1983; Hamill, 1984a, S. 30-34.
82 Vgl. Hamill, 1984a.

[83] Vgl. Hamill, 1983.
[84] Vgl. Hamill, 1984a, S. 34.
[85] Vgl. Scholz, 1987, S. 142-144.
[86] Vgl. zur Erläuterung der einzelnen Strategien auch Nienhüser, 1989, S. 155.
[87] Vgl. Nienhüser, 1989, S. 156 f.
[88] Nienhüser, 1989, S. 157.
[89] Enderwick, 1984, S. 345-365.
[90] Vgl. Hamill, 1983; Hamill, 1984a.

KAPITEL 8

Strategisches Internationales Personalmanagement

1. Einführung

Das schon mehrfach angesprochene Konzept von Heenan/Perlmutter[1] steht trotz seines Alters und vielfältiger Kritik bei der Betrachtung und Systematisierung internationaler Personalmanagementaktivitäten immer noch im Vordergrund. Das Konzept wird insbesondere dann angesprochen, wenn Stellenbesetzungsstrategien betrachtet werden.[2] Von großem Nutzen ist vor allem der systematisierende Charakter dieses Konzeptes.[3] Zudem war Perlmutter einer der ersten Forscher,[4] der die Grundeinstellung des Managements zu internationalen Aktivitäten in den Mittelpunkt der Betrachtung von Führungskonzeptionen stellte. Er brachte somit eine wichtige Einflußgröße bei der Identifikation der Bestimmungsfaktoren für die Gestaltung der internationalen Aktivitäten einer Unternehmung in die Diskussion ein.[5]

Demgegenüber stehen erhebliche Kritikpunkte an diesem Konzept, die u.a. auch Porter äußert. Bei Perlmutter steht die Unternehmung im Mittelpunkt der Analyse. Sie wird jedoch unabhängig von der Industriestruktur betrachtet. Ferner fokussiert das Konzept die Einstellung des Managements und die Nationalität der Führungskräfte. Perlmutter selbst schafft zudem keine explizite Verbindung zwischen der Unternehmensstrategie oder der Industriestruktur und der Orientierung des Managements.[6] Sein Konzept gibt in seiner ursprünglichen Form also keinerlei Aufschluß darüber, woraus die Einstellung des Managements resultiert. Ein weiterer Kritikpunkt besteht darin, daß Perlmutter das ethnozentrische, das polyzentrische und das geozentrische Konzept als Stufen der Organisationsentwicklung darstellt, wobei das Ziel eines multinationalen Unternehmens darin besteht, die geozentrische Stufe zu erreichen. Dieser zuletzt genannte, normative Aspekt des Konzeptes wird allerdings in späteren Veröffentlichungen gemildert.[7]

Seit Beginn der neunziger Jahre sind nun einige vielversprechende Konzeptionen Internationalen Personalmanagements entwickelt worden, die aus unterschiedlichen Perspektiven neue Aspekte in die Diskussion einbringen. Somit muß die Feststellung von Evans, der 1987 noch aus einer Analyse aller Forschungsarbeiten seit den späten sechziger Jahren folgerte, daß sich das Verständnis von Personalstrategien multinationaler Unternehmen seit den Studien von Perlmutter kaum verbessert hat,[8] heute relativiert werden.

Die oben angedeuteten neueren Konzepte stellen die strategischen Aspekte des Internationalen Personalmanagements in den Vordergrund der Analyse. Bevor die Konzepte im einzelnen vorgestellt werden, soll das Begriffsverständnis geklärt werden. Wright/McMahan verstehen unter strategischem Personalmanagement Muster personalwirtschaftlicher Entwicklungen und Aktivitäten, durch die es der Organisation ermöglicht werden soll, ihre Ziele zu erreichen. Diese Definition umfaßt sowohl eine Abstimmung der personalwirtschaftlichen Aktivitäten mit dem strategischen Managementprozeß der Organisation als auch eine Koordination oder Kongruenz zwischen einzelnen personalwirtschaftlichen Maßnahmen und Zielen.[9] Ähnliche Inhalte beschreibt die auf die internationale Ebene bezogene Definition von Schuler/Dowling/De Cieri. Letztere verstehen unter Strategischem Internationalem Personalmanagement personalwirtschaftliche Aspekte, Funktionen, Richtlinien und Praktiken, die aus den strategischen Aktivitäten multinationaler Unternehmen resultieren und die die internationalen Anliegen und Ziele solcher Unternehmungen beeinflussen.[10] Die für das vorliegende Kapitel zugrunde gelegte Arbeitsdefinition geht über diejenige von Schuler/Dowling/De Cieri hinaus, da sie nicht nur die strategischen Aktivitäten multinationaler Unternehmen berücksichtigt, sondern auch Aspekte der Organisationsstruktur explizit einbezieht, um als Grundlage für die im folgenden dargestellten Konzepte dienen zu können. Es wird hier also der Sichtweise von Tichy/Fombrun/Devanna gefolgt.[11]

Unter Strategischem Internationalem Personalmanagement wird die Ausrichtung der Aktivitäten und Richtlinien der Personalfunktion verstanden, die aus den strategischen Aktivitäten sowie der Organisationsstruktur multinationaler Unternehmen resultieren und zur Erreichung der globalen Ziele beitragen. Die folgende Abbildung veranschaulicht das Themengebiet des Strategischen Internationalen Personalmanagements.

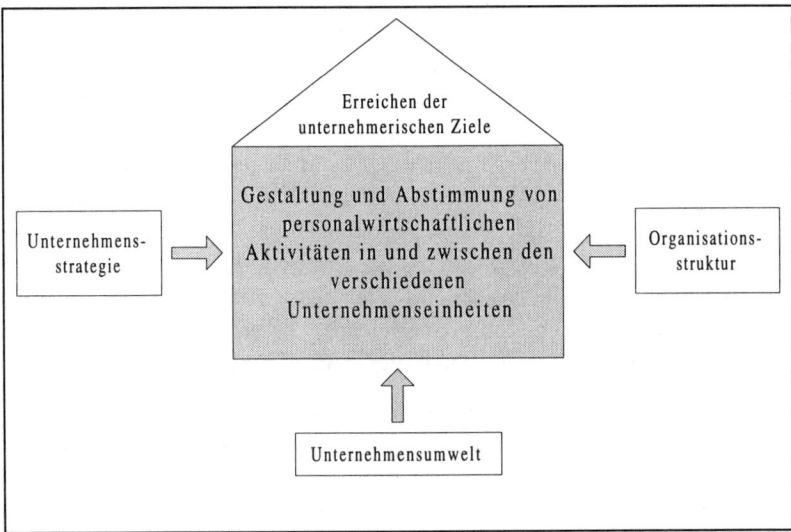

Abb. 8.1: Definition des Strategischen Internationalen Personalmanagements.

2. Konzepte des Strategischen Internationalen Personalmanagements

Die im weiteren Verlauf dieses Kapitels dargestellten Konzepte setzen nicht wie Perlmutter an "weichen" Variablen wie der Einstellung des Managements an, sondern legen vorwiegend Konzepte aus der Organisationsforschung zugrunde. Nachdem in Kapitel 3 bereits auf den Zusammenhang zwischen empirisch ermittelten Internationalisierungsstufen und internationalen Personalmanagementaktiviäten eingegangen wurde, werden im folgenden beispielhaft die Konzepte von Adler/Ghadar (1991),

Milliman/Glinow/ Nathan (1991), Kumar (1992), Schuler/Dowling/De Cieri (1993), Taylor/Beechler/ Napier (1996) und Festing (1996) dargestellt. Nicht alle diese Konzepte verwenden eine einheitliche Definition für Strategisches Internationales Personalmanagement, teilweise finden nur einzelne Elemente der oben genannten Definition Berücksichtigung.[12]

2.1 Produktlebenszyklus und SIPM

Adler und Ghadar (1991)[13] unterscheiden vier Phasen der Internationalisierung eines Unternehmens.[14] Bei der Identifizierung und Beschreibung dieser Phasen nehmen sie Bezug auf das Produktlebenszyklusmodell von Vernon (1966).[15] Dieser geht davon aus, daß die Veränderungen, die ein Produkt im Verlaufe seines Lebenszyklusses durchläuft, bedeutende Implikationen sowohl für die Interaktion zwischen Unternehmen und Umwelt als auch für die interne Funktionsfähigkeit der Organisation haben. Dementsprechend werden die drei von Vernon als "High Tech", "Wachstum und Internationalisierung" sowie "Reife" bezeichneten Stufen unterschieden. Bei der Darstellung der Entwicklung international tätiger Unternehmen wird von einem produzierenden Unternehmen ausgegangen. Adler/Ghadar vertreten die Auffassung, daß das Konzept genauso für Dienstleistungsunternehmen anwendbar ist.

Phase 1: National

Das Unternehmen bietet auf dem Inlandsmarkt neue und (zunächst) einmalige High-Tech Produkte bzw. Dienstleistungen an. Voraussetzung für diese Position ist ein hoher Anteil von Forschung und Entwicklung (F&E) am Umsatz. Bei (zunächst) fehlender Konkurrenz konzentriert sich das Unternehmen auf einen kleinen Marktausschnitt - den Inlandsmarkt - und erzielt dabei hohe Umsatzrenditen. Der Produktionsstandort befindet sich im Inland, und nennenswerte Exporte erfolgen (noch) nicht. Insgesamt ist die Phase durch Produktorientierung gekennzeichnet. Die Unternehmensstruktur ist funktional oder divisional gegliedert und durch einen hohen Zentralisationsgrad gekennzeichnet.

Phase 2: International

Das Unternehmen bietet nun auf vielen Märkten überwiegend standardisierte Produkte bzw. Dienstleistungen bei mittlerweile abnehmender Umsatzrendite an. Es kann durchaus schon weltweit tätig sein, und die Exporte sind dementsprechend hoch. Wesentlicher Faktor für den Unternehmenserfolg ist die Präsenz auf vielen Märkten. Der F&E-Anteil ist in dieser Phase abnehmend, die Konkurrenz noch gering. Die Produktion erfolgt im Inland, eventuell auch im Bereich anderer Primärmärkte. Insgesamt ist diese Phase durch Marktorientierung gekennzeichnet. Die Unternehmensstruktur ist funktional mit internationalen Divisionen gegliedert. Es überwiegt die Dezentralisierung.

Phase 3: Multinational

Das Unternehmen bietet auf einem großen internationalen Markt bei mittlerweile sehr niedriger Umsatzrendite und vielen Konkurrenten vollständig standardisierte Produkte bzw. Dienstleistungen an, die mit weit verbreiteten Technologien hergestellt werden.

Der F&E-Anteil am Umsatz ist sehr gering. Der Unternehmenserfolg kann nur durch besonders niedrige Kosten gesichert werden. Dementsprechend werden die Produktionsstandorte nach Kostengesichtspunkten weltweit festgelegt. Die hohe Zahl der Exporte kann praktisch nicht mehr gesteigert werden. Insgesamt ist diese Phase durch Preisorientierung gekennzeichnet. Die Unternehmensstruktur kann durch multinationale Geschäftsfelder und einen hohen Zentralisierungsgrad charakterisiert werden.

Phase 4: Global

Die sich seit dem zweiten Weltkrieg stark beschleunigenden Produktlebenszyklen enthalten nach Adler/Ghadar auch Implikationen für die Strategien international tätiger Unternehmen. Sie identifizieren daher in Erweiterung des Konzeptes von Vernon eine "mögliche Phase 4", die ihrer Ansicht nach teilweise bereits heute, aber vor allem in der Zukunft eine Herausforderung für international tätige Unternehmen darstellen kann.

Unternehmen, die in Phase 4 operieren, bieten auf globalen, größtmöglichen Märkten hochwertige, auf die jeweiligen Bedürfnisse der Kunden zugeschnittene Produkte an. Sie halten die entstehenden Kosten dennoch durch ein hohes Maß an Massenproduktion sehr niedrig. Diese Unternehmen agieren praktisch gleichzeitig in den oben skizzierten Phasen 1, 2 und 3, da sie sowohl lokale Differenzierung als auch globale Integration anstreben.

Des weiteren sind erneut hohe Investitionen in den F&E-Bereich erforderlich, d.h. es liegt ein hoher F&E-Anteil am Umsatz vor. Die Umsatzrendite ist ebenfalls hoch. Die Konkurrenz ist in jedem Fall bedeutsam, wobei entweder einige wenige oder sehr viele Konkurrenten vorhanden sind. Dem globalen Markt entspricht die Wahl der Produktionsstandorte, die ebenfalls global nach Kostengesichtspunkten gewählt werden. Insgesamt ist diese Phase durch eine sogenannte Strategieorientierung gekennzeichnet, die gleichzeitig Elemente der anderen Phasen umfaßt.

Die Struktur eines solchen Unternehmens kann am besten durch das in Kapitel 3 dargestellte Heterarchie-Konzept im Sinne von Hedlund[16] charakterisiert werden. Multinationale Unternehmen werden demzufolge nicht mehr als hierarchische Systeme beschrieben, weil die Struktur des Unternehmens nicht mehr nur durch ein einziges Zentrum im Stammhaus charakterisiert ist, sondern durch viele Zentren in verschiedenen Ländern, in denen jeweils unterschiedliche Funktionen oder Produktbereiche konzentriert sind. Es handelt sich also um ein Mix aus Zentralisierung und Dezentralisierung.

Tabelle 8.1 faßt diese Überlegungen noch einmal zusammen.

Kapitel 8: Strategisches Internationales Personalmanagement 287

	Phase 1 National	Phase 2 International	Phase 3 Multinational	Phase 4 Global
Dominanter Aspekt	Produkt	Markt	Preis	Strategie
Wettbewerbsfeld	Inlandsmarkt	multidomestic	multinational	global
Bedeutung weltweiter Geschäftstätigkeit	marginal	große Bedeutung	extrem wichtig	dominant
Merkmal des Produkts	neu und einmalig	überwiegend standardisiert	vollständig standardisiert	Massenproduktion
Anteil F&E/Umsatz	hoch	abnehmend	sehr niedrig	hoch
Umsatzrendite	hoch	abnehmend	sehr niedrig	hoch
Konkurrenz	keine	wenige	viele	signifikant (wenig oder viel)
Markt	klein Inland	groß multidomestic	größer multinational	größtmöglich global
Produktionsstandort	Inland	Inland & Primärmärkte	multinational, am kostengünstigsten Ort	global, am kostengünstigsten Ort
Exporte	keine	wachsend, hohes Potential	hoch & gesättigt	Exporte & Importe
Struktur	funktional/ divisional zentralisiert	funktional mit int. Divisionen dezentralisiert	multinationale Geschäftsfelder zentralisiert	globale Allianz, zentralisiert und dezentralisiert

Tab. 8.1: Charakteristika der Globalisierungsphasen (in Anlehnung an Adler/Ghadar, 1991, S. 246).

An den vier aufgezeigten, unterschiedlichen Varianten der internationalen Geschäftstätigkeit orientieren sich die weiteren Überlegungen zum Internationalen Personalmanagement.

Nach Adler/Ghadar[17] besteht die zentrale Aufgabe eines multinationalen Unternehmens nicht darin, die per se beste internationale Personalpolitik zu identifizieren, sondern darin, das beste "Fit" zwischen der externen Umwelt, der Gesamtstrategie und der Personalpolitik sowie ihrer Implementation zu finden.[18]

Die Autoren stellen fest, daß manche Unternehmen zwar schon in Phase 3 oder 4 operieren, trotzdem aber noch die gleichen Personalmanagementansätze verfolgen wie in Phase 1 oder 2. Es wird daher beschrieben, welche Personalmanagementansätze Adler/Ghadar für die einzelnen Phasen als optimal erachten.

Tabelle 8.2 faßt diese Überlegungen zusammen.

	Phase 1 National	Phase 2 International	Phase 3 Multinational	Phase 4 Global
Strategische Perspektive	ethnozentrisch	polyzentrisch regiozentrisc	multinational geozentrisch	global multizentrisch
Kulturelle Sensibilität	unwichtig	wichtig	weniger wichtig	sehr wichtig

Human Resource Management				
	Phase 1 National	Phase 2 International	Phase 3 Multinational	Phase 4 Global
Stellenbesetzung Expatriates	keine (wenige)	viele	einige	viele
Aufgaben	-	Verkauf/ Steuerung/Technologietransfer	Steuerung	Koordination & Integration
Wer? Zielgruppe für Auslandsentsendung	-	Durchschnittliche Kräfte, Verkäufer	Spitzenkräfte	High-Potential-Manager & Spitzenführungskräfte
Karriereeinfluß Auslandsentsendung	neutral - negativ	ungünstig für Karriere im Satmmhaus	wichtig für globale Karriere	unabdingbar für aufstiegsorientierte Führungskräfte
Rückkehr	schwierig	schwierig	weniger schwierig	leicht
Training & Entwicklung (Sprache/Kultur)	keines	begrenzt (z.B. eine Woche)	längere Phasen	kontinuierlich & karrierebegleitend
Trainingsteilnehmer	niemand	Expatriates	Expatriates	Manager
Karriere	national	national	manchmal international	global
Nationalität der Führungskräfte	Stammland	Stammland	Stammland, manchmal Gastland	multinational
erforderlich Fähigkeiten	technische und Management Fähigkeiten...	...plus kulturelle Anpassungs - fähigkeit	...plus Erkennen kultureller Unterschiede	...plus interkulturelle Interaktionsfähigkeit
Anreize/ Kompensation Motivation	Geld	Geld & Abenteuer	Herausforderungen Chancen	Herausforderungen, Chancen, Aufstieg
Belohnungen	Zusatzleistungen als Kompensation für Auslandsbelastungen		weniger großzügige globale Anreizpakete	

Tab. 8.2: Globalisierungsphasen und Personalmanagement (in Anlehnung an Adler/Ghadar, 1991, S. 246).

Generell kann an diesem Konzept die gleiche Kritik geübt werden wie an dem zugrunde liegenden Produktlebenszyklusmodell. So ist es lediglich beschreibender und nicht erklärender Natur. Es wird ferner kritisiert, daß sich das Produktlebenszykluskonzept hauptsächlich für Ex-post-Analysen eignet. Um es jedoch für betriebswirtschaftliche Ex-ante-Analysen einsetzen zu können, müßte der exakte Verlauf der Produktlebenszykluskurve, der nicht zuletzt auch auf der Politik des jeweiligen Unternehmens beruht, in den einzelnen Ländern bekannt sein.[19] Dies ist jedoch in der Regel nicht der Fall.

Einen weiteren Kritikpunkt stellt die Phasenabgrenzung dar. Es ist schwierig, die einzelnen Phasen zu definieren und deutlich voneinander zu trennen. Ebenso erfolgt die Abfolge der einzelnen Phasen nicht immer in der durch das Konzept beschriebenen Weise. Auch der zeitliche Rahmen für den Übergang von einer Phase zur anderen ist nicht vorgegeben. Zusätzliche Komplexität entsteht, wenn nicht mehr nur ein Einproduktunternehmen betrachtet wird, sondern ein diversifiziertes, in verschiedenen Geschäftsfeldern tätiges multinationales Unternehmen Gegenstand der Analyse ist. In diesem Fall - wohl dem Regelfall im Internationalen Management - muß es als äußerst schwierig erachtet werden, Aussagen für das gesamte Unternehmen abzuleiten. Folgt man ferner der in Kapitel 1 dargestellten Argumentation von Porter, daß ein Unternehmen entweder durch Kostenführerschaft oder durch Differenzierung Wettbewerbsvorteile erlangen kann,[20] so stellt sich die Frage, ob tatsächlich für alle Unternehmen eine Phase 3, die durch extreme Kostenorientierung gekennzeichnet ist, relevant sein kann.

Trotz der geäußerten Kritik liefert das Vier-Phasen-Konzept dennoch einige wichtige Anhaltspunkte im Rahmen der betrieblichen Stärken- und Schwächenanalyse sowie der Umweltanalyse, die zu einer Verbesserung der Analyse und Gestaltung internationaler personalwirtschaftlicher Aktivitäten beitragen können. Dieser Aspekt wurde durch das Vier-Phasen-Konzept von Adler/Ghadar erstmals in dieser systematischen Form in die Diskussion eingebracht und hat diese in erheblichem Maße beeinflußt.[21]

2.2 Organisationslebenszyklus und SIPM

Ähnlich wie Adler/Ghadar orientieren sich auch Milliman/Nathan/Glinow[22] an einem bewährten Konzept aus der Organisationsforschung. Diese Forschergruppe vertritt die Ansicht, daß Produktlebenszykluskonzepte, wie sie z.B. von Adler/Ghadar verwandt werden, nur schwer auf multinationale Unternehmen angewendet werden können. Gründe hierfür sind die Kürze der Lebenszyklen (insbesondere bei High-Tech-Produkten) und die aus der Vielfalt der in multinationalen Unternehmen hergestellten Produkte resultierenden multiplen Produktlebenszyklen.[23] Sie legen daher ihren Überlegungen das Organisationslebenszykluskonzept in Anlehnung an den Gestaltansatz von Miller/Friesen[24] zugrunde und unterscheiden auf dieser Basis vier unterschiedliche Stufen. Anschließend arbeiten sie die Anforderungen der einzelnen Stufen an das Internationale Personalmanagement vor dem Hintergrund der beiden Konzepte "Fit" und "Flexibilität" heraus. Vor der Charakterisierung der einzelnen Stufen des Organisationslebenszyklusses und ihren Implikationen für das Internationale Personalmanagement werden die in diesem Zusammenhang wesentlichen Grundgedanken des Fit- und des Flexibilitätskonzeptes dargestellt.

Die Autoren leiten aus dem interdependenten Zusammenhang zwischen Strategie, Struktur und Personalmanagement das Ausmaß ab, in dem in einem Unternehmen ein internes und ein externes Fit hinsichtlich des Personalmanagements realisiert werden können. Unter *externem Fit* wird die Kongruenz zwischen den Personalmanagementaktivitäten und dem organisationalen Kontext in den jeweiligen Entwicklungsstufen der Organisation verstanden. Das Ziel dieses externen Fits besteht in der Erleichterung von interkulturellen Interaktionen, d.h. in dieses Konstrukt werden auch Einflüsse aus der Umwelt des Unternehmens einbezogen. Als *internes Fit* wird die Kongruenz der einzelnen internationalen Personalmanagementaktivitäten untereinander in der jeweiligen Unternehmenseinheit und zwischen Unternehmenseinheiten definiert. Bezogen auf international tätige Unternehmen bedeutet dies, daß sowohl eine Abstimmung der Aktivitäten innerhalb der Unternehmenszentrale und innerhalb der jeweiligen Tochtergesellschaften als auch eine Abstimmung zwischen Unternehmenszentrale und Tochtergesellschaften realisiert werden muß, um ein maximales internes Fit zu erreichen.

Tabelle 8.3 veranschaulicht diese Zusammenhänge:

	Internes Fit innerhalb IHRM-Funktionen	Externes Fit des IHRM mit organisationalem Kontext
Innerhalb einer Organisationseinheit	internes IHRM-Fit, z.B. Auswahl, Training, Leistungsbeurteilung etc.	IHRM-Fit mit dem Organisationslebenszyklus
Außerhalb einer Organisationseinheit	Fit zwischen ausländischen Tochtergesellschaften und der Unternehmenszentrale	Fit zwischen IHRM und interkultureller und internationaler Umwelt

Tab. 8.3: Die vier Fits des Strategischen Internationalen Personalmanagements (Milliman/Glinow/Nathan,1991, S. 322).

Unter *Flexibilität* wird die Kapazität von Humanressourcen verstanden, die es der Organisation ermöglicht, sich effektiv und in angemessener Zeit an sich verändernde oder differenzierte Anforderungen aus der Unternehmensumwelt oder aus dem Unternehmen selbst anzupassen. Es stellt sich die Frage nach der Vereinbarkeit der Aussagen des Fit- und des Flexibilitätskonzeptes. Der Zusammenhang zwischen Fit und Flexibilität wird in der Literatur differenziert und kontrovers diskutiert. Einigen Autoren zufolge schließen sich die beiden Konzepte gegenseitig aus.[25] Im Zusammenhang mit dem Konzept von Milliman/Glinow/Nathan werden Fit und Flexibilität allerdings als durch eine unterschiedliche zeitliche Perspektive gekennzeichnet interpretiert und schließen sich somit nicht grundsätzlich aus. Sie werden praktisch auf unterschiedlichen Kontinuen placiert, um ihre Beziehungen im Zeitverlauf analysieren zu können.

Milliman/Glinow/Nathan sehen den Schlüssel zum strategischen Management darin,

- durch Flexibilität in der Lage zu sein, Veränderungen zu bewältigen und
- durch kontinuierliche Anpassung ein Fit zwischen den sich verändernden internen und externen Umwelten des Unternehmens zu erreichen.

Diese beiden Aspekte werden im Zusammenhang mit den vier identifizierten Stufen des Organisationslebenszyklusses veranschaulicht. Im folgenden sollen diese vier Stufen mit ihren Implikationen für das Personalmanagement sowie für Fit und Flexibilität kurz skizziert werden.

Stufe 1: Organisationsentstehung

In der ersten Stufe des Organisationslebenszyklusses ist das Unternehmen erst seit kurzer Zeit international tätig. Es verfolgt eine eher kurzfristige Perspektive und konzentriert sich auf die F&E-Aktivitäten. Zu diesem Zeitpunkt werden die meisten Personalaktivitäten von Linienmanagern ausgeführt. Der diesbezügliche Schwerpunkt liegt im Bereich der Rekrutierung und Kompensation der Mitarbeiter. Die Entwicklung von Fit und Flexibilität spielt aufgrund der Kurzfristigkeit der verfolgten Perspektive nur eine untergeordnete Rolle. Alle Überlegungen werden von Kosten-Nutzen-Kalkülen geleitet.

Stufe 2: Funktionales Wachstum

In dieser Stufe steigt die Effizienz der Produktion an, und das Unternehmen ist durch eine stärkere internationale Orientierung gekennzeichnet. Mittlerweile existiert eine formale Personalabteilung innerhalb der Organisation. Nach wie vor dominieren jedoch Gedanken der kurzfristigen Kostenersparnis über Ansätze, die eine langfristige Karriereentwicklung der PCNs vorsehen könnten. Im Vergleich zu Stufe 1 ist ein höherer Grad an lokaler Anpassung erforderlich. Diese Stufe erfordert viel Flexibilität, während ein Fit aufgrund der hohen Unsicherheit in der Unternehmensumwelt nicht angestrebt wird.

Stufe 3: Kontrolliertes Wachstum

In der Stufe des "Kontrollierten Wachstums" sind reife Unternehmen mit erheblichen Auslandsaktivitäten zu finden. Der Tätigkeitsschwerpunkt liegt nun bei der Kontrolle von Kosten und Effektivität der Auslandsaktivitäten. Das Internationale Personalmanagement kann in dieser Phase bereits als professionell bezeichnet werden. Da jedoch die Kosten und die Kontrolle der ausländischen Aktivitäten im Vordergrund stehen, wird nur wenig langfristige, international orientierte Karriereplanung betrieben, und die interkulturelle Sensitivität wird nur in geringem Umfang systematisch gefördert. Aufgrund des starken Steuerungsbestrebens im Hinblick auf die Auslandsaktivitäten wird das Fit betont. Dies ist in besonderem Maße der Fall, wenn die Organisation sich auf bereits existierende Märkte konzentriert. Sollte sie jedoch neue Märkte bearbeiten, bestehen - ähnlich wie in Stufe 2 - hohe Anforderungen an die Flexibilität des Unternehmens und der Mitarbeiter.

Stufe 4: Strategische Integration

In der vierten Stufe sind die Unternehmen gleichzeitig durch hohe lokale Anpassungsfähigkeit und intensive globale Integration gekennzeichnet. Neben der zunehmenden Bedeutung von ausländischen Mitarbeitern, nimmt auch internationale Erfahrung für alle Mitarbeitergruppen einen hohen Stellenwert ein. Dementsprechend zeichnet sich das Internationale Personalmanagement durch hohe Professionalität sowie durch eine langfristige Perspektive in der Karriereplanung aus. Es wird die Vision einer globalen

Strategie bei gleichzeitiger lokaler Anpassung forciert. Dies bedeutet, daß ein hohes Ausmaß sowohl an Fit als auch an Flexibilität erforderlich ist, wobei in der Verfolgung von langfristigen Zielen das Fit dominiert, während bei kurzfristig orientierten Zielsetzungen die Flexibilität wichtiger ist.

Der in den einzelnen Stufen des Organisationslebenszyklusses wahrgenommene Bedarf an Fit und Flexibilität im Internationalen Personalmanagement wird in der folgenden Graphik zusammenfassend dargestellt.

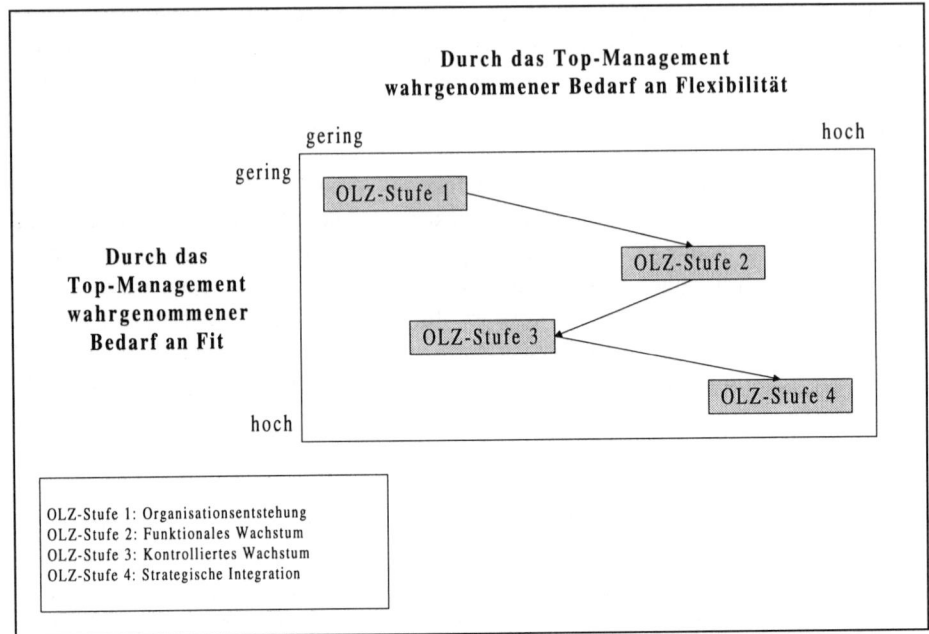

Abb. 8.2: Wahrgenommener Bedarf an Fit und Flexibilität im IHRM nach Stufen des Organisationslebenszyklusses (Milliman/Glinow/Nathan, 1991, S. 334).

Die Kritik an diesem Konzept ergibt sich in ähnlicher Weise wie die am Vier-Phasen-Modell und an dem zugrundeliegenden Produktlebenszykluskonzept von Vernon. So sind vor allem der deskriptive Charakter des Konzeptes und die Abgrenzung der einzelnen Stufen sowohl in definitorischer als auch in zeitlicher Hinsicht zu bemängeln. Hervorzuheben ist jedoch, daß sich auch dieses Konzept an bereits vorhandene und viel diskutierte Forschungsergebnisse, wie den Organisationslebenszyklus und den Gestaltansatz,[26] anlehnt und diese mit Erkenntnissen des Internationalen Personalmanagements verknüpft. Insbesondere die gleichzeitige Einbeziehung der beiden Konstrukte "Fit" und "Flexibilität" ergänzen die bisherige, eher allein am Fit-Gedanken orientierte, Diskussion um einen weiteren wichtigen Aspekt.

2.3 Globalisierungsstrategien und SIPM

Auch in Forschungsarbeiten aus dem deutschsprachigen Raum wird die Perspektive verfolgt, daß Personalpolitik und Globalisierungsstrategie in einem interdependenten Zusammenhang stehen. Kumar[27] versucht, strategierelevante Anforderungen an international tätige Führungskräfte zu identifizieren, deren Entwicklung dann durch das Personalmanagement gefördert werden kann. Hierfür arbeitet er zunächst charakteristische Merkmale internationaler Tätigkeiten heraus, die eng mit der Globalisierungsstrategie verknüpft sind. Als Ausgangspunkt für seine Überlegungen wählt er das Globalisierungskonzept von Porter.[28] In diesem Konzept werden die beiden Dimensionen "geographische Streuung der Aktivitäten" und "Ausmaß der Koordination" unterschieden,[29] die jeweils dichotome Ausprägungen aufweisen können. Aus der Kombination der jeweiligen Ausprägungen der beiden Variablen resultieren vier Varianten von Internationalisierungsstrategien, die in Tabelle 8.4 veranschaulicht werden.

	Geographische Streuung: niedrig (Konzentration)	Geographische Streuung: hoch (Dispersion)
straffe Koordination (Integration)	global	transnational
lockere Koordination (Fragmentation)	international	multinational

Tab. 8.4: Globalisierungsstrategien (in Anlehnung an Kumar, 1992, S. 311).

In jedem Feld der Matrix wird eine Strategie der Globalisierung charakterisiert, die determiniert, wie der Auslandsmarkt im Spannungsfeld von globaler Koordination und geographischer Streuung zu bearbeiten ist. Ein hohes Maß an Koordination erfordert vor allem der Transfer von wichtigen Unternehmensressourcen und -fähigkeiten wie Technologie oder speziales Know-how ins Ausland. Bei einer hohen lokalen Anpassung steht dagegen die Anpassung der (transferierten) Ressourcen und Fähigkeiten an lokale Gegebenheiten im Vordergrund. Als Beispiel für eine globale Branche kann die Flugzeugindustrie genannt werden, blockiert globale Märkte sind im Bereich der Telekommunikation zu finden.[30] Typisch für multinationale Märkte ist die Zementbranche, während internationale Märkte beispielsweise im Bereich der Düngemittel zu finden sind.

Kumar leitet auf der Basis dieses Konzeptes vor dem Hintergrund der jeweils betroffenen Entscheidungsebene im Unternehmen (operativ, administrativ, strategisch) detaillierte Konsequenzen für die Personalfunktionen Rekrutierung und Auswahl, Leistungsbeurteilung/Personalentwicklung sowie Entlohnung ab. Eine Sonderstellung nimmt in der Diskussion der Auslandseinsatz ein. Im Gegensatz zu manchen der zuvor skizzierten Konzepte trifft Kumar konkrete, systematisch abgeleitete Aussagen zur Gestaltung der einzelnen Personalfunktionen im Kontext der Globalisierungsstrategie. Die Frage der *Rekrutierung und Selektion* wird anhand der Aspekte Rekrutierungsquelle, Nationalität der Führungskräfte sowie durch Berücksichtigung der Kriterien "Tätigkeitsbezogene Fähigkeiten", "Personenbezogene Merkmale", "Interkulturelle Fähigkeiten" und "Mobilität" beantwortet.

So postuliert Kumar beispielsweise, daß bei einer internationalen Strategie vorwiegend Inländer im Stammhaus rekrutiert werden, während im Zusammenhang mit der transnationalen Strategie weltweite Rekrutierungsquellen genutzt werden, bei denen die Nationalität der Mitarbeiter nicht von Bedeutung ist. In Bezug auf die Auswahlkriterien werden bei der transnationalen Strategie ebenfalls höhere Anforderungen gestellt als bei der internationalen Strategie.

Bei der *Personalbeurteilung* finden der Eigenschaftsansatz, der tätigkeitsorientierte Ansatz und der ergebnisorientierte Ansatz Berücksichtigung. Bei der internationalen Strategie ergeben sich wiederum keine besonderen Veränderungen im Vergleich zur nationalen Strategie. Die globale und die multinationale Strategie lassen eine Anwendung aller drei Ansätze sinnvoll erscheinen, sofern bei ersterer die Koordinationsförderung im Mittelpunkt steht und bei letzterer die Anpassungsförderung. Für die transnationale Strategie wird vorwiegend der ergebnisorientierte Ansatz empfohlen, der sich am Gesamtergebnis der Globalisierungsleistung, z.B. gemessen am Anteil des im Ausland erzielten Gewinns am Gesamtgewinn, orientieren sollte.

Wird im Zusammenhang mit der Globalisierungsstrategie ein Defizit festgestellt, so werden spezielle *Personalentwicklungs*programme und -ziele festgelegt.

Bei der Gestaltung der *Entlohnungssysteme* unterscheidet Kumar zwischen einer kurzfristigen Orientierung, die Kosten und Erlöse in den Vordergrund stellt, und einer langfristigen Orientierung, bei der Innovation und Entwicklung im Mittelpunkt stehen. Erstere ist durch monetäre und nicht-monetäre Maßnahmen wie Boni oder Erfolgsbeteiligung gekennzeichnet, letztere eher durch laufbahnbezogene Anreizsysteme wie eine gezielte Personalentwicklung und -förderung. Jede Globalisierungsstrategie erfordert eine individuelle Kombination aus kurzfristiger und langfristiger Orientierung.[31]

Das Verdienst Porters ist es sicherlich, das bisher wohl umfassendste Konzept für die Entwicklung von Internationalisierungsstrategien geschaffen zu haben. Leider wird jedoch nicht detailliert erläutert, wie ein Unternehmen im einzelnen Wettbewerbsvorteile durch Koordination und Konfiguration erlangen kann. Die Reduktion auf die beiden Kernvariablen Koordination und Konfiguration führt zwar zu einer übersichtlichen Systematisierung, vereinfacht den Sachverhalt jedoch erheblich. Ferner besteht die Gefahr der Inflexibilität, wenn einer Organisation die Optimierung der Wertkette gelungen ist und sie sich einer Neuorientierung gegenüber zögernd verhält.[32]

In Bezug auf die Ableitung personalwirtschaftlicher Implikationen ist festzustellen, daß dieses Konzept primär auf kontingenztheoretischen Überlegungen aufbaut. Ohne die Wirkungszusammenhänge zu verdeutlichen, werden aus den Dimensionen "Koordination" und "Geographische Streuung" Anforderungen an internationale Führungskräfte abgeleitet. Positiv hervorzuheben ist aber, daß die Ableitung von Gestaltungshinweisen für das Internationale Personalmanagement und deren Diskussion in einer ausführlichen und konkreteren Weise erfolgen. Deshalb kann diesem Konzept durchaus ein Nutzen für die praktische Umsetzung personalwirtschaftlicher Maßnahmen zugeschrieben werden. Ferner bietet es sich auch als Basis für empirische Untersuchungen an.

Kumar selbst führte in Anlehnung an das Konzept der Internationalisierungsstrategien eine theoretisch fundierte, empirische Studie durch und konnte die postulierten Zusammenhänge in hohem Maße stützen.[33] Eine Erweiterung um die Implikationen für Internationales Personalmanagement ist bisher nicht erfolgt.

2.4 Integrativer Bezugsrahmen für SIPM

Schuler/Dowling/De Cieri[34] haben einen integrativen Bezugsrahmen für Strategisches Internationales Personalmanagement entwickelt. Dieser spiegelt den Stand der Forschung zu diesem Thema wieder und zeigt gleichzeitig bestehende Forschungsdefizite auf. Ziel dieser Arbeit ist es, einen Analyserahmen zu bieten, um das Verständnis der postulierten Zusammenhänge zu erleichtern. Die Autoren knüpfen bei der Entwicklung ihres international orientierten Bezugsrahmens an Forschungsarbeiten der letzten Jahre an, in denen versucht wurde, Verbindungen zwischen dem Personalmanagement einer Organisation und der jeweiligen Unternehmensstrategie vorwiegend auf nationaler Ebene zu identifizieren.

Im Mittelpunkt des Modells stehen die von Schuler/Dowling/De Cieri herausgestellten strategischen Komponenten eines multinationalen Unternehmens, nämlich die Beziehungen zwischen den Unternehmenseinheiten sowie die internen Operationen innerhalb der jeweiligen Unternehmenseinheiten. Erstere können durch ein unterschiedliches Ausmaß an Kontrolle und Diversität gekennzeichnet sein, während letztere den Anforderungen an lokale Sensitivität gerecht werden und gleichzeitig ein strategisches Fit gewährleisten sollen. In Anlehnung an diese beiden Komponenten werden auch die strategischen Aspekte des Internationalen Personalmanagements beschrieben. Vor dem Hintergrund einer Reihe theoretischer Perspektiven (z.B. Resource Dependence Theorie, Transaktionskostentheorie, Verhaltenswissenschaftliche Theorien) werden dann eine Vielzahl von Hypothesen entwickelt, die den Einfluß der strategischen Komponenten von multinationalen Unternehmen sowie verschiedener endogener und exogener Faktoren auf strategisches Personalmanagement reflektieren. Abbildung 8.3 gibt die in diesem Modell identifizierten Zusammenhänge wieder.

Hinsichtlich der Schlußfolgerungen für das Personalmanagement in multinationalen Unternehmen systematisieren Schuler/Dowling/De Cieri ihre Ausführungen wiederum anhand der Abstimmung innerhalb von und zwischen Unternehmenseinheiten.[35] Da das erforderliche Ausmaß an Differenzierung und Integration in international tätigen Unternehmen häufig durch das Personalmanagement vereinfacht wird, stehen die personalwirtschaftlichen Funktionen und Aktivitäten im Mittelpunkt des entwickelten Bezugsrahmens. Als Funktionen des Personalmanagements werden die grundlegende Orientierung der Personalverantwortlichen, die für das Personalwesen vorhandenen Ressourcen und deren Allokation sowie die Organisation des Personalmanagements definiert.[36] Unter den personalwirtschaftlichen Aktivitäten wird unter anderem auch die Entwicklung von Richtlinien, z.B. hinsichtlich Führung oder Anreizgestaltung, verstanden. Ausgeschlossen werden hier lediglich Aspekte der Arbeitsbeziehungen sowie der Arbeitssicherheit. Die Aussagen zur Ausgestaltung der einzelnen personalwirtschaftlichen Funktionen und Aktivitäten bleiben in diesem Modell auf einer sehr allgemeinen Ebene.

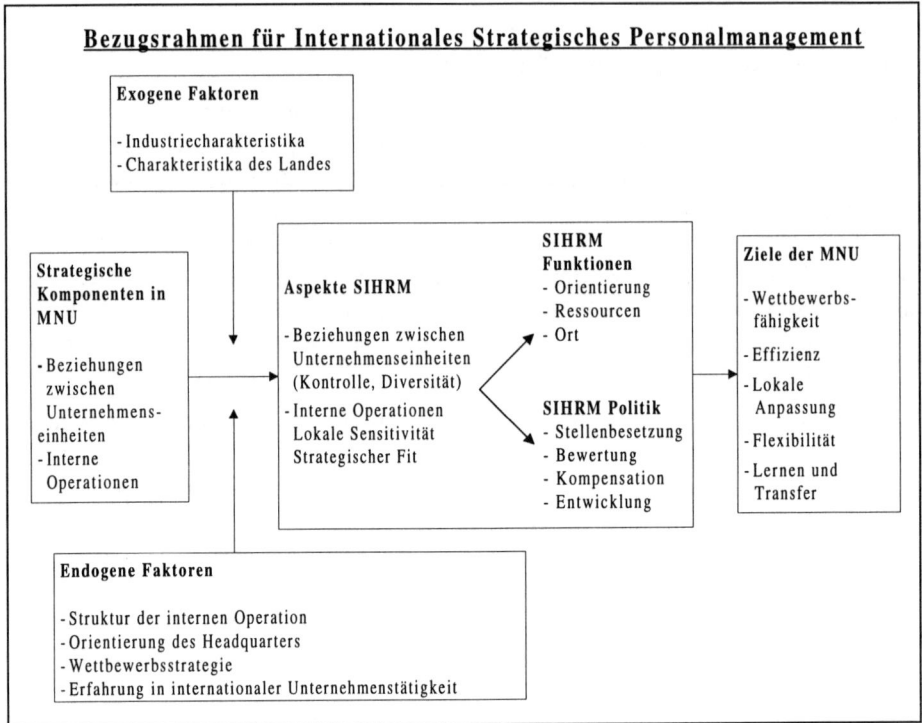

Abb. 8.3: Integrativer Bezugsrahmen für Strategisches Internationales Personalmanagement (Schuler/Dowling/De Cieri,1993, S. 423).

In dem Modell von Schuler/Dowling/De Cieri wird versucht, einen großen Teil der bisher existierenden Forschungsergebnisse zu diesem Themengebiet zu integrieren. Dieser Vorgehensweise immanent ist jedoch, daß sich in der praktischen Umsetzung, beispielsweise bei empirischen Untersuchungen, Widersprüche ergeben können, die aus den verschiedenartigen Grundannahmen der Konzepte resultieren. So können sich z.B. von den Konzepten her der Einfluß von Industriecharakteristika und die Grundeinstellung des Managements widersprechen. Ferner sind die einzelnen Einflußfaktoren nicht alle voneinander unabhängig.

Wird beispielsweise Porters Argumentation gefolgt, so stehen Industriecharakteristika und Wettbewerbsstrategie in einem engen Zusammenhang; sie werden jedoch in dem Modell einmal den exogenen und ein anderes mal den endogenen Einflußfaktoren zugerechnet, wobei allerdings unterstellt wird, daß sich exogene und endogene Faktoren gegenseitig beeinflussen.[37] Ferner stellt sich die Frage, wie sich bei einer Vielzahl von (scheinbar) unabhängigen Variablen in diesem Modell Aussagen über die Gestaltung internationaler personalwirtschaftlicher Maßnahmen treffen lassen.[38]

Zusammenfassend kann festgestellt werden, daß die wesentliche Leistung dieses Bezugsrahmens darin besteht, daß bisherige Forschungsergebnisse unter Berücksichtigung verschiedener theoretischer Perspektiven systematisch aufgearbeitet und miteinander verknüpft werden. Damit wird ein Erkenntnisfortschritt im Internationalen Personalmanagement geleistet. Aus dieser Analyse ergeben sich eine Vielzahl von Hinweisen und Ideen für die weitere Forschung im Bereich des Strategischen Internationalen Personalmanagements. Erste Ansätze für die empirische Überprüfung dieses Modells fokussieren ausgewählte einzelne Teilbereiche.[39] So konnten De Cieri/Dowling in ihrer Untersuchung beispielsweise feststellen, daß die Komplexität der Organisationsstruktur positiv mit der Formalisierung von Richtlinien für Auslandsentsendungen korreliert.[40]

In einer neueren, überarbeiteten Version des integrativen Bezugsrahmens zum strategischen Internationalen Personalmanagement stellen De Cieri/Dowling (1999) die identifizierten Beziehungen etwas vereinfacht dar und ergänzen Elemente aus der aktuellen Diskussion.

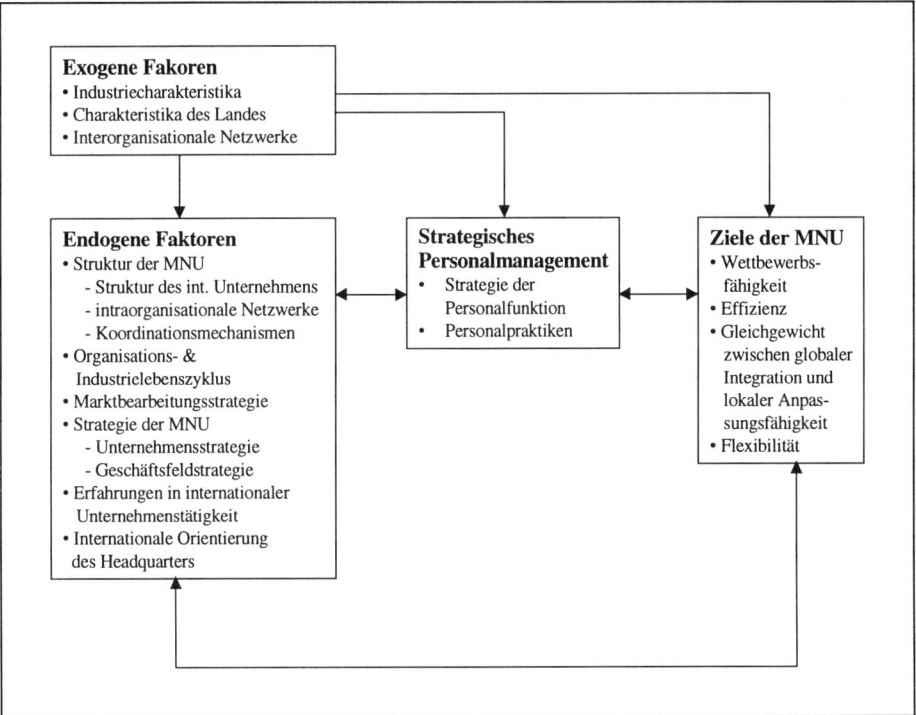

Abb. 8.4: Integrativer Bezugsrahmen für strategisches internationales Personalmanagement (aktualisierte Version)
(Dowling/Welch/Schuler, 1999, S. 288 in Anlehnung an De Cieri/ Dowling, 1999; siehe auch Festing, 1999a, S. 73).

Eine Erweiterung der Einflußfaktoren erfolgte vor allem im Hinblick auf die *endogenen* Faktoren. Hier wird aufbauend auf der aktuellen Diskussion im Personalmanagement wie im strategischen Management zwischen tangiblen und intangiblen Faktoren unterschieden. Die *tangiblen Faktoren* umfassen

(1) die Struktur multinationaler Unternehmen, unter der De Cieri/Dowling die Struktur internationaler Operationen, intraorganisationale Netzwerke und Koordinationsmechanismen zusammenfassen,

(2) die Lebenszyklusstufe, in der sich ein Unternehmen bzw. ein Industriezweig befindet,

(3) die Art der internationalen Operationen bzw. Markteintrittstrategien sowie

(4) die Unternehmensstrategie.

Als *intangible Faktoren* bezeichnen De Cieri/Dowling die Erfahrung im Management internationaler Operationen sowie die internationale Orientierung des Headquarters.[41] Bei den *exogenen Faktoren* wird entsprechend der aktuellen Diskussion der Aspekt interorganisationaler Netzwerke mit aufgeführt. Zudem wird nun ein expliziter Einfluß der exogenen auf die endogenen Variablen angenommen, wenngleich auch hier ein reziproker Einfluß nicht vorgesehen ist (vgl. Dowling/Welch/Schuler, 1999, S. 289).

Die neuere Version des integrierten Bezugsrahmens zum strategischen internationalen Personalmanagement stellt durch den aktuellen Bezug zur Diskussion im strategischen Management wiederum einen wichtigen Beitrag zur Forschung im internationalen Personalmanagement dar. Sie zeigt den Stellenwert des Personalmanagements als strategisch wichtiger Unternehmensfunktion auf.

2.5 Ressourcenorientierte Unternehmensführung und SIPM

Taylor/Beechler/Napier[42] erklären die Wirkungszusammenhänge internationaler personalwirtschaftlicher Aktivitäten durch den *Resource-based View of the Firm*[43] - im folgenden ressourcenorientierte Theorie genannt - und durch die Resource Dependence-Theorie.[44] Betrachtet werden drei interdependente Analyseebenen: das Unternehmen aus der Sicht des Stammhauses, die Tochtergesellschaften und Gruppen von Mitarbeitern.

Durch die ressourcenorientierte Theorie soll die Aufmerksamkeit darauf gelenkt werden, daß sich das Strategische Internationale Personalmanagement an unternehmensspezifischen Kompetenzen orientieren muß, da diese Wettbewerbsvorteile in einer globalen Umwelt sichern können. Die *Resource Dependence*-Theorie hilft, diejenigen Situationen zu identifizieren, in denen das multinationale Unternehmen eine Kontrolle über das Internationale Personalmanagement ihrer Tochtergesellschaften besitzt.[45]

Taylor/Beechler/Napier ordnen das Personalmanagement als eine für das Unternehmen einzigartige Ressource ein, da das Ergebnis der personalwirtschaftlichen Aktivitäten, das Verhalten der Mitarbeiter und auch die personalwirtschaftlichen Maßnahmen selbst potentielle unternehmensspezifische Kompetenzen darstellen. Sie können einzelne Mitarbeitergruppen, eine Tochtergesellschaft oder das Stammhaus betreffen. Um über die

Übertragbarkeit einzelner personalwirtschaftlicher Maßnahmen zwischen Organisationseinheiten eines multinationalen Unternehmens entscheiden zu können, muß zwischen kontextabhängigen und -unabhängigen personalwirtschaftlichen Kompetenzen unterschieden werden.[46] Diese Unterscheidung erfolgt durch die Wahrnehmung des Top-Managements.

Grundsätzlich unterscheiden die Autoren drei Grundorientierungen des SIPM. Die *adaptive Orientierung* ermöglicht eine lokale Anpassung der jeweiligen personalwirtschaftlichen Maßnahmen an lokale Gegebenheiten. Sie entspricht damit der polyzentrischen Orientierung bei Perlmutter.[47] Die *exportorientierte Ausrichtung* des Internationalen Personalmanagements bedeutet, daß das Personalmanagement des Stammhauses in allen möglichen Bereichen auf die Tochtergesellschaft übertragen wird. Primäres Kennzeichen dieser Orientierung ist der Ethnozentrismus. Im Rahmen der *integrativen Orientierung* finden die "besten" personalwirtschaftlichen Ansätze, unabhängig von der Nationalität (Stammland oder Gastland), Berücksichtigung. Damit entspricht sie dem von Perlmutter geprägten Geozentrismus-Konzept.

Beeinflußt wird die Wahl der grundlegenden SIPM-Orientierung durch die Internationalisierungsstrategie des Unternehmens sowie durch die Einstellung des Top-Managements. Bei einer globalen Unternehmensstrategie wird eine integrative Orientierung erwartet,[48] sofern das Top-Management die personalwirtschaftlichen Maßnahmen als kontextunabhängig wahrnimmt. Sollte dies nicht der Fall sein bzw. wird eine *multidomestic* Strategie verfolgt, prognostizieren die Autoren eine adaptive SIPM-Orientierung. Eine Veränderung der grundlegenden Orientierung erfolgt jeweils dann, wenn sich die Wahrnehmung bezüglich der Kontextabhängigkeit der Maßnahmen verändert.[49]

Inwieweit sich das Personalmanagementsystem der Tochtergesellschaft tatsächlich von der Muttergesellschaft beeinflussen läßt, hängt den Autoren zufolge von weiteren Einflußfaktoren ab: der strategischen Rolle der Tochtergesellschaft, der Art der Entstehung der Tochtergesellschaft sowie der kulturellen und legalen Distanz zwischen Tochter- und Muttergesellschaft. Zur Analyse der strategischen Rolle der Tochtergesellschaft ziehen sie das Konzept von Gupta und Govindarajan heran, die zwischen *Global Innovator, Integrated Player, Implementor* und *Local Innovator* unterscheiden.

Im folgenden wird anhand von zwei unterschiedlichen strategischen Rollen der von Taylor/Beechler/Napier postulierte Zusammenhang deutlich gemacht. Da der *Integrated Player* durch sehr enge Beziehungen zwischen Mutter- und Tochtergesellschaft gekennzeichnet ist, wird in diesem Fall die größte Ähnlichkeit zwischen den Personalmanagementsystemen von Mutter- und Tochtergesellschaft erwartet. Das Gegenteil ist der Fall bei einem *Local Innovator*, was zur Annahme einer geringen Ähnlichkeit führt. Ferner wird eher eine Ähnlichkeit zwischen den Personalmanagementsystemen bestehen, wenn die ausländische Niederlassung durch das multinationale Unternehmen selbst gegründet wurde, wenn keine weiteren Partner beteiligt sind und wenn die kulturelle und legale Distanz gering ist.[50]

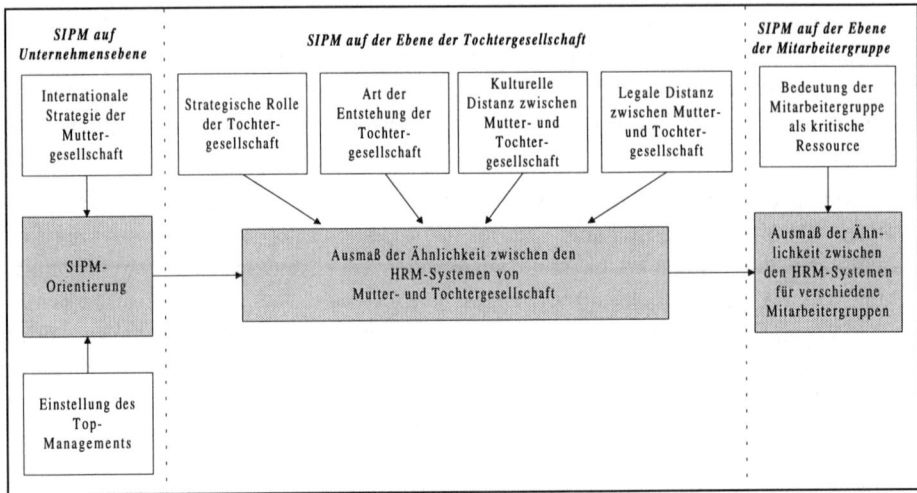

Abb. 8.5: Modell für Strategisches Internationales Personalmanagement (Taylor/Beechler/Napier, 1996, S. 965).

Die *Resource Dependence*-Theorie lenkt die Aufmerksamkeit auch auf spezielle Mitarbeitergruppen. Wenn diese für den Unternehmenserfolg kritische Ressourcen darstellen, werden den Autoren zufolge die personalwirtschaftlichen Maßnahmen für diese Zielgruppe nur wenig zwischen Mutter- und Tochtergesellschaft variieren.[51]

Das Modell von Taylor/Beechler/Napier baut auf Erkenntnissen des Internationalen Personalmanagements sowie der Organisationsforschung auf und verknüpft diese auf innovative Weise. Nicht das Expatriate Management steht bei diesem Modell des Internationalen Personalmanagements im Vordergrund, sondern die Art und Weise wie, und inwieweit Abstimmungen zwischen dem Personalmanagement im Stammhaus, in der Tochtergesellschaft und in Bezug auf einzelne Mitarbeitergruppen gestaltet sind. Ferner wird auch der Evolutionsprozeß internationaler personalwirtschaftlicher Maßnahmen explizit in die Betrachtung einbezogen. Hiermit werden in wichtigen, bisher häufig vernachlässigten Bereichen des Internationalen Personalmanagements neue Erkenntnisse gewonnen. Die aufgestellten Hypothesen laden dazu ein, dieses Modell empirisch zu überprüfen.

2.6 Transaktionskostentheorie und SIPM

Festing[52] hat ein Modell zum Strategischen Internationalen Personalmanagement vorgelegt, das auf den Überlegungen der Transaktionskostentheorie[53] aufbaut und - ähnlich wie die Konzepte von Kumar und Taylor/Beechler/Napier - an den von Porter entwickelten Varianten einer Globalisierungsstrategie ansetzt. Aus diesen Strategien werden Anforderungen an die Aufgaben international tätiger Führungskräfte abgeleitet. Hierbei orientiert sich die Autorin an den transaktionskostentheoretisch definierten Charakteristika von Arbeitsmarkttransaktionen, Humankapitalspezifität und Unsicherheit.

Das Erkenntnisinteresse der Transaktionskostentheorie besteht darin zu erklären, warum bestimmte Transaktionen in bestimmten institutionellen Arrangements effizienter abgewickelt werden können. In Bezug auf Arbeitsmarkttransaktionen wird erklärt, warum bestimmte Beschäftigungsverhältnisse, z.B. die von Expatriates, in manchen Vertragskonstellationen, die auch personalwirtschaftliche Maßnahmen mit beinhalten, mehr oder weniger effizient abgewickelt werden.

Auf dieser Basis entwickelt Festing zwei zentrale Thesen. Sie postuliert,

- daß mit zunehmender Koordinationsintensität die Humankapitalspezifität der international tätigen Führungskräfte zunimmt,[54] und
- daß mit zunehmender geographischer Streuung eine zunehmende Verhaltensunsicherheit in Bezug auf die betrachtete Mitarbeitergruppe verbunden ist.[55]

Bei dichotomer Ausprägung der Variablen ergeben sich hieraus entsprechend der vier Varianten von Globalisierungsstrategien vier Typen von Arbeitsmarkttransaktionen.

Diese Arbeitsmarkttransaktionen können in verschiedenen institutionellen Arrangements unterschiedlich effizient abgewickelt werden. Die institutionellen Arrangements werden durch konsistente personalwirtschaftliche Handlungsmuster interpretiert, aus denen sich internationale Personalstrategien ergeben:

- die *lokal orientierte Personalstrategie*, die keine spezifischen personalwirtschaftlichen Maßnahmen für international tätige Führungskräfte einschließt,
- die *internationale Anreizstrategie*, deren Maßnahmen vorwiegend darauf ausgerichtet sind, international tätige Führungskräfte über leistungsgerechte Entlohnung an das Unternehmen zu binden,
- die *internationale Identifikationsstrategie,* die vorwiegend über Maßnahmen der internationalen Personalentwicklung die Angleichung von individuellen Interessen und Unternehmensinteressen zum Ziel hat.

Tabelle 8.5 skizziert die Inhalte der Personalstrategien.[56] Ziel einer jeden Strategie ist es, daß die einzelnen personalwirtschaftlichen Aktivitäten auf einander abgestimmt sind und zur Erreichung eines gemeinsamen Zieles beitragen.

	Lokal orientierte Personalstrategie	Internationale Anreizstrategie	Internationale Identifikationsstrategie
Ziel	optimale Aufgabenerfüllung auf nationaler Ebene, da nur ein geringes internationales Koordinationsbedürfnis besteht	langfristige Bindung des Mitarbeiters an das Unternehmen (vorwiegend durch leistungsgerechte, überdurchschnittliche Bezahlung)	langfristige Bindung des Mitarbeiters an das Unternehmen durch Identifikation
Expatriate Management	individuelle Lösungen	überdurchschnittliche, leistungsbezogene Bezahlung; fachbezogene internationale Personalentwicklungsprogramme	unternehmensweite Personalentwicklung durch Job Rotation, Karriereplanung, internationale Trainings- und Projektgruppen
Richtlinien für die Personalfunktion	nur national ausgerichtet wenige Kontakte zwischen Stammhaus und Tochtergesellschaft	internationale Richtlinien, vor allem für Entgeltpolitik Leistungsbeurteilung	internationale Richtlinien für viele personalwirtschaftliche Aufgabenbereiche, vor allem Personalentwicklung und Personalführung

Tab. 8.5: Kennzeichen der internationalen Personalstrategien (in Anlehnung an Festing, 1997a, S. 9).

Das in Abbildung 8.5 wiedergegebene Modell des Strategischen Internationalen Personalmanagements geht folglich davon aus, daß bestimmte Typen von Arbeitsmarkttransaktionen durch bestimmte institutionelle Arrangements und damit durch die Verwendung internationaler Personalstrategien mehr oder weniger effizient abgewickelt werden können. Die Grundidee des Modells besteht also darin, Auslandseinsätze von Fach- und Führungskräften als Investitionen in den Mitarbeiter zu interpretieren, die in bestimmten Situationen für das Unternehmen von strategischer Bedeutung sein können und durch personalwirtschaftliche Maßnahmen geschützt werden müssen.

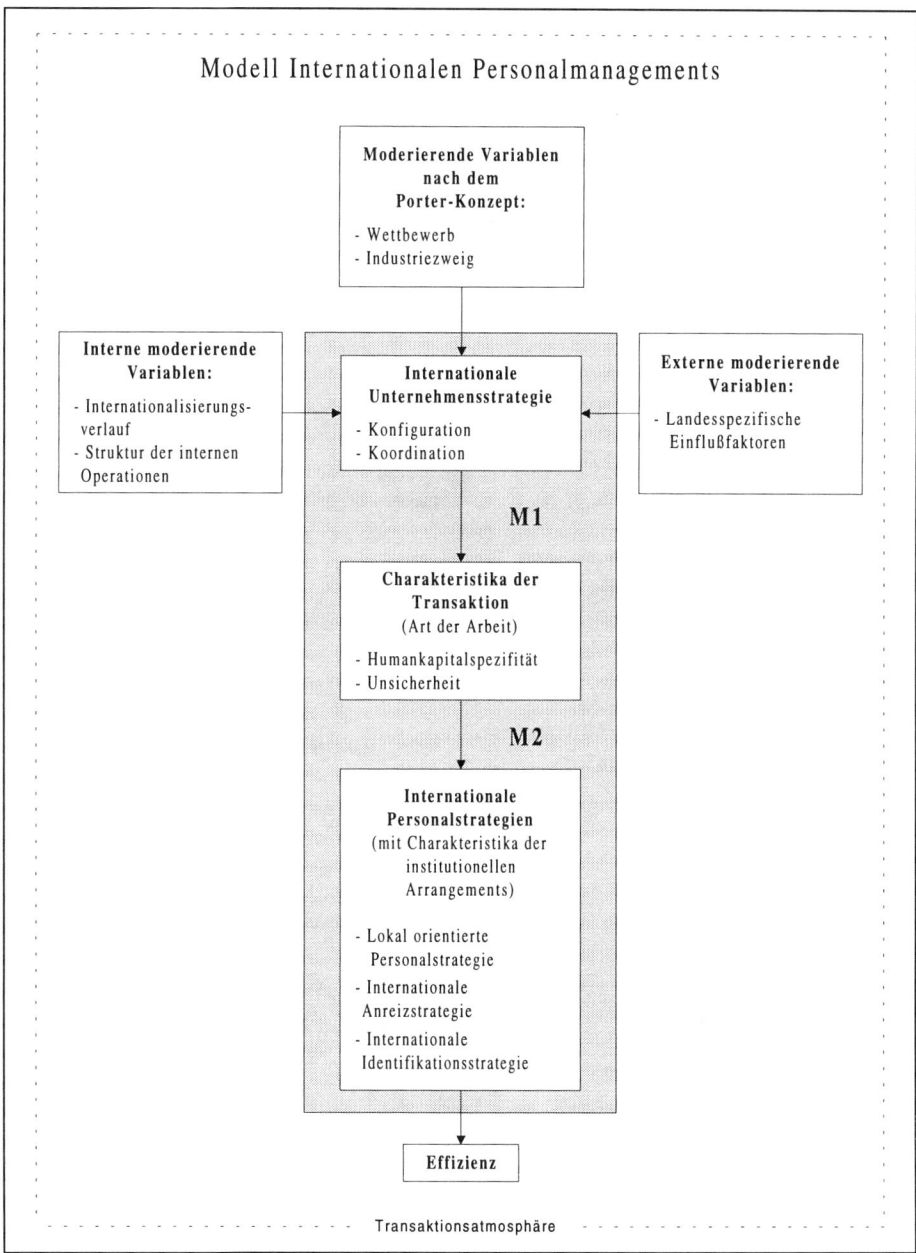

Abb. 8.6: Modell des Strategischen Internationalen Personalmanagements (in Anlehnung an Festing, 1996b, S. 240).

Festing hat das Modell mit der Realität konfrontiert, indem sie Datenmaterial für Fallstudien in den Stammhäusern und in den australischen Tochtergesellschaften deutscher, international tätiger Unternehmen gesammelt und analysiert hat. Durch die ermittelten

Ergebnisse konnten die postulierten Modellbeziehungen in hohem Maße gestützt werden. Abbildung 8.6 gibt Aufschluß über die Ergebnisse.

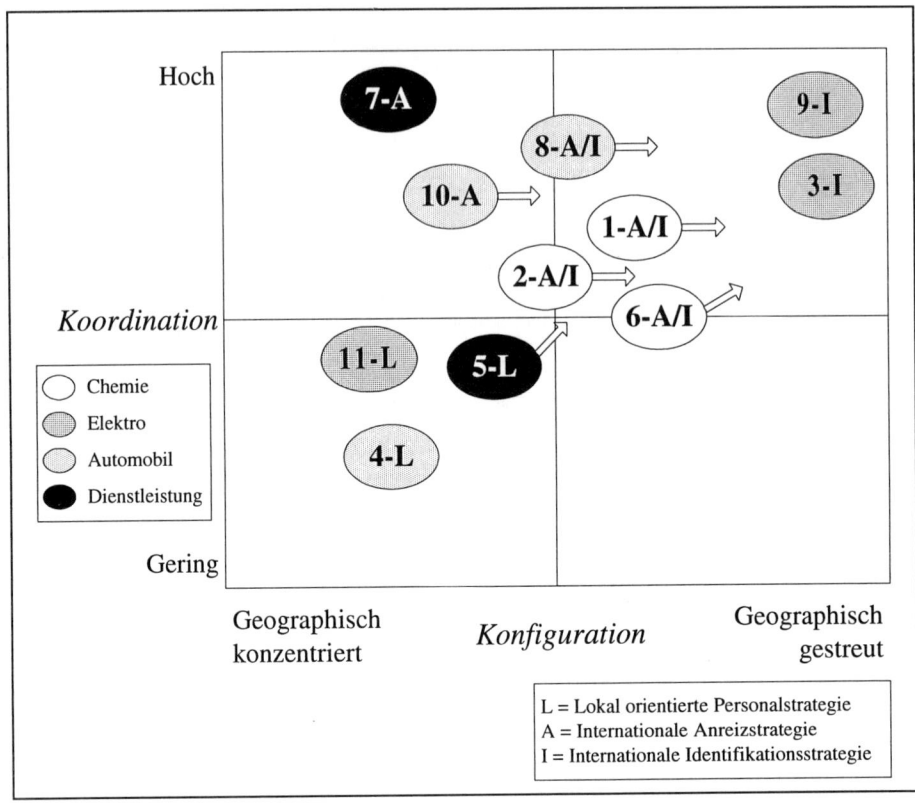

Abb. 8.7: Ergebnisse der Fallstudien.

In elf von zwölf untersuchten Unternehmen können die Einzelaktivitäten einer internationalen Personalstrategie zugeordnet werden. Lediglich in den internationalen personalwirtschaftlichen Aktivitäten der Siemens-Nixdorf-Informationssysteme AG waren Elemente verschiedener Strategien zu finden, da sie zum Zeitpunkt der Untersuchung noch sehr stark durch die Zusammenführung der beiden Unternehmen gekennzeichnet war. Dieses Beispiel zeigt, wie stark sich eine Veränderung im Gesamtunternehmen auch auf die internationalen personalwirtschaftlichen Aktivitäten niederschlägt.

Von den anderen elf Unternehmen verfolgten drei lokal orientierte Personalstrategien, zwei internationale Anreizstrategien und zwei internationale Identifikationsstrategien.

- Eine lokal orientierte Personalstrategie zeigte sich beispielsweise in einem Unternehmen der Automobilzuliefererindustrie. Zwar wurden Führungspositionen in der untersuchten ausländischen Tochtergesellschaft häufig mit Stammhausmitarbeitern besetzt, der Auslandsaufenthalt war jedoch zeitlich nahezu unbegrenzt. Daraus kann geschlossen werden, daß das Ziel des Aufbaus von Qualifikationen, die der internationalen Konzernkoordination dienen, nicht im Vordergrund steht. Systematische internationale Personalentwicklungsprogramme oder einheitliche Personalpolitiken wurden nicht angestrebt.

- Als Beispiel für eine internationale Anreizstrategie kann ein Dienstleistungsunternehmen genannt werden, das seine internationalen Aktivitäten hauptsächlich durch Verkaufsrepräsentanzen steuert. In diesen ausländischen Unternehmenseinheiten war eine Vielzahl von Stammhausmitarbeitern beschäftigt, deren Leistung systematisch erfaßt wurde und deren Entgelt einen hohen variablen Anteil aufwies. Zum Zeitpunkt der Untersuchung existierten getrennte Karrierewege für die national tätigen und für die international tätigen Führungskräfte.

- Die internationale Identifikationsstrategie wurde vorwiegend in Unternehmen der Elektroindustrie verfolgt. Sie zeichnen sich durch klar definierte Karrierebausteine und ein professionelles Management von Auslandseinsätzen aus. Leitlinien für die Personalentwicklung und Personalführung galten in der Tochtergesellschaft wie im Stammhaus und wurden durch internationale Projektteams auf internationalen Personalleitertagungen entwickelt.

Vier Unternehmen befanden sich in einer Phase intensiven Wandels und zeichneten sich durch eine Mischform zwischen internationaler Anreiz- und internationaler Identifikationsstrategie aus. Diese Mischformen wurden alle mit der Zunahme der internationalen Aktivitäten und mit der damit einhergehenden Koordinationsintensität begründet. Auffällig war, daß die untersuchten Unternehmen der chemischen Industrie alle dieser Gruppe angehörten. Die Veränderungen in der Ausgestaltung der internationalen Personalstrategien ergaben sich aufgrund der zunehmenden Bedeutung der internationalen Koordination vorwiegend in Richtung einer internationalen Identifikationsstrategie.

Das Modell von Festing zieht - ähnlich wie das Konzept von Taylor/Beechler/Napier - organisationstheoretische Erkenntnisse heran, um die postulierten Wirkungszusammenhänge zu erklären. Mit dieser Vorgehensweise verbunden ist jedoch, daß das Themenfeld des Strategischen Internationalen Personalmanagements lediglich aus einer spezifischen Perspektive analysiert werden kann, in diesem Fall der Kosten/Nutzen-Perspektive. Damit treten zwangsläufig ebenfalls wichtige Aspekte wie beispielsweise kulturelle Einflußfaktoren zurück. De Cieri und Dowling kritisieren, daß die transaktionskostentheoretische Perspektive nicht in der Lage sei, eine vollständige Erklärung für Strategisches Internationales Personalmanagement zu liefern.[57]

2.7 Diskussion der Konzepte

Die obige Übersicht über SIPM-Konzepte strebt keine Vollständigkeit an, berücksichtigt aber einige besonders wichtige Ansätze. Sie gibt Aufschluß über neueste Forschungsergebnisse auf dem Gebiet des Strategischen Internationalen Personalmanagements und zeigt, daß dieses Forschungsfeld mittlerweile zumindest den Kinderschuhen entwachsen ist.[58]

Die unterschiedlichen Ansatzpunkte verdeutlichen, daß kein einheitliches und anerkanntes Konzept zur Beschreibung oder Erklärung strategischer Personalmanagementaktivitäten auf internationaler Ebene vorliegt. Zu dem gleichen Ergebnis gelangt man, wenn die Literatur für strategisches Personalmanagement auf nationaler Ebene zu Rate gezogen wird. In der nun folgenden vergleichenden Auseinandersetzung mit den dargestellten Konzepten sollen Gemeinsamkeiten und Unterschiede identifiziert werden, um so Tendenzen oder Defizite für die weitere Forschung aufzuzeigen.[59] Hierfür wird noch einmal auf die Diskussion in Kapitel 3 dieses Buches Bezug genommen, die ebenfalls Abstimmungsaspekte zwischen Unternehmens- und Personalstrategie sowie Organisationsstruktur einbezieht und somit auch strategischen Charakter aufweist.[60]

Die oben erläuterten Konzepte Strategischen Internationalen Personalmanagements sind größtenteils durch eine kontingenztheoretische Perspektive gekennzeichnet.[61] Anhand von Ergebnissen aus der Organisationsforschung werden jeweils situative Einflußfaktoren identifiziert, aus denen Implikationen für das Internationale Personalmanagement abgeleitet werden. Ausnahmen bilden die beiden zuletzt skizzierten Konzepte von Taylor/Beechler/Napier und Festing sowie mit einigen Abstrichen auch das von Schuler/Dowling/De Cieri.

Es ist festzustellen, daß alle Forscher bzw. Forschergruppen unterschiedliche Ergebnisse aus der Organisations- bzw. Verhaltensforschung für die Beschreibung und Analyse des Internationalisierungsprozesses eines Unternehmens verwenden. So wählt Perlmutter die Grundeinstellung des Managements als Ausgangspunkt für seine Überlegungen,[62] Adler/Ghadar verwenden das Produktlebenszyklusmodell, Milliman/Glinow/Nathan ein Organisationslebenszykluskonzept, Kumar und Festing das Globalisierungskonzept von Porter und Schuler/Dowling/De Cieri eine Vielzahl von unterschiedlichen Einflußfaktoren.

Trotz dieser unterschiedlichen Konzepte, ist es möglich, gemeinsame Charakteristika im Aussagenspektrum zu identifizieren. So sind Phase 4 (Adler/Ghadar) genauso wie die vierte Stufe des Organisationslebenszyklusses (Milliman/Glinow/Nathan), die einfache globale Strategie (Porter) oder das Geozentrismus-Konzept (Perlmutter) von hohen Anforderungen sowohl an die lokale Anpassungsfähigkeit als auch an die globale Integration gekennzeichnet. Ähnliche Feststellungen können auch für andere Entwicklungsphasen getroffen werden. Es kann also grundsätzlich festgehalten werden, daß die einzelnen Konzepte sich in ihren inhaltlichen Aussagen zur jeweiligen Entwicklungsphase/-stufe nicht widersprechen.

Dennoch bestehen deutliche Unterschiede zwischen den verschiedenen Konzepten. Für die meisten Beiträge gilt, daß ihre Erklärungskraft nicht sehr hoch ist. Immerhin liefern Konzepte, die am Produktlebenszyklus wie Adler/Ghadar, am Organisationslebenszyklus und an Umweltfaktoren wie Milliman/Glinow/Nathan oder an den Porter-Dimensionen "Konfiguration" und "Koordination" wie Kumar anknüpfen, Hinweise auf Einflußfaktoren einer internationalen Personalmanagementstrategie, die über einen spezifischen, meist nicht näher spezifizierten Problemdruck Einfluß in der jeweils angegebenen Richtung ausüben. Der strategische Bezugsrahmen von Schuler/Dowling/De Cieri stellt die Erfassung und Systematisierung der Einflußfaktoren in den Mittelpunkt. Er erlaubt damit eine multidimensionale Analyse der relevanten Zusammenhänge. Eine im engeren Sinne theoretische Fundierung der Zusammenhänge zwischen den bedeutsamen

Aspekten der Umweltbedingungen sowie der Handhabung strategischer Personalmanagementprobleme streben Taylor/Beechler/Napier und Festing an.

Einige Beiträge, z.B. Perlmutter, Adler/Ghadar und Milliman/Glinow/Nathan, behaupten bestimmte und auch näher erläuterte Entwicklungstendenzen. Auch wenn diese Prognosen nicht allgemein geteilt werden, ist offenkundig, daß viele Unternehmen derzeit durch eine zunehmende Internationalisierung gekennzeichnet sind. Dies deuten auch die oben skizzierten empirischen Untersuchungsergebnisse von Festing an. Ferner soll auch nicht in Frage gestellt werden, daß die Konzepte der transnationalen Unternehmung[63] oder der Heterarchie[64] in der Zukunft eine immer wichtigere Rolle in der internationalen Unternehmenstätigkeit spielen werden. Ergebnisse empirischer Untersuchungen zeigen jedoch, daß die Relevanz dieser Organisationstypen heute noch nicht so groß ist wie der Raum, den diese in der Fachliteratur einnehmen. Beispielsweise zeigt eine Studie von Wunderer,[65] daß 1990 von 16 großen deutschen Unternehmen nur 22 % als geozentrisch charakterisiert werden konnten. Es wird unterstellt, daß diese Beschreibung eher dem transnationalen Unternehmen entspricht als der ethnozentrische (41 %) oder der polyzentrische (37 %) Ansatz. Meissner ist sogar der Ansicht, daß transnationale Unternehmen eher Spezialfälle in der Weltwirtschaft am Ende dieses Jahrhunderts darstellen werden.[66]

Konzept	Ansatzpunkt für die Beschreibung des Internationalisierungs-Konzeptes	Propagierte Entwicklungstendenz
Perlmutter (1969)	Grundeinstellung des Managements	Geozentrismus
Adler/Ghadar (1991)	Produktlebenszyklus (Vernon, 1966)	Phase 4 (globale Ausrichtung)
Milliman/Glinow/ Nathan (1991)	Organisationslebenszyklus und Umweltfaktoren (Miller/Friesen, 1984)	Stufe 4 (strategische Integration)
Kumar (1992)	Konfiguration und Koordination (Porter, 1986)	keine
Schuler/Dowling/ De Cieri (1993)	verschiedene Einflußfaktoren	keine (Analyse des Status Quo)
Taylor/Beechler/ Napier (1996)	verschiedene Einflußfaktoren, insbesondere strategische Rollen der Tochtergesellschaften (Gupta/Govindarajan, 1991); Ressourcenorientierte Theorie, Resource Dependence-Theorie	keine
Festing (1996)	verschiedene Einflußfaktoren, insbesondere Konfiguration und Koordination (Porter, 1986); Transaktionskostentheorie	keine

Tab. 8.6:   Zusammenfassender Vergleich der Konzepte Strategischen Internationalen Personalmanagements (in Anlehnung an Weber/Festing, 1994).

3. Zur Leistungsfähigkeit der Erklärungsansätze für SIPM

Die Diskussion der verschiedenen Konzeptionen für Strategisches Internationales Personalmanagement hat gezeigt, daß kontingenztheoretische Überlegungen in der Lage sind, typische Lösungen für typische Konstellationen zu identifizieren. Diese Vorgehensweise leistet einen wertvollen Beitrag zur Erweiterung des Verständnisses über Zusammenhänge in diesem Themengebiet. Gleichzeitig sind mit einem solchen Ansatz aber auch Grenzen verbunden. So kann nicht erklärt werden, warum unterschiedliche Lösungen in gleichen Situationen gleich effizient sein können. Ferner ist es bei einer hohen Zahl von unabhängigen Variablen schwierig, konkrete Aussagen zu Maßnahmen des Internationalen Personalmanagements abzuleiten. Dies gilt vor allem für den integrativen Bezugsrahmen von Schuler/Dowling/De Cieri. Des weiteren zeigen empirische Untersuchungen aus anderen kontingenztheoretisch bearbeiteten Forschungsfeldern, daß die maximale multiple Korrelation meistens keinen höheren Wert als 0,5 aufweist, d.h. es werden maximal 25 % der Varianz durch bestimmte Situationsfaktoren erklärt. Es bleibt also offen, welche Faktoren den verbleibenden Rest der Varianz erklären können.

Eine Konsequenz aus der Kritik an der kontingenztheoretisch orientierten Vorgehensweise im Bereich des Internationalen Personalmanagements wäre, nach Theorien zu suchen, die einen höheren Erklärungsgehalt für Fragestellungen des Personalmanagements besitzen. Möglichkeiten hierfür zeigen beispielsweise Wright/McMahan auf,[67] indem sie theoretische Perspektiven für strategisches Personalmanagement untersuchen.

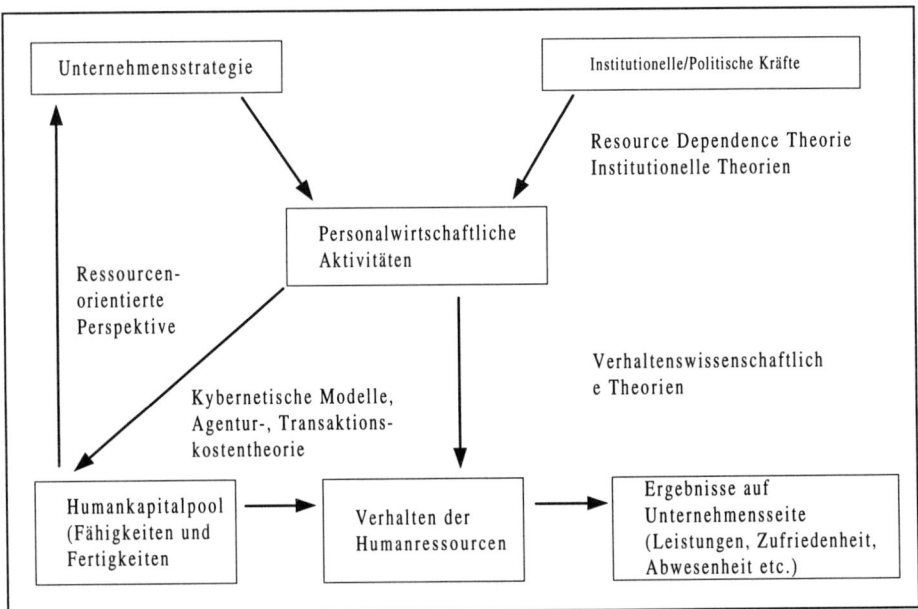

Abb. 8.8: Konzeptionelles Modell für einen theoretischen Bezugsrahmen zum strategischen Personalmanagement (Wright/McMahan, 1992, S. 299).

Zwar beziehen sich die Überlegungen dieser beiden Forscher lediglich auf die nationale Ebene, es scheint jedoch lohnenswert zu sein, die Übertragbarkeit dieser Gedanken auf die internationale Ebene zu überprüfen. Wright/McMahan diskutieren sechs Theorien, die ihrer Ansicht nach zu einem besseren Verständnis der strategischen und auch der nicht strategischen Determinanten des Personalmanagements beitragen.

Es werden auf eine verhaltenstheoretische Perspektive, kybernetische Modelle, die Prinzipal-Agententheorie bzw. die Transaktionskostentheorie, Machtmodelle - insbesondere die *Resource Dependence*-Theorie - Politikmodelle und auf eine ressourcenorientierte Perspektive des Unternehmens eingegangen.[68] Abbildung 8.7 gibt Anhaltspunkte für mögliche Erklärungsleistungen der einzelnen Theorien in dem oben skizzierten Zusammenhang.

Eine Diskussion von allen sechs genannten theoretischen Ansätzen im Hinblick auf ihren Erklärungsgehalt für Strategisches Internationales Personalmanagement würde sicherlich im Rahmen dieses Buches zu weit gehen. Dies stellt eine große Herausforderung für weitere Forschungsarbeiten dar. Arbeiten, die dieser Sichtweise folgen, sind die Beiträge von Taylor/Beechler/Napier und Festing.

4. Zusammenfassung

Die Ausführungen über die Konzepte Strategischen Internationalen Personalmanagements haben gezeigt, daß zu Beginn der neunziger Jahre erhebliche Fortschritte bei der Bearbeitung grundsätzlicher Fragestellungen des Internationalen Personalmanagements erreicht wurden. Vor allem der Rückgriff auf anerkannte organisationstheoretische Konzepte erweist sich als fruchtbar für die Analyse von personalwirtschaftlichen Aktivitäten in multinationalen Unternehmen.

So legen Adler/Ghadar ihren Ausführungen das Konzept des Produktlebenszyklus zugrunde, in ähnlicher Weise basieren die Ausführungen bei Milliman/Glinow/Nathan auf einem Organisationslebenszykluskonzept.

Die Porter-Matrix wählen Kumar und Festing als Ausgangspunkt ihrer Überlegungen. Organisationstheorien wie die *Resource Dependence*-Theorie, die ressourcenorientierte Theorie und die Transaktionskostentheorie finden bei Taylor/Beechler/Napier oder bei Festing Berücksichtigung. Schuler/Dowling/De Cieri legen ein Modell dar, das verschiedene Einflußfaktoren und theoretische Konzepte integriert.

Dennoch sind weitere Arbeiten erforderlich, die dieses Problemfeld aus den verschiedensten theoretischen Perspektiven untersuchen. In einem weiteren Schritt wäre dann auch die empirische Überprüfung von theoretisch fundierten Hypothesen denkbar. Nur wenn konsequent an der Erforschung der strategischen Aspekte gearbeitet wird, kann das von Wolf[69] identifizierte Forschungsdefizit im Bereich der "echten" Führungsentscheidungen[70] des Internationalen Personalmanagements geschlossen werden.

Der theoretisch bereits recht intensiv geführten Diskussion zum strategischen Internationalen Personalmanmagement stehen bisher erst in Einzelfällen schriftlich formulierte internationale Personalstrategien auf der Unternehmenssseite gegenüber. Entsendungsrichtlinien[71] multinationaler Unternehmen stellen jedoch gute Ansatzpunkte für eine systematische, zielorientierte internationale Personalpolitik dar, in die die Erkenntnisse aus der theoretischen Diskussion des strategischen internationalen Personalmanagements hervorragend eingearbeitet werden können.

5. Diskussionsfragen zu Kapitel 8

(1) Beschreiben Sie das Vier-Phasen-Modell von Adler/Ghadar und nehmen Sie zu dem Konzept Stellung.

(2) Beschreiben Sie den integrativen Bezugsrahmen für Internationales Personalmanagement von Schuler/Dowling/De Cieri. Nehmen Sie hierzu Stellung.

(3) Leiten Sie aus dem Globalisierungskonzept von Porter Konsequenzen für das Internationale Personalmanagement ab.

(4) Diskutieren Sie die Konzepte "Fit" und "Flexibilität" im Zusammenhang mit internationalen Personalmanagementaktivitäten.

(5) Erläutern Sie typische Strategien des Strategischen Internationalen Personalmanagements und versuchen Sie zu erklären, welche Faktoren diese Strategien zweckmäßig erscheinen lassen.

(6) Diskutieren Sie Ansatzmöglichkeiten für die weitere Forschung im Bereich des Strategischen Internationalen Personalmanagements.

6. Fallbeispiel

Neue Herausforderungen für BMW[72]

Das Unternehmen

Mehr als 118.000 Mitarbeiter waren 1997 in fünf Kontinenten für BMW tätig, ca. 56 % hiervon in Deutschland.[73] BMW produziert und vertreibt Automobile, Motorräder und Triebwerke für den weltweiten Absatz und erwirtschaftete 1997 mehr als 60 Milliarden DM. Insgesamt wurden 1,2 Mio. Automobile produziert, über 520.000 davon durch Rover.

Die Internationalisierung

In den letzten Jahren hat sich die BMW AG von einem eher national ausgerichteten Unternehmen zu einem international orientierten Konzern entwickelt. Die Merkmale dieser internationalen Struktur spiegeln sich in den nachfolgend genannten Punkten wider: Übernahme des britischen Automobilherstellers Rover 1994, die deutsch-englische Kooperation bei BMW Rolls-Royce Aero Engines, die Eröffnung des ersten kompletten BMW-Automobilwerkes außerhalb Deutschlands bei Spartanburg in South Carolina in den USA 1994[74] sowie weltweite Produktions-, Montage-, Vertriebs- und Finanzdienstleistungsgesellschaften.

Diese zunehmende Internationalisierung schlägt sich auch in den betriebswirtschaftlichen Funktionsbereichen nieder:

- Die Forschung und Entwicklung der BMW AG erfolgt primär in Deutschland, jedoch mit zwei weiteren Standorten in Österreich und in den USA. Rover hat diesen Funktionsbereich in Großbritannien angesiedelt.
- Neben der Fertigung in Deutschland gibt es weitere Werke in den USA, Südafrika, Österreich, Mexiko, Ägypten, Thailand, Vietnam, Malaysia, Philippinen und Indonesien. Vertriebsgesellschaften sind an 35 ausländischen Standorten zu finden.[75] Rover produziert ausschließlich in Großbritannien, in Kürze wird jedoch im Rahmen eines Joint Ventures zwischen BMW, Rover und Chrysler eine Motorenfabrik für Rover Motoren in Brasilien entstehen. 1996 wurde bereits jedes zweite Automobil außerhalb Deutschlands hergestellt.
- Der überwiegende Teil des Umsatzes wird mit 68 % in Europa erzielt. Es folgt Nordamerika als wichtiger Absatzmarkt. Auch die Konzernfinanzierung sowie die Finanzdienstleistungsgesellschaften sind auf viele verschiedene Standorte aufgeteilt.

Herausforderungen für das Personalmanagement

Ziel der Personalpolitik der BMW AG ist die langfristige Steigerung der Leistungsfähigkeit und der Leistungsbereitschaft der Mitarbeiter. Für den Prozeß der Globalisierung des Unternehmens bedeutet dies, daß ein Denken unabhängig von mentalen, nationalen und kulturellen Grenzen sowie Zusammenarbeit verschiedener Nationalitäten gefördert und die hierfür erforderliche Mobilität der Mitarbeiter unterstützt werden sollen.

"Neu ist .. die zunehmende Internationalisierung, und zwar in allen Bereichen der Wertschöpfung: im Einkauf, in der Entwicklung, in der Produktion, im Vertrieb. Und internationaler werden heißt in unserem Zusammenhang, daß wir zunehmend mehr Funktionen haben, in denen internationale Zusammenarbeit eine Rolle spielt, in denen vom Funktionsinhaber - längst nicht mehr nur Führungskräfte - erwartet wird, international zu denken und zu handeln. Die Anforderungsprofile ändern sich also, es kommt eine neue Wissensdimension hinzu, die originären Aufgaben des Personalwesens, unsere Kernprozesse bleiben die alten. Zu Ende gedacht heißt dies: Internationales Personalmanagement ... ist nicht Aufgabe einiger weniger innerhalb des Personalwesens, sondern Aufgabe aller im Personalwesen."[76]

Durch gezielte Personalplanung und -entwicklung wird ein internationales Management- und Mitarbeiterpotential aufgebaut und entwickelt. Anlaß für internationale Personaltransfers ist entweder ein konkreter Personalentwicklungsbedarf oder die Notwendigkeit des Know-how-Transfers.

Kriterien der Auswahl für internationale Positionen sind beispielsweise, daß die Kandidaten über mehrere Jahre Top-Leistungen gezeigt haben müssen. Die Beurteilung ihrer Leistung erfolgt im Rahmen des Portfoliosystems, einer differenzierten Leistungs- und Potentialeinschätzung. Bei der *Vorbereitung* von Kandidaten für internationale Positionen wird zwischen allgemeinen und speziellen Maßnahmen für einen bestimmten Auslandsaufenthalt unterschieden. Die allgemeine Vorbereitung umfaßt z.B.

- unternehmensintern durchgeführte internationale Management Trainings, die in deutscher und in englischer Sprache durchgeführt werden,
- Orientierungsworkshops für potentielle Expatriates und eventuell begleitende (Ehe-) Partner zur Selbsteinschätzung hinsichtlich der Eignung für einen Auslandsaufenthalt.

Die Vorbereitung des Mitarbeiters für einen konkreten Auslandseinsatz umfaßt gezielte Mitarbeitergespräche mit Personalvertretern des Stammhauses und der Auslandsniederlassung. Diese beinhalten mögliche Ziele und die Dauer von Auslandseinsätzen, Karriereperspektiven nach der Rückkehr sowie das Gehalt. Zusätzlich zu diesen Maßnahmen werden eine Informationsmappe, ein Look & See-Trip und sprachliche Vorbereitungen angeboten.

Die Abteilung "Internationales Personalmanagement" der BMW AG möchte den Herausforderungen der nächsten Jahre möglichst gut gewachsen sein und stellt sich die Frage, ob sich möglicherweise Veränderungen in der internationalen Personalmanagementstrategie abzeichnen und wie diese aussehen könnten.

Fragen zum Fallbeispiel

(1) Analysieren Sie die derzeitige Situation der BMW AG: Worin bestehen mögliche Auslöser für Veränderungen im Internationalen Personalmanagement der BMW AG? Argumentieren Sie vor dem Hintergrund eines der oben erläuterten Konzepte zum Strategischen Internationalen Personalmanagement.

(2) Welche Gestaltungsempfehlungen würden Sie den Personalverantwortlichen geben? Argumentieren Sie wiederum vor dem Hintergrund eines der oben erläuterten Konzepte zum Strategischen Internationalen Personalmanagement.

(3) Wo sehen Sie die Grenzen des von Ihnen verwendeten Konzeptes? Welches der genannten Konzepte besitzt die größte Erklärungskraft für die Praxis des Internationalen Personalmanagements? Begründen Sie bitte Ihre Antwort.

7. Weiterführende Literatur

Adler, N. J., Ghadar, F.: Strategic Human Resource Management: A Global Perspective, in: Pieper, R.: Human Resource Management - An International Comparison, Berlin/New York 1991, S. 235-260.

De Cieri, H./Dowling, P. J.: Strategic Human Resource Management in Multinational Enterprises: Theoretical and Empirical Developments in: Wright, P., Dyer, L., Boudreau, J. W., Milkovich, G. T. (Hrsg.), Strategic Human Resource Management in the Twenty-First Century, Stamford CT 1999, S. 305-338.

Dowling, P. J. (1999): Completing the Puzzle: Issues in the Devlopment of the Field of International Human Resource Management, in: Festing. M. (Guest Ed.): Strategic Issues in International Human Resource Management, Management International Review, Vol. 39, Special Issue Nr. 2, 1999, 27-44.

Festing, M.: Strategisches Internationales Personalmanagement. Eine transaktionskostentheoretisch fundierte Analyse, 2. aktualisierte und überarb. Aufl., München/Mering 1999.

Kumar, B. N.: Personalpolitische Herausforderungen für im Ausland tätige Unternehmen, in: Dichtl, E., Issing, O. (Hrsg.): Exportnation Deutschland, München 1992, S. 305-337.

Schuler, R. S., Dowling, P. J., De Cieri, H.: An Integrative Framework for Strategic Vol. 19, Nr. 2, S. 419-459.International Human Resource Management, in: Journal of Management, 1993,

---

[1] Heenan/Perlmutter, 1979.

[2] Vgl. z.B.: Macharzina, 1992, S. 366-384; Marr/Schmölz, 1989, Sp. 1969-1980; Pausenberger, 1983, S. 41-60; Schulte, 1988, S. 179-195; Wunderer, 1992, S. 161-181; Perlitz, 1997, S. 469-478.

[3] Vgl. hierzu auch van Roessel, 1988, S. 54-59. Van Roessel ist der Ansicht, daß die auf Perlmutter zurückgehende Systematisierung lediglich einen Normierungscharakter aufweist.

[4] Hinsichtlich der Berücksichtigung der Einstellung des Managements zu internationalen Aktivitäten der Organisation im Entscheidungsprozeß kann ferner die behavioristische Theorie der Direktinvestition genannt werden. Sie beschäftigt sich nicht ausdrücklich mit dem Führungskonzept einer Unternehmung oder gar mit personalwirtschaftlichen Fragen, sondern bezieht sich primär auf die Erklärung des Entscheidungsprozesses über Direktinvestitionen als Markteintrittsstrategie (vgl. Aharoni, 1966). Ein neuerer Ansatz von Taggart stellt behavioristische Aspekte bei der Wahl der Strategien von Tochtergesellschaften international tätiger Unternehmen in den Vordergrund (vgl. Taggart, 1997, S. 951-975).

[5] Vgl. hierzu die Ausführungen bei Perlitz, 1997.

[6] Vgl. Porter, 1986, S. 57.

[7] Vgl. Wind/Douglas/Perlmutter, 1973, S. 14-23.

[8] Vgl. Evans, zitiert nach Adler/Ghadar, 1991, S. 235.

[9] Vgl. Wright/McMahan, 1992, S. 298.

[10] Vgl. Schuler/Dowling/De Cieri, 1993, S. 419-459.

[11] Vgl. hierzu auch die grundlegenden Ausführungen in Kapitel 3.

[12] Vgl. zu einer Analyse der Forschung im Strategischen Internationalen Personalmanagement ferner die Ausführungen bei De Cieri/Fenwick/Cox, 1998.

[13] Adler/Ghadar, 1991, S. 235-260.

[14] Eine ähnliche Phasenunterscheidung findet sich auch in der deutschsprachigen Literatur. Macharzina unterscheidet beispielsweise zwischen Frühphase, Übergangsphase und Globalisierungsphase der Auslandstätigkeit (vgl. Macharzina, 1992, S. 366-384).

[15] Vgl. Vernon, 1966, S. 190-207.

[16] Vgl. Hedlund, 1986, S. 9-35; vgl. hierzu auch Kapitel 2. Vgl. hierzu auch Wolf, 1997, S. 145-171.

[17] Vgl. Adler/Ghadar, 1991, S. 245.

[18] Mit "Fit" ist die Abstimmung von Merkmalen einer Organisation, die in einem größeren Wirkungszusammenhang stehen, gemeint (vgl. Weber/Mayrhofer/Nienhüser, 1993, S. 103).

[19] Vgl. Perlitz, 1997, S. 89.

[20] In seinem Konzept geht Porter davon aus, daß ein Unternehmen nicht eine Kombination von Kostenführerschaft und Differenzierung verfolgen kann. Andere Arbeiten widersprechen dieser Behauptung jedoch und gehen davon aus bzw. weisen nach, daß auch eine Kombination möglich ist. Vgl. zu dieser Diskussion z.B. die Ausführungen bei: Corsten/Will, 1992, S. 185; Hill, 1988, S. 401; Gilbert/Strebel, 1987, S. 31 ff.; Gaitanides/Westphal, 1991; Phillips/Chang/Buzell, 1983; White, 1986; Miller/Friesen, 1986.

[21] Vgl. z.B. Wunderer, 1992, S. 161-181.

[22] Vgl. Milliman/Glinow/Nathan, 1991, S. 318-339.

[23] Vgl. Milliman/Glinow/Nathan, 1991, S. 326.

[24] Vgl. Miller/Friesen, 1984, S. 1161-1183.

[25] Für eine Diskussion des Zusammenhangs zwischen Fit und Flexibilität wird auf die Originalquelle sowie auf die einschlägige Literatur verwiesen.

[26] Der Gestaltansatz wurde beispielsweise auch von Macharzina und Engelhard bei der Entwicklung des GAINS-Paradigmas berücksichtigt (vgl. Macharzina/Engelhard, 1991, S. 23-43).

[27] Vgl. Kumar, 1992, S. 305-337.

[28] Vgl. Porter, 1989. Vgl. auch die Arbeiten von Welge/Böttcher, 1991; Meffert, 1989; Kobrin, 1991.

[29] Die Begriffe "Geographische Streuung" oder "Konfiguration" beinhalten den strukturellen Aufbau der weltweiten Unternehmensaktivitäten, d.h. beispielsweise welche Funktionen an welchen Standorten angesiedelt werden. Koordination bezieht sich auf die Art und Weise, wie ähnliche bzw. verwandte Aktivitäten in verschiedenen Ländern koordiniert werden (vgl. Porter, 1989, S. 23-25).

[30] Die Telekommunikationsbranche befindet sich zur Zeit im Zustand der Veränderung. Wie in der Bundesrepublik Deutschland wird auch in anderen Ländern das staatliche Monopol der Telekommunikation zunehmend durch freien Wettbewerb ersetzt. Dadurch nimmt die Blockierung des globalen Marktes ab. Zur Zeit kann jedoch immer noch in weiten Teilen der Welt von blockiert globalen Märkten in der Telekommunikationsindustrie gesprochen werden.

[31] Detaillierte Angaben über die personalwirtschaftlichen Implikationen der Globalisierungsstrategien können hier leider nicht erfolgen. Dafür wird auf die Originalquelle verwiesen.

[32] Vgl. Perlitz, 1997, S. 158.

[33] Vgl. Kumar, 1993a, S. 49-77. Die Fundierung des Bezugsrahmens durch Theorien der Eigentums- und Transaktionsvorteile sowie der Standortvorteile ermöglicht eine Erklärungsleistung, die über das Porter-Konzept hinausgeht.

[34] Vgl. Schuler/Dowling/De Cieri, 1993, S. 419-459; De Cieri/Dowling, 1997a, S. 21-43; De Cieri/Dowling, 1999.

35 Hier wird die grundsätzliche Ähnlichkeit zu den beiden oben dargestellten Fit-Konzepten von Milliman/Glinow/Nathan (1991) deutlich.

36 Die Begriffe "Funktionen" und "Politik" werden in diesem Modell etwas mißverständlich verwendet. Zur Zeit überarbeiten die Autoren das Modell und verändern auch diese Zuordnungen (vgl. De Cieri/ Dowling, 1997b; De Cieri/Dowling, 1999).

37 Vgl. De Cieri/Dowling, 1997a, S. 38.

38 Die Autoren arbeiten zur Zeit an einer Beseitigung dieser Kritikpunkte. Das Ergebnis wird in De Cieri/Dowling, 1997b bzw. De Cieri/Dowling, 1999, gezeigt.

39 Vgl. z.B. Downes, 1996, der den Zusammenhang zwischen Umweltfaktoren und der Stellenbesetzungsstrategie multinationaler Unternehmen untersucht hat. De Cieri und Dowling untersuchen in einer Langzeitstudie den Zusammenhang zwischen Organisationsstruktur, dem Internationalisierungsverlauf und dem Expatriate Management in australischen multinationalen Unternehmen (vgl. Dowling, 1989; De Cieri/Dowling, 1997).

40 Vgl. De Cieri/Dowling, 1997, S. 37. Dies Ergebnis ist konsistent mit denen von Davidson/Kinzel, 1995; Dowling/Welch, 1988; Fish/Wood, 1996.

41 Vgl. hierz auch Festing, 1999c.

42 Vgl. Taylor/Beechler/Napier, 1996.

43 Vgl. zum Resource-Based View of the Firm die Beiträge von Penrose, 1959; Wernerfeldt, 1984; Barney, 1991; Conner, 1991; Grant, 1991; sowie im deutschsprachigen Raum Knyphausen, 1993; Steinmann/Hennemann 1996; Nolte, 1998.

44 Vgl. zur Resoure-Dependence-Theorie Pfeffer/Salancik, 1978; im deutschsprachigen Raum siehe insbesondere die Beiträge von Nienhüser, 1996; Nienhüser, 1998.

45 Vgl. Taylor/Beechler/Napier, 1996, S. 960.

46 Vgl. Taylor/Beechler/Napier, 1996, S. 963 f.

47 Vgl. zu dem Konzept von Perlmutter Kapitel 3 und 4.

48 Bei der Konzeptionalisierung der Internationalisierungsstrategie lehnen sich die Autoren ebenfalls an Porter an (vgl. Taylor/Beechler/Napier, 1996, S. 967). Aus dem Kontinuum des internationalen Wettbewerbs leiten sie eine globale und eine multidomestic Strategie ab (vgl. hierzu auch Kapitel 1).

49 Vgl. Taylor/Beechler/Napier, 1996, S. 966-973.

50 Vgl. Taylor/Beechler/Napier, 1996, S. 973-977.

51 Vgl. Taylor/Beechler/Napier, 1996, S. 977 f.

52 Vgl. Festing, 1996b, außerdem Festing, 1995; Festing, 1996a; Festing, 1997a; Festing, 1997b, Festing, 1999a.

53 Vgl. zur Transaktionskostentheorie Williamson, 1975; Williamson, 1985; sowie eine deutschsprachige Zusammenfassung bei Ebers/Gotsch, 1995. Vgl. bzgl. Einer wieteren Anwendung der Transaktionskostentheorie auf Fragestellungen des Internationalen Personalmanagements Erdener/Torbiörn, 1999.

54 Unter Humankapitalspezifität werden in bezug auf die betrachteten Arbeitsmarkttransaktionen solche Kenntnisse und Erfahrungen subsumiert, die nicht ohne weiteres auf ein anderes Unternehmen

übertragbar sind. Beispiele hierfür sind Kenntnisse über die innerorganisatorischen Regeln im Umgang mit ausländischen Unternehmenseinheiten, über Ansprechpartner in verschiedenen Unternehmenseinheiten oder über formelle und informelle Kommunikationswege im In- und Ausland (vgl. Festing, 1996b, S. 138). Da eine hohe Koordination in der Regel personenorientiert erfolgt (vgl. Martinez/Jarillo, 1989), wird davon ausgegangen, daß diejenigen Mitarbeiter, die sie umsetzen, durch eine hohe Humankapitalspezifität gekennzeichnet sind.

[55] Das Ausmaß der Verhaltensunsicherheit wird durch den Schwierigkeitsgrad der Leistungsmessung bei den international tätigen Führungskräften erfaßt. Je höher die geographische Streuung der internationalen Aktivitäten eines Unternehmens ist, desto problematischer wird die Leistungsmessung, da beispielsweise mehr landesspezifische Rahmenbedingungen zu berücksichtigen sind.

[56] Für eine ausführliche Beschreibung der internationalen Personalstrategien muß auf die Originalquelle verwiesen werden (vgl. Festing, 1996b, S. 184-187).

[57] Vgl. De Cieri/Dowling, 1997a. Vgl. zur begrenzten Erklärungsleistung von verschiedenen Theorien auch Weber, 1996.

[58] Vgl. Laurent, 1986, S. 91-102, der zu diesem Zeitpunkt feststellte, daß sich das Forschungsfeld "Internationales Personalmanagement" noch in den Kinderschuhen befand.

[59] Die Grundgedanken dieses Kapitels finden sich in folgendem Aufsatz wieder: Weber/Festing, 1994.

[60] Vgl. hierzu auch Kobrin, 1994.

[61] Vgl. hierzu auch Festing, 1996b, S. 19 ff.; Taylor/Beechler/Napier, 1996, S. 961.

[62] Das Konzept von Perlmutter wird hier unter den SIPM-Ansätzen referiert, weil es häufig für die Bestimmung von Stellenbesetzungsstrategien herangezogen wird. Die ursprüngliche Absicht Perlmutters bestand jedoch nicht darin, einen Beitrag zum SIPM zu leisten.

[63] Vgl. Bartlett/Ghoshal, 1989..

[64] Vgl. Hedlund, 1986.

[65] Zitiert nach Wunderer, 1992, S. 167.

[66] Vgl. Meissner, 1987.

[67] Vgl. Wright/McMahan, 1992, S. 295-320. Zur theoretischen Fundierung des Personalmanagements vgl. auch die Ausführungen bei Weber, 1996.

[68] In einem Beitrag, der auch Entwicklungstendenzen in der theoretischen Fundierung des strategischen Personalmanagements seit 1992 aufnimmt, skizzieren McMahan/Virick/Wright weitere theoretische Ansätze in diesem Kontext: Population Ecology, Strategic Reference Points, Prospect, Human Capital Theory und Foucaldian (vgl. McMahan/Virick/Wright, 1997).

[69] Vgl. Wolf, 1994, S. 22.

[70] Unter "echten" Führungsentscheidungen werden solche Entscheidungen verstanden, die langfristig von großer Bedeutung für das Unternehmen sind, z.B. die Bestimmung des Ausmaßes der Einflußnahme der zentralen Personalbereiche auf Personalentscheidungen der Auslandsgesellschaften.

[71] Vgl. zu einer Analyse der verschiedenen Funktionen von Entsendungsrichtlinien Groenewald/Neubeiser, 1999. In diesem Beitrag sind auch die Ergebnisse einer Auswertung der Entsendungsrichtlinien von 20 deutschen Unternehmen zusammengefasst. Eine ausführliche

Beschreibung der Entsendungsrichtlinie der Deutschen Telekom AG findest sich beispielsweise bei Weber/Festing/Weller, 2000.

[72] Vgl. zu den Aussagen die Geschäftsberichte der BMW AG, 1993-1996; Panke, 1998; Doppelfeld, 1998; ferner Niederhofer/Held, 1996.

[73] Ende 1993 waren nur 14 % der Mitarbeiter außerhalb Deutschlands beschäftigt.

[74] Dieses Werk ist für BMW ein besonders wichtiger Schritt zur nachhaltigen Sicherung der Marktposition in Nordamerika und zur Entwicklung des Unternehmen zu einem internationalen Konzern.

[75] Von den Vertriebsgesellschaften sind 22 BMW zuzuordnen und 13 Rover.

[76] Panke, 1998, S. 3.

Literaturverzeichnis

Ackermann, K.-F. (1992): Betriebliche Lohn- und Gehaltspolitik, in: Gaugler, E., Weber, W. (Hrsg.): Handwörterbuch des Personalwesens, 2. neubearb. u. erg. Auflage, Stuttgart 1992, Sp. 1294-1303.

Ackermann, K.-F., Pohl, G. (1989): Internationale Entlohnung, in: Macharzina, K., Welge, M. (Hrsg.): Handwörterbuch Export und internationale Unternehmung, Stuttgart 1989, Sp. 379-391.

Acuff, F. (1984): International and Domestic Human Resource Functions, in: Organization Resources Counselors, Innovations in International Compensation, New York 1984.

Adler, N. J. (1981): Re-Entry: Managing Cross-Cultural Transitions, in: Group and Organization Studies, Jg. 6, Nr. 3, 1981, S. 341-356.

Adler, N. J. (1984a): Women Do Not Want International Careers: And Other Myths About International Management, in: Organizational Dynamics, Jg. 13, Nr. 2, 1984, S. 66-79.

Adler, N. J. (1984b): Women in International Management: Where Are They?, in: California Management Review, Jg. 26, Nr. 4, 1984, S. 78-89.

Adler, N. J. (1986): International Dimensions of Organizational Behavior, Boston 1986.

Adler, N. J. (1987): Pacific Basin Managers: A Gaijin, Not a Woman, in: Human Resource Management, Jg. 26, Nr. 2, 1987, S. 169-191.

Adler, N. J. (1991): International Dimensions of Organizational Behavior, Boston 1991.

Adler, N. J. (2001): International Dimensions of Organizational Behavior, 4. Aufl., Boston 2001.

Adler, N. J. (1997a): Global Leadership: Women Leaders, in: Wolf, J. (Hrsg.): International Human Resource and Cross Cultural Management, Management International Review, Special Issue, Nr. 1, 1997, S. 171-196.

Adler, N. J. (1997b): International Dimensions of Organizational Behavior, 3. Aufl., Cincinnatti 1997.

Adler, N. J., Ghadar, F. (1991): Strategic Human Resource Management: A Global Perspective, in: Pieper, R. (Hrsg.): Human Resource Management - An International Comparison, Berlin/New York 1991, S. 235-260.

Aharoni, Y. (1966): The Foreign Direct Investment Process, Boston 1966.

Albert, R. D. (1983): The Intercultural Sentiziser or Culture Assimilator: A Cognitive Approach, in: Landis, D., Brislin, R. W. (1983): Handbook of Intercultural Training, Jg. 2, New York et al. 1983, S. 186-217.

Alger, E. (1989): Internationale Einsätze: Vorbereitung und Integration, in: Personalführung, Nr. 12, 1989, S. 1130-1132.

Althauser, U. (1996): Editorial, in: Personalwirtschaft, Nr. 7, 1996, S. 3.

Anderson, V., Forsgren, M., Pahlberg, C., Thilenius, P. (1990): Global Firms in Internationalized Networks, in: Duran, J. (Hrsg.): Proceedings of the Sixteenth Annual Conference of the European International Business Association, Madrid, Dezember 1990.

Aoki, A., Tachiki, D. S. (1992): Overseas Japanese Business Operations: The Emerging Role of Regional Headquarters, in: RIM Pacific Business and Industries, Jg. 1, 1992, S. 29-39.

Arthur Andersen (Hrsg.) (1997): Exploring International Assignees' Viewpoints: A Study of the Expatriation/Repatriation Process, Arthur Andersen Worldwide 1997.

Badaway, M. K. (1979): Managerial Attitudes and Need Orientations of Mid-Eastern Executives: An Empirical Cross-Cultural Analysis (Proceedings of the Thirty-ninth Annual Meeting of the Academy of Management), Atlanta 1979.

Baglioni, G., Crouch, C. (Hrsg.) (1990): European Industrial Relations, The Challenge of Flexibility, London et al. 1990.

Baird, L., Meshoulam, I. (1988): Managing Two Fits of Strategic Human Resource Management, in: Academy of Management Review, Jg. 13, Nr. 1, 1988, S. 116-128.

Baker, J. C. (1984): Foreign Language and Departure Training in U.S. Multinational Firms, in: Personnel Administrator, Juli 1984, S. 68-70.

Baker, J. C., Ivancevich, J. M. (1971): The Assignment of American Executives Abroad: Systematic, Haphazard, or Chaotic?, in: California Management Review, Jg. 13, 1971, S. 39-44.

Baliga, G., Baker, J. C. (1985): Multinational Corporate Policies for Expatriate Managers: Selection, Training, and Evaluation, in: Advanced Management Journal, Herbst 1985, S. 31-38.

Ball, D. A., McCulloch, W. H. (1988): International Business: Introduction and Essentials, Plano 1988.

Bamber, G.J., Ross, P., Whitehouse, G. (1998): Employment Relations and Labour Market Indicators in Ten Industrialised Market Economies: Comparative Statistics, in: International Journal of Human Resource Management, Jg. 9, Nr. 2/1998 (im Druck).

Bandura, A. (1977): Social Learning Theory, Englewood Cliffs 1977.

Barmeyer, C. I., Bolten, J. (1998): Interkulturelle Personalorganisation, Sternenfels, Berlin 1998.

Barney, J. (1991): Firms Resource and Sustained Competitive Advantage, in: Journal of Management, Jg. 17, 1991, S. 99-120.

Bartlett, C. A. (1982): How Multinational Organizations Evolve, in: Journal of Business Strategy, Jg. 3, Nr. 1, 1982.

Bartlett, C. A., Ghoshal, S. (1988): Organizing for Worldwide Effectiveness: The Transnational Solution, in: California Management Review, Jg. 31, Nr. 1, 1988, S. 54-74.

Bartlett, C. A., Ghoshal, S. (1989): Internationale Unternehmensführung, Wiesbaden 1989.

Bartlett, C. A., Ghoshal, S. (1990): Matrix Management: Not a Structure, a Frame of Mind, in: Harvard Business Review, Juli-August 1990, S. 138-145.

BDA/BDI (Hrsg.) (1991): Stellungnahme zum Vorschlag für eine Richtlinie des Rates über die Einsetzung Europäischer Betriebsräte zur Information und Konsultation der Arbeitnehmer in gemeinschaftsweit operierenden Unternehmen und Unternehmensgruppen, Manuskript, Köln, 15.3.1991.

Bean, R. (1985): Comparative Industrial Relations: An Introduction to Cross-National Perspectives, New York 1985.

Becker, F. (1991): Potentialbeurteilung - eine kafkeskade Komödie!?, in: ZfP, Nr. 1, 1991, S. 63-78.

Becker, F. (1992): Potentialbeurteilung, in: Gaugler, E., Weber, W. (Hrsg.): Handwörterbuch des Personalwesens, 2. neubearb. und erg. Aufl., Stuttgart 1992, Sp. 1921-1929.

Becker, F. (1994): Lexikon des Personalmanagements, München 1994.

Becker, M. (1993): Personalentwicklung: die personalwirtschaftliche Herausforderung der Zukunft, Bad Homburg vor der Höhe 1993.

Beneke, J. (1992): Vorschläge für ein interkulturelles Assessment Center, in: Beneke, J. (Hrsg.): Kultur, Mentalität, nationale Identität. Sprachen und Sprachlernen. Arbeitspapiere zur internationalen Unternehmenskommunikation, Bd. 1, Schriftenreihe der Forschungsstelle für interkulturelle Kommunikation an der Universität Hildesheim 1992, S. 93-108.

Bennett, A. (1988): American Culture is Often a Puzzle for Managers in the U.S., in: Wall Street Journal, 1988, S. 33.

Bennett, A. (1989): Going Global - The Chief Executive in the Year 2000 Will Be Experienced Abroad, in: Wall Street Journal, 27.2.1989.

Berenbeim, B. E. (1983): Managing the International Company: Building a Global Perspective, New York 1983.

Berg, H. (1997): Mehr als ein Umzug, in: Personalwirtschaft, Sonderheft 1997, S. 43-46.

Bergemann, N., Sourisseaux, A. (Hrsg.) (1996): Interkulturelles Management, 2., überarb. Aufl., Heidelberg 1996.

Bergmann, J. (1985): Gewerkschaften - Organisationsstruktur und Mitgliederinteressen, in: Endruweit et al. (Hrsg.): Handbuch der Arbeitsbeziehungen, Berlin et al. 1985, S. 89-108.

Bersch, A. (1991): EG-Kommission schlägt Europäischen Betriebsrat vor, in: Europäisches Wirtschafts- und Steuerrecht, Jg. 2, Nr. 1 und 2, 1991, S. 26-28.

Berthel, J. (1995): Personal-Management: Grundzüge für Konzeptionen betrieblicher Personalarbeit, 4. Aufl., Stuttgart 1995.

Bhatt, B. et al. (1988): The Relationship Between the Global Strategic Planning Process and the Human Resource Management Function, in: Schuler, R. S., Youngblood, S. A., Huber, V. L. (Hrsg.): Readings in Human Resource Management, St. Paul 1988, S. 427-435.

Bilmes, J., Boggs, S. T. (1979): Language and Communication: The Foundations of Culture, in: Marsella, A. J., Tharp, R. G., Ciborowski, T. J.: Perspectives on Cross-Cultural Psychology, New York et al. 1979, S. 47-76.

Bittner, A., Reisch, B. (1991): Internationale Personalentwicklung in deutschen Großunternehmen - Eine Bestandsaufnahme, Bad Honnef 1991.

Black, J. S. (1988): Work Role Transitions: A Study of American Expatriate Managers in Japan, in: Journal of International Business Studies, Jg. 19, 1988, S. 277-294.

Black, J. S. (1989): Japanese Repatriation Practices and Results (Paper Presented at the Career Issues in International Management Symposium of the Academy of Management, Washington, 15.8.1989.

Black, J. S., Gregersen, H. B. (1991): When Yankee Comes Home: Factors Related to Expatriate and Spouse Repatriation Adjustment, in: Journal of International Buiness Studies, Jg. 22, Nr. 4, 1991, S. 671-694.

Black, J. S., Gregersen, H. B. (1992): Serving Two Masters: Managing the Dual Allegiance of Expatriate Employees, in: Sloan Management Review, Jg. 33, Sommer 1992, S. 61-71.

Black, J. S., Gregersen, H. B., Mendenhall, M. (1992): Global Assignments; Successfully Expatriating and Repatriating International Managers, San Francisco 1992.

Black, S., Gregersen, H. B., Mendenhall, M., Stroh, C. K. (1999): Globalizing People Through International Assignments, Reading, Mass. 1999.

Black, J. S., Mendenhall, M. (1989): Selecting Cross-Cultural Training Methods: A Practical Yet Theory-Based Model, in: Human Resource Management, Jg. 28, Nr. 4, 1989, S. 511-540.

Black, J. S., Mendenhall, M. (1990): Cross-Cultural Training Effectiveness: A Review and a Theoretical Framework for Future Research, in: Academy of Management Review, Jg. 15, Nr. 1, 1990, S. 113-136.

Black, J. S., Mendenhall, M., Oddou, G. (1991): Toward a Comprehensive Model of International Adjustment: An Integration of Multiple Theoretical Perspectives, in: Academy of Management Review, Jg. 16, Nr. 2, S. 291-317.

Black, J. S., Stephens, G. (1989): The Influence of the Spouse on American Expatriate Adjustment and Intent to Stay in Pacific Rim Overseas Assignments, in: Journal of Management, Jg. 15, Nr. 4, 1989, S. 529-544.

Blake, D. (1972): Corporate Structure and International Unionism, in: Columbia Journal of World Business, Jg. 7, Nr. 2, 1972, S. 19-26.

Blanplain, R. (1977): The Badger Case and the OECD Guidelines for Multinational Enterprises, Deventer 1977.

Blanplain, R. (1979): The OECD Guidelines for Multinational Enterprises and Labour Relations, 1976-1979: Experience and Review, Deventer 1979.

Blanplain, R. (1985): The OECD Guidelines for Multinational Enterprises and Labour Relations, 1982-1984: Experiences and Review, Deventer 1985.

Blanplain, R. (Hrsg.) (1990): Comparative Labor Law and Industrial Relations in Industrialized Market Economies, 4. Aufl., 1990.

Blocklyn, P. L. (1989): Developing the International Executive, in: Personnel, Jg. 66, Nr. 3, 1989, S. 44-47.

Blue, J., Haynes, U. (1977): Preparations for the Overseas Assignment, in: Business Horizons, Juni 1977, S. 61-67.

BMW (Hrsg.): Geschäftsbericht 1993, 1994, 1995, 1996, München.

Böcher, A. (1991): Der Auslandstätigkeitserlaß - Inhalt und Stellung im Steuersystem, in: Steuer-Warte, 1991, S. 201-208.

Böhm, W. (1998): Europäisches Personalmanagement und europäisches Arbeits- und Sozialrecht, in: Scholz, C., Zentes, J. (Hrsg.): Strategisches Euro-Management, Bd. 2, Stuttgart 1998, S. 67-90.

Bomers, G. B. J. (1976): Multinational Corporations and Industrial Relations, Assen-Amsterdam 1976.

Borrmann, W. A. (1968): Personalwirtschaftliche Sonderprobleme internationaler Unternehmungen, München 1968.

Böttcher, R. (1996): Organisatorische Steuerung globaler Geschäftseinheiten, in: Engelhard, J. (Hrsg.): Strategische Führung internationaler Unternehmen: Paradoxien, Strategien und Erfahrungen, Wiesbaden 1996, S. 161-178.

Bournois, F., Chauchat, J.-H. (1990): Managing Managers in Europe, in: European Management Journal, Jg. 8, Nr. 1, 1990, S. 3-18.

Brandt, E. (1991): Global HR, in: Personnel Journal, März 1991, S. 38.

Brislin, R. W. (1981): Cross-Cultural Encounters, New York 1981.

Brislin, R. W., Pedersen, P. (1976): Cross-Cultural Encounters, New York 1976.

Bröcker, H. F. (1991): Managementkarrieren in Europa - eine vergleichende Analyse der Merkmale, Mobilitätsprofile und Kohortenspezifische Verlaufsmuster der Karrieren europäischer Führungskräfte, Dissertation, Stuttgart 1991.

Bröcker, H. F. (1996): Internationale Führungskräfte - Profile und Erfolgspotentiale, in: Macharzina, K., Wolf, J. (Hrsg.): Handbuch Internationales Führungskräfte-Management, Stuttgart 1996, S. 267-278.

Broja, G. (1982): Die personellen Voraussetzungen für das Auslandsgeschäft, in: Personalwirtschaft, Jg. 9, 1982, S. 14-18.

Bromm, W. P. (1983): Personalprobleme Internationaler Unternehmungen (Praktische Erfahrungen der WMF), in: Dülfer, E. (Hrsg.): Personelle Aspekte im Internationalen Management, Berlin 1983, S. 61-74.

Brooks, B. J. (1985): Long-term Incentives for the Foreign-Based Executive, in: Compensation and Benefits Review, Jg. 17, Nr. 3, 1985, S. 46-53.

Bruce, L. (1989): Wanted - More Mongrels in the Corporate Kennel, in: International Management, Januar 1989, S. 35-37.

Brühl, R., Groenewald, H., Weitkamp, J. (Hrsg.) (1998): Betriebswirtschaftliche Ausbildung und internationales Personalmanagement, Wiesbaden 1998.

Burens, P. C. (Hrsg.) (1984): Handbuch Auslandseinsatz, Band 1: Personalpolitik und Personalwirtschaft, Heidelberg 1984.

Campbell, D. C., Rowan, R. L. (1983): Multinational Enterprises and the OECD Industrial Relations Guideline, Philadelphia 1983.

Carlsson, J. I. (1993): The Interaction-Ruler, unveröffentlichtes Vortragsmanuskript zur DGFP-Fachtagung „Internationalisierung der Personalpolitik", 24./25.3.1993.

Cascio, W. F., Serapio, M. G. (1991): Human Resource Systems in an International Alliance: The Undoing of a Done Deal?, in: Organizational Dynamics, Winter 1991, S. 63-74.

Chandler, A. D. (1962): Strategy and Structure: Chapters in the History of Industrial Enterprise, Cambridge (Mass.) 1962.

Child, J. (1981): Culture, Contingency and Capitalism in the Cross-National Study of Organizations, in: Cummings, L. L., Staw, B. M. (Hrsg.): Research in Organizational Behavior, Jg. 3, Greenwich 1981, S. 303-356.

Ciborowski, T. J. (1979): Cross-Cultural Aspects of Cognitive Functioning: Culture and Knowledge, in: Marsella, A. J., Tharp, R. G., Ciborowski, T. J. (Hrsg.): Perspectives on Cross-Cultural Psychology, New York et al. 1979, S. 101-116.

Cisek, G. (1989): Auslandseinsatz - Anachronismus oder Karrierepflicht?, in: Personalführung, Nr. 12, 1989, S. 1107-1110.

Clague, L., Krupp, N. B. (1978): International Personnel: The Repatriation Problem, in: Personnel Administrator, 23. Jg., Nr. 4, 1978, S. 29-33 und S. 45.

Clermont, A., Schmeisser, W. (Hrsg.) (1997): Internationales Personalmanagement, München 1997.

Clermont, C., Schmeisser, W. Krimphove, D. (Hrsg.) (2001): Strategisches Personalmanagement im globalen Unternehmen, München 2001.

Conner, K. R. (1991): A Historical Comparison of Resource-Based Theory and Five Other Schools of Thought within Industrial Organization Economics: Do we Have a New Theory of the Firm, in: Journal of Management, Jg. 17, 1991, S. 121-154.

Conradi, W. (1983): Personalentwicklung, Stuttgart 1983.

Conway, M. A. (1984): Reducing Expatriate Failure Rates, in: Personnel Administrator, Jg. 29, Nr. 7, 1984, S. 31-38.

Copeland, L., Griggs, L. (1985): Going International, New York 1985.

Corsten, H., Will, Th. (1992): Das Konzept generischer Wettbewerbsstrategien - Kennzeichen und kritische Analyse, in: WISU, Jg. 21, Nr. 3, März 1992, S. 185-190.

Coyle, W. (1988): On the Move: Minimizing the Stress and Maximizing the Benefit of Relocation, Sydney 1988.

Dadder, R. (1987): Interkulturelle Orientierung: Analyse ausgewählter interkultureller Trainingsprogramme, Saarbrücken 1987.

Danckwortt, D. (1959): Probleme der Anpassung an eine fremde Kultur, Köln 1959.

Davenport, T. H., Prusak, L. (1998): Working Knowledge. How Organizations Manage what They Know, Boston 1998.

Davidson, P., Kinzel, E. (1995): Supporting the Expatriate: A Survey of Australian Management Practice, in: Asia Pacific Journal of Human Resources, Jg. 33, Nr. 3, 1995, S. 105-116.

De Cieri, H., Dowling, P. J. (1997a): Strategic International HRM: An Asia Pacific Perspective, in: Wolf, J. (Hrsg.): International Human Resource and Cross Cultural Management, Management International Review, Special Issue, Nr. 1, 1997, S. 21-43.

De Cieri, H., Dowling, P. J. (1997b): Theoretical and Empirical Developments in Strategic International Human Resource Management (Paper prepared for Conference Presentation „Research und Theory in Strategic Human Resource", 3./4.10.1997.

De Cieri, H., Dowling, P. J. (1999): Strategic Human Resource Management in Multinational Enterprises: Theoretical and Empirical Developments, in: Wright, P., Dyer, L., Boudreau, J. W., Milkovich, G. T. (Hrsg.): Strategic Human Resource Management in the Twenty-First Century, Stanford CT 1999, S. 305-338.

De Cieri, H., Dowling, P. J., Taylor, K. F. (1991): The Psychological Impact of Expatriate Relocation on Partners, in: International Journal of Human Resource Management, Nr. 2, 1991, S. 377-414.

De Cieri, H., Fenwick, M., Wolfram Cox, J. (1998): Representing Strategic International Human Resource Management: Is the Map the Territory? (Paper submitted to the Organization and Management Theory Division and Prepared for 1998 Academy of Management Meeting), San Diego, 9.-12.8.1998.

Defler, D. F. (1981): Global Sourcing: Offshore Investment Strategy for the 1980s, in: Journal of Business Strategy, Jg. 2, Nr. 1, 1981, S. 7-12.

Den Hartog, D. N., House, R. J., Hanges, P. J., Ruiz-Quintanilla, S.A., Dorfman, P. W. (1999): Culture-specific and Cross-culturally Generalizable Implicit Leadership Theories: Are Attributes of Charismatic/Transformational Leadership Universally Endorsed?, in: Leadership Quarterly, Vol. 10, 2000, S. 219-256.

Deppe, J. (1992a): Euro Betriebsräte: Erweiterung der Informations- und Konsultationsrechte der Arbeitnehmer in EG-weit operierenden Unternehmen und Unternehmensgruppen, in: Deppe, J. (Hrsg.) Euro Betriebsräte - Internationale Mitbestimmung - Konsequenzen für Unternehmen und Gewerkschaften, Wiesbaden 1992, S. 25-40.

Deppe, J. (Hrsg.) (1992b): Euro Betriebsräte - Internationale Mitbestimmung - Konsequenzen für Unternehmen und Gewerkschaften, Wiesbaden 1992.

Desatnick, R. L., Bennett, M. L. (1978): Human Resource Management in the Multinational Company, New York 1978.

Deutscher Bundestag (Hrsg.) (1997): Jahresgutachten des Sachverständigenrates zur Begutachtung der gesamtwirtschaftlichen Entwicklung 1997/1998: Ausfuhr nach Gütergruppen für Produktionsstatistiken, Drucksache 13/9090, Bonn 18.11.1997.

Devanna, M. A. (1987): Women in Management: Progress and Promise, in: Human Resource Management, Jg. 26, Nr. 4, 1987, S. 469-481.

DGB (Hrsg.) (1991a): Ergänzende Stellungnahme des DGB zu dem Vorschlag für eine Richtlinie des Rates über die Einsetzung Europäischer Betriebsräte zur Information und Konsultation der Arbeitnehmer in gemeinschaftsweit operierenden Unternehmen und Unternehmensgruppen, zugleich Erwiderung zu der Arbeitgeber-Stellungnahme zum Richtlinien-Entwurf der EG-Kommission vom März 1991, Manuskript, Oktober 1991.

DGB (Hrsg.) (1991b): Grundkonzept stimmt - ein Konfliktlösungsmodell fehlt, DGB-Stellungnahme zum Vorschlag der EG-Kommission, in: Die Mitbestimmung, Jg. 37, Nr. 4, 1991, S. 252 f.

DGB (Hrsg.) (1991c): Stellungnahme des deutschen Gewerkschaftsbundes zur Anhörung des Ausschusses für Arbeit und Sozialordnung des Deutschen Bundestages am 06.11.1991 zu dem Vorschlag für eine Richtlinie des Rates über die Einsetzung Europäischer Betriebsräte zur Information und Konsultation der Arbeitnehmer in gemeinschaftsweit operierenden Unternehmen und Unternehmensgruppen - Ratsdokument Nr. 4466/91 = A.-Drs. 0035; zu 0035 (Ausschuß für Arbeit und Sozialordnung), Manuskript, Oktober 1991.

DGB (Hrsg.) (1991d): Stellungnahme des DGB zu dem Vorschlag für eine Richtlinie des Rates über die Einsetzung Europäischer Betriebsräte zur Information und Konsultation der Arbeitnehmer in gemeinschaftsweit operierenden Unternehmen und Unternehmensgruppen, Informationsdienst ID 4, 28.1.1991.

DGB-Bundesvorstand (Hrsg.) (1989): Europas Binnenmarkt - Soziales Europa, Beschlüsse und Entschließungen des DGB/EGB, Düsseldorf 1989.

DGfP (Hrsg.) (1995): Der internationale Einsatz von Fach- und Führungskräften, 2. Aufl., Köln 1995.

Dielmann, K. (1993): Personalwirtschaftliche Strategien internationaler Unternehmenstätigkeit, in: Personal, Nr. 10, 1993, S. 455-459.

DIHT (1993): Produktionsverlagerung ins Ausland. Ergebnisse einer Unternehmensbefragung, Bonn 1993.

DIHT (1996): Produktionsverlagerung als Element der Auslandsinvestition. Ergebnisse einer Unternehmensbefragung im Herbst 1996, Bonn Dezember 1996.

DIHT (1999a): Produktionsverlagerungen ins Ausland – eine Antwort auf Standortprobleme in Deutschland?, Ergebnisse einer Unternehmensbefragung, Berlin 1999.

DIHT (1999b): Konjunkturumfrage „Wirtschaftslage und Erwartungen Herbst 1999", Berlin 1999.

Dinges, N., Duffy, L. (1979): Culture and Competence, in: Marsella, A. J., Tharp, R. G., Ciborowski, T. J. (Hrsg.): Perspectives on Cross-Cultural Psychology, New York et al. 1979, S. 176-202.

Djarrahzadeh, M. (1993): Internationale Personalentwicklung für ausländische Führungskräfte deutscher Unternehmen, in: Coenenberg, A. G., Scholz, C., Djarrahzadeh, M. (Hrsg.): Internationalisierung als Herausforderung für das Personalmanagement, Stuttgart 1993, S. 263-279.

Dobry, A. (1983): Die Steuerung ausländischer Tochtergesellschaften, Gießen 1983.

Domsch, M. E., Friebel, U. H. (1979): Auslandseinsatz von Führungskräften, in: Zeitschrift für betriebswirtschaftliche Forschung, Kontaktstudium 31, 1979, S. 215-223.

Domsch, M. E., Ladwig, D. H. (1996): Internationales Führungskräfte-Training - Konzepte und Methoden, in: Macharzina, K., Wolf, J. (Hrsg.): Handbuch Internationales Führungskräfte-Management, Stuttgart 1996, S. 299-322.

Domsch, M. E., Lichtenberger, B. (1990): Vorbereitungsmaßnahmen für den Auslandseinsatz - Explorative Studie am Beispiel Brasilien und China, in: Betriebswirtschaftliche Forschung und Praxis, Jg. 42, Nr. 5, 1990, S. 400-413.

Domsch, M. E., Lichtenberger, B. (1991): Konsequenzen der Internationalisierung für das Personalmanagement: Vertrauensgrundlage ist Voraussetzung, in: Gablers Magazin, Jg. 5, Nr. 2, 1991, S. 21-25.

Domsch, M. E., Lichtenberger, B. (1991a): Der internationale Personaleinsatz, in: Rosenstiel, L. v. et al. (Hrsg.): Führung von Mitarbeitern, Stuttgart 1991, S. 376-386.

Domsch, M. E., Lichtenberger, B. (1993): Der Internationale Personaleinsatz, in: Rosenstiel, L. v., Regnet, E., Domsch, M. (Hrsg.): Führung von Mitarbeitern: Handbuch für Erfolgreiches Personalmanagement, USW-Schriften für Führungskräfte, Bd. 20, 2. überarb. und erw. Aufl., Stuttgart 1993, S. 433-453.

Domsch, M., Gerpott, T. (1992): Personalbeurteilung, in: Gaugler, E., Weber, W. (Hrsg.): Handwörterbuch des Personalwesens, 2. neubearb. u. erg. Auflage, Stuttgart 1992, Sp. 1631-1641.

Doppelfeld, V. (1998): Schriftliche Fassung der Rede von Volker Doppelfeld auf der Bilanz-Pressekonferenz 1998 der BMW AG, München 31.3.1998

Dowling, P. J. (1988): International and Domestic Personnel/Human Resource Management - Similarities and Differences, in: Schuler, R. S., Youngblood, S. A., Huber, V. L. (Hrsg.): Readings in Personnel and Human Resource Management, 3. Aufl., St. Paul 1988, S. 456-462.

Dowling, P. J. (1989): Hot Issues Overseas, in: Personnel Administrator, Jg. 34, Nr. 1, 1989, S. 66-72.

Dowling, P. J. (1999): Completing the Puzzle: Issues in the Development of the Field of International Human Resource Management, in: Festing, M. (Guest Ed.): Strategic Issues in International Human Resource Management, Management International Review, Vol. 39, Special Issue Nr. 2, 1999, S. 27-44.

Dowling, P. J., Schuler, R. S., Welch, D. E. (1994): International Dimensions of Human Resource Management, 2. überarb. Aufl., Wadsworth 1994.

Dowling, P. J., Welch, D. E. (1988): International Human Resource Management: An Australian Perspective, in: Asia Pacific Journal of Management, Jg. 6, Nr. 1, 1988, S. 39-65.

Dowling, P. J., Welch, D. E. (1998): International Dimensions of Human Resource Management, 3. Aufl., Belmont 1998.

Dowling, P. J., Welch, D. E., Schuler, R. S. (1999): International Human Resource Management. Managing People in a Multinational Context, Cincinnati OH 1999.

Downes, M. (1996): SIHRM: Overseas Staffing Considerations at the Environmental Level, in: Journal of International Management, Jg. 6, Nr. 1, 1996, S. 31-50.

Doz, Y., Prahalad, C. (1986): Controlling Variety: A Challenge for Human Resource Management in the MNC, in: Human Resource Management, Jg. 25, Nr. 1, S. 55-72.

Drumm, H. J. (1995): Personalwirtschaftslehre, 3. Aufl., Berlin et al. 1995.

Duerr, M. G. (1986): International Business Management - Its Four Tasks, in: Conference Board Record, Oktober 1986, S. 43.

Dülfer, E. (1981): Auslandsmanagement in Schwellenländern, in: Wacker, W. H., Hausmann, H., Kumar, B. (Hrsg.): Internationale Unternehmensführung, Berlin 1981, S. 438 ff.

Dülfer, E. (1990): Human Resource Management in Multinational an Internationally Operating Companies, in: Pieper, R. (Hrsg.): Human Resource Management: An International Comparison, Berlin 1990, S. 261-283.

Dülfer, E. (1991): Internationales Management in unterschiedlichen Kulturbereichen, München 1991.

Dülfer, E. (1992): Personalwesen in unterschiedlichen Kulturen, in: Gaugler, E., Weber, W. (Hrsg.): Handwörterbuch des Personalwesens, 2. neubearb. u. erg. Auflage, Stuttgart 1992, Sp. 1883 ff.

Dülfer, E. (1997): Internationales Manangement in unterschiedlichen Kulturbereichen, 5. überarb. u. erw. Aufl., München 1997.

Dülfer, E. (Hrsg.) (1983): Personelle Aspekte im Internationalen Management, Berlin 1983.

Dunbar, E., Ehrlich, M. (1986): International Practices, Selection, Training, and Managing the International Staff: A Survey Report, Columbia 1986.

Dunlop, J. T. (1958): Industrial Relations Systems, New York 1958.

Dunning, J. H. (1997): Alliance Capitalism and Global Business, London/New York 1997.

Dyer, L. (1986): Bringing Human Resources into the Strategy Formulation Process, in: Heneman, H. G., Schwab, D. P. (Hrsg.): Perspectives on Personnel/Human Resource Management, 3. Aufl., Homewood 1986.

Ebers, M., Gotsch, W. (1995): Institutionenökonomische Theorie der Organisation, in: Kieser, A. (Hrsg.): Organisationstheorien, 2. Aufl., Stuttgart et al. 1995, S. 193-242.

Ebetshuber, K. (1987): Steuer- und Sozialversicherungsrecht bei Auslandsentsendungen, in: Personalführung, 20. Jg., 1987, Nr. 7, S. 477-486.

Eckartsberg, C. v. (1978): Auslandseinsatz von Stammhauspersonal, Frankfurt a. M. 1978.

Eckartsberg, C. v. (1984): Gewinnung von Auslandspersonal, in: Burens, C.-P. (Hrsg.): Handbuch Auslandseinsatz, Band 1: Personalpolitik und Personalwirtschaft, Heidelberg 1984, S. 37-74.

Edström, A., Galbraith, J. (1977a): Alternative Policies for International Transfers of Managers, in: Management International Review, Jg. 17, Nr. 2, 1977, S. 11-22.

Edström, A., Galbraith, J. (1977b): Transfer of Managers as a Coordination and Control Strategy in Multinational Organizations, in: Administrative Science Quarterly, Jg. 22, 1977, S. 248-263.

Edström, A., Galbraith, J. (1978): The Impact of Managerial Transfers on Headquarters - Subsidiary Relationships in a Multinational Corporation, in: Ghertman, M., Leontiades, J. (Hrsg.): European Research in International Business, Amsterdam et al. 1978, S. 331-349.

Ehespaner, S. (1997): Das Management von Third Country Nationals bei der Auslandsentsendung im internationalen Unternehmen – Eine empirisch gestützte Problemananlyse, Diplomarbeit an der Universität Gesamthochschule Paderborn, 1997.

Eicker, A. (1997): Expatriates werden nicht mehr in Watte gepackt, in: Handelsblatt, 5./6.12.1997, Nr. 235, K1-K2.

Enderwick, P. (1984): The Labor Utilization Practices of Multinationals and Obstacles to Multinational Collective Bargaining, in: Journal of Industrial Relations, Jg. 26, Nr. 3, 1984, S. 345-365.

Enderwick, P. (1985): Multinational Business and Labor, London 1985.

Endruweit, G., Gaugler, E., Staehle, W. H., Wilpert, B. (Hrsg.) (1985): Handbuch der Arbeitsbeziehungen, Berlin et al. 1985.

Engelhard, J. (1992): Leistungsdeterminanten, in: Gaugler, E., Weber, W. (Hrsg.): Handwörterbuch des Personalwesens, 2. neubearb. u. erg. Auflage, Stuttgart 1992.

Engelhard, J. (1997): Interkulturelles Management, Wiesbaden 1997.

Engelhard, J. (Hrsg.) (1996): Strategische Führung internationaler Unternehmen. Paradoxien, Strategien und Erfahrungen, Wiesbaden 1996.

Engelhard, J., Hein, S. (1996): Erfolgsfaktoren des Auslandseinsatzes von Führungskräften, in: Macharzina, K., Wolf, J. (Hrsg.): Handbuch Internationales Führungskräfte-Management, Stuttgart 1996, S. 83-113.

Engelhard, J., Wonigeit (1991): Euro-Manager: Veränderungen der Qualifikationsanforderungen an Manager durch die EG-Binnenmarktentwicklung, in: Marr, R. (Hrsg.): Euro-Strategisches Personalmanagement, Bd. 1, München/Mering 1991, S. 171-196.

Erdener, C., Torbiörn, I. (1999): A Transaction Cost Perspective on International Staffing Patterns: Implications for Firm Performance, in: Festing, M. (Guest Editor): Strategic Issues in International Human Resource Management, Management International Review, Vol. 39, Special Issue Nr. 3, 1999, S. 89-106.

Europäischer Rat (1997): Tagung am 16./17. Juni 1997 in Amsterdam: Schlußfolgerungen des Vorsitzes, in: EU-Nachrichten, Nr. 2, 23.6.1997.

Evans, P. (1986): The Context of Strategic Human Resource Management Policy in Complex Firms, in: Management Forum, Jg. 6, 1986, S. 105-117.

Evans, W. A., Sculli, D., Yan, W. S. L. (1987): Cross-Cultural Factors in the Identification of Managerial Potential, in: Journal of Management, Jg. 13, Nr. 1, 1987, S. 52-59.

Femppel, K., Neumeier, W., Seibold, E. (1989): Vertragsgestaltung von Stammhausdelegierten, in: Macharzina, K., Welge, M. K. (Hrsg.): Handwörterbuch Export und Internationale Unternehmung, Stuttgart 1989, Sp. 1951-1959.

Festing, M. (1995): Strategisches Internationales Personalmanagement - eine transaktionskostentheoretisch fundierte empirische Analyse, in: Zeitschrift für Personalforschung, Jg. 9, Nr. 3, 1995, S. 305-308.

Festing, M. (1996a): Strategic International Human Resource Management in German Multinational Enterprises, in: Institute of International Business (Hrsg.): Innovation and International Business, Stockholm 1996, S. 251-277.

Festing, M. (1996b): Strategisches Internationales Personalmanagement. Eine transaktionskostentheoretisch fundierte Analyse, München/Mering 1996.

Festing, M. (1997a): International Human Resource Mangement Strategies in Multinational Corporations: Theoretical Assumptions and Empirical Evidence from German Firms, in: Wolf, J. (Hrsg.): International Human Resource and Cross Cultural Management, Management International Review, Special Issue, Nr. 1, 1997, S. 43-63.

Festing, M. (1997b): Strategisches Internationales Personalmanagement - Vision oder Realität?, in: Personalwirtschaft, Nr. 2, 1997, S. 7-10.

Festing, M. (1998): Strategisches Internationales Personalmanagement. Eine transaktionskostentheoretisch fundierte Analyse, 2. Aufl., München/Mering 1998 (im Druck).

Festing, M. (1999a): Strategisches Internationales Personalmanagement. Eine transaktionskostentheoretisch fundierte Analyse, 2. aktualisierte u. überarb. Auflage, München/Mering 1999.

Festing, M. (Guest Editor) (1999b): Strategic Issues in International Human Resource Management, Management International Review, Vol. 39, Special Issue, Nr. 3, 1999b.

Festing, M. (1999c): Tacit Knowledge Linking Strategic Management and International Human Resource Management, in: Dowling, P. J., Garnham, J., Hanson, D., Lehman, K. (Hrsg.): Proceedings of the Australia and New Zealand Academy of Management, Hobart/Tasmanien 1999.

Festing, M. (2000): The Effects of International Human Resource Management Strategies on Global Leadership Development, in: Mendenhall, M., Kühlmann, T., Stahl, G. (Hrsg.): Developing Global Business Leaders, Westport CT, 2000, S. 37-57.

Festing, M., Groening, Y., Kabst, R., Weber, W. (1999): Financial Participation in Europe – Determinants and Outcomes in: Poutsma, E., de Nijs, W. (Guest Editors): Financial Participation in the 1990s – Dissemination and Challenges, Economic and Industrial Democracy, Special Issue Nr. 2, Vol. 20, Mai 1999, S. 295-330.

Festing, M., Weber, W. (2000): Internationales Personalmanagement, in: Wirtschaftswissenschaftliches Studium, Heft 8, 2000, S. 11-16.

Fiedler, F. E., Mitchel, T., Triandis, H. C. (1971): The Culture Assimilator: An Approach to Cross Cultural Training, in: Journal of Applied Psychology, Jg. 55, 1971, S. 95-102.

Fish, A., Wood, J. (1996): A Review of Expatriate Staffing Practices in Australian Business Enterprises, in: International Journal of Human Resource Management, Nr. 7, 1996, S. 846-865.

Fitzpatrick, B. (1992): Community Social Law After Maastricht, in: Industrial Law Journal, Jg. 21, Nr. 3, 1992, S. 199-213.

Forsgren, M. (1990): Managing the International Multi-Centre Firm: Case Studies from Sweden, in: European Management Journal, Jg. 8, Nr. 2, 1990, S. 261-267.

Frese, E. (1994): Die organisationstheoretische Dimension globaler Strategien – Organisatorisches Know-how als Wettbewerbsfaktor, in: Neumann, M. (Hrsg.): Unternehmensstrategie und Wettbewerb auf globalen Märkten und Thünen-Vorlesung, Berlin 1994, S. 53-80.

Fritz, J. (1982): Wiedereingliederung höherer Führungskräfte nach einem Auslandseinsatz, Dissertation, Mannheim 1982.

Fritz, J., Gaugler, E. (1983): Entsendung höherer Führungskräfte ins Ausland. Probleme und neue Wege, in: Personal - Mensch und Arbeit, Jg. 35, Nr. 1, 1983, S. 6-9.

Furnham, A., Bochner, S. (1986): Culture Shock - Psychological Reactions to Unfamiliar Environments, London 1986.

Gaitanides, M., Westphal, J. (1991): Strategische Gruppen und Unternehmenserfolg: Ergebnisse einer empirischen Studie: Zeitschrift für Planung, Nr. 3, 1991, S. 247-266.

Gajek, M., Sabo, M. M. (1986): The Bottom Line - What HR Managers Need to Know About the New Expatriate Regulations, in: Personnel Administrator, Jg. 31, Nr. 2, 1986, S. 87-92.

Galbraith, J. R., Kazanjian, R. K. (1986): Organizing to Implement Strategies of Diversity and Globalization: The Role of Matrix Designs, in: Human Resource Management, Jg. 25, Nr. 1, 1986, S. 37-54.

Garland, J., Farmer, R. N. (1986): International Dimensions of Business Policy and Strategy, Boston 1986.

Gaugler, E. (1975): Betriebliches Personalwesen, in: Grochla, E., Wittman, E. (Hrsg.): Handwörterbuch der Betriebswirtschaftslehre, 4. Aufl., Stuttgart 1975, Sp. 1652-1662.

Gaugler, E. (1989): Stammhausdelegierte(n), Repatriierung von, in: Macharzina, K., Welge, M. K. (Hrsg.) (1989): Handwörterbuch Export und Internationale Unternehmung, Stuttgart 1989, Sp. 1937-1951.

Gaugler, E., Weber, W. (Hrsg.) (1992): Handwörterbuch des Personalwesens, 2. neubearb. u. erg. Aufl., Stuttgart 1992.

Gaugler, E., Wiltz, S. (1993): Personalwesen im europäischen Vergleich: Ergebnisbericht 1992, The Cranfield Project on International Strategic Human Resource Management, Mannheim 1993.

Gaylord, M. (1979): Relocation and the Corporate Familiy, in: Social Work, Mai 1979, S. 186-191.

Geography (1988): An International Gallup Survey (eine Untersuchung, die für die National Geographic Society durchgeführt wurde), Princeton 1988.

Gerpott, T. J., Domsch, M., Keller, R. T. (1988): Career Orientations in Different Countries and Companies: An Empirical Investigation of West German, British and US Industrial R+D Professionals, in: Journal of Management Studies, Jg. 25, Nr. 5, September 1988, S. 439-463.

Gertsen, M. C. (1990): Intercultural Competence and Expatriates, in: International Journal of Human Resource Management, Jg. 1, S. 341-362.

Gester, H., Koubek, N., Wiedemeyer, G. R. (Hrsg.) (1991): Unternehmensverfassung und Mitbestimmung in Europa, Wiesbaden 1991.

Ghoshal, S., Bartlett, C. A. (1990): The Multinational Corporation as an Interorganizational Network, in: Academy of Management Review, Jg. 8, Nr. 2, 1990, S. 603-625.

Gibson, C. B. (1997): Implementation of Work Teams Across Cultures: Knowledge Sources, Team Beliefs and Team Effectiveness (Paper Presented at the Conferenece on Knowledge in International Coporations), The Carnegie Bosch Institute, Rom 1997.

Gilbert, K., Strebel, P. (1987): Strategies to Outpace the Competition, in: Journal of Business Strategy, Jg. 8, Nr. 1, 1987, S. 28-36.

Gladwin, T. M., Walter, I. (1980): Multinationals Under Fire - Lessons in the Management of Conflict, Kapitel 4 (Terrorism), New York 1980.

Gonzalez, R., Negandhi, A. (1967): The United States Overseas Executive: His Orientations and Career Patterns, Detroit 1967.

Graham, J. (1984): The Influence of Culture on the Process of Business Negotiations: An Exploratory Study, in: Journal of International Business Studies, Frühjahr 1984, S. 81-95.

Grant, R. M. (1991): The Resource-Based Theory of Competitive Advantage: Implications for Strategy Formulation, in: California Management Review, Jg. 33, Nr. 3, 1991, S. 114-135.

Gregersen, H. B. (1992): Committments to a Parent Company and a Working Unit During Repatriation, in: Personnel Psychology, Jg. 45, 1992, S. 29-54.

Gregersen, H. B., Black J. S. (1990): A Multifaceted Approach to Expatriate Retention in Overseas Assignments, in: Group and Organization Studies, Jg. 15, 1990, S. 461-485.

Gregersen, H. B., Black J. S. (1992): Antecedents to Commitment to a Parent Company and a Foreign Operation, in: Academy of Management Journal, Jg. 35, Nr. 1, 1992, S. 65-90.

Gregersen, H. B., Morrison, A. J., Black, J. S. (1998): Developing Leaders for the Global Frontier, in: Sloan Management Review, Fall 1998, S. 21-32.

Griffeth, R. M., Hom, P. W., DeNisi, A., Kirchner, W. A. (1980): Multivariate, Multinational Comparison of Managerial Attitudes, Academy of Management, Detroit 1980.

Groenewald, H., Neubeiser, A. (1999): Die Entsendung von Mitarbeitern ins Ausland – Zentrale Aussagen von Entsendungsrichtlinien zwanzig führender deutscher Unternehmen, Siegen 1999.

Groenewald, H., Sapozhnikov, A (1990): Auslandsentsendungen von Führungskräften - Vorgehensweisen internationaler Fluggesellschaften, in: Die Unternehmung, Jg. 44, Nr. 1, 1990, S. 28-42.

Grosskopf, S. (1982): Kulturschock und Fremdverhaltensunterricht, Dissertation, Hamburg 1982.

Gundlach, F.-W., Hilmes, M. (1987): Wiedereingliederung von Auslandsrückkehrern, in: Personalführung, Nr. 7, 1987, S. 490-493.

Habermas, J. (1977): Kultur und Kritik, Verstreute Ansätze, 2. Aufl., Frankfurt a.M. 1977.

Haire, M., Ghiselli, E. E., Porter, L. W. (1966): Managerial Thinking: An International Study, New York 1966.

Hall, D. T., Richter, J. (1988): Balancing Work and Home Life: What Can Organizations Do to Help?, in: Academy of Management Executive, Jg. 2, Nr. 3, 1988, S. 213-223.

Haller, M., Bleicher, K., Brauchlin, E., Pleitner, H.-J., Wunderer, R., Zünd, A. (Hrsg.): Globalisierung der Wirtschaft - Einwirkungen auf die Betriebswirtschaftslehre, Bern et al. 1993.

Hamill, J. (1983): The Labor Relations Practices of Foreign-Owned and Ingenious Firms, in: Employee Relations, Jg. 5, Nr. 1, 1983, S. 14-16.

Hamill, J. (1984a): Labor Relations Decision Making Within Multinational Corporations, in: Industrial Relations Journal, Jg. 15, Nr. 2, 1984, S. 30-34.

Hamill, J. (1984b): Multinational Corporations and Industrial Relations in the U.K., in: Employee Relations, Jg. 6, Nr. 5, 1984, S. 12-16.

Hansen, K. P. (1999): Kultur und Kulturwissenschaften. Eine Einführung, 2., vollst. überarb. Aufl., Stuttgart 1999.

Harris, J. E. (1989): Moving Managers Internationally. The Care and Feeding of Expatriates, in: Human Resource Planning, März 1989, S. 49-54.

Harvey, M. G. (1982): The Other Side of Foreign Assignments: Dealing with the Repatriation Dilemma, in: Columbia Journal of World Business, Jg. 17, Nr. 1, 1982, S. 52-59.

Harvey, M. G. (1983): The Multinational Corporation's Expatriate Problem - An Application of Murphy's Law, in: Business Horizons, Jg. 26, Nr. 1, 1983, S. 71-78.

Harvey, M. G. (1985): The Executive Family: An Overlooked Variable in International Assignments, in: Columbia Journal of World Business, Frühjahr 1985, S. 84-93.

Harvey, M. G. (1989): Repatriation of Corporate Executives: An Empirical Study, in: Journal of International Business Studies, Frühjahr 1989.

Harvey, M. G. (1997a): Dual-Career Expatriates: Expectations, Adjustment and Satisfaction with International Relocation, in: Journal of International Business Studies, Jg. 28, Nr. 3, 1997, S. 627-658.

Harvey, M. G. (1997b): Focusing the International Personnel Performance Appraisal Process, in: Human Resource Development Quarterly, Jg. 8, Nr. 1, 1997, S. 41-62.

Harzing, A.-W. K. (1995): The Persistent Myth of High Expatriate Failure Rates, in: The International Journal of Human Resource Management, Vol. 6, 1995, Nr. 2, S. 457-474.

Harzing, A.-W., Ruysseveldt, J. van (Hrsg.) (1995): International Human Resource Management, London et al. 1995.

Hays, R. D. (1974): Expatriate Selection: Insuring Success and Avoiding Failure, in: Journal of International Business Studies, Jg. 5, Nr. 1, 1974, S. 25-37.

Hedlund, G. (1984): Organization In-between: The Evolution of the Mother-Daughter Structure of Managing Foreign Subsidiaries in Swedish MNC´s, in: Journal of International Business Studies, Herbst 1984, S. 109-123.

Hedlund, G. (1986): The Hypermodern MNC - A Heterarchy?, in: Human Resource Management, Jg. 25, Nr. 1, 1986, S. 9 ff.

Heenan, D. A., Perlmutter, H. V. (1979): Multinational Organization Development, Reading 1979.

Hein, S. M. (1999): Internationaler Einsatz von Führungskräfte, Wiesbaden 1999.

Helfgott, R. B. (1983): American Unions and Multinational Enterprises: A Case of Misplaced Emphasis, in: Columbia Journal of World Business, Jg. 18, Nr. 2, 1983, S. 81-86.

Heller, J. E. (1980): Criteria for Selecting an International Manager, in: Personnel, Jg. 57, Nr. 3, 1980, S. 47-55.

Hendry, C. (1994): Human Resource Strategies for International Growth, London et al. 1994.

Heneman, H. G. (1989): Personnel/Human Resource Management, 4. Aufl., Boston 1989.

Hentze, J. (1991): Personalwirtschaftslehre, Bd. 1, 5. überarb. Auflage, Bern et al. 1991.

Hilb, M. (1985): Personalpolitik für multinationale Unternehmen, Zürich 1985.

Hilb, M. (1991): Entwicklungsphasen des multikulturellen Personalmanagements, in: Marr, R. (Hrsg.): Euro-Strategisches Personalmanagement, Bd. 1, München/Mering 1991, S. 111-120.

Hill, C. W. L. (1988): Differentiation Versus Low Cost or Differentiation and Low Cost: A Contingency Framework, in: Academy of Management Review, Jg. 13, Nr. 3, 1988, S. 401-412.

Hirsch, K. (1992): Reintegration von Auslandsmitarbeitern, in: Bergemann, N., Sourisseaux, A. L. J. (Hrsg.): Interkulturelles Management, Heidelberg 1992, S. 285-298.

Hirschbrunn, H.-W., Schlossberger, C. (1996): Internationale Führungskräfte-Entwicklung bei der Daimler Benz AG, in: Macharzina, K., Wolf, J. (Hrsg.): Handbuch Internationales Führungskräfte-Management, Stuttgart 1996, S. 65-81.

Hixon, A. L. (1986): Why Corporations Make Haphazard Overseas Staffing Decisions, in: Personnel Administrator, Jg. 31, Nr. 3, 1986, S. 91-94.

Hodgetts, R. M., Luthans, F. (1994): International Management, 2. Aufl., International Edition, New York et al. 1994.

Hoecklin, L. (1995): Managing Cultural Differences: Strategies for Competitive Advantage, Reading, 1995.

Hoenig, M. (1982): Konzernpersonalwesen multinational tätiger Unternehmen in der Schweiz, Zürich 1982.

Hoffmann, C. D. (1973): Die Personalpolitik der internationalen Unternehmung, Meisenheim 1973.

Hofstede, G. (1976): Nationality and Espoused Values of Managers, in: Journal of Applied Psychology, Jg. 61, Nr. 2, 1976, S. 148-155.

Hofstede, G. (1980a): Culture's Consequences: International Differences in Work Related Values, Beverly Hills 1980.

Hofstede, G. (1980b): Motivation, Leadership and Organization: Do American Theories Apply Abroad?, in: Organizational Dynamics, Sommer 1980, S. 42-63.

Hofstede, G. (1983): The Cultural Relativity of Organizational Practices and Theories, in: Journal of International Business Studies, Jg. 14, Nr. 2, 1983, S. 75-89.

Hofstede, G. (1984a): Cultural Dimensions in Management and Planning, in: Asia Pacific Journal of Management, Januar 1984, S. 1-22.

Hofstede, G. (1984b): The Cultural Relativity of the Quality of Life Concept, in: Academy of Management Review, Jg. 9, Nr. 3, 1984, S. 389-398.

Hofstede, G. (1991): Culture and Organizations - Software of the Mind, London et al. 1991.

Hofstede, G. (1993): Interkulturelle Zusammenarbeit. Kulturen - Organisationen - Management, Wiesbaden 1993.

Hofstede, G. (1997): Lokales Denken, Globales Handeln. Kulturen, Zusammenarbeit und Management, München 1997.

Hofstede, G., Bond, M. (1988): Confucius and Economic Growth: New Trends in Culture's Consequences, in: Organizational Dynamics, Jg. 16, Nr. 4, 1988, S. 4-21.

Horsch, J. (1995): Auslandseinstz von Stammhaus-Mitarbeitern. Eine Analyse ausgewählter personalwirschaftlicher Problemfelder multinationaler Unternehmen mit Sitz in der Bundesrepublik Deutschland, Frankfurt a.M. et al. 1995.

House, R. J., Wright, N. S., Aditya, R. N. (1997): Cross-cultural Research on Organizational Leadership, in: Earley, P. C., Erez, M. (Hrsg.): New Perspectives on International Industrial/ Organizational Psychology, San Francisco, 1997, S. 535-625.

Hout, T., Porter, M. E., Rudden, E. (1982): How Global Companies Win Out, in: Harvard Business Review, Jg. 60, Nr. 5, 1982.

Howard, C. G. (1973): The Expatriate Manager and the Role of the MNC, in: Personnel Journal, Jg. 48, Nr. 1, 1973, S. 25-29.

Howard, C. G. (1980): The Expatriate Manager and the Role of the MNC, in: Personnel Journal, Jg. 59, Nr. 10, 1980, S. 838-844.

Howard, C. G. (1982): How Best to Integrate Expatriate Managers in the Domestic Organization, in: Personnel Administrator, Jg. 24, Nr. 7, 1982, S. 27-33.

Hummel, T. R. (1991): Qualifikationsanforderungen und -profile von Euro-Managern unter besonderer Berücksichtigung wirtschaftswissenschaftlicher Führungskräfte, in: Marr, R. (Hrsg.): Euro-Strategisches Personalmanagement, München/Mering 1991, Bd. 1, S. 197-218.

Institut der Deutschen Wirtschaft (Hrsg.) (1997): Zahlen zur wirtschaftlichen Entwicklung der Bundesrepublik Deutschland, Köln 1997.

Jain, H. C. (1980): Disinvestment and the Multinational Employer - A Case History from Belgium, in: Personnel Journal, Jg. 59, Nr. 3, 1980, S. 201-205.

Jarillo, J. C., Stevenson, H. H. (1991): Co-operative Strategies - The Payoffs and the Pitfalls, in: Long-Range Planning, Jg. 24, Nr. 1, 1991, S. 64-70.

Jelinek, M., Adler, N. J. (1988): Women: World-Class Managers for Global Competition, in: Academy of Management Executive, Jg. 2, Nr. 1, 1988, S. 11-19.

Joggi, W., Rutishauser-Frey, B. (1985): Personalpolitik Multinationaler Unternehmungen - Konzepte, Instrumente, Erfahrungen der Führungskräfte, Konstanz 1985.

Joha, J. (Hrsg.) (1999): Vergütung und Nebenleistungen bei Auslandsbeschäftigung, Frechen 1999.

Jonquieres, G. de (1995): Rocky Road to Liberalization, in: Financial Times, 10.4.95, S. 15.

Jungnickel, R. (1989): Direktinvestitionen, internationale, in: Macharzina, K., Welge, M. K. (Hrsg.): Handwörterbuch Export und internationale Unternehmung, Stuttgart 1989, Sp. 308 f.

Kahn-Freund, O. (1979): Labor Relations: Heritage and Adjustment, Oxford 1979.

Kaminski, M., Paiz, J. (1984): Japanese Women in Management: Where Are They?, in: Human Resource Management, Jg. 23, Nr. 3, 1984, S. 277-292.

Kammel, A. (1992): Internationaler Personaleinsatz in Multinationalen Unternehmen, in: WISU, Jg. 21, Nr. 3, 1992, S. 179-184.

Kammel, A., Teichelmann, D. (1994): Internationaler Personaleinsatz - Konzeptionelle und instrumentelle Grundlagen, München 1994.

Kasselow, E. M. (1969): Trade Unions and Industrial Relations: an International Comparison, New York 1969.

Kasselow, E. M. (1982): Industrial Democracy and Collective Bargaining: a comparative view, in: Labor and Society, Jg. 7, Nr. 3, 1982, S. 209-229.

Keller, E. v. (1982): Management in fremden Kulturen: Ziele, Ergebnisse und methodische Probleme der kulturvergleichenden Managementforschung, Bern/Stuttgart 1982.

Keller, E. v. (1989): Comparative Management, in: Macharzina, K., Welge, M. K.: Handwörterbuch Export und internationale Unternehmung, Stuttgart, 1989, Sp. 231-241.

Kendall, D. W. (1981): Repatriation: An Ending and a Beginning, in: Business Horizons, Jg. 24, Nr. 6, 1981, S. 21-25.

Kennedy, T. (1980): European Labor Relations, Lexington 1980.

Kenter, M. E. (1985): Die Steuerung Ausländischer Tochtergesellschaften: Instrumente und Effizienz, Frankfurt a.M. et al. 1985.

Kenter, M. E. (1989): Stammhausdelegierte(n), Entsendungen von, in: Macharzina, K., Welge, M. K. (Hrsg.): Handwörterbuch Export und Internationale Unternehmung, Stuttgart 1989, Sp. 1925-1937.

Kenter, M. E., Welge, M. K. (1983): Die Reintegration von Stammhausdelegierten. Ergebnisse einer explorativen empirischen Untersuchung, in: Dülfer, E. (Hrsg.): Personelle Aspekte im Internationalen Management, Berlin 1983, S. 173-200.

Kim, Y. Y. (1988): Communication and Cross-Cultural Adaption: An Integrative Theory, Clevedon et al. 1988.

Klimecki, R. G. (1996): Mitarbeiterführung in fremden Kulturen, in: Macharzina, K., Wolf, J. (Hrsg.): Handbuch Internationales Führungskräfte-Management, Stuttgart 1996, S. 337-352.

Kluckhohn, C. (1951): The Study of Culture, in: Lerner, V. D., Larswell, H. D. (Hrsg.): The Policy Sciences, Stanford 1951, S. 86.

Kluckhohn, F. R., Strodtbeck, F. L. (1961): Variations in Value Orientations, New York 1961.

Knyphausen, D. v. (1993): Why are Firms Different?, in: Die Betriebswirtschaft, Jg. 52, Nr. 6, 1993, S. 771-792.

Kobrin, S. J. (1988): Expatriate Reduction and Strategic Control in American Multinational Corporations, in: Human Resource Management, Jg. 27, Nr. 1, 1988, S. 63-75.

Kobrin, S. J. (1991): An Empirical Analysis of the Determinants of Global Integration, in: Strategic Management Journal, Special Issue, Jg. 12, 1991, S. 17-31.

Kobrin, S. J. (1994): Is There a Relationship Between a Geocentric Mind-set and Multinational Strategy?, in: Journal of International Business Studies, Jg. 25, 1994, S. 493-511.

Kochan, T. A., McKersie, R. B., Capelli, P. (1984): Strategic Choice and Industrial Relations Theory, in: Industrial Relations, Jg. 23, Nr. 1, 1984, S. 16-39.

Koester, J., Wiseman, R., Sanders, J. A. (1993): Multiple Perspectives of Intercultural Communication Competence, in: Wiseman, R., Koester, J. (Hrsg.): Intercultural Communication Competence, London et al. 1993, S. 3-15.

Koivisto, J. V. (1992): Duality and Japanese Management: A Cosmological View of Japanese Business Management, Paper presented at the European Institute of Advanced Studies in Management Workshop: Managing in Different Cultures, Cergy, Group Essec, 23./24.11.1992.

Kommission der Europäischen Gemeinschaften (Hrsg.) (1991): Geänderter Vorschlag für eine Richtlinie des Rates über die Einsetzung Europäischer Betriebsräte zur Information und Konsultation der Arbeitnehmer in gemeinschaftsweit operierenden Unternehmen und Unternehmensgruppen, Brüssel 16.9.1991.

Kopp, R. (1994): International Human Resource Policies and Practices in Japanese, European and United States Multinationals, in: Human Resource Management, Jg. 33, S. 581-599.

Korn/Ferry International (Hrsg.) (1981): A Study of Repatriation of the American International Executive, New York 1981.

Korn/Ferry International (Hrsg.) (1989): A Study of Repatriation of the American International Executive, New York 1989.

Köstler, R. (1992): Ein Schritt in die richtige Richtung - Bemerkungen zur Diskussion um „Euro-Betriebsräte" aus gewerkschaftlicher Sicht, in: Deppe, J. (Hrsg.): Euro Betriebsräte - Internationale Mitbestimmung - Konsequenzen für Unternehmen und Gewerkschaften, Wiesbaden 1992, S. 45-55.

Kostova, T (1997): Sucess of the Transnational Transfer of Organizational Practices Within Multinational Companies (Paper Presented at the Conference on Knowledge in International Coporations), The Carnegie Bosch Institute, Rom 1997.

Kothe-Heggemann, C. (1996): Arbeits- und steuerrechtliche Fragen bei Auslandseinsätzen aus Führungskräfte-Sicht, in: Macharzina, K., Wolf, J. (Hrsg.): Handbuch Internationales Führungskräfte-Management, Stuttgart 1996, S. 441-454.

Krappmann, L. (1978): Soziologische Dimensionen der Identität: Strukturelle Bedingungen für die Teilnahme an Interaktionsprozessen, 5. Aufl., Stuttgart 1978.

Krimphove, D. (1996): Europäisches Arbeitsrecht, München 1996.

Krimphove, D. (2000): Europäischer Betriebsrat – Betriebsräte in Europa. Strategien und Chancen der europaweiten Vereinheitlichung der Arbeitnehmerbeteiligung an unternehmerischen und personalpolitischen Entscheidungen, in: Clermont, C., Schmeisser, W., Krimphove, D. (Hrsg.): Personalführung und Organisation, München 2000, S. 505-539.

Kroeber, A. L., Kluckhohn, F. (1952): Culture: A Critical Review of Concepts and Definitions, in: Peabody Museum Papers, Jg. 47, Nr. 1, Cambridge (Mass.) 1952.

Kühlmann, T. M. (Hrsg.) (1995): Mitarbeiterentsendung ins Ausland: Auswahl, Vorbereitung, Betreuung und Wiedereingliederung, Göttingen 1995.

Kühlmann, T. M., (1995): Die Auslandsentsendung von Fach- und Führungskräften: Eine Einführung in die Schwerpunkte und Ergebnisse der Forschung, in: Kühlmann, T. M. (Hrsg.): Mitarbeiterentsendung ins Ausland: Auswahl, Vorbereitung, Betreuung und Wiedereingliederung, Göttingen 1995, S. 1-30.

Kühlmann, T. M., Stahl, G. K. (1995): Die Wiedereingliederung nach einem Auslandseinsatz: Wissenschaftliche Grundlagen, in: Kühlmann, T. M. (Hrsg.): Mitarbeiterentsendung ins Ausland: Auswahl, Vorbereitung, Betreuung und Wiedereingliederung, Göttingen 1995, S. 177-215.

Kühlmann, T. M., Stahl, G. K. (1996): Fachkompetenz allein genügt nicht - Interkulturelle Assessment Center unterstützen die gezielte Personalauswahl, in: Personalführung Plus, 1996, S. 22-24.

Kühlmann, T. M., Stahl, G. K. (1998): Diagnose interkultureller Kompetenz: Entwicklung und Evaluierung eines Assessment Centers, in: Barmeyer, C., Bolten, J. (Hrsg.): Interkulturelle Personalorganisation, Sternenfels 1998, S. 213-224.

Kumar, B. D. (1991): Kulturabhängigkeit von Anreizsystemen, in: Schanz, G. (Hrsg.): Handbuch Anreizsysteme in Wirtschaft und Verwaltung, Stuttgart 1991, S. 129-147.

Kumar, B. N. (1992): Personalpolitische Herausforderungen für im Ausland tätige Unternehmen, in: Dichtl, E., Issing, O. (Hrsg.): Exportnation Deutschland, München 1992, S. 311.

Kumar, B. N. (1993a): Globale Wettbewerbsstrategien für den Europäischen Binnenmarkt in: Haller, M., Bleicher, K., Brauchlin, E., Pleitner, H.-J., Wunderer, R., Zünd, A. (Hrsg.): Globalisierung der Wirtschaft - Einwirkungen auf die Betriebswirtschaftslehre, Bern et al. 1993, S. 49-77.

Kumar, B. N. (1993b): Globalisierung und internationale Personalpolitik, in: Wirtschaftswissenschaftliches Studium, Nr. 10, 1993, S. 486-490.

Kumar, B. N., Dolles, H. (1996): Überlegungen zur strategischen Führung und Wettbewerbsstärke japanischer Unternehmen: Ein Plädoyer für eine interkulturell-interpretative Erweiterung der ökonomischen Analyse, in: Engelhard, J. (Hrsg.): Strategische Führung internationaler Unternehmen. Paradoxien, Strategien, Erfahrungen, Wiesbaden 1996, S. 39-68.

Kumar, B. N., Hoffmann, K. (1996): Internationales Führungskräfte-Management in kleinen und mittleren Organisationen - Aufgaben und Anforderungen in internationalen Kooperationen, in: Macharzina, K., Wolf, J. (Hrsg.): Handbuch Internationales Führungskräfte-Management, Stuttgart 1996, S. 189-214.

Kumar, B. N., Karlshaus, M. (1992): Auslandseinsatz und Personalentwicklung, in: Zeitschrift für Personalforschung, Nr. 1, 1992, S. 59-74.

Kumar, B. N., Steinmann, H. (1982): Zum Problem des Auslandseinsatzes von Stammhaus-Mitarbeitern im Rahmen des Internationalen Projekt-Managements, in: Dülfer, E. (Hrsg.): Projektmanagement-International, Stuttgart 1982, S. 189-223.

Kürn, H.-C. (1997): Intranet als Stellenmarkt, in: Personalwirtschaft, Nr. 3, 1997, S. 32-33.

Kutschker, M. (1995): Prozeßmanagement internationaler Unternehmen, Eichstätt 1995.

La Palombara, J., Blank, S. (1976): Multinational Corporations and National Elites - A Study of Tensions, New York 1976.

Landau, C. E. (1984): Recent Legislation and Case Law in the EEC on Sex Equality in Employment, in: International Labour Review, Jg. 123, Nr. 1, 1984, S. 53-70.

Landis, D., Brislin, R. (1983): Handbook on Intercultural Training, Jg. 1, New York 1983.

Landsberg, G. v., Wölke, G. (1985): Mitarbeiter im Ausland - Ein Wegweiser für die Praxis, Köln 1985.

Lane, H. W., DiStefano, J. J., Maznevski, M. L. (2000): International Management Behavior, 4. Aufl., Oxford 2000.

Lanier, A. R. (1979): Selecting and Preparing Personnel for Overseas Transfers, in: Personnel Journal, Jg. 58, März 1979, S. 160-163.

Lansing, P., Ready, K. (1988): Hiring Women Managers in Japan: An Alternative for Foreign Employers, in: California Management Review, Jg. 26, Nr. 4, 1988, S. 469-481.

Lassere, P. (1993): Regional Headquarters: The Spearheard for Asia Pacific Markets, in: Long Range Planning, Jg. 29, Nr. 1, S. 30-37.

Lassere, P., Schütte, H. (1995): Strategies for Asia Pacific, Basingstoke 1995.

Latham, G. P., Napier, N. K. (1989): Chinese Human Resource Management Practices in Hong Kong and Singapore: An Exploratory Study, in: Ferris, G., Rowland, K., Nedd, A. (Hrsg.): Research in Personnel and Human Resource Management, Jg. 6, 1989.

Latta, G. W., Bellace, J. R. (1983): Making the Corporation Transparent: Prelude to Multinational Bargaining, in: Columbia Journal of World Business, Jg. 18, Nr. 2, 1983, S. 73-80.

Laurent, A. (1983): The Cultural Diversity of Western Conceptions of Management, in: International Studies of Management and Organization, Jg. 8, Nr. 1-2, Frühjahr/Sommer 1983, S. 75-96.

Laurent, A. (1986): The Cross-Cultural Puzzle of International Human Resource Management, in: Human Resource Management, Jg. 25, 1986, S. 91-102.

Lehrer, M., Asakawa, K. (1995): Regional Management and Regional Headquarters in Europe: A Comparison of American and Japanese MNCs, INSEAD Working Paper 1995.

Lei, D., Slocum, J.W. (1991): Global Strategic Alliances: Payoffs and Pittfalls, in: Organizational Dynamics, Winter 1991, S. 44-62.

Leksell, L. (1981): Headquarters-Subsidiary Relationships in Multinational Corporations, Stockholm 1981.

Lentz, B. (1987): Je ferner, je lieber, in: Manager Magazin, Nr. 12, 1987, S. 294-299.

Levison, D. I. Jr., Maddox, R. C. (1982): Multinational Corporations and Labor Relations: Changes in the Wind? in: Personnel, May-June 1982, S. 70-77.

Liebel, H. J., Oechsler, W. A. (1992): Handbuch Human-Resource-Management, Wiesbaden 1992.

Liebhaberberg, B. (1980): Industrial Relations and Multinational Corporations in Europe, London 1980.

Löber, H.-G. (1984): Auslandsvorbereitung, in: Burens, J. (Hrsg.): Handbuch Auslandseinsatz - Personalpolitik und Personalwirtschaft, Bd. I, Heidelberg 1984, S. 75-103.

Lodge, C. C. (1985): Ideological Implications of Changes in Human Resource Management, in: Walton, R. E., Lawrence, P. R. (Hrsg.): HRM Trends and Challenges, Boston 1985.

Lorange, P. (1986): Human Resource Management in Multinational Cooperative Ventures, in: Human Resource Management, Jg. 25, Nr. 1, 1986, S. 133-148.

Luck-Nunke, B. (1984): Recruiting European Nationals to Return to Their Home Countries, in: Personnel Administrator, Juli 1984, S. 41-45.

Lüdi, M., Wenger, F. (1997): Internet Personalvermittlung, in: Personalwirtschaft, Nr. 6, 1997, S, 17-20.

Lueger, G. (1993): Rekrutierung von Mitarbereitern, in: Kasper, H., Mayrhofer, W. (Hrsg.): Management-Seminar Personal, Führung, Organisation, Wien 1993, S. 1-70.

Macharzina, K. (1992a): Auslandseinsatz von Mitarbeitern, in: Gaugler, G., Weber, W. (Hrsg.): Handwörterbuch des Personalwesens, 2., neubearb. u. erg. Aufl., Stuttgart 1992, Sp. 534-544.

Macharzina, K. (1992b): Internationaler Transfer von Führungskräften, in: Zeitschrift für Personalforschung, Jg. 6, Nr. 3, 1992, S. 366-384.

Macharzina, K. (1993a): Entgeltfindung bei der Auslandsentsendung, in: Weber, W. (Hrsg.): Entgeltsysteme - Lohn, Mitarbeiterbeteiligung und Zusatzleistungen, Stuttgart 1993, S. 391-409.

Macharzina, K. (1993b): Steuerung von Auslandsgesellschaften bei Internationalisierungsstrategien, in: Haller, M., Bleicher, K., Brauchlin, E., Pleitner, H. J., Wunderer, R., Zünd, A. (Hrsg.): Globalisierung der Weltwirtschaft. Einwirkungen auf die Betriebswirtschaftslehre, Bern et al. 1993, S. 77-109.

Macharzina, K., Engelhard, J. (1984): Internationale Mitbestimmung und Mitbestimmungsprobleme bei internationaler Unternehmenstätigkeit, in: Betriebswirtschaftliche Forschung und Praxis, Jg. 36, Nr. 4, 1984, S. 297-322.

Macharzina, K., Engelhard, J. (1987): Bildungsbedarf im Internationalen Management, in: Die Betriebswirtschaft, Jg. 47, 1987, Nr. 2, S. 191-211.

Macharzina, K., Engelhard, J. (1991): Paradigm Shift in International Business Research: From Partist to Eclectic Approaches to the GAINS Paradigm, in: Management International Review, Special Issue 1991, S. 23-43.

Macharzina, K., Oesterle, M.-J., Wolf, J. (Hrsg.) (1997): Global Business in the Information Age, Proceedings of the 23rd Annual EIBA Conference, Stuttgart 1997.

Macharzina, K., Welge, M. K. (Hrsg.) (1989): Handwörterbuch Export und Internationale Unternehmung, Stuttgart 1989.

Macharzina, K., Wolf, J. (Hrsg.) (1996): Handbuch Internationales Führungskräfte-Management, Stuttgart 1996.

Main, J. (1989): How to Go Global and Why, Fortune, 28.8.1989, S. 70.

Marr, R. (1989): Stellenbesetzung, internationale, in: Macharzina, K., Welge, M. K. (Hrsg.): Handwörterbuch Export und Internationale Unternehmung, Stuttgart 1989, Sp. 1969-1980.

Marr, R. (Hrsg.) (1991): Euro-Strategisches Personalmanagement, Bd. 1 u. 2, München/Mering 1991.

Marr, R., Schmölz, A. (1989): Stellenbesetzung, internationale, in: Macharzina, K., Welge, M. K. (Hrsg.): Handwörterbuch Export und internationale Unternehmung, Stuttgart 1989, Sp. 1969-1980.

Marschan, R., Welch, D. E., Welch, L. S. (1996): Control in Less-hierarchical Multinationals: the Role of Personal Networks and Informal Communication, in: International Business Review, Jg. 5, Nr. 2, 1996, S. 137-150.

Marschan, R., Welch, D. E., Welch, L. S. (1997): Language: The Forgotten Factor in Mutinational Management, in: European Management Journal, Jg. 15, Nr. 5, 1997, S. 591-598

Martin, J. (1997): HR in the Cybercorp, in: HRFocus, April 1997, S. 3-4.

Martinez, J. I., Jarillo, J. C. (1989): The Evolution of Research on Coordination Mechanisms in Multinational Corporations, in: Journal of International Business Studies, Jg. 19, 1989, S. 489-514.

Marx, E. (1996): International Human Resource Practices in Britain and Germany, London: Anglo-German Foundation for the Study of Industrial Society 1996.

Mayrhofer, W. (1991): Ethnozentrierte Personalstrategie im vereinten Europa? Plädoyer für einen rückständigen Ansatz, in: Marr, R. (Hrsg.): Euro-Strategisches Personalmanagement, Bd. 1, München/Mering 1991, S. 121-146.

Mayrhofer, W. (1996): Entgeltfindung bei Auslandseinsätzen - Konzepte und Problemlösungen, in: Macharzina, K., Wolf, J. (Hrsg.): Handbuch Internationales Führungskräfte-Management, Stuttgart 1996, S. 353-372.

Mayrhofer, W., Brewster, C. (1996): In Praise of Ethnocentricity: Expatriate Policies in European Multinationals, in: International Executive, Jg. 38, Nr. 6, 1996, S. 749-778.

McMahan, G. C., Virick, M., Wright, P. M. (1997): Alternative Theoretical Perspectives for Strategic Human Resource Management Revisited: Progress, Problems and Prospects (Paper presented at „Research and Theory in SHRM: An Agenda for the 21st Century"), Cornell University, 3./4.10.1997.

Meffert, H. (1986): Marketing im Spannungsfeld von weltweitem Wettbewerb und nationalen Bedürfnissen, in: Zeitschrift für Betriebswirtschaft, Jg. 56, 1986, S. 689-712.

Meffert, H. (1989): Globalisierungsstrategien und ihre Umsetzung im internationalen Wettbewerb, in: Die Betriebswirtschaft, Jg. 49, Nr. 4, 1989, S. 445-463.

Meissner, H. G. (1987): Strategisches internationales Marketing, Berlin 1987.

Mendenhall, M., Dunbar, E., Oddou, G. (1987): Expatriate Selection, Training, and Career-Pathing: A Review and Critique, in: Human Resource Management, Jg. 26, 1987, S. 331-345.

Mendenhall, M., Kühlmann, T., Stahl, G. (Hrsg.) (2001): Developing Global Business Leaders, Westport CT 2001.

Mendenhall, M., Oddou, G. (1978): The Dimensions of Expatriate Acculturation, New York 1978.

Mendenhall, M., Oddou, G. (1985): The Dimensions of Expatriate Acculturation - A Review, in: Academy of Management Review, Jg. 10, 1985, S. 39-47.

Mendenhall, M., Oddou, G. (1986): Acculturation Profiles of Expatriate Managers: Implications for Cross-cultural Training Programs, in: Columbia Journal of World Business, Winter 1986.

Mendenhall, M., Oddou, G. (1988): The Overseas Assignment: A Practical Look, in: Business Horizons, September-Oktober 1988, S. 78-84.

Mendenhall, M., Oddou, G. (1992): Readings and Cases in Human Resource Management, Boston 1992.

Mendenhall, M, Oddou, G. (1999): Readings and Cases in International Human Resource Management, 2. überarb. Aufl., Cincinnati 1999.

Mentzel, W. (1992a): Trainingsmethoden, in: Gaugler, E., Weber, W. (Hrsg.): Handwörterbuch des Personalwesens, 2. neubearb. u. erg. Auflage, Stuttgart 1992, Sp. 2209-2220.

Mentzel, W. (1992b): Unternehmenssicherung durch Personalentwicklung - Mitarbeiter motivieren, fördern und weiterbilden, 5. Aufl., Freiburg im Breisgau 1992.

Miller, D., Friesen, P. H. (1984): A longitudinal Study of the Corporate Life Cycle, in: Management Science, Jg. 30, 1984, S. 1161-1183.

Miller, D., Friesen, P. H. (1986): Porter's (1986) Generic Strategies and Performance: An Empirical Examination with American Data. Part I: Testing Porter, in: Organizations Studies, Jg. 7, Nr. 1, 1986, S. 37-55.

Miller, E. L. (1989): Auslandseinsatz, in: Macharzina, K., Welge, M. K. (Hrsg.): Handwörterbuch Export und internationale Unternehmung, Stuttgart 1989, Sp. 73-83.

Milliman, J., Glinow, M. A., Nathan, M. (1991): Organizational Life Cycles and Strategic International Human Resource Management in Multinational Companies: Implications for Congruence Theory, in: Academy of Management Review, Jg. 16, 1991, S. 318-339.

Morgan, P. V. (1986): International Human Resource Management - Fact or Fiction, in: Personnel Administrator, Jg. 31, Nr. 9, 1986, S. 43-47.

Morrison, A. J., Ricks, D., Roth, K. (1991): Globalization versus Regionalization: Which Way for the Multinational?, in: Organizational Dynamics, Winter 1991, S. 20-26.

Morrison, A. J., Roth, K. (1992): The Regional Solution: An Alternative to Globalization, in: Transnational Corporation, Jg. 1, Nr. 2, S. 42-52.

Murray, F. T., Murray, A. H. (1986): Global Managers for Global Business, in: Sloan Management Review, Jg. 27, Nr. 2, 1986, S. 75-80.

Napier, N. K., Peterson, R. B. (1989): An International Perspective on Personnel Management, Neutral Bay Junction 1989.

Napier, N. K., Peterson, R. B. (1991): Expatriate Re-Entry: What Do Expatriates Have To Say?, in: Human Resource Planning, Jg. 14, Nr. 1, 1991, S. 19-28.

Napier, N. K., Taylor, M. S., Slater, S. F. (1988): Human Resource Competence as a Source of Competitive Advantages in Multinational Companies: Issues Affecting the transfer of Human Resource Management Competence, Working Paper 1988.

National Geographic Society (Hrsg.) (1988): Geography: An International Gallup Survey, eine Untersuchung, die für die National Geographic Society durchgeführt wurde, Princeton 1988.

Naylor, T. T. (1985): The International Strategy Mix, in: Columbia Journal of World Business, Jg. 20, Nr. 2, 1985.

Neghandi, A. R. (1974): Cross-Cultural Management Studies: Too Many Conclusions, Not Enough Conceptualization, in: Management International Review, Jg. 14, Nr. 6, 1974, S. 59-67.

Neghandi, A. R. (1975): Comparative Management and Organization Theory: A Marriage Needed, in: Academy of Management Journal, Nr. 2, 1975, S. 334-344.

Neghandi, A. R. (1983): Cross Cultural Management Research: Trends and Future Directions, in: Journal of International Business Studies, Jg. 14, Nr. 2, 1983, S. 17-28.

Neghandi, A. R. (1987): International Management, Newton 1987.

Neuhaus, R. (1982): International Trade Secretariats: Objectives, Organization, Activities, 2. Aufl., Friedrich-Ebert-Stiftung 1982.

Neumeier, W. (1990): Personalentwicklung durch Auslandseinsatz, in: Personalführung, Nr. 12, 1989, S. 1112-1115.

Newman, J., Bhatt, B., Gutteridge, T. (1978): Determinants of Expatriate Effectiveness: A Theoretical and Empirical Vacuum, in: Academy of Management Review, Jg. 4, 1978, S. 655-661.

Niederhofer, H., Held, L. (1996): Vorbereitung von Entsendungskandidaten bei der BMW AG, in: Macharzina, K., Wolf, J. (Hrsg.): Handbuch Internationales Führungskräfte-Management, Stuttgart et al. 1996, S. 323-337.

Niemann, P. (1989): Internationaler Personaleinsatz bei Philips, in: Personalführung, Nr. 12, 1989, S. 1112-1115.

Nienhüser, W. (1989): Arbeitsbeziehungen als strategische Variable, in: Weber, W., Weinmann, J. (Hrsg.) (1989): Strategisches Personalmanagement, Stuttgart 1989, S. 140-160.

Nienhüser, W. (1996): Die Entwicklung theoretischer Modelle als Beitrag zur Fundierung der Personalwirtschaftslehre. Überlegungen am Beispiel der Erklärung des Zustandekommens von Personalstrategien, in: Weber, W. (Hrsg.): Grundlagen der Personalwirtschaft: Theorien und Konzepte, Wiesbaden 1996, S. 39-88.

Nienhüser, W. (1998): Macht bestimmt die Personalpolitik! Erklärung der betrieblichen Arbeitsbeziehungen aus macht- und austauschtheoretischer Perspektive, in: Martin, A., Nienhüser, W. (Hrsg.): Theoretische Fundierung der Personalpolitik, 1998 (im Druck).

Nieschlag, R., Dichtl, E., Hörschgen, H. (1997): Marketing, 18. Aufl., Berlin 1997.

Nolte, H. (Hrsg.) (1998): Aspekte ressourcenorientierter Unternehmensführung, München/Mering 1998.

Northrup, H. R. (1978): Why Multinational Bargaining Neither Exists Nor Is Desirable, in: Labor Law Journal, Jg. 29, Nr. 6, 1978, S. 300-342.

O. V. (1975): Canadian Licensing Venture Helps Firms Improve Penetration, in: Overseas Trading, Jg. 27, Nr. 16, 1975, S. 398.

O. V. (1984): Expatriation/Repatriation Survey, Runzheimer Executive Report Nr. 31, Rochester (Wisc.) 1984.

O. V. (1986): Fortune, 14.3.1986, S. 18.

O. V. (1986a): How U.S. Executives Dodge Terrorism Abroad, in: Business Week, 12.5.1986, S. 41.

O. V. (1987): HR Reporter Update, Jg. 3, Nr. 1, Januar 1987, S. 5.

O. V. (1997): Fortune 1997, Nr. 4, August, S. F - 2, The Fortune Global 5 Hundred – The World´s Largest Corporations.

O. V. (1997): International Living Costs Index: Selected Cities, in: Fortune, 4.4.1997, S. 21.

O. V. (2000): Die fünfzig weltweit größten Industrie- und Dienstleistungsunternehmen (Fortune, Vol. 142, Nr. 3, 24. Juli 2000)

Oberg, K. (1960): Culture shock: Adjustment to New Cultural Environments, in: Practical Anthropology, Nr. 7, 1960, S. 177-182.

Oddou, G., Mendenhall, M. E. (1989): The Career Impact of an Overseas Assignment (Arbeitspapier, das bei dem Career Issues in International Management Symposium der Academy of Management präsentiert wurde), Washington, 15.8.1989.

Oddou, G., Mendenhall, M. E. (1991): Succession Planning for the 21st Century: How Well Are We Grooming Our Future Business Leaders?, in: Business Horizons, Jg. 34, Nr. 1, 1991, S. 26-34.

Oddou, G., Mendenhall, M. (1998): Cases in International Organizational Behavior, Malden, Mass. 1998.

Oechsler, W. A. (1996): Arbeitsrechtliche Probleme bei der Entsendung von Führungskräften ins Ausland, in: Macharzina, K., Wolf, J. (Hrsg.): Handbuch Internationales Führungskräfte-Management, Stuttgart 1996, S. 399-420.

Ohmae, K. (1985): Die Macht der Triade, Wiesbaden 1985.

Ondrack, D. A. (1985): International Human Resource Management in European and North-American Firms, in: International Studies of Management and Organization, Jg. 15, Nr. 1, 1985, S. 6-32.

Osborn, R. N., Baughn, C. C. (1990): Forms of Interorganizational Governence for Multinational Alliances, in: Academy of Management Journal, Jg. 33, Nr. 3, 1990, S. 503-519.

Papenfuß, K., Pfeuffer, E. (1989): Mitarbeitergespräch, in: Strutz, H. (Hrsg.): Handbuch Personalmarketing, Wiesbaden 1989, S. 647-662.

Panke, H. (1998): Transforming International Personnel Strategy into Action, Schriftliche Fassung der Rede von Dr. Helmut Panke am 16.03.1998 auf der International Personnel Management Conference vom 16.-18.3.1998, München 1998.

Park, K. K. (1983): Führungsverhalten in unterschiedlichen Kulturen, Mannheim 1983.

Pausenberger, E. (1983): Die Besetzung von Geschäftsführerpositionen in ausländischen Tochtergesellschaften, in: Dülfer, E.: Personelle Aspekte im Internationalen Management, Berlin 1983, S. 41-60.

Pausenberger, E. (1993): Organisationsmodelle im Internationalisierungsprozeß, in: WISU, Nr. 2, 1993, S. 126-132.

Pausenberger, E., Noelle, G. F. (1977): Entsendung von Führungskräften in ausländische Niederlassungen, in: Zeitschrift für betriebswirtschaftliche Forschung, Jg. 29, 1977, S. 346-366.

Penrose, E. (1959): The Theory of the Growth of the Firm, London 1959.

Perlitz, M. (1993): Internationales Management, 1. Aufl., Stuttgart/Jena 1993.

Perlitz, M. (1997): Internationales Management, 3. Aufl., Stuttgart 1997.

Perlitz, M. (2000): Internationales Management, 4. bearb. Aufl., Stuttgart 2000.

Pfeffer, J., Salancik, G. R. (1978): The External Control of Organizations: A Resource Dependence Perspective, New York 1978.

Phatak, A. V. (1989): International Dimensions of Management, 2. Aufl., Boston 1989.

Phillips, L. W., Chang, D. R., Buzell, R. D. (1983): Product Quality, Cost Position and Business Performance: A Test of Some Key Hypotheses, in: Journal of Marketing, Jg. 47, Frühjahr 1983, S. 26-43.

Pickard, J. (1992): Maastricht Deal Worries the Multinationals, in: PM Plus, Januar 1992, S. 4.

Picot, A., Dietl, H., Franck, E. (1997): Organisation: eine ökonomische Perspektive, Stuttgart 1997.

Pieper, R. (1991): Human Resource Management - An International Comparison, Berlin/New York 1991, S. 235-260.

Pierach, C. et al. (1993): Personalrekrutierung im europäischen Vergleich, in: Hardes, H. D., Wächter, H. (Hrsg.): Personalmanagement in Europa: Anforderungsprofile, Rekrutierung, Auslandsentsendung, Wiesbaden 1993, S. 71-150.

Pierer, H. v. (1997): Herausforderungen der Globalisierung und der Standort Deutschland, in: Grüneberg, J., Wenke, I.-G. (Hrsg.): Arbeitsmarkt Elektroingenieure 1997/98, 6. Aufl., Berlin/Offenbach 1997, S. 13-21.

Pinney, D. L. (1982): Structuring an Expatriate Tax Reimbursement Program, in: Personnel Administrator, Jg. 27, Nr. 7, 1982, S. 19-25.

Pitts, R. A., Daniels, J. D. (1984): Aftermath of the Matrix Mania, in: Columbia Journal of World Business, Jg. 19, Nr. 2, 1984.

Poole, M. (1986): Industrial Relations, Origins and Patterns of National Diversity, London et al. 1986.

Porter, M. E. (1985): Competitive Advantage - Creating and Sustaining Superior Performance, New York 1985.

Porter, M. E. (1986): Changing Patterns of International Competition, in: California Management Review, Jg. 28, Nr. 2, 1986, S. 9-40.

Porter, M. E. (1989): Globaler Wettbewerb, Wiesbaden 1989.

Porter, M. E. (1992a): Wettbewerbsstrategie, 7. Aufl., Frankfurt a.M./New York, 1992.

Porter, M. E. (1992b): Wettbewerbsvorteile, 3. Aufl., Frankfurt a.M./New York, 1992.

Prahalad, C. K., Doz, Y. L. (1981): An Approach to Strategic Control in MNCs, in: Sloan Management Review, Jg. 22, Nr. 4, 1981, S. 5-13.

Prahalad, C. K., Doz, Y. L. (1987): The Multinational Mission: Balancing Local Demands and Global Vision, New York 1987.

Price Waterhouse (Hrsg.) (1997): International Assignments. European Policy and Practice 1997/98.

Price, V. A. (1982): Type A Behavior Pattern: A Model for Research and Practice, New York 1982.

Probst, G., Raub, S., Romhardt, K. (1997): Wissen managen. Wie Unternehmen ihre wertvollste Ressource optimal nutzen, Wiesbaden 1997.

Pucik, V. (1985): Strategic Human Resource Management in a Multinational Firm, in: Wortzel, H. V., Wortzel, L. H. (Hrsg.): Strategic Management of Multinational Corporations: The Essentials, New York 1985.

Putti, J. M., Chia, A. (1990): Culture and Management – A Casebook, Singapur 1990.

Rademacher, U. (1996): Der europäische Betriebsrat. Die Richtlinie 94/45 EG des Rates vom 22.09.1994 und ihre Umsetzung in nationales Recht, Baden-Baden 1996.

Raffael, C. (1982): How to Pick Expatriates, in: Management Today, April 1982, S. 59-62.

Rahim, A. (1983): A Model for Developing Key Expatriate Executives, in: Personnel Journal, April 1983, S. 313.

Redding, S. G. (1976): Some Perceptions of Psychological Needs Among Managers in South-East Asia, Third International Conference at the International Association of Cross-Cultural Psychology, Tilburg 1976.

Reuter, H.-P. (1993): Doppelbesteuerung und Steuervermeidung bei grenzüberschreitender Betätigung - Persönliche Einkommensteuer, Lohnsteuer, in: Internationales Steuerrecht, Jg. 2, 1993, S. 555-557.

Reynolds, C. (1986): Compensation of Overseas Personnel, in: Famularo, J. J. (Hrsg.): Handbook of Human Resources Administration, 2. Aufl., New York 1986.

Reynolds, C. (1989): High Motivation and Low Cost Through Innovative International Compensation, Proceedings of ASPA's Fortieth National Conference, Boston 1989.

Reynolds, C. (1992): Are You Ready to Make IHR a Global Function?, in: HR News, Februar 1992.

Europäischer Rat (1994): Richtlinie 94/45/EG vom 22. September 1994 über die Einsetzung eines Europäischen Betriebsrates oder die Schaffung eines Verfahrens zur Unterrichtung und Anhörung der Arbeitnehmer (ABl. 1994, Nr. L. 254, S. 64).

Roberts, B. C., May, J. (1974): The Response of Multinational Enterprises to International Trade Union Pressures, in: British Journal of Industrial Relations, Jg. 12, 1974, S. 403-416.

Robinson, B. (1992): Internationale Personalentwicklung im Volkswagenkonzern, in: Personalführung, Nr. 6, 1992, S. 440-447.

Robinson, R. D. (1978): International Business Management - A Guide to Decision Making, 2. Aufl., Hinsdale 1978.

Robock, S. H., Simmonds, K. (1989): International Business and Multinational Enterprises, 4. Aufl., Homewood 1989.

Roessel, R. v. (1988): Führungskräfte-Transfer in Internationalen Unternehmungen, Dissertation, Köln 1988.

Rojot, J. (1985): The 1984 Revision of the OECD Guidelines for Multinational Enterprises, in: British Journal of Industrial Relations, Jg. 23, Nr. 3, 1985, S. 379-397.

Ronen, S. (1985): Comparative and Multinational Management, New York et al. 1985.

Ronen, S. (1986): Comparative and Multinational Management, New York 1986.

Ronen, S. (1989): Training the International Assignee, in: Goldstein, I. (Hrsg.): Training and Career Development, San Francisco 1989, S. 438.

Ronen, S., Kraut, A. I. (1977): Similarities Among Countries Based on Employee Work Values and Attitudes, in: Columbia Journal of World Business, Jg. 12, Nr. 2, 1977, S. 89-96.

Ronen, S., Shenkar, O. (1985): Clustering Countries on Attitudinal Dimensions: A Review and Synthesis, in: Academy of Management Review, Jg. 10, Nr. 3, 1985, S. 435-454.

Roof, W., Bakhtari, B. (1991): Recruiting a Manager for BRB, Israel, in: Mendenhall, M., Oddou, G. (Hrsg.): Readings and Cases in International Human Resource Management, Belmont, 1991, S. 169-174.

Sadowski, D., Weber-Fahr, M. (1993): Multinationale Unternehmen und die Spreizung von Lohndifferentialen, in: Weber, W. (Hrsg.): Entgeltsysteme - Lohn, Mitarbeiterbeteiligung und Zusatzleistungen, Stuttgart 1993, S. 426-445.

Salamon, M. (1992): Industrial Relations, Theory and Practice, 2. Aufl., Hertfordshire 1992.

Sandmann, B. (1996): Die Euro-Betriebsrat-Richtlinie 94/95 EG: Europäischer Betriebsrat und alternative Verfahren zur Unterrichtung und Anhörung der Arbeitnehmer in transnationalen Unternehmen, Heidelberg 1996.

Sartor, F. J. (1984): Der Auslandseinsatz von Stammhauspersonal bei International tätigen Banken, Dissertation, Hohenheim 1984.

Sattelberger, T., Boehm-Tettelbach, B. (1996): Strategische Personal- und Organisationsentwicklung in internationalen Strukturen, in: Sattelberger, T. (Hsrg.): Human Resource Management im Umbruch: Positionierung, Potentiale, Perspektiven, Wiesbaden 1996, S. 314-348.

Schanz, G. (1993): Personalwirtschaftslehre: lebendige Arbeit in verhaltenswissenschaftlicher Perspektive, 2. völlig neubearb. Aufl., München 1993.

Schein, E. H. (1992): Organizational Culture and Leadership, 2. Aufl., San Francisco 1992.

Scherm, E. (1995): Internationales Personalmanagement, München/Wien 1995.

Scherm, E. (1996): Sonderprobleme des Führungskräfte-Transfers in osteuropäische Reformländer, in: Macharzina, K., Wolf, J. (Hrsg.): Handbuch Internationales Führungskräfte-Management, Stuttgart 1996, S. 215-233.

Scherm, E. (1999): Internationales Personalmanagement, 2. unwesentlich veränderte Aufl., München/Wien 1999.

Schienstock, G. (1985): Sozialwissenschaftliche Theoriebildung im Bereich der Arbeitsbeziehungen, in: Endruweit et al. (Hrsg.): Handbuch der Arbeitsbeziehungen, Berlin et al. 1985, S. 327-348.

Schmidt, H. (1981): Die Reintegration von Auslandsführungskräften, in: Personalwirtschaft, Nr. 12, 1981, S. 18-22.

Schmidt-Dorrenbach, H. (1989): Internationale Laufbahnplanung, in: Macharzina, K. (Hrsg.): Handwörterbuch Export und Internationale Unternehmung, Stuttgart 1989, Sp. 1276-1288.

Schneider, S. C. (1988): National vs. Corporate Culture: Implications for Human Resource Management, in: Human Resource Management, Jg. 27, H. 2, 1988, S. 231-246.

Scholl, R. F. (1989): Internationalisierungsstrategien, in: Macharzina, K., Welge, M. K. (Hrsg.): Handwörterbuch Export und Internationale Unternehmung, Stuttgart 1989, Sp. 983-1001.

Schöllhammer, H. (1975): Personalprobleme in multinationalen Unternehmen in: Gaugler, E. (Hrsg.): Handwörterbuches des Personalwesens, 1. Aufl., Stuttgart 1975, Sp. 1652-1662.

Schöllhammer, H. (1992): Personalwesen in multinationalen Unternehmen, in: Gaugler, E., Weber, W. (Hrsg.): Handwörterbuch des Personalwesens, 2. neubearb. u. erg. Auflage, Stuttgart 1992, Sp. 1863-1880.

Scholz, C. (1987): Strategisches Management. Ein integrativer Ansatz, Berlin/New York 1987.

Scholz, C. (1996): Führungskräfte-Transfer und internationale technolgische Vernetzung, in: Macharzina, K., Wolf, J. (Hrsg.): Handbuch Internationales Führungskräfte-Management, Stuttgart 1996, S. 247-266.

Scholz, C., Messemer, T., Schröter, M. (1991): Personalpolitik als Instrument zur bewußten Kulturdifferenzierung und Kulturkoexistenz, in: Marr, R.: Euro-Strategisches Personalmanagement, Bd. 1, München/Mering 1991, S. 43-74.

Scholz, C., Zentes, J. (Hrsg.) (1995): Strategisches Euro-Management, Stuttgart 1995.

Scholz, C., Zentes, J. (Hrsg.) (1998): Strategisches Euro-Management, Bd. 2, Stuttgart 1998.

Schregle, J. (1981): Comparative Industrial Relations: Pitfalls and Potential, in: International Labour Review, Jg. 120, Nr. 1, 1981, S. 15-30.

Schreyoegg, G. (1996): Gestaltung der Unternehmenkultur durch internationalen Führungskräfte-Transfer, in: Macharzina, K., Wolf, J. (Hrsg.): Handbuch Internationales Führungskräfte-Management, Stuttgart 1996, S. 145-164.

Schreyögg, G., Oechsler, W. A., Wächter, H. (1995): Managing in a European Context: Human Resources, Corporate Culture, Industrial Relations; Text and Cases, Wiesbaden 1995.

Schroder, H. M., Driver, M. J., Streufert, S. (1975): Menschliche Informationsverarbeitung: Die Strukturen der Informationsverarbeitung bei Einzelpersonen und Gruppen in komplexen sozialen Situationen, Weinheim/Basel 1975.

Schuler, H., Frier, D., Kauffmann, M. (1993): Personalauswahl im europäischen Vergleich, in: Schuler, H., Stehle, W. (Hrsg.): Beiträge zur Organisationspsychologie, Bd. 13, Göttingen 1993.

Schuler, H., Funke, U. (1989): Berufseignungsdiagnostik, in: Roth, E. (Hrsg.): Enzyklopädie der Psychologie, Bd. 3: Organisationspsychologie, Göttingen 1989, S. 281-320.

Schuler, R. S., Dowling, P. J. (1988): Survey of ASPA/I Members, New York University 1988.

Schuler, R. S., Dowling, P. J., De Cieri, H. (1993): An Integrative Framework for Strategic International Human Resource Management, in: Journal of Management, Jg. 19, Nr. 2, 1993, S. 419-459.

Schuler, R. S., Fulkerson, J., Dowling, P. J. (1991): Strategic Performance Measurement and Management in Multinational Corporations, in: Human Resource Management, Jg. 30, Nr. 3, 1991, S. 365-392.

Schuler, R. S., Huber, V. L. (1990): Personnel and Human Resource Management, 4. Aufl., St. Paul 1990.

Schuler, R. S., Jackson, S. (1987): Linking Competitive Strategies with Human Resource Practices, in: Academy of Management Executive, Jg. 1, 1987, S. 207-220.

Schuler, R. S., MacMillan, I. C. (1984): Gaining Competitive Advantage Through Human Resource Management Practices, in: Human Resource Management, Jg. 23, Nr. 3, 1984, S. 241-255.

Schulte, C. (1988): Personalstrategien für multinationale Unternehmen, in: Zeitschrift für Personalforschung, Nr. 3, 1988, S. 179-195.

Schütte, H. (1995): Henkel's Strategy for Asia Pacific, in: Long Range Planning, Jg. 28, Nr. 1, 1995, S. 95-103.

Schütte, H. (1997): Regional Headquarters in Action: Empirical Evidence and Model Building, in: Macharzina, K., Oesterle, M.-J., Wolf, J. (Hrsg.): Global Business in the Information Age: Proceedings of the 23rd Annual EIBA Conference, Stuttgart, 14.-16.12.1997.

Schwind, H. (1985): The State of the Art in Cross-Cultural Management Training, in: International Human Resource Development Annual, Jg. 1, 1985, S. 7-15.

Scott-Kemnis, D., Darling, T., Johnston, R., Collyer, F., Cliff, C. (1990): Strategic Alliances in the Internationalisation of Australien Industry, Canberra 1990.

Shaeffer, R. (1989): Managing International Business Growth and International Management Development, in: Human Resource Planning, März 1989, S. 29-36.

Shetty, Y. K. (1979): Managing the Mutinational Corporation: European and American Styles, in: Management International Review, Jg. 19, Nr. 3, 1979, S. 39-48.

Sieveking, N., Anchor, B., Marston, R. (1981): Selecting and Preparing Expatriate Employees, in: Personnel Journal, März 1981, S. 197-202.

Sieveking, N., Marston, R. (1978): Critical Selection and Orientation of Expatriates, in: Personnel Administrator, 1978, S. 20-23.

Sim, A. B. (1977): Decentralized Management of Subsidiaries and their Performance: A Comparative Study of American, British and Japanese Subsidiaries in Malaysia, in: Management International Review, Jg. 17, Nr. 2, 1977, S. 45-51.

Sirota, D., Greenwood, J. M. (1971): Understand Your Overseas Workforce, in: Harvard Business Review, Jg. 49, Nr. 1, 1971, S. 53-60.

Slater, S. F., Napier, N. K., Taylor, M. S. (1989): Human Resource Competence as a Source of Competitive Advantages in Multinational Companies: Issues Affecting the transfer of Human Resource Management Competence, Working Paper 1989.

Smith, L. (1975): The Hazards of Coming Home, in: Dun's Review, Oktober 1975, S. 71-75.

Sombart, W. (1969): Warum gibt es in den Vereinigten Staaten keinen Sozialismus?, Tübingen 1969.

Speer, H. (1987): Auswahl und Vorbereitung sowie Betreuung der Mitarbeiter im Ausland, in: Personalführung, Nr. 7, 1987, S. 460-465.

Spreitzer, G. M., McCall, M. W Jr., Mahoney, J. D. (1997): Early Identification of International Executive Potential, in: Journal of Applied Psychology, Vol. 82, Nr. 11, S. 6-29.

Staehle, W. (1985): Internationale Arbeitsbeziehungen, in: Endruweit et al. (Hrsg.): Handbuch der Arbeitsbeziehungen, Berlin et al. 1985, S. 201-212.

Staehle, W. (1990): Management: Eine verhaltenswissenschaftliche Perspektive, 5. Aufl., München 1990.

Staehle, W. (1991): Management: Eine verhaltenswissenschaftliche Perspektive, 6. überarb. Aufl., München 1991.

Stahl, G. K. (1995a): Ein strukturiertes Auswahlinterview für den Auslandseinsatz, in: Zeitschrift für Arbeits- und Organisationspsychologie, Jg. 39, 1995, S. 84-90.

Stahl, G. K. (1995b): Die Auswahl von Mitarbeitern für den Auslandseinsatz: Wissenschaftliche Grundlagen, in: Kühlmann, T. M. (Hrsg.): Mitarbeiterentsendung ins Ausland: Auswahl, Vorbereitung, Betreuung und Wiedereingliederung, Göttingen 1995, S. 31-72.

Stahl, G. (1998): Internationaler Personaleinsatz von Führungskräften, München/Wien 1998.

Statistisches Bundesamt (Hrsg.): Statistisches Jahrbuch 1988; 1990; 1992; 1993; 1994; 1995; 1996; 1997.

Stehle, W. (1980): Verfahren zur Auswahl von Führungskräften, in: Zeitschrift für Betriebswirtschaftliche Forschung, 32. Jg., 1980, S. 89-97.

Steinmann, H., Hennemann, C. (1996): Personalmanagement zwischen Managementpraxis und mikroökonomischer Theorie – Versuch einer wissenschaftstheoretischen Standortbestimmung, in: Weber, W. (Hrsg.): Grundlagen der Personalwirtschaft: Theorien und Konzepte, Wiesbaden 1996, S. 223-277.

Steinmann, H., Kumar, B. (1976): Angst vor der Rückkehr - Deutsche Manager im Ausland, in: Manager Magazin, 6. Jg., Nr. 12, 1976, S. 84-92.

Steinmann, H., Kumar, B. (1984): Personalpolitische Aspekte von im Ausland tätigen Unternehmen, in: Dichtl, E., Issing, O. (Hrsg.): Exporte als Herausforderung für die deutsche Wirtschaft, Köln 1984, S. 398-429.

Stephens, G., Black, J. S. (1991): The Impact of Spouse's Career-Orientation on Managers During International Transfers, in: Journal of Management Studies, Jg. 28, Nr. 4, 1991, S. 417-428.

Stiefel, R. T. (1978): Internationale Management Schulung, Frankfurt 1978.

Stopford, J., Wells, L. (1972): Managing the Multinational, London 1972.

Streufert, S. (o.J.): Assessing and Training Senior Personnel With The Strategic Management Simulations, unveröffentliches Manusskript, o. O.

Streufert, S. C. (1978): Zum Stand der kognitiven Komplexitätstheorie, in: Mandl, H., Huber, G. L.: Kognitive Komplexität, Bedeutung, - Weiterbildung - Anwendung, Göttingen et al. 1978, S. 85-96.

Streufert, S., Streufert, S. C. (1978): Behavior in the Complex Environment, Washington 1978.

Streufert, S., Swezey, R. W. (1986): Complexity, Managers and Organizations, Orlando 1986.

Sydow, J. (1981): Der normative Entscheidungsansatz von Vroom/Yetton, in: Die Unternehmung, Jg. 35, Nr. 1, März 1981, S. 1–17.

Sydow, J. (1993): Strategie und Organisation international tätiger Unternehmungen – Managementprozesse und Netzwerkstrukturen, in: Ganter, H.-D., Schienstock, G. (Hrsg.): Management aus soziologischer Sicht: Unternehmensführung, Industrie- und Organisationssoziologie, Wiesbaden 1993, S. 47-82.

Taggart, J. H. (1997): Behavioural Aspects of Subsidiary Strategy, in: Macharzina, K., Oesterle, M.-J., Wolf, J. (Hrsg.): Global Business in the Information Age, Proceedings of the 23rd Annual EIBA Conference, Stuttgart 1997, S. 951-975.

Taylor, S., Beechler, S., Napier, N. (1996): Towards an Intergrated Model of International Human Resource Management, in: Academy of Management Review, Jg. 21, 1996, S. 959-986.

Thiagarajan, K. M. (1971): Cross-Cultural Training for Overseas Management, in: Management International Review, Jg. 11, Nr. 4-5, 1971, S. 69-91.

Thomas, A. (1995): Die Vorbereitung von Mitarbeitern für den Auslandseinsatz: Wissenschaftliche Grundlagen, in: Kühlmann, T. M. (Hrsg.): Mitarbeiterentsendung ins Ausland: Auswahl, Vorbereitung, Betreuung und Wiedereingliederung, Göttingen 1995, S. 85-118.

Thomas, A. (1996): Psychologie interkulturellen Handelns, Göttingen 1997.

Thomas, A., Hagemann, K. (1992): Training interkultureller Kompetenz, in: Bergmann, N., Sourisseaux, A. L. J. (Hrsg.): Interkulturelles Management, Heidelberg 1992, S. 173-199.

Tichy, N. M., Fombrun, C. J., Devanna, M. A. (1982): Strategic Human Resource Management, in: Sloan Management Review, Jg. 23, Nr. 2, 1982, S. 47-55.

Ting-Toomey, S. (1993): Communicative Resourcefulness: An Identity Negotiation Perspective, in: Wisemann, R., Koester J. (Hrsg.): Intercultural Communication Competence, California/London/New Delhi 1993, S. 72-111.

Torbiörn, I. (1982): Living Abroad: Personal Adjustment and Personnel Policy in the Overseas Setting, New York 1982.

Towers, Perrin, Forster & Crosby (Hrsg.) (1987): Worldwide Total Remuneration, New York 1987.

Tremayne, S. (1984): Shell Wives in Limbo, in: Callan, H., Ardener, S. (Hrsg.): The Incorporated Wife, Kent/England 1984.

Triandis, H. C. (1972): The Analysis of Subjective Culture, New York 1972.

Triandis, H. C. (1977): Theoretical Framework for Evaluation of Cross-Cultural Training Effectiveness, in: International Journal of Intercultural Relations, Jg. 1, S. 19-45.

Tung, R. L. (1981): Selection and Training of Personnel for Overseas Assignments, in: Columbia Journal of World Business, Jg. 16, Nr. 1, 1981, S. 68-78.

Tung, R. L. (1982): Selection and Training Procedures of U.S., European and Japanese Multinationals, in: California Management Review, Jg. 25, Nr. 1, 1982, S. 57-71.

Tung, R. L. (1984): Key to Japan's Economic Strength: Human Power, Lexington 1984.

Tung, R. L. (1988): Career Issues in International Assignments, in: Academy of Management Executive, Jg. 2, Nr. 3, 1988, S. 241-244.

Tung, R. L. (1989): International Assignments: Strategic Challenges in the 21st Century (Arbeitspapier, das bei dem Career Issues in International Management Symposium der Academy of Management präsentiert wurde), Washington, 15.8.1989.

Tung, R., Punnett, B. J. (1993): Research in International Human Resource Management, in: Wong-Rieger, D., Rieger, F. (Hrsg.): International Management Research: Looking to the Future, Berlin/New York 1993, S. 35-53.

UNCTC (Hrsg.) (1984): Transborder Data Flows: Transnational Corporations and Remote-Sensing Data, New York: United Nations 1984.

UNCTC (Hrsg.) (1985): Transnational Corporations and International Trade: Selected Issues, New York: United Nations 1985.

United Nations (Hrsg.) (1985): Trends and Issues in Foreign Direct Investment and Related Flows, United Nations Centre on Transnational Corporations, New York 1985.

United Nations (Hrsg.) (1992): World Investment Report 1992 - Transnational Corporations as Engines of Growth, New York 1992.

United Nations (Hrsg.) (1993): World Investment Report 1993 - Transnational Corporations and Integrated International Production, New York 1993.

Uvalic, M. (1990): Mitarbeiterbeteiligung in den Ländern der Europäischen Gemeinschaft, in: Personal Europa-Report 1990, S. 30-33.

Van den Bulcke, D. (1984): Decision Making in Multinational Enterprises and the Information and Consultation of Employees: The Proposed Vredeling Directive of the EC Commission, in: International Studies of Management and Organizations, Jg. 14, Nr. 1, 1984, S. 36-60.

Van Roessel, R. (1988): Führungskräftetransfer in internationalen Unternehmungen, Köln 1988.

Vernon, R. (1966): International Investment and International Trade in the Product Life Cycle, in: Quarterly Journal of Economics, Jg. 80, Mai 1966, S. 190-207.

Vernon, R. (1977): Storm over the Multinationals: The real Issues, Cambridge (Mass.) 1977.

Visser, J. (1988): Trade Unionism in Western Europe: Present Situation and Prospects, in: Labour Society, Jg. 13, Nr. 2, 1988, S. 125-182.

Vroom, V. H. (1964): Work and Motivation, New York et al. 1964.

Vroom, V. H., Jago, A. G. (1978): On the Validity of the Vroom-Yetton-Model, in: Journal of Applied Psychology, Jg. 63, Nr. 2, 1978, S. 151-162.

Vroom, V. H., Jago, A. G. (1987): The New Leadership: Cases and Manuals for Use in Leadership Training, New Haven 1987.

Vroom, V. H., Jago, A. G. (1991): Flexible Führungsentscheidungen: Management der Partizipation in Organisationen, Stuttgart 1991.

Vroom, V. H., Yetton, P. W. (1973): Leadership and Decision Making, Pittsburgh 1973.

Wacker, W. H. (1996): Steuerliche Probleme bei der Entsendung von Führungskräften ins Ausland, in: Macharzina, K., Wolf, J. (Hrsg.): Handbuch Internationales Führungskräfte-Management, Stuttgart 1996, S. 421-440.

Wagner, D., Grawert, A., Langemeyer, H. (1993): Cafeteria-System, Stuttgart 1993.

Walker, E. J. (1976): Till Business Do us Part? in: Harvard Business Review, 1976, S. 94-101.

Weber, W. (1991): Einführung in die Betriebswirtschaftslehre, 3. Aufl., Wiesbaden 1991.

Weber, W. (1992): Personalwesen, in: Gaugler, E., Weber, W. (Hrsg.): Handwörterbuch des Personalwesens, 2. neubearb. u. erg. Auflage, Stuttgart 1992, Sp. 1826-1836.

Weber, W. (1995): Ausländische Arbeitnehmer, Führung von, in: Kieser, A., Reber, G., Wunderer, R. (Hrsg.): Handwörterbuch der Führung, 2. Aufl., Stuttgart 1995.

Weber, W. (1996): Grundlagen der Personalwirtschaft: Theorien und Konzepte, Wiesbaden 1996.

Weber, W. (Hrsg.) (1993): Entgeltsysteme: Lohn, Mitarbeiterbeteiligung und Zusatzleistungen, Stuttgart 1993.

Weber, W., Dowling, P. J., Festing, M. (1994): Reducing Barriers in Management Education: Evidence from the Command Economics of Eastern Europe, Proceedings of the Academy of Management, Dallas 1994.

Weber, W., Dowling, P., Festing, M. (1999): Internationales Personalmanagement. Stand der Forschung, offene Fragen, weitere Entwicklung: Konturen eines Arbeitsgebietes, in: Kutschker, M. (Hrsg.): Management verteilter Kompetenzen in multinationalen Unternehmen, Wiesbaden 1999, S. 177-208.

Weber, W., Festing, M. (1991): Personalführung im Wandel – Entwicklungstendenzen im internationalen Personalmanagement, in: Gablers Magazin, Nr. 2, 1991, S. 11-17.

Weber, W., Festing, M. (1994): Essentials and Limits of IHRM, Proceedings of the Fourth Conference on International Human Resource Management, Brisbane 1994.

Weber, W., Festing, M. (1996): Wiedereingliederung entsandter Führungskräfte - Idealtypische Modellvorstellungen und realtypische Handhabungsformen, in: Macharzina, K., Wolf, J. (Hrsg.): Handbuch Internationales Führungskräfte-Management, Stuttgart 1996, S. 455-480.

Weber, W., Festing, M. (1999): Globalisierung und Personalmanagement – Perspektiven für ein strategisches Internationales Personalmanagement, in: Engelhard, J., Oechsler, W. A. (Hrsg.): Internationales Management. Auswirkungen globaler Veränderungen auf Wettbewerb, Unternehmensstrategie und Märkte, Wiesbaden 1999, S. 435-467.

Weber, W., Festing, M., Dowling, P. J. (Guest Editors) (1998): Cross Cultural and Comparative International Human Resource Management, Management International Review, Special Issue, Vol. 38, Nr. 2, 1998.

Weber, W., Festing, M., Kabst, R. (Hrsg.) (1998): Proceedings of the Sixth Conference on International Human Resource Management, Paderborn 1998.

Weber, W., Festing, M., Weller, I. (2000): Internationales Personalmanagement bei der Deutschen Telekom AG, in: Zentes, J., Swoboda, B. (Hrsg.): Fallstudien zum Internationalen Management: Grundlagen – Praxiserfahrungen – Perspektiven, Wiesbaden 2000, S. 731-751.

Weber, W., Kabst, R. (1996): Personalwesen im europäischen Vergleich: Ergebnisbericht 1995, The Cranfield Project on International Strategic Human Resource Management, Paderborn 1996.

Weber, W., Kabst, R. (1997): Personalwirtschaftliche Strategien im europäischen Vergleich - Eine Analyse organisations- und landesspezifischer Prädiktoren, in: Klimecki, R., Remer, A. (Hrsg.): Personal als Strategie, Neuwied et al. 1997, S. 20-45.

Weber, W., Klein, H. (1992): Strategische Personalplanung, in: Gaugler, E., Weber, W. (Hrsg.): Handwörterbuch des Personalwesens, 2. neubearb. u. erg. Aufl., Stuttgart 1992, Sp. 2142-2154.

Weber, W., Mayrhofer, W., Nienhüser, W. (1993): Grundbegriffe der Personalwirtschaft, Stuttgart 1993.

Weber, W., Weinmann, J. (1989) (Hrsg.): Strategisches Personalmanagement, Suttgart 1989.

Welch, D. E., Welch, L. S. (1997): Pre-expatriation: the Role of HR Factors in the Early Stages of Internationalization, in: The International Journal of Human Resource Management, Jg. 8, Nr. 4, 1997, S. 402-413.

Welch, D. E., Welch, L. S. (1993): Using Personnel to Develop Networks: An Approach to Subsidiary Management, in: International Business Review, Jg. 2, Nr. 2, 1993.

Welch, L. S., Luostarinen, R. (1988): Internationalization: Evolution of a Concept, in: Journal of General Management, Jg. 14, Nr. 2, 1988, S. 34-55.

Welge, M. K. (1980): Management in deutschen multinationalen Unternehmungen – Ergebnisse einer empirischen Untersuchung, Stuttgart 1980.

Welge, M. K. (1992): Strategien für den internationalen Wettbewerb zwischen Globalisierung und lokaler Anpassung, in: Kumar, B., Haussmann, H. (Hrsg.): Handbuch der internationalen Unternehmenstätigkeit: Erfolgs- und Risikofaktoren, Märkte, Export, Kooperations- und Niederlassungs-Management, München 1992, S. 569-590.

Welge, M. K., Böttcher, R. (1991): Globale Strategien und Probleme ihrer Implementierung, in: Die Betriebswirtschaft, Jg. 51, Nr. 4, 1991, S. 435-454.

Wernerfeldt, B. (1984): A Resource-Based View of the Firm, in: Strategic Management Journal, Jg. 5, 1984, S. 171-180.

White, R. E. (1986): Generic Business Strategies – Organizational Context and Performance: An Empirical Investigation, in: Strategic Management Journal, Jg. 7, 1986, S. 217-231.

Willat, N. (1974): Multinational Unions, London 1974.

Williams, R. S. (1998): Performance Management: Perspectives on Employee Performance, London et al. 1998.

Williamson, O. E. (1975): Markets and Hierarchies, New York 1975.

Williamson, O. E. (1985): The Economic Institutions of Capitalism, New York 1985.

Wind, Y., Douglas, S. P., Perlmutter, H. (1973): Guidelines for Developing International Marketing Strategies, in: Journal of Marketing, Jg. 37, April 1973, S. 14-23.

Wingert, K.-D. (1993): Handkommentar der wichtigsten DBA, Herne/Berlin 1993.

Wirth, E. (1992): Mitarbeiter im Auslandseinsatz: Planung und Gestaltung, Wiesbaden 1992.

Wirth, E. (1996): Vergütung von Exaptriates, in: Macharzina, K., Wolf, J. (Hrsg.): Handbuch Internationales Führungskräfte-Management, Stuttgart 1996, S. 373-398.

Wolf, J. (1994): Internationales Personalmanagement, Kontext-Koordination-Erfolg, Wiesbaden 1994.

Wolf, J. (1996): „Sein" und „Sollen" im internationalen Personalmanagement - Grenzüberschreitende Koordinationsprozesse im Spannungsfeld von Zufallssteuerung und strategischer Ausrichtung, in: Engelhard, J. (Hrsg.): Strategische Führung internationaler Unternehmen, Wiesbaden 1996, S. 119-148.

Wolf, J. (1997): From „Starworks" to Networks and Heterarchies, in: Wolf, J. (Hrsg.): International Human Resource and Cross Cultural Management, Management International Review, Special Issue, Nr. 1, 1997, S. 145-171.

Wolf, J. (2000): Strategie und Struktur 1955-1995: Ein Kapitel der Geschichte deutscher nationaler und internationaler Unternehmen, Wiesbaden 2000.

Wright, P. M., McMahan, G. C. (1992): Theoretical Perspectives for Strategic Human Resource Management, in: Journal of Management, Jg. 18, Nr. 2, 1992, S. 298.

Wu, P.-C., Sparrow, P. R. (1997): Understanding the Connections Between National Value Orientations, Work Values, Commitment, and Job Satisfaction: Lessons for International HRM, in: Macharzina, K., Oesterle, M. J., Wolf, J. (Hrsg.): Global Busniess in the Information Age (Proceedings of the 23rd Annual EIBA Conference), Stuttgart 1997, S. 975-1012.

Wunderer, R. (1992): Internationalisierung als strategische Herausforderung für das Personalmanagement, in: Zeitschrift für Betriebswirtschaftslehre, Ergänzungsheft Nr. 2, 1992, S. 161-181.

Wunderer, R. (1993): Internationalisierung als Herausforderung für das Personalmanagement, in: Coenenberg, A. G., Funk, J., Djarrahzadeh, M. (Hrsg.) Internationalisierung als Herausforderung für das Personalmanagement, USW-Schriften für Führungskräfte, Bd. 26, Stuttgart 1993, S. 1-26.

Wunderlich, L. (1991): Der Europäische Binnenmarkt als Determinante der betrieblichen Personalarbeit, Dissertation, Göttingen 1991.

Zeira, Y. (1975): Overlooked Personnel Problems in Multinational Corporations, in: Columbia Journal of World Business, Jg. 10, Nr. 2, 1975, S. 96-103.

Zeira, Y. (1976): Management Development in Ethnocentric Multinational Corporations, in: California Management Review, Jg. 18, Nr. 4, 1976, S. 34-42.

Zeira, Y., Banai, M. (1984): Present and Desired Methods of Selecting Expatriate Managers for International Assignments, in: Personnel Review, Jg. 13, Nr. 3, 1984, S. 29-35.

Zetzsche, A. G. (1989): ESOP - Ein steuerbegünstigtes Finanzierungs- und Mitarbeiterbeteiligungsmodell aus den USA, in: Zeitschrift für Betriebswirtschaft, 1991, S. 833-841.

Stichwortverzeichnis

A

affektiv .... 147, 179, 181 f., 185, 215
Ähnlichkeit .... 24, 53, 127, 184 ff., 299, 315
Akkomodationsphase .... 197 ff.
Allianz, strategische .... 87 f.
Anpassung
    -, kulturelle .... 124, 126, 131, 176 ff., 206, 288
    -sfähigkeit 25, 59, 122, 124, 126, 131,
        135 f., 150, 173, 179, 291, 306
Anreiz
    -, immaterieller 221, 226, 245, 247
Arbeitgeber 1, 13, 48, 145, 153, 197, 232,
    238, 240, 249, 253 f., 263, 270 ff., 274, 277, 279
    -verband 32, 112, 161, 244, 249,
        268 f., 271 f., 274, 277
Arbeitnehmer 13, 48, 101, 169, 225, 227,
    240, 254 f., 262, 265 ff., 270, 277, 281
    -vertretung .... 254, 258, 261 f., 265, 268, 276
Arbeitsbeziehungen .... 1, 10, 17, 23, 28, 251 ff.,
    260 f., 263, 265, 268 ff., 273 ff., 281, 295
    -, System der .... 252 ff., 270
Arbeitsvertrag 1, 226
Assessment Center .... 132 f., 147 f., 154, 157
Assignment 99
Aufenthaltserlaubnis 239
Ausland .... 2 ff., 12 ff., 19 ff., 23 ff., 27, 29, 31,
    69, 73 f., 80, 93, 96, 99, 107, 109 ff., 117, 124,
    128, 136 f., 140 ff., 144, 146, 148, 154 ff., 164,
    167, 170, ff., 176, 184, 186 f., 196 f., 201, 203,
    206, 212, 221, 227, 229 f., 232, 234 f., 238, 240
    ff., 249, 254, 279, 293 f., 313, 316
    -seinsatz .... 17, 108, 110, 117, 133, 147, 164 f.,
        170 f., 177, 179, 184, 198, 200 f., 203, 205 f.,
        212, 218, 227, 230, 232, 234, 245, 293, 302,
        312
    -sentsendung .... 8, 12 ff., 15 f., 96, 108 f., 111,
        121, 133 f., 39, 146, 148, 156 f., 159, 162, 168,
        170 ff., 180 f., 184, 196, 199 ff., 203, 221 f.,
        226, 230, 239 ff., 245 ff., 297
    -szulage 13, 15, 222, 231, 234, 236, 238
Auswahl .... 2, 10, 13, 15 f., 34, 59, 75, 99,
    101, 107, 109, 122, 124, 134 f., 141 f., 144, 146,
    148 f., 152 ff., 170, 173, 196, 200 f., 212, 290,
    293, 311
    -kriterien .... 120 f., 129, 149 f., 294
    -verfahren 107, 120, 122, 126, 132, 139, 146

B

Bafá Bafá 182
Balance Sheet Approach .... 222, 231 ff., 248
Besteuerung .... 13, 16 f., 142, 222, 240 f., 249, 263
    Doppel- 241, 341
Betreuung 14, 154, 181, 200, 212
Betriebsrat, europäischer 268, 278
Beziehungsfähigkeit .... 121 f., 125, 127 f.
Bruttoinlandsgehalt .... 233 f.
Bruttovergütung .... 234 f.

C

Cafeteria-System 222, 225, 346
Controlling 326
Cranfield-Studie ... 116 ff., 162 ff., 224 f., 247, 271 ff.
Cross-Cultural Management 43, 171

D

Dienst, administrativer 12, 14
Direktinvestition .... 2 ff., 27, 313
    -, ausländische .... 2 ff., 27
Dual-Career 29, 139

E

Einkommensteuer .... 145, 233 f., 240 f.

Einstellung .... 18, 22 f., 36 f., 62, 83, 90, 92, 104, 107 f., 111, 113 f., 116, 133, 138 f., 141, 145, 147, 151 f., 160, 166, 169, 178, 181, 187, 268, 276, 283 f., 299, 313
Entgelt .... 100, 112, 216, 225 f., 305
-politik .... 15, 29, 92, 115, 222, 226 ff., 235 ff., 244 f., 247, 302
Entlohnung 13, 244, 246, 293, 301
Entsendung .... 73, 78, 93, 99, 109, 127, 140 f., 144, 147, 155, 172, 181, 183, 200 f., 227 f., 230 f., 238, 242
-, virtuelle 172
-sart .... 230 f.
-sbereitschaft 138, 203, 226, 236, 247
-sziel .... 108 f., 112, 147, 197
Erfahrung .... 24, 44, 93, 97, 99 f., 102, 105, 1 12 f., 137 f., 140, 145, 150 ff., 161 f., 169, 171, 178, 180 f., 197 f., 204, 208, 210, 229, 270, 279, 291, 298, 315
-sworkshop 186
Erfolgsbeteiligung .... 223 f., 294
Erziehung .... 141, 233, 238 f.
- der Kinder 141, 233, 238
ethnozentrisch .... 22, 93 f., 98, 112 f., 115, 142 f., 148, 160, 194, 228, 230, 243, 274, 283, 288, 307
Europäische Union .... 5 f., 222, 264 f.
Evolution 72, 75, 88

F

Fallstudie .... 102, 133, 181 ff., 303 f.
Familie .... 14, 16, 26, 48, 62, 110, 113, 131, 138, 141 f., 150 f., 153, 173 f., 176, 182, 187 f., 227, 237 ff.
Fehlschlag .... 12, 16 f., 173
Feminität 44, 47, 50, 55, 57
Fit .... 229, 287, 289 ff., 295, 310, 314
Flexibilität .... 25, 84, 95, 97, 127 f., 150, 166, 217, 273, 289 ff., 310, 314
Fremdsprache 187

G

Gastfamiliensurrogat .... 182 f.

geozentrisch .... 90 ff., 98, 112, 114 f., 148, 228, 230, 243, 283, 288, 307
Gewerkschaft .... 92, 251 ff., 255 ff., 260 ff., 269, 271, 274, 277 ff.
Industrie- 256, 260
Richtungs- .... 256 f.
Gruppe .... 11, 15, 32 f., 49 f., 56, 61, 82, 89, 108, 112, 116, 118, 121, 178, 181, 187, 195, 244, 256, 275, 298, 305
Projekt- 302

H

Handel
-, internationaler 2, 5, 69
Hardshipzulage 237
High-Potential 17, 171

I

Identifikation 52, 90, 91, 95, 114, 144, 171, 202, 283, 302
Individualismus .... 44, 49 f., 53 f., 56
Industriezweig .... 18 f., 22, 29, 251, 256, 258, 260 f., 269, 273, 275, 298
Interaktionsgrad .... 88, 184 ff.
interkulturell 60
Internationalisierung .... 1 f., 8, 16, 23, 30, 69, 71 ff., 78, 86, 88, 93 f., 96 f., 102 f., 109, 112, 128, 143, 150, 167, 188, 193, 205, 211 f., 251, 254 f., 257, 260 ff., 277, 279, 284 f., 307, 310 f.
-spfad 72
-sstufe 72, 284
Internationalisierung, Stufen der 69, 71, 86, 93, 97
Internet 268
Intranet .... 204 f.

J

Japan .... 6, 8 f., 11, 41 f., 46 f., 51 f., 56, 83, 139, 141 f., 151, 195, 213, 234, 236 f., 244, 257, 259
Job Rotation 161, 202, 302
Joint Venture .... 77, 87 f., 167, 311

K

Kapitalbeteiligung .... 221 f., 224
Karriere 8, 24, 46, 94, 136, 138, 141, 146, 153, 191, 203, 245, 288
 -planung .... 97, 138, 196, 200, 203 f., 291, 302
Kaufkraftausgleich .... 222, 231, 234 f.
Kind ... 13, 16, 48, 110 f., 141, 176, 216, 232 f., 238 f.
Know-how .... 3, 13, 73, 77, 102 f., 109, 155, 169, 176, 196, 204, 221, 226, 245, 258, 293
kognitiv .... 147, 179, 181 f., 185 f., 215
Kollektivismus .... 44, 49 f., 53 f.
Kommunikation .... 34, 69, 90 f., 125, 128, 157, 172, 182 f., 214
 -stechnik .... 204 f.
 -stechnologie 172
Kompensation .... 1, 10, 95, 97, 100 f., 105, 110, 221, 226, 230, 241, 244, 288, 291
Konfiguration .... 104, 294, 306 f., 314
Kontext
 -variable .... 23 f.
Koordination .... 18, 20 ff., 80, 83, 85, 92, 100, 109, 196, 205, 265, 269, 283, 288, 293 f., 305 ff., 314, 316
Kultur .... 21, 23, 25, 33 ff., 44, 46 f., 53 f., 56, 58 ff., 63, 78, 125, 127 f., 143, 150, 152, 174 ff., 184 ff., 192, 195, 237, 288
 -assimilator .... 181 ff., 186
 -begriff 33, 34, 36
 -konzept 43, 159
 Mikro- 181
kulturspezifisch .... 42, 180, 182 f., 215

L

Laufbahnplanung .... 161, 202 f., 218, 342
Leben
 shaltungskosten .... 150, 231 f., 234, 245
Lebensqualität 48f., 110, 231, 237, 243
Leistungsbeurteilung .... 10, 93, 116, 126, 161, 170, 190 ff., 202, 209, 211, 216, 228, 231, 290, 293, 302
Lernen 17, 25, 88, 146
Look-and-See-Trip 184

M

Macht
 -distanz .... 44 ff., 50, 53 f., 56
Maskulinität 44, 47, 50, 53, 55, 57
Mietkostenzuschuß 238
Mitarbeiterkapitalbeteiligung 223
Mitbestimmungsstrategie 275
Mobilität 226, 230, 293, 311
 -szulage 237

N

Nettovergleichsrechnung .... 222, 231 ff., 238, 245

O

OECD .... 260, 262 ff.
Organisation
 -sgrad .... 270 f.
 -skultur 193
 -slebenszyklus .... 289 f., 292, 306 f.
 -sstruktur .... 1, 37, 60, 70 f., 78, 80, 83 ff., 88 f., 92, 104, 149, 284, 297, 306, 315

P

Personal
 -führung 183, 188, 215, 248, 278, 302, 305
 -planung 82, 95, 137, 148, 311
 -strategie .... 97, 283, 301, 302, 304 ff., 309, 316
polyzentrisch .... 90 ff., 98, 112 f., 115, 142, 148, 194, 228 ff., 283, 288, 299, 307
Potentialbeurteilung 202, 205
Privatsphäre 12, 15, 24
Produktlebenszyklus .... 285, 306 f., 309

Q

Quellenprinzip 240, 248

R

Reentry 137, 196

regiozentrisch .... 91, 93 f., 98, 105, 112, 114 f.,
  142, 148
Reintegration 137, 196, 198
Rekrutierung
  -squelle .... 107 f., 116, 293 f.
  -sweg 144
Relocation Service 188
Repatriierung .... 99, 133, 137 f., 170, 196 f.,
  199 ff., 205
Rolle 1, 10, 15, 19, 20, 22, 31, 40, 42, 48, 58,
  61, 73, 75, 78, 84 f., 88, 92 f., 95, 97 f., 101, 108
  ff., 117, 119, 136, 142, 146, 155, 160, 162, 166,
  170, 173, 181, 189, 191, 193 f., 200, 205, 207,
  216, 222, 227, 244, 253, 258, 268, 275, 291, 299,
  307, 311
  -nspiel .... 133, 181 ff., 186, 215

S

Software 13, 33
Sozial
  -abgabe .... 233 f.
  -leistung 221, 225, 242, 274
  -versicherung 222, 242, 249
Sprachunterricht .... 174, 182, 189, 216, 238 f.
Stellen
  -ausschreibung 204
  -bewertung 231
  -wert 82, 107, 131, 146, 172, 206, 291, 298
Strategie .... 19 ff., 30, 69 ff., 80, 84, 88, 90, 92 f.,
  95 f., 102, 104, 116, 133, 144, 148 f., 167 f., 191,
  195, 271, 275 ff., 282, 286 f., 289, 292 ff., 299 ff.,
  304, 306, 310, 313, 315
Streß 46, 126, 133
Studie, empirische .... 67, 94, 131 f., 134, 178,
  182, 218, 295

T

Team 128, 133, 167, 189
T-Group 181, 183
Theorie 34, 109, 147, 186, 271, 295, 298,
  307 ff., 313 ff.
    Resource-Dependence- 298, 300, 307, 309

Transaktionskosten- ...... 295, 300 f., 307, 309, 315
Top-Management 96, 152, 171, 173, 204, 254, 299
Training
  -, interkulturelles 173, 176, 180, 182,
    184 ff., 203, 206, 213, ff., 239
  Sensitivitäts- 181, 183, 186, 215
  Simulations- 181
  -smethode .... 124, 176, 180 ff., 185 f., 206
Transparenz .... 226 f., 229 f., 232, 237

U

Umbrella Plan 243
Umweltschichtenmodell 34, 36, 129, 146, 156
Unsicherheitsvermeidung .... 44, 46, 50, 53 ff.
Unternehmen
  -, Bindung an das 47, 218
  -skultur .... 57, 59, 69, 84, 108 f., 138,
    151, 171, f., 228
  -sstrategie .... 1 f., 69 ff., 75, 78, 87, 90, 94,
    102, 191, 230, 243, 283, 295, 298 f.

V

Vergleichsforschung, interkulturelle .... 31 f., 40,
  43, 61, 64
Verhalten .... 31, 33, 36 f., 45, 48, 57, 60, 78, 126,
  128, 160, 179, 183, 198, 202, 208, 229, 245, 298,
  301, 316
  -sweisen, Attribuierung von 181
verhaltensorientiert .... 78, 147, 181 f., 185, 215
Vertragsgestaltung 13, 112, 201, 221, 327
Visum 13, 144
Vorbereitung 1, 13, 36, 42, 61, 112, 144,
  154, 162, 172 f., 176, 181 ff., 186, 187, 189, 200,
  205, 212, 214 f., 311 f.
  -, interkulturelle .... 1, 36, 61, 183 f., 214 f.
  -, sprachliche 187, 312
Vredeling-Direktive .... 264 f., 280

W

Wechselkurs 134, 194, 221, 235, 245, 280
Weiterbildung .... 152, 161 f., 172, 188 f., 206, 221

Wert .... 3 f., 18, 21, 36 ff., 47 f., 50 f., 56 f.,
    59, 69, 74, 78, 105, 113, 118, 124, 131, 133, 135,
    139 f., 153, 159, 171, 181, 183 f., 191, 198, 212 f.,
    215, 231, 272, 308
    -kette .... 2 f., 19, 21, 27, 294
Wettbewerb, internationaler .... 7, 18 f., 169, 315
Wiedereingliederung .... 107, 133, 137 f.,
    154, 196 ff., 206, 212, 227, 229, 239

Wirtschaftssystem 12, 17
Wohnsitzprinzip 240, 248

Z

Zusatzleistung .... 222, 228, 238, 246 f., 288

Kompakt und leicht verständlich

Einführung in die Betriebswirtschaftslehre

Dieses Lehrbuch gibt eine kompetente, kompakte und sehr gut verständliche Einführung in die Betriebswirtschaftslehre. Es macht mit den Grundbegriffen, mit den wichtigsten Problemen der Betriebswirtschaftslehre, ihren Lösungen und damit mit dem Wissenschaftsprogramm der Betriebswirtschaftslehre vertraut. Der Text ist auch für Leserinnen und Leser ohne wirtschaftswissenschaftliche Vorkenntnisse verständlich.

Professor Weber gibt zunächst einen Überblick über die Rahmenbedingungen unternehmerischer Tätigkeit. Im Anschluß daran stellt der Autor den leistungswirtschaftlichen Prozeß mit den Funktionsbereichen Beschaffung, Produktion und Absatz vor. Er vermittelt die Grundzüge von Finanzierung und Managementlehre und veranschaulicht die wichtigsten Werkzeuge des Betriebswirts, Rechnungswesen und computergestützte Informationssysteme. Ein Exkurs behandelt die internationale Unternehmenstätigkeit.

In der vierten Auflage wurden die neuesten gesetzlichen Bestimmungen berücksichtigt, die Tabellen über Daten des Wirtschaftsgeschehens wurden aktualisiert.

Wolfgang Weber
Einführung in die Betriebswirtschaftslehre
4., aktualisierte und überarbeitete Auflage 2001
XVI, 274 Seiten, Br.,
DM 48,– / € 24,–
ISBN 3-409-43011-3

Änderungen vorbehalten. Stand: Oktober 2001

Gabler Verlag · Abraham-Lincoln-Str. 46 · 65189 Wiesbaden · www.gabler.de

Fachinformation auf Mausklick

Das Internet-Angebot der Verlage **Gabler, Vieweg, Westdeutscher Verlag, B. G. Teubner** sowie des **Deutschen Universitätsverlages** bietet frei zugängliche Informationen über Bücher, Zeitschriften, Neue Medien und die Seminare der Verlage. Die Produkte sind über einen Online-Shop recherchier- und bestellbar.

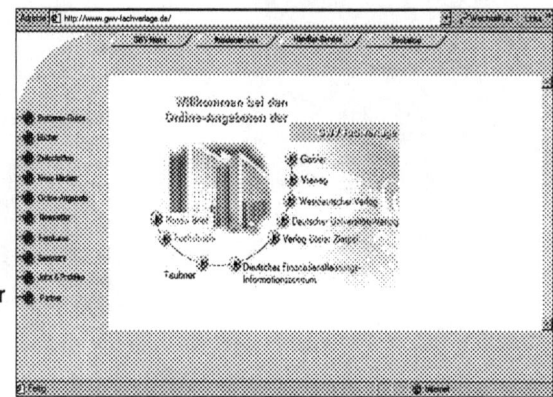

Für ausgewählte Produkte werden Demoversionen zum Download, Leseproben, weitere Informationsquellen im Internet und Rezensionen bereitgestellt. So ist zum Beispiel eine Online-Variante des Gabler Wirtschafts-Lexikon mit über 500 Stichworten voll recherchierbar auf der Homepage integriert.

Über die Homepage finden Sie auch den Einstieg in die Online-Angebote der Verlagsgruppe, so etwa zum Business-Guide, der die Informationsangebote der Gabler-Wirtschaftspresse unter einem Dach vereint, oder zu den Börsen- und Wirtschaftsinfos des Platow Briefes und der Fuchsbriefe.

Selbstverständlich bietet die Homepage dem Nutzer auch die Möglichkeit mit den Mitarbeitern in den Verlagen via E-Mail zu kommunizieren. In unterschiedlichen Foren ist darüber hinaus die Möglichkeit gegeben, sich mit einer „community of interest" online auszutauschen.

... wir freuen uns auf Ihren Besuch!

www.gabler.de
www.vieweg.de
www.westdeutschervlg.de
www.teubner.de
www.duv.de

Abraham-Lincoln-Str. 46
65189 Wiesbaden
Fax: 06 11.78 78-400